HISTOIRE
DE LA
MONARCHIE DE JUILLET

PAR

PAUL THUREAU-DANGIN

OUVRAGE COURONNÉ DEUX FOIS PAR L'ACADÉMIE FRANÇAISE
GRAND PRIX GOBERT, 1885 ET 1886

DEUXIÈME ÉDITION

TOME QUATRIÈME

PARIS
LIBRAIRIE PLON
E. PLON, NOURRIT ET Cie, IMPRIMEURS-ÉDITEURS
RUE GARANCIÈRE, 10

1888
Tous droits réservés

HISTOIRE

DE LA

MONARCHIE DE JUILLET

L'auteur et les éditeurs déclarent réserver leurs droits de traduction et de reproduction à l'étranger.

Ce volume a été déposé au ministère de l'intérieur (section de la librairie) en janvier 1887.

DU MÊME AUTEUR :

Royalistes et Républicains, Essais historiques sur des questions de politique contemporaine : I. *La Question de Monarchie ou de République du 9 thermidor au 18 brumaire;* II. *L'Extrême Droite et les Royalistes sous la Restauration;* III. *Paris capitale sous la Révolution française.* Un volume in-8°. Prix.................. 6 fr. »

Le Parti libéral sous la Restauration. Un vol. in-8°. Prix...... 7 fr. 50

L'Église et l'État sous la Monarchie de Juillet. Un vol. in-18. Prix... 4 fr. »

Histoire de la Monarchie de Juillet. Tomes I, II et III. 2° édition. Trois vol. in-8°. Prix de chaque vol............................. 8 fr. »

(*Couronné deux fois par l'Académie française, GRAND PRIX GOBERT, 1885 et 1886.*)

PARIS. — TYPOGRAPHIE DE E. PLON, NOURRIT ET Cⁱᵉ, RUE GARANCIÈRE, 8.

HISTOIRE
DE LA
MONARCHIE DE JUILLET

LIVRE IV

LA CRISE DE LA POLITIQUE EXTÉRIEURE

(Mai 1839-Juillet 1841)

CHAPITRE PREMIER

LA QUESTION D'ORIENT

ET LE MINISTÈRE DU 12 MAI 1839.

(Mai 1839-février 1840).

I. Situation créée, en 1833, par l'arrangement de Kutaïèh entre Mahmoud et Méhémet-Ali, et par le traité d'Unkiar-Skélessi entre la Porte et la Russie. Efforts des puissances pour empêcher un conflit entre le sultan et le pacha. Vues particulières de la France, de l'Angleterre, de la Russie, de l'Autriche. L'armée ottomane passe l'Euphrate, le 21 avril 1839. — II. Politique arrêtée par le gouvernement français à la nouvelle de l'entrée en campagne des Turcs. Son entente avec l'Angleterre et avec l'Autriche. Réserve de la Prusse. Embarras de la Russie. Premiers indices de désaccord entre Paris et Londres. La Russie disposée à en tirer parti. — III. Le ministère du 12 mai. Accueil qui lui est fait. M. Guizot le soutient. Irritation de M. Thiers. M. Sauzet président de la Chambre. M. Thiers impuissant à engager une campagne parlementaire. M. Dufaure et M. Villemain. Procès des émeutiers du 12 mai. Calme général. Faiblesse du cabinet. — IV. Le crédit de dix millions pour les armements d'Orient. Rapport de M. Jouffroy. La discussion. — V. Bataille de Nézib. Mort de Mahmoud. Défection de la flotte ottomane. La Porte disposée à traiter avec le pacha. — VI. Impressions des divers cabinets à la nouvelle des événements d'Orient. Note du 27 juillet 1839, détournant la Porte d'un arrangement direct avec le pacha. Situation faite à la France par cette note. — VII. Dissentiment croissant entre la France et l'Angleterre, sur la question égyptienne. L'Angleterre demande le concours des autres puissances. Empressement de la Russie à répondre à son appel. L'Autriche s'éloigne de nous et se rapproche du czar. Le gouvernement français persiste néanmoins à soutenir les prétentions du pacha. — VIII. Mission de M. de Brünnow à Londres. Malgré lord Palmerston, le cabinet anglais repousse les propositions russes et offre une transaction au gouvernement français. Celui-ci maintient ses exigences. Ses illusions. M. de Brünnow revient à Londres. Embarras de la France. — IX. Les approches de la session de 1840. Dispositions des divers partis. Les 221. Les doctrinaires. M. Thiers et ses offres d'alliance à M. Molé. La gauche et la réforme électorale. Qu'attendre d'une Chambre ainsi composée? — X. L'Adresse de 1840. Le débat sur la politique intérieure et sur la question d'Orient. Discours de M. Thiers. Le ministère persiste dans ses exigences pour le pacha. — XI. Dépôt d'un projet de loi pour la dotation du duc de Nemours. Polémiques qui en résultent. Le projet est rejeté sans débat. Démission des ministres. La royauté elle-même est atteinte.

I

Depuis qu'elle avait écarté le péril de guerre, conséquence immédiate de la révolution de 1830, la monarchie de Juillet n'avait vu troubler sa politique extérieure par aucune complication vraiment inquiétante. Bien au contraire, pendant la dernière période, de 1836 à 1839, une sorte de calme plat avait régné dans l'Europe entière, et les puissances semblaient d'accord pour éviter toute affaire et maintenir le *statu quo*. Les choses vont changer. Une crise se prépare au dehors, la plus grave que doive traverser la diplomatie de la royauté nouvelle. On peut en fixer le début au 21 avril 1839, jour où les Turcs, franchissant l'Euphrate pour attaquer l'armée du pacha d'Égypte, réveillent la question d'Orient; elle se prolongera jusqu'à ce que cette question soit de nouveau assoupie par la convention dite des détroits, conclue le 13 juillet 1841. Pendant ces deux années, ce n'est pas seulement le sort de l'empire ottoman ou du pachalik d'Égypte qui est en jeu, c'est la situation de la France en Europe, c'est la paix du monde.

Cette question d'Orient n'était pour personne une nouveauté. Déjà une première fois, en 1831, les puissances avaient été surprises par un conflit armé entre Méhémet-Ali et la Porte. On n'a pas oublié les événements d'alors : les troupes turques mises partout en déroute; la Palestine et la Syrie conquises au pas de course par les soldats du pacha; le sultan épeuré, ne trouvant pas de secours en Occident et se jetant dans les bras de la Russie, qui n'était que trop disposée à saisir cette occasion d'intervenir; l'émotion de la France et de l'Angleterre en apprenant que la flotte du czar avait franchi le Bosphore et que ses bataillons campaient aux portes de Constantinople; nos agents se démenant pour imposer aux combattants un rapprochement qui ôtât prétexte et mît fin à l'occupation russe; l'arrangement de Kutaièh conclu sous nos auspices, le 5 mai 1833; puis, au moment même où notre diplomatie se félicitait de ce résultat, la Russie obtenant de la Porte, le 8 juillet 1833, le traité d'Unkiar-Skélessi, par lequel elle se faisait demander de fournir au sultan toutes les forces de terre et de mer dont il pouvait avoir besoin « pour la tranquillité et la sûreté de ses États »; l'irritation des puissances occidentales à la nouvelle d'une convention qui plaçait l'empire ottoman sous la protection exclusive de la Russie; enfin, après tout ce bruit, une sorte d'accalmie, et l'attention des politiques européens rappelée vers des questions, sinon plus graves, du moins plus proches : tels sont les faits que nous avons déjà eu occasion de raconter [1], mais qu'il convenait de rappeler comme le point de départ des incidents ultérieurs.

L'arrangement de Kutaièh, par lequel le gouvernement de la Syrie avait été concédé au pacha d'Égypte, était un expédient, non une solution. Chacune des parties ne l'avait accepté ou subi que comme une trêve momentanée. La Porte, qui venait de perdre la Grèce et la régence d'Alger, qui avait vu la Serbie, la Moldavie et la Valachie conquérir une demi-indépendance, pouvait-elle se résigner facilement à partager ce qui lui restait de son empire? Quant au pacha, sa domination était à la fois trop étendue pour ne pas exciter son ambition, et trop précaire pour la satisfaire; concession toute personnelle, elle devait finir avec lui; or un vieillard de

---

[1] Voy. plus haut, t. II, chap. XIV, § II.

soixante-cinq ans, au pouvoir depuis plus d'un quart de siècle, ne devait-il pas chercher à assurer à ses enfants au moins quelque part de sa puissance? Le conflit, qui était dans la force des choses, s'aggravait encore par le caractère des deux hommes en présence : d'une part, Mahmoud, despote impérieux, emporté et sanguinaire, enivré de son omnipotence et furieux de sa faiblesse, à la fois épuisé et surexcité par la boisson et la débauche, d'autant plus jaloux de la gloire du pacha que lui aussi avait tenté, mais sans aucun succès, de réformer et de ranimer l'empire turc; humilié jusqu'à la rage, dans son vieil orgueil de sultan, d'avoir subi la loi d'un soldat de fortune, ayant voué à ce dernier une haine sombre, implacable, et possédé par cette unique pensée : prendre sa revanche à tout prix et à tout risque; d'autre part, Méhémet-Ali, plus fin, plus contenu, plus dissimulé, mais fier de ses succès, confiant dans ses forces et son étoile; d'une ambition sans limite et sans scrupule; non-seulement aspirant à un pouvoir héréditaire, mais rêvant même de jouer, auprès de son suzerain, le rôle d'une sorte de maire du palais [1].

Des deux côtés, à Constantinople et à Alexandrie, on était donc aux aguets, cherchant l'occasion, là d'une revanche, ici de nouveaux succès. Mahmoud nouait des intrigues en Syrie, y fomentait des insurrections, rassemblait des troupes, mettait en mouvement des vaisseaux, et annonçait, de temps à autre, aux ambassadeurs, que, n'y pouvant plus tenir, il allait engager la lutte. Méhémet-Ali prenait des allures royales et dédaignait de remplir, envers son souverain, les conditions qui lui étaient imposées. Aux musulmans, il se présentait comme le vrai, le seul défenseur de l'islamisme contre le czar. En même temps, fort occupé du monde chrétien, il s'appliquait à séduire les consuls, se faisait tenir au courant des dissentiments existant entre les puissances occidentales et la Russie, et, persuadé

---

[1] « Tout le mal vient du sultan, disait Méhémet-Ali à M. de Bois-le-Comte, en 1833. Je voulais le détrôner, mettre son fils à sa place. J'aurais été assister mon nouveau souverain pendant son enfance, et j'aurais laissé Ibrahim en Égypte. » (*Mémoires inédits de M. de Sainte-Aulaire.*)

qu'une guerre générale était imminente, se flattait d'en tirer large profit; il prétendait même la hâter, et, le 3 septembre 1833, faisait passer à la France et à l'Angleterre, une note par laquelle il leur offrait une armée de cent cinquante mille hommes, avec une flotte de sept vaisseaux et de six frégates, pour attaquer la Russie, demandant comme prix de son concours la permission de se proclamer indépendant[1]. Rebuté de ce côté, il changeait de rôle, en habile comédien qu'il était, ne se montrait plus ami docile, mais jouait la mauvaise tête et feignait d'être résolu à tout bouleverser, dans l'espoir que les puissances effrayées lui feraient obtenir quelque chose pour avoir la paix. D'autres fois, il portait son action sur Constantinople, nouait des relations dans le Divan, offrait de réduire son armée et d'augmenter son tribut, si le sultan faisait droit à ses demandes. Ses moyens variaient; son but était toujours le même : obtenir sinon l'indépendance absolue, du moins l'hérédité de ses pachaliks.

Ainsi, d'année en année, la situation devenait plus tendue entre Constantinople et Alexandrie. Chaque fois que la rupture paraissait imminente, les puissances, qui toutes alors redoutaient fort le moindre ébranlement, pesaient sur le sultan comme sur le pacha, afin de contenir le ressentiment de l'un et l'ambition de l'autre. Mais, d'accord pour imposer le *statu quo*, elles étaient loin d'agir par les mêmes motifs et d'avoir les mêmes vues sur les questions qui se posaient en Orient. Ce sont ces vues qu'il importe d'abord de bien connaître; elles aideront à comprendre les événements qui vont se dérouler.

Commençons par la France. On sait comment, dès 1834, le duc de Broglie, à cette date ministre des affaires étrangères, avait entrevu, dans la crise orientale, l'occasion d'une grande opération de diplomatie et de guerre qui eût dissous la coalition des puissances continentales et donné à la France, en Europe, une situation analogue à celle que devait lui faire plus tard la guerre de Crimée[2]. Mais l'éminent homme d'État, qui concevait ce plan et le traçait avec la netteté habituelle de son

---

[1] *Memoires inédits de M. de Sainte-Aulaire.*
[2] Voy. plus haut, t. II, chap. XIV, § vii.

esprit, se croyait encore trop proche de 1830 pour en précipiter l'exécution, et, tout en protestant contre le traité d'Unkiar-Skélessi, il s'était refusé à provoquer une rupture. Cette préoccupation d'éviter tout ébranlement en Orient fut plus marquée encore sous le ministère suivant. N'était-ce pas l'époque où notre diplomatie, loin de rechercher les aventures, se vantait elle-même de « faire du cardinal Fleury [1] » ? A chaque menace de conflit, M. Thiers d'abord, M. Molé ensuite, s'empressaient d'agir, avec les autres puissances, pour empêcher le sultan et le pacha de se jeter l'un sur l'autre [2]. Toutefois, si en pareil cas nos ministres n'épargnaient pas plus leurs représentations à Alexandrie qu'à Constantinople, ils laissaient voir leur sympathie persistante pour Méhémet-Ali [3]. L'opinion et le gouvernement s'intéressaient à la fortune du maître de l'Égypte et du conquérant de la Syrie, par sentiment plus encore que par calcul, éblouis par ses succès, croyant à sa force, dupe de ses feintes et de ses caresses. Vainement quelques-uns de nos agents diplomatiques, l'amiral Roussin, ambassadeur à Constantinople, M. de Barante, ambassadeur à Saint-Pétersbourg, ou M. de Sainte-Aulaire, ambassadeur à Vienne, mettaient-ils en doute et la puissance du pacha et l'avantage que pouvait avoir la France à seconder son ambition [4]; leurs avertissements se perdaient dans l'engouement général. Il était à peu près admis par tous qu'en Orient la cause de Méhémet-Ali était celle de la France.

L'Angleterre aussi redoutait tout conflit qui eût exposé le sultan à une nouvelle défaite et fourni au czar l'occasion d'exercer la protection armée, prévue par le traité d'Unkiar-Skélessi [5]. La nécessité de faire échec au gouvernement de

---

[1] Lettre de M. Thiers, en date du 15 avril 1836 (Cf. plus haut, t. III, p. 52).

[2] Dépêches de M. Thiers à M. de Barante, 26 avril 1836; de M. Molé à M. de Barante, 19 avril, 19 octobre 1837, 26 juillet et 14 septembre 1838; de M. Molé à M. de Sainte-Aulaire, 31 octobre 1838; de M. de Montebello à M. de Barante, 12 avril 1839. (*Documents inédits.*)

[3] Sur les origines de cette sympathie, cf. t. II, p. 357.

[4] *Mémoires inédits de M. de Sainte-Aulaire* et lettre de M. de Barante à M. Molé, 22 août 1838. (*Documents inédits.*)

[5] Lettre de lord Palmerston à lord Granville, 8 juin 1838. (BULWER, *Life of Palmerston*, t. II, p. 234.)

Saint-Pétersbourg sur le Bosphore passait pour un des axiomes
de la politique britannique. Ce n'était pas, d'ailleurs, à cette
époque, le seul théâtre où les Anglais se heurtaient aux Russes ;
l'antagonisme éclatait, en même temps, dans la Perse et dans
l'Afghanistan. Il en résultait des rapports assez tendus, et lord
Palmerston disait : « Il m'est agréable d'être désagréable à la
Russie. » Ces sentiments n'étaient pas pour nous déplaire ;
mais voici où nous cessions de nous entendre avec nos voisins.
Autant le pacha était populaire en France, autant il était mal
vu des Anglais. Ceux-ci lui en voulaient d'avoir établi dans
ses États des monopoles nuisibles à leur commerce, et de s'être
montré peu disposé à leur livrer, soit la route de Suez, soit
celle de l'Euphrate. La faveur même que nous témoignions à
Méhémet-Ali le rendait suspect au delà du détroit. Les maîtres
de Gibraltar et de Malte s'offusquaient de voir les conquérants
de l'Algérie dominer en Égypte et en Syrie; les maîtres de
l'Inde n'admettaient pas que les routes y conduisant fussent
directement ou indirectement dans notre main [1]. Ce n'était pas
de lord Palmerston, dont l'ordinaire malveillance contre la
France et contre Louis-Philippe venait d'être encore avivée,
en 1836, par notre refus d'intervenir en Espagne, que l'on pouvait attendre quelque ménagement dans l'expression de ces
méfiances. Il s'y complaisait, au contraire, et l'on en trouve
la trace singulièrement âpre et rude dans les lettres qu'il écrivait alors aux confidents de sa politique [2]. Sous prétexte de
contenir le pacha, il l'eût volontiers brisé, et était toujours
empressé à proposer contre lui des mesures de rigueur auxquelles nous nous refusions. Faute de pouvoir le frapper par
les armes, il voulut l'atteindre par la diplomatie. Après des
négociations rapides et mystérieuses que la haine de Mahmoud
contre son vassal facilita singulièrement, un traité de commerce
fut conclu, en août 1838, entre la Grande-Bretagne et la Turquie : son principal objet était d'abolir les monopoles, à partir
du 1er mai 1841, dans toute l'étendue de l'empire, y compris

[1] Bulwer, t. II, p. 256.
[2] Bulwer, t. II, p. 147, 233, 235, 248, 250.

les pays gouvernés par Méhémet-Ali : coup droit à l'adresse de ce dernier, dont on supprimait ainsi les revenus. Encore lord Palmerston pouvait-il passer pour modéré à côté de son ambassadeur à Constantinople, lord Ponsonby, diplomate sans mesure et sans scrupule dans ses sympathies ou ses préventions, impérieux, étourdi, querelleur, cassant; à l'ordinaire, indolent au point de ne se lever qu'à six heures du soir, mais capable, à un moment donné, d'une énergie violente; ne connaissant d'autre droit que l'intérêt de son pays et de ses nationaux; exigeant et obtenant du sultan la destitution du ministre des affaires étrangères, parce qu'un négociant anglais, pris en flagrante contravention, avait été bâtonné; prompt à briser les vitres, ne s'embarrassant pas des responsabilités, plus disposé à diriger son gouvernement qu'à se laisser diriger par lui, le compromettant souvent; malgré tout, se maintenant en place, grâce à son crédit parlementaire et aussi parce que, même dans ses esclandres, il servait ou du moins flattait les passions de son ministre et de sa nation. Sa réputation était faite par toute l'Europe; M. de Nesselrode le traitait d' « extravagant »[1]; « c'est, disait M. de Metternich, un fou qui serait capable de faire la paix ou de déclarer la guerre malgré les ordres formels de sa cour[2] ». Anglais de la vieille roche, détestant les Russes[3] et jalousant les Français, il avait juré la perte de Méhémet-Ali, qui avait, à ses yeux, le double tort d'être le client de la France et de fournir à la Russie une occasion de protéger la Porte. Aussi ne manquait-il pas d'entretenir et d'aviver contre lui la fureur du sultan, tellement qu'il semblait parfois pousser ce dernier au conflit redouté par le gouvernement anglais. Du reste, lord Palmerston lui-même, tout en détournant la Porte d'attaquer pour le moment le pacha, la pressait de s'y préparer par l'organisation de son

---

[1] Dépêche du 13 septembre 1839. (HILLEBRAND, *Geschichte Frankreichs*, t. II, p. 386.)

[2] Dépêche de M. de Sainte-Aulaire, du 8 avril 1841. (*Documents inédits*.)

[3] Lord Ponsonby disait à M. de Bois-le-Comte, en janvier 1834 : « Nous avons fait le serment de brûler la flotte russe à Sébastopol, et nous tiendrons ce serment. » (*Mémoires inédits de M. de Sainte-Aulaire*.)

armée et la restauration de ses finances [1]. Ajoutons, pour compléter cette physionomie de la politique anglaise, qu'au moment où elle dénonçait, comme une atteinte à l'équilibre général, l'influence de la France en Égypte, elle profitait, en janvier 1839, de ce que l'Europe regardait ailleurs, pour mettre la main sur Aden et créer un nouveau Gibraltar à l'entrée de la mer Rouge.

On aurait pu croire que les raisons qui faisaient redouter aux deux puissances occidentales un conflit entre le pacha et le sultan, devaient le faire désirer par la Russie. Il n'en était rien. Sans doute le gouvernement de Saint-Pétersbourg ne faisait pas bon marché du droit de protection qu'il s'était fait accorder en 1833, et ne se montrait nullement disposé à le partager avec le reste de l'Europe [2]; mais il se rendait compte des dangers auxquels il s'exposerait en l'exerçant. Notre ambassadeur à Saint-Pétersbourg, M. de Barante, écrivait, le 4 décembre 1838 : « La Russie n'a, en ce moment, aucun projet sur la Turquie. Elle craint, plus qu'aucune puissance, de voir arriver le cas prévu par le traité d'Unkiar-Skélessi. Par orgueil, elle tiendrait sa parole et enverrait une armée à Constantinople; seulement, elle prévoit que ce serait la guerre, et la guerre de tous contre elle. Aussi elle veut le *statu quo* et s'effraye quand il est en péril [3]. »

[1] Lettre de lord Palmerston à lord Ponsonby, du 13 septembre 1838. (BULWER, t. II, p. 246.)

[2] Toutes les fois que les autres puissances lui parlaient d'établir un concert sur ce sujet, le gouvernement russe faisait la sourde oreille. (Dépêche inédite de M. de Barante à M. Molé, en date du 17 décembre 1838.) En 1838, Méhémet-Ali ayant menacé de recourir aux armes, lord Palmerston invita aussitôt les représentants de la France, de l'Autriche et de la Russie à s'entendre avec lui, pour arrêter les moyens de coercition à employer contre le pacha. En réponse à cette communication, le gouvernement de Saint-Pétersbourg fit notifier à Paris et à Londres, « qu'il verrait sans méfiance les mesures prises par les puissances maritimes dans la Méditerranée, mais que si, ce nonobstant, la Porte se trouvait menacée à Constantinople, il pourvoirait à la sûreté de son alliée, comme il y était tenu par le traité d'Unkiar-Skélessi ». Loin donc de s'associer à une action commune, le czar disait en quelque sorte à la France et à l'Angleterre : « Je ne me mêlerai pas de ce que vous ferez dans la Méditerranée; ne vous mêlez pas davantage de ce que je ferai dans la mer de Marmara. » (*Mémoires inédits de M. de Sainte-Aulaire.*)

[3] Lettre à M. Bresson. — M. de Barante ajoutait, peu après, le 6 mai 1839, dans une dépêche à M. de Montebello : « On aime mieux attendre une époque où l'Europe, livrée à d'autres circonstances, ne tiendrait plus, comme aujourd'hui,

L'ambassadeur russe près le sultan unissait donc ses efforts à ceux du représentant de la France et de l'internonce d'Autriche, pour détourner le Divan de toute tentative contraire à l'arrangement de Kutaïèh. Le czar s'était d'ailleurs aperçu qu'en laissant trop voir, après 1830, son désir d'allumer une grande guerre contre la France, il s'était fait du tort en Europe, particulièrement en Allemagne, où l'on avait soif de repos. Désormais, il visait à se faire, au contraire, « un renom de modération et d'amour de la paix[1] ». Son principal ministre, M. de Nesselrode, était bien l'homme de cette nouvelle attitude : quoique incapable de résister à une seule folie de son maître, il était, par lui-même, raisonnable, poli, éloigné de tout ce qui était hasardeux et compliqué, et se sentait beaucoup plus à son aise quand l'empereur était sage[2]. Ce n'était pas qu'au fond Nicolas voulût moins de mal que par le passé à la France de Juillet : son animosité subsistait et n'avait même fait que s'exaspérer par l'impuissance. Mais, en se montrant modéré dans les complications orientales, il se flattait précisément d'y trouver l'occasion de nous jouer quelque méchant tour. Sa persuasion était « qu'il serait toujours aisé de rompre l'alliance de l'Angleterre et de la France, ou de profiter d'une rupture qui adviendrait infailliblement[3] ». Avec la perspicacité de la haine, il avait tout de suite deviné où se ferait cette rupture. Causant un jour, en février 1839, avec M. de Barante, de la situation du Levant et de la question égyptienne, il s'était laissé aller à dire : « L'Égypte! les Anglais la veulent. Ils en ont besoin pour la nouvelle communication qu'ils cherchent à ouvrir avec

la puissance russe en observation, en surveillance assidue. » (*Documents inédits*.)

[1] Dépêche de M. de Barante à M. Molé, 13 février et 31 mars 1839; lettre du même à M. Bresson, 15 avril 1839. (*Documents inédits*.)

[2] M. de Barante écrivait un peu plus tard : « M. de Nesselrode est un de ceux qui disent le moins la vérité à l'Empereur. Son caractère est timide ; il aime son repos avant tout. Il est convaincu de l'inutilité d'une contradiction directe; il attend que les premières impressions se calment, se bornant à faire en sorte que la politique de l'Empereur soit suivie avec prudence, sans détermination trop soudaine et trop risquée. » (Lettre à M. Guizot, du 28 mai 1841. *Documents inédits*.)

[3] Lettre de M. de Barante à M. Bresson, 20 novembre 1838. (*Documents inédits*.)

les Indes; ils s'établissent dans le golfe Persique et la mer Rouge. Vous vous brouillerez avec eux pour l'Égypte [1]. » Notre vigilant ambassadeur avait eu soin de transmettre aussitôt à son gouvernement une conversation qui trahissait si clairement l'espoir de notre mortel ennemi. Quelques semaines plus tard, complétant cet avertissement, M. de Barante faisait connaître le piége qu'allait nous tendre la politique russe. « Le gouvernement de Saint-Pétersbourg, écrivait-il, entrera avec complaisance dans tous les projets d'arrangement destinés à assurer l'état de paix... mais son influence s'exercera à diminuer et à anéantir la nôtre. Il cherchera à faire que tout se règle presque indépendamment de nous... Il a l'espérance de nous tenir dans un état d'isolement pacifique, de nous placer plus ou moins hors du cercle où pourraient se traiter les communs intérêts de l'Europe [2]. » C'était écrire, plus de quinze mois à l'avance, l'histoire du traité du 15 juillet.

Le gouvernement de Vienne était au moins aussi intéressé que celui de Londres à empêcher les Russes de dominer à Constantinople. M. de Metternich répétait volontiers « qu'il valait mieux, pour son pays, courir les chances d'une guerre d'extermination que de laisser la Russie acquérir un seul village sur la rive droite du Danube [3] ». En 1828 et 1829, lors de la guerre entre le czar et le sultan, le cabinet autrichien avait proposé, sans succès il est vrai, à l'Angleterre et à la France, de former une coalition contre la Russie, et il avait été sur le point de se jeter seul dans la lutte pour défendre le passage du Danube. Les échecs subis, au début de ces campagnes, par les armes russes, n'avaient excité nulle part plus d'allégresse qu'à Vienne. Après les événements de Juillet, M. de Metternich ne changea

---

[1] Dépêche de M. de Barante à M. Molé, 13 février 1839. (*Documents inédits*.)
[2] Cette lettre, en date du 31 mars 1839, était adressée à M. Thiers, que M. de Barante, trompé par un faux bruit, croyait alors être devenu ministre des affaires étrangères. M. de Barante ajoutait, le 8 juin 1839, dans une lettre au maréchal Soult : « Déjà, plus d'une fois, j'ai eu l'occasion de dire que le danger n'était point de voir se former contre nous une coalition guerroyante, mais une coalition pacifique, unie pour diminuer notre influence. » (*Documents inédits*.)
[3] *Mémoires inédits de M. de Sainte-Aulaire.*

pas d'avis sur Constantinople ; mais une crainte plus pressante, celle de la révolution française, effaça ou du moins domina dans son esprit toute autre préoccupation. La Russie devant former l'arrière-garde de la nouvelle Sainte-Alliance, il se crut obligé de la ménager. De là ses efforts pour se persuader et pour persuader aux autres que la politique russe était absolument changée, et que le czar avait, sur l'Orient, les vues les plus modérées et les plus désintéressées [1]. Quand on fut un peu éloigné de 1830, quand la monarchie de Juillet eut donné, au dedans, des gages de sa résistance conservatrice, et se fut, au dehors, rapprochée des puissances continentales, le chancelier sentit renaître sa préoccupation de l'ambition moscovite. Il écouta avec moins de méfiance notre ambassadeur, M. de Sainte-Aulaire, qui ne manquait pas une occasion de lui démontrer l'intérêt de l'Autriche à s'allier avec la France et l'Angleterre pour défendre l'empire ottoman contre la Russie, et il laissa entrevoir qu'à un moment donné, il ne refuserait peut-être pas son concours [2]. Toutefois, ce n'était jamais dans la politique de M. de Metternich de précipiter les événements. Bien que voyant de loin les difficultés, il aimait mieux les attendre qu'aller au-devant, et se fiait volontiers au temps pour les

[1] Cf. plus haut, t. II, p. 359 et 364. — Faut-il croire qu'en septembre 1833, lors de l'entrevue de Münchengraetz, la cour de Vienne alla jusqu'à conclure secrètement avec la Russie un traité de partage éventuel? Le fait est rapporté par MARTENS, dans un ouvrage intitulé : *Die Russische Politik in der orientalischen Frage*, et cité par HILLEBRAND, t. II, p. 360.

[2] Par moments même, on eût pu croire que le cabinet de Vienne allait tout de suite lier partie avec les puissances occidentales contre le gouvernement de Saint-Pétersbourg ; seulement, il s'arrêtait bientôt, comme effrayé de sa hardiesse et tremblant de n'être pas assez soutenu. C'est ainsi qu'en 1837, des difficultés s'étant élevées entre l'Angleterre et la Russie, au sujet de la saisie, dans la mer Noire, d'un navire anglais, le *Vixen*, M. de Metternich fit des avances à la première de ces puissances, puis les retira, croyant avoir lieu de douter de sa résolution. Comme on lui demandait compte de cette volte-face : « L'Autriche, répondit-il, ne pouvait pas se brouiller avec la Russie, pour une affaire sans valeur que l'Angleterre elle-même ne voulait pas pousser jusqu'au bout. Soyez certain que vous nous trouveriez au besoin, si vous aviez raison et volonté de soutenir votre droit. » Et il disait à M. de Sainte-Aulaire : « Les whigs sont de misérables fanfarons ; jamais ils n'auront le courage de tirer un coup de canon. Malheur à qui s'engagerait avec eux dans une partie difficile ; ils l'abandonneraient au jour du danger. » (*Mémoires inédits de M. de Sainte-Aulaire.*)

écarter ou les atténuer ; sa maxime favorite était « que l'art de guérir consistait à faire durer le malade plus que la maladie ». Nul ne pouvait donc être surpris de le voir s'unir à ceux qui cherchaient à prolonger le plus possible le *statu quo* en Orient. Ce n'est pas que ce *statu quo* lui plût complétement. Sans avoir, contre Méhémet-Ali, la même animosité que l'Angleterre, il goûtait peu ce parvenu, dont l'origine et les prétentions lui paraissaient avoir quelque chose de révolutionnaire. Et surtout, il regrettait qu'en 1833, la France eût poussé à un arrangement direct entre le sultan et le pacha, au lieu de faire régler la question par l'entremise et sous la garantie de toutes les puissances. « Si l'on eût suivi ce dernier système, disait-il, le czar n'aurait pu faire de son côté le traité d'Unkiar-Skélessi. » Aussi le désir le plus vif du chancelier autrichien, celui qu'il ne manquait pas une occasion de témoigner dans ses conversations avec les ambassadeurs, était d'amener les puissances à une délibération commune sur tout ce qui regardait l'empire ottoman, et il laissait voir que, dans sa pensée, Vienne serait le siége indiqué d'une telle conférence.

C'est ainsi que, par des raisons et avec des vues différentes, toutes les puissances s'étaient rencontrées, depuis 1833, dans un même effort pour contenir le sultan et le pacha. Elles y avaient réussi, tant bien que mal, pendant six années. Paix fragile, cependant, à la merci des coups de tête d'un furieux ou d'un ambitieux. Ce fut Mahmoud qui se lassa le premier d'obéir à la consigne européenne. Atteint du *delirium tremens,* ne semblant presque plus qu'un cadavre, il se sentait mourir, mais n'en était que plus impatient d'assouvir sa haine. Au printemps de 1839, tout indiquait qu'il allait rompre la paix. Par son ordre, on avait levé, de gré ou de force, tout ce que l'on avait pu trouver de soldats, et une armée considérable se massait en Asie Mineure, dans le voisinage des territoires occupés par les Égyptiens. A ces démarches menaçantes, Méhémet-Ali répondit en renforçant ses troupes de Syrie, que commandait son fils Ibrahim. Il était, au fond, ravi de voir approcher l'heure des combats; mais, plus habile que le sultan, il ordonna aux siens de se tenir sur la défensive. Ému de ce bruit et de ce mouvement, l'ambassadeur de France tenta un dernier effort pour maintenir la paix : ce fut sans succès, d'autant que lord Ponsonby, loin d'agir dans le même sens, comme l'y obligeaient les instructions de son gouvernement, encourageait sous main Mahmoud [1]. Celui-ci n'hésita donc pas à donner à ses généraux l'ordre d'ouvrir les hostilités. Le 21 avril 1839, l'armée ottomane franchissait l'Euphrate.

II

La nouvelle de l'entrée en campagne des Turcs arriva à Paris quelques jours après la constitution du ministère du 12 mai [2]. Jamais on n'eût eu plus besoin d'un ministre habile diplomate, politique clairvoyant, et ayant assez d'autorité sur la Chambre pour que celle-ci lui laissât une complète liberté d'action. Or, dans le nouveau cabinet, le portefeuille des affaires étrangères était attribué au maréchal Soult. On cherchait bien à présenter ce choix comme une satisfaction aux susceptibilités patriotiques, tant échauffées par les débats de la coalition. Dans une déclaration lue le 13 mai, lorsque le cabinet se présenta pour la première fois devant les Chambres, on faisait dire au maréchal : « Messieurs, en consacrant mon dévouement au

---

[1] Peu après, comme le chargé d'affaires de France à Londres se plaignait à lord Palmerston de la conduite de lord Ponsonby en cette circonstance, le ministre anglais se défendit en lisant les dépêches envoyées du *Foreign Office*, qui toutes concluaient à empêcher la guerre d'éclater. « Maintenant, ajouta-t-il, je ne saurais vous nier que l'opinion personnelle de lord Ponsonby, opinion que je ne partage pas, a toujours été opposée au maintien du *statu quo* de Kutaièh; il préférait même les partis extrêmes, comme susceptibles au moins d'un dénouement favorable. » Lord Palmerston exprimait l'espoir, mais sans oser rien affirmer, « que l'ambassadeur avait fait passer ses opinions personnelles après ses instructions ». (Dépêche de M. de Bourqueney au maréchal Soult, 9 juillet 1839, citée dans les *Mémoires de M. Guizot*.)

[2] Rappelons la composition de ce cabinet : le maréchal Soult, ministre des affaires étrangères et président du conseil; M. Duchâtel, ministre de l'intérieur; M. Teste, de la justice; M. Passy, des finances; M. Villemain, de l'instruction publique; M. Dufaure, des travaux publics; M. Cunin Gridaine, du commerce; le général Schneider, de la guerre; l'amiral Duperré, de la marine.

service du Roi, dans un nouveau département où les questions d'honneur national ont tant de prépondérance, je n'ai pas besoin de vous assurer que la France retrouvera toujours, dans les discussions de si chers intérêts, les sentiments du vieux soldat de l'Empire, qui sait que le pays veut la paix, mais la paix noble et glorieuse. » Ce n'étaient guère là que des phrases de rhétorique, plus compromettantes au dehors, qu'elles n'avaient de portée sérieuse au dedans. La vérité est que le maréchal, de grande autorité dans les choses militaires, connaissait mal les affaires diplomatiques, avait peu d'aptitude pour les traiter, encore moins pour les exposer et les discuter à la tribune. Nul de ses collègues ne se trouvait, par son passé, en position de le suppléer. Restait, il est vrai, le Roi, et le sentiment général était que la composition du cabinet lui avait livré toute la politique extérieure [1]. S'il en eût été franchement ainsi, les choses, à ne considérer que le point de vue diplomatique, n'en eussent pas plus mal marché. Seulement, comme nous aurons occasion de l'observer, Louis-Philippe avait trop à compter avec les susceptibilités alors si éveillées de la Chambre à l'endroit du pouvoir personnel, pour exercer à son aise la direction que le ministre lui eût volontiers abandonnée. Cette Chambre, bientôt, ne prétendra pas moins que la couronne suppléer à l'incompétence du maréchal. Le rôle que le ministre n'était pas en état de jouer se trouvera donc partagé et comme tiraillé entre deux ingérences contraires. Là sera, non pas la cause unique, mais l'une des causes des erreurs commises dans la question d'Orient. Au début, toutefois, et alors que l'attention du public n'était pas encore éveillée, l'influence du Roi put s'exercer assez librement, et les premières démarches de notre diplomatie furent arrêtées sous son inspiration manifeste [2].

Tout d'abord, afin de prévenir, s'il en était temps encore,

---

[1] M. Molé écrivait à M. de Barante, le 18 septembre 1839 : « La politique extérieure est aujourd'hui purement et simplement celle du Roi ». (*Documents inédits.*) — Un diplomate prussien disait de son côté : « On ne doit attacher aucune importance à ce que dit le maréchal, jusqu'à ce qu'il ait pris les ordres du Roi. » (HILLEBRAND, *Geschichte Frankreichs*, t. II, p. 371.)

[2] Ajoutons que, dans les bureaux mêmes de son ministère, le maréchal Soult

le choc des troupes en marche ou au moins d'en limiter les conséquences, le maréchal Soult fit partir deux de ses aides de camp, l'un pour Constantinople, l'autre pour Alexandrie, avec mission de réclamer la suspension des hostilités et d'en porter l'ordre aux deux armées. En même temps, afin de marquer que la France entendait tenir sa place dans le drame qui commençait, on déposa à la Chambre, le 25 mai, une demande de crédit de 10 millions à affecter au développement des armements maritimes. Ce n'étaient là que des mesures préliminaires. Il fallait, en outre, arrêter la direction qui serait donnée à notre politique dans cette crise si complexe. Le gouvernement estima que l'intérêt premier, celui auquel tous les autres devaient être subordonnés, était d'empêcher que la Russie n'intervînt seule à Constantinople, en vertu du traité d'Unkiar-Skélessi. Il estima également que la meilleure manière de sauvegarder cet intérêt était de faire de la question d'Orient une question européenne, en invitant toutes les grandes puissances à se concerter pour garantir ensemble l'indépendance de l'empire ottoman et résoudre les difficultés avec lesquelles cet empire se trouvait aux prises. Si la Russie entrait dans ce concert, elle renoncerait d'elle-même à son protectorat exclusif ; si elle n'y entrait pas, elle se trouverait isolée en face de l'Europe. Les résultats à attendre de cette politique dépassaient même de beaucoup la question particulière de Constantinople, si importante qu'elle fût en elle-même. Il ne s'agissait, en effet, de rien moins que de substituer un nouveau classement des puissances à l'espèce de Sainte-Alliance qui s'était essayée tant de fois à renaître depuis 1830 ; d'effacer les dernières traces de l'état de suspicion où la révolution de Juillet avait placé la France ; de faire rentrer celle-ci dans le concert européen, non par grâce et à la dernière place, mais avec un rôle ouvertement initiateur ; de rouvrir enfin une ère de libres combinaisons internationales où nous

---

possédait un employé supérieur qui devait, sans bruit, sans faste, faire une bonne partie de la besogne du ministre : c'était le directeur des affaires politiques, M. Desages, homme de grande expérience et ayant précisément accompli une partie de sa carrière dans les postes du Levant.

aurions le choix de nos amis et, par cela même, la possibilité de faire payer notre amitié. Et, pour ajouter à ces avantages de haute politique la saveur d'une sorte de vengeance, le gouvernement qui allait se trouver acculé entre l'isolement et la capitulation, était précisément ce gouvernement russe qui, depuis dix ans, se montrait le plus implacable ennemi de la monarchie de Juillet ; nous nous disposions à retourner contre lui la coalition qu'il avait cherché à former contre nous.

Nul doute que le Roi, avec son habituelle perspicacité, n'ait eu la vue nette de tous ces avantages, et que ceux-ci n'aient été la raison déterminante de la direction donnée à la politique de la France. S'était-il aussi bien rendu compte d'une autre conséquence de cette politique? Du moment où nous demandions à l'Europe de s'emparer de la question orientale, nous ne pouvions lui soustraire le règlement des rapports entre le sultan et son vassal. Or il ne fallait pas s'attendre que ce dernier rencontrât, chez toutes les puissances, la faveur que nous lui portions ; on ne devait pas ignorer quelles étaient, à son égard, la froideur de l'Autriche et l'animosité de l'Angleterre. Sans doute, ces dispositions ne mettaient pas en péril l'existence politique du pacha. Nous étions assurés d'obtenir pour lui l'hérédité en Égypte, — ce qui était l'essentiel, — et même une part plus ou moins considérable de la Syrie. Mais quelle serait l'étendue de cette dernière concession? C'était sur ce point que nous pouvions avoir à compter avec les résistances des autres puissances. Le gouvernement français y avait-il songé? Entendait-il s'engager à fond pour triompher de ces résistances, ou bien, tout en se disposant à plaider la cause du pacha, avait-il pris d'avance son parti de ne pas tout obtenir? Autant d'interrogations qu'il fallait se poser à soi-même et auxquelles il importait de répondre nettement, car de cette réponse dépendait la politique à suivre.

De deux choses l'une. — Estimait-on que l'honneur et l'intérêt de la France lui imposaient de soutenir quand même toutes les prétentions de Méhémet-Ali? Alors il fallait se garder d'instituer nous-mêmes le tribunal qui devait nous donner tort; au lieu de provoquer la délibération commune des puissances, notre jeu était plutôt de les désunir ; au lieu de nous acharner contre la Russie, nous devions lui proposer de faire part à deux, autant, du moins, que le permettaient les préventions du czar. C'était la politique que prônait le parti légitimiste [1], et il semblait parfois que lord Palmerston craignit de nous la voir suivre [2]. — Estimait-on, au contraire, qu'agrandir un peu plus le domaine asiatique de Méhémet-Ali n'était point, pour la France, un avantage comparable à celui qu'elle trouverait à écarter la Russie de Constantinople, à détruire ce qui restait de la Sainte-Alliance et à rentrer avec éclat dans la politique européenne? Alors il fallait prendre envers soi-même la résolution de laisser toujours à son rang secondaire la question de Syrie, et de ne pas mettre, pour elle, en péril le concert des puissances contre la Russie. A l'appui d'une telle conduite, on pouvait invoquer un précédent : lors de la constitution du royaume de Grèce, le gouvernement de la Restauration eût désiré faire attribuer au nouveau royaume la Thessalie et Candie; il y avait renoncé devant la résistance des autres puissances, et s'était tenu pour satisfait d'avoir obtenu le principal. Il y avait là deux politiques distinctes, opposées, l'une que l'on eût pu appeler égyptienne, l'autre européenne. On était libre de prendre l'une ou l'autre. La seconde était, à notre avis, la plus honnête, la plus profitable, la plus facile, la moins dangereuse ; elle était même la seule praticable, étant données les dispositions personnelles du czar. Mais, en tout cas, il fallait choisir entre les deux. Viser à cumuler les avantages de l'une et de l'autre, c'était risquer de n'en obtenir aucun. Prétendre faire échec, en même temps, à la Russie en Turquie et à l'Angleterre en Égypte, c'était s'exposer à ce que ces deux puissances s'unissent contre nous.

---

[1] Voir, entre autres, le discours du duc de Noailles à la Chambre des pairs, le 6 janvier 1840.
[2] Lord Palmerston écrivait, le 8 juin 1838, à lord Granville, ambassadeur d'Angleterre à Paris : « Il ne faut pas oublier que le grand danger pour l'Europe est la possibilité d'une combinaison entre la France et la Russie; elle rencontre à présent un obstacle dans les sentiments personnels de l'empereur; mais il peut ne pas en être toujours ainsi. » (BULWER, t. II, p. 235.)

En mai 1839, au moment où il fut surpris par l'entrée en campagne des Turcs, le gouvernement français ne pouvait pas se rendre compte, avec autant de précision que nous le faisons après coup, de l'alternative en face de laquelle il se trouvait placé et du choix qu'il avait à faire. La vérité est qu'à cette heure, il était à peu près exclusivement préoccupé du péril, qui lui paraissait imminent, de l'intervention de la Russie à Constantinople. Il ne songeait qu'à y parer et à saisir cette occasion de faire acte de politique européenne, sans se demander bien nettement ce que deviendrait la question égyptienne, quelles contradictions il y rencontrerait, et jusqu'à quel point il devrait y tenir tête ou y céder. Dans son application à former le concert européen, il n'avait pas renoncé au reste, mais il l'avait momentanément perdu de vue. D'ailleurs, il s'était fait, comme presque tout le monde alors, une telle idée de la puissance du pacha, de l'impossibilité où l'on serait de le réduire par la force, qu'il croyait pouvoir compter sur cette impossibilité pour obliger les puissances à en passer, bon gré mal gré, par toutes les exigences de son client.

Le concert européen parut d'abord s'établir avec une facilité bien faite pour encourager le gouvernement du roi Louis-Philippe dans la voie qu'il avait choisie. A la nouvelle que les hostilités recommençaient en Orient, lord Palmerston s'était mis aussitôt en rapport avec notre chargé d'affaires[1], et avait témoigné un vif désir de s'entendre avec la France. Lui aussi se montrait, avant tout, soucieux de prévenir l'application du traité d'Unkiar-Skélessi, de réduire la Russie à un « rôle auxiliaire », et de « l'enfermer dans les limites d'une action commune[2] ». On se mit d'accord sur la force respective des flottes française et anglaise à envoyer dans le Levant et sur les instructions à donner aux amiraux pour arrêter les hostilités. Une question plus délicate était de savoir ce qu'il y aurait à faire si

[1] C'était M. de Bourqueney qui remplaçait l'ambassadeur, le général Sébastiani, en congé pour cause de santé.
[2] Dépêche de M. de Bourqueney, 25 mai 1839. (*Mémoires de M. Guizot, Pièces historiques.*)

les Russes, appelés par la Porte, arrivaient tout à coup à Constantinople pour protéger le sultan contre le pacha. Après quelques pourparlers, on convint que, dans ce cas, les escadres alliées devaient paraître aussi dans le Bosphore, en amies, si le sultan, mis en demeure, acceptait ce secours, de force, s'il le refusait. Dans son ardeur, le gouvernement français ne manifestait qu'une crainte, c'était que le cabinet anglais ne fût pas assez décidé contre la Russie [1]. Lord Palmerston était ravi de de nous trouver en ces dispositions. « *Soult is a jewell* [2] », écrivait-il à son ambassadeur à Paris. Du reste, les négociations se poursuivaient dans des conditions de cordialité et d'intimité auxquelles le chef du *Foreign Office* ne nous avait pas, depuis quelque temps, accoutumés. « Nous nous entendons sur tout, disait-il au chargé d'affaires de France... Ce n'est pas la communication d'un gouvernement à un autre gouvernement; on dirait plutôt qu'elle a lieu entre collègues, entre les membres d'un même cabinet [3]. » De son côté, le maréchal se déclarait aussi « très-satisfait des rapports qu'il avait avec le gouvernement britannique, » et se félicitait de voir « tout se faire d'accord, à Londres et à Paris [4]». Seulement, lord Palmerston se montrait moins empressé, quand notre gouvernement lui parlait de faire appel aux autres puissances; sans oser s'y refuser, il laissait voir qu'il se fût volontiers borné à l'action commune de l'Angleterre et de la France [5]. Or c'est ce même ministre qui devait bientôt se servir contre nous du concert dont, au début, nous provoquions, presque malgré lui, la formation [6].

A Vienne, au contraire, l'idée du concert européen plaisait

[1] Dépêche de M. de Bourqueney, 17 juin 1839. (*Mémoires de M. Guizot, Pièces historiques.*)
[2] « Soult est un bijou. » Lettre du 19 juin 1839. (BULWER, t. II, p. 258.)
[3] Dépêche de M. de Bourqueney, du 20 juin 1839. (*Mémoires de M. Guizot, Pièces historiques..*)
[4] Lettre du maréchal Soult à M. de Barante, 28 juin 1839. (*Documents inédits.*)
[5] Dépêche de M. de Bourqueney, 17 juin 1839. (*Mémoires de M. Guizot, Pièces historiques.*)
[6] Un peu plus tard, le 3 octobre 1840, M. Thiers disait dans sa réponse à un *Memorandum* du cabinet anglais : « Lord Palmerston se rappellera sans doute qu'il était moins disposé que la France à provoquer le concours général des cinq puissances; et le cabinet français ne peut que se souvenir, avec un vif regret, en comparant

fort. C'est de là même, à vrai dire, qu'elle était partie. Aussitôt informé des événements d'Orient, le 18 mai 1839, M. de Metternich s'était mis en rapport avec les ambassadeurs de France et d'Angleterre. Il proposait de « terminer le différend du sultan et du pacha au moyen d'un arrangement dicté par les cinq puissances, garanti par elles et qui leur assurerait, à l'avenir, un droit égal d'intervention dans les affaires de l'empire ottoman ». Comme base de cet arrangement, il indiquait le maintien des avantages viagers déjà concédés, en 1833, à Méhémet-Ali, et en outre l'hérédité de l'Égypte assurée à son fils Ibrahim. Il déclarait d'ailleurs « n'attacher qu'une importance secondaire à cette partie de la question, qu'il appelait *turco-égyptienne*, et acceptait d'avance ce que la France et l'Angleterre proposeraient d'un commun accord sur ce chef »; il ajoutait que « son intérêt principal s'attachait à la question *européenne* proprement dite, c'est-à-dire au mode de l'intervention collective des grandes puissances et au moyen d'assurer cinq tuteurs, au lieu d'un, à l'empire ottoman ». En attendant, et pour donner tout de suite une marque publique de son accord avec les deux puissances maritimes, il se montrait disposé à joindre à leurs flottes une frégate autrichienne. Sans doute il ne se dissimulait pas que des objections étaient à prévoir de la part de la Russie; mais il se flattait d'en triompher, et affectait de se porter fort des dispositions conciliantes du czar. Enfin, et ce n'était pas le point auquel il tenait le moins, il témoignait son désir que la conférence se réunit à Vienne [1]. Le gouvernement français ne pouvait que faire bon accueil à ces ouvertures. Il s'employa à faire accepter Vienne par l'Angleterre, qui y avait quelque répugnance [2]. Par contre, il demanda à l'Autriche de s'associer aux mesures projetées par les deux puissances occidentales pour le cas où les Russes seraient appelés à Constan-

le temps d'alors au temps d'aujourd'hui, que c'était sur la France surtout que le cabinet anglais croyait pouvoir compter pour assurer le salut de l'empire turc. »

[1] *Mémoires inédits de M. de Sainte-Aulaire.* — Cf. aussi *Mémoires de M. de Metternich*, t. VI, p. 368 à 370, 472 et 476, et dépêche du maréchal Soult à M. de Bourqueney, 13 juin 1839. (*Mémoires de M. Guizot, Pièces historiques.*)

[2] Dépêche de M. de Bourqueney au maréchal Soult, 20 juin 1839. (*Ibid.*)

tinople [1]. Une telle démarche effarouchait bien un peu la timidité de M. de Metternich et ses habitudes de ménagement, presque de « courtisanerie » envers le czar [2]; il redoutait de manifester aux autres et de s'avouer à lui-même aussi nettement et d'aussi bonne heure son opposition à la Russie : c'est pourquoi, sans refuser ce qu'on lui demandait, il cherchait à gagner un peu de temps. A l'ambassadeur de France, qui le pressait : « Ce serait, répondait-il, un procédé malhabile et offensant pour le czar, que de ne pas attendre sa réponse ; avant de marcher à trois, nous ne devons rien négliger pour nous mettre tous les cinq ensemble [3]. » Si l'on tient compte de la politique suivie par l'Autriche depuis dix ans, n'était-ce pas déjà beaucoup de lui voir accepter, fût-ce comme une éventualité, ce projet de « marcher à trois » ? En somme, on pouvait dès lors regarder comme très-probable que le cabinet de Vienne suivrait la France et l'Angleterre, pourvu que celles-ci demeurassent unies et lui donnassent une impulsion vigoureuse [4].

A Berlin, où l'on était habitué à prendre pour guides l'Autriche et la Russie, on désirait se compromettre le moins possible dans une question qui menaçait de diviser ces deux puissances et qui n'intéressait pas directement la Prusse. Aussi M. de Werther, qui avait succédé à M. Ancillon comme ministre des affaires étrangères, répétait-il volontiers que son gouvernement « n'avait aucun moyen d'influence sur la solution de cette question », et qu'en cette matière « il n'y avait que quatre grandes puissances ». Toutefois, en réponse à nos ouvertures, il se montra favorable à l'idée de provoquer une entente générale pour le règlement des affaires d'Orient [5].

---

[1] Dépêche du maréchal Soult à M. de Sainte-Aulaire, 28 juin 1839. (*Documents inédits.*)

[2] « M. de Metternich a eu constamment, depuis dix ans, un luxe de ménagements et presque de courtisanerie envers l'empereur Nicolas. » (Dépêche de M. de Barante à M. Guizot, 28 mai 1841. *Documents inédits.*)

[3] *Mémoires de M. de Sainte-Aulaire.*

[4] Dépêche du maréchal Soult à M. de Barante, 17 juillet 1839. (*Documents inédits.*)

[5] Dépêche de M. Bresson au maréchal Soult, 11 juin 1839, et du maréchal Soult à M. de Barante, 20 août 1839. (*Documents inédits.*)

A la vue du concert qui s'établissait en dehors de lui et éventuellement contre lui, le gouvernement russe paraissait fort embarrassé. Comme l'écrivaient notre ambassadeur à Saint-Pétersbourg et nos autres agents diplomatiques, ce gouvernement ne semblait pas plus que dans les années précédentes « prêt pour les partis extrêmes »; loin d'être disposé à braver « une rupture avec l'Europe occidentale », il redoutait l'occasion de « reprendre une attitude militaire sur le Bosphore ». Seulement, il lui était singulièrement mortifiant de consentir à délibérer avec les autres puissances sur les affaires de l'empire ottoman, « d'arriver le dernier dans une transaction commune », et de renoncer ainsi à la prédominance, à la suzeraineté exclusive qu'il croyait s'être assurées à Constantinople. Aussi cherchait-il à reculer le plus possible le moment d'un sacrifice pénible, et il regardait tout autour de lui s'il ne découvrirait pas quelque moyen d'y échapper. Au cas où ce moyen ne se présenterait pas, où l'Europe, demeurant unie, continuerait à le placer dans l'alternative de l'isolement ou de la capitulation, il était dès à présent décidé à ne pas risquer l'isolement. Il ne s'en cachait pas, et tous les cabinets se croyaient fondés à attendre, d'un jour à l'autre, son adhésion à la conférence projetée à Vienne [1].

Telle était la situation en juillet 1839. Le gouvernement français se félicitait du prompt résultat de ses opérations diplomatiques. Heureux d'avoir « bridé » et « intimidé » la Russie, — c'étaient les expressions mêmes du maréchal Soult, — d'avoir retourné contre elle la coalition, et d'avoir repris, dans le concert européen, un rôle directeur auquel il n'était pas habitué, il croyait tenir le succès [2]. Et cependant, à y regarder d'un peu près, on eût pu déjà entrevoir le point faible de sa poli-

---

[1] Correspondance inédite de M. de Barante, confirmée par les correspondances également inédites de M. de Sainte-Aulaire, ambassadeur à Vienne, de M. Bresson, ministre à Berlin, et par les dépêches de M. de Bourqueney, chargé d'affaires à Londres. — Voy. aussi les documents émanés des agents anglais. (*Correspondence relative to the affairs of the Levant.*)

[2] Lettre du maréchal Soult au roi Louis-Philippe, 21 juillet 1839. (*Documents inédits.*)

tique : c'était la question égyptienne. Dès leurs premières communications, les deux cabinets de Londres et de Paris avaient exprimé sur ce sujet des vues divergentes : celui-là indiquant très-nettement son intention de réduire Méhémet-Ali à l'Égypte héréditaire, celui-ci désirant qu'on lui accordât en outre presque toute la Syrie; le premier fort empressé à proposer des mesures coercitives contre le pacha, le second ne voulant procéder que par conseils bienveillants [1]. Sans doute les deux gouvernements, alors principalement préoccupés de faire échec à la Russie, évitaient l'un et l'autre d'insister sur ce dissentiment, affectaient de le considérer comme secondaire, et témoignaient pleine confiance dans l'entente finale. Mais nul indice que l'un dût se résigner à céder à l'autre, et en réalité le conflit n'était qu'ajourné. Vainement, au milieu de juillet, la France et l'Angleterre semblaient-elles affirmer de nouveau leur entier accord par une déclaration identique en faveur de « l'intégrité et de l'indépendance de l'empire ottoman [2] »; on pouvait facilement se rendre compte que ces mots n'avaient pas pour chacune le même sens : l'une voyait dans la garantie d'intégrité un obstacle au démembrement réclamé par Méhémet-Ali; pour l'autre, cette intégrité n'était stipulée qu'à l'encontre des puissances étrangères, de la Russie notamment, et ne se trouvait nullement atteinte par des arrangements intérieurs entre le suzerain et le vassal. Ces contradictions, plus ou moins latentes, n'échappaient pas aux autres puissances. M. de Metternich en sentait sa confiance du premier moment toute troublée. Aussi interrogeait-il souvent, avec une curiosité inquiète, notre ambassadeur sur les rapports des cabinets de Paris et de Londres. « Êtes-vous bien sûr, lui disait-il, qu'ils s'entendent parfaitement? » Et, comme M. de Sainte-Aulaire le lui affirmait : « Je crains, répondait-il, que vous ne soyez mal informé, et ce serait un grand malheur; jamais leur union

---

[1] Dépêches de M. de Bourqueney au maréchal Soult, 24 mai, 17 et 20 juin, 27 juillet 1839, et dépêches du maréchal Soult à M. de Bourqueney, 30 mai, 17 et 28 juin de la même année. (*Mémoires de M. Guizot, Pièces historiques.*)

[2] Dépêche du maréchal Soult, 17 juillet 1839, et réponse de lord Palmerston, en date du 22 juillet. (*Mémoires de M. Guizot, Pièces historiques.*)

n'a été plus nécessaire [1]. » Fait grave, la Russie s'apercevait du dissentiment près d'éclater entre ses adversaires; elle en était d'ailleurs informée par l'Angleterre elle-même. Au commencement de juillet, lord Palmerston, dont l'ancienne animosité contre le pacha se réveillait à mesure qu'il avait moins peur de la Russie, s'était mis en campagne pour faire agréer aux divers cabinets ses vues sur la nécessité de faire restituer la Syrie au sultan. Il s'était adressé non-seulement à Vienne et à Berlin, mais à Saint-Pétersbourg [2], au risque, comme le lui reprochait un peu plus tard le maréchal Soult, de donner à entendre qu'il cherchait là un point d'appui contre la France [3]. Le czar n'avait ni parti pris, ni intérêt direct dans la question égyptienne. « Un peu plus, un peu moins de Syrie donné ou ôté au pacha, nous touche peu », disait M. de Nesselrode. Mais ce qui touchait, au contraire, beaucoup le gouvernement russe, c'était de dissoudre la coalition qui se formait contre lui. Il comprit tout de suite qu'en appuyant les vues de l'Angleterre, il aurait chance de la séparer de la France, et résolut dès lors de diriger ses efforts de ce côté. Tout à l'heure, il était découragé, résigné à céder, de plus ou moins mauvaise grâce, devant l'union des puissances. Après la communication de l'Angleterre, il se sent tout ranimé, ne songe plus à capituler, reprend le verbe haut, ajourne son adhésion aux communications des autres cabinets, et s'apprête à enfoncer le coin dans la fissure qui vient de lui être signalée. Au gouvernement français de ne pas fournir à cette tactique ennemie l'occasion cherchée, de ne pas tomber dans le piége qu'on va lui tendre. Il en est temps encore : rien n'est sérieusement compromis. A Paris, d'ailleurs, on doit être sur ses gardes; les avertissements n'ont pas manqué. Dès le 8 juin, M. de Barante écrivait de

---

[1] *Mémoires inédits de M. de Sainte-Aulaire.* — Cf. aussi les *Mémoires de M. de Metternich*, t. VI, p. 370, et une dépêche du maréchal Soult à M. de Bourqueney, en date du 1er août 1839. (*Mémoires de M. Guizot, Pièces historiques.*)

[2] Dépêche inédite de M. de Barante au maréchal Soult, en date du 20 juillet 1839, et *Correspondence relative to the affairs of the Levant*.

[3] Dépêche du maréchal Soult, 1er août 1839, et de M. de Bourqueney, 3 août. (*Mémoires de M. Guizot, Pièces historiques.*)

Saint-Pétersbourg au maréchal Soult : « Il ne faut pas douter que le gouvernement du czar ne promette à l'Angleterre quelques avantages pour la décider à mettre tous ses intérêts à part des nôtres. » Et peu de jours après, le 29 juin, M. de Sainte-Aulaire signalait de Vienne « la manœuvre de la Russie, qui s'efforçait, par tous les moyens, de séparer de nous notre plus utile allié [1]. »

III

Le ministère qui dirigeait les affaires de la France était-il en état de tenir compte de ces avertissements? Le moment est venu de se demander quelle était sa situation en présence des partis. Aussi bien, concurremment avec le prologue de la crise extérieure, se développait alors ce qu'on pourrait appeler l'épilogue de la crise intérieure. La France n'était pas entièrement débarrassée du mal parlementaire dont elle avait souffert depuis trois ans, et qui venait d'avoir son accès le plus violent dans la coalition de 1839. Ce mal était sans doute moins aigu; il s'atténuait par l'effet même de la lassitude; mais il n'avait pas disparu, et il allait avoir son contre-coup sur les difficultés du dehors.

A en juger par l'accueil que lui fit tout d'abord la presse, le ministère formé par le maréchal Soult dans la hâte et l'inquiétude d'un jour d'émeute, semblait avoir beaucoup d'ennemis et point ou peu d'amis. Tous les journaux de centre gauche et de gauche, mortifiés de l'avortement de la coalition, reprochaient violemment à l'administration nouvelle de n'être pas plus parlementaire que celle du 15 avril et de n'avoir aucune indépendance à l'égard de la couronne. Quant aux feuilles conservatrices, telles que le *Journal des Débats* et la *Presse,* elles ne pardonnaient pas au cabinet d'être composé presque entièrement d'anciens adversaires de M. Molé; pour ne pas paraître chercher une

---

[1] *Documents inédits.*

nouvelle crise, elles évitaient de faire une opposition ouverte, mais ne cachaient ni leur ressentiment, ni leur méfiance. « Nous surveillerons le ministère, disait le *Journal des Débats*, c'est notre devoir ; nous examinerons ses actes avec une attention sévère. » Peut-être cette sévérité était-elle augmentée par la résolution que le cabinet avait prise, un peu naïvement, de supprimer toutes les subventions aux journaux.

Si les partis trahissaient ainsi, dans la presse, leur hostilité ou leur humeur, ce n'est pas qu'ils eussent la volonté et le pouvoir de conformer leur conduite à leur langage, et que le ministère courût le danger de sombrer en sortant du port. La nécessité de salut public, sous l'empire de laquelle il s'était formé, le protégeait contre un accident trop prochain ; elle lui donnait, sinon une autorité, au moins une sécurité temporaire que ses propres forces n'eussent pas suffi à lui assurer ; elle imposait à ses adversaires une trêve que leur passion n'eût peut-être pas volontairement consentie. Au lendemain de cette longue crise dont le pays avait désespéré de voir le terme, qui eût osé prendre sur soi d'en rouvrir une nouvelle ? La coalition avait, pour un moment, discrédité toute opposition. Les partis, d'ailleurs, étaient eux-mêmes trop honteux du spectacle qu'ils venaient de donner, trop las de leurs efforts sans résultat, ils se sentaient trop impuissants par leurs divisions, pour être bien impatients d'entrer de nouveau en campagne. Ajoutez, enfin, que la modestie du cabinet n'offusquait aucun amour-propre, que son apparence provisoire ne décourageait aucune ambition, et l'on comprendra comment, sans avoir guère d'amis, il ne courait cependant aucun danger immédiat.

M. Guizot appuyait ouvertement le cabinet et mettait même une sorte d'affectation à se proclamer satisfait. Non, sans doute, qu'il trouvât les doctrinaires suffisamment partagés avec l'unique portefeuille de M. Duchâtel, ou que l'administration nouvelle lui parût vraiment « parlementaire » au sens de la coalition. Mais, comprenant que, depuis un an, il avait fait fausse route, il subordonnait tout au besoin de regagner les bonnes grâces du Roi et la confiance des conservateurs. Louis-Philippe, chez lequel une expérience quelque peu sceptique et dédaigneuse ne laissait guère de place aux longs ressentiments, semblait devoir se prêter sans difficulté à ce rapprochement : déjà il témoignait à M. Guizot qu'il lui savait gré d'avoir aidé à la formation du cabinet. Les conservateurs paraissaient moins prompts à pardonner ce qu'ils appelaient la trahison du chef des doctrinaires ; celui-ci sentait que le temps seul atténuerait cette rigueur, et qu'en attendant il devait se tenir à l'écart, ne manifester aucune humeur d'être hors du pouvoir, aucune impatience d'y revenir, aucune hésitation à servir gratuitement la cause conservatrice [1]. Il accepta virilement les conditions de cette sorte de pénitence : peut-être n'y voyait-il pas seulement une habileté nécessaire, mais aussi une légitime expiation. Plus d'un symptôme révèle alors, dans ce noble esprit, une tristesse intime, un regret poignant de la faute commise. Il avait l'âme trop hautaine pour en faire confidence au public, mais assez délicate pour en souffrir. Ses amis n'étaient pas sans entrevoir parfois quelque chose de cette souffrance [2]. Il trouva, du reste, un moyen d'occuper et d'intéresser la retraite momentanée à laquelle il était condamné. Sur la demande des éditeurs américains de la correspondance de Washington, il entreprit une étude sur le fondateur de la république des États-Unis. Les jouissances de l'historien le distrayaient et le consolaient des déboires du politique. Heureux ceux qui, en se livrant aux hasards, trop souvent trompeurs, de la vie publique, ont gardé le culte des lettres ! Celles-ci, du moins, ne les trompent pas.

Tout autre se trouvait être l'état d'esprit de M. Thiers. Après la victoire électorale des coalisés, il s'était cru maître de la situation ; il n'avait alors ménagé personne, ni le Roi, ni les doctrinaires, ni l'ancienne majorité, se passant tous ses caprices, rompant, sans se gêner, les combinaisons qu'il avait acceptées la veille, persuadé qu'il finirait toujours par imposer sa dictature

---

[1] M. Guizot a écrit dans ses *Mémoires* : « Il me fallut beaucoup de temps et d'épreuves pour reprendre la confiance du parti de gouvernement et toute ma place dans ses rangs ». (T. IV, p. 312.)

[2] Lettre de M. de Barante à M. Bresson, en date du 14 avril 1840. (*Documents inédits.*)

morale à la couronne et à la Chambre. A ce jeu, il avait manqué
le pouvoir, brisé la coalition, démembré son propre parti et
abouti à un ministère fait, pour une bonne part, avec ses propres
amis, sans lui, malgré lui, presque contre lui. A cette déception
cruelle, s'ajouta une mortification qui ne lui fut pas moins sensible. La Chambre devait nommer un président en remplace-
ment de M. Passy, devenu ministre. Les gauches portèrent
M. Thiers. Les doctrinaires, le centre et les dissidents du centre
gauche lui opposèrent l'un de ces derniers, M. Sauzet, que le
ministère parut appuyer. C'était à peu près la répétition de ce
qui s'était passé naguère, lors de la nomination de M. Passy.
Après un premier scrutin sans résultat, M. Sauzet l'emporta
par 213 voix contre 206 [1]. Les doctrinaires, heureux de voir
ainsi rétablir la vieille majorité conservatrice et d'y avoir repris
leur place, s'appliquèrent à grossir l'événement, et, pour
compromettre le ministère, lui attribuèrent dans le succès plus
de part peut-être qu'il n'en avait eu [2]; ils le louèrent d'avoir
débuté, non par une concession à la gauche, comme M. Molé
au 15 avril, mais en luttant contre elle et en ralliant l'ancien
parti de la résistance; ce qui faisait dire à M. Duvergier de
Hauranne, moins satisfait, pour son compte, de cette rupture
avec M. Thiers : « Le ministère du 15 avril était un cabinet
de centre droit fait contre M. Guizot; le ministère du 12 mai
est un cabinet de centre gauche fait contre M. Thiers [3]. »

M. Sauzet devait occuper jusqu'à la chute de la monarchie le
fauteuil présidentiel sur lequel il prenait place le 14 mai 1839.
Il avait trente-neuf ans. Sa fortune politique avait été assez
rapide. En 1830, son nom n'était guère connu hors de Lyon,
quand un éloquent et pathétique plaidoyer en faveur de M. de
Chantelauze, dans le procès des ministres de Charles X, le
rendit tout à coup célèbre. On lui supposait alors des attaches
ou au moins des sympathies légitimistes, et quand, nommé

---

[1] 14 mai 1839.

[2] On n'était même pas assuré que tous les ministres députés eussent voté pour
M. Sauzet.

[3] *Notes inédites de M. Duvergier de Hauranne.*

député en 1834, il se présenta aux Tuileries, les amis de la monarchie de Juillet se réjouirent de cette démarche comme d'une conversion. On le vit aussitôt prendre rang parmi les orateurs distingués de la Chambre, sans retrouver cependant l'étonnant succès de son discours devant la Cour des pairs. Il avait l'élocution facile et riche, l'argumentation ample et habile, beaucoup de mémoire et de présence d'esprit, l'organe sonore, le geste noble, l'œil clair et doux, le front développé. C'était ce qu'on appelle une belle parole, trop pompeuse dans les morceaux à effet, mais élégante et claire dans les questions d'affaires. Il rappelait parfois M. de Martignac, avec moins de grâce séductrice, mais avec plus d'abondance et de couleur. Son renom était surtout celui d'un rapporteur émérite, apte à exposer disertement les questions les plus ardues, à soutenir sans fatigue et à résumer avec limpidité les débats les plus compliqués. Esprit ouvert, sans beaucoup de fixité, quoique honnête et droit, plus souple qu'énergique, n'ayant pas toujours une grande originalité, mais sachant comprendre et s'approprier les idées des autres, naturellement modéré, bienveillant et désirant être payé de retour, on lui eût presque reproché de manquer d'angles, et il laissait ainsi parfois l'impression d'une certaine mollesse dans la forme comme dans le fond. Son attitude parlementaire avait été d'abord assez flottante : orateur et candidat ministériel du tiers parti, et cependant rapporteur de la loi de septembre sur la presse; collègue de M. Thiers dans le ministère du 22 février, son lieutenant dans l'opposition, et, peu après, son concurrent heureux à la présidence de la Chambre. Une fois arrivé au fauteuil, il se fixa du côté de la majorité conservatrice qui l'y avait porté. La dignité morale de sa vie, l'affabilité de son caractère, ce je ne sais quoi qui était le contraire d'un esprit entier et absolu, sa facilité de parole, ses dons de mémoire, de clarté et d'assimilation, convenaient à ses nouvelles fonctions dans les temps tranquilles. Mais ces qualités suffiraient-elles à l'heure des grandes crises?

Être battu par M. Sauzet parut fort dur à M. Thiers, et son animosité contre le cabinet s'en trouva encore accrue. « Si l'on a pu croire un moment, écrivait un témoin, que M. Thiers garderait d'abord une attitude expectante, cette illusion s'est bientôt évanouie. Rien n'égale, à ce qu'on assure, la violence de ses propos et de ceux de son déplorable entourage [1]. » Il agissait surtout au moyen de la presse, dont l'importance s'était accrue par la désorganisation même des partis parlementaires. Nul n'était aussi habile que M. Thiers à manier cette arme redoutable. Il savait attirer et retenir dans sa clientèle les journalistes les plus divers, les dirigeait, les excitait, et, en laissant à chacun son caractère propre, savait les faire servir tous à l'exécution d'un même dessein, sorte de symphonie exécutée avec des instruments de tonalités fort différentes. Nombreuses étaient les feuilles qui recevaient l'inspiration, parfois même la collaboration de M. Thiers. Avec quel emportement elles assaillaient le ministère! Avec quel mépris elles dénonçaient son insuffisance! C'était surtout aux ministres venus du centre gauche, particulièrement à M. Dufaure, qu'elles en voulaient. Parfois aussi leurs attaques visaient plus haut : peu de semaines après la formation du cabinet, le *Constitutionnel* publiait un article où chacun devina aussitôt la plume de l'ancien rédacteur du *National*, et qui rejetait sur le Roi lui-même tout le mal de la situation [2]. Du reste, la presse opposante

---

[1] 19 mai 1839, *Journal inédit du baron de Viel-Castel.*

[2] L'auteur de l'article, se demandant « quelle était la politique imposée au chef d'un gouvernement révolutionnaire et représentatif », répondait ainsi à cette question : « S'il est un grand politique, s'il domine ce qui l'entoure par la supériorité de sa raison, il trouvera des hommes pour se faire l'instrument de sa pensée, même parmi les plus capables. Faites Machiavel, Napoléon, chefs d'un pays libre, ils n'auront pas besoin d'aller recruter des ministres dans les rangs secondaires. Les politiques de cette forte trempe se gardent bien d'exclure les plus habiles, ils se gardent bien de diviser les hommes dont ils peuvent se servir, d'abaisser les caractères, de mettre en relief les côtés faibles des hommes qu'ils font concourir à leurs desseins. Ils grandissent tout ce qui les approche, au lieu de chercher à le diminuer. Voilà, selon nous, la politique élevée et grande sous un régime constitutionnel. Il y en a une autre : celle qui se met en désaccord avec les assemblées en choisissant des ministres en dehors des sommités parlementaires. Une Chambre repousse un ministère faible et impuissant ; cette répulsion se manifeste par un ou plusieurs votes ; on passe outre. Elle persiste dans sa résistance ; on la dissout. Les élections lui donnent gain de cause ; on temporise ; on perd ou on gagne du temps, en épuisant des combinaisons ministérielles auxquelles viennent s'opposer des impossibilités de toute espèce ; on spécule sur

semblait tenir à bien établir que M. Thiers était mal vu de Louis-Philippe et exclu du pouvoir parce qu'il représentait le principe de l'indépendance ministérielle : on eût dit que ses partisans pensaient le grandir par cette sorte d'antagonisme direct avec la couronne [1].

Mais si M. Thiers entretenait et avivait la bataille dans la presse, il ne réussissait pas à la transporter dans la Chambre. Les partis parlementaires, disloqués, fatigués, dégoûtés, étaient hors d'état de répondre à l'appel de sa passion. Pendant qu'à la suite de M. Passy, de M. Dufaure et de M. Sauzet, une partie du centre gauche l'abandonnait, M. Odilon Barrot refusait de recevoir plus longtemps son mot d'ordre. « Tout se gâte chez nous, écrivait M. Léon Faucher, alors rédacteur d'une feuille de gauche. Tous les partis sont détruits et confondus à la Chambre. Il n'y a que la presse qui ait conservé de la force et de la tenue. Nous sommes entre Barrot, qui faiblit, et M. Thiers, qui s'emporte, calmant celui-ci, secouant celui-là. Le ministère durera jusqu'à la session prochaine. » Devant cette impossibilité de rien entreprendre de sérieux, M. Thiers en vint aussi, quoique avec moins de sérénité que M. Guizot, à chercher la distraction des travaux littéraires ; il commençait alors son *Histoire du Consulat;* bientôt on put croire que ce mobile esprit n'avait plus

---

l'imprévu. Parmi tous les candidats aux ministères, les plus éminents comme les plus petits ont leurs rivalités, leurs passions, leurs préférences, leurs antipathies ; on exploite tous les côtés infirmes de notre nature. Au lieu de prendre les hommes importants par ce qui les distingue du vulgaire, on s'empare d'eux par les points qui les en rapprochent ; on les laisse se diviser, si on ne les y aide pas. On observe quelques ambitions impatientes, quelques cupidités empressées à se nantir d'un portefeuille, quelques étonnements naïfs de parvenus en face d'une élévation qui leur tourne la tête ; on les pousse vers la défection ; s'ils cèdent, on les enrôle dans un ministère de toute couleur, et on se flatte d'avoir gagné une grande partie. Pauvre politique que celle-là !.... D'ailleurs, comment peut-on appeler habile une politique qui ne fonde son succès que sur ces trois choses : petites majorités, petites capacités, petits caractères ?... Malheureusement, comme l'écrivait M. Rémusat, la petite sagesse est à la mode, et l'on se soucie peu des choses élevées. Le bruit se répand que le génie politique n'est que de la dextérité. » (*Constitutionnel* du 23 mai 1839.)

[1] Le *Journal des Débats* disait à ce propos, le 25 mai 1839 : « Les amis de M. Thiers ont pour lui une fatuité qu'il désapprouve sans doute, une fatuité bien folle et bien dangereuse, quand ils font de lui l'adversaire et l'antagoniste du Roi. »

d'autre préoccupation que d'achever son premier volume. Ne racontait-on même pas, à la fin de juin, qu'il était allé voir le Roi avant de se rendre à Cauterets, et qu'un rapprochement s'en était suivi?

La réserve volontaire ou forcée des chefs de parti facilitait l'œuvre oratoire du cabinet. Ce n'était pas, du reste, sous ce rapport qu'il devait le plus craindre de se montrer inégal à sa tâche. A défaut d'un président du conseil en état de soutenir un débat, les autres ministres étaient, presque tous, capables de faire très-honorablement leur partie. Deux surtout se distinguèrent et devinrent, par leur talent de parole, non les chefs les plus influents, mais les défenseurs les plus en vue du cabinet : c'étaient le ministre des travaux publics et celui de l'instruction publique, M. Dufaure et M. Villemain. Les personnages valent la peine qu'on s'arrête un moment à les considérer, à se demander qui ils étaient et d'où ils venaient.

Quand M. Dufaure était arrivé à la Chambre, en 1834, âgé de trente-six ans, et précédé de la réputation qu'il avait acquise au barreau de Bordeaux, il avait été tout d'abord accueilli avec quelque surprise. Rien en lui ne rappelait ce type séduisant de l'avocat girondin, tel qu'on l'avait connu, quelques années auparavant, sous la figure de Ravez ou de Martignac. Dans son allure, ses traits, sa tenue, quelque chose de solide, mais de rustique ; chevelure en désordre, visage carré, fruste et haut en couleur ; épais sourcils cachant presque les yeux, profondément enfoncés ; bouche vaste aux gros plis, aux mouvements puissants, et semblant plus faite pour mordre dur et tenir ferme, que pour laisser passer les chants de l'éloquence ; accoutrement simple, large, en tout le contraire de la recherche et de l'élégance ; démarche pesante et traînante, avec balancement de la tête et des hanches, et de longs bras qui pendaient ; dans tout l'aspect, je ne sais quoi d'un peu revêche et grondeur qui semblait vouloir tenir les autres à distance ; et, pour comble, une voix nasillarde d'un timbre unique au monde. Mais ces dehors peu gracieux cachaient un fond de qualités singulièrement fortes. D'abord, une volonté et une régularité de travail comme on en rencontre rarement chez les hommes politiques : levé tous les jours à quatre heures du matin, M. Dufaure n'avait goût à aucune des distractions mondaines, et quand, par impossible, il consentait à paraître dans un bal, il le faisait non en se couchant plus tard qu'à l'ordinaire, mais en se levant plus tôt. Il ne s'était permis d'aspirer à la vie publique qu'après avoir gagné, dans l'exercice de sa profession d'avocat, assez d'argent pour assurer l'indépendance de sa vie ; une fois député, il renonça au barreau pour se consacrer exclusivement aux travaux parlementaires. Il n'intervenait pas dans toutes les discussions, mais se faisait un devoir de se préparer à toutes ; quelques mois après son entrée à la Chambre, il écrivait à son père : « Depuis le commencement de la session, j'ai été prêt à parler sur tout. » Et pour mettre en œuvre les résultats de ce labeur, quel instrument ! Une parole sobre, sévère, sans recherche d'ornements, mais pleine, ample, forte, d'une chaleur concentrée, d'un souffle égal et puissant ; une argumentation admirablement ordonnée, sans digressions, sans à-coups, sans artifices de tactique, mais qui, d'un mouvement régulier, soutenu, irrésistible, marche droit à l'adversaire, l'enveloppe, l'étreint, le brise, l'écrase. « C'est une citadelle qui marche », disait Berryer. Nulle impression de monotonie, bien que les effets semblent être presque toujours les mêmes. Par moments, la voix s'élève frémissante, d'une émotion que l'orateur semble plutôt contenir que chercher, et qui n'en est que plus pénétrante. Ou bien encore, — et c'est peut-être son arme la plus cruelle, — sans avoir l'air d'y mettre l'ombre d'une malice, du même ton dont il vient de développer son argumentation, il y introduit une ironie à froid, sans sourire, d'un effet terrible ; ce n'est pas, comme chez certains railleurs, un trait léger qui pique et transperce ; c'est une massue qui assomme. Il n'est pas jusqu'au timbre étrange de la voix, si déplaisant à la première minute, qui ne semble bientôt faire partie de ce talent, être approprié à ce mode de discussion, comme le bruit d'une machine qui enfoncerait l'argument à coups égaux et répétés, ou qui broyerait lentement et fortement l'adversaire.

Depuis les discussions de droit ou d'affaires dans lesquelles M. Dufaure avait prudemment débuté, son talent s'était progressivement affermi, sans tâtonnements ni défaillances. En 1839, s'il n'avait pas encore atteint son apogée, il avait du moins donné sa mesure et pris son rang, rang fort honorable, sans être le premier. Malgré des qualités si rares, malgré ce qu'y ajoutait encore l'intégrité incontestée de sa vie privée, on sentait qu'il manquait quelque chose à M. Dufaure pour aller de pair non-seulement avec M. Guizot ou M. Thiers, mais même avec des hommes qui ne l'égalaient pas en puissance oratoire, comme le duc de Broglie ou le comte Molé. Il était resté trop avocat; il étudiait si complétement son dossier, qu'il s'y renfermait; il approfondissait les questions plus qu'il ne les dominait, et l'on ne trouvait pas dans ses discours ces échappées sur le dehors, ces vues de haut et de loin, ces larges généralisations qui révèlent l'homme d'État. Aussi se sentait-il plus attiré par les débats pratiques, les problèmes de législation, que par la politique pure. Ajoutons que, chez lui, la parole était plus ferme que la volonté, l'orateur plus résolu que l'homme d'action; l'habitude du barreau lui faisait voir les objections possibles beaucoup mieux que les raisons de se décider. Son attitude, depuis qu'il était au parlement, ne laissait pas une impression très-nette : on ne savait trop dans quel groupe le classer. Porté vers l'opposition libérale, l'un de ses premiers actes avait été de combattre les lois de septembre, et quand, après la dissolution du ministère du 11 octobre, le centre gauche s'était constitué, il avait paru d'abord y adhérer; mais peu après, il s'était brouillé avec M. Thiers : ce qui ne surprend guère, étant donnée l'opposition absolue des deux natures. Il ne cachait pas, d'ailleurs, sa répugnance à s'enrôler dans un groupe : ce n'était pas seulement de sa part une indépendance d'esprit et de conviction, indépendance parfois maussade et rébarbative; il y avait là aussi, dans une certaine mesure, quelque chose de ce souci de ne pas se compromettre, de cette prudence un peu terre-à-terre que nous avons déjà eu occasion de noter chez M. Dupin : soit dit sans vouloir rapprocher autrement deux personnages aussi dissemblables. Cette prudence singulière apparut dans ses rapports avec la couronne. Bien que n'ayant alors aucune arrière-pensée républicaine, il s'était attaché, dès le début, à n'aller aux Tuileries que dans les occasions officielles. Une fois ministre, il se relâcha forcément de cette rigueur, mais non sans se tenir toujours en garde contre on ne sait quelle compromission. Louis-Philippe, l'ayant invité un jour à Eu, avec d'autres membres du cabinet, lui avait envoyé gracieusement une de ses berlines pour faire le voyage. A la surprise des gens du Roi, M. Dufaure refusa d'y monter, et tint à faire le trajet dans sa propre voiture et à ses frais. On a cité ce trait, qui rappelle un peu M. Dupont de l'Eure, comme un signe de l'indépendance du ministre à l'égard de la cour; nous y verrions plutôt le signe de sa dépendance à l'égard d'une opinion qui n'était pas la meilleure. S'il n'aimait pas à se laisser enrégimenter dans le parti des autres, M. Dufaure n'avait rien de ce qu'il eût fallu pour en former un à soi. Très-bon, assure-t-on, dans son intimité, homme de famille et d'intérieur, il était, pour les étrangers, d'un abord peu familier. Non-seulement il n'avait pas le goût des manœuvres de couloir, où excellaient M. Thiers et M. Molé, mais il n'était apte à aucun des maniements d'hommes qui sont la condition première de toute action politique. Dans la vie parlementaire, il ne voyait rien autre que les délibérations des commissions et les discussions des séances. Son discours prononcé, la majorité conquise par la force de sa parole, il retournait dans son coin, replié sur lui-même et presque hérissé, sans rien faire pour organiser sa conquête. Ainsi, depuis cinq ans, il avait suivi son chemin particulier, à peu près solitaire, s'ouvrant à peine à quelques rares amis, n'ayant ni chef ni clientèle, préférant n'avoir à répondre que de soi; se fiant à sa supériorité d'orateur pour obliger les autres à compter avec lui, sans les autoriser à compter absolument sur lui; évoluant dans un espace assez étroit pour ne jamais paraître infidèle à ses opinions, mais y évoluant avec une mobilité très-personnelle et presque toujours imprévue; en somme, malgré son immense talent, ayant acquis plus de considération que d'influence.

M. Villemain, qui touchait à sa cinquantième année en 1839, était un des nombreux lettrés que 1830 avait détournés vers la politique. Non que celle-ci n'eût déjà, sous la Restauration, occupé une certaine place dans sa vie [1]; mais, alors, il était demeuré principalement un professeur. Après la révolution de Juillet, au contraire, il ne remonta plus dans sa chaire. Député, bientôt pair, il se mêla à tous les débats parlementaires de l'époque, se montrant l'un des orateurs les plus féconds et les plus animés de la Chambre haute. Bien qu'un peu capricieux d'allure, il était généralement dans la note du centre droit, et se fit remarquer par la passion avec laquelle il entra dans la coalition contre M. Molé. Son ambition était évidemment de retrouver dans la politique le rang qu'il avait occupé dans la littérature. Y parvenait-il?

Rien n'avait été plus heureux et plus brillant que les débuts de ce tout jeune professeur de rhétorique, déjà célèbre à vingt ans, cueillant facilement les plus belles couronnes académiques, et obtenant, dans les salons, par la grâce incisive ou éloquente de sa conversation, une faveur plus flatteuse encore à son amour-propre. Tout lui souriait : il était bien vu des puissants, applaudi de la jeunesse, et se sentait en passe de conquérir par son esprit les plus hautes positions, jouissant vivement et des lettres elles-mêmes et des avantages qu'elles lui procuraient. Titulaire à vingt-cinq ans de la chaire de littérature française à la Sorbonne, membre de l'Académie à trente ans, il professait à côté de M. Cousin et de M. Guizot; et de ces trois illustres maîtres, alors si goûtés, si admirés, c'était lui peut-être, à en juger par les témoignages contemporains, qui avait le plus brillant succès. D'une laideur grimaçante, presque bossu, mal mis, courbé et comme avachi dans sa chaire [2], il

---

[1] Nommé maître des requêtes par M. Decazes, M. Villemain avait été un moment chef de la division des lettres au ministère de l'intérieur. M. de Villèle lui avait enlevé sa place de maître des requêtes pour le punir d'avoir protesté, au nom de l'Académie française, contre la loi sur la presse. M. de Martignac le nomma conseiller d'État. Enfin, sous M. de Polignac, il se fit élire député.

[2] La duchesse de Broglie écrivait de M. de Villemain, en 1820 : « Il a dans

avait une physionomie si petillante d'esprit, une mimique si expressive, une voix si musicale, un tel art de dire et de lire, qu'on oubliait tout ce qui eût pu choquer pour ne voir que ce qui charmait. Quelle grâce alerte et ingénieuse, quelle politesse élégante, quelle curiosité prompte à varier sans cesse le sujet de ses études, quelle fraîcheur jamais altérée, quelle admiration communicative, se mariant, avec une souplesse pleine d'imprévu, aux saillies de la moquerie la plus fine ! Et puis, n'oublions pas l'auditoire qui se pressait, nombreux, vibrant, enthousiaste, dans le grand amphithéâtre, auditoire incomparable, comme aucun orateur n'en a retrouvé depuis, et qui avait ce mérite d'être deux fois jeune, car à la jeunesse des individus s'ajoutait, pour ainsi dire, la jeunesse du siècle. M. Villemain connaissait donc le succès dans ce qu'il avait de plus vif et de plus doux : succès sans mélange même d'aucune amertume. Ce qui put, à certain jour, lui arriver de disgrâce de la part du pouvoir n'eut pour résultat que d'ajouter à sa gloire quelque chose de moins durable, de moins noble, mais peut-être de plus enivrant encore, — la popularité.

Après 1830, M. Villemain garda sans doute, à la tribune du Palais-Bourbon ou du Luxembourg, la plupart des qualités oratoires qu'on avait tant admirées dans la chaire de la Sorbonne : même habileté de diction, même langue dorée, même éblouissement d'esprit, même souplesse ingénieuse; moins d'enthousiasme, ce qui s'explique par la différence d'âge, de sujet et d'auditoire; mais, en revanche, un grand développement des côtés mordants et épigrammatiques de son talent : ce n'était pas l'ironie écrasante de M. Dufaure, c'était comme une nuée de flèches fines et légères qui enveloppait ses adversaires. Il abordait facilement les sujets les plus variés, avait la note généreuse dans les débats de politique extérieure, savait même exposer avec lucidité les questions d'affaires. Et cependant, même en ses meilleurs jours, pendant le ministère du 12 mai,

---

le corps un *dépenaillage* inconcevable, comme si ses membres ne tenaient pas bien sérieusement ensemble et qu'à la première mésintelligence, ils fussent prêts à s'en aller chacun de son côté. » *(Souvenirs du feu duc de Broglie.)*

par exemple, il était loin de retrouver ses succès d'autrefois. Tandis que M. Guizot, qu'il avait peut-être dépassé à la Sorbonne, trouvait sa vraie voie dans la politique, y grandissait rapidement et s'emparait bientôt du premier rang, M. Villemain se sentait retomber au second. C'est qu'il lui manquait quelques-unes des qualités de l'orateur parlementaire comme de l'homme d'État, et non les moins hautes. Ne s'agissait-il que de se tirer des petites difficultés, de celles que l'on peut surmonter ou esquiver avec de l'esprit, de la grâce et de la malice, il était parfait; mais, devant les grands sujets, il faiblissait; il n'avait ni assez de souffle, ni assez de puissance. N'ayant vraiment d'idées propres, de passions profondes, qu'en littérature, il apportait dans la politique des goûts et même des caprices, des amitiés ou des ressentiments, plutôt que ces principes raisonnés ou ces partis pris passionnés sans lesquels on n'exerce pas d'action efficace sur les autres. Encore moins discernait-on en lui une volonté énergique, sachant regarder l'obstacle en face, aimant la lutte, méprisant le danger. Il était peu d'intelligences moins braves [1]. En somme, sans prétendre, comme le vieux M. Michaud, l'ancien rédacteur de la *Quotidienne*, que M. Villemain, devenu pair et ministre, était resté « un bel esprit de collège », on peut dire qu'il ne se montrait guère, dans ce nouveau rôle, qu'un « éloquent rhéteur », sauf à prendre le mot dans le sens antique et favorable. D'ailleurs, à y regarder de près, même dans la littérature, qui était son vrai domaine, avait-il été créateur? Assez heureux pour avoir été le contemporain d'un des plus brillants mouvements de l'esprit humain, assez intelligent pour l'avoir tout de suite deviné et compris, d'une souplesse si alerte à le suivre qu'il semblait

---

[1] Dans ses *Notes et Pensées*, M. Sainte-Beuve a écrit : « Nous causions hier de Villemain avec Cousin. Celui-ci me disait : « C'est chez lui un conflit perpétuel entre l'*Intérêt* et la *Vanité*. » — « Oui, repartis-je, et c'est d'ordinaire la *Peur* qui tranche le différend. » Le mot est injuste, et cette excessive sévérité trahit quelque jalousie chez les deux interlocuteurs; toutefois, il avait sa part de vérité. M. Sainte-Beuve a écrit encore : « Villemain a presque toujours le premier aperçu juste; mais, si on lui laisse le temps de la réflexion, son jugement, qui n'est pas solide, prend peur, et il conclut à faux ou du moins à côté. »

le devancer, il avait été novateur plus en apparence qu'en réalité, et M. Sainte-Beuve a pu l'appeler un « courtisan du goût public ». De telles qualités avaient suffi pour faire le grand succès du professeur ; elles ne suffisaient pas à un homme d'État. Non-seulement la politique ne mettait pas en valeur le talent et le caractère de M. Villemain, mais elle lui était douloureuse. De l'homme de lettres, il avait gardé un amour-propre singulièrement susceptible, inquiet, irritable. Tout lui était occasion de blessure. La contradiction un peu rude le déconcertait au lieu de l'exciter ; ce grand moqueur ne pouvait supporter la moquerie des autres ; la disgrâce l'exaspérait ou l'accablait. Ses premiers triomphes avaient été si faciles, qu'il n'avait pas appris à combattre. Comment, d'ailleurs, n'eût-il pas fait la comparaison du passé et du présent ? A chaque pas, en place de ces caresses de l'opinion, de ces ovations délicates et chaudes de la jeunesse, de cette sorte de fête de l'esprit au milieu de laquelle il avait vécu pendant près de vingt ans, la vie parlementaire lui apportait ses responsabilités, ses chocs, ses amertumes, ses déboires. Il en souffrait, et si cruellement, que, sous la charge devenue trop lourde pour elle, cette raison si fine et si brillante devait un jour fléchir et succomber.

Avec leur genre de talent, le ministre des travaux publics et celui de l'instruction publique apportaient au cabinet plus de puissance ou d'éclat oratoires que d'autorité politique. Il est vrai que, dans les discussions qui remplirent la fin de la session de 1839, — à en excepter cependant une discussion sur les affaires d'Orient, dont nous aurons à reparler, — les porte-parole du ministère purent, sans trop d'inconvénient, se passer des qualités d'homme d'État qui faisaient le plus défaut chez M. Dufaure et M. Villemain. Grâce à la fatigue des partis, il n'y eut alors aucun grand débat sur la politique générale, mettant sérieusement en jeu la possession du pouvoir. Les fonds secrets eux-mêmes, occasion ordinaire de ces sortes de batailles, ne furent guère discutés que pour la forme ; les orateurs considérables se tinrent à l'écart, laissant la tribune aux seconds rôles. C'était rendre la partie facile aux ministres, qui, sans le prendre de haut, parlèrent avec convenance et talent, surtout M. Dufaure. Le vote montra, sinon la force du cabinet, du moins l'impuissance momentanée de l'opposition : les crédits furent votés par 262 voix contre 71.

La même tranquillité un peu fatiguée qu'on observait dans le parlement régnait aussi dans la rue. Les sociétés secrètes, privées de leurs chefs et de leurs plus énergiques soldats, ne pouvaient songer à rien tenter. Avant la fin de la session, la Chambre des pairs, transformée en cour de justice, eut à juger une première fournée des insurgés du 12 mai. Le procès commença le 27 juin. Barbès fut fort arrogant avec les juges [1] : se faisant gloire de l'attentat, il niait seulement toute participation au meurtre du lieutenant Drouineau. L'arrêt, rendu le 12 juillet, le déclara néanmoins « convaincu d'avoir été l'un des auteurs » de ce meurtre, et le condamna à mort. Les autres accusés furent frappés de peines variant depuis la déportation et les travaux forcés à perpétuité jusqu'à deux ans de prison. Pendant le procès, la presse de gauche, toujours secourable aux révolutionnaires, s'était efforcée de prêter à Barbès une sorte de grandeur chevaleresque. Bien que la vulgaire, sotte et cruelle émeute du 12 mai concordât mal avec un tel idéal, on était parvenu à éveiller d'assez ardentes sympathies pour ce personnage, même chez les bourgeois qui avaient été si épouvantés et si furieux à la première nouvelle de l'attentat. Aussi la rigueur de l'arrêt provoqua-t-elle, dans certaines régions, une sorte de cri d'horreur. On s'attendrissait sur le condamné plus qu'on ne l'avait fait sur les pauvres soldats odieusement massacrés. Des processions d'étudiants et d'ouvriers circulèrent

[1] Barbès dit au président : « Je ne suis pas disposé à répondre à aucune de vos questions. Vous n'êtes pas ici des juges venant juger des accusés, mais des hommes politiques venant disposer du sort d'ennemis politiques. » Et encore : « Quand l'Indien est vaincu, quand le sort de la guerre l'a fait tomber au pouvoir de son ennemi, il ne songe point à se défendre, il n'a pas recours à des paroles vaines : il se résigne et donne sa tête à scalper. » Il assumait, d'ailleurs, hardiment la responsabilité de l'attentat : « Je déclare que j'étais un des chefs de l'association ; je déclare que c'est moi qui ai préparé tous les moyens d'exécution ; je déclare que j'y ai pris part, que je me suis battu contre vos troupes. »

dans Paris, demandant l'abolition de la peine de mort en matière politique, et l'une d'elles dut être dispersée par la force armée. Des lettres anonymes menaçaient la Reine dans la vie de ses enfants, s'il était procédé à l'exécution. Une démarche plus efficace en faveur de Barbès fut celle de sa sœur, madame Karl, qui vint, tout en larmes, se jeter aux pieds du Roi. Celui-ci, dont la sensibilité était facile à éveiller en pareil cas, promit la grâce du coupable; il eut quelque peine à l'obtenir des ministres; sa clémence finit cependant par l'emporter, et la peine de mort fut commuée en celle des travaux forcés à perpétuité. La presse de gauche, au lieu de témoigner sa reconnaissance, s'indigna d'une commutation où elle ne voyait qu'un « ignoble et lâche raffinement de cruauté ». Le bagne, disait-elle, n'était-il pas pire que l'échafaud pour un homme comme Barbès? Et le *National* s'écriait « qu'à Toulon ou à Brest, Barbès n'en serait pas moins Barbès, comme le Christ sur le Calvaire n'en était pas moins le Christ ». En fait, la peine se trouva réduite à une détention dans la prison du Mont-Saint-Michel [1].

Ce calme de la rue et du parlement, succédant à l'alerte du 12 mai et à la longue crise de la coalition, amena une reprise très-marquée de la prospérité matérielle, du développement de la richesse publique et privée. La nation en jouissait plus que le gouvernement n'en profitait. Le ministère y gagnait sans doute d'avoir moins d'embarras sur les bras, mais sans acquérir plus d'autorité et de prestige. Ses chances d'accident s'en trouvaient diminuées, non ses causes de faiblesse. Bien qu'il n'eût pas été mis en péril ni même sérieusement attaqué, bien qu'il eût fait, dans les débats du parlement, meilleure figure qu'on ne s'y attendait et que même quelques-uns de ses membres s'y fussent acquis une véritable réputation d'orateur, il n'en gardait pas moins, aux yeux du public, je ne sais quel air fragile et provi-

---

[1] Dans le débat de l'Adresse, en janvier 1840, M. Dupin critiqua la légalité de ce nouveau changement, apporté par simple volonté ministérielle, dans l'exécution de la peine. Ce fut aussi en janvier 1840 que les autres accusés pour les faits du 12 mai comparurent devant la Cour des pairs. Vingt-neuf furent déclarés coupables : une seule condamnation à mort, aussitôt commuée en déportation, fut prononcée contre Blanqui.

soire. Le Roi le sentait; dès le début, et avec une précision remarquable, il avait évalué à une année la durée possible de cette administration [1]. Ce n'est pas qu'il désirât sa chute. Il se disait « satisfait de l'esprit qui l'animait [2] ». Sa faiblesse même n'était pas pour lui déplaire; elle laissait plus de place à cette action royale que la coalition avait prétendu annuler [3]. Louis-Philippe aimait à sentir son intervention indispensable à ses ministres, soit pour suppléer à leur inexpérience soit pour les mettre d'accord. Il ne se retenait même pas toujours assez de constater tout haut, et non sans quelque raillerie, le besoin qu'avaient ainsi de lui les hommes qui se flattaient naguère de le mettre hors du gouvernement [4]. Les ministres eux-mêmes ne se faisaient pas illusion sur leur solidité, et ils cherchaient s'ils ne pourraient pas se fortifier par quelque adjonction considérable. Ainsi M. Duchâtel et M. Villemain songèrent à mettre le duc de Broglie à la place du maréchal Soult; ils firent, non sans peine, agréer cette idée à M. Dufaure et à M. Passy, mais échouèrent devant le refus absolu du duc, qui s'enfuit de Paris pour échapper à leurs instances. Il fut question d'autres modifications; aucune n'aboutit, et il n'en résulta qu'une sorte d'aveu fait par le cabinet lui-même de sa propre insuffisance. Sa démarche devenait de plus en plus incertaine, comme il fallait s'y attendre avec une composition si peu homogène et en

---

[1] C'est ce que le Roi disait au comte Apponyi, peu de jours après la formation du cabinet. (*Mémoires de Metternich*, t. VI, p. 364.)

[2] *Ibid.*, p. 428.

[3] M. de Metternich savait caresser l'une des cordes sensibles de Louis-Philippe, quand il écrivait au comte Apponyi, dans une lettre destinée à être mise sous les yeux de ce prince : « Je partage le sentiment du Roi à l'égard de son ministère. Il est faible, et je ne concevrais pas (pour le moment du moins) un ministère qui pourrait être fort, sans être à la fois dangereux pour le pays. Il faut, dans tous les temps et dans toutes les positions sociales, *un homme* qui conçoive les affaires. Cet homme doit à la fois surveiller et régler leur exécution. L'homme le plus naturellement appelé à une aussi importante fonction doit être, dans une monarchie, le Roi, et, dans une république, le président. Le *ministérialisme* est une maladie de l'époque, une sottise qui croulera comme toutes les niaiseries... Or n'oubliez pas que c'est un ministre qui proclame cette vérité; mais ce ministre n'est pas un ambitieux : c'est un homme simplement pratique et qui veut le bien. » (*Mémoires de Metternich*, t. VI, p. 369.)

[4] *Journal inédit du baron de Viel-Castel.* — Cf. aussi HILLEBRAND, *Geschichte Frankreichs*, t. II, p. 344.

l'absence d'un chef véritable. Chacun de ses membres se montrait, dans son département, actif, capable; mais l'unité manquait. On s'en apercevait aux nominations de fonctionnaires, qui, suivant les cas, et surtout suivant les ministres, semblaient tantôt une avance à la gauche, tantôt un gage aux conservateurs. Tout cela n'était pas de nature à changer le tour pessimiste qu'avaient pris, depuis la coalition, les réflexions des moralistes politiques. Le régime représentatif ne leur paraissait pas avoir encore repris son jeu normal : le malade avait échappé à la crise aiguë, mais demeurait débile et déprimé. « Nous luttons contre des faiblesses invincibles, écrivait M. Guizot à M. de Barante : gouvernement, opposition, Chambres, pays, tout est faible et veut l'être. Il faudra bien du temps pour relever toutes ces tiges affaissées [1]. » M. de Barante disait de son côté : « Je n'entrevois personne qui soit doué de ce don beau et rare du gouvernement : nous avons essayé tous nos hommes distingués; ils ont fait preuve de talent, d'esprit, de courage; mais aucun n'a su donner le respect de sa volonté; aussi continuons-nous à patauger [2]. » Enfin, le duc de Broglie écrivait à M. Guizot : « Le gouvernement représentatif est en mauvaise veine. Après les grandes commotions politiques, il y a des moments d'abaissement pour les esprits et de grande prostration sociale auxquels personne ne peut rien. Il faut savoir souffrir et attendre [3]. »

IV

Fâcheux à l'intérieur, ce défaut d'autorité du ministère l'était peut-être plus encore au dehors. Les prétentions d'omnipotence parlementaire nées de la coalition, la situation diminuée, dépendante et suspecte où l'on avait voulu alors réduire le pou-

---

[1] Lettre du 26 juillet 1839. (*Documents inédits.*)
[2] Lettres du 28 juillet 1839. (*Documents inédits.*)
[3] Lettre du 4 août 1839. (*Documents inédits.*)

voir exécutif, n'étaient nulle part aussi dangereuses que dans les questions étrangères. Seul, en effet, par ses informations diplomatiques, le gouvernement peut connaître les faces diverses de ces questions, les pièges cachés, les périls proches ou lointains ; seul, il peut agir dans le silence ou tout au moins avec la discrétion nécessaire. Si l'opinion, la presse, le parlement sortent, en ces matières, de leur rôle de contrôle, s'ils prétendent eux-mêmes diriger, agir, traiter, si les négociations passent des chancelleries à la tribune, s'égarent dans les journaux ou même descendent dans la rue, alors les intérêts du pays courent grand risque d'être gravement compromis. Ce qui est vrai en général de tous les problèmes de politique extérieure, l'était plus encore de celui en face duquel les événements d'Orient venaient, en 1839, de placer la diplomatie française. Par son étendue, sa complexité, son éloignement même, ce problème était moins que tout autre à la portée du public. En outre, n'était-il pas apparu, dès les premières négociations, que le principal danger, en cette affaire, était de fournir à la Russie, en liant trop étroitement notre politique aux prétentions de Méhémet-Ali, l'occasion qu'elle cherchait de nous séparer de l'Angleterre et de nous isoler en Europe? Or l'opinion, en France, se trouvait alors sous l'empire de sentiments qui la poussaient à commettre cette faute : c'était, d'une part, l'engouement pour l'Égypte et son maître, dont nous avons tant de fois noté la vivacité et l'universalité ; c'était, d'autre part, une sorte d'orgueil national, qui semblait ne vouloir pas supporter le moindre obstacle opposé à une volonté française, la moindre concession faite aux exigences des autres puissances ; cet orgueil, né des souvenirs de l'Empire, ravivé par les débats de la coalition, était alors d'autant plus excité, qu'il croyait avoir à se relever d'une attitude abaissée, à prendre sa revanche des prétendues défaillances de la monarchie de Juillet en Espagne, en Belgique et en Italie ; les plus modérés en étaient venus à juger nécessaire de prouver, par quelque hardiesse éclatante, que la politique de paix n'était pas une politique timide, et il y avait eu, par suite, un accord instinctif, presque unanime, pour accueillir les événements d'Orient comme une heureuse occasion de jouer un grand rôle ; les imaginations s'étaient même donné large carrière, trouvant là un terrain particulièrement favorable aux aspirations vaguement ambitieuses, aux téméraires conjectures, aux fantaisies chimériques. Au gouvernement, il appartenait de réagir contre cette usurpation parlementaire, de faire entendre raison à cet engouement, de parler sagesse et prudence à cet orgueil. Mais, pour accomplir une telle tâche, suffisait-il du cabinet du 12 mai, avec son manque de crédit sur les Chambres et de confiance en soi? Derrière lui, sans doute, au-dessus de lui, il y avait le Roi. Mais n'était-ce pas précisément contre l'ingérence du Roi dans la politique extérieure qu'avait été dirigé le principal effort de la coalition? N'avait-on pas répété à satiété, et fini par persuader à beaucoup de monarchistes, qu'il fallait se mettre en garde contre Louis-Philippe, contre son amour de la paix à tout prix, sa crainte de toute action, sa facilité à abandonner le monde entier à l'ambition des autres puissances? Si bien que les ministres, loin de pouvoir emprunter à la couronne l'autorité qui leur manquait, étaient conduits, par souci de leur popularité, à se défendre de lui paraître dociles, et retombaient ainsi plus encore sous la dépendance du parlement, des journaux et de l'opinion.

Ce mal de la situation apparut dès la première discussion qui s'engagea, à la Chambre des députés, sur les affaires d'Orient. On se rappelle que, le 25 mai, à la nouvelle de l'entrée en campagne des Turcs, le ministère avait déposé une demande de crédit de 10 millions à l'effet de développer les armements maritimes. L'exposé des motifs, très-sommaire, se bornait à dire que « la France devait être mise en mesure d'exercer une influence réelle et de se concerter avec ses alliés ». Le rapport de la commission, rédigé par M. Jouffroy, fut déposé le 24 juin. Aussi étendu et explicite que l'exposé des motifs avait été bref et réservé, il n'examinait pas une politique proposée par le gouvernement, mais développait *à priori* la politique que l'on prétendait imposer à ce dernier. A chaque ligne perçaient la méfiance des faiblesses du ministère et aussi de la couronne, le sentiment qu'il était besoin de les stimuler, de leur faire sentir les rênes et l'éperon. « Il importe, y lisait-on, que le pays se préoccupe plus qu'il ne l'a fait jusqu'ici de ses affaires extérieures... Quel que soit le zèle d'un ministre, il ne peut se passionner pour des intérêts auxquels le pays se montre peu sensible. Il n'y a de vie, dans le gouvernement représentatif, que là où le parlement la porte. J'ajoute qu'il n'y a de bonne politique que celle à laquelle il participe. Non qu'il doive la dicter, la nature des choses s'y oppose ; mais par la connaissance qu'il en prend, il lui appartient de la contrôler et, par ce contrôle, de lui imprimer cette direction nationale qui peut échapper à un homme, mais qui n'échappe pas à un grand pays réfléchi dans l'intelligence d'une grande assemblée... Quand on saura la Chambre attentive et instruite des affaires extérieures, non-seulement on redoutera son droit constitutionnel, mais elle en acquerra un autre qu'aucune constitution ne peut empêcher de prendre, celui d'influer tacitement et par la conscience qu'elle donnera de sa continuelle surveillance, sur la politique active et actuelle de l'État. » Le rapporteur exposait ensuite longuement la question d'Orient et détaillait la politique à suivre, avec talent sans doute et élévation, mais en oubliant de se demander s'il était sage et habile d'abattre ainsi le jeu de la France au début d'une négociation si complexe et si pleine d'imprévu, de mettre en garde tous les intérêts différents du sien, d'éveiller tous les amours-propres que son initiative trop apparente pouvait offusquer. Cette politique consistait à protéger les Turcs contre la Russie, qui n'était pas ménagée, et aussi, quoiqu'on l'indiquât moins nettement, à soutenir l'Égypte contre l'Angleterre. Pour y parvenir, la France devait provoquer non-seulement une entente des puissances, mais une sorte de congrès. Et le rapporteur, supprimant les difficultés avec cette aisance que l'on possède seulement hors de l'action effective, paraissait assuré que la France ferait prévaloir son avis sur les deux questions; elle aurait, dans la première, le concours de toutes les puissances, sauf la Russie; dans la seconde, celui au moins de l'Autriche et de la Prusse. Et surtout, ce que la commission attendait du ministère, ce qu'elle lui enjoignait, non sans accompagnement de menaces, c'était d'exercer en Europe une action considérable. « Il est un point sur lequel tout le monde sera d'accord et qui ne saurait varier, disait en terminant le rapport, c'est qu'il faut que la France joue un rôle digne d'elle dans les affaires d'Orient. Il ne faut à aucun prix que le règlement de ces grands intérêts la fasse tomber du rang qu'elle occupe en Europe. Elle ne supporterait pas cette humiliation, et le contre-coup intérieur pourrait en être périlleux. » Comme le remarquait plaisamment un contemporain, il semblait que l'on dit sévèrement au ministère : « Tu vas faire quelque chose de très-glorieux, ou tu auras le cou coupé. » Les commentaires des journaux n'étaient pas pour affaiblir cette impression, et le sage *Journal des Débats* disait lui-même : « Nous devons être arbitres en Orient [1]. »

Le ministère allait-il profiter de la discussion publique pour reprendre la direction que la commission lui avait enlevée? Les quelques mots par lesquels le maréchal Soult ouvrit le débat, le 1ᵉʳ juillet, n'étaient pas de nature à produire ce résultat. Ils laissaient, au contraire, le champ libre aux orateurs, qui s'y précipitèrent aussitôt, chacun apportant sa politique propre : le duc de Valmy proposait d'écraser le pacha au profit de la légitimité turque; M. de Carné voulait régénérer l'Orient en le livrant à Méhémet-Ali et à l'élément arabe; M. de Lamartine préconisait, en termes magnifiques, le dépècement du cadavre turc entre les puissances chrétiennes. Le second jour, le défilé des médecins consultants continua : on entendit, entre autres, M. de Tocqueville, qui faisait ses débuts, M. Guizot, M. Berryer, M. Dupin, M. Odilon Barrot. Pour être moins excentriques, moins romanesques que ceux qui avaient été développés le premier jour, les systèmes proposés par ces divers orateurs étaient loin d'être concordants. Toutefois, la double idée qui paraissait obtenir le plus de faveur auprès de la Chambre, était celle qui

[1] 25 juin 1839.

avait été déjà exposée dans le rapport : agir avec le concours de l'Europe, à la fois pour protéger l'indépendance de la Porte contre la Russie et assurer l'établissement de Méhémet-Ali. A en juger même par le discours de M. Guizot, nous devions chercher à faire, des possessions du pacha, un État indépendant et souverain, comme la Grèce [1]. Quant aux résistances que pourraient opposer sur ce point les puissances auxquelles nous faisions appel, notamment l'Angleterre, quelques-uns des orateurs ne semblaient même pas s'en douter ; d'autres, comme M. Guizot, y faisaient allusion, mais sans apporter aucun moyen de les surmonter ; certains y voyaient, comme M. de Tocqueville, une cause à peu près inévitable de guerre. En tout cas, ce que personne ne paraissait admettre, c'est que le gouvernement abandonnât quoi que ce soit de cette double prétention. Tous les orateurs lui recommandaient d'être énergique et hardi : M. de Tocqueville menaçait la monarchie des plus grands malheurs si elle laissait perdre à la France « cette nation si forte, si grande, qui s'est mêlée de toutes choses dans ce monde », la situation prépondérante dont elle jouissait autrefois; M. Guizot se préoccupait que la politique de paix ne parût pas « pusillanime et égoïste » ; il n'était pas jusqu'à M. Dupin, l'homme du « chacun chez soi », qui ne terminât sa harangue en « souhaitant au gouvernement de la résolution ».

Pendant ce temps, quelle figure faisait le cabinet? Le premier jour, M. Villemain était intervenu pour repousser, avec une vivacité éloquente, le partage de l'empire ottoman, préconisé par M. de Lamartine; mais il s'était borné à cette œuvre toute négative, et n'avait indiqué lui-même aucune politique précise. Depuis lors, les ministres s'étaient tus, écoutant hum-

---

[1] M. Guizot revint à plusieurs reprises sur cette assimilation avec la Grèce, et il définit ainsi notre politique orientale : « Maintenir l'empire ottoman pour le maintien de l'équilibre européen ; et quand, par la force des choses, par la marche naturelle des faits, quelque démembrement s'opère, quelque province se détache de ce vieil empire, favoriser la conversion de cette province en État indépendant, en souveraineté nouvelle, qui prenne place dans la coalition des États et qui serve un jour, dans sa nouvelle situation, à la fondation d'un nouvel équilibre européen, voilà la politique qui convient à la France, à laquelle elle a été naturellement conduite. »

blement les leçons qui leur étaient faites, les instructions qui leur étaient données, sans un effort pour reprendre leur rôle de direction, sans une réserve sur la difficulté et le péril de poursuivre à la fois les deux desseins indiqués par la Chambre. Ne comprenaient-ils pas eux-mêmes la nécessité de cette réserve, où craignaient-ils, en la faisant, de confirmer le soupçon de pusillanimité qui pesait sur eux? Le troisième jour, quand il s'agit de conclure, ce ne fut pas un ministre qui monta à la tribune : ce fut le rapporteur, M. Jouffroy. Après avoir interprété l'attitude du gouvernement comme une adhésion au système de la commission, il maintint que le double objet de notre politique devait être de défendre Constantinople et de protéger l'Égypte. Seulement, disait-il, de ces deux positions également importantes, « il n'y en a qu'une qui soit aujourd'hui directement menacée, celle de Constantinople; c'est là qu'est pour le moment le péril; c'est donc là aussi qu'il faut porter le remède. Or le remède consiste à créer un concert, européen s'il est possible, occidental tout au moins, ayant pour base ce principe que personne ne doit s'agrandir en Orient, et pour but de mettre l'Orient sous la garantie du droit public de l'Europe et d'en régler d'une manière définitive la situation, en tenant compte et des droits et des faits tels que les événements les donneront ». En terminant, le rapporteur eut bien soin de rappeler, une dernière fois, au ministère qu'on attendait de lui quelque chose d'extraordinaire. « Cette grande question et ce grand débat, disait-il, imposent au cabinet une immense responsabilité. En recevant de la Chambre les dix millions qu'il est venu lui demander, il contracte un solennel engagement. Cet engagement, c'est de faire remplir à la France, dans les événements d'Orient, un rôle digne d'elle, un rôle qui ne la laisse pas tomber du rang élevé qu'elle occupe en Europe. C'est là, messieurs, une tâche grande et difficile. Le cabinet doit en sentir toute l'étendue et tout le poids. Il est récemment formé, il n'a pas encore fait de ces actes qui consacrent une administration; mais la fortune lui jette entre les mains une affaire si considérable, que, s'il la gouverne comme il convient à la France, il sera, nous osons le dire, le plus glorieux cabinet qui ait géré les affaires de la nation depuis 1830. » A la suite de cette déclaration, les crédits furent votés à une immense majorité, par 287 voix contre 26.

Il avait été fait, pendant ces trois jours, grande dépense d'éloquence. C'était ce qu'on appelle une belle discussion. Était-ce une discussion utile? En passant ainsi des ministres aux députés, du conseil secret à la tribune ouverte, la direction de notre diplomatie n'avait gagné ni en prudence, ni en mesure, ni en clairvoyance, ni en liberté d'allures. Le ministère, trop docile, s'était laissé engager dans une impasse, en acceptant tacitement d'avoir raison à la fois de la Russie en Turquie et de l'Angleterre en Égypte; l'éclat même avec lequel on venait de lui commander un grand succès, lui rendait un retour plus difficile et le condamnait à une périlleuse obstination. La Chambre avait, par les exagérations de son patriotisme oratoire, augmenté les exigences du public et, par suite, les embarras que le pouvoir devait rencontrer un jour; elle avait en même temps éveillé des ombrages chez nos alliés possibles et fourni des armes à tous ceux qui, au dehors, trouvaient intérêt à dénoncer, sincèrement ou non, notre ambition et notre arrogance; enfin elle avait livré à nos adversaires, avec le secret de notre politique, celui des points faibles où ils pourraient diriger leurs efforts. Ainsi, elle ajoutait aux difficultés et aux périls d'une crise déjà grave par elle-même, sans autre profit que de flatter les préventions et les prétentions nées de la coalition.

V

Pendant qu'en Europe les diplomates s'agitaient et que les parlements délibéraient, les événements se précipitaient en Orient. Vainement, avec une modération calculée dont il se faisait honneur auprès des consuls, Méhémet-Ali avait-il d'abord contenu Ibrahim et s'était-il prêté à retarder le choc des deux armées : l'impatience de Mahmoud semblait croître à mesure que déclinait sa vie. Après avoir, le 7 juin 1839, dans un manifeste qui n'était qu'un cri de colère, proclamé le pacha et son fils rebelles et traîtres, il ordonna à ses généraux de leur courir sus. A cette nouvelle, Méhémet se crut dispensé de prolonger une inaction qui lui coûtait. « Gloire à Dieu, s'écria-t-il, qui permet à son vieux serviteur de terminer ses travaux par le sort des armes! » Et il écrivit aussitôt à Ibrahim : « Au reçu de la présente dépêche, vous attaquerez les troupes ennemies qui sont entrées sur notre territoire, et, après les en avoir chassées, vous marcherez sur leur grande armée, à laquelle vous livrerez bataille. Si, par l'aide de Dieu, la victoire se déclare pour nous, vous passerez le défilé de Kulek-Boghaz, et vous vous porterez sur Malathia, Kharpout, Orfa et Diarbékir. » Les Égyptiens, concentrés à Alep, se mirent en mouvement le 21 juin. Le 24, ils rencontrèrent l'ennemi dans la plaine de Nézib. Les deux armées comptaient chacune environ cinquante mille hommes. L'impétuosité d'Ibrahim et la supériorité de discipline que ses troupes devaient à leurs instructeurs français décidèrent la victoire. Les Ottomans, d'ailleurs, en dépit des quelques officiers prussiens chargés de les exercer[1], étaient alors en pleine désorganisation militaire; les innovations violentes de Mahmoud leur avaient désappris de combattre à la turque, sans leur apprendre à combattre à l'européenne. Une mêlée de deux heures suffit à les mettre en pleine déroute; ils laissèrent sur le champ de bataille plus de quatre mille tués ou blessés, et aux mains des vainqueurs douze mille prisonniers, cent soixante-douze bouches à feu, vingt mille fusils, leurs tentes et jusqu'aux insignes du commandement en chef.

Trois jours après, arrivait au camp d'Ibrahim le capitaine Callier, l'un des deux aides de camp que le maréchal Soult avait envoyés pour prévenir ou arrêter les hostilités. Il avait passé par Alexandrie, et apportait une lettre obtenue, non sans peine, du pacha ; cette lettre enjoignait au commandant

---

[1] Le futur maréchal de Moltke était l'un de ces officiers.

de l'armée égyptienne de ne pas engager l'action si les Turcs consentaient à rentrer sur leur territoire, et même de ne pas passer la frontière dans le cas où, forcé de combattre, il demeurerait vainqueur. « Il est trop tard! s'écria Ibrahim ; mon père n'aurait pas écrit cette lettre, s'il avait connu l'agression des Turcs et leur défaite. » Cependant, tout en frémissant, il finit par céder aux fermes remontrances du capitaine Callier, et consentit à ne pas passer le Taurus.

Mahmoud ne sut point la destruction de son armée. Six jours avant que la nouvelle n'en parvînt à Constantinople, le 30 juin, le vieux sultan expirait, épuisé de débauches et de fureurs, laissant son empire mutilé et croulant à son fils Abdul-Medjid, à peine âgé de seize ans.

Le nouveau sultan n'avait déjà plus d'armée ; il allait perdre aussi sa flotte. Les circonstances dans lesquelles se produisit ce dernier événement en font une vraie scène de comédie orientale. Le 4 juillet, alors qu'on ne savait pas encore au Divan la défaite de Nézib, toute la flotte ottomane, forte de plus de trente grands navires et de nombreux petits bâtiments, commandée par Akmet-Pacha, mettait à la voile pour sortir de la mer de Marmara et se diriger vers l'Archipel. En tête, et comme lui servant d'éclaireur, s'avançait un vaisseau anglais, la *Vanguard*. Le capitaine en second de ce vaisseau était à bord du capitan-pacha, avec plusieurs de ses compatriotes ; d'autres officiers de même nationalité, plus ou moins costumés en Turcs, se trouvaient répartis sur les autres navires. A la nouvelle de ce mouvement, l'émotion fut grande dans la petite escadre française qui montait la garde à l'entrée des Dardanelles. Son commandant, l'amiral Lalande, avait pour instruction de surveiller les marines turque et égyptienne et de les empêcher d'en venir à une collision. Or n'était-ce pas évidemment cette collision qu'allait chercher la flotte débouchant des Dardanelles? La présence des Anglais semblait confirmer cette hypothèse; on savait leur animosité contre le pacha, et aussi le plaisir qu'ils trouvaient toujours à voir s'entre-détruire des vaisseaux qui n'étaient pas les leurs. L'amiral Lalande eût été homme à arrêter les Turcs, même par la force; âme énergique dans un corps délabré, il poussait l'audace jusqu'à la témérité; mais il n'avait sous la main que deux vaisseaux et quatre bâtiments inférieurs. Toutefois, il voulut essayer d'obtenir par l'ascendant moral ce qu'il ne pouvait imposer par le canon. A peine la *Vanguard* eut-elle passé, superbe, devant notre escadre, que l'amiral français, à bord du *Iéna*, se lança hardiment au beau milieu de la flotte ottomane, sans s'inquiéter de la confusion qu'il y jetait, et se dirigea vers le vaisseau du capitan-pacha. Celui-ci mit en panne, et un bateau à vapeur, monté par Osman, *reale-bey* de la flotte turque, vint prendre l'amiral et les officiers de sa suite. Osman les pria aussitôt de descendre dans la chambre de son navire; puis, après en avoir fermé soigneusement les portes, il leur déclara que le capitan-pacha sortait des Dardanelles contre les ordres du Divan, et qu'il allait livrer tous ses vaisseaux à Méhémet-Ali; sans s'occuper de la stupéfaction de l'amiral Lalande, il ajouta que le dessein d'Akmet était de s'entendre avec le pacha d'Égypte pour renverser Khosrew, le nouveau grand vizir qui, disait-il, était vendu au czar; il ne doutait pas que la France n'approuvât une conduite dont le but était de rétablir la paix intérieure de l'empire et de le soustraire à l'oppression russe. Si extraordinaire que fût cette communication, elle n'était pas un mensonge, sauf toutefois, qu'Osman embellissait les mobiles du capitan-pacha; celui-ci n'était qu'un traître vulgaire, ancien favori de Mahmoud, qui avait craint d'être disgracié par les ministres du nouveau sultan. La réponse de l'amiral Lalande fut vague et embarrassée; toutefois, cédant à sa sympathie pour les Égyptiens et aussi peut-être au plaisir de faire pièce aux Anglais, il ne chercha pas à arrêter la défection dont on lui faisait confidence, se borna à exprimer le vœu qu'Akmet s'employât à obtenir le maintien de la paix, et, tout en refusant de faire monter un officier français sur le vaisseau amiral turc, il consentit à le faire accompagner par un des navires de son escadre. Osman-bey termina cette étrange conversation en demandant que, à bord du capitan-pacha, et en présence des officiers de la marine britannique, il ne fût fait aucune allusion à ce qui venait d'être dit. Conformément à cette recommandation, l'entrevue officielle qui suivit se passa en politesses banales. Les Français croyaient voir sur les physionomies anglaises je ne sais quoi de moqueur qui semblait dire : « La voilà enfin dehors, cette flotte que vous vouliez retenir dans le Bosphore ; encore quelques jours, elle aura rencontré la flotte égyptienne, et Méhémet-Ali n'aura plus de vaisseaux ! » Mais nos officiers demeuraient impassibles, se disant tout bas que cette joie maligne serait de courte durée [1]. L'entrevue terminée, l'amiral Lalande revint à son bord, et la flotte turque reprit sa marche, toujours précédée par la *Vanguard*, qui croyait la conduire au combat et qui ne faisait qu'escorter la trahison. Aussi quelles ne furent pas la stupéfaction et la colère des Anglais, quand, arrivés quelques jours plus tard devant Alexandrie, ils virent la flotte turque entrer en amie dans le port et se mêler avec les vaisseaux égyptiens, tandis que Méhémet-Ali, triomphant, embrassait le capitan-pacha, courbé jusqu'à terre ! Combien cette colère eût été plus vive encore, si nos alliés se fussent alors doutés que l'amiral français avait été le confident de cette défection !

En quelques jours, l'empire ottoman avait perdu son souverain, son armée et sa flotte. A Constantinople, dans la population comme dans les conseils du jeune sultan, l'épouvante était à son comble, et l'on s'attendait à voir, d'une heure à l'autre, les Égyptiens arriver par terre et par mer. Il n'en fallait pas tant pour que le fatalisme musulman s'inclinât devant le fait accompli. Le Divan envoya donc porter des paroles de paix à Méhémet-Ali, offrant d'abord de lui accorder l'Égypte héréditaire, y ajoutant bientôt la Syrie viagère. Le pacha encouragea ces pourparlers, mais réclama l'hérédité de toutes les

[1] Nous avons suivi, sur ce curieux incident, le témoignage du prince de Joinville, qui servait à bord de l'escadre du Levant et qui assista aux entrevues de l'amiral Lalande avec les officiers turcs. Il a raconté vivement les diverses scènes de cette comédie, au cours d'une étude sur l'*Escadre de la Méditerranée* qui fut insérée, sous une signature d'emprunt, dans la *Revue des Deux Mondes* du 1er août 1852, et qui fut ensuite publiée à part. Dans ce court écrit, tout vibrant de patriotisme et tout rempli de zèle pour la grandeur de la marine française, le prince de Joinville ne se révèle pas moins brillant narrateur militaire que ses frères le duc d'Orléans et le duc d'Aumale.

provinces dont l'arrangement de Kutaièh l'avait mis en possession. Il était visible que la Porte n'avait pas dit le dernier mot de ses concessions, et que, laissés en tête-à-tête, le suzerain vaincu et le vassal victorieux devaient avant peu s'entendre [1]. Aussi bien, parmi les Turcs, beaucoup trouvaient-ils encore moins humiliant de subir les exigences du pacha que de recourir à l'intervention des chrétiens [2].

VI

Ce fut entre le 15 et le 20 juillet que parvint, dans les capitales de l'Europe, la nouvelle des événements étonnants qui venaient, coup sur coup, d'anéantir toutes les forces du gouvernement turc. L'impression fut généralement très-profonde; mais les divers cabinets n'apprécièrent pas de même la disposition de la Porte à traiter à tout prix avec son vainqueur. A Saint-Pétersbourg, l'idée d'un arrangement direct entre le sultan et le pacha fut immédiatement bien accueillie; on se félicitait de voir ôter ainsi tout prétexte à la délibération commune par laquelle les puissances prétendaient enlever à la Russie le protectorat de Constantinople. Cette perspective décida même le czar à signifier définitivement aux autres cours son refus de prendre part à la conférence de Vienne. « Avant les événements de Syrie, disait M. de Nesselrode, quand il n'y avait aux différends de la Porte et de l'Égypte, point d'autre issue possible que la guerre, le cabinet russe avait pu partager l'opinion des autres puissances de l'Europe sur l'ouverture d'une négociation conduite en dehors des parties intéressées; mais aujourd'hui que la Porte va elle-même au-devant d'un rapprochement et adresse à

---

[1] « A Constantinople, au lieu d'agir énergiquement contre Méhémet-Ali, on est prêt à lui abandonner autant de provinces qu'il voudra en prendre. » (*Journal de la princesse de Metternich*, *Mémoires de M. de Metternich*, t. VI, p. 326.)

[2] Dépêche de Pareto, l'envoyé sarde à Constantinople, citée par HILLEBRAND. *Geschichte Frankreichs*, t. II, p. 404.)

l'Égypte des propositions d'accommodement acceptables, il faut laisser marcher la négociation à Constantinople et la seconder uniquement de ses bons offices. Autrement, il n'y a plus de puissance ottomane indépendante [1]. »

Par d'autres raisons, le gouvernement français eût pu aussi s'accommoder d'un arrangement direct qui servait les intérêts égyptiens, et il eût par là prévenu toutes les complications où devait bientôt s'embarrasser sa politique. Mais, à ce moment, sa préoccupation principale était d'établir le concert européen, redouté par la Russie. Aussitôt informé des ouvertures de la Porte à Méhémet-Ali, le maréchal Soult écrivit, le 26 juillet, à M. de Bourqueney, chargé d'affaires à Londres : « La rapidité avec laquelle marchent les événements peut faire craindre que la crise ne se dénoue par quelque arrangement dans lequel les puissances n'auront pas le temps d'intervenir... Pour l'Angleterre comme pour la France, pour l'Autriche aussi, bien qu'elle ne le proclame pas ouvertement, le principal, le véritable objet du concert, c'est de contenir la Russie et de l'habituer à traiter en commun les affaires orientales. Je crois donc que les puissances, tout en donnant une pleine approbation aux sentiments conciliants manifestés par la Porte, doivent l'engager à ne rien précipiter et à ne traiter avec le vice-roi que moyennant l'intermédiaire de ses alliés. » A la même date, dans une conversation avec lord Granville, ambassadeur d'Angleterre, le maréchal déclarait plus formellement encore que « tout arrangement fait entre le sultan et Méhémet-Ali, au moment où les conseillers de l'empire étaient ou paralysés par la crainte ou traîtreusement occupés à satisfaire leur ambition au mépris des droits de leur souverain, devait être considéré comme nul, et qu'une déclaration dans ce sens devait être faite à Méhémet-Ali [2]. »

A Londres et à Vienne, on était également très-opposé à

---

[1] Voy. Correspondance inédite de M. de Barante; *Mémoires inédits de M. de Sainte-Aulaire;* dépêches de M. de Bourqueney, citées par M. Guizot; dépêches des agents anglais publiées dans la *Correspondence relative to the affairs of the Levant.*

[2] *Mémoires de M. Guizot, Pièces historiques,* et *Correspondence relative to the affairs of the Levant.*

l'arrangement direct, ici par souci d'établir le concert des puissances, là par hostilité contre le pacha. Lord Palmerston, agréablement surpris de nous trouver dans des dispositions qui répondaient si bien à ses desseins, se hâta d'affirmer que « le cabinet anglais adhérait à chaque syllabe de la déclaration du maréchal Soult » ; « sans s'être concertés, ajoutait-il, les deux cabinets sont arrivés d'eux-mêmes à une conclusion parfaitement identique, et rien ne prouve mieux la communauté du but qu'ils se proposent et la solidarité du sentiment qui les anime [1] ». Quant à M. de Metternich, il était si décidé sur ce point, qu'il n'hésita pas à prendre une initiative qui tranchait avec sa timidité et sa temporisation accoutumées. Ayant été, à raison de son moindre éloignement, le premier informé des dispositions de la Porte, il ne prit pas le temps de se concerter avec les autres cabinets, et donna aussitôt l'ordre à l'internonce d'Autriche à Constantinople de combiner son action avec celle des représentants des grandes puissances, pour détourner le gouvernement ottoman de rien conclure avec Méhémet-Ali. Il obtint de M. de Sainte-Aulaire et de lord Beauvale, ambassadeurs de France et d'Angleterre à Vienne, qu'ils écrivissent, par le même courrier, l'un à l'amiral Roussin, l'autre à lord Ponsonby, pour les presser de seconder l'internonce [2].

Les instructions de M. de Metternich arrivèrent à Constantinople le 27 juillet au matin. La Porte venait de se résoudre à faire de nouvelles concessions au pacha [3] ; le firman d'investiture, disait-on, était signé et allait partir pour Alexandrie. Sans perdre un instant, l'internonce d'Autriche invita ses collègues des quatre grandes puissances à peser avec lui sur le Divan. Le temps leur manquait pour en référer à leurs cabinets respectifs. A cette époque, les ambassadeurs n'avaient pas à leur disposition des fils télégraphiques leur permettant de demander, d'heure en heure, des instructions ; force leur était souvent de prendre

---

[1] Dépêche de M. de Bourqueney au maréchal Soult, 31 juillet 1839. (*Mémoires de M. Guizot, Pièces historiques.*)

[2] *Memoires inédits de M. de Sainte-Aulaire.*

[3] Dépêche de lord Ponsonby, 29 juillet 1839. (*Correspondence relative to the affairs of the Levant.*)

sur eux la responsabilité de décisions qui engageaient gravement la politique de leurs gouvernements. Lord Ponsonby donna tout de suite son consentement ; il était radieux, et ses vœux les plus chers étaient comblés. L'amiral Roussin eût pu hésiter davantage ; mais la lettre de M. de Sainte-Aulaire l'aida à se convaincre qu'en adhérant à la mesure, il se conformerait aux vues de son ministre ; personnellement, d'ailleurs, il ne partageait pas l'engouement si général en France pour le pacha. L'ambassadeur de Russie fut fort perplexe ; toutefois, il n'osa refuser son concours. Était-il mal informé des dernières dispositions de sa cour ? Eut-il peur de l'isolement ? Crut-il à la parole de M. de Metternich, qui, dit-on, lui fit garantir l'approbation du czar ? Toujours est-il qu'il se prêta à pratiquer sur le Bosphore ce concert européen dont, à ce même moment, son gouvernement prétendait se séparer à Vienne. Dès que tout le monde était d'accord, l'adhésion du ministre de Prusse ne faisait pas question. Une telle unanimité permit d'aller vite. Avant la fin de cette journée du 27 juillet, une note était rédigée, signée des cinq ambassadeurs et remise au Divan. Cette note, qui devait avoir d'importantes conséquences et être souvent invoquée dans la suite des négociations, était ainsi libellée : « Les soussignés, conformément aux instructions reçues de leurs gouvernements respectifs, ont l'honneur d'informer la Sublime-Porte que l'accord entre les cinq grandes puissances sur la question d'Orient est assuré, et qu'ils sont chargés d'engager la Sublime-Porte à s'abstenir de toute détermination définitive sans leur concours et à attendre l'effet de l'intérêt qu'elles lui portent. » Le premier résultat de cette démarche fut, comme l'écrivait, le surlendemain, lord Ponsonby, de « donner au grand vizir la force et le courage de résister au pacha » : il ne fut plus question d'arrangement direct.

A la nouvelle de la note du 27 juillet, grande fut la joie de M. de Metternich. « Il en est tout transporté », écrivait M. de Sainte-Aulaire. C'était de quoi le remettre un peu du trouble où l'avait jeté, quelques jours auparavant, le refus très-rudement signifié par le czar de prendre part à la conférence de

Vienne. Il lui semblait que ce refus était effacé par la signature de l'ambassadeur de Russie au bas de la note, et que le cabinet de Saint-Pétersbourg était irrévocablement engagé dans le concert européen [1]. Même contentement en Angleterre, où l'on se félicitait surtout d'avoir empêché le pacha de profiter de ses succès ; notre chargé d'affaires à Londres écrivait que, « depuis le commencement de la crise d'Orient, il n'avait point vu lord Palmerston aussi satisfait de la face des affaires [2] ». Quant au gouvernement russe, il fut évidemment surpris de la conduite de son représentant et disposé à la regretter ; toutefois, il ne le désavoua pas et affecta de faire bonne figure à un jeu qu'il n'avait pas choisi [3]. A Paris, on ne pouvait blâmer un acte en harmonie avec les déclarations faites, au même moment, par le président du conseil ; le maréchal Soult écrivit donc qu'il « regardait comme une chose heureuse l'adhésion de la Porte à la demande par laquelle les envoyés des cinq puissances l'avaient engagée à ne rien conclure, sans leur concours, avec le pacha d'Égypte » ; toutefois il exprima, un peu naïvement, sa surprise « de la joie si vive que cet événement paraissait avoir causée à Vienne et surtout à Londres [4] ». Faut-il croire que cette joie éveillait quelques doutes dans l'esprit du maréchal sur l'habileté de la conduite qui venait d'être suivie ? Il ne pouvait se dissimuler que la note du 27 juillet ne nous avait pas seulement engagés plus avant et plus formellement dans la politique du concert européen, mais qu'elle avait du même coup affaibli la situation particulière de Méhémet-Ali, en lui enlevant la chance de l'arrangement direct et en le livrant absolument à l'arbitrage de puissances notoirement mal disposées.

---

[1] *Mémoires inédits de M. de Sainte-Aulaire.*
[2] Dépêche du 17 août 1839. (*Mémoires de M. Guizot, Pièces historiques.*)
[3] Dépêches de M. de Barante, 10 et 17 août 1839. (*Documents inédits.*)
[4] Dépêche du maréchal Soult à M. de Bourqueney, 22 août 1839. (*Mémoires de M. Guizot, Pièces historiques.*)

VII

Rien n'indiquait cependant que le gouvernement français fût disposé à réduire ses prétentions dans la question égyptienne : au contraire. Avant Nézib, il avait paru admettre la rétrocession au sultan d'une partie de la Syrie ; après, il estimait qu'on ne pouvait plus exiger ce sacrifice, que le pacha s'était créé des titres par sa victoire, et que la France s'était obligée à faire valoir ces titres, le jour où, en son nom, le capitaine Callier avait empêché Ibrahim triomphant de poursuivre des succès alors faciles [1]. Quant à la défection de la flotte ottomane, tout en déclarant la regretter et en blâmant même à part soi la conduite de l'amiral Lalande [2], le cabinet français en concluait que Méhémet-Ali était plus que jamais capable de résister à toutes les tentatives de coercition, et qu'il lui suffirait d'un geste, d'un mot, pour mettre l'empire ottoman et, par suite l'Europe entière, sens dessus dessous [3]. Le pacha, avec sa finesse orientale, comprenait le parti à tirer de l'opinion qu'on se faisait à Paris de sa puissance et de son caractère ; de là les sorties véhémentes par lesquelles il cherchait à nous effrayer, feignant d'être toujours sur le point de mettre le feu aux poudres, si on ne lui faisait obtenir immédiate et complète satisfaction. « On veut me faire mourir d'inanition, disait-il, un jour d'août, à notre consul ; j'aime mieux mourir d'un seul coup. Ah ! vous craignez que je n'amène les Russes à Constantinople ! Que m'importe, à moi ? Ils n'y resteront pas. J'entraînerai la guerre générale ? dites-

---

[1] On a prétendu même que le capitaine Callier avait promis formellement la possession de la Syrie au pacha, et M. Thiers a répété plus tard cette assertion dans une conversation avec M. Senior. (SENIOR, *Conversations with M. Thiers, M. Guizot and other distinguished persons*, t. I, p. 4.) Mais les ministres du 12 mai ont affirmé à la tribune qu'il n'avait été pris aucun engagement qui diminuât la liberté de la France.

[2] Lettre du maréchal Soult au Roi, 1er août 1839. (*Documents inédits*.)

[3] Dépêche du maréchal Soult à M. de Sainte-Aulaire, 16 août 1839. (*Documents inédits*.)

vous. Je ne la désire pas ; mais deux maisons brûlent, la mienne et celle de mon ami ; il faut d'abord que je sauve la mienne. Je vois clairement, aujourd'hui, que les puissances étrangères ne sont pas en état de s'entendre... Pourquoi vous êtes-vous mêlés de nos affaires, vous qui n'êtes pas de notre religion? Sans vous, nous les aurions déjà réglées [1]. » Ému par ces menaces, le gouvernement français se sentait en outre poussé par le mouvement d'opinion qu'avait soulevé le débat sur le crédit de dix millions et qu'entretenait, depuis lors, la polémique des journaux. Le public continuait à s'intéresser vivement au pacha et surtout mettait en demeure le cabinet de faire grand. Certains ministres, de ceux qui venaient, quelques mois auparavant, de déblatérer, comme orateurs de la coalition, contre les défaillances diplomatiques du cabinet du 15 avril, se sentaient particulièrement piqués au jeu ; plus occupés de l'effet parlementaire que des conséquences internationales, ils cherchaient l'occasion de faire, n'importe comment et à tout risque, quelque acte d'énergie. Se rappelant avec quelle insistance ils avaient naguère opposé le souvenir de l'expédition d'Ancône aux timidités de M. Molé, ils rêvaient d'entreprendre en Orient, à Candie par exemple, quelque nouvelle « anconade ». Il fallut la résistance du maréchal Soult, inspirée par le Roi, pour empêcher cette témérité [2].

Étant aussi peu résignée à abandonner quelque chose des prétentions du pacha, comment la France avait-elle pu affirmer solennellement, dans la note du 27 juillet, que « l'accord entre les cinq grandes puissances était assuré » ? Avait-elle donc des raisons de croire qu'elle ramènerait les autres gouvernements à son sentiment? Outre Manche, l'animosité contre Méhémet-Ali avait encore augmenté depuis la défection du capitan-pacha, et la mystification dont, en cette circonstance, avait été victime la marine britannique ajoutait au grief politique une bles-

---

[1] Cette conversation se tint en présence du capitaine Jurien de la Gravière qui l'a rapportée dans ses *Souvenirs*. (*Revue des Deux Mondes* du 15 septembre 1864, p. 358.)
[2] Lettre du maréchal Soult au Roi, 3 août 1839. (*Documents inédits.*)

sure d'amour-propre. Non-seulement le cabinet de Londres continuait à soutenir qu'il fallait restreindre le pacha à l'Égypte héréditaire [1], mais il demandait qu'avant toute solution, les escadres alliées imposassent, au besoin par le canon, la restitution de la flotte ottomane [2]. Le ton même avec lequel il formulait ses exigences avait pris quelque chose de plus absolu; nulle trace des précautions de langage qu'il employait naguère pour ménager l'avis contraire du gouvernement français. C'est que l'adhésion de l'ambassadeur russe à la note du 27 juillet avait déterminé, dans l'attitude de lord Palmerston, un changement qui devait avoir les plus graves conséquences. Jusqu'alors, principalement préoccupé du czar, il avait senti le besoin de s'appuyer sur la France. Devant la facilité, absolument inattendue pour lui, avec laquelle on venait d'obtenir, à Constantinople, la signature de la Russie, il estima que le danger n'était pas, ou tout au moins n'était plus du côté de cette puissance, qu'elle « était entrée dans le concert européen par un acte officiel et n'en pourrait sortir sans provoquer des complications pour lesquelles elle n'était pas prête »; il en conclut qu'il était libre d'employer tous ses efforts à satisfaire son ressentiment contre Méhémet-Ali et sa jalousie de l'influence française dans la Méditerranée. Cette évolution de la politique anglaise n'échappa point à notre diplomatie; M. de Bourqueney en informait, dès le 18 août, le maréchal Soult [3], et celui-ci écrivait, quelques jours après, à ses ambassadeurs près les cours continentales: « Le gouvernement britannique a voulu voir, dans la note du 27 juillet, l'expression du consentement absolu du gouvernement russe à faire, de la question d'Orient, l'objet d'un concert

[1] Dépêches de M. de Bourqueney, 31 juillet et 9 août 1839. (*Mémoires de M. Guizot, Pièces historiques.*)
[2] Dépêche de lord Palmerston, 1er août 1839. (*Correspondence relative to the affairs of the Levant.*)
[3] « Un grand changement, écrivait M. de Bourqueney, s'est opéré, depuis trente-huit heures, dans l'esprit des membres du cabinet anglais : on n'admettait pas la possibilité du concours de la Russie, aujourd'hui on l'espère; on espérait le concours de l'Autriche jusqu'au bout, on n'en doute plus. On en conclut que le moment est venu de laisser un peu reposer l'attitude ombrageuse et comminatoire envers le cabinet russe. » (Dépêche du 18 août 1839, publiée par M. Guizot.)

européen ; se persuadant que tout est fini de ce côté, il a cru pouvoir diriger désormais toute son action du côté de l'Égypte[1]. »

Lord Palmerston ne se contentait pas de manifester, sans réserve, dans les communications qu'il avait avec le cabinet de Paris, un avis contraire au sien. S'engageant plus avant dans une tactique que nous avons déjà eu occasion de noter, il cherchait un appui contre la France, auprès des autres puissances, sans en excepter la Russie. Le maréchal Soult, ému d'un procédé aussi peu ami, écrivait à M. de Bourqueney, le 22 août : « Si l'expression du dissentiment qui existe au sujet de Méhémet-Ali, entre la France et l'Angleterre, ne sortait pas du cercle des communications échangées entre les deux gouvernements, il n'y aurait pas un grand inconvénient ; malheureusement, j'acquiers tous les jours la certitude qu'il n'en est pas ainsi. Le cabinet de Londres, dominé par ses préoccupations, ne sait pas assez les dissimuler aux autres cabinets ; il semble quelquefois voir en eux des auxiliaires dont la coopération peut l'aider à nous ramener à sa manière de voir, et les cours auxquelles s'adressent ses confidences, se méprenant sur l'intention qui les lui dicte, y voient le principe d'un relâchement sérieux dans l'alliance anglo-française. Déjà plus d'un indice me donne lieu de penser que telle de ces cours travaille, par des avances adroitement calculées, par d'apparentes concessions, à entraîner le gouvernement britannique dans une voie nouvelle. » Et notre ministre ajoutait : « Il n'en faudrait pas davantage pour jeter une perturbation déplorable dans la marche de la politique générale[2]. » Ces plaintes furent sans effet sur lord Palmerston.

---

[1] Dépêche du maréchal Soult à M. de Barante, 29 août 1839. (*Documents inédits*.) — A la même époque, le 30 août, M. Desages, directeur politique au ministère des affaires étrangères, écrivait à M. Bresson : « Nos voisins d'outre-Manche sont plus obstinés que jamais à l'encontre de Méhémet-Ali. On s'est mis, à Londres, au diapason de lord Ponsonby et de Roussin, qui se figurent qu'en crachant sur le pacha, cela suffit pour en venir à bout. » (*Documents inédits*.) L'allusion faite à l'amiral Roussin s'explique par ce fait qu'on reprochait à notre ambassadeur à Constantinople de n'être pas assez favorable au pacha. L'amiral devait même, pour cette cause, être rappelé le 13 septembre 1839, et remplacé par M. de Pontois.

[2] *Mémoires de M. Guizot, Pièces historiques.*

Par des dépêches adressées, les 25 et 27 août, à tous ses ambassadeurs près les grandes puissances, il saisit plus ouvertement encore et plus solennellement l'Europe de son dissentiment avec la France ; il y exposait les raisons d'enlever immédiatement au pacha toutes les provinces autres que l'Égypte, et réfutait les objections du gouvernement français, qu'il ne nommait pas, mais qui était suffisamment désigné ; du reste, pas un mot des précautions à prendre contre la Russie ; pour le ministre anglais, la question d'Orient semblait être désormais réduite à la question égyptienne [1].

Les diverses puissances se montrèrent disposées à accorder l'appui qui leur était demandé par le cabinet britannique. Peu de jours après, le général Sébastiani, qui venait de reprendre la direction de l'ambassade de Londres, se trouvait à la campagne chez le chef du *Foreign Office,* au moment où celui-ci recevait les dépêches de ses ambassadeurs. « Lord Palmerston me les a toutes lues, écrivait le général à son ministre. De Constantinople, lord Ponsonby fait savoir que le Divan a été réuni et a décidé qu'il ne serait rien accordé à Méhémet-Ali au delà de l'investiture héréditaire de l'Égypte. De Vienne, lord Beauvale annonce que le cabinet autrichien adopte de plus en plus le point de vue anglais sur la nécessité de réduire à l'Égypte les possessions territoriales du vice-roi. A Berlin, même faveur pour le projet anglais. Enfin, lord Clanricarde écrit de Saint-Pétersbourg que le cabinet russe s'unit sincèrement aux intentions du cabinet britannique, qu'il partage son opinion sur les bases de l'arrangement à intervenir, et qu'il offre sa coopération. — Voyez, a repris lord Palmerston, voyez s'il est possible de renoncer à un système que nous avons adopté, au moment même où il réunit les efforts de presque toutes les puissances avec lesquelles nous avons entrepris de résoudre pacifiquement la question d'Orient [2]. »

Comme on a pu s'en rendre compte par la dépêche que nous

---

[1] *Correspondence relative to the affairs of the Levant.*
[2] Dépêches du général Sébastiani au maréchal Soult, 14 et 17 septembre 1839. (*Mémoires de M. Guizot.*)

venons de citer, l'adhésion du gouvernement russe n'était pas la moins chaleureuse. Nul n'en peut être surpris. Depuis longtemps ce gouvernement désirait ardemment brouiller l'Angleterre et la France. Nous l'avons vu, en juillet, accueillir avec empressement les premiers signes d'un dissentiment possible entre les deux puissances et chercher là, sinon la revanche, du moins la consolation des mécomptes de sa politique orientale. Depuis lors, comme pour cultiver ce germe de discorde, il s'était attaché à caresser l'Angleterre; rien ne le fâchait de ce qui venait d'elle[1]. Dans les conversations fréquentes que le czar avait avec l'ambassadeur de la Reine, il ne manquait pas une occasion d'exciter contre nous les jalousies du cabinet de Londres[2]. Il est vrai qu'à Paris on ne ménageait guère la Russie. Au commencement de juillet, lors de la discussion des crédits, tous les orateurs avaient proclamé que la politique de la France devait être de faire échec au gouvernement de Saint-Pétersbourg. Peu après, quand il s'était agi de signifier à ce dernier des menaces d'action maritime, pour le cas où il interviendrait à Constantinople, nous nous en étions chargés aussitôt; tandis que l'Autriche restait obséquieuse, et que l'Angleterre, qui avait dès lors son arrière-pensée, se tenait prudemment au second plan, notre fierté nationale paraissait trouver satisfaction à se mettre bien franchement en avant et à prononcer très-haut ce nom des Dardanelles, qui éveillait tant d'ombrages sur les bords de la Néva. Le czar en avait gardé un vif ressentiment[3]. Loin de chercher à le voiler, il l'affichait et saisissait, le 7 septembre, l'occasion de l'anniversaire de la bataille de la Moskowa pour

---

[1] Correspondance inédite de M. de Barante, pendant la fin de juillet et le mois d'août 1839. (*Documents inédits.*)

[2] « La France, disait le czar à l'ambassadeur anglais, cherche à se faire valoir et se donne un mouvement inutile; elle veut se mettre à la tête de tout. Depuis quelque temps, elle a l'air de vouloir dominer l'Europe. » (Dépêche de M. de Barante au maréchal Soult, 10 août 1839. *Documents inédits.*)

[3] M. de Barante avait noté, dès le premier jour, l'irritation que nous avions ainsi causée, et il y revint souvent, dans la suite de la crise, quand il voulut expliquer l'origine de l'hostilité de la Russie. (Voy., entre autres, les lettres de M. de Barante au maréchal Soult, en date des 3 et 17 août, 23 octobre 1839 et 4 février 1840, et la lettre du même à M. Guizot, en date du 28 mai 1841. *Documents inédits.*)

adresser à son armée un ordre du jour plein d'une injurieuse violence contre la France[1]. M. de Barante observait soigneusement cet état d'esprit et en informait son gouvernement : « Nous pouvons nous attendre, disait-il, à de fort mauvais procédés[2]. »

S'il y avait là, pour nous, un très-sérieux avertissement, n'y avait-il pas aussi matière à réflexion pour le cabinet anglais? Celui-ci ne devait-il pas se demander jusqu'à quel point il était de son intérêt de faire courir à l'alliance occidentale le risque d'une rupture si passionnément désirée à Saint-Pétersbourg? Lord Palmerston se rendait parfaitement compte du mobile du czar. « Je ne doute pas, disait-il à notre ambassadeur, que le cabinet russe, dans son aveugle et folle partialité contre la France, n'ait été surtout préoccupé du désir de bien mettre notre dissentiment en évidence; il n'y a sorte de gracieusetés que la Russie n'ait essayées avec nous, depuis un an, pour diviser nos deux gouvernements[3]. » Mais le ministre anglais n'en persistait pas moins dans sa politique; la passion de Nicolas se trouvait, pour le moment, seconder sa propre passion; cela lui suffisait : il ne voyait pas plus loin. Ainsi, en même temps qu'à Saint-Pétersbourg on était prêt à faire toutes les avances à l'Angleterre pour la séparer de nous, à Londres on ne semblait avoir aucun scrupule à les accepter.

Lord Palmerston ne rencontrait pas en Autriche la même animosité contre la France. Si peu favorable que M. de Metternich fût à Méhémet-Ali, il eût accepté tout ce que les cabinets de Londres et de Paris lui eussent proposé d'accord; il ne se lassait pas de le déclarer aux ambassadeurs des deux puissances[4]. Mais du moment où celles-ci se divisaient, il devait naturellement se ranger du côté où l'on faisait au pacha la part la plus

---

[1] Dépêche de M. de Barante au maréchal Soult, 16 septembre 1839. (*Documents inédits.*)
[2] Correspondance de M. de Barante, notamment dépêches au maréchal Soult, en date du 24 août et du 7 septembre 1839. (*Documents inédits.*)
[3] Dépêche du général Sébastiani au maréchal Soult, 17 septembre 1839, citée par M. Guizot.
[4] *Mémoires inédits de M. de Sainte-Aulaire.*

petite[1]. Il n'y avait pas, d'ailleurs, à se dissimuler qu'à Vienne, les sentiments n'étaient plus les mêmes pour nous qu'au début des négociations. Là aussi, on avait été offusqué du ton de la discussion des crédits ; les phrases où s'était alors complu notre orgueil national avaient paru au dehors l'indice d'une politique à la fois aventureuse et arrogante qui inquiétait la prudence et blessait l'amour-propre des autres puissances. L'attitude de notre diplomatie n'était pas toujours faite pour corriger cette impression. Le ministère, préoccupé de répondre à l'attente du parlement, qui l'avait sommé de faire jouer à la France un rôle prépondérant, agissait parfois avec une sorte d'ostentation qui froissait des alliés ombrageux[2]. « A Paris, écrivait le 7 août M. de Metternich, on ne voit *que soi*, et l'on oublie que par là on excite à en user de même, à l'égard de la France, ceux avec qui l'on entend entrer en affaires. *Tout pour et par la France* est un mot qui sonne bien à des oreilles françaises, mais qui déchire toutes les autres oreilles[3]. » Quelques mois plus tard, à l'avénement du ministère du 1er mars, M. de Barante, revenant sur cette conduite du cabinet du 12 mai, écrivit : « Ce cabinet ne s'est pas assez séparé des jactances propres à la tribune et à la presse, mais si peu convenables à des ministres. Nous avons inquiété l'Europe, hors de propos, sans but et sans profit. L'Allemagne s'est émue de tant de paroles dites au sujet de la rive gauche du Rhin. On s'est figuré que le maréchal voulait guerroyer et tout pourfendre. » Il ajoutait dans une autre lettre : « Je ne sais comment a fait le dernier ministère, mais il a répandu l'idée que nous avions envie de guerroyer, de conquérir, de chercher les traces de Napo-

---

[1] M. de Metternich écrivait, le 25 septembre 1839 : « Les quatre cabinets de Vienne, de Berlin, de Saint-Pétersbourg et de Londres sont *turcs;* celui des Tuileries est *égyptien.* » (*Mémoires*, t. VI, p. 376.)

[2] Dès le 19 juillet 1839, le maréchal Soult recommandait à M. de Sainte-Aulaire de calculer son langage de façon que « la part qui reviendrait au Roi et à la France », dans le concert européen, « fût bien constatée » et pût « être plus tard hautement proclamée ». (*Documents inédits.*)

[3] *Mémoires de M. de Metternich*, t. VI, p. 373. — Un peu après, le 25 septembre, M. de Metternich se plaignait que « la politique française fût voulante, agissante, tripoteuse, ambitieuse. » (*Ibid.*, p. 376.)

léon[1]. » En s'éloignant de nous, le gouvernement autrichien se rapprochait de la Russie. Au commencement de la crise, il ne s'était vu qu'en tremblant engagé contre cette puissance, et il avait eu besoin, pour se rassurer, de sentir derrière lui ses deux nouveaux alliés[2]. Du moment, au contraire, où il devint manifeste que ceux-ci n'étaient pas d'accord, le cabinet de Vienne n'eut plus qu'une pensée : se faire pardonner à Saint-Pétersbourg sa velléité de politique occidentale. Le retour se fit assez promptement pour que, le 13 septembre, M. de Metternich pût écrire au comte Apponyi : « La difficulté réelle dans l'affaire orientale se trouve placée entre Paris et Londres, car la Russie est à nous[3]. » Ainsi nous échappait ce qui devait être le profit principal de notre politique, cette dissolution de l'ancienne Sainte-Alliance, cette séparation de l'Autriche et de la Russie, que naguère l'on se félicitait d'avoir si vite obtenues.

Notre ambassadeur à Vienne, M. de Sainte-Aulaire, suivait ces péripéties de la politique autrichienne, avec la même sagacité dont faisait preuve M. de Barante à Saint-Pétersbourg. Il ne se lassait pas de répéter à son gouvernement que, « pour être quatre, ou même trois », c'est-à-dire pour avoir, contre la Russie, le concert de l'Autriche, de la Prusse, de l'Angleterre et de la France, « il fallait commencer par être deux », c'est-à-dire établir l'accord entre Londres et Paris, et il ajoutait : « Si l'on n'a pas su ou pu s'entendre avec l'Angleterre, il faut tout abandonner ; l'Autriche n'interviendra pas pour nous mettre d'accord ; elle se serrera contre la Russie et s'efforcera de se faire par-

---

[1] Lettres de M. de Barante à M. Thiers et à M. Guizot, en date du 18 mars 1840. (*Documents inédits.*)

[2] Même lorsque le gouvernement autrichien croyait pouvoir s'appuyer sur la France et l'Angleterre, le moindre froncement de sourcils de l'autocrate russe le mettait mal à l'aise. Au mois d'août, M. de Metternich tomba gravement malade et dut, pendant plusieurs semaines, abandonner la direction des affaires. On attribua généralement sa maladie à l'émotion que lui avait causée le refus irrité du czar de prendre part à la conférence de Vienne. M. de Fiquelmont, ambassadeur d'Autriche en Russie et remplaçant intérimaire de M. de Metternich, disait que ce dernier « avait pensé mourir de regret et d'effroi de s'être trompé sur les sentiments de l'empereur Nicolas ». (*Mémoires inédits de M. de Sainte-Aulaire.*)

[3] *Mémoires de M. de Metternich*, t. VI, p. 374.

donner un mauvais mouvement [1]. » M. de Sainte-Aulaire, ne craignant pas de rompre ouvertement avec l'engouement pour le pacha d'Égypte, ajoutait : « Faut-il nous brouiller avec tous nos alliés dans l'intérêt de Méhémet-Ali? Cet homme est le mauvais génie de la France; son ambition est insatiable, ses projets révolutionnaires. En paraissant le favoriser, nous nous aliénons l'Autriche comme l'Angleterre. La Russie, bâtissant sur nos ruines, prendra notre place dans leur alliance, et restera l'arbitre des affaires d'Orient [2]. » Ces représentations furent mal reçues par le gouvernement français. Le Roi fit appeler M. de Langsdorff, que M. de Sainte-Aulaire avait envoyé à Paris pour y défendre sa politique, et, après avoir pris la peine de l'endoctriner longuement, lui ordonna de repartir aussitôt pour Vienne. « La France, disait Louis-Philippe, n'est pas directement intéressée à l'établissement plus ou moins étendu du pacha en Syrie; la chose en elle-même ne lui importe guère; mais ce qui importe beaucoup, c'est de préserver l'empire ottoman de sa ruine et l'Europe d'une guerre générale. Cette guerre est inévitable si l'on fait au vice-roi des conditions trop dures. Il ne manquera pas, alors, d'ordonner à son fils de passer le Taurus et de marcher sur Constantinople. Or, la Russie ne consentant pas à accepter le concours des autres puissances dans la mer de Marmara, la guerre va éclater, et le plus infaillible de ses résultats est la ruine de l'empire ottoman [3]. » Comme on le voit, le raisonnement de Louis-Philippe reposait entièrement sur l'idée que tout le monde, en France, se faisait alors de la force du pacha. Au ministère des affaires étrangères, M. Desages n'était pas moins décidé que le Roi, et de toutes parts M. de Sainte-Aulaire s'entendait signifier qu'il faisait fausse route. La politique française s'engageait donc décidément dans l'impasse égyptienne. Elle ne devait pas tarder à y rencontrer le péril signalé à l'avance par notre prévoyant ambassadeur.

---

[1] Lettre à M. Bresson, 22 août 1839. (*Documents inédits.*)
[2] *Mémoires inédits de M. de Sainte-Aulaire.*
[3] *Ibid.*

VIII

Jusqu'alors la Russie, tout en observant les événements, en écoutant attentivement ce qu'on lui disait et même ce qu'on ne lui disait pas, était restée sur la réserve, et n'avait pris l'initiative d'aucune démarche. Vers le milieu de septembre 1839, en présence du désaccord croissant de l'Angleterre et de la France, elle jugea le moment venu de sortir de cette attitude passive. On apprit soudainement, en Europe, que le ministre russe à Darmstadt, qui passait pour posséder la confiance du czar et de M. de Nesselrode, M. de Brünnow, était envoyé à Londres afin de proposer à lord Palmerston une entente sur la question orientale. La nouvelle fit grande rumeur dans les chancelleries, et tous les yeux se portèrent sur le théâtre de cette négociation. De Vienne, où il ne pouvait plus être question de réunir la conférence, le centre diplomatique se trouvait, par là, transporté à Londres ; la direction échappait définitivement à M. de Metternich, pour passer à lord Palmerston : la France ne gagnait pas au change.

M. de Brünnow arriva en Angleterre le 15 septembre. L'objet principal, unique, de sa mission, était d'appuyer le cabinet de Londres pour le brouiller avec celui de Paris. Il déclara tout d'abord à lord Palmerston « que le czar adhérait entièrement à ses vues sur les affaires d'Égypte ; qu'il s'associerait à toutes les mesures qui seraient jugées nécessaires pour leur donner effet ; qu'il s'unirait pour cela à l'Angleterre, à l'Autriche et à la Prusse, soit que la France entrât dans ce concert, soit qu'elle restât à l'écart, » et, comprenant qu'il pouvait s'exprimer à cœur ouvert avec le ministre anglais, il ajouta que, « tout en reconnaissant, au point de vue politique, l'avantage d'avoir la France avec soi, le czar, personnellement, préférerait qu'elle fût laissée en dehors [1] ». Quant à la protection

---

[1] Lettre de lord Palmerston à M. Bulwer, 24 septembre 1839. (BULWER, t. II, p. 263.)

à exercer sur l'empire ottoman, le czar acceptait qu'elle appartînt à l'Europe entière et renonçait à renouveler le traité d'Unkiar-Skélessi, dont le terme expirait prochainement. Seulement, pour reprendre en fait une partie de ce qu'il abandonnait en droit, il demandait qu'au cas où il serait nécessaire de défendre Constantinople contre Méhémet-Ali, les vaisseaux et les soldats russes fussent seuls admis à entrer dans la mer de Marmara, tandis que les escadres des autres puissances opéreraient dans la Méditerranée, sur les côtes de Syrie et d'Égypte. La Russie protestait, du reste, que, dans ce cas, elle n'agirait pas en son nom propre, mais comme mandataire de l'Europe [1].

Avant même d'avoir pu prendre l'avis de ses collègues, alors dispersés, lord Palmerston communiqua cette ouverture au général Sébastiani. « Je lui ai tout dit, écrivait-il à M. Bulwer, excepté la préférence de Nicolas pour une solution qui laisse la France dehors [2]. » Il ne cacha pas qu'il était personnellement très-favorable à la proposition russe et qu'il comptait la voir accepter par le cabinet anglais; il se disait sûr également de l'adhésion « cordiale » de l'Autriche et de la Prusse [3]. Dans cette situation difficile, le gouvernement français manœuvra fort habilement; au lieu de se plaindre de la part faite au pacha, il ne fit porter ses réclamations que sur la prétention, manifestée par la Russie, d'entrer seule dans la mer de Marmara : c'était substituer un grief européen à ce qui n'eût été qu'un grief français. Cette attitude, prise dès la première heure par le général Sébastiani [4], fut confirmée par une dépêche du maréchal Soult; après avoir soutenu que l'acceptation de la prétention russe impliquerait la reconnaissance du traité d'Unkiar-Skélessi et créerait un précédent dont le czar pourrait ensuite se prévaloir comme d'un droit, le maréchal, se sentant sur un bon terrain, ajoutait avec une singulière fermeté de ton : « Jamais, de

---

[1] BULWER, t. II, p. 263, et dépêche du général Sébastiani au maréchal Soult, 23 septembre 1839. (*Mémoires de M. Guizot, Pièces historiques.*)
[2] BULWER, t. II, p. 264.
[3] *Ibid.*, p. 264 à 266, et dépêche du général Sébastiani au maréchal Soult, 23 septembre 1839. (*Mémoires de M. Guizot, Pièces historiques.*)
[4] Même dépêche

notre aveu, une escadre de guerre ne paraîtra devant Constantinople sans que la nôtre ne s'y montre aussi... Le cabinet de Londres n'ayant pas encore pris de résolution définitive, nous aimons à croire que de plus mûres réflexions lui feront repousser les propositions captieuses de la Russie. En tout cas, la détermination du gouvernement du Roi est irrévocable. Quelles que soient les conséquences d'un déplorable dissentiment, dût-il avoir pour effet l'accomplissement du projet favori de la Russie, celui de nous séparer de nos alliés, ce n'est pas nous qui en aurons encouru la responsabilité. Nous resterons sur notre terrain ; ce ne sera pas notre faute, si nous n'y retrouvons plus ceux qui s'y étaient d'abord placés à côté de nous[1]. »

Ce langage fit impression sur le gouvernement anglais. Vainement lord Palmerston persistait-il à soutenir que l'on avait satisfaction du moment où les troupes russes entraient dans le Bosphore en vertu d'un mandat de l'Europe; vainement s'étonnait-il qu'on n'eût pas plus confiance dans le czar[2] : parmi les autres ministres anglais, tous ne mettaient pas autant d'entrain à se jeter dans les bras de la Russie et à rompre avec la France. Deux d'entre eux, lord Holland et lord Clarendon, se proclamaient hautement partisans de l'alliance française. Sans être aussi décidés, le marquis de Lansdowne, grand seigneur accompli, très-considéré dans son parti, et lord John Russell, l'un des principaux orateurs du ministère, s'inquiétaient visiblement de la politique du *Foreign Office*. Quant au chef du cabinet, lord Melbourne, il était sans doute trop insouciant et indolent pour beaucoup résister à la passion impérieuse de lord Palmerston; toutefois, autant que le lui permettaient son égoïsme épicurien et cet *I don't care*[3] dont il semblait avoir fait sa devise, il préférait l'alliance française à l'alliance russe. Soigneux de ne pas se

---

[1] Dépêche du 26 septembre 1839.
[2] « Je dis, racontait lord Palmerston lui-même, qu'il ne semblait pas y avoir de moyen terme entre la confiance et la défiance; que si nous liions la Russie par un traité, nous devions nous fier à elle; et que, nous fiant à elle, il valait mieux ne mêler aucune apparence de suspicion à notre confiance. » (BULWER, t. II, p. 264.)
— Voy. aussi la dépêche précitée du général Sébastiani, en date du 23 septembre.
[3] « Cela m'est égal. »

faire d'affaires qui troublassent son repos, il se préoccupait des risques auxquels l'exposerait, au dehors, la hardiesse aventureuse de son ministre des affaires étrangères, et aussi des mécontentements que soulèverait, dans l'intérieur de son propre parti, une politique si contraire à la tradition des whigs. Ne voyait-il pas que l'homme salué naguère par ces derniers comme leur grand chef, le champion victorieux de la réforme parlementaire, le vieux lord Grey, toujours respecté et influent, bien que vivant dans une retraite mélancolique et ennuyée, exprimait hautement l'avis qu'on ne devait pas se séparer de la France? De là les résistances et les hésitations que lord Palmerston, à sa grande surprise, rencontra dans le sein du conseil des ministres. Malgré ses efforts, il fut décidé que les propositions de M. de Brünnow n'étaient pas acceptables, et même qu'il fallait faire un pas vers la France, pour lui faciliter l'accord.

Le chef du *Foreign Office* dut donc, bien à contre-cœur, signifier, le 3 octobre, à l'envoyé russse, que « le cabinet anglais n'adhérait point à ses propositions », et donner comme raison de ce refus le désir de ne pas se séparer de ses alliés d'outre-Manche. « La France, dit-il, ne peut consentir, pour sa part, à l'exclusion des flottes alliées de la mer de Marmara, dans l'éventualité de l'entrée des forces russes dans le Bosphore, et l'Angleterre ne veut pas se détacher de la France, avec laquelle elle a marché dans une parfaite union depuis l'origine de la négociation[1]. » Il communiqua en même temps cette résolution au général Sébastiani, et ajouta, ce qui lui coûta plus encore, que, par déférence pour la France, l'Angleterre consentait à joindre à l'investiture héréditaire de l'Égypte en faveur de Méhémet-Ali, la possession, également héréditaire, du pachalik d'Acre, sans la ville de ce nom : le tout sous la condition que, en cas de refus du pacha, le gouvernement français s'associerait aux mesures de contrainte à prendre contre lui. Notre ambassadeur, en faisant connaître à son ministre cette concession,

[1] Dépêche du général Sébastiani au maréchal Soult, 3 octobre 1839. (*Mémoires de M. Guizot, Pièces historiques.*)

disait : « Sans doute, le retour n'est pas aussi complet que nous pourrions le désirer ; mais il y a un immense pas de fait. Je crains, je l'avoue, que ce ne soit le dernier [1]. »

Lorsque l'historien considère après coup les événements qui ont mal tourné, il lui semble parfois regarder de haut et de loin des voyageurs qui se seraient trompés de route ; d'où il est, il discerne clairement la fondrière ou l'impasse auxquels ils vont aboutir ; mais souvent aussi, il voit, avant ce terme fatal, s'embrancher, sur cette même route, d'autres chemins qu'il suffirait de prendre pour retrouver la bonne direction. S'il s'aperçoit qu'on néglige ces moyens de salut et qu'on passe outre, il éprouve un serrement de cœur et ne retient pas un mouvement d'impatience, ne se souvenant pas toujours assez que ceux qui marchent dans la plaine ne peuvent, comme lui, embrasser l'horizon. A l'époque où nous a conduits notre récit, dans les premiers jours d'octobre 1839, le gouvernement français, jusqu'alors égaré sur une fausse piste, ne nous apparaît-il pas comme étant arrivé à l'un de ces embranchements ? Qu'il entre dans la voie ouverte par la proposition de l'Angleterre, et il est assuré, non-seulement d'échapper au péril qui le menace, mais de terminer honorablement, brillamment même, sa campagne diplomatique. Peu importe que la part de Syrie soit plus ou moins considérable ; elle est accordée contre le vœu de toutes les autres puissances, et à notre seule considération ; l'effet moral est donc complet, et le pacha devient tout à fait notre protégé. De plus, au vu de l'Europe, nous déjouons la manœuvre par laquelle la Russie s'est flattée de nous isoler et de nous humilier ; nous battons lord Palmerston dans son propre cabinet ; nous obtenons de l'Angleterre une concession qui est une marque d'amitié et de déférence. L'intérêt, l'honneur et même l'amour-propre ont satisfaction. Dès lors, nous pouvons, sans crainte de nous diminuer, faire un pas à notre tour et accepter la transaction offerte.

Notre gouvernement n'en jugea pas ainsi. Enhardi, plutôt que

---

[1] Dépêche de M. de Brünnow, 8 octobre 1839.

satisfait, par la concession qui lui était faite, il n'y vit qu'une raison de persister dans ses exigences; il se persuada qu'un accord n'était plus à craindre entre l'Angleterre et la Russie, que la première y avait une répugnance invincible, et que la seconde serait trop attachée à ses rêves de prépondérance en Orient, pour faire les concessions nécessaires : c'était ne tenir compte ni de la passion de lord Palmerston ni de celle de Nicolas. Toujours dupe de la comédie que le pacha jouait à dessein devant les consuls, on se figurait, à Paris, qu'il n'accepterait jamais de telles conditions. « Plutôt que de les subir, disait-on, il se jetterait dans les chances d'une résistance moins dangereuse pour lui qu'embarrassante et compromettante pour l'Europe [1]. » D'ailleurs les journaux français, de plus en plus échauffés au sujet de l'Égypte, de plus en plus susceptibles sur tout ce qui touchait à l'orgueil national, soutenaient contre la presse anglaise une polémique qui ne facilitait pas la conciliation diplomatique, exerçaient une surveillance ombrageuse sur toutes les démarches du gouvernement, épiaient tous les bruits, et, prompts à s'imaginer, au moindre indice, que quelque accord se concluait, aux dépens du pacha, avec le cabinet de Londres, dénonçaient cet accord comme une lâcheté et une trahison. C'est ainsi que, trompé par ses propres illusions, intimidé et entraîné par la presse, le ministère n'hésita pas à repousser absolument l'ouverture de lord Palmerston. Par une dépêche en date du 14 octobre, le maréchal Soult déclara persister dans ses vues antérieures, alors même que cette persistance « serait le signal d'un accord intime entre l'Angleterre et la Russie ». « Nous déplorerions vivement, disait-il, la rupture d'une alliance à laquelle nous attachons tant de prix; mais nous en craindrions peu les effets directs, parce qu'une coalition contraire à la nature des choses et condamnée d'avance, même en Angleterre, par l'opinion publique, serait nécessairement frappée d'impuissance [2]. »

---

[1] Dépêche du maréchal Soult, 14 octobre 1839.
[2] *Mémoires de M. Guizot.*

Quelques jours après, le 18 octobre, le général Sébastiani écrivait au maréchal : « J'ai fait à lord Palmerston la communication que me prescrivait Votre Excellence. J'ai reproduit toutes les considérations sur lesquelles le gouvernement du Roi se fonde pour persister dans ses premières déterminations relativement aux bases de la transaction à intervenir entre le sultan et Méhémet-Ali. Lord Palmerston m'a écouté avec l'attention la plus soutenue. Lorsque j'ai eu complété mes communications, il m'a dit ces simples paroles : « Je puis vous déclarer, au nom « du conseil, que la concession faite d'une portion du pacha- « lik d'Acre est retirée. » J'ai vainement essayé de ramener la question générale en discussion; lord Palmerston a constamment opposé un silence poli, mais glacial. Je viens de reproduire textuellement, monsieur le maréchal, les seuls mots que j'aie pu lui arracher. Mes efforts se sont, naturellement, arrêtés au point que ma propre dignité ne me permettait pas de dépasser[1]. » Ne voit-on pas percer l'âpre satisfaction avec laquelle le ministre anglais retire la concession qu'il nous avait offerte malgré lui, et la résolution où il est de reprendre contre nous une campagne sans ménagement? Cette fois, il espère bien que nos amis, découragés par notre obstination, ne s'interposeront plus entre lui et nous. Aussi, dans les semaines qui suivent, ses communications au gouvernement français deviennent d'un tel ton que lord Granville est obligé de lui demander des corrections; lord Palmerston ne les fait qu'en rechignant. « Bien que quelques-uns des faits et des arguments dont je me suis servi, écrit-il à son ambassadeur, doivent, comme vous le dites, toucher au vif Louis-Philippe, cependant il me semble nécessaire d'en agir ainsi, et nous ne pouvons nous sacrifier nous-mêmes par délicatesse pour lui[2]. » Tel est même son parti pris, qu'il affecte de prendre au sérieux je ne sais quelle historiette d'après laquelle Louis-Philippe aurait annoncé à un diplomate étranger une prochaine guerre avec l'Angleterre, et expliqué

---

[1] *Mémoires de M. Guizot.*
[2] Lettre du 5 novembre 1839. (Bulwer, t. II, p. 267.)

ainsi le besoin d'assurer à la France le concours d'une puissante flotte égyptienne [1].

L'attitude de lord Palmerston n'arracha pas le gouvernement français à sa trompeuse sécurité. Ayant su que M. de Brünnow avait quitté Londres vers le milieu d'octobre et qu'il était retourné à Darmstadt sans aller même prendre langue à Saint-Pétersbourg, le maréchal Soult en conclut que tout était fini de ce côté. « Calmez vos inquiétudes sur la possibilité d'un accord entre l'Angleterre et la Russie, écrivait-il à M. de Sainte-Aulaire. Les renseignements que je reçois me portent à croire que l'échec éprouvé à Londres par M. de Brünnow a été complet, et qu'il n'existe plus entre les deux cours de négociations sérieuses [2]. » Par une illusion plus inexplicable encore, notre ministre croyait, au cas où il serait abandonné par l'Angleterre, pouvoir espérer l'appui de l'Autriche et de la Prusse [3]. Ce n'était pourtant pas la correspondance de ses ambassadeurs qui l'entretenait dans ces idées. De Saint-Pétersbourg, M. de Barante l'avertissait que le czar céderait tout à l'Angleterre pour la brouiller avec nous [4]. De Berlin, M. Bresson écrivait que la Prusse ne sortirait pas de sa « neutralité irrésolue », et que « tout lui paraîtrait bien, pourvu que M. de Metternich y eût donné son attache [5]. » A Vienne, M. de Sainte-Aulaire n'avait pas meilleure impression. « Dans une situation donnée, écrivait-il, le gouvernement autrichien se prononcerait contre la Russie; dans telle autre, contre l'Angleterre; contre les deux à la fois, jamais [6]. » Notre ambassadeur ayant demandé à M. de Metternich s'il croyait un arrangement possible entre l'Angleterre et la Russie : « Je ne sais trop que vous en dire, répondit le chancelier, parce que j'ignore ce qui conviendra à lord Palmerston,

---

[1] Lettre du 22 novembre 1839. (*Ibid.*, p. 268.)
[2] *Mémoires inédits de M. de Sainte-Aulaire.*
[3] Lettre du maréchal Soult au duc d'Orléans, 15 octobre 1839. (*Documents inédits.*)
[4] Dépêches de novembre 1839. (*Documents inédits.*)
[5] Lettre du maréchal Soult au Roi, 9 octobre 1839. (*Documents inédits.*)
[6] Lettre de M. de Sainte-Aulaire à M. de Barante, 5 octobre 1839. (*Documents inédits.*)

mais j'ose vous répondre que la difficulté ne viendra pas du côté de l'empereur Nicolas. Il est puéril d'imaginer qu'il ait commencé cette négociation sans vouloir la mener à bien. D'ailleurs, sur cette question des détroits où vous le croyez inflexible, il a pris son parti depuis longtemps. La plus grosse de vos fautes est assurément votre division avec l'Angleterre. Si vous êtes encore à temps pour la réparer, ne perdez pas un moment. Vous courez chaque jour le risque d'apprendre qu'on vous a mis en dehors de l'affaire d'Orient, et qu'on va faire sans vous ou contre vous ce qu'on n'aura pu faire avec vous. Comprenez que l'Autriche et la Prusse, fort indifférentes au sort du pacha d'Égypte, ne se compromettront pas pour le défendre; nous donnerons les mains à ce qui aura été convenu à Londres, et vous n'aurez plus que l'alternative d'assister à l'exécution rigoureuse du client que vous voulez protéger, ou de le défendre en ayant toute l'Europe contre vous [1]. » M. de Metternich ne prenait même pas la peine de cacher à M. de Sainte-Aulaire que nous ne devions plus compter sur sa bienveillance. Il s'en prenait ouvertement à nous de tous les désappointements de sa politique, de l'avortement de la conférence de Vienne, de la disgrâce qu'il avait encourue à Saint-Pétersbourg, et il laissait voir qu'il se croyait désormais obligé de marcher derrière l'Angleterre et la Russie, sans rien leur refuser. Et comme notre ambassadeur lui demandait ce qu'il ferait si le gouvernement français le chargeait de décider, en qualité d'arbitre, entre lord Palmerston et lui : « Gardez-vous bien de me le proposer, répondit-il précipitamment, car je n'hésiterais pas à donner, sur tous les points, gain de cause à vos adversaires [2]. »

Toutefois, de si méchante humeur qu'il fût contre la France, M. de Metternich ne voyait pas sans méfiance s'établir, entre l'Angleterre et la Russie, une intimité qui obligerait l'Autriche à se traîner à leur remorque et qui l'annulerait en Orient. Croyant d'ailleurs, lui aussi, à la puissance du pacha, il doutait

---

[1] *Mémoires inédits de M. de Sainte-Aulaire.*
[2] *Ibid.*

de la possibilité et de l'efficacité des moyens coercitifs préconisés par lord Palmerston. Ces considérations le déterminèrent, vers la fin de novembre, à essayer de s'entremettre et à nous proposer, comme expédient transactionnel, la prolongation du *statu quo* établi par l'arrangement de Kutaièh. M. de Sainte-Aulaire se hâta de transmettre cette ouverture au maréchal Soult, se figurant qu'elle serait acceptée. Mais le président du conseil, tout entier à ses illusions, répondit, le 3 décembre, « qu'il était impossible de prendre au sérieux la communication du cabinet de Vienne [1] ».

Quelques jours après ce refus, qui témoignait d'une si superbe confiance, tombait brusquement, à Paris, la nouvelle que M. de Brünnow allait revenir à Londres « avec pleins pouvoirs pour conclure une convention relative aux affaires d'Orient », et que le czar « acceptait le principe de l'admission simultanée des pavillons alliés dans les eaux de Constantinople [2] ». Le gouvernement français fut quelque peu déconcerté par un événement qu'il avait refusé si obstinément de prévoir. Attendre un secours de l'Autriche, il n'y pouvait plus penser : à peine M. de Metternich était-il avisé du nouveau voyage de M. de Brünnow, que l'un de ses plus intimes confidents, le baron de Neumann, partait pour l'Angleterre avec ordre de rattraper l'envoyé russe; il le rejoignit à Calais, fit la traversée dans sa compagnie, et, au débarqué, était pleinement d'accord avec lui [3]. Notre diplomatie était d'autant plus embarrassée que l'adhésion du czar à la présence simultanée des pavillons alliés dans la mer de Marmara, ôtait tout fondement à la seule objection faite naguère par elle aux premières propositions de M. de Brünnow. Elle ne pouvait contredire les propositions nouvelles qu'en portant ouvertement le débat sur la question du pacha, où elle était assurée de n'être pas soutenue. Dans cette situation, le maréchal Soult se crut obligé d'exprimer, le 9 décembre,

---

[1] *Mémoires inédits de M. de Sainte-Aulaire.*
[2] Dépêche du chargé d'affaires de France à Londres, 6 décembre 1839. (*Mémoires de M. Guizot.*)
[3] *Mémoires inédits de M. de Sainte-Aulaire.*

au cabinet anglais, la satisfaction que lui causait la concession inespérée faite par la cour de Russie; « le gouvernement du Roi, ajoutait-il, reconnaissant, avec sa loyauté ordinaire, qu'une convention conclue sur de telles bases changerait notablement l'état des choses, y trouverait un motif suffisant pour se livrer à un nouvel examen de la question d'Orient, même dans les parties sur lesquelles chacune des puissances semblait avoir trop absolument arrêté son opinion pour qu'il fût possible de prolonger la discussion. » Ce langage un peu embarrassé n'indiquait-il pas, aux derniers jours de 1839, qu'à Paris, l'on commençait enfin à comprendre la nécessité de rabattre quelque chose des exigences égyptiennes? Plus d'un indice donne, en effet, à penser que tel était le sentiment personnel de Louis-Philippe. Si ce sentiment eût prévalu, il aurait été encore temps de conjurer tout péril. Mais le ministère n'avait pas à compter seulement avec ses propres inquiétudes et avec les impressions du Roi. Il allait avoir à compter avec les Chambres; car les vacances législatives touchaient à leur terme.

IX

Cette perspective de la rentrée du parlement ramène naturellement l'attention sur la politique intérieure. Pendant qu'au dehors, la crise diplomatique s'aggravait, qu'était devenue, au dedans, ce que nous avons appelé l'épilogue de la crise parlementaire? Y avait-il quelque amélioration? La machine du gouvernement représentatif tendait-elle à reprendre son fonctionnement normal et régulier? Depuis la coalition et la décomposition qui en avait été la conséquence et le châtiment, le mal principal était l'absence d'une majorité véritable. Pouvait-on augurer, à la veille de la session de 1840, qu'il allait enfin s'en constituer une, soit pour le ministère, soit même contre lui? Non; à passer en revue, l'un après l'autre, les divers groupes de la

Chambre, on y constatait toujours mêmes incertitudes, mêmes divisions, même morcellement.

La fraction la plus nombreuse était composée des anciens partisans de M. Molé; faute d'une autre désignation on continuait à les appeler les 221, bien qu'ils n'atteignissent plus ce nombre. Leur ressentiment et leur méfiance à l'égard du ministère n'étaient pas diminués. La plupart en contenaient l'expression, par répugnance invétérée pour toute opposition plus que par déférence pour les hommes au pouvoir. Quelques-uns, plus passionnés, semblaient prêts à se jeter dans une hostilité ouverte : à leur tête étaient MM. Desmousseaux de Givré et de Chasseloup-Laubat; le journal *la Presse* leur servait d'organe. Quant à M. Molé, tout en se disant fort dégoûté de la politique et occupé de la rédaction de ses mémoires, il était au fond très-ulcéré, impatient de revanche, jaloux surtout de l'autorité que M. Guizot tendait à reprendre dans le parti conservateur. Seulement, toujours prudent, et sachant, du reste, les défections qui se produiraient parmi les 221, s'il leur demandait d'agir, il prêchait la circonspection aux plus ardents de ses amis, et les détournait de toute démarche trop prononcée [1].

C'étaient les doctrinaires, peu nombreux d'ailleurs, qui continuaient à donner au cabinet l'appui le plus décidé. Il était alors question d'une mesure qui, sans faire entrer M. Guizot dans le ministère, l'en rapprocherait davantage. M. Duchâtel et M. Villemain avaient proposé de le nommer à l'ambassade de Londres, à la place du général Sébastiani. L'idée était bien accueillie des autres ministres, qui trouvaient le général sans action suffisante sur le gouvernement anglais, lui reprochaient de se montrer un peu froid pour le pacha, et le soupçonnaient d'être plus l'homme du Roi que du cabinet. En outre, le grand orateur doctrinaire leur semblait, alors même qu'il les appuyait ou les ménageait, d'un voisinage sinon inquiétant, au moins embarrassant. Ils seraient plus tranquilles, le sachant à Londres et associé à leur politique. Les convenances de M. Guizot s'accordaient

---

[1] *Correspondance inédite de M. Molé, Journal inédit de M. le baron de Viel-Castel,* et *Notes inédites de M. Duvergier de Hauranne.*

sur ce point avec les ombrages des ministres; toujours résigné à attendre dans la retraite que la coalition fût oubliée, mais un peu mal à l'aise de jouer au parlement l'un de ces rôles muets auxquels il n'était pas accoutumé, très-décidé à soutenir le cabinet, mais alarmé de sa faiblesse, il saisissait avec plaisir cette occasion de s'éloigner, de « se placer en dehors des menées comme des luttes parlementaires, dans une position isolée, à la fois amicale et indépendante [1] ». Les difficultés venaient du Roi : il était fort attaché au général Sébastiani, et, bien que satisfait en ce moment de la conduite de M. Guizot, il ne lui avait pas, cependant, complétement pardonné la coalition. Cette opposition de Louis-Philippe tint, pendant quelque temps, les choses en suspens : elle ne devait céder qu'un peu plus tard, devant l'insistance des ministres et la menace de leur démission.

M. Thiers, au contraire, était revenu de vacances plus que jamais impatient de jeter bas le ministère et de prendre sa place. Seulement, il ne savait où trouver des soldats à mener au feu. Il était toujours nominalement le chef du centre gauche; mais une fraction de ce groupe s'était détachée avec MM. Passy et Dufaure; le reste était désorienté, fatigué, réfractaire à toute impulsion énergique. La gauche déclarait qu'elle en avait assez de s'associer sans profit, non sans compromission, à des tactiques toutes personnelles, et elle annonçait l'intention de revenir à la « politique de principes ». M. Thiers se tourna vers les doctrinaires, auxquels il montra le Roi se moquant de la coalition : ce fut sans succès. Alors, par une évolution qui eût surpris de la part de tout autre, il proposa une alliance à M. Molé, lui donnant à entendre qu'il était prêt à faire avec lui le « ministère de la réconciliation ». Le plus étrange est que l'ouverture ne fut pas mal reçue. Quelques-uns des 221, de ceux qui naguère s'indignaient le plus de la coalition, se montrèrent disposés à en former une nouvelle qui n'eût, certes, pas été plus morale. M. Molé lui-même, bien qu'il ne pût se flatter d'entraîner dans une semblable campagne toute son ancienne armée, se laissa prendre à

---

[1] *Mémoires de M. Guizot*, t. IV, p. 372.

cette tentation de vengeance. On remarquait, dans les salons, les politesses échangées entre lui et M. Thiers : on les voyait s'asseoir l'un à côté de l'autre et causer, non sans quelque affectation, à voix basse. Dans son entourage, M. Molé, en même temps qu'il s'exprimait avec une extrême amertume sur M. Guizot, disait volontiers de M. Thiers que, « bien entouré, il pourrait rendre de grands services à la France » ; M. Thiers, de son côté, se défendait « d'avoir jamais partagé les préventions des doctrinaires contre M. Molé », et il racontait que, « plus d'une fois, sous le 11 octobre, il avait voulu le faire entrer au ministère ». L'une des difficultés de l'accord était que les deux personnages visaient le même portefeuille, celui des affaires étrangères; mais divers indices faisaient croire que M. Thiers finirait par se contenter de celui de l'intérieur. Si secret qu'on voulût garder l'objet de ces pourparlers, il en transpirait assez pour provoquer l'indignation des doctrinaires et des ministériels. La gauche aussi s'en émut et fit demander des explications au chef du centre gauche. Celui-ci répondit qu'il ne songeait pas sérieusement à gouverner avec l'ancien ministre du 15 avril, et qu'il visait seulement à mettre en mouvement toutes les oppositions contre le cabinet actuel. Cette réponse fut rapportée à M. Molé; mais il était trop animé pour en tenir compte. Il eût pu savoir pourtant qu'à cette époque, M. Thiers, prêt à recevoir de toutes mains la satisfaction de sa passion, faisait connaître au Roi et au maréchal Soult, qu'il était disposé à entrer dans n'importe quelle combinaison raisonnable dont seraient exclus M. Passy et M. Dufaure [1].

En même temps qu'elle se dégageait des manœuvres de M. Thiers, la gauche cherchait à guerroyer pour son compte et sous son drapeau particulier. Aussitôt après la clôture de la session précédente, les journaux de ce parti avaient lancé le cri de la réforme électorale. Les misères de la situation parlementaire leur servaient d'argument. Cette campagne avait été commencée à peu près malgré M. Odilon Barrot [2]; celui-ci

[1] *Journal inédit du baron de Viel-Castel.*
[2] M. Léon Faucher, alors principal rédacteur du *Courrier français*, écrivait,

avait suivi, avec la docilité solennelle qu'il montrait toujours en pareil cas. Seulement, quand il fallut préciser les conditions de la réforme, il apparut que la gauche n'avait pas plus de cohésion que les autres groupes. Les radicaux, sans aller jusqu'au suffrage universel préconisé par les légitimistes de la *Gazette de France,* réclamèrent le droit de vote pour tous les citoyens qui pouvaient faire partie de la garde nationale, tandis que la gauche dynastique ne voulait étendre le suffrage qu'aux « capacités[1] », aux officiers de la garde nationale et aux conseillers municipaux des villes au-dessus de deux mille âmes. Des comités rivaux furent institués, l'un présidé par M. Laffitte, l'autre par M. Odilon Barrot, et une polémique assez aigre éclata entre le *National* d'une part, le *Siècle* et le *Courrier français* d'autre part.

Ainsi, à la veille de l'ouverture de la session, ce n'était presque partout que divisions et impuissance. D'une Chambre ainsi composée, de partis en cet état, que pouvait-on attendre? Si l'on ne voyait pas comment se formerait une majorité pour renverser le cabinet, on ne voyait pas davantage où était celle qui le ferait vivre. Impossible d'établir aucune prévision. Une telle situation fournissait matière à de nouvelles lamentations sur le discrédit du régime parlementaire. « Pour la première fois, disait alors le *Journal des Débats,* un ministère se présente, à proprement parler, sans majorité et cependant avec quelque chance de passer et de se soutenir au milieu de tous les partis. Si quelque événement imprévu ne le renverse pas, il est possible que nous le voyions arriver au bout de la session. Il continuera à être, parce qu'il est. Ne fût-ce que par fatigue des luttes

le 30 juillet 1839, à M. Reeve : « Je vous ai envoyé aujourd'hui un numéro du *Courrier* qui renferme une espèce de manifeste en vue de la réforme électorale. J'ai jugé utile de mettre en train la réforme..... L'opposition n'avait plus de symbole ni de drapeau. Elle tournait à l'individualisme et tombait en poussière. Barrot, que j'avais tourmenté, me donnait raison, mais n'agissait pas. » (LÉON FAUCHER, *Bibliographie et Correspondance,* t. Ier, p. 83.)

[1] Par « capacités » on entendait les personnes portées sur « la seconde liste du jury », c'est-à-dire les fonctionnaires nommés par le Roi et exerçant des fonctions gratuites; les officiers de terre et de mer en retraite; les docteurs et licenciés des facultés de droit, des sciences et des lettres; les docteurs en médecine; les membres et les correspondants de l'Institut; les membres des autres sociétés savantes reconnues par le Roi; les notaires.

de l'année dernière, la Chambre est disposée à n'être pas difficile. Mais on conviendra, au moins, que le régime parlementaire n'a pas profité beaucoup du résultat de la coalition si parlementaire de l'an passé [1]. » Quelques observateurs espéraient que la royauté gagnait ce que perdait le parlement ; ils se fondaient sur le vif succès qu'à cette époque même, le prince royal venait d'obtenir dans un voyage assez long en France et en Algérie. « Le duc d'Orléans, écrivait à ce propos M. de Barante, me paraît avoir fait merveille d'abord dans sa tournée en France, puis en Afrique. La partie royale de notre gouvernement est plus en voie de perfectionnement que la partie représentative [2]. »

X

La session fut ouverte, le 23 décembre 1839, par un discours du trône assez effacé. La discussion de l'Adresse, à la Chambre des députés, fut longue et confuse [3]. Sur la politique intérieure, beaucoup de critiques furent dirigées contre le ministère, soit par la gauche, soit par la fraction hostile des 221, mais sans qu'il se dessinât un sérieux mouvement d'attaque. Alors même qu'ils disaient les choses les plus dures, les orateurs ne semblaient pas y mettre grand entrain, et la Chambre, fatiguée ou sceptique, entendait tout sans s'émouvoir. Si, par moments, réapparaissait quelqu'une des idées redoutables, si puissamment agitées par la coalition lors de l'Adresse de 1839, personne n'avait la volonté ou la force d'y insister ; on eût dit le dernier

---

[1] 18 décembre 1839. — Sur cette faillite de la coalition, le *Journal des Débats* ne tarissait pas ; il disait un autre jour : « Connaissez-vous un homme, un parti, qui ne soit pas sorti de la coalition, plus faible, plus petit qu'il n'y était entré? Les chefs surtout..... Ne les voyez-vous pas errer en quelque sorte dans le chaos qu'ils ont fait, cherchant un parti et ne le trouvant pas? Écoutez les journaux qui se flattaient le plus d'avoir trouvé dans la coalition la base d'une majorité nouvelle : ce ne sont que plaintes lamentables sur la confusion des opinions, sur le déchirement des partis, sur l'abaissement général. »

[2] Lettre du 26 novembre 1839. (*Documents inédits.*)

[3] 9 au 15 janvier 1840.

bouillonnement d'une chaudière dont le foyer s'éteint. Ce qui domina, ce fut une sorte de gémissement découragé sur la dislocation des partis, sur l'absence de majorité, et sur l'impuissance dont semblait frappée l'institution parlementaire. Le ministère ne nia pas le mal, et y chercha, au contraire, un argument pour s'excuser de ne pas avoir plus d'autorité. Au cours de la discussion, M. O. Barrot se crut obligé, envers le parti qui le suivait ou plutôt le poussait, de poser la question de la réforme électorale. Ce n'était pas qu'il fût en état de préciser en quoi elle devait consister. « Est-ce que vous croyez, disait-il, que j'ai fait, des détails d'une réforme électorale, un programme politique? Mon programme politique, c'est que la réforme électorale doit être considérée comme une nécessité. » A quoi M. Villemain répondait vivement, avec une clairvoyance à laquelle l'événement ne devait que trop donner raison : « Vous avez parlé *d'héroïque confiance* : l'héroïque confiance, c'est de remuer l'immense question de la réforme électorale, en croyant qu'on pourra l'arrêter. C'est surtout de la remuer, pour la montrer au public comme une curiosité, et pour dire ensuite qu'il faut attendre. Ces questions-là sont brûlantes, dangereuses; les remuer, sans avoir l'intention de les résoudre promptement, c'est une imprudence politique. » Cette réforme, du reste, ne paraissait point passionner le pays : en même temps que M. Odilon Barrot la réclamait à la tribune, le parti radical, qui l'entendait autrement que la gauche dynastique, essaya une manifestation de gardes nationaux; à peine put-il en réunir trois cents qui allèrent se faire haranguer par M. Laffitte [1] et qui furent ensuite réprimandés par le maréchal Gérard pour infraction à la loi interdisant « toute délibération prise par la garde nationale sur les affaires de l'État ».

Les affaires d'Orient préoccupaient trop l'opinion pour ne pas occuper une place importante dans les débats de l'Adresse. Il apparut aussitôt qu'aux yeux d'une partie des députés, le gouvernement avait toujours besoin d'être surveillé et stimulé,

---

[1] 12 janvier 1840.

et que la couronne était particulièrement suspecte de n'avoir pas un sentiment assez vif et assez énergique de l'honneur national. « Il est bon, disait M. Duvergier de Hauranne, que cette tribune avertisse souvent l'Europe et ceux qui nous représentent auprès d'elle, qu'à côté des ministres, il y a, en France, des Chambres jalouses de la dignité du pays et décidées à surveiller partout les déterminations et les actes du gouvernement. Il est bon que les ministres eux-mêmes sachent qu'ils ne sont point isolés, et qu'ils trouveront un appui prompt et énergique toutes les fois que, dans leur indépendance et leur liberté, ils se refuseront à de fâcheuses concessions. » C'était la même défiance, triste reste de la coalition, qui s'était déjà manifestée, six mois auparavant, lors du vote du crédit de dix millions. Non que l'état des esprits fût en janvier 1840 identiquement ce qu'il avait été en juillet 1839. Dans la première de ces discussions, la Chambre avait cru avoir le champ libre devant elle ; chacun avait disposé à son gré des événements futurs. Dans la seconde, on se trouvait, au contraire, en présence d'événements déjà partiellement accomplis et qui, sur divers points, menaçaient de tromper gravement les prévisions optimistes. Les députés avaient le sentiment plus ou moins net de ces difficultés, de ces périls, et, à la confiance superbe du début, avait succédé une sorte d'anxiété. En concluaient-ils qu'il fallait user de prudence et de modération, remettre chaque chose à son rang, négliger l'accessoire pour assurer le principal, et, par exemple, ne pas risquer de compromettre la situation de la France en Europe, pour tenter d'agrandir un peu plus Méhémet-Ali en Asie? Nullement! La plupart des orateurs, sans rien rabattre de leurs exigences, ne paraissaient voir dans les difficultés soulevées qu'une occasion d'âpres récriminations contre l'Angleterre. M. de Lamartine fut à peu près seul à dénoncer la chimère et le péril de notre politique égyptienne [1], et c'était

---

[1] M. de Lamartine disait : « Si aujourd'hui, sans plan arrêté, sans volonté claire et dite tout haut, la France inquiète, complique, menace tantôt la Russie sur ses intérêts vitaux dans la mer Noire, tantôt l'Autriche sur ses intérêts commerciaux de l'Adriatique, tantôt l'Angleterre sur son immense intérêt de commerce avec

pour y substituer une chimère plus périlleuse encore, celle d'une politique de partage, où la France chercherait son lot sur le Rhin.

Quelle figure faisait le ministère? Un sentiment de prudence diplomatique, peut-être même une arrière-pensée de transaction lui avait fait passer sous silence, dans le discours du trône, la question particulière du pacha. Mais le projet d'Adresse n'ayant pas gardé la même réserve, le maréchal Soult se crut obligé, dans la déclaration, du reste très-brève et assez vague, par laquelle il ouvrit la discussion, de réparer cette omission; il indiqua que les arrangements à prendre en faveur de la famille de Méhémet-Ali n'étaient pas incompatibles avec l'intégrité de l'empire ottoman; puis, comme s'il mettait la main sur la garde de son épée : « Quoi qu'il arrive, dit-il, certains de répondre à la pensée nationale, nous maintiendrons nos principes, et nous ne ferons à personne le sacrifice de nos droits, de nos intérêts, de notre honneur. » Un autre ministre, M. Villemain, ayant pris la parole au cours de la discussion, pour réfuter M. de Lamartine, proclama qu'en prenant en main la cause du pacha, le gouvernement exécutait une pensée nationale et se conformait à la volonté déjà exprimée par la Chambre. Il termina, en insinuant que l'Angleterre et la Russie se heurtaient sur trop de points, pour qu'on pût craindre entre elles un rapprochement.

La dernière partie du débat prit plus d'importance par l'intervention de M. Thiers. Son discours, très-médité, très-mesuré de ton, fut alors qualifié de « discours-ministre », et non sans raison, puisque l'orateur devait, peu après, remplacer au pouvoir le maréchal Soult. Aussi n'est-il pas sans intérêt de savoir comment M. Thiers, député, jugeait la politique dont il allait bientôt, comme ministre, diriger la suite. Particulière-

ses soixante millions de sujets dans l'Inde; si ces puissances vous voient tour à tour demander avec elles l'intégrité de l'empire et pousser au démembrement, menacées chacune dans un de ses intérêts spéciaux et toutes dans leur orgueil, ne finiront-elles pas par voir en vous des agitateurs et des ennemis partout, et par concevoir contre la France les défiances qu'elles ne doivent qu'aux tergiversations de son cabinet? »

ment frappé du péril que courait l'alliance anglaise, il se proclama, avec un éclat voulu, le partisan de cette alliance. A son avis, elle eût dû nous suffire pour faire face aux difficultés orientales, et c'était un tort d'y avoir substitué précipitamment le concert européen; ce tort avait été encore aggravé par la note du 27 juillet, que l'orateur considérait comme l'acte le plus regrettable de toute cette négociation. Était-ce qu'il blâmait la France d'avoir émis, en faveur du pacha, les prétentions qui lui aliénaient l'Angleterre? Telle paraissait être, en effet, la conséquence logique de sa thèse, et peut-être était-ce sa pensée secrète[1]. Mais il avait trop le souci de se montrer toujours en harmonie avec la passion nationale, pour oser contredire un sentiment aussi général et aussi vif que l'engouement égyptien. Tout au plus reprocha-t-il au ministère de s'être donné, dans la forme, des apparences de duplicité, ou tout au moins de versatilité, en ne faisant pas connaître assez tôt ni assez franchement à l'Angleterre où il voulait en venir. Sur le fond de la question, il déclara que la Turquie devait faire son sacrifice de l'Égypte et de la Syrie, comme elle l'avait fait de la Grèce. S'il blâmait si fort la note du 27 juillet, c'est qu'elle avait empêché l'arrangement direct qui allait se conclure entre la Porte et le pacha, au grand profit de ce dernier; et il laissait voir qu'un arrangement de ce genre lui paraissait être la solution la plus désirable pour la France. Comment une telle politique se conciliait-elle avec l'alliance anglaise, dont l'orateur proclamait si haut l'avantage et la nécessité? Pour avoir écarté les autres puissances de la délibération, nous serions-nous plus facilement accordés avec l'Angleterre sur le sort à faire au pacha? N'apparaissait-il pas chaque jour que l'Autriche et la Prusse étaient moins animées contre nous que lord Palmerston, et que, sans se mettre en travers des desseins de ce dernier, elles le contenaient plutôt qu'elles ne l'excitaient? Pour répondre à cette objection qu'il prévoyait, M. Thiers donna à entendre que le désac-

---

[1] C'est du moins ce qu'il a dit plus tard, en causant avec M. Senior. (SENIOR, *Conversations with M. Thiers, M. Guizot and other distinguished persons*, t. I, p. 4.)

cord avec le cabinet de Londres venait surtout des maladresses de nos gouvernants, et que, dans l'intimité d'un tête-à-tête, en nous expliquant loyalement et amicalement, nous eussions facilement ramené lord Palmerston à notre sentiment. Cela n'était pas sérieux. L'orateur devait, tout le premier, s'en rendre compte. Aussi était-il obligé, à la fin, de supposer le cas où nos raisons ne convaincraient pas l'Angleterre : « Alors, disait-il, je conseillerais à mon pays, non pas de rompre, mais de se retirer dans sa force et d'attendre ; même isolée, la France pourrait attendre patiemment les événements du monde. Rendez-moi, disait M. Barrot, l'enthousiasme de 1830. Je promets à mon pays de lui rendre cet enthousiasme de 1830 ; je promets de le lui rendre aussi grand, aussi beau, aussi unanime ; mais à une condition : ayez un grand intérêt patriotique, un grand motif d'honneur national, et vous verrez, quelles que soient les fautes du gouvernement, reparaître le bel enthousiasme des premiers jours de notre révolution. » On aurait quelque peine à concilier les contradictions de ce discours. C'est qu'en réalité il y avait, ce jour-là, deux hommes dans l'orateur : un politique clairvoyant qui comprenait le danger d'une rupture avec l'Angleterre, et un manœuvrier parlementaire qui craignait de compromettre sa popularité en ne s'associant pas à un entraînement patriotique ; or la conclusion à laquelle aboutissait fatalement le second se trouvait être, de son propre aveu, l'isolement que le premier paraissait signaler comme le danger à éviter.

Ce fut le ministre de l'intérieur, M. Duchâtel, qui répondit à M. Thiers. Il soutint l'avantage de l'action commune des puissances, justifia ou excusa la note du 27 juillet, nia enfin qu'il ne se fût pas franchement expliqué dès le début avec l'Angleterre, renvoyant, du reste, la preuve détaillée de ces diverses assertions au jour où il serait possible de produire les pièces de la négociation. La politique du concert européen, critiquée par M. Thiers, était celle qu'avait exposée, non sans éclat, en juillet 1839, la commission des crédits ; on ne put donc être surpris de voir l'ancien rapporteur de cette commission, M. Jouffroy, venir à la rescousse du cabinet. Il rappela que cette politique avait été alors approuvée par la Chambre ; si elle n'avait pas réussi, la faute en était à l'injuste opposition faite par l'Angleterre aux prétentions de Méhémet-Ali. Il n'admettait pas, du reste, qu'au cas où cette puissance persisterait dans son opposition, la France dût, comme l'indiquait M. Thiers, se borner à s'abstenir.

Après tous ces débats sur la politique intérieure et extérieure, l'ensemble de l'Adresse fut voté par deux cent douze voix contre quarante-huit. Le chiffre infime de la minorité suffit à montrer que, sur la question de cabinet, il n'y avait pas eu de vraie bataille. Le ministère ne sortait de là ni plus menacé, ni plus fort, pouvant vivre encore quelque temps dans ces conditions, mais aussi incapable que dans le passé de résister au premier accident qui se produirait. En ce qui concernait les affaires d'Orient, quel était le résultat de la discussion ? La Chambre avait laissé voir, sans doute, qu'elle était préoccupée du tour pris par les négociations et du dissentiment avec le cabinet anglais ; mais elle semblait plus irritée contre ce dernier que disposée à le ramener par quelque concession ; rien n'indiquait que la vue du péril l'eût déterminée à replacer la question des agrandissements du pacha au rang secondaire et subordonné d'où elle n'eût jamais dû sortir. Quant au ministère, il n'avait pas osé dire un mot qui impliquât une limitation des prétentions de Méhémet-Ali et avertit les députés du danger de leurs exigences ; une fois de plus, il avait paru assumer une tâche impossible, par crainte d'être accusé, comme naguère le cabinet du 15 avril, d'abaisser la politique de la France. Tout cela n'était pas fait pour dissiper les illusions et modérer les entraînements de l'opinion. Aussi pouvait-on noter, dans le pays, la persistance de l'engouement égyptien et, en plus, un réveil de la vieille animosité nationale contre les Anglais. A leur sujet, toutes les méfiances trouvaient crédit ; on les accusait de vouloir s'emparer de Candie, de prétendre dominer seuls en Égypte et en Syrie. Lord Palmerston surtout était dénoncé, non sans quelque raison, comme l'ennemi acharné de la France.

On s'imaginait découvrir sa main perfide partout, jusque dans les menées d'Abd-el-Kader, qui venait de rentrer en campagne[1]. Telle était sur ce point la susceptibilité irritée des esprits, que les journaux de M. Thiers durent le défendre contre le reproche de s'être montré « trop Anglais » dans son discours; encore n'y purent-ils complétement réussir.

Dans de telles conditions, on comprend que les communications diplomatiques du gouvernement français ne continssent plus trace des velléités de transaction qui s'étaient laissées voir dans la dépêche du 9 décembre 1839. Au contraire, le maréchal Soult fit signifier formellement au gouvernement anglais, le 26 janvier 1840, « qu'il considérait comme dangereuse et impraticable la proposition d'imposer à Méhémet-Ali les conditions énoncées par lord Palmerston[2] ». Et quelques jours après, quand le cabinet eut enfin arraché de Louis-Philippe la nomination de M. Guizot à l'ambassade de Londres[3] et qu'il fallut rédiger ses instructions, on y inséra cette déclaration : « Le gouvernement du Roi a cru et croit encore que dans la position où se trouve Méhémet-Ali, lui offrir moins que l'hérédité de l'Égypte et de la Syrie jusqu'au mont Taurus, c'est s'exposer de sa part à un refus certain, qu'il appuierait au besoin par une résistance désespérée dont le contre-coup ébranlerait et peut-être renverserait l'empire ottoman[4]. » D'ailleurs divers

---

[1] M. Berryer disait un peu plus tard, le 25 mars 1840, à la tribune de la Chambre des députés : « L'invasion d'Abd-el-Kader, cette invasion subite, meurtrière, est-ce bien lui seul qui l'a conçue? Et de quelle fabrique étaient les fusils que nos soldats ramassaient, en détruisant cette infanterie d'Abd-el-Kader, formée, disciplinée par des traîtres ou par des déserteurs? » (*Sensation prolongée.*)

[2] Dépêche du maréchal Soult au général Sébastiani, du 26 janvier 1840. (*Mémoires de M. Guizot, Pièces historiques.*)

[3] Cette nomination fut publiée le 5 février 1840. Le Roi eut, à cette occasion, plusieurs entretiens avec M. Guizot, qu'il reçut avec un mélange de bienveillance et d'humeur. « On est bien exigeant avec moi, lui dit-il un jour ; mais je le comprends ; on est toujours bien aise de faire avoir à un ami 300,000 livres de rente. — Sire, répondit le futur ambassadeur, mes amis et moi, nous sommes de ceux qui aiment mieux donner 300,000 livres de rente que les recevoir. » On était alors près de discuter la dotation du duc de Nemours, dont nous allons bientôt parler. Le Roi sourit et reprit sa bonne humeur. (*Mémoires de M. Guizot*, t. IV, p. 374.)

[4] Instructions en date du 19 février 1840. (*Mémoires de M. Guizot, Pièces historiques.*)

incidents contribuèrent alors à dissiper, chez nos ministres, l'alarme que leur avait tout d'abord causée la rentrée en scène de M. de Brünnow. Loin de se précipiter vers une conclusion, la négociation avec l'envoyé russe paraissait un peu languir. Le cabinet anglais, dont tous les membres n'étaient pas aussi pressés que lord Palmerston, discutait, sans conclure, les divers projets de convention ; il finissait même par déclarer nécessaire de faire venir de Constantinople un plénipotentiaire turc, ce qui suspendait en fait les pourparlers pendant plusieurs semaines [1]. Cet arrêt donnait à notre gouvernement le temps de réfléchir et de se retourner. Il y vit seulement une raison de s'abandonner plus encore à ses illusions, et il se persuada que la seconde démarche de M. de Brünnow échouerait comme la première. M. de Metternich, dans ses conversations avec notre ambassadeur, raillait ce qu'il appelait notre « crédulité ». « La conclusion de l'accord est certaine, lui disait-il ; quelques semaines de délai n'y apporteront aucun changement. Permis à vous de vous faire illusion. Quant à moi, je sais à quoi m'en tenir [2]. » Ces avertissements lointains n'ébranlaient pas la confiance qui avait gagné jusqu'aux esprits les plus judicieux, les plus froids du cabinet, et M. Duchâtel disait à M. Duvergier de Hauranne : « Ce que nous voulons et ce que nous obtiendrons, c'est, pour Méhémet-Ali, l'hérédité en Égypte aussi bien qu'en Syrie. Quant au traité préparé par M. de Brünnow, nous ne nous en inquiétons pas ; nous saurons probablement en empêcher la signature, et, s'il était signé, ce serait une lettre morte. Nous avons d'ailleurs des renseignements authentiques qui nous prouvent que, dans les États qu'il occupe aujourd'hui, le pacha est inattaquable, ou du moins invincible [3]. »

Fallait-il donc désespérer de voir le gouvernement français sortir de la voie où il s'égarait, et aurons-nous à continuer longtemps encore l'histoire un peu monotone et décourageante de

---

[1] Dépêches du général Sébastiani au maréchal Soult, 20 et 28 janvier 1840 (*Mémoires de M. Guizot, Pièces historiques.*)

[2] *Mémoires inédits de M. de Sainte-Aulaire.*

[3] *Notes inédites de M. Duvergier de Hauranne.*

cette erreur obstinée? Mais voici qu'à ce moment même, des acteurs nouveaux sont sur le point d'entrer en scène : un accident de politique intérieure, accident singulièrement brusque et imprévu, va amener la chute du ministère du 12 mai et faire passer en des mains toutes différentes la direction de notre diplomatie.

XI

Le 25 janvier 1840, le président du conseil annonçait à la Chambre le mariage du duc de Nemours, second fils du Roi, avec une princesse de Saxe-Cobourg-Gotha, et déposait en même temps un projet de loi attribuant au jeune prince une dotation de 500,000 francs et à la princesse, en cas de survivance, un douaire de 300,000 francs. C'était l'application très-justifiée de la loi de 1832 sur la liste civile, qui avait stipulé qu'en cas d'insuffisance du domaine privé, il serait pourvu, par des lois spéciales, à la dotation des princes et princesses de la famille royale. On sait quelles préventions à la fois mesquines et redoutables soulevaient alors ces questions de dotation, et l'on n'a pas oublié dans quelle tempête avait sombré, trois ans auparavant, l'apanage proposé pour ce même duc de Nemours [1]. Mais, le Roi tenant beaucoup à la présentation d'un nouveau projet, le maréchal Soult et ses collègues n'avaient pas cru pouvoir s'y refuser. Ils se flattaient, d'ailleurs, que la loi soulèverait, cette fois, moins de difficultés : d'abord, le mariage du jeune prince rendait plus manifeste la nécessité de lui assurer un établissement convenable; ensuite, il ne s'agissait, dans la proposition, que d'une dotation mobilière; or ce qui avait le plus effarouché, en 1837, c'était le caractère territorial, l'apparence féodale de l'apanage, et les opposants avaient alors donné à entendre qu'ils eussent concédé volontiers une rente équivalente.

---

[1] Cf. plus haut, t. III, p. 159 et 158, 163 à 165.

Au premier moment, l'événement sembla donner raison à la confiance du gouvernement : la commission, nommée par les bureaux de la Chambre, se trouva en grande majorité favorable. Mais quelques jours ne s'étaient pas écoulés que la presse avait réveillé toutes les anciennes préventions. M. de Cormenin se jeta dans la lutte, avec un nouveau libelle, plus enfiellé et plus insultant que jamais [1]. Bientôt, ce fut de toutes parts une attaque à outrance contre l'avidité de la cour. On l'accusait ouvertement de présenter, pour établir l'insuffisance du domaine privé, des états incomplets ou mensongers ; on établissait des comparaisons perfides entre la richesse du souverain et la misère du prolétaire, entre ce qui était demandé pour entretenir un fils de roi, et ce qui suffirait à faire vivre des milliers de paysans ou d'ouvriers. « Le peuple, écrasé d'impôts, concluait-on, trouve que les princes coûtent trop cher. » Polémique vraiment mortelle au sentiment monarchique, et où cependant des journaux qui se piquaient d'être dynastiques ne se montraient pas moins acharnés, moins outrageants que les feuilles radicales ! La presse provinciale faisait écho à celle de Paris. Sur plusieurs points, on faisait signer des adresses, des pétitions. Cette agitation finit par gagner les députés, ou tout au moins par les étourdir et les intimider. Le ministère, surpris, gémissait très-haut, mais se défendait mollement. Il se voyait, du reste, abandonné par ceux-là mêmes sur le concours desquels il devait le plus compter en semblable occasion. Vainement M. Dupin fut-il pressé, par le Roi et par madame Adélaïde, de prendre en main la défense de la dotation ; il se refusa, avec sa bravoure habituelle, à affronter l'opinion échauffée [2]. Pendant ce temps, la commission, au lieu d'en finir au plus vite, tâchait, en prolongeant le débat et l'étude des comptes, de convertir la minorité, et le plus clair résultat de ce retard était de donner à l'opposition le temps de se grossir.

Alors, aux passionnés et aux poltrons vinrent se joindre les ambitieux et les intrigants. N'était-ce pas pour eux l'occa-

---

[1] *Questions scandaleuses d'un jacobin au sujet d'une dotation*, février 1840
[2] *Mémoires de M. Dupin*, t. IV, p. 75-77.

sion, vainement cherchée jusqu'alors, de renverser le cabinet? Ce ne fut cependant pas sans hésitation que M. Thiers s'associa à cette campagne. Il méprisait, pour son compte, le préjugé vulgaire qui disputait à la couronne cette somme d'argent, et il craignait le ressentiment du Roi. Mais la tentation était trop grande pour qu'il y résistât. Il prit le parti de servir cette opposition et surtout de s'en servir, sans trop se découvrir personnellement. Ce qui est peut-être plus inexplicable, c'est qu'une partie des amis de M. Molé, se fiant aux espérances dont M. Thiers les avait amusés, se jetèrent vivement dans cette intrigue. Un des anciens ministres du 15 avril, M. Martin du Nord, était à leur tête, et M. Molé fut vivement soupçonné de les avoir poussés sous main. « Nous sommes quarante, au centre, bien décidés à rejeter la loi », disait tout haut M. Desmousseaux de Givré. Le ministère, cependant, se croyait toujours sûr de la victoire. « Ils ne sont pas plus de dix », disait M. Duchâtel, en parlant des défectionnaires du centre. M. Thiers, mieux informé, disposait déjà des portefeuilles dans le prochain cabinet, et, détail piquant, témoignait de sa volonté de n'en pas donner à M. Molé et à ses amis.

Pendant ce temps, la commission, à laquelle le gouvernement avait fourni tous les comptes et documents propres à établir « l'insuffisance du domaine privé », s'était convaincue de la légitimité de la demande de dotation et avait déposé son rapport [1]. La discussion fut fixée au 20 février 1840. Tout faisait prévoir un débat passionné. Dès la veille, dix-sept orateurs s'étaient inscrits pour combattre le projet; quatre seulement pour le défendre. Mais, au dernier moment, par une tactique aussi peu fière que peu loyale, l'opposition se décida à étouffer la loi sous un vote muet. La séance ouverte, chaque orateur

---

[1] M. Odilon Barrot, qui faisait partie de la commission, a fait de cet incident, dans ses *Mémoires* (t. 1er, 346 et 347), un récit d'une étonnante inexactitude. D'après lui, la commission, sur le refus du Roi de fournir aucune justification, même apparente, de l'insuffisance de son domaine privé, aurait conclu au refus de la dotation. C'est du pur roman. Ce n'est pas, du reste, la seule erreur de ce genre qu'on pourrait relever dans ces *Mémoires*. On en vient à se demander si leur auteur avait la pleine possession de ses souvenirs au moment où il les a écrits.

inscrit déclara, à l'appel de son nom, qu'il renonçait à la parole. Seul, le quatorzième, M. Couturier, voulut parler. Aussitôt, M. Martin de Strasbourg se précipita pour lui rappeler le mot d'ordre, sans s'inquiéter de l'indignation des ministériels. Il eût été de l'intérêt des membres du cabinet de forcer l'opposition à combattre ou tout au moins de démasquer et de dénoncer sa manœuvre; c'était leur intention en venant à la séance; mais craignirent-ils de paraître agressifs, ou bien furent-ils confirmés dans leur trompeuse sécurité par le pitoyable effet que parut faire un incident soulevé par M. Laffitte [1]? Toujours est-il qu'ils se turent et que la discussion générale fut close sans qu'il y eût eu débat. Alors, sur la question de savoir si l'on passerait à la discussion des articles, surgit une demande de scrutin secret signée par vingt membres de la gauche. Dans le vote, grâce à une quarantaine d'amis de M. Molé qui se joignirent à la gauche et aux partisans de M. Thiers, 226 voix contre 220 refusèrent de continuer la discussion [2]. La Chambre ne faisait même pas à la royauté l'honneur de délibérer sur la dotation qu'elle avait demandée; de toutes les formes de refus, on avait choisi la plus outrageante.

Les ministres furent stupéfaits et accablés. « C'est comme à

---

[1] Parmi les biens du domaine privé se trouvait la forêt de Breteuil, que Louis-Philippe avait, en octobre 1830, achetée dix millions à M. Laffitte, pour lui venir en aide dans sa déconfiture. Le revenu en étant évalué à 188,870 francs dans les pièces remises à l'appui de la demande de dotation, M. Laffitte réclama. « La France entière, dit-il, apprendra avec étonnement que j'aie pu vendre pour dix millions une forêt qui ne rapporte que 188,870 francs. » Il prétendait qu'entre ses mains, cette forêt rapportait 360,000 francs. Il fallait un triste courage à M. Laffitte pour soulever une semblable contestation. La forêt que le Roi lui avait payée 10 millions en octobre 1830, à une époque d'universelle dépréciation, M. Laffitte l'avait achetée, quatre ans auparavant, en pleine prospérité, un peu plus de cinq millions de francs. L'achat apparent avait donc été de la part du Roi une pure libéralité, au même titre, d'ailleurs, qu'une somme de quinze cent mille francs qu'il avait alors payée aux lieu et place du banquier libéral, et qui ne lui avait jamais été rendue. Devenu l'adversaire du Roi, M. Laffitte eût dû éviter de faire porter son opposition sur un pareil sujet.

[2] Ceux qui se réunissaient dans cette étrange majorité étaient conduits par des mobiles assez divers. « Les causes du vote peuvent se résumer ainsi, disait deux jours après le *Journal des Débats* : la haine, l'ambition, la peur. La haine de la royauté a fait le tiers des voix, l'ambition du pouvoir et la peur de la presse ont fait les deux autres. »

Constantinople, dit M. Villemain ; nous venons d'être étranglés par des muets. — C'est souvent le sort des eunuques », murmura l'un des adversaires du cabinet. Parmi les vainqueurs, tous ne triomphaient pas également; pendant que les uns souriaient et se frottaient les mains, d'autres, au contraire, quelque peu effarés à la vue de leur œuvre, se frappaient la poitrine et offraient aux ministres telle revanche qu'ils voudraient. Ceux-ci ne daignèrent pas écouter les témoignages de ce repentir tardif, et portèrent aussitôt au Roi leur démission. Bien que Louis-Philippe leur en voulût un peu de n'avoir pas plus énergiquement défendu la dotation, il essaya cependant de les retenir. Ce fut en vain. « Quand je devrais me retirer seul, je me retirerais », dit M. Duchâtel, et ses collègues ne se montrèrent pas moins décidés.

Les conjurés avaient atteint leur but et ouvert, au profit de leur ambition ou de leur rancune, une nouvelle crise ministérielle; mais le coup ne frappait pas que le cabinet : il portait plus haut que beaucoup n'avaient visé. L'amiral Duperré disait, après le vote, dans son langage de marin : « Le ministère a reçu dans le ventre un boulet qui est allé se loger dans le bois de la couronne ». Telle fut, en effet, l'impression générale, aussi bien chez les adversaires qui se réjouissaient, que chez les amis qui se désolaient. « Chacun se dit, écrivait, le 20 février 1840, un contemporain sur son journal intime, que le vote d'aujourd'hui est l'affront le plus sanglant et le plus direct que la royauté ait reçu depuis 1830[1]. » La Reine ne pensait pas autrement[2]. C'était pis encore que la coalition, car le Roi souffrait plus d'un outrage fait à son honneur que d'une attaque dirigée contre ses prérogatives. L'organe du « Château », le *Journal des Débats*, loin de cacher cette conséquence, était le premier à la mettre en lumière : repoussant ce qu'il appelait une « dissimulation imbécile », il s'écriait de sa voix la plus haute : « C'est sur la

---

[1] *Journal inédit de M. de Viel-Castel.*

[2] « Je ne saurais trouver de termes pour dire à quel point la Reine se sentit blessée au cœur; c'était à ses yeux une des plus mortelles atteintes que pût recevoir la royauté. » (Trognon, *Vie de Marie-Amélie*, p. 285.)

couronne même que porte le coup... Un second coup comme celui-ci abaisserait trop la monarchie pour ne pas risquer de l'anéantir. » Le *National* s'empressait de répondre : « Le *Journal des Débats* a raison. » Et, dans la joie de sa reconnaissance, il ouvrait une souscription pour offrir une médaille à M. de Cormenin, au futur conseiller d'État de Napoléon III. M. Louis Blanc disait dans la *Revue du progrès :* « Fort bien! On avait voulu ôter à la couronne toute autorité; voici qu'on la dépouille de tout prestige. On l'avait désarmée; on l'humilie. Que faut-il de plus? » Les journaux de l'opposition dynastique ne parlaient guère autrement que la feuille républicaine. « Le vote de la Chambre, disait le *Courrier français*, n'est qu'une phase de la grande lutte que nous soutenons depuis longtemps, et avec des chances diverses, contre le pouvoir personnel. » Et le *Temps* ajoutait : « Les instincts démocratiques du pays ont triomphé des manœuvres de la cour. Ce rejet est le démenti le plus éclatant donné à cette politique astucieuse qui, depuis près de dix ans, gouverne nos affaires au profit d'un intérêt qui n'est pas le nôtre... La leçon s'adresse ailleurs qu'au ministère déchu; elle s'adresse, il faut le dire, au pouvoir qui choisit les ministères. »

Nous voyons bien, en cette circonstance, le jeu et l'intérêt des républicains, des révolutionnaires; mais ils ne formaient qu'une petite fraction des vainqueurs. Les autres, que voulaient-ils? M. Louis Blanc affectait de conclure de ce vote que la bourgeoisie était républicaine. Non, on ne peut même pas lui faire l'honneur de cette explication, qui eût au moins donné quelque apparence de logique à sa conduite. Loin de vouloir la république, elle en avait au fond grand'peur. « Quelle inconséquence! écrivait alors Henri Heine à la *Gazette d'Augsbourg*. Vous reculez d'effroi devant la république, et vous insultez publiquement votre roi! Et, certes, ils ne veulent pas de la république, ces nobles chevaliers de l'argent, ces barons de l'industrie, ces élus de la propriété, ces enthousiastes de la possession paisible qui forment la majorité du parlement français! Ils ont encore plus horreur de la république que le Roi lui-même; ils tremblent devant elle encore plus que Louis-Philippe, qui s'y est déjà habitué dans sa jeunesse[1]. » La vérité était que ces bourgeois, bien que non encore républicains, avaient perdu absolument le sens monarchique. De là l'aveuglement avec lequel ils se plaisaient à humilier, à ébranler, à entraver une royauté qu'au fond, cependant, ils eussent été épouvantés de voir disparaître : aveuglement dont ils ne devaient se rendre compte et se repentir que le soir du 24 février 1848.

[1] *Lutèce*, p. 25. — Proudhon, lui aussi, relevait l'inconséquence de cette bourgeoisie : « Qu'est-ce qu'une royauté à qui on compte ses revenus, franc par franc, centime par centime ? écrivait-il, le 27 février 1840, à un de ses amis... Qui veut le roi veut une famille royale, veut une cour, veut des princes du sang, veut tout ce qui s'ensuit. Le *Journal des Débats* dit vrai : les bourgeois conservateurs et dynastiques démembrent et démolissent la royauté, dont ils sont envieux comme des crapauds. » (*Correspondance de Proudhon*, t. Ier, p. 194.)

CHAPITRE II

QUATRE MOIS DE BASCULE PARLEMENTAIRE.

Mars-juillet 1840.

I. Le Roi appelle M. Thiers. Celui-ci fait sans succès des offres au duc de Broglie et au maréchal Soult. Il se décide à former un cabinet sous sa présidence. Il obtient le concours de deux doctrinaires. Composition du ministère du 1er mars. — II. Le plan de M. Thiers. M. Billault est nommé sous-secrétaire d'État et M. Guizot reste ambassadeur. La gauche satisfaite et triomphante. Attitude défiante et hostile des conservateurs. Le Roi et le ministère. M. Thiers et ses « conquêtes individuelles ». — III. La loi des fonds secrets. Les conservateurs se disposent à livrer bataille. La discussion à la Chambre des députés : M. Thiers, M. de Lamartine, M. Barrot, M. Duchâtel. Victoire du ministère. — IV. Les fonds secrets à la Chambre des pairs. Rapport du duc de Broglie. La discussion. — V. La question d'Orient dans la discussion des fonds secrets. Discours de M. Berryer. Déclaration de M. Thiers à la Chambre des pairs. — VI. Amnistie complémentaire. Godefroy Cavaignac et Armand Marrast. Place offerte à M. Dupont de l'Eure. Accusations de corruption. La proposition Remilly sur la réforme parlementaire. M. Thiers a besoin d'une diversion. — VII. Le gouvernement annonce qu'il va ramener en France les restes de Napoléon. Effet produit. Comment M. Thiers a été amené à cette idée et a obtenu le consentement du Roi. Négociations avec l'Angleterre. Les bonapartistes et les journaux de gauche. Rapport du maréchal Clauzel. Discours de M. de Lamartine. La Chambre réduit le crédit proposé par la commission et accepté par M. Thiers. Colères de la presse de gauche et tentative de souscription. Le ministère est débordé. Échec de la souscription. Mauvais résultat de la diversion tentée par M. Thiers. — VIII. Lois d'affaires. Talent déployé par le président du conseil. Son discours sur l'Algérie. — IX. Les pétitions pour la réforme électorale. M. Arago et sa déclaration sur « l'organisation du travail ». Les banquets réformistes. Le *National* et les communistes. — X. La proposition Remilly est définitivement ajournée. Divisions dans l'ancienne opposition. Le mouvement préfectoral. Mécontentement de la gauche. Les conservateurs sont toujours méfiants et inquiets. Ils craignent la dissolution et l'entrée de M. Barrot dans le cabinet. Situation de M. Thiers à la fin de la session.

I

Le vote muet et mystérieux sous lequel avait succombé le ministère du 12 mai, n'était pas de nature à éclairer la couronne sur l'usage qu'elle devait faire de sa prérogative. Où était la majorité qui avait frappé en se cachant? Ces députés, rassemblés un jour, des points les plus opposés, pour faire un mauvais coup, seraient-ils capables de rester unis pour gouverner? Quelques jours après, un observateur clairvoyant, M. Rossi, écrivait : « Il n'y a pas de majorité dans la Chambre, et les ministres sont culbutés par des majorités faites à la main, par des majorités *ad hoc*. Elles se forment aujourd'hui, renversent un cabinet; elles ne sont plus demain. On dirait une mine qui fait explosion; on voit le terrain bouleversé; mais où est la poudre qui a produit tout ce ravage? Comme une armée d'amateurs, elle enfonce les portes d'un fort et se débande; elle reviendra à la charge lorsqu'une nouvelle garnison aura remplacé la garnison égorgée. C'est la guerre pour la guerre, sans espoir ni souci de conquêtes. Je le crois bien. Pour faire des conquêtes, des conquêtes sérieuses, durables, il faut une armée organisée, des intentions communes, des vues générales, des chefs reconnus de tous, un drapeau, un plan, un système; il faut tout ce que la Chambre n'a pas[1]. »

A défaut d'une majorité s'imposant, un homme se trouvait sinon indiqué, du moins particulièrement en vue : c'était M. Thiers. Déjà, lors de la crise précédente, il avait paru à beaucoup le ministre nécessaire. Cette fois, l'effacement volontaire de M. Guizot, qui venait de s'embarquer pour prendre possession de l'ambassade de Londres, contribuait à attirer plus encore les regards sur l'ancien chef du centre gauche. Celui-ci ne personnifiait-il pas cette prééminence parlementaire qui faisait depuis quelque temps échec au pouvoir royal? Ce fut donc vers lui que le Roi se tourna tout d'abord. Il ne le faisait qu'à regret : récemment, il avait déclaré l'entrée de M. Thiers au ministère, « incompatible avec la situation du trône [2] ». Il lui en voulait de s'être posé ou laissé poser en antagoniste de la couronne, et soupçonnait sa participation au rejet de la dotation. A l'extérieur, les événements avaient sup-

[1] Chronique politique de la *Revue des Deux Mondes* du 15 mars 1840.
[2] *Mémoires de Metternich*, t. VI, p. 393.

primé sans doute cette question de l'intervention en Espagne [1], sur laquelle il n'avait jamais pu s'entendre avec l'ancien ministre du 22 février; mais, à la place, s'était élevé le conflit oriental, où l'esprit d'aventure et les velléités belliqueuses de M. Thiers devaient paraître plus dangereux encore à la sagesse royale. Malgré tout, Louis-Philippe n'hésita pas; avec son habituelle soumission à ce qu'il croyait être la nécessité constitutionnelle, il appela le chef du centre gauche et lui donna pouvoir de former un cabinet. La seule satisfaction qu'il se réserva, et dont il eût, du reste, mieux fait de se priver, fut de laisser voir son déplaisir, de parler beaucoup de sa « résignation », voire même de son « humiliation [2] ».

M. Thiers eut le bon goût de se montrer mesuré et modeste. La crise de 1839 lui avait été une leçon. Sur le programme, il ne manifesta tout d'abord, ni au dehors, ni au dedans, aucune exigence inquiétante. En même temps, loin de paraître pressé de prendre pour lui seul le pouvoir que lui offrait la couronne, il manifesta le désir de le partager. Aussi bien, ne possédant pas de majorité, n'ayant pas même avec lui tout le centre gauche, il comprenait la nécessité de s'assurer des alliés. Un homme s'attendait aux offres de M. Thiers : c'était M. Molé. N'y avait-il pas entre eux, depuis quelque temps, comme une ébauche de coalition, et n'était-ce pas la défection d'une fraction des anciens 221 qui avait fait rejeter la loi de dotation? Mais, si M. Thiers s'était arrangé pour faire beaucoup espérer à M. Molé, il ne lui avait rien promis formellement. Au fond, tout en ayant trouvé commode d'exploiter, dans l'opposition, le ressentiment et l'impatience des vaincus de la coalition, il était fort peu disposé à leur donner part au pouvoir. C'est

---

[1] En septembre 1839, les divisions intérieures de l'armée carliste et la trahison de Maroto, général en chef de cette armée, avaient obligé Don Carlos à quitter l'Espagne et à se réfugier en France.

[2] Quelques jours plus tard, le 28 février, le Roi disait à M. Duchâtel : « Je signerai demain mon *humiliation*. » Et comme, le lendemain, M. Thiers avait peine à trouver un ministre des finances : « Cela ne fera pas difficulté, dit Louis-Philippe; que M. Thiers me présente, s'il veut, un huissier du ministère; je suis résigné. » (*Mémoires de M. Guizot,* t. V, p. 13.)

ailleurs qu'il songeait à chercher des collègues. La veille de la discussion de la loi de dotation, rencontrant deux doctrinaires, M. Duvergier de Hauranne et M. Jaubert, dans le salon de madame de Massa, il leur avait tenu ce langage : « Vous avez refusé de m'aider à renverser ce pitoyable cabinet, et vous vous êtes posés comme les seuls ministériels de la Chambre; je ne vous dois donc rien, et si, lorsqu'il s'agira de la succession, je ne vous fais aucune proposition, vous n'aurez pas le droit de vous plaindre. D'un autre côté, je ne reconnais pas qu'il fût si immoral, si scandaleux que vous le dites, de me réconcilier avec M. Molé. Je n'ai jamais partagé vos préventions contre sa personne, et vous savez que, plus d'une fois, sous le 11 octobre, j'ai voulu le faire entrer au ministère. Cependant, je reconnais que la coalition a élevé, entre lui et moi, une barrière difficile à franchir, et que notre réunion serait mal interprétée. Il y a, d'ailleurs, entre nous, une difficulté presque insoluble, celle de la distribution des portefeuilles. Je pourrais à la rigueur céder les affaires étrangères à M. de Broglie, parce que ce serait céder mon amour-propre, non ma politique. En les cédant à M. Molé, je sacrifierais à la fois mon amour-propre et ma politique, ce qui est trop de moitié. Je vous le dis donc en toute sincérité, c'est avec vous que je désire m'arranger, et si le ministère est renversé, je vous le prouverai. Je ne sais s'il me serait possible de m'entendre avec Guizot; mais je crois que je m'entendrais avec M. de Broglie, et, pour y parvenir, je ferais de grands sacrifices[1]. » Les doctrinaires avaient peine à croire M. Thiers sincère. L'événement prouva qu'il l'était. En effet, à peine chargé de former le cabinet, il alla frapper à la porte, non de M. Molé, mais du duc de Broglie, dont, du reste, il avait toujours cherché à se rapprocher. La déception fut cruelle pour l'ancien ministre du 15 avril; il sentait qu'il était joué et qu'il avait compromis, sans profit, son renom monarchique et conservateur. Ce fut surtout aux doctrinaires qu'il garda rancune; quelques semaines plus tard, il écrivait à M. de Barante : « Le

---

[1] *Notes inédites de M. Duvergier de Hauranne.*

ministère du 1er mars n'a été imaginé par M. de Broglie que pour empêcher M. Thiers de se rapprocher des 221 et de leur chef. Quoi qu'on vous dise, voilà la vérité[1]. »

M. Thiers offrit au duc de Broglie la présidence du conseil et le ministère des affaires étrangères, proposant ainsi de refaire en partie le cabinet du 11 octobre. Désirait-il sincèrement réussir, et ne gardait-il pas au fond quelque préférence pour une combinaison où il eût eu le premier rôle? Il aurait peut-être été lui-même embarrassé de répondre à cette question. Toujours est-il qu'il insista vivement auprès du duc. Le Roi donnait son assentiment à cette solution; elle était désirée par le centre gauche et même par la gauche; les 221 s'y résignaient. La résistance obstinée, insurmontable, vint du principal intéressé, du duc de Broglie. Celui-ci croyait que rien de bon n'était possible; il se défiait de l'opinion de la Chambre, de M. Thiers, et même du Roi. Avec plus d'ambition il eût eu plus de hardiesse et moins de désespérance; mais l'ambition lui avait toujours fait défaut, et la mort récente de la duchesse de Broglie l'en avait dégoûté encore davantage. Il manifestait ses sentiments, non sans une amertume et un pessimisme parfois excessifs, dans une lettre écrite à M. Guizot : « Sans doute, disait-il, si la France et les Chambres étaient lasses de l'empire des médiocrités, s'il était réellement question de relever le pouvoir de l'état où il est tombé, de rallier dans un ministère puissant et véritable tous les éléments dispersés de l'ancien parti gouvernemental, et que je parusse un des ingrédients nécessaires de cette réconciliation, j'y réfléchirais. Mais nous sommes plus loin que jamais d'une semblable tentative; la coalition de l'année dernière lui a porté le dernier coup; et l'on n'entrevoit pas même dans l'avenir la possibilité d'un tel événement. Cela posé, que peut-il résulter, dans le morcellement de tous les partis, dans la profusion des inimitiés personnelles, dans l'état de guerre civile entre tous les hommes du gouvernement, que peut-il résulter, dis-je, de nouvelles modifications ministérielles? Rien autre chose que

---

[1] Lettre du 25 avril 1840. (*Documents inédits.*)

ce que nous voyons depuis trois ou quatre ans. Des ministères purement négatifs, dont le but et le mérite sont d'exclure, les uns par les autres, les personnages politiques les plus éminents, dont la liste est en quelque sorte une table de proscription ; des ministères pâles, indécis, sans principes avoués, sans autre prétention que de vivre au jour la journée, sans autre point d'appui que la lassitude et le découragement universels, réduits à s'effacer dans toutes les occasions importantes, à s'acquitter en complaisances continuelles, tantôt vis-à-vis du Roi, tantôt vis-à-vis des Chambres et de chaque fraction des Chambres grande ou petite, et à se fabriquer, tous les matins, une majorité artificielle par des concessions ou des compliments, par des promesses et des caresses, en pesant, dans des balances de toile d'araignée, la quantité de bureaux de poste qu'on a donnés d'un côté, et la quantité de bureaux de tabac qu'on a donnés de l'autre. » Le duc ne voulait pas blâmer ceux qui recouraient à ces procédés ; il les croyait même nécessaires à l'heure présente ; mais il se déclarait impropre à les employer. « Quant aux conséquences de cette conduite relativement à mon avenir politique, disait-il en finissant, il en sera ce qu'il plaira à Dieu. S'il lui plaît que je ne rentre jamais dans les affaires, je l'en remercierai de bon cœur. C'est un grand avantage, pour un homme public, de se retirer des affaires en laissant derrière soi une réputation intacte et quelques regrets ; c'est un avantage auquel il ne faut sans doute sacrifier aucun devoir, mais qu'on est trop heureux de pouvoir concilier avec ses devoirs [1]. » Ce

---

[1] *Documents inédits.* — A la même époque, M. Doudan écrivait à M. d'Haussonville : « Est-ce que vous vous êtes figuré que vous alliez devenir le gendre d'un ministre? Non, j'imagine. Quand M. de Broglie eût pu disposer de son temps et qu'il eût eu l'esprit aux affaires, je n'aurais jamais pu désirer qu'il se jetât au milieu de ces petites factions turbulentes, exigeantes..... Je suis convaincu qu'un mois après l'inauguration de ce cabinet, dont beaucoup disent qu'il eût été le salut du peuple, les inquiétudes maladives que les partis ont dans les jambes auraient recommencé de plus belle. On a tellement travaillé à disperser les groupes dans la Chambre des députés que, sauf la haine, qui est changeante, il n'y a pas de cohésion entre quatre chats. Chacun se promène en liberté dans sa gouttière, l'air capable et impertinent, et vous voulez qu'on se mette à rallier cette grande dispersion ! Il faut laisser faire cela au temps et aux événements. » (Lettre du 12 mars 1840, *Mélanges et Lettres*, t. Ier, p. 291, 292.)

ne furent pas ces motifs qu'invoqua M. de Broglie pour répondre aux instances de M. Thiers; mais il allégua les soins qu'exigeait la santé de son dernier enfant, et rien ne put ébranler sa résolution. Toutefois, il n'en fut pas moins touché de l'offre et de la façon dont elle avait été faite. « M. Thiers, écrivait M. Doudan, l'un des familiers du duc, a été, en tout ceci, la lumière et la raison mêmes; il a agi sans détours, avec cette simplicité charmante et savante qui est sa séduction, et son danger aussi, parce qu'il est mobile. » M. de Broglie, d'ailleurs, regardait alors l'entrée aux affaires du chef du centre gauche comme inévitable et même comme assez inoffensive. Aussi, tout en ne voulant pas être son collègue, se montrait-il disposé à l'aider dans la formation de son ministère, et presque à le couvrir d'une sorte de patronage.

Ayant échoué auprès du duc de Broglie, M. Thiers fit proposer au maréchal Soult la présidence du conseil et le portefeuille de la guerre; le maréchal refusa. Le Roi essaya alors d'obtenir qu'une démarche analogue fût faite auprès de M. Molé, qui eût pris la présidence et les affaires étrangères; M. Thiers déclara, non sans quelque vivacité, que ce serait, pour lui, recevoir du ministre du 15 avril « un supplément d'amnistie », et qu'il « ne le pouvait pas ».

Plusieurs jours s'étaient écoulés depuis la démission du cabinet, et l'on ne se trouvait pas plus avancé qu'à la première heure. Le souvenir des déplorables longueurs de la crise précédente rendait l'opinion plus impatiente, plus nerveuse, plus facilement inquiète. Les journaux de gauche le prenaient déjà sur un ton de menace avec la royauté, à laquelle ils imputaient tous les retards. « Il faut se hâter, disait de son côté le *Journal des Débats*. Nous partageons, à cet égard, l'avis unanime de la presse. La plaie saignera longtemps; au moins ne faut-il pas qu'elle s'envenime. » Enfin, la gravité des négociations pendantes sur les affaires d'Orient ne permettait pas un long interrègne. « Finissons-en ! » c'était le cri général. Il ne déplaisait pas à M. Thiers d'être ainsi pressé. Ce lui fut un argument pour s'attribuer à lui seul le premier rôle qu'il avait offert de céder, ou tout au moins de partager, et il entreprit de refaire, avec des personnages de second rang, un nouveau ministère du 22 février, dans lequel il se réservait le portefeuille des affaires étrangères et la présidence du conseil. Bien que, dans une telle combinaison, la plupart des ministres dussent être de nuance centre gauche, M. Thiers, fidèle à sa pensée première, désirait leur adjoindre quelques doctrinaires. Il voyait là un moyen de rassurer les conservateurs, et aussi peut-être de jeter un germe de division dans un groupe rival. Mais, parmi les amis de M. Guizot, s'en trouverait-il qui consentissent à entrer sans lui dans un cabinet présidé par M. Thiers? Les premières ouvertures faites à M. Duchâtel et à M. Dumon furent repoussées. A leur défaut, le futur président du conseil s'adressa à M. de Rémusat et à M. Duvergier de Hauranne, demeurés plus fidèles aux idées et aux alliances de la coalition. M. Duvergier de Hauranne, très-désintéressé dans sa passion, refusa pour son compte, mais proposa, comme convenant mieux à ce poste, son beau-frère, le comte Jaubert, orateur alerte, caustique, pétulant, aimant à emporter le morceau, plus tirailleur que capitaine, redoutable à ses adversaires et parfois gênant pour ses amis, fort galant homme, du reste, courageux, probe, le plus agressif des orateurs à la tribune, le plus poli des collègues dans les relations de chaque jour. Il s'était fait remarquer, quelques années auparavant, par la véhémence avec laquelle il repoussait toute compromission avec la gauche; sous le ministère du 22 février, M. Guizot n'était pas parvenu à contenir les éclats de son opposition, et l'on n'a pas oublié le rapport si blessant pour M. Thiers qu'il avait fait alors sur les grands travaux de Paris [1]. Mais, dans l'état de désorganisation des partis, s'il fallait s'attendre à toutes les divisions, aucun rapprochement ne semblait impossible. M. Jaubert ne fut pas plus embarrassé d'accepter le portefeuille des travaux publics que M. Thiers de le lui proposer. On pouvait croire que le concours de M. de Rémusat serait aussi facile à obtenir. Il était lié de vieille date avec M. Thiers, et avait un

---

[1] Cf. t. III, p. 22 et 23.

fond plus révolutionnaire que les autres doctrinaires. En outre, il cachait sous les dehors un peu froids d'un philosophe mondain, une certaine curiosité aventureuse, téméraire, et tout *dilettante* qu'il fût, tout « amateur blasé » que l'appelât M. Guizot [1], il ne laissait pas que d'être secrètement séduit à la pensée de jouer un rôle plus actif et plus considérable ; sa participation aux affaires s'était jusqu'ici bornée à un sous-secrétariat d'État dans le très-court cabinet du 6 septembre ; cette fois, on lui offrait l'un des principaux portefeuilles, celui de l'intérieur [2]. Cependant, il commença par se montrer fort hésitant. Il répugnait à se séparer ainsi de ses anciens amis politiques, de ses anciens chefs, notamment de M. Guizot et de M. Duchâtel. Trop clairvoyant et connaissant trop bien ses propres idées pour ne pas se rendre compte que la voie dans laquelle on lui demandait de s'engager le conduirait à changer de camp politique, il ne se sentait retenu par aucun scrupule de doctrine, mais s'inquiétait d'un tel changement pour ses amitiés et pour la convenance supérieure de sa vie publique. Il ne céda que sur les conseils pressants du duc de Broglie [3].

Les autres portefeuilles étaient, naturellement, réservés aux amis politiques du président du conseil. Parmi les députés du centre gauche, le choix était limité, car M. Thiers se trouvait alors brouillé avec les hommes les plus considérables du groupe, MM. Dufaure, Passy, Sauzet. A leur défaut, il dut se contenter de personnages moins en vue, MM. Pelet de la Lozère, Vivien et Gouin, entre lesquels il partagea les ministères des finances, de la justice et du commerce. Il leur adjoignit, pour le ministère

---

[1] Cf. t. III, p. 119.

[2] M. de Rémusat écrivait alors à M. Guizot : « Je ne me dissimule aucune objection, aucun danger, aucune chance de revers et, ce qui est plus dur, de chagrin ; j'en aurai de cruels ; mais je me sens un fonds inexploité d'ambition, d'activité, de ressources, que cette occasion périlleuse m'excite à mettre enfin en valeur, et il y a en moi un je ne sais quoi d'aventureux, bien profondément caché, que ceci tente irrésistiblement. » (*Mémoires de M. Guizot*, t. V, p. 16.)

[3] « J'ai été témoin, dans le cabinet du duc de Broglie, raconte M. Duvergier de Hauranne, des hésitations de M. de Rémusat et des efforts qu'il eut à faire pour les surmonter, non certes qu'il n'eût en M. Thiers une entière confiance, mais parce qu'il craignait que le parti du dernier ministère n'attribuât à l'ambition ce qui était chez lui un acte de dévouement. » (*Notice sur M. de Rémusat.*)

de l'instruction publique, un pair d'un nom plus éclatant, M. Cousin. Celui-ci, absorbé, depuis 1830, par l'organisation et le gouvernement de l'enseignement philosophique, ne s'était pas mêlé jusqu'ici fort activement aux luttes des partis. Toutefois, dans les discussions des récentes Adresses, au Luxembourg, il avait paru se classer dans le centre gauche, en défendant à plusieurs reprises la politique de l'intervention en Espagne. Le cabinet fut complété par l'appel, au département de la guerre, du général Cubières, qui n'avait aucun antécédent parlementaire, et, à celui de la marine, de l'amiral Roussin, homme de mer renommé, mais qui venait de faire, comme ambassadeur à Constantinople, une campagne diplomatique au moins très-critiquée.

Parmi les personnages de valeur inégale que M. Thiers proposait ainsi à l'approbation royale, aucun n'était considérable par son passé politique. Deux seulement avaient été déjà ministres, M. Pelet de la Lozère, au 22 février 1836, et le général Cubières dans l'administration intérimaire d'avril 1839 : ce qui faisait dire gaiement à M. Thiers, lui-même âgé de quarante-deux ans, qu'il avait formé un cabinet de « jeunes gens ». Le président du conseil n'en était que plus en vue. Comme au 22 février 1836, il dominait, résumait, personnifiait le ministère. Le Roi accepta tout, sans faire d'objection à aucun nom, et signa, le 1er mars, les ordonnances portant nomination des nouveaux ministres. La crise avait duré neuf jours.

II

Cette fois encore, M. Thiers arrive au pouvoir sans avoir derrière lui un parti constitué, en état de le soutenir. Non-seulement la majorité ne lui appartient pas, mais elle n'existe pas; avant même de la conquérir, il doit la former. Il ne rêve pas de restaurer quelqu'un des anciens groupes plus ou moins ébranlés et morcelés par les récentes crises; il tâche, au contraire, de précipiter le travail de décomposition [1]. Plus il aura devant lui de morceaux brisés et épars, plus il se flatte de pouvoir les combiner à sa guise. C'est, en effet, avec des fragments ramassés de tous côtés, dans la gauche, dans le centre gauche, dans le centre droit et le centre, qu'il veut se faire une majorité dont il sera l'origine et la fin, le lien et le programme. Les éléments qu'il prétend ainsi rassembler, sont singulièrement hétérogènes, contradictoires même, tout au moins incapables de s'accorder seuls et directement. S'ils se rapprochent, ce ne sera qu'en M. Thiers et par M. Thiers, chacun attendant de lui une politique différente. Le président du conseil ne redoute pas les difficultés de cet équilibre et de ce jeu de bascule ; il croit être le seul capable d'y réussir, et se réjouit de devenir ainsi le ministre nécessaire. Ces éléments ne sont pas seulement hétérogènes, ils sont par nature inconsistants, rebelles à toute cohésion durable. Peu importe : si mobiles qu'ils soient, le ministre compte être plus alerte encore ; et puis il lui plaît de n'être pas enfermé dans une majorité fixe qui gênerait ses évolutions. Au lieu d'une seule majorité, il en aura plusieurs ; c'est à ses yeux tout bénéfice. A mesure que nous esquissons cette tactique, ne semble-t-il pas qu'elle nous soit déjà connue? En effet, c'est à peu près la même que M. Thiers avait essayée lors de son premier ministère. Il y a toutefois un changement : en 1836, M. Thiers sortait du gouvernement, où il avait été le collègue de M. Guizot; en 1840, il sort de l'opposition, où il vient d'être l'allié de M. Barrot. Cette différence dans le point de départ a son importance ; il en résulte que, cette fois, l'axe de la majorité à former se trouve, du premier coup, porté beaucoup plus à gauche.

Le nouveau ministère a tellement conscience de n'avoir pas de majorité toute faite, qu'il use d'abord d'un expédient pour retarder le jour où il mettra à l'épreuve la confiance du parlement. Obligé, par l'usage, d'apporter une déclaration en se pré-

---

[1] « Travail de décomposition », c'est l'expression même, dont se servait un journal officieux, le *Messager* du 7 mars, pour indiquer l'œuvre que poursuivait M. Thiers dans la Chambre.

sentant pour la première fois devant les Chambres, il la fait à dessein si sommaire et si banale qu'elle ne peut ni éclairer personne, ni provoquer aucune contradiction [1]. Il annonce, du reste, l'intention de déposer prochainement une demande de fonds secrets et de donner, à cette occasion, des explications plus étendues. Les quelques semaines ainsi gagnées, il compte les employer à prendre position, à tâter les partis et les hommes, à préparer les déplacements et les rapprochements d'où doit sortir sa majorité.

Les premiers actes de M. Thiers révèlent tout de suite sa politique de bascule. En même temps qu'il fait des démarches auprès de M. Guizot pour le garder à l'ambassade de Londres, il nomme un membre de la gauche, M. Billault, à l'un des postes de sous-secrétaire d'État. Député seulement depuis trois ans, M. Billault siégeait alors à côté de M. Odilon Barrot, c'est-à-dire dans un parti plus avancé que celui d'où sortaient les ministres. De petite taille, les yeux expressifs, il était remuant, laborieux, ne se ménageant pas, rompu aux affaires, plus polémiste à la tribune qu'orateur, mais d'une rare dextérité de parole, souple et tenace dans la discussion, ardent à l'attaque. Il sortait du barreau de Nantes et était demeuré avocat à la Chambre, sans beaucoup d'idées à lui, prêt à traiter les sujets les plus divers, on eût presque dit à professer les opinions les plus opposées. Il recevait, de toutes mains, des notes et même des phrases toutes faites qu'il s'assimilait fort adroitement; chaque fois qu'il rencontrait dans un journal un argument dont on pouvait tirer parti, il découpait le passage et le collait proprement sur une feuille de papier; puis, au jour du débat, on le voyait monter à la tribune, muni d'un énorme dossier, d'où il tirait, morceau par morceau, un discours souvent incisif. Toute sa vie, du reste, il ne devait guère avoir qu'une personnalité de reflet et d'emprunt; sous le second empire, le secret de sa faveur et de son importance sera la souplesse avec laquelle il recevra la pensée et se fera la parole de Napoléon III.

[1] Séance du 4 mars.

En mars 1840, il semblait l'homme de la gauche, et sa nomination, significative surtout comme indice, semblait abaisser la barrière qui, depuis 1831, fermait à ce parti l'accès du pouvoir.

M. Guizot, nommé le 5 février à l'ambassade de Londres, venait d'arriver à son poste, lorsque fut formée l'administration du 1ᵉʳ mars. Qu'allait-il faire? Consentirait-il, en demeurant ambassadeur, à s'associer, dans une certaine mesure, à la politique du nouveau cabinet? M. Thiers le désirait vivement; aussi, dès le 2 mars, adressa-t-il à M. Guizot une lettre très-amicale, où, faisant appel aux souvenirs du 11 octobre et de la coalition, il lui demandait « d'ajouter une page à l'histoire de leurs anciennes relations ». M. de Rémusat joignit ses instances à celles de son chef : « Le ministère, écrivait-il, est formé sur cette idée : point de réforme électorale, point de dissolution. Il est évident qu'il aura, quant aux noms propres, surtout dans le premier mois, un air d'aller à gauche. Les apparences seront dans ce sens, et j'avoue que cela est grave. Mais je réponds de la réalité sur les points essentiels. » M. de Broglie, lui aussi, pressait M. Guizot de rester à son poste, déclarant que M. Thiers n'avait eu aucun tort dans la formation du cabinet, qu'il ne pouvait pas faire grand mal, et qu'on serait toujours à temps de se séparer de lui s'il dérivait à gauche. Des avis contraires venaient de M. Duchâtel, de M. Dumon et de quelques autres doctrinaires; ceux-ci laissaient voir qu'ils désiraient une démission immédiate et un retour à Paris pour prendre le commandement des conservateurs mécontents ou inquiets. M. Guizot n'hésita pas longtemps; il voyait sans doute avec alarme ce qu'il appelait « la pente vers la gauche » ; mais il ne jugeait pas possible de rompre *à priori* avec un cabinet dont faisaient partie deux de ses amis et que patronnait le duc de Broglie. Il croyait, d'ailleurs, qu'il était de son intérêt de prolonger encore la retraite à laquelle il s'était condamné après la coalition. « A ne parler que de moi, écrivait-il à M. Duchâtel, je ne suis pas fâché, je vous l'assure, de me trouver un peu en dehors des luttes de personnes et des décompositions de partis. Nul ne s'y

est engagé plus que moi...; il me convient de m'en reposer. »
Toutefois, en répondant à M. Thiers et à M. de Rémusat, il
marqua bien que son adhésion n'était que conditionnelle. Après
avoir « pris acte » de cette assurance que le ministère ne voulait ni dissolution, ni réforme électorale, il ajoutait : « Je ne
puis marcher que sous ce drapeau et dans cette voie. Si le cabinet s'en écartait, je serais contraint de me séparer de lui. » En
même temps, profitant de l'amitié ancienne qui l'unissait à M. de
Rémusat, pour s'exprimer avec lui plus librement qu'il ne le
faisait avec M. Thiers, il le mettait en garde contre les dangers
de l'alliance avec la gauche. « Croyez-moi, lui écrivait-il, il y a,
par moments, de la force à prendre dans la gauche, jamais un
point d'appui permanent. Elle ne possède ni le bon sens pratique, ni les vrais principes, les principes moraux du gouvernement, et moins du gouvernement libre que de tout autre...
Elle ébranle et énerve, au lieu de les affermir, les deux bases de
l'ordre social, les intérêts réguliers et les croyances morales.
Elle peut donner quelquefois des secousses utiles et glorieuses ;
son influence prolongée, sa domination abaissent et dissolvent
tôt ou tard le pouvoir et la société [1]. » Heureux de l'adhésion
de M. Guizot, M. Thiers se garda de faire la moindre objection
aux conditions et aux réserves qui l'accompagnaient. Il fit
valoir auprès des conservateurs son accord avec le plus illustre
de leurs chefs : « Le ministère actuel, leur disait-il, c'est le ministère du 11 octobre à cheval sur la Manche. » Il est vrai que,
l'instant d'après, le même ministre se vantait aux députés de la
gauche d'avoir trouvé ce moyen habile d'éloigner du parlement leur plus redoutable contradicteur.

Les gages ainsi offerts aux deux partis furent tout d'abord
accueillis fort différemment. La gauche se montra aussi recon-
naissante et confiante que le centre était triste et inquiet. Aux
premières réceptions des nouveaux ministres, on remarqua et
l'absence des députés conservateurs et l'affluence des membres
de l'ancienne opposition. M. Duvergier de Hauranne, qui se

---

[1] *Documents inédits* et *Mémoires de M. Guizot*, t. I, p. 15 à 25.

trouva alors à dîner avec plusieurs de ces derniers, chez le président du conseil, notait « la joie d'enfant qu'ils semblaient éprouver en se trouvant réunis pour la première fois autour d'une table ministérielle ». « C'était pour eux, ajoutait-il, quelque chose de nouveau, de piquant, de ravissant; aussi fut-on, pendant tout le dîner, d'une gaieté folle. » Même contraste dans le langage des journaux. Tandis que la *Presse* partait immédiatement en guerre, et que le *Journal des Débats* prenait une attitude d'observation malveillante, les organes de la gauche, à l'exception des feuilles radicales, avaient des airs joyeux et vainqueurs. L'un d'eux, le *Courrier français*, marquait ainsi les raisons de sa satisfaction : « C'est l'opposition entrant aux affaires, et y entrant pour la première fois, nous l'espérons du moins, sans changer de drapeau... Il ne dépend de personne de faire que l'avénement de M. Thiers et de ses amis ne soit un changement profond dans l'État. Par la création de ce ministère, le pouvoir se déplace décidément et fait un pas vers nous. Le parti du gouvernement personnel est en déroute ; le système de résistance est à bout de combinaisons ; la vieille majorité, celle qui avait survécu, bien qu'en s'épuisant, à plusieurs dissolutions, est ensevelie dans sa défaite. »

La presse de gauche triompha même si bruyamment que M. Thiers craignit de se trouver ainsi porté trop avant et de paraître le protégé ou même le prisonnier de l'ancienne opposition, au lieu d'être l'arbitre et le médiateur des deux partis. Aussi jugea-t-il tout de suite nécessaire de bien marquer la position intermédiaire où il voulait se tenir, et fit-il dire dans le *Messager*, l'un de ses journaux officieux : « M. Thiers a sa position distincte. Il est le chef du centre gauche. Conséquemment, il n'est ni la gauche, ni les 221. Il exprime l'opinion intermédiaire. Il doit rester sur son terrain, et sa mission est de rallier les modérés de chacun de ces deux partis. Il est un ministère de transaction, ou de transition, si l'on veut... Il est clair que chacun des deux partis doit s'efforcer d'abord de le faire pencher de son côté... Il doit résister à cette double attraction... Pencher à droite, ce serait donner le pouvoir aux 221 ;

incliner trop à gauche, ce serait le donner à l'opposition. »

La gauche ne se blessait pas de ce langage. Elle paraissait avoir des raisons de croire qu'entre les conservateurs et elle, le partage n'était pas aussi égal que le ministère feignait de le dire, et qu'il y avait un sous-entendu dont seule elle possédait le secret et recueillerait prochainement le bénéfice[1]. M. Thiers lui avait-il donc assuré, dans quelque contre-lettre mystérieuse, des avantages en contradiction avec son langage public? Non; mais le seul avénement d'un ministre, travaillant à décomposer l'ancienne majorité et consentant à vivre de l'appui de la gauche, était, pour celle-ci, un réel avantage. Et puis le cabinet se présentait comme un cabinet non-seulement de « transaction », mais de « transition ». Ce dernier mot, plein de promesses, ne se trouvait-il pas dans l'article du *Messager*, cité plus haut? Les journaux officieux ne répétaient-ils pas tous les jours que M. Thiers, en forçant les avenues du pouvoir, en s'imposant aux répugnances du Roi, avait ouvert une brèche par laquelle tout le monde pouvait espérer passer à son tour[2]? Cette considération n'était pas celle qui touchait le moins la gauche. Fatiguée, sinon assagie, aspirant à sortir de son long rôle d'opposition sans espoir et à passer au rang des partis admis à prétendre au gouvernement, elle savait gré à M. Thiers de lui servir d'introducteur dans ce monde nouveau pour elle. De là un zèle ministériel que les sarcasmes mêmes du *National* ne parvenaient pas à refroidir[3]. « Je ne puis les tenir, disait M. Barrot; ces pauvres hères ont faim depuis dix ans[4]. »

[1] Le *Courrier français* disait, à propos de M. Thiers, le 5 mars 1840 : « Les hommes placés dans une position difficile ne livrent pas leur secret, quand ils ne peuvent encore le faire connaître qu'à demi. »

[2] Le *Constitutionnel*, organe de M. Thiers, disait, le 14 mars : « Ce que la gauche voit dans l'origine du ministère actuel, c'est que tout parti en mesure d'avoir la majorité dans la Chambre n'a pas d'obstacle à vaincre hors de la Chambre. Ceci n'est pas, si l'on veut, une conquête faite par le 1er mars; mais le 1er mars a constaté que la conquête était faite. »

[3] Le *National* disait, par exemple, le 6 mars : « Il faut que notre opposition constitutionnelle de dix ans soit tombée bien bas dans sa propre estime et désespère bien de sa fortune, pour placer ainsi, à fonds perdu, son honneur et son avenir sur la tête d'un aventurier politique. »

[4] *Documents inédits.*

Le président du conseil avait su, d'ailleurs, mettre la main sur le chef de la gauche. M. Odilon Barrot, amené, dans le cours des années précédentes, à faire plusieurs fois campagne avec M. Thiers, s'était laissé peu à peu séduire et dominer par lui. La finesse insinuante et entreprenante de l'un avait eu facilement raison de la solennité naïve et un peu inerte de l'autre. M. Barrot continuait sans doute à jouer son rôle de chef de groupe avec la même conviction de sa propre importance; mais, sans s'en douter, il n'était plus guère qu'un comparse. M. Thiers tirait peut-être plus de profits encore de l'influence qu'il avait acquise sur la presse de gauche. Ni les occupations, ni la dignité de ses nouvelles fonctions ne l'empêchaient de recevoir, chaque matin, les écrivains qui venaient, suivant l'expression de l'un d'eux, « assister à sa pensée », et qui transformaient ensuite ses conversations en articles. Parmi eux, à côté de M. Boilay, du *Constitutionnel*, et de M. Walewski, du *Messager*, on remarquait les rédacteurs de feuilles plus avancées, M. Léon Faucher, du *Courrier français*, M. Chambolle, du *Siècle*, et d'autres encore. Il n'était pas jusqu'aux journaux en apparence opposés à sa politique, où le président du conseil ne trouvât parfois moyen de se créer des intelligences et d'avoir quelque compère. Personne n'a su plus habilement jouer de la presse. « Que voulez-vous que j'y fasse? disait-il, non sans quelque coquetterie ; les écrivains politiques me font des journaux pour moi, sans que je le leur demande ; s'ils tiennent tous à se mettre dans mon jeu, c'est qu'ils trouvent mes cartes bonnes. »

M. Thiers avait donc obtenu tout de suite le concours de la gauche ; mais ce n'était que la moitié de son plan : il lui fallait aussi le concours d'une partie des conservateurs. Les jours s'écoulaient sans qu'il fît, de ce côté, aucun progrès. Les froideurs qu'il avait rencontrées dès la première séance menaçaient de tourner en opposition ouverte. Plus la gauche se montrait satisfaite, plus, dans l'autre parti, les défiances se sentaient justifiées, plus les inquiétudes croissaient. Vainement le duc de Broglie, sans se confondre avec le cabinet, le couvrait-il d'une sorte de patronage bienveillant [1] ; vainement, de Londres, M. Guizot se prononçait-il contre une « hostilité soudaine, déclarée », et donnait-il ce mot d'ordre : « Restons fermes dans notre camp, mais n'en sortons pas pour attaquer », la plupart des doctrinaires étaient en disposition fort peu favorable. « La situation, répondaient-ils à M. Guizot, est plus grave que vous ne pouvez le penser, n'étant pas sur le théâtre même des événements. Un ministère soutenu publiquement et ardemment par la gauche, appuyé par les journaux de cette couleur, au nom des idées que nous avons combattues, ce n'est pas là un fait léger et sans importance pour l'avenir. Il ne s'agit de rien moins que d'un complet déplacement du pouvoir, et le mouvement ira vite, si on ne l'arrête. » Chez les anciens 221, qui constituaient la fraction la plus considérable des conservateurs, l'irritation et l'alarme n'étaient pas moindres. La presse officieuse leur répétait, tous les jours, que le ministère du 1er mars était le triomphe de la coalition ; or ils n'avaient pas oublié que cette coalition avait été faite contre eux. Aussi se groupaient-ils et s'organisaient-ils avec toutes les allures d'une armée qui se prépare à la bataille, tandis que leurs journaux tenaient un langage de plus en plus agressif. Il était une autre partie de la Chambre où les intentions se montraient, sinon ouvertement ennemies, du moins singulièrement maussades : c'était ce qu'on appelait le groupe du 12 mai ; il se composait des amis de MM. Dufaure et Passy ; de ce côté, on n'avait pas pardonné l'intrigue muette sous laquelle avait succombé la dernière administration, et ce ressentiment paraissait devoir rallier à l'opposition conservatrice vingt à vingt-cinq membres de l'ancien centre gauche. On pouvait donc croire que toutes ces inquiétudes, ces défiances, ces rancunes allaient se réunir pour former un nouveau parti de résistance. Le *Journal des Débats*, prêt à lui servir d'organe, l'avait déjà baptisé : il l'appelait le « parti constitu-

---

[1] Dès le 1er mars, il avait écrit à M. Guizot : « Je garderai ma position amicale sans être invariable, prêt à m'éloigner ou même à combattre si le ministère dérive à gauche d'une manière alarmante, mais content s'il se maintient dans la modération, et ne négligeant rien pour le fortifier dans le dessein de faire le mieux possible. » (*Documents inédits.*)

tionnel ». M. Doudan, qui voyait les choses du salon de M. de Broglie, faisait, à la date du 12 mars, ce tableau des divers groupes conservateurs : « Il me paraît que le ministère tombé se tient en embuscade, probablement avec M. Molé, pour donner un mauvais coup à M. Thiers et lui succéder. Le camp doctrinaire est divisé contre lui-même. Les 221, à peu d'exceptions près, sont d'une grande colère contre le cabinet de M. Thiers, jurant de tout jeter par les fenêtres, afin de maintenir l'ordre dans le pays. Il y a, dans la tête de tout le monde, comme un charivari [1]. »

Les journaux de gauche, qui devenaient d'autant plus ministériels que les conservateurs l'étaient moins, accueillaient ces symptômes d'opposition avec une colère dont M. Thiers devait trouver parfois les manifestations quelque peu compromettantes. Ils traitaient les conservateurs de « ramas de factieux » et les dénonçaient aux ouvriers sans travail comme des artisans de crise, responsables du chômage. Leurs attaques visaient même plus haut : derrière les articles du *Journal des Débats* et les démarches des 221, ils prétendaient découvrir une intrigue de la cour, c'est-à-dire, dans le langage de l'époque, du Roi [2]. Supposition toute gratuite. Louis-Philippe, sans doute, partageait personnellement beaucoup des répugnances et des inquiétudes des conservateurs. De plus, il ne voyait pas sans mortification, à la tête du ministère, un homme qui affectait de traiter avec lui de puissance à puissance [3]. Aussi, au rapport d'un

[1] *Mélanges et Lettres*, t. I, p. 290.
[2] *Constitutionnel* du 9 mars 1840.
[3] Dans la déclaration sommaire que M. Thiers avait lue aux Chambres, le 4 mars, cette prétention était très-visible, et le ministre avait presque insinué qu'il venait de faire capituler la couronne. Le *Journal des Débats* avait alors critiqué « cette affectation à dire et à répéter : « Le Roi et moi ». Par contre, le *Courrier français* avait félicité le président du conseil d'avoir « fait valoir son droit de chef de parti, en regard du droit que la couronne a de choisir entre les hommes et les opinions » ; et il avait ajouté : « M. Thiers ne dit pas que la couronne a cédé, car un ministre doit couvrir le Roi; mais il résulte de son discours, qu'il n'a pas fait, en entrant aux affaires, le sacrifice de ses opinions, et c'est là tout ce que le public demande à savoir. » Le *National*, trop heureux de voir la monarchie diminuée par ceux qui eussent dû être ses défenseurs, demandait en raillant : « Comment les journaux de la cour prendront-ils ce nouveau spécimen de familiarité respectueuse qui place sur la même ligne la couronne et un simple sujet? M. Thiers et le Roi,

témoin, était-il « fort triste » et « ne s'en cachait-il pas ! » ; il ne lui déplaisait pas d'être présenté, par des journaux amis, comme n'ayant subi M. Thiers que sous le coup d'une nécessité pénible [2], et on peut même supposer qu'une mésaventure du cabinet ne l'eût pas désolé. Mais il n'en remplissait pas moins correctement son rôle constitutionnel, ne contrariant pas ses ministres, ne leur suscitant aucun embarras. Il faisait même plus, au témoignage de l'un d'entre eux ; M. de Rémusat écrivait, en effet, le 15 mars, à M. Guizot : « Le Roi nous traite parfaitement bien et nous prête un réel appui. » Nul fondement, donc, dans les accusations dirigées contre Louis-Philippe. Injustes d'où qu'elles vinssent, elles étaient particulièrement scandaleuses de la part de la presse ministérielle. On conçoit que le *Journal des Débats* les relevât avec une sévérité émue et demandât « quel était ce ministère que ses journaux ne pouvaient soutenir qu'en calomniant ou menaçant la couronne ». Ce désordre éveillait, chez ceux qui se souvenaient du passé, l'idée de tristes similitudes : « Le *Courrier français*, écrivait-on, défend M. Thiers du ton dont le *Patriote français* défendait Roland et ses collègues [3]. » Les feuilles officieuses proclamaient que le ministère du 1ᵉʳ mars était la dernière expérience tentée pour réconcilier la monarchie et le pays, et le *Constitutionnel* l'appelait « le ministère Martignac du gouvernement de Juillet ». On eût dit que chacun de ces articles se terminait par un : « Prenez garde ! » adressé d'un ton irrité, non-seulement à la Chambre, mais au Roi.

A en juger par le langage des journaux, le rapprochement

---

le Roi et M. Thiers sont heureusement d'accord pour faire le bonheur, la prospérité et la gloire de la France. Voilà ce que le président du cabinet du 1ᵉʳ mars a bien voulu annoncer au monde. »

[1] Lettre de Mgr Garibaldi, internonce du Saint-Siége. (*Vie du cardinal Mathieu*, par Mgr Besson, t. I, p. 247.)

[2] « Le *Journal des Débats* disait, le 3 mars, dans un article qui fut remarqué : « La couronne n'aurait pas voulu choisir ces ministres, qu'elle aurait été forcée de les accepter, forcée par sa prudence, et pour ne pas empirer une situation dangereuse. M. Thiers a voulu être le maître, et il l'est, sauf, bien entendu, sa responsabilité devant le Roi et devant les Chambres. »

[3] *Journal inédit de M. de Viel-Castel.*

désiré par le cabinet.entre la gauche et une partie du centre n'était pas en voie de s'accomplir. M. Thiers ne paraissait donc pas avoir tiré le profit attendu des quelques jours qu'il s'était réservés pour préparer l'opinion, avant de s'expliquer à la tribune. Il est vrai qu'à côté de ces polémiques de presse, dont le fracas remplissait toute la scène, le président du conseil usait, dans la coulisse, d'un autre moyen d'action moins bruyant, moins extérieur, sur lequel il comptait peut-être davantage : c'étaient les conversations particulières avec les députés. Dans ces tête-à-tête qu'il multipliait à dessein, soit chez lui, soit dans les dépendances de la Chambre, il lui était plus facile que dans les explications publiques de se montrer à chacun sous la face qui pouvait lui plaire. Tandis qu'aux uns il faisait valoir que son seul avénement était un échec au « pouvoir personnel », la fin de la « résistance » et une « transition » qui permettait à l'opposition d'attendre et de préparer des succès plus complets encore, il se faisait honneur, auprès des autres, de repousser le programme de la gauche, et de ne payer celle-ci qu'avec des apparences, toutes les réalités demeurant aux conservateurs. Il n'était pas jusqu'aux contradictions de son passé qui ne lui servissent à se présenter comme ayant des titres aux confiances les plus opposées [1]. Le tout dit avec l'abondance brillante, souple, familière, câline de ce merveilleux causeur, et surtout avec un certain air de confidence et d'abandon ; l'interlocuteur flatté sortait de l'entretien, persuadé que lui seul avait le secret du ministre et que les autres étaient dupés. C'est ce qu'on appelait alors le système des « conquêtes individuelles ». M. Thiers, rival en cela de M. Molé, y excellait et y avait goût. Il faut reconnaître, du reste, que la désorganisation générale des cadres parlementaires facilitait singulièrement cette opération. Faut-il croire qu'aux séductions de la causerie, M. Thiers ne se faisait pas scrupule d'en ajouter, au besoin,

---

[1] Le *Constitutionnel* disait, à la date du 12 mai : « M. Thiers donne d'égales garanties aux deux partis qu'il s'agit de rallier. Mais c'est précisément ce dont on l'accuse. M. Thiers, dit-on, a deux passés. Nous disons que c'est son mérite, c'est la gloire de son bon sens. »

d'autres plus positives? On le disait beaucoup alors, et la presse opposante dénonçait vivement ce qu'elle « appelait la traite des députés [1] ».

III

C'est le 14 mars que fut nommée, dans les bureaux de la Chambre des députés, la commission chargée d'examiner la demande de fonds secrets sur laquelle devait être débattue la question de confiance. Sur neuf commissaires, cinq seulement étaient ministériels. On prétendait même qu'en additionnant les voix obtenues de part et d'autre dans chaque bureau, les opposants se trouvaient avoir eu la majorité. Les adversaires de M. Thiers, voyant dans ce premier résultat l'indice d'une victoire possible, se décidèrent à livrer bataille.

Tout d'abord ils comprirent que, pour entraîner la masse des conservateurs, il fallait leur présenter un ministère tout prêt à succéder à celui qu'il s'agissait de jeter bas. Le grand argument des journaux de gauche et de centre gauche n'avait-il pas été de répéter tous les jours que si le cabinet actuel était renversé, le pays serait précipité dans une crise sans issue?

[1] Le vicomte de Launay (madame Émile de Girardin) faisait, le 7 mars 1840, dans ses *Lettres parisiennes* du journal *la Presse*, ce tableau, chargé comme toute satire, de ce qu'il appelait la « traite des députés faite hautement par les pourvoyeurs de M. Thiers » : « Chaque soir, on fait le relevé des acquisitions de la journée. « Aurons-nous un tel? — J'en réponds, si vous lui promettez ça pour son gendre. — Et un tel, si on lui offrait ceci? — Ce n'est pas la peine ; nous l'aurons pour rien ; j'ai vu sa belle-mère. — ...Ah! si nous pouvions avoir ***! — Ce n'est pas si difficile qu'on le croit ; il vient de perdre cinquante mille francs dans une affaire, il est bien gêné. — ...Mais notre plus belle conquête, c'est le bon ***. — Quoi, il s'est engagé? — Sur l'honneur! — Mon cher, vous êtes un sorcier. Qu'avez-vous fait pour le séduire? — Je l'ai pris par les sentiments. — Je ne vous comprends pas. — Ah! tu n'as pas d'enfants! Le gros bonhomme a deux filles à marier... Je possède un peu bien ma statistique parlementaire. Je sais ceux qui ont des filles à établir, ceux qui ont des fils à placer, ceux qui ont des frères incapables sur les bras, ceux qui ont des intérêts de cœur dans les théâtres royaux, ceux qui ont des secrets à cacher, ceux qui ont des manufactures à soutenir, ceux qui ont des forges, ceux qui ont des sucres, ceux qui ont des rentes, et ceux, enfin, qui ont des dettes. Eh! je dis avec le proverbe : Qui paye *leurs* dettes s'enrichit. »

M. Thiers lui-même avait dit, d'un ton de défi, dans son bureau : « L'on verra qui pourra gouverner après moi ! » Ce fut dans le rapprochement du « 15 avril » et du « 12 mai » que les opposants cherchèrent les éléments du cabinet futur. M. Molé entra vivement dans cette idée ; impatient de se venger de M. Thiers, qui venait de le jouer et de profiter de l'éloignement de M. Guizot [1], il fit tout pour faciliter l'entente et se déclara prêt à accepter la présidence du maréchal Soult. Parmi les anciens ministres du 12 mai, M. Villemain témoigna d'une ardeur au moins égale à celle de M. Molé ; M. Duchâtel, et surtout MM. Dufaure et Passy, se montrèrent plus hésitants, pas assez, cependant, pour que les meneurs ne se crussent pas fondés à espérer leur adhésion finale. On se hâta donc de faire savoir sur les bancs conservateurs, et même de publier dans les journaux, qu'il y avait un ministère de rechange, et que, dès lors, il n'était pas téméraire d'aller de l'avant.

La situation devenait critique pour M. Thiers. Ses journaux trahissaient leurs alarmes par l'agitation nerveuse de leur polémique. Du côté des conservateurs, tantôt on le prenait sur un ton railleur et triomphant, comme si l'on tenait déjà la victoire, tantôt on laissait voir des doutes sur la solidité des troupes qu'il fallait mener au feu. La vérité est qu'avec ces partis disloqués et désorientés, et aussi avec le travail souterrain des « conquêtes individuelles », que M. Thiers poussait activement, personne ne prévoyait ce qui arriverait ; chacun attendait, anxieux, le résultat inconnu de la bataille qui allait se livrer, et le *Journal des Débats* était réduit à comparer la situation parlementaire « à une nuit épaisse », où tous les partis « erraient en chancelant [2] ».

La discussion s'ouvrit le 24 mars. M. Thiers monta le premier à la tribune, afin de marquer lui-même le terrain du combat. L'œuvre était difficile, mais pas au-dessus des ressources de l'orateur. Il commença par un récit, fait avec adresse et con-

[1] M. Duvergier de Hauranne rapporte qu'un des amis de M. Molé disait alors de lui : « Il prétend que si le ministère tombe aujourd'hui, ce sera à son profit, et dans un an, au profit de M. Guizot. C'est pour cela qu'il se presse. » (*Notes inédites.*)
[2] 20 mars 1840.

venance, des incidents de la dernière crise ministérielle. Puis, examinant l'état de la Chambre, il y distingua trois fractions principales : celle qui avait soutenu le ministère du 15 avril; la nuance intermédiaire, connue sous le nom de centre gauche; enfin, l'ancienne opposition. Aucune de ces fractions ne possédait à elle seule la majorité; il fallait donc qu'elles transigeassent, sous peine de rendre tout gouvernement impossible. C'était cette transaction que M. Thiers venait apporter. Et, pour la faire accepter, il s'appliquait à rassurer les conservateurs, tout en flattant la gauche. Dans ce double jeu était l'habileté du discours. L'orateur commença par faire d'abord la part des conservateurs. Le programme de la gauche contenait, depuis plusieurs années, deux articles qui offusquaient et inquiétaient plus que tous les autres les hommes d'ordre : c'étaient l'abrogation des lois de septembre et la réforme électorale. M. Thiers déclara qu'il maintiendrait les lois de septembre; tout au plus faisait-il espérer la définition de l'attentat, concession déjà promise par le ministère précédent. Quant à la réforme électorale, il l'ajournait. « La difficulté sera grande dans l'avenir, dit-il, je ne le méconnais point; elle ne l'est pas aujourd'hui. Y a-t-il, parmi les adversaires de la réforme électorale, quelqu'un qui, devant le corps électoral, devant la Chambre, et j'ajouterai devant la Charte, ait dit : jamais? Personne... A côté de cela, même parmi les partisans de la réforme, y a-t-il des orateurs qui aient dit : aujourd'hui? Aucun. Tous, j'entends dans les nuances moyennes de la Chambre, ont reconnu que la question appartenait à l'avenir, qu'elle n'appartenait pas au présent. » M. Thiers se tourna ensuite vers la gauche, et débita, à son intention, quelques phrases sur la révolution; après avoir exposé la situation du gouvernement de 1830 en face de l'Europe : « Il y a deux manières de sentir, ajouta-t-il; il y a deux manières de se conduire. Suivant la manière, on peut être embarrassé, honteux peut-être, de représenter une révolution; on peut manquer de confiance en elle, avoir de la timidité : on pourrait alors la représenter loyalement; on ne la représenterait pas comme elle a le droit, comme elle a besoin de l'être. Il faut l'aimer, la respecter, croire à la légitimité de son but, à sa noble persévérance, à sa force invincible, pour la représenter avec dignité, avec confiance. Pour moi, messieurs, je suis un enfant de cette révolution, je suis le plus humble des enfants de cette révolution; je l'honore, je la respecte... je crois à sa persévérance, à sa force; car si on a gagné des batailles d'un jour sur elle, on ne l'a jamais vaincue. » Ce n'était pas tout : le ministre réservait à la gauche une satisfaction encore plus désirée par elle. Il avoua le concours qu'il en recevait, l'en remercia, et, la prenant par la main, il l'éleva solennellement au rang des partis de gouvernement. « J'ai les sympathies de l'ancienne opposition, dit-il; je la remercie; si elle me les accorde, je vais vous dire à quelles conditions. » L'orateur rappelait alors comment, en 1836, il avait quitté le pouvoir pour ne pas céder à la volonté du Roi, et comment, trois fois, il avait refusé d'y rentrer, parce que la couronne n'adhérait pas à ses opinions. « Voilà, continua-t-il, la raison des sympathies que j'avais avec l'opposition. De plus, j'ai encore un motif de bienveillance envers elle. Voulez-vous que je vous le dise? Je n'ai de préjugés contre aucun parti. Je vais vous avouer des choses qui peut-être vous blesseront. Savez-vous ce que je crois? Je ne crois pas qu'il y ait ici un parti exclusivement voué à l'ordre et un autre parti voué au désordre. Je crois qu'il n'y a que des hommes qui veulent l'ordre, mais qui le comprennent différemment. Je crois qu'il n'y a rien d'absolu entre eux. Et si vous vouliez mettre quelque chose d'absolu entre eux, savez-vous ce que vous feriez? Vous commettriez la faute qui a perdu la Restauration... Il ne faut point d'exclusions, messieurs. Pour moi, permettez-moi de le dire, en 1830, je me suis jeté au milieu des amis de l'ordre, au milieu de ce qu'on appelle le parti conservateur, parce que je croyais l'ordre menacé. Mes convictions m'ont séparé de lui et m'ont jeté plus tard dans l'opposition. J'ai vu, messieurs, tous les esprits tendre au même but; j'ai vu qu'il n'y avait personne de prédestiné pour l'ordre ou pour le désordre; qu'il n'y avait que des amis du pays; et si vous voulez placer entre eux ce triste mot d'exclusion, il portera malheur à qui voudra le prononcer. » La gauche applaudit avec reconnaissance; un tel témoignage rendu du haut du pouvoir, un tel désaveu de tout ce qui avait fait, sous Casimir Périer et sous le ministère du 11 octobre, le fond de la politique de résistance, valait mieux pour elle que beaucoup de réformes législatives. C'était la porte du pouvoir, porte jusqu'alors fermée, qu'on ouvrait toute grande devant l'ancienne opposition.

Il apparut aussitôt que les 221, ou au moins les plus ardents d'entre eux, refusaient leur adhésion à la « transaction » proposée par le ministre. « Quand on veut, dit M. Desmousseaux de Givré, obtenir l'appui d'un parti, il faut lui faire des conditions acceptables; à mon avis, celles qu'on nous fait ne le sont pas. » La même thèse fut soutenue, avec plus d'éclat, par M. de Lamartine. On se rappelle qu'il s'était fait déjà, lors de la coalition, le champion des 221; chose étonnante avec une nature si mobile, un an après, on le retrouvait à la même place et dans le même rôle. Relevant les paroles de M. Thiers, l'orateur, qui n'avait pas encore bu à la coupe de la fausse poésie révolutionnaire, s'écria : « J'aime et je défends l'idée libérale...; vous, vous aimez, vous caressez, vous surexcitez le sentiment, le souvenir, la passion révolutionnaire; vous vous en vantez; vous dites : je suis un fils de la révolution; je suis né de ses entrailles; c'est là qu'est ma force; je retrouve de la puissance en y touchant, comme le géant en touchant la terre. Vous aimez à secouer devant le peuple ces mots sonores, ces vieux drapeaux, pour l'animer et l'appeler à vous; le mot de révolution dans votre bouche, c'est, permettez-moi de le dire, le morceau de drap rouge qu'on secoue devant le taureau pour l'exciter. Vous dites : ce n'est rien, ce n'est qu'un lambeau d'étoffe, ce n'est qu'un drapeau! Nous le savons bien; mais cela irrite, mais cela inquiète, mais cela fait peur. Cela vous convient? Eh bien! nous, nous croyons que ce qui irrite et ce qui inquiète le pays, sur les grands intérêts de réforme politique à jamais acquis, ne vaut rien. » Plus loin, il reprochait à M. Thiers d'avoir, en cherchant son appui dans la gauche, empêché l'union des centres, qui se faisait tout naturellement; puis il ajoutait, aux applaudissements enthousiastes des conservateurs : « Vous me demandez si j'ai confiance dans la direction parlementaire, dans la force, dans la stabilité, dans la puissance d'agir librement du chef d'un cabinet qui, debout sur une minorité prête à se dérober sous lui, tend une main à la gauche, qu'il appelle à le soutenir contre la droite, une autre main à la droite, qu'il appelle à le défendre contre les prétentions de la gauche ; du chef d'un cabinet suspendu un moment dans un faux équilibre dont la base est une minorité et dont le balancier est une impossible déception ; si j'ai confiance, si j'ai foi, si j'ai espérance, pour la couronne, pour nous, pour le pays, pour l'ordre, pour la liberté, pour quoi que ce soit de vrai, de sincère, de profitable, de patriotique ; moi le dire? Non jamais!... Je vous trouve à la tête de ceux qui ont mis le trouble et l'inquiétude dans le parlement, soufflé l'agitation entre le parlement et la couronne... Ces bruits accusateurs, ces dénonciations aussi ridicules que mensongères, ces désignations d'hommes de cour, de gouvernement personnel... je suis loin de vous les attribuer... Mais de quels noms se sert-on pour les accréditer? Qui les désavoue? Ces fausses monnaies de l'opinion, distribuées chaque jour au peuple pour le séduire ou l'irriter, de qui portent-elles l'empreinte? Et vous voudriez que je déclarasse confiance à tout cela! Non, le pays ne nous a pas envoyés pour jeter le mensonge dans cette urne de la vérité! »

A M. de Lamartine succéda M. Odilon Barrot : c'était la gauche qui venait dire son avis sur la transaction repoussée au nom des conservateurs. « Je dois, dit-il, rendre hommage à la franchise des explications de M. le président du conseil. C'est dans la mesure des déclarations qu'il a faites que je vois un progrès qui mérite notre appui honorable, notre appui dont nous sommes prêts à rendre compte à notre pays. Il est sorti de l'opposition ; il n'a pas désavoué son origine... Il s'est trouvé sympathique avec nous, dans le juste orgueil avec lequel il a invoqué notre révolution, avec lequel il l'a honorée. » Sur la réforme électorale, le chef de la gauche, sans rien abandonner de sa thèse, reconnaissait que la question n'était pas mûre et acceptait l'ajournement indiqué par le ministère. « Dans mon parti, dit-il encore, les passions politiques me condamnent, mais j'en appelle au bon sens de mon pays. L'appui que je prête à ce ministère, quoiqu'il ne réalise pas toutes mes opinions, est un appui commandé par un sentiment profond d'amour pour mon pays et par cette loi du bon sens qui doit toujours présider aux affaires publiques. » A la fin de ce premier jour de débat, M. Thiers apparaissait donc la main dans la main de M. O. Barrot, et en lutte ouverte avec les conservateurs. Ceux-ci semblaient avoir pris leur parti de la rupture et croyaient tenir le succès.

L'hostilité des 221, manifestée par le langage de M. Desmousseaux de Givré et de M. de Lamartine, ne pouvait mettre en péril le cabinet que si elle était appuyée par les doctrinaires et par la fraction du centre gauche attachée aux ministres du 12 mai. On put croire un moment que cette dernière allait en effet se déclarer pour l'opposition : M. Dufaure, disait-on, devait répondre à M. Barrot, et l'on fondait beaucoup d'espérances sur cette intervention. Cette attente fut trompée : la seconde journée s'écoula sans que M. Dufaure se levât de son banc. L'opposition eut-elle du moins le concours des doctrinaires? M. Duchâtel vint sans doute critiquer l'idée d'une majorité ouverte aux amis de M. Barrot; mais un autre orateur du même groupe, M. Piscatory, se prononça, au contraire, pour le cabinet, donnant ainsi une nouvelle preuve de la décomposition de tous les partis parlementaires.

En dépit du silence de M. Dufaure et des divisions des doctrinaires, les meneurs de l'opposition conservatrice étaient encore pleins d'entrain et de confiance. M. Thiers, qui voyait le danger, décida de concentrer tous ses efforts, pendant la troisième et dernière séance, à gagner, au centre et au centre droit, l'appoint sans lequel il devait fatalement succomber. Aussi bien, pouvait-il ne plus s'inquiéter de la gauche; elle lui était tellement acquise que les sarcasmes dont l'accabla M. Garnier-Pagès[1] ne l'ébranlèrent pas un moment. Pour agir sur

---

[1] « Je le dis à la gauche, s'écriait l'orateur radical, deux choses sont essentielles aux partis : la moralité et assurément aucune fraction de la Chambre n'a plus de

les conservateurs, le président du conseil employa fort habilement celui des ministres qui, par son caractère et ses doctrines, devait leur inspirer la plus grande confiance : il envoya à la tribune M. Jaubert. Celui-ci parla, avec un grand accent de franchise, de son attachement à la politique conservatrice ; il raconta qu'avant d'entrer au pouvoir, il avait sondé, avec la plus scrupuleuse sollicitude, les intentions de M. Thiers, et qu'il n'y avait rien vu d'inquiétant; aussi n'hésitait-il pas à cautionner le président du conseil auprès des conservateurs, comme M. Barrot l'avait cautionné auprès de la gauche. M. Thiers compléta l'effet de ce langage, en accentuant lui-même ses déclarations pour le maintien des lois de septembre et en promettant non-seulement de ne pas appuyer, mais de combattre la réforme électorale si elle était présentée. Ce fut sur ces dernières paroles que l'on prononça la clôture.

Le vote fut un plein succès pour le ministère; 261 voix contre 158 rejetèrent l'amendement proposé par un député du centre et tendant à une réduction de 100,000 francs. L'ensemble de la loi fut adopté par 246 voix contre 160. Personne ne s'attendait à une majorité si forte. « Cent voix de majorité, dit le Roi à M. Thiers quand celui-ci vint lui annoncer ce résultat, c'est inconcevable. Où donc les avez-vous prises? — Là où l'on n'était pas encore allé les chercher », répondit le président du conseil. Il faisait ainsi allusion à la gauche. Celle-ci, en effet, venait de voter les fonds secrets, sans s'embarrasser de tout ce qu'elle avait dit jusqu'alors, au nom de l'austérité démocratique, contre le principe même de ces sortes de crédits [1]. Toutefois, si empressée qu'eût été la

---

moralité que celle à laquelle je m'adresse, et l'habileté... L'habileté, il ne faut pas seulement en avoir, il faut qu'on y croie. Au 22 février, vous avez compté sur des progrès, et vous avez été bienveillants; ces progrès ne sont pas venus; votre réputation d'habileté en a, ce me semble, subi quelque atteinte. Faites en sorte que l'avenir ne soit pas encore plus grave que le passé. Vous vous livrez sans condition ; vous n'amenez pas les choses avec vous, vous les réservez pour l'avenir. Prenez-y garde, le pays se dira peut-être un jour : Ceux-là qui ne sont pas assez habiles pour se conduire, ne sont pas assez habiles pour nous conduire nous-mêmes. »

[1] Aussi la *Revue des Deux Mondes* félicitait-elle ironiquement M. Thiers d'avoir

gauche, son vote ne suffisait pas à expliquer une telle majorité. Le ministère avait eu aussi pour lui une partie des conservateurs : d'abord M. Dufaure et les membres du centre gauche qui le suivaient; ensuite une soixantaine des anciens 221, esprits prudents ou timides, répugnant à l'opposition ou redoutant la crise dont on les avait tant menacés. L'hésitation, trahie par le discours de M. Duchâtel et le silence de M. Dufaure, avait éveillé des doutes sur la force et la résolution des assaillants. Ajoutez l'effet des « conquêtes individuelles » entreprises par M. Thiers, depuis vingt jours. Quant aux 160 voix de la minorité, elles se composaient d'environ 140 conservateurs résolus, anciens 221 ou doctrinaires, et d'une vingtaine de légitimistes ou de radicaux. A compter les suffrages, M. Thiers était donc bien vainqueur; il avait donné, dans cette lutte difficile, une nouvelle preuve de son habileté, de son éloquence et de son bonheur. Toutefois, la duchesse de Dino exprimait le sentiment de plus d'un spectateur, quand elle écrivait à M. de Barante, à propos de cette discussion : « Chacun des restants ou des sortants y a laissé pied ou aile, et, malgré toute la dépense d'esprit et de talent que chacun a faite pendant trois jours, personne ne s'est grandi, ennobli, ni surtout dégagé de sa personnalité [1]. »

IV

Pendant que la gauche triomphait d'une victoire à laquelle elle avait en effet une grande part, les adversaires du cabinet se reconnaissaient battus et définitivement en minorité. Ils

---

obtenu un tel vote de la gauche. « La gauche, disait-elle, a voté publiquement les fonds secrets, les fonds de la police, les fonds dont on ne rend pas compte et qui sont particulièrement destinés au maintien de l'ordre. La gauche, en les votant, a abdiqué; elle a abdiqué ses préventions, ses préjugés, ses utopies; on ne revient pas d'un tel vote, car on en reviendrait brisé, déconsidéré, presque annihilé. Les fonds secrets! Mais c'est le mot sacré de la franc-maçonnerie gouvernementale; une fois prononcé, on est initié. »

[1] Lettre du 28 mars 1840. (*Documents inédits.*)

n'entrevoyaient, jusqu'à la fin de la session, aucun moyen de prendre leur revanche. Aussi ne songeaient-ils pas à rentrer en campagne. Leur seule ambition était de rester compacts, l'arme au bras, sans attaquer, mais sans se débander, se tenant prêts à profiter des chances que pourraient leur offrir, quelque jour, soit un repentir, soit une imprudence de M. Thiers [1]. L'occasion se présenta bientôt à eux de passer, pour ainsi dire, en revue leur petite armée. Une place de secrétaire dans le bureau de la Chambre s'étant trouvée vacante, ils portèrent l'un des leurs, M. Quesnault, contre le candidat ministériel, qui était M. Berger; ce dernier l'emporta, mais seulement au second tour et par 191 voix contre 164 (8 avril). Le chiffre de la minorité fut remarqué. Fort irrités, les journaux de gauche saisirent ce prétexte de déclarer que le gouvernement devait « traiter les ennemis en ennemis et ne rien concéder à qui ne concédait rien [2] ». A ce même moment, cependant, les réflexions de M. Thiers paraissaient le conduire à une conclusion différente. Son plan n'était pas d'avoir à droite une opposition si considérable. Il se sentait ainsi, plus qu'il ne le voulait, sous la protection et à la merci de la gauche; celle-ci, sachant son concours nécessaire, commençait à se montrer grondeuse et exigeante [3]. M. Thiers en vint à se demander s'il ne serait pas utile de donner un léger coup de gouvernail à droite, pour se rapprocher d'une partie des conservateurs.

La loi des fonds secrets, votée par la Chambre des députés, était alors soumise à une commission de la Chambre des pairs. Le rapporteur de cette commission se trouvait être le duc de Broglie. L'illustre parrain du cabinet, quoique demeurant bienveillant à son égard, n'avait plus toute la confiance du premier jour [4].

---

[1] Cette politique, exposée dans une lettre de M. Dumon à M. Guizot (*Mémoires de M. Guizot*, t. V, p. 349-50), se trouvait aussi formulée chaque matin dans le *Journal des Débats*. (Cf. notamment le numéro du 6 avril.)

[2] *Constitutionnel* du 10 avril. Cf. aussi le *Siècle* de la même date.

[3] Le *Courrier français* du 10 avril se plaignait des « ménagements de M. Thiers pour les 221 », et il ajoutait : « En appuyant le ministère du 1er mars, la gauche a entendu que le pouvoir se déplacerait, hommes et choses. »

[4] Cf. la lettre que le duc de Broglie écrivait alors à M. Guizot : il en était arrivé à douter que M. Thiers pût durer jusqu'à la session suivante, et il invitait

Plus encore que le président du conseil, il déplorait de voir le gouvernement porté trop à gauche; c'était, à son avis, moins la faute de M. Thiers que le résultat fâcheux des « querelles de journaux »; mais enfin, le mal était là, et M. de Broglie désirait d'autant plus y remédier qu'il avait pris plus de responsabilité dans la formation du ministère. Aussi était-il prêt à seconder, bien mieux, à provoquer l'inflexion à droite que méditait alors le chef du cabinet. De cette conformité de dispositions, sortit le rapport lu à la Chambre des pairs, dans la séance du 9 avril. L'importance de ce document tenait à ce que le noble pair ne parlait pas seulement en son nom, mais reproduisait les communications faites par le gouvernement à la commission; c'était comme un nouveau programme ministériel, transmis au public par l'intermédiaire et avec la caution du duc de Broglie. Le cabinet s'y réclamait toujours de la coalition et se faisait honneur d'être sorti de l'opposition; mais, parmi ses déclarations, celles-là étaient mises plus en relief qui devaient rassurer les conservateurs. Il n'était pas jusqu'à la précision et presque la roideur de la forme, qui ne révélât la préoccupation de dissiper certaines équivoques exploitées par la gauche. « La transaction, disait le rapporteur au nom du ministère, doit avoir ses principes, ses règles, ses limites. Point de changement dans nos institutions fondamentales : ajournement indéfini, par exemple, de toute réforme électorale... Maintien des lois tutélaires auxquelles le gouvernement a dû son salut, dans les jours de péril, de toutes sans exception. Maintien des dispositions essentielles de ces lois, de toutes, sauf une exception, sauf un engagement pris par l'administration précédente [1] et que le ministère actuel ne rétracte point, par respect pour des scrupules constitutionnels dont lui-même il n'est pas atteint. Dans la distribution des emplois, point de réaction, point de destitution pour cause politique; point d'exclusion non plus pour cause politique. » Sans doute, sauf la déclaration contre les révocations de fonctionnaires qui était nouvelle, il n'y avait

---

M. Guizot à se tenir prêt à le remplacer. (GUIZOT, *Mémoires*, t. V, p. 348, 349.)

[1] Le rapporteur faisait ici allusion à l'engagement pris de définir l'attentat.

rien là que n'eût dit déjà le président du conseil à la Chambre des députés. Mais le ton était tout autre ; on y reconnaissait comme une volonté de « résistance » qui devenait la note dominante du programme ministériel. M. Thiers s'en rendit compte et ne laissa pas, au fond, que d'en éprouver quelque déplaisir. « Quant au ministère, écrivait le duc de Broglie à M. Guizot, il n'a été content qu'à demi ; les conditions du pacte sont si nettement posées, les paroles ont été recueillies et enregistrées avec tant de solennité, qu'il craint que cela ne le compromette avec la gauche... Je crois la position prise assez bonne. Reste à savoir si le ministère en tirera parti ; quant à nous, je pense que l'honneur de notre drapeau est en sûreté[1]. »

L'effet du rapport fut considérable. Les journaux conservateurs applaudirent, en gens plus empressés à embarrasser le cabinet qu'à le seconder. « Nous adoptons tout à fait le programme du ministère, tel que M. le duc de Broglie l'a présenté à la Chambre des pairs, » disait le *Journal des Débats* du 13 avril. Puis, après avoir montré en quoi ce programme différait de celui qui avait été exposé à la Chambre des députés : « Que voulez-vous? Il y a loin du Palais-Bourbon au Luxembourg, et la route porte conseil... Que ne disait-on cela à la tribune de la Chambre des députés? Il n'y aurait pas eu, dans le centre, 158 voix contre le ministère. » Venaient ensuite des félicitations à l'adresse du duc de Broglie pour le service qu'il avait ainsi rendu. « Peut-être le devait-il, ajoutait-on. Il avait contribué à créer un ministère qui semblait douteux ; il lui appartenait de dissiper ces doutes. Il appartenait au parrain de répondre pour l'enfant. » Les feuilles de gauche, fort désagréablement surprises, essayèrent d'abord de dissimuler leur mécompte, affectant de ne voir dans ce qui avait été dit que le sentiment personnel du rapporteur, ou tout au plus « des concessions sans importance, faites à la caducité de la haute Assemblée » ; il avait fallu, disaient-elles, « y parler tout bas, comme dans une chambre de malade ». Mais il leur fut difficile de feindre longtemps la satisfaction,

---

[1] Lettre du 12 avril 1839. (*Documents inédits*.)

en face des conservateurs et des radicaux qui les raillaient et leur reprochaient d'être dupes à dessein ou par niaiserie. Elles se décidèrent donc, sans rompre encore avec le président du conseil, à laisser voir quelque mécontentement, et le mirent en demeure d'effacer, dans la discussion, l'impression produite par le rapport. « Nous sommes convaincus, disait le *Siècle*, que le ministère n'adoptera pas, comme l'expression de sa pensée, l'exposé et le commentaire de M. le duc de Broglie; nous sommes convaincus qu'il parlera de la gauche dans des termes qui répondront mieux à la confiance dont elle l'a honoré. »

Irrité des commentaires des uns, intimidé par les sommations des autres, M. Thiers prit le parti de remettre la barre à gauche. Ce fut l'objet du discours très-étudié par lequel il ouvrit, devant la Chambre haute, le débat sur les fonds secrets. S'il ne démentait pas formellement les déclarations recueillies par le rapporteur, il les ratifiait encore moins; l'habile et souple orateur glissait à côté, mettant tout son art à obscurcir ce qui était clair, à atténuer ce qui était fort. Et comme, après ces explications, M. Bourdeau lui demandait formellement si le rapport avait ou non exprimé sa pensée : « Je ne puis admettre ma pensée comme fidèlement exprimée, répondit-il, que lorsqu'elle l'a été par moi-même. Les explications que l'on provoque, je viens de les donner. Si je n'ai pas conquis la confiance de l'honorable membre dans un discours de près d'une heure, je ne dois pas espérer d'y parvenir. » Une telle attitude n'était pas faite pour désarmer l'opposition, assez nombreuse dans la Chambre haute. Aussi la discussion, qui ne dura pas moins de trois jours (14, 15 et 16 avril), eut-elle une vivacité inaccoutumée dans cette enceinte. L'adversaire le plus éloquent et le plus passionné du cabinet fut un ancien ministre du 12 mai, M. Villemain, qui prit la parole à plusieurs reprises. On attendait, avec quelque curiosité, le résumé par lequel le rapporteur devait, suivant l'usage, terminer la discussion. Le duc de Broglie, à la fois attristé et embarrassé, ne voulant ni rompre avec le cabinet qu'il croyait toujours le seul possible en ce moment, ni paraître trop sa dupe ou son répondant, se borna à quelques mots sommaires et froids, déclarant qu'entre son rapport et les discours des ministres, il n'avait pu saisir que des différences de mots et pas la moindre différence de choses. Au vote, les crédits furent adoptés, mais il y eut dans l'urne cinquante-trois boules noires : c'était beaucoup pour la Chambre des pairs ; celle-ci témoignait ainsi de ses inquiétudes et de son défaut de sympathie.

Les journaux de gauche se hâtèrent naturellement de souligner, avec une satisfaction triomphante, le langage de M. Thiers. « Nous savions bien, disait le *Courrier français*, que M. le président du conseil ne pouvait pas confirmer les opinions exprimées dans le rapport de M. le duc de Broglie. Il s'est expliqué, en effet, avec la même franchise et avec encore plus d'énergie qu'il ne l'avait fait devant la Chambre des députés. » Quant aux ournaux conservateurs, ils prenaient note, sans surprise et avec un ton de raillerie dédaigneuse, de cette nouvelle évolution. « Qui est trompé ? » demandait le *Journal des Débats*, et il était tenté de répondre : Tout le monde. « Lorsque le ministère, ajoutait-il, craindra d'avoir penché trop à gauche, il se rejettera à droite ; il se rejettera à gauche, dès que la droite croira le tenir. »

V

La discussion de la loi des fonds secrets avait principalement porté sur la politique intérieure. Dans quelle mesure convenait-il que le gouvernement se rapprochât ou s'éloignât de la gauche, telle avait été la question de cabinet débattue entre M. Thiers et l'opposition. Les affaires d'Orient, cependant, occupaient trop l'opinion pour être passées tout à fait sous silence. Si les partis n'en faisaient pas leur terrain de combat, le public n'en attendait pas moins que le nouveau ministère fît connaître quelle conduite il entendait y suivre. Le président du conseil fut très-bref sur ce sujet, dans la déclaration par laquelle il ouvrit, le 24 mars, la discussion de la Chambre des députés ; il se borna à constater en quelques mots l'accord qui s'était fait sur cette « immense question d'Orient, devenue si grave », et il ajouta : « La presque unanimité de la Chambre s'est prononcée sur ces deux points : maintien de l'empire turc et intérêt efficace pour le pacha d'Égypte. » Si sommaire qu'elle fût, cette déclaration indiquait, chez M. Thiers, l'intention de persévérer dans la politique égyptienne de ses prédécesseurs. Au fond, pourtant, comme l'avait laissé voir son récent discours dans la discussion de l'Adresse [1], il n'était pas sans se rendre compte que la France était engagée dans une voie dangereuse. Pourquoi donc n'entreprenait-il pas de l'en retirer? Absolument maître de son cabinet, il n'était obligé de compter avec aucun de ses collègues, affectait une grande indépendance à l'égard de la couronne, et revendiquait le plein gouvernement au dehors comme au dedans. Si, avec les Chambres, il ne pouvait le prendre d'aussi haut, n'ayant pas de majorité à soi, il était cependant mieux placé que le précédent ministère pour leur parler raison et prudence ; il avait plus d'ascendant oratoire, de prestige personnel ; et surtout, il était moins exposé au soupçon de timidité diplomatique et de complaisance envers le Roi. Pour faire justice des illusions égyptiennes, ne semble-t-il pas qu'il lui aurait suffi de retrouver un peu de ce bon sens courageux avec lequel il avait combattu, au lendemain de 1830, des illusions non moins passionnées, les illusions polonaises ou italiennes? Mais n'ayant pas osé, quand il était simple député, se mettre en contradiction avec l'engouement général pour le pacha, il l'osait encore moins comme ministre. Il faut bien reconnaître, d'ailleurs, que cet engouement était plus fort que jamais. M. de Sainte-Aulaire, qui ne le partageait pas et qui venait d'arriver à Paris en congé, constatait que « l'opinion égyptienne y avait acquis une force très-supérieure à tout ce qu'il aurait pu imaginer », et que « la sagesse même du Roi ne le préservait pas de l'illusion générale ». Il ajoutait : « Un ministère, qui se montrerait hostile ou seule-

---

[1] Cf. plus haut p. 89.

ment indifférent aux intérêts de Méhémet-Ali, serait accusé de forfaiture[1]. » M. Thiers se sentait d'autant moins disposé à braver cette accusation que déjà il s'était entendu reprocher d'être « trop anglais ». Et puis, arrivant au ministère comme l'incarnation de la coalition victorieuse, comme le vengeur de l'honneur national, que cette coalition prétendait avoir été abaissé par une politique trop craintive et trop humble, pouvait-il débuter en prenant une résolution où l'on aurait vu un recul devant l'Europe? pouvait-il décliner la tâche brillante et grandiose dont le parlement avait tracé le programme, et qui n'avait pas effrayé un ministère tant de fois qualifié d'insuffisant? Il ne le crut pas; il estima que le rôle « national », dont il était si jaloux, ne lui permettait pas de se dérober à un entraînement patriotique, cet entraînement fût-il, par certains côtés, téméraire et périlleux. Quant aux risques, il y avait chez cet homme d'État un fond de présomption et de légèreté aventureuse qui les lui faisait facilement affronter.

De tous les orateurs qui prirent la parole après M. Thiers, dans la discussion des fonds secrets, M. Berryer fut à peu près le seul à faire une part importante aux affaires du dehors. Loin de se poser en ennemi personnel du président du conseil, il rendit hommage à son patriotisme. « Français que je suis, lui disait-il, j'ai bien vu que vous étiez Français; j'ai reconnu, à la palpitation de mes veines, qu'il y avait aussi du sang français qui coulait dans les vôtres. » Mais se référant au discours dans lequel M. Thiers avait, trois mois auparavant, exalté l'alliance anglaise, il entreprit de faire le procès de cette alliance. Soutenu, échauffé par l'émotion croissante de tous ses auditeurs et par l'approbation visible d'un grand nombre d'entre eux, il montra partout, — en Belgique, en Algérie, au Maroc, en Espagne, — l'Angleterre nuisible, hostile à la France. Il aborda ensuite la question d'Orient, et dénonça cette même Angleterre s'emparant sans droit d'Aden, projetant de dominer

---

[1] *Mémoires inédits de M. de Sainte-Aulaire.*

en Égypte, lançant le sultan contre le pacha pour punir ce dernier de son indépendance; puis, après avoir vu son calcul déjoué par la victoire de Nézib, empêchant l'arrangement entre la Porte et son vassal; enfin, écoutant les propositions de la Russie, et toute prête à lui permettre d'envoyer vingt-cinq mille hommes en Asie Mineure, pourvu qu'on lui livrât en compensation la mer Rouge. Et alors l'orateur s'écriait : « Si cela arrive au profit de la puissance qui a Gibraltar, qui a Malte, qui a Corfou, que devient pour nous la Méditerranée? Sommes-nous dépossédés, oui ou non? N'en doutez pas, messieurs, la question d'Égypte est une question de vie ou de mort, comme une question d'honneur et de dignité pour la France. Là, vous n'avez pas d'alliés. » Ce que M. Berryer se refusait par-dessus tout à admettre, c'est que la France se résignât à sacrifier aux jalousies anglaises quoi que ce soit de son ancienne grandeur. Dans son discours de janvier, M. Thiers, voulant indiquer comment les intérêts des deux nations n'étaient plus contraires, avait déclaré que nous ne rêvions plus, comme autrefois, d'être une grande puissance coloniale [1]. « Y a-t-on bien pensé? demandait M. Berryer. Quoi, messieurs, la France ne sera qu'une puissance continentale, en dépit de ces vastes mers qui viennent rouler leurs flots sur ses rivages et solliciter en quelque sorte les entreprises de son génie! » Puis il rappelait ce qu'on avait fait pour pousser le pays dans la voie du progrès industriel : « Que deviendront toutes les productions que vous excitez

---

[1] Voici comment M. Thiers avait été amené à faire cette déclaration. Il examinait les raisons diverses qui avaient, au commencement du siècle, amené une lutte acharnée entre la France et l'Angleterre. « La France, alors, disait-il, n'avait pas renoncé à être une puissance maritime et coloniale de premier ordre; elle n'avait pas renoncé au rêve brillant des possessions lointaines; elle avait voulu prendre la Louisiane, Saint-Domingue et même essayer sur l'Égypte une tentative merveilleuse, moins solide qu'éclatante, mais dont le but avoué était de menacer les Anglais dans l'Inde. Notre puissance, alors, à quoi la faisions-nous servir? A coaliser toutes les marines de l'Europe sous notre drapeau. Eh bien, il y avait là des raisons d'une lutte acharnée. Mais, heureusement, plus rien de cela n'existe... La France s'est éclairée sur la véritable voie de sa grandeur. Qui songe aujourd'hui parmi nous à des possessions lointaines?... C'est que l'esprit de la France a changé, c'est que tout le monde sent que notre grandeur véritable est sur le continent. »

dans la France? Cette immense machine à vapeur, ainsi mise en mouvement, ainsi chauffée par le génie, par l'activité, par l'intérêt de tous, ne fera-t-elle pas une effroyable explosion, si les débouchés ne sont pas conquis? » Et alors, comme par une sorte de refrain, il dénonçait, là encore, l'antagonisme inévitable de l'Angleterre. Enfin, se tournant vers le ministère, dont le chef, la veille, s'était fait honneur d'être le fils de la Révolution : « Ministres sortis des bancs de l'opposition, dit-il avec un geste et une voix superbes, vous pouvez vous vanter, vous pouvez vous proclamer les enfants de cette Révolution, vous pouvez en avoir orgueil, vous pouvez ne pas douter de sa force; mais il faut payer sa dette. (*Mouvement prolongé.*) La Révolution a promis au pays, dans le développement de ses principes, dans la force de ses principes, une puissance nouvelle pour accroître son influence, sa dignité, son ascendant, son industrie, ses relations, sa domination au moins intellectuelle dans le monde. La Révolution doit payer sa dette, et c'est vous qui en êtes chargés! (*Agitation.*) Les principes qui ont triomphé, après quinze années d'une opposition soutenue, ces principes sont des engagements envers le pays. Pour tenir ces engagements, armez-vous hardiment, courageusement, des forces qui sont propres à la Révolution que vous avez faite. Vous nous devez toute la force promise, au lieu de la force qui a été ôtée. » (*Longs applaudissements.*)

L'effet fut immense : les témoignages contemporains le constatent. L'Assemblée, comme soulevée hors d'elle-même, avait oublié, dans son émotion, tout ce qui la séparait d'ordinaire de l'orateur. Ce n'était pas seulement une surprise produite par la puissance de l'éloquence; mais cette philippique enflammée contre l'Angleterre, ce grossissement de la question du pacha présentée comme une « question de vie ou de mort » pour la France, cette mise en demeure adressée au gouvernement de chercher dans quelque grande entreprise orientale, fût-ce contre l'Europe entière, la revanche d'on ne sait quels abaissements, avaient touché au vif, remué à fond tous les ressentiments, toutes les sympathies, toutes les ambitions qui fermentaient alors dans les esprits. C'était l'art singulier de M. Berryer et ce qui le distinguait de tous les autres orateurs légitimistes, de savoir produire de tels effets, sans sortir de son rôle spécial, d'établir entre sa parole et l'âme de la Chambre une vibration communicative, tout en restant, comme homme de parti, séparé de cette Chambre par un abime. M. Thiers ne jugea pas le moment favorable pour refaire son apologie de l'alliance anglaise ; après avoir rendu hommage à « la parole magnifique » que la Chambre venait d'entendre, il se borna à protester que l'alliance anglaise n'était pas une alliance forcée pour la monarchie de Juillet. « S'il était nécessaire, dit-il, de se séparer de cette alliance, nous nous en séparerions, sans être affaiblis, sans être en péril, croyez-le bien. » Puis, pour se mettre au diapason de ses auditeurs, il termina par ce morceau de bravoure : « Vous vous imaginez qu'une force est ôtée ; je ne sais pas quelle force ; je ne veux pas le rechercher. Mais le jour où le gouvernement, en 1830, a pu se fonder sur le vœu du pays, sur l'élection, permettez-moi de vous le dire, il s'est fondé sur cette grande force qui a remporté les victoires de Jemmapes, de Zurich et d'Austerlitz. »

Bien que le vote qui suivit cette discussion lui eût donné une grande majorité, M. Thiers se sentait toujours un peu suspect de n'être pas assez égyptien. Voulant en finir avec ces préventions, il profita, le 14 avril, de la discussion des fonds secrets à la Chambre des pairs, pour s'y expliquer sur les affaires d'Orient plus nettement qu'il ne l'avait fait à la Chambre des députés. Il se défendit d'apporter une politique nouvelle ; « sauf la conduite et les moyens heureux ou malheureux qu'on avait pu employer », il entendait « suivre la même direction » que ses prédécesseurs. Quant à l'Angleterre, il rappelait que nous étions d'accord avec elle sur la question de Constantinople ; en Égypte, il reconnaissait que nous l'étions moins ; mais, loin de se montrer disposé à faire sur ce point quelques concessions à nos voisins, il rappelait toutes les raisons qui devaient, à son avis, nous faire prendre parti pour le pacha : intérêt de la paix et de la sécurité de l'Orient, impossibilité et péril des mesures coercitives. « Les négociations se font dans ce sens maintenant, ajoutait-il ; si elles ne réussissent pas, je l'ai dit, la France se croit assez forte pour ne pas craindre de s'isoler. » C'était seulement après avoir ainsi prouvé sa résolution de ne rien abandonner à l'Angleterre, qu'il se croyait permis de reprendre l'éloge de l'alliance anglaise, l'énumération des avantages qui en résultaient. « Il faut, disait-il en terminant, mettre de côté ces récriminations qui excitent les deux nations l'une contre l'autre et persévérer dans une politique qui n'a rien de compromettant pour nous ; car lorsqu'on dit à une nation : Rapprochons-nous, continuons à faire cause commune dans le grand conseil diplomatique pour juger les affaires du monde, réunissons-nous à telle condition, et, si cette condition n'est pas adoptée, chacune des deux nations se retirera de son côté ; quand on parle ainsi, je dis qu'il n'y a là rien de compromettant ; il y a de la force, il y a de l'intelligence, un grand désir de maintenir la paix, mais la paix avec dignité. Je n'en ai jamais voulu d'autre, et, le jour où il faudrait la paix sans dignité, je me retirerais ou je ferais appel à mon pays pour réveiller en lui le sentiment de sa grandeur, qui n'a jamais cessé d'exister. La guerre peut éclater un jour. Mais la paix sans dignité, jamais. » Cette fois les amis de Méhémet-Ali pouvaient déposer leurs défiances ; ils se réjouissaient d'avoir arraché à M. Thiers ce qu'ils appelaient un « acte de contrition ». « Enfin, s'écriaient-ils, il a renoncé à la politique anglaise, pour la française ! »

La session devait se terminer sans autre débat sur la question d'Orient. Pendant les trois mois qui suivirent, pour les Chambres comme pour les journaux, ce fut presque comme si cette question n'existait plus. On savait M. Thiers bien engagé à soutenir le pacha : cela suffisait. Et puis on était distrait par les incidents parlementaires. Cependant, pour être un peu perdu de vue, le péril extérieur n'avait pas disparu, et les négociations se poursuivaient, plus difficiles, plus graves que jamais : nous en reprendrons plus tard le récit, afin de l'embrasser d'ensemble ; pour le moment, suivons la foule et assistons, avec elle, au jeu de la bascule ministérielle.

VI

Au sortir de la discussion des fonds secrets dans la Chambre des pairs, c'était avec la gauche que M. Thiers était en coquetterie. Par quels moyens lui plaire, sans trop ébranler l'édifice social? L'idée lui vint d'avoir, lui aussi, son amnistie. Il lui parut d'une part que c'était une recette éprouvée pour se faire applaudir de l'ancienne opposition, et d'autre part que les 221 ne pouvaient s'offusquer de voir imiter M. Molé. Celui-ci, sans doute, n'avait pas laissé, en ce genre, grand'chose à faire. Toutefois, à y regarder de près, il y avait encore quelques révolutionnaires impénitents auxquels on pouvait rendre les moyens d'attaquer la monarchie et la société. L'amnistie de 1837 ne s'était appliquée qu'aux condamnés politiques « alors détenus dans les prisons de l'État » ; elle excluait ainsi les coutumaces en fuite, parmi lesquels étaient certains personnages importants du parti républicain, évadés pendant le « procès d'avril »[1]. M. Thiers proposa de décider que « l'amnistie, accordée par l'ordonnance du 8 mai 1837, serait étendue à tous les individus condamnés avant ladite ordonnance, pour crimes ou délits politiques, qu'ils fussent ou non détenus dans les prisons de l'État. » Le Roi, toujours prompt aux mesures de clémence, s'y prêta volontiers, et, de même que la première amnistie avait accompagné le mariage du duc d'Orléans, la nouvelle fut publiée, le 27 avril, à l'occasion du mariage du duc de Nemours.

Parmi les coutumaces admis ainsi à rentrer en France, les deux plus connus étaient Godefroy Cavaignac et Armand Marrast. On les a déjà vus à l'œuvre dans les conspirations des premières années du règne : de natures fort dissemblables, le premier, sévère et hautain, esprit tout ensemble cultivé et

---

[1] Cf. t. II, p. 305.

faussé, implacable mais sincère; non sans générosité tout en servant des opinions cruelles; le second, élégant et léger, bel esprit sceptique, homme de plaisir égaré dans les violences révolutionnaires par soif de parvenir et par une sorte de gaminerie destructive. A leur rentrée en France, ils eurent des destinées fort différentes. Cavaignac, devenu rédacteur de diverses feuilles démagogiques, d'abord du *Journal du peuple,* bientôt de la *Réforme,* n'y retrouva pas l'importance dont il avait joui aux beaux jours de la Société des droits de l'homme. Jalousé par ses compagnons, qui ne le valaient pas, leur faisant un peu l'effet du revenant d'une époque finie, il se sentait lui-même dépaysé dans ce monde politique où il reparaissait après cinq ans d'absence. Bien qu'obstiné toujours dans les mêmes sophismes et les mêmes passions, il était, pour le moment, convaincu de l'impuissance de son parti, désabusé des moyens violents auxquels il avait cru autrefois, et sans espoir dans le succès prochain de la république[1]. Malade, n'ayant que quelques années à vivre[2], il était de plus en plus envahi par cette mélancolie fatiguée, ce dégoût amer qu'avait connus Carrel et dont sont atteintes, tôt ou tard, toutes les âmes un peu hautes, fourvoyées dans le parti révolutionnaire. Marrast avait peut-être encore moins d'illusions sur les vices ou les sottises de son parti; mais il n'était pas homme à en mourir; tout au plus souffrait-il, dans sa délicatesse épicurienne, de certains voisinages grossiers. A la différence de Cavaignac, il rencontra, en revenant de l'exil, l'occasion d'un rôle beaucoup plus important et plus brillant que celui qu'il avait joué avant 1833. Il prit la direction du *National,* qui languissait un peu depuis la mort de Carrel, et lui donna une vie nouvelle. Il avait peu de fond, mais sa plume, très-française d'allure, était audacieuse avec grâce, perfide dans sa légèreté et meurtrière en se moquant. Le *National* devint, entre ses mains, une des principales machines de guerre dirigées contre la monarchie, si bien qu'au lendemain du 24 février, la rédaction de ce journal se trouvera, comme par droit de victoire, presque

---

[1] DE LA HODDE, *Histoire des sociétés secrètes et du parti républicain,* p. 334.
[2] Godefroy Cavaignac devait mourir en 1845.

maîtresse de la France, et que Marrast sera hissé à la présidence de l'Assemblée constituante, le premier poste de l'État à ce moment. Fortune bien passagère, il est vrai, car, non réélu à l'Assemblée législative, répudié par tous, bientôt même oublié de tous, il mourra, en 1852, sans que presque personne s'en aperçoive, et dans un tel dénûment qu'il ne laissera pas de quoi payer ses obsèques.

L'amnistie complémentaire de 1840 fut loin d'avoir le retentissement et la popularité de celle de 1837. La nouveauté et l'à-propos lui faisaient défaut. La gauche voulut bien en savoir gré au ministère, mais en n'y voyant qu'un à-compte. Elle attendait des satisfactions plus positives. Ce qu'elle voulait, c'étaient des places. Le président du conseil, pour donner, en cette matière, un gage éclatant de sa bonne volonté, fit offrir à M. Dupont de l'Eure un siège à la Cour de cassation. On sait ce qu'était le personnage : sa médiocrité notoire ne permettait pas d'attribuer sa nomination à autre chose qu'à ses opinions politiques; engagé depuis vingt-cinq ans dans l'opposition la plus étroite et la plus avancée, se posant en républicain, il dépassait M. Odilon Barrot et appartenait au groupe radical. L'idée de cette nomination plut fort aux députés de la gauche. Elle n'avait pas seulement à leurs yeux l'avantage d'ouvrir violemment une brèche dans la citadelle des fonctions publiques; elle mettait en outre à l'aise beaucoup d'entre eux, à la fois impatients d'accepter les faveurs du cabinet et embarrassés par leurs anciennes poses d'austérité démocratique; l'exemple d'un homme auquel, dans l'impossibilité de lui prêter aucune autre valeur, on avait fait un renom de rigidité et même de brutalité puritaines, les eût couverts, et là où cet austère aurait passé, tout le monde pouvait passer à sa suite. Par malheur, les radicaux, ayant deviné ce calcul, agirent fortement sur M. Dupont de l'Eure, et obtinrent de lui qu'il repoussât l'offre qui lui était faite. Au lieu donc de l'encouragement espéré, la gauche recevait une leçon, que la presse républicaine ne négligea pas de souligner avec force railleries. Quant à M. Thiers, il sortait de cette tentative, avec la figure un peu penaude d'un séducteur éconduit. Pour comble, vers cette même époque, c'est-à-dire à la fin d'avril et au commencement de mai, éclatèrent à la fois plusieurs révélations compromettantes sur les moyens employés par le président du conseil pour payer le zèle de ses amis de la presse et pour désarmer ses adversaires. On racontait, en citant des chiffres et des noms, l'achat de tel journal, la subvention accordée à telle revue, les missions lucratives données à tels écrivains dont l'opposition était gênante [1]. Et l'on trouvait piquant de rapprocher de ces faits les accusations de « corruption », dirigées naguère par M. Thiers et ses amis contre le ministère du 15 avril. Ces petits scandales alimentèrent quelque temps la polémique des journaux : plus tard même, M. Garnier-Pagès les porta à la tribune, et, malgré tout son esprit, le président du conseil ne put y faire qu'une réponse peu concluante [2].

Ce n'étaient pas les seules contrariétés de M. Thiers. Dans sa situation, tout lui devenait embarras. On le vit bien au cours des incidents amenés par ce qu'on appela alors « la proposition Remilly ». Quelques explications sont nécessaires pour en faire comprendre l'origine et la portée. Depuis longues années, la réforme parlementaire figurait à côté de la réforme électorale, sur le programme de la gauche; si la seconde avait pour but l'extension du nombre des électeurs, la première tendait à diminuer dans la Chambre le nombre des fonctionnaires, ou même à les éliminer complètement. Le régime représentatif, en pénétrant tardivement sur le sol français, y avait trouvé une ancienne et puissante organisation administrative. Par leur notoriété, par leur crédit, par leur habitude des affaires publiques, les fonctionnaires se trouvèrent tout naturellement désignés aux suffrages des électeurs, et, une fois élus, ils ne furent pas les moins

---

[1] M. Capo de Feuillide, qui faisait une opposition très-vive dans le *Journal de Paris*, avait reçu une mission aux Antilles, et ce journal était devenu du coup ministériel. La *Presse* disait de son côté : « On m'a pris le meilleur de mes rédacteurs; je le cherche partout; si M. le président du conseil voulait me le rendre, il me ferait un vrai présent, car ce rédacteur a beaucoup de talent. » Il s'agissait de M. Granier de Cassagnac, qui avait reçu une mission analogue à celle de M. Capo de Feuillide.

[2] Séance du 16 mai.

capables des députés. Toutefois, si cette présence des fonctionnaires au parlement offrait des avantages, elle avait aussi des inconvénients. D'une part, l'indépendance du député à l'égard du pouvoir n'était-elle pas en péril, quand il pouvait être tenté d'acheter, par quelque complaisance, une place ou un avancement? D'autre part, le fonctionnaire, membre de la Chambre, n'était-il pas trop distrait de sa fonction, et n'avait-il pas, sur ses collègues non députés, une supériorité d'influence et de faveur qui se traduisait par des passe-droits? Dès la Restauration, le parti libéral avait fait grand bruit de ces abus. Ce fut même pour lui donner satisfaction que la Charte de 1830 et la loi du 14 septembre suivant soumirent à la réélection les députés promus à des fonctions publiques salariées, et que la loi du 15 avril 1831 édicta des incompatibilités entre certaines fonctions et le mandat législatif. Malgré ces restrictions, le nombre des fonctionnaires députés allait sans cesse croissant : on en comptait 130 en 1828, 140 en 1832, 150 en 1839. Aussi l'opposition poussait-elle plus fort que jamais le cri de la « réforme parlementaire ». Un député de la gauche, M. Gauguier, s'en était même fait une spécialité; chaque année, il reproduisait sa proposition. Le remède qu'il voulait appliquer était incorrect et un peu grossier : c'était la suppression du traitement attaché aux fonctions pendant la durée des sessions; on sait qu'alors les députés ne recevaient aucune indemnité. Présentée onze fois de 1830 à 1839, cette proposition fut onze fois écartée.

Autant l'opposition s'obstinait à demander la réforme, autant le parti conservateur persistait à la repousser. Il se décidait par des raisons d'ordre inégal. Tout d'abord, la plupart des députés fonctionnaires votaient avec lui, et il répugnait à se mutiler lui-même. Par une considération semblable, le gouvernement hésitait à se priver d'un moyen d'influence sur les membres de la Chambre. C'étaient là les motifs inférieurs; il y en avait de plus élevés. La Chambre, disait-on, devait représenter la société telle qu'elle se comportait; or, surtout en France et avec le régime du suffrage restreint, cette représentation n'était plus exacte et complète, si l'on en écartait les fonctionnaires. Même en Angleterre, où pourtant le personnel administratif était beaucoup moins nombreux, soixante-dix de ses membres siégeaient aux Communes. Chez nous, qui n'avions pas, comme nos voisins d'outre-Manche, une classe élevée pour la vie publique, les fonctionnaires ne formaient-ils pas la partie de la nation la plus habituée à s'occuper des affaires générales et le faisant avec le plus de détachement des intérêts privés? Leur présence à la Chambre n'était-elle pas, dans un pays sans aristocratie, où tout se trouvait déraciné et comme mobilisé par la révolution, le seul moyen de garder quelques traditions et un peu d'esprit de suite? Leur compétence ne pouvait être contestée; il semblait peu conforme au bon sens de n'admettre que les avocats à la confection des lois et d'en écarter les magistrats, ou bien de faire décider les questions militaires par des commerçants, à l'exclusion de tout officier. On croyait découvrir, et l'on dénonçait volontiers, au fond de la thèse de l'opposition, un retour vers les idées de 1791, vers cette séparation absolue du législatif et de l'exécutif, que l'expérience avait condamnée et dont le dernier mot serait de prendre les ministres hors du parlement. Les fonctionnaires éloignés, par qui seraient-ils remplacés? Serait-ce par ces *politicians* qui commençaient déjà à être la plaie de la démocratie américaine, classe nouvelle faisant son métier des élections et y cherchant sa fortune? Estimait-on que ce fût le moyen de relever la moralité de la Chambre? Enfin, la réforme parlementaire apparaissait à tous comme un acheminement vers cette réforme électorale dont le nom seul suffisait alors à effrayer l'opinion conservatrice. On le voit, la question était tout au moins plus complexe et plus embarrassante que ne le prétendait l'opposition. La vérité était que la France se trouvait en face d'un problème absolument nouveau : la conciliation d'un régime de liberté politique avec la centralisation administrative. L'heure n'était pas sonnée des transactions où se trouve d'ordinaire la solution de semblables problèmes. Chaque parti restait sur son terrain, l'un réclamant avec passion, l'autre repoussant avec terreur la réforme parlementaire.

On conçoit dès lors quel fut l'étonnement lorsque, le

28 mars 1840, deux jours après le vote des fonds secrets, un député de l'opposition conservatrice, esprit « flottant et curieux de popularité[1] », M. Remilly, vint déposer un projet de réforme parlementaire. Son système était autre que celui de M. Gauguier : il proposait de décider que les députés « ne pourraient être promus à des fonctions salariées ni obtenir d'avancement pendant le cours de la législature et de l'année qui suivrait. » Était-ce donc que le parti conservateur se convertissait à la réforme qu'il avait si longtemps combattue ? Non ; c'était, sous l'empire du dépit causé par le vote des fonds secrets, une malice à l'adresse des députés de la gauche et de M. Thiers. Quelques esprits sages cependant se demandèrent tout de suite si l'on ne risquait pas de payer bien cher le plaisir de vexer ses adversaires. De ce nombre était le *Journal des Débats*. « Ce serait le parti conservateur, disait-il, qui, pour début d'opposition, irait ressusciter, après l'avoir tant de fois rejetée sans vouloir même en écouter les développements, la proposition de M. Gauguier ! Rien ne serait plus contraire à ses principes et au rôle sérieux et digne qui lui convient. On craint, il est vrai, que la gauche n'envahisse les places ; on penserait lui jouer un bon tour en coupant les vivres à son ambition, et il est facile de voir, nous en convenons, que la proposition de M. Remilly a mis dans un risible embarras ces héros de désintéressement qui croient toucher au moment de recevoir en ce monde la récompense de leur longue vertu... Comme épigramme, la proposition de M. Remilly peut être bonne et spirituelle. Mais les épigrammes ne sont à leur place que dans la salle des conférences ; on ne propose pas quelque chose d'aussi sérieux qu'une loi, pour le plaisir de rire de la position embarrassée de ses adversaires... Vous embarrassez la gauche aujourd'hui, soit ! Mais vous, hommes conservateurs, vous serez bien plus embarrassés, quand la Chambre, privée des lumières que lui apportent les fonctionnaires publics, se jettera à corps perdu dans les voies hasardeuses de la théorie. La proposition de M. Remilly ouvre la voie... nous voilà en pleine réforme électorale. »

---

[1] Expressions de M. Guizot.

Le premier mouvement de M. Thiers fut de chercher à étouffer dans son germe cette malencontreuse proposition. Il tâcha de décider les bureaux de la Chambre à en refuser « la lecture ». Mais il ne fut suivi ni par les conservateurs, heureux de lui faire pièce, ni par la gauche, qui ne voulait pas avoir l'air de désavouer son passé [1]. Aussi cette lecture fut-elle votée à une grande majorité (7 avril). Dans le bureau dont faisait partie le président du conseil, et bien que celui-ci eût pris plusieurs fois la parole, il n'y eut que trois voix dans son sens. Instruit par cet échec, M. Thiers se retourna lestement, et, quand vint en séance publique le débat sur la prise en considération, il l'appuya hautement, obtenant ainsi les félicitations de M. Odilon Barrot, qui, au fond, ne désirait pas plus que le ministre de voir aboutir la proposition. Malgré les protestations très-vives de M. Dupin et de quelques autres fonctionnaires députés, cette prise en considération fut votée, comme l'avait été la lecture, à une grande majorité (24 avril). Cependant certains conservateurs s'effrayaient de plus en plus des conséquences de l'espièglerie de M. Remilly. Le *Journal des Débats* multipliait ses avertissements, et, de Londres, M. Guizot écrivait au duc de Broglie : « Quand le cabinet s'est formé, il m'a écrit en propres termes qu'il se formait sur cette idée : *point de réforme électorale, point de dissolution,* et il glisse de jour en jour dans la réforme et la dissolution. » M. Guizot expliquait comment, en effet, le vote de la proposition Remilly entraînerait une dissolution, et il ajoutait : « Il faut que cette proposition meure dans la commission... Pensez bien à ceci, je vous prie. Voyez ce que vous pouvez faire, jusqu'à quel point vous pouvez agir sur le cabinet. Épuisez votre pouvoir ; forcez-les d'épuiser le leur, pour n'en pas venir à cette extrémité. J'en suis très-préoccupé moi-même, préoccupé avec un déplaisir infini [2]. » Sur ce point du

---

[1] M. Barrot s'exprima en ces termes, dans son bureau : « Je n'aurais pas pris l'initiative de la proposition... Toutefois, s'il y a, dans les centres, des députés plus hardis que nous ou plus impatients, nous ne leur fermerons pas la carrière. Ils nous y retrouveront avec les principes que nous avons constamment professés et que nous ne déserterons pas. C'est pourquoi je ne m'oppose pas à sa lecture. »

[2] *Mémoires de Guizot*, t. V, p. 351-3.

moins, et malgré son adhésion apparente à la proposition, M. Thiers se trouvait avoir le même intérêt et le même désir que M. Guizot. Il s'appliqua et réussit à faire entrer dans la commission nommée, le 2 mai, pour examiner la proposition, des compères qui, tout en feignant, comme lui, d'être pour la réforme, étaient résolus à faire traîner les choses en longueur. Cette intervention du gouvernement reçut même une publicité dont le président du conseil se serait volontiers passé. L'un de ses collègues, M. Jaubert, que sa franchise indisciplinée rendait peu propre aux manœuvres souterraines, avait envoyé à plusieurs députés, une lettre les invitant à se rendre exactement à leurs bureaux pour aider le ministère à « enterrer » la proposition Remilly. Quelques-uns des destinataires s'offusquèrent d'une invitation si peu voilée et la dénoncèrent dans les bureaux de la Chambre; la lettre fut même reproduite par les journaux, qui en firent grand tapage. Cette divulgation mettait en assez fâcheuse lumière le double jeu des ministres. La gauche devait à ses principes de paraître indignée; du reste, elle était réellement mécontente, sinon de la manœuvre, au moins de la maladresse avec laquelle on l'avait laissé surprendre. Quant aux conservateurs, ils prirent plaisir à montrer le gouvernement réduit à « user de tous les petits expédients de la politique de coulisses. » Le *Journal des Débats* résumait ainsi la situation : « Le ministère va de gauche à droite et de droite à gauche, le même jour et à la même heure. Il n'a ni plan, ni système, ni volonté, ni majorité assurée nulle part. C'est un perpétuel solliciteur de votes contradictoires. Il n'achète un succès qu'en faisant des concessions de principes au côté droit et en votant avec le côté gauche... Certes, si nous avions dans l'âme ce scepticisme politique inauguré le 1er mars, nous pourrions nous donner le plaisir de contempler ce ministère vagabond, ce gouvernement gouverné par tout le monde. Mais c'est là un spectacle dont le parti radical a seul le droit de se réjouir et qui nous inspire encore plus d'affliction que de pitié. »

Si nous avons exposé avec quelques détails les vicissitudes de la proposition Remilly, ce n'est pas seulement parce qu'elles occupèrent alors beaucoup l'opinion, c'est aussi et surtout parce qu'elles montrent bien la situation de M. Thiers, contraint d'ajourner ou d'esquiver toutes les questions, exposé, s'il se prononçait dans un sens ou dans l'autre, à compromettre des sympathies dont il croyait ne pouvoir se passer ou des principes qu'il savait nécessaires, impuissant à faire un pas sans risquer de voir son armée se débander par un bout ou par l'autre. Cette sorte d'immobilité, imposée par le souci d'un équilibre si difficile, eût été fâcheuse pour tout ministre; elle l'était plus encore pour M. Thiers. Il avait, par nature, besoin de remuer, et la curiosité du public, éveillée par son seul avénement, attendait de lui plus de mouvement que de tout autre. On s'étonnait, qu'au pouvoir depuis deux mois, il n'eût encore rien fait, sauf quelques exercices de bascule qui commençaient à paraître monotones. De là une impression de déception à laquelle le prestige du ministre ne pouvait longtemps résister. Les opposants se sentaient encouragés; le ton des journaux conservateurs ou radicaux était chaque jour plus dédaigneux. « Ce ministère d'escamoteurs, s'écriait le *National* du 6 mai, ne s'est guère signalé jusqu'à présent que par la pauvreté de ses actes, unie à la prodigalité de ses promesses. » Il n'était pas jusqu'aux journaux de la gauche ministérielle qui, pour ne pas paraître complices de ces « escamotages », ne se fissent exigeants et grondeurs. « Il y aurait duperie, disait le *Siècle,* à soutenir un cabinet qui ne changerait rien à la situation. »

Comment sortir de cette impasse? Une dissolution eût-elle remédié au mal? M. Thiers aurait-il eu chance de trouver une majorité dans des élections nouvelles? C'était douteux. En tout cas, il ne pouvait même pas l'essayer. Le Roi, en effet, tout en continuant à laisser liberté entière à son cabinet, et même en traitant M. Thiers sur un pied de confiance familière, était décidé à ne pas lui accorder la dissolution s'il la lui demandait, et à accepter sa démission plutôt que de lui laisser faire des élections avec le concours et sous l'influence de la gauche. C'était son droit de roi constitutionnel. Il était si résolu sur ce point que, vers la fin d'avril, il en entretint le maréchal Soult, et lui demanda si, dans ce cas, il pouvait compter sur lui pour former un cabinet. Le maréchal ne refusa pas, mais indiqua que M. Guizot devrait alors être chargé du ministère des affaires étrangères. Louis-Philippe, loin de faire aucune objection, prit la main du maréchal et le remercia. « Ceci, dit-il, sera ma ressource en cas de mésaventure. » L'incident fut aussitôt communiqué par M. Duchâtel à M. Guizot.

M. Thiers pouvait ignorer le détail de ces démarches, mais il connaissait la résolution du Roi. Si donc il laissait parfois ses journaux menacer les conservateurs de la dissolution, il savait, à part lui, que cette menace était vaine. Et cependant, plus que tout autre, il comprenait l'humiliation et le péril du *statu quo*. Plein de ressources, si ses idées n'étaient pas toutes également bonnes, il était du moins rarement à court. A défaut d'une solution des difficultés inextricables qui l'enserraient de toutes parts, il lui vint à l'esprit de chercher, sur un tout autre terrain, hors des questions alors débattues, une diversion qui s'emparât vivement, violemment, des imaginations et les jetât dans une direction nouvelle. Cette diversion, sans doute, ne supprimerait pas les impuissances et les misères de la situation ; mais elle les ferait oublier pendant quelque temps. Après, on verrait.

VII

Le 12 mai, au milieu d'une discussion sur les sucres qui, depuis plusieurs jours, occupait la Chambre des députés, M. de Rémusat, ministre de l'intérieur, demanda la parole, et, sans que rien eût fait prévoir une telle communication, déposa une demande de crédit d'un million dont il exposa ainsi les motifs :
« Le Roi a ordonné à S. A. R. Mgr le prince de Joinville de se rendre, avec sa frégate, à l'île de Sainte-Hélène pour y recueillir les restes mortels de l'empereur Napoléon. Nous venons vous demander les moyens de les recevoir dignement

sur la terre de France. » Après avoir rapporté comment on avait obtenu le consentement de l'Angleterre, le ministre indiquait que le corps de Napoléon serait déposé aux Invalides. « Il faut, dit-il que cette sépulture auguste soit placée dans un lieu silencieux et sacré, où puissent le visiter avec recueillement ceux qui respectent la gloire et le génie, la grandeur et l'infortune. Il fut empereur et roi, il fut le souverain légitime de notre pays; à ce titre, il pouvait être inhumé à Saint-Denis; mais il ne faut pas à Napoléon la sépulture ordinaire des rois. Il faut qu'il règne et qu'il commande encore dans l'enceinte où vont se reposer les soldats de la patrie et où iront toujours s'inspirer ceux qui seront appelés à la défendre. Son épée sera déposée sur sa tombe. L'art élèvera sous le dôme, au milieu du temple consacré par la religion au Dieu des armées, un tombeau digne, s'il se peut, du nom qui doit y être gravé. Ce monument doit avoir une beauté simple, des formes grandes, et cet aspect de solidité inébranlable qui semble braver l'action du temps. Il faudrait à Napoléon un monument durable comme sa mémoire. » M. de Rémusat terminait ainsi : « La monarchie de 1830 est l'unique et légitime héritière de tous les souvenirs dont la France s'enorgueillit. Il lui appartenait sans doute, à cette monarchie, qui la première a rallié toutes les forces et concilié tous les vœux de la révolution française, d'élever et d'honorer sans crainte la statue et la tombe d'un héros populaire. Car il y a une chose, une seule, qui ne redoute pas la comparaison avec la gloire : c'est la liberté [1] ! »

La soudaineté de la nouvelle, la façon dont elle était annoncée et jusqu'à cette vibration inaccoutumée dans la parole de M. de Rémusat; la sonorité que ce nom de Napoléon conservait encore après un quart de siècle, au grand étonnement de ceux-là mêmes qui ne s'attendaient pas à faire un si grand bruit en le prononçant; tant de souvenirs magiques ou tragiques, depuis

[1] M. de Rémusat n'est pas resté jusqu'à la fin de sa vie très-fier de ce morceau d'éloquence. « J'ai souvent interrogé M. de Rémusat sur les actes de son ministère, a écrit plus tard M. Duvergier de Hauranne. Il n'en regrettait aucun, à l'exception peut-être du discours qu'il prononça le 12 mai, pour annoncer à la Chambre le retour en France des cendres de Napoléon. »

les Pyramides jusqu'à Sainte-Hélène, aussitôt évoqués dans toutes les imaginations ; le contraste entre l'éclat de ces souvenirs et les misères parlementaires au milieu desquelles ils faisaient irruption ; une sorte d'illusion patriotique qui faisait voir dans la restitution de la dépouille mortelle du vaincu de Waterloo, une revanche de la défaite qui, depuis vingt-cinq ans, pesait si lourdement sur l'âme de la France, — tout cela produisit une émotion extraordinaire dont il est aujourd'hui difficile de se faire une idée. Dans la Chambre, les affaires comme la politique parurent tout à coup oubliées, les cœurs battirent à l'unisson et une acclamation générale salua M. de Rémusat lorsqu'il descendit de la tribune. Les députés d'ordinaire les moins portés à la sensibilité étaient entraînés comme les autres. M. Thiers s'attendrissait et s'enorgueillissait d'un tel résultat. « N'est-ce pas une belle chose ? » s'écriait-il en s'adressant à son voisin [1].

L'effet fut peut-être plus grand encore hors de la Chambre. Pendant que les feuilles de gauche faisaient ressortir l'importance de cet hommage rendu à la « légitimité » de Napoléon [2], et affectaient de voir dans cette mesure la promesse d'une sorte de revanche de Waterloo, presque le préliminaire d'une marche sur le Rhin [3], le *Journal des Débats*, malgré son peu de goût à louer le cabinet, qualifiait le projet de « vraiment national » et déclarait « s'associer complétement à cette noble pensée [4] ». Les radicaux eux-mêmes s'unissaient à l'émotion générale, sauf à

---

[1] Il se trouva que ce voisin était M. Duvergier de Hauranne, l'un des très-rares députés qui avaient résisté à l'entraînement général. « Oui, répondit-il, c'est une bonne blague. » « M. Thiers, ajoute M. Duvergier de Hauranne, en racontant cet incident, parut blessé de la réponse ; mais l'événement prouva bientôt que je le flattais. » (*Notes inédites*.)

[2] Le *Courrier français* du 13 mai disait : « Le ministère peut s'applaudir de ce grand acte de réparation... Il restitue à Napoléon cette légitimité populaire qui fit sa force et son droit. C'est consacrer en même temps la légitimité de notre révolution et de la monarchie que le peuple a choisie. C'est retremper ce gouvernement à sa véritable source et lui donner ce baptême de la popularité qui semblait peu à peu s'effacer. »

[3] « Dès aujourd'hui, disait encore le *Courrier français*, les traités de Vienne sont moralement déchirés. Il faut reconnaître dans cette démarche du cabinet un engagement pour l'avenir. »

[4] *Journal des Débats* du 13 mai.

tâcher de la détourner contre la monarchie [1]. Partout on ne parlait que de Napoléon. Par l'effet d'une sorte de communication électrique, l'émotion gagna des régions où d'ordinaire l'on ne s'occupait pas de ce qui se passait à la Chambre et où même on lisait peu les journaux. Pas une chaumière où la nouvelle ne pénétrât, devenant aussitôt le sujet de tous les entretiens, fournissant prétexte aux récits du passé, aux évocations des légendes guerrières. Dans les imaginations populaires, le « retour des cendres » prenait des proportions étranges, et semblait avoir quelque chose du retour de l'île d'Elbe. L'intention du président du conseil avait été de distraire la France de ses pensées du moment : il y avait, certes, réussi mieux qu'il ne s'y attendait, peut-être même plus qu'il ne le désirait [2].

M. Thiers s'était toujours fort occupé de la gloire de Napoléon. Ministre, il avait mis un zèle particulier à rétablir la statue de l'Empereur sur la colonne Vendôme et à terminer l'Arc de triomphe de l'Étoile [3]. Écrivain, il avait entrepris l'histoire du Consulat et de l'Empire. Dans ses discours comme dans ses écrits, il évoquait avec complaisance le souvenir des grandeurs impériales. Ayant rencontré à Florence, en 1837, le roi Jérôme, il se prit d'une affection très-vive pour le prince qui avait, à ses yeux, le prestige d'être le dernier frère de l'Empereur. « Je suis, lui écrivait-il le 21 juillet 1837, l'un des Français de ce temps les plus attachés à la glorieuse mémoire de Napoléon. » Et il ajoutait, dans une autre lettre au même prince, en 1839 : « Le temps viendra, je l'espère, où notre gouvernement sentira ce qu'il doit de soins à la famille de Napoléon. Pour moi, c'est une dette sacrée que je serais heureux de voir acquitter par la France [4]. » Dans ces sentiments, il y avait, à côté d'impres-

---

[1] *Le National* du 13 mai disait : « Ces souvenirs ne vont-ils pas se réveiller demain, dans toute la France, comme une sanglante accusation contre toutes les lâchetés qui souillent depuis dix ans nos plus brillantes traditions? »

[2] Henri Heine écrivait de Paris, le 30 mai : « Toujours lui ! Napoléon et encore Napoléon ! Il est le sujet incessant des conversations de chaque jour, depuis qu'on a annoncé son retour posthume. » (*Lutèce*, p. 79.)

[3] La statue fut inaugurée en 1833, et l'Arc de triomphe en 1836.

[4] *Mémoires et Correspondance du roi Jérôme et de la reine Catherine.*

sions et d'entraînements très-sincères, une part de tactique. Nous avons déjà noté plusieurs fois, chez M. Thiers, la prétention d'être le plus « national » des hommes d'État de la monarchie nouvelle. La dévotion napoléonienne lui semblait faire partie de ce rôle, comme, sous la Restauration, il lui avait paru convenir à ses débuts d'opposant libéral, de réhabiliter la Révolution. On comprend dès lors que M. Thiers, à la recherche d'un coup de théâtre, ait pensé à ramener en France les cendres de Napoléon. Cette idée d'ailleurs était dans l'air depuis une dizaine d'années. En 1830, aussitôt après la révolution, une première pétition avait été adressée à la Chambre pour demander que le corps de l'Empereur fût réclamé à l'Angleterre et déposé sous la colonne Vendôme. Appuyée par le général Lamarque, mais combattue par M. Charles de Lameth [1], la pétition avait été écartée [2]. Ce fut même pour Victor Hugo, alors l'un des pontifes de la religion napoléonienne, l'occasion d'imprécations poétiques contre ces « trois cents avocats » qui osaient « chicaner un tombeau » au grand Empereur. Et, s'adressant à ce dernier, il lui disait :

> Dors, nous t'irons chercher! Le jour viendra peut-être;
> Car nous t'avons pour dieu, sans t'avoir eu pour maître [3]

L'année suivante, nouvelle pétition : cette fois, malgré l'opposition de La Fayette, la Chambre avait voté le renvoi aux ministres [4]. Le même fait s'était reproduit en 1834. Depuis lors, la question avait paru sommeiller.

Quand, en 1840, M. Thiers s'avisa subitement de la réveiller, ce fut au duc d'Orléans qu'il s'en ouvrit d'abord. L'idée ne pouvait manquer de sourire au patriotisme du prince, qui en parla

---

[1] « N'oublions pas, disait M. de Lameth, que Napoléon a détruit la liberté de son pays et qu'il a été cause, par son ambition, de l'invasion de la France. » Puis, faisant allusion à certaines agitations bonapartistes : « Il existe déjà parmi nous trop de ferments de discorde, n'en augmentons pas le nombre. »

[2] 7 octobre 1830.

[3] Cette pièce, intitulée *A la Colonne* et datée du 9 octobre 1830, a été insérée dans les *Chants du crépuscule*.

[4] 13 septembre 1831. — « Napoléon, dit La Fayette, a comprimé l'anarchie; il ne faut pas que ses cendres viennent l'accroître aujourd'hui. »

au Roi. Celui-ci, d'âge et de caractère plus rassis, manifesta d'abord quelque répugnance et quelque hésitation. N'était-il pas permis, au lendemain de la tentative de Strasbourg, de ne pas regarder comme absolument inoffensive une si retentissante glorification de l'Empereur? Lorsque l'opposition reprochait amèrement à la politique royale sa modestie pacifique, cette évocation d'un passé de guerre et de gloire ne risquait-elle pas de fournir prétexte à un parallèle désobligeant, ou tout au moins d'exciter des prétentions que notre diplomatie ne pouvait alors satisfaire? Enfin, au dehors, en présence des complications chaque jour plus inquiétantes de la question d'Orient, le nom de Napoléon ne paraitrait-il pas une sorte de menace qui augmenterait encore les défiances des autres puissances et les encouragerait à reformer contre nous la vieille coalition? On conçoit que toutes ces objections se soient présentées à l'esprit de Louis-Philippe. Mais ce politique qui avait des côtés railleurs et sceptiques, en avait aussi de « sensibles » : c'était comme les différentes marques du dix-huitième siècle auquel il se rattachait par son éducation. Il mettait une sorte de coquetterie à s'associer vivement à tout sentiment généreux. Étranger à cette jalousie rétrospective qu'éprouvent d'ordinaire les gouvernements nouveaux à l'endroit de leurs prédécesseurs, il se faisait honneur d'exalter indistinctement « toutes les gloires de la France » : ce sont les mots mêmes qu'il inscrivait au fronton de Versailles, et, loyalement fidèle à cette devise, il rendait hommage, dans son musée, à toutes les grandeurs anciennes ou récentes, sans se demander s'il n'éveillait pas ainsi, pour la vieille royauté des Bourbons ou pour l'empire moderne des Bonaparte, des sympathies que pouvaient exploiter les ennemis de la monarchie de Juillet [1]. On eût dit même que, dans cette glorification si désintéressée du passé, il avait une complaisance particulière pour Napoléon. Qui compterait tous les hommages rendus, depuis 1840, à cette redoutable mémoire? Peut-être était-ce imprudent; mais il

---

[1] En octobre 1847, recevant Jérôme Bonaparte et son fils, Louis-Philippe les engageait à visiter Versailles, « où, disait-il, il avait mis en présence les deux grandes figures de la France, Louis XIV et l'Empereur ».

y avait bien quelque grandeur dans la sécurité avec laquelle le roi constitutionnel et pacifique s'exposait à toutes les comparaisons, confiant dans le bienfait fécond de la paix, dans la supériorité et le prestige du gouvernement libre. Louis-Philippe ne fit donc pas une longue résistance à l'idée de M. Thiers. D'ailleurs, cette idée était de celles qu'on pouvait ne pas soulever; mais, une fois soulevée, il était malaisé de l'écarter : d'autant que le ministre, soucieux de se faire honneur de son initiative, n'était pas homme à taire l'obstacle devant lequel il aurait été obligé de s'arrêter. Le Roi pouvait-il se faire accuser par l'opposition de laisser volontairement un tel trophée aux mains de l'Angleterre? Aussi, après quelques hésitations, avait-il pris promptement son parti, et, le 1er mai, en recevant, à l'occasion de la Saint-Philippe, les compliments de ses ministres : « Je veux, dit-il à M. Thiers, vous faire mon cadeau de fête. Vous désiriez faire rapporter en France les restes mortels de Napoléon; j'y consens. Entendez-vous à ce sujet avec le cabinet britannique. Nous enverrons Joinville à Sainte-Hélène. »

Louis-Philippe gagné, M. Thiers avait dû, avant de rien dire aux Chambres françaises, obtenir le consentement de l'Angleterre. Ce fut l'affaire de M. Guizot, qui ne s'attendait pas à pareille mission. « Si vous réussissez, lui écrivait le président du conseil, cela vous fera autant d'honneur qu'à nous, et je vous aurai une grande reconnaissance personnelle du succès... Le Roi y tient autant que moi, et ce n'est pas peu dire. » A la première ouverture, lord Palmerston, fort surpris, ne put cacher un sourire railleur qui trahissait ce qu'il pensait de cette politique sentimentale. Toutefois, il n'hésita pas, et, deux jours après, le consentement était donné. Le ministre anglais se montrait d'autant plus empressé à ne pas nous refuser cette satisfaction un peu vaine, qu'il nous faisait alors échec sur le terrain des réalités, et s'apprêtait à nous jouer un méchant tour. Il croyait d'ailleurs que la monarchie de Juillet trouverait là plus d'embarras que de force. « Le gouvernement français, écrivait-il à son frère, le 13 mai 1840, nous a demandé de rapporter de Sainte-Hélène les cendres de Napoléon. Nous avons accordé cette permission. Voilà une requête bien française ! (*This is a thorougly french request.*) Mais il aurait été absurde de notre part de ne pas l'accorder. Aussi nous sommes-nous fait un mérite de l'accorder promptement et de bonne grâce [1]. » En même temps, il adressait à son ambassadeur à Paris une dépêche ostensible, où il le chargeait d'assurer M. Thiers du « plaisir » avec lequel il avait accédé à sa demande. « Le gouvernement de Sa Majesté, ajoutait-il, espère que la promptitude de cette réponse sera considérée en France comme une preuve de son désir d'effacer toute trace de ces animosités nationales qui, pendant la vie de l'Empereur, armèrent l'une contre l'autre la nation française et la nation anglaise. Le gouvernement de Sa Majesté a la confiance que, si de pareils sentiments existent encore quelque part, ils seront ensevelis dans le tombeau où vont être déposés les restes de Napoléon. » Nobles paroles que, quelques jours après, M. de Rémusat citait dans son exposé des motifs, et qui soulevaient les applaudissements de la Chambre française [2].

Lord Palmerston ne se trompait pas, en prévoyant les embarras que cette affaire causerait au gouvernement français. L'émotion et l'excitation produites par la communication de M. de Rémusat à la Chambre des députés, loin de se calmer les jours suivants, ne firent qu'augmenter. Seulement l'unanimité dans l'approbation, cette sorte de baiser Lamourette dont le spectacle avait attendri M. Thiers, ne dura pas. Les bonapartistes, qui voulaient tourner à leur profit l'agitation des esprits, se plaignirent qu'on n'en faisait pas encore assez.

---

[1] Bulwer, *Life of Palmerston*, t. III, p. 40.

[2] M. Élias Regnault (*Histoire de Huit ans*, t. I, p. 142) attribue à la négociation poursuivie avec le cabinet anglais, une origine très-singulière. Ce serait O'Connell qui, circonvenu par un des parents de l'Empereur, aurait le premier averti lord Palmerston de son intention de proposer à la Chambre des communes la restitution des restes de Napoléon. Lord Palmerston aurait alors informé M. Thiers qu'il serait obligé de répondre à O'Connell que jamais le gouvernement français n'avait demandé cette restitution. M. Thiers n'aurait fait sa démarche que sur cette provocation. Dans les documents français et anglais, notamment dans la correspondance de lord Palmerston, rien ne confirme et tout contredit cette version, évidemment inventée par les républicains pour diminuer aux yeux des patriotes l'initiative du gouvernement de Juillet.

Envoyer une frégate, quelle mesquinerie! il fallait toute une escadre. On avait annoncé l'intention de faire voyager le corps par eau du Havre à Paris : c'est qu'on avait peur de le mettre en contact avec les populations et de provoquer ainsi des ovations trop redoutables. L'église des Invalides ne paraissait pas un mausolée assez extraordinaire et assez unique : le corps devait être placé sous la colonne Vendôme. Enfin le gouvernement prétendait déposer sur le tombeau l'épée d'Austerlitz : on lui déniait le droit de disposer d'une relique qu'il n'était pas digne de toucher et qui d'ailleurs était la propriété des héritiers de Napoléon. Ces exagérations bonapartistes trouvaient un écho passionné dans la presse de gauche. Sous l'action de ces polémiques, l'opinion, surtout dans les classes populaires, s'échauffait chaque jour davantage. Par un contre-coup naturel, dans des régions plus hautes et plus froides, on se prenait à raisonner l'entraînement de la première heure et à se demander avec inquiétude où l'on allait. N'avait-on travaillé qu'à préparer une explosion à la fois césarienne et révolutionnaire? Le danger du moment n'était pas le seul dont on fût troublé : que pourrait être, après plusieurs mois d'une pareille excitation, la cérémonie même du retour des cendres, avec l'immense concours de population qui en serait l'accompagnement? On sentait donc la nécessité de jeter un peu d'eau sur ce feu. Le *Journal des Débats* s'y essaya et, sans retirer son approbation à la mesure, il s'éleva contre les excès d'un enthousiasme fanatique. Il ne faut pas, disait-il, dénaturer le projet, confondre, dans l'hommage rendu, le régime impérial qui n'est pas à regretter, avec l'Empereur qu'il convient d'honorer [1]. Mais ces distinctions soulevèrent des protestations indignées de la part des journaux de gauche et de centre gauche. « Dans le culte de reconnaissance que nous rendons à la mémoire de l'Empereur, s'écria le *Courrier français*, nous ne séparons pas ce que le ciel a uni...; le conquérant, le législateur, l'administrateur, le missionnaire de la révolution française, voilà ce que

---

[1] *Journal des Débats* du 22 mai.

nous voulons honorer; » et il ne s'agit pas seulement d'un hommage, mais d'une « expiation à laquelle la France tout entière est intéressée ». Le *Siècle* s'exprimait de même. Le *Constitutionnel* blâmait aussi les « réserves hypocrites du *Journal des Débats* ». Tel était, du reste, le diapason auquel les journaux se trouvaient montés, que le *Siècle* parlait de la « sublime agonie de Sainte-Hélène, aussi résignée que celle du Christ, et qui avait duré plus longtemps » [1].

On put croire un moment que la Chambre se laisserait entraîner dans la même voie. La commission chargée d'examiner le crédit d'un million demandé par le gouvernement, le porta d'enthousiasme à deux millions, ajouta aux honneurs projetés l'érection d'une statue équestre, et se fit donner par le ministre l'assurance que d'autres navires accompagneraient la frégate montée par le prince de Joinville. Le rapport, rédigé par le maréchal Clauzel, semblait découpé dans quelqu'un des journaux que nous venons de citer. « Napoléon, y lisait-on, n'est pas seulement pour nous le grand capitaine; nous voyons en lui le souverain et le législateur. » Et, après avoir bien indiqué qu'il poursuivait l'apothéose sans réserve de celui qu'il appelait « le héros national », le rapporteur daignait féliciter le Roi de son « empressement » à « consacrer cette illustre mémoire ».

En séance (26 mai), la discussion fut courte. Après une escarmouche entre deux députés de la gauche, M. Glais-Bizoin et M. Gauguier, le premier protestant contre le rétablissement du « culte napoléonien », le second déclarant que « Dieu avait paru étonné du génie surhumain de Napoléon » et vouant à « l'ignominie » ceux qui osaient critiquer un tel homme, M. de Lamartine demanda la parole. Presque seul des poëtes de son temps, il avait su résister à la fascination qui égarait alors tant d'imaginations; dès 1821, dans sa belle « méditation » sur Bonaparte, il n'avait tu ni ses fautes, ni même ses crimes. Aussi se trouva-t-il l'esprit plus libre que d'autres, en 1840, pour voir à quels dangers on s'exposait. « Les cendres de Napoléon ne sont

---

[1] Articles du 23, du 24 et du 29 mai 1840.

pas éteintes, écrivait-il à un de ses amis, et l'on en souffle les étincelles. » M. Thiers, informé de ces dispositions, avait tâché de détourner un si brillant contradicteur d'intervenir dans la discussion. « Non, répondit ce dernier, il faut décourager les imitateurs de Napoléon. — Oh! dit le ministre, quelqu'un peut-il songer à l'imiter? — Vous avez raison, reprit M. de Lamartine, je voulais dire les parodistes de Napoléon [1]. » Le mot avait eu grand succès dans les salons où l'on n'aimait pas M. Thiers. Ces préliminaires étaient plus ou moins connus du monde parlementaire; aussi la curiosité fut-elle vivement excitée quand le poëte orateur parut à la tribune. Bien que désapprouvant au fond la mesure, il n'alla pas jusqu'à la combattre. « Ce n'est pas sans un certain regret, dit-il, que je vois les restes de ce grand homme descendre trop tôt peut-être de ce rocher au milieu de l'Océan, où l'admiration et la pitié de l'univers allaient le chercher à travers le prestige de la distance et à travers l'abîme de ses malheurs... Mais le jour où l'on offrait à la France de lui rendre cette tombe, elle ne pouvait que se lever tout entière pour la recevoir. ...Recevons-la donc avec recueillement, mais sans fanatisme..... Je vais faire un aveu pénible; qu'il retombe tout entier sur moi, j'en accepte l'impopularité d'un jour. Quoique admirateur de ce grand homme, je n'ai pas un enthousiasme sans souvenir et sans prévoyance. Je ne me prosterne pas devant cette mémoire. Je ne suis pas de cette religion napoléonienne, de ce culte de la force, que l'on voit, depuis quelque temps, se substituer, dans l'esprit de la nation, à la religion sérieuse de la liberté. Je ne crois pas qu'il soit bon de déifier ainsi sans cesse la guerre, de surexciter les bouillonnements déjà trop impétueux du sang français qu'on nous représente comme impatient de couler après une trêve de vingt-cinq ans, comme si la paix, qui est le bonheur et la gloire du monde, pouvait être la honte des nations... Nous, qui prenons la liberté au sérieux, mettons de la mesure dans nos démonstrations. Ne séduisons

---

[1] Lettre du capitaine Callier au maréchal Soult, du 27 mai 1840. (*Documents inédits.*)

pas tant l'opinion d'un peuple qui comprend bien mieux ce qui l'éblouit que ce qui le sert. N'effaçons pas tant, n'amoindrissons pas tant notre monarchie de raison, notre monarchie nouvelle, représentative, pacifique. Elle finirait par disparaître aux yeux du peuple. » L'orateur avait entendu sans doute « les ministres assurer que ce trône ne se rapetisserait pas devant un pareil tombeau, que ces ovations, que ces cortéges, que ces couronnements posthumes de ce qu'ils appelaient une légitimité, que ce grand mouvement donné, par l'impulsion même du gouvernement, au sentiment des masses, que cet ébranlement de toutes les imaginations du peuple, que ces spectacles prolongés et attendrissants, ces récits, ces publications populaires, ces bills d'indemnité donnés au despotisme heureux, ces adorations du succès, tout cela n'avait aucun danger pour l'avenir de la monarchie représentative. » Mais, malgré ces assurances il demeurait inquiet et il invitait la France, en honorant cette grande mémoire, à bien faire voir « qu'elle ne voulait susciter de cette cendre, ni la guerre, ni la tyrannie, ni des légitimités, ni des prétendants, ni même des imitateurs ».

L'effet fut grand. Personne ne se trouva en état de répondre à cette parole, magnifique comme toujours, et cette fois admirablement sensée. M. Odilon Barrot se borna à donner, en quelques phrases assez ternes, son adhésion à la mesure proposée. Quant à M. Thiers, trop embarrassé de ce que devenait le mouvement dont il avait donné le signal, pour en prendre la défense contre M. de Lamartine, mais n'osant pas davantage le désavouer, il resta muet sur son banc. Ce fut à peine si, après la clôture, il intervint d'un mot pour déclarer qu'il adhérait à l'augmentation de crédits proposée par la commission; il tâchait, à la vérité, d'en diminuer la portée politique en l'expliquant par l'insuffisance des devis primitifs. En dépit du ministre et à l'étonnement général, il se trouva, dans la Chambre, une majorité pour repousser les conclusions de la commission et revenir au chiffre primitivement proposé, majorité assez hétérogène, composée de conservateurs inquiets pour la monarchie et de libéraux de gauche inquiets pour la liberté. Aucun de ceux qui composaient cette majorité n'ignorait qu'en fait le crédit d'un million serait sûrement dépassé; mais leur vote était une façon d'adhérer aux paroles de M. de Lamartine; c'était aussi une leçon à l'adresse de M. Thiers.

La décision de la Chambre souleva un immense cri de colère dans toute la presse de gauche et de centre gauche. Pendant que le *Journal des Débats*, presque seul à se féliciter, disait d'un accent triomphant : « La Chambre nous a vengés », le *Constitutionnel* déclarait « cette séance déplorable » ; le *Temps* ajoutait : « La discussion a commencé par le ridicule et fini par la honte » ; le *Courrier français* flétrissait la majorité qui « avait donné raison aux détracteurs de Napoléon » et « détruit l'effet de la réparation que le ministère avait proposée » ; il reprochait à M. Barrot et à M. Thiers de s'être laissé « paralyser, » et déplorait surtout qu'un « grand nombre » des députés de la gauche figurassent dans la majorité; « on ne doit pas quitter le drapeau des bleus, disait-il à ces dissidents ; quand on est de souche révolutionnaire, répudier les lois, l'ordre, les batailles et l'administration de l'Empire, c'est presque renier sa croyance [1] ». L'occasion parut bonne aux Bonaparte pour se mettre en avant, et l'ex-roi Joseph, frère aîné de Napoléon, qui vivait à Londres sous le nom de comte de Survilliers, écrivit au maréchal Clauzel une lettre, aussitôt publiée, où il offrait deux millions, l'un pour les débris de la garde, l'autre pour remplacer le crédit refusé par la Chambre; il est vrai que ces deux millions étaient en papier, en rescriptions ou délégations provenant de la liste civile de l'Empereur, c'est-à-dire en créances non reconnues par l'État français : libéralité peu coûteuse à celui qui la proposait, et peu profitable à ceux auxquels on l'offrait. En même temps, une souscription fut ouverte par le *Constitutionnel*, le *Messager*, le *Courrier français*, le *Siècle*, le *Temps*, le *Commerce*, pour réunir les deux millions refusés par la Chambre. Vainement dénonçait-on au ministère ce qu'il y avait de peu constitutionnel à provoquer

---

[1] Articles du 27 et du 28 mai 1840.

une protestation contre une décision législative, vainement l'avertissait-on que « cette souscription tuerait la Chambre si elle réussissait », vainement lui montrait-on, dans le comité de souscription, « un noyau de pensées et de sentiments bonapartistes », dangereux dès maintenant, plus dangereux encore au jour des funérailles [1], M. Thiers ne voulait même pas ou ne pouvait empêcher les journaux qui semblaient entièrement à sa dévotion, de prendre part à cette campagne. Plus que jamais il était débordé; aussi le *Journal des Débats* répondait-il à un sentiment devenu assez général, quand il adressait au président du conseil cette sévère remontrance : « Ce n'est pas tout de concevoir une grande pensée, mais dont l'exécution a incontestablement ses embarras et ses dangers. On ne jette pas, dans un pays, une idée comme celle de ramener les cendres de Napoléon, pour l'abandonner à tous les caprices des partis... Le gouvernement devait avoir tout calculé, prévu... Mais, au lieu de faire la loi aux partis et de leur imposer l'exécution de son plan, il va à la dérive, laissant modifier son projet par une commission, puis modifier le projet de la commission par la Chambre, et finissant par livrer la question à qui? aux partis eux-mêmes qu'on érige en tribunal d'appel contre un vote législatif[2]. »

Cependant il fut bientôt visible que cette souscription, commencée à si grand fracas et jugée un moment si menaçante, n'aurait qu'un résultat misérable. Au bout de quelques jours, on n'en était qu'à vingt-cinq mille francs, et rien n'indiquait qu'en persévérant, on réussirait mieux. En outre, parmi les députés de la gauche, les divergences qui s'étaient déjà produites lors du vote, devenaient chaque jour plus profondes et plus aigres. Certains d'entre eux, de moins en moins disposés à se laisser compromettre dans ce réveil bonapartiste, menaçaient d'une protestation publique. Fort embarrassé et inquiet, mais ne voulant pas prendre sur lui l'impopularité d'arrêter cette souscription, M. Thiers obtint de M. Odilon Barrot, toujours dévoué, qu'il

---

[1] *Journal des Débats*, 29 mai 1840
[2] Article du 31 mai 1840.

écrivît une lettre pour la déconseiller. Les journaux saisirent l'occasion offerte de sortir de l'impasse où ils s'étaient fourvoyés, et annoncèrent, le 1ᵉʳ juin, l'abandon de la souscription. Leur ressentiment contre ceux qui ne les avaient pas suivis fut d'autant plus vif que leur insuccès avait été plus mortifiant [1]. Toutefois, après quelques jours d'amères récriminations, le silence finit par se faire, et, au moins dans la presse et à la tribune, on ne parla plus de Napoléon.

Le résultat le plus clair de la campagne, si brillamment mise en train par M. Thiers, était donc, au bout de quelques semaines, d'avoir agité les esprits, réveillé des idées dangereuses pour la monarchie et la liberté, alarmé les conservateurs, jeté la division et le désarroi dans la gauche, et exposé le cabinet à son premier échec parlementaire. C'était tout le contraire de ce que le président du conseil avait espéré de sa diversion. Loin d'avoir supprimé ou rejeté au second plan ses embarras, il se trouvait les avoir aggravés. Son renom d'habileté en était ébranlé, et, parmi ceux-là mêmes qui attendaient le plus de lui, quelques-uns en venaient à se demander s'il n'était pas un étourdi téméraire. Avait-il produit meilleur effet hors frontières? Moins exclusivement préoccupé de la popularité qu'il cherchait à obtenir ainsi en France, plus attentif à suivre, en Europe, l'effort de ceux qui travaillaient à éveiller contre nous les susceptibilités et les défiances des puissances, il se fût aperçu que les démarches et les paroles par lesquelles il croyait seulement donner une satisfaction platonique à l'amour-propre national, retentissaient comme une menace aux oreilles d'étrangers déjà prévenus, et compliquaient singulièrement les difficultés de la crise où les événements d'Orient avaient jeté notre diplomatie. Ces chancelleries du continent, qui s'étaient déjà figuré, l'année précédente, que le maréchal Soult voulait « guerroyer » et « chercher les traces de Napoléon », trouvaient naturellement à s'effaroucher plus encore de l'attitude prise par son

---

[1] Le *Courrier français* disait, par exemple, le 4 juin 1840 : « Il se passera bien du temps et il faudra bien des actes, avant que nous puissions reprendre confiance dans la fermeté du ministère, dans notre propre parti. »

successeur[1]. Le vieux roi de Prusse, malgré sa modération et sa sympathie pour la royauté de Juillet, disait au général de Ségur : « Ah ! la France ! Dieu veuille qu'elle soit sage ! Et cette translation des cendres de Napoléon, est-ce que vous n'êtes pas inquiet de l'effet qu'elle va produire? Pour moi, je vous avoue que j'en suis effrayé. » Ces alarmes et ces méfiances des puissances se manifestaient parfois trop ouvertement pour que M. Thiers pût les ignorer; mais il affectait d'en être plus fier qu'embarrassé. Ses journaux y montraient un hommage rendu à « son ardent amour de la dignité nationale », à sa volonté de donner « à la révolution de Juillet une noble et forte attitude au dehors ».

Cependant, les négociations continuaient avec l'Angleterre, pour régler les mesures d'exécution. Quand tout fut convenu, et que, le 7 juillet, la frégate la *Belle Poule* mit à la voile pour Sainte-Hélène, sous les ordres du prince de Joinville, l'attention publique était ailleurs. Seuls quelques esprits prévoyants pensaient encore avec inquiétude à la grande émotion du retour. « De loin, écrivait alors Henri Heine, s'avance vers nous, à pas mesurés et de plus en plus menaçants, le corps du géant de Sainte-Hélène. » Mais bien des événements se passeront avant que ce revenant ne débarque, et, quand il arrivera, le ministère du 1ᵉʳ mars ne sera plus là pour le recevoir.

VIII

Toujours en quête de diversions aux difficultés de sa situation parlementaire, M. Thiers en trouvait parfois de moins bruyantes et de plus utiles que l'évocation des souvenirs napoléoniens : telles étaient les nombreuses lois d'affaires vers les-

---

[1] M. Thiers d'ailleurs était, depuis la coalition, suspect à l'Europe. Dès le 14 mai 1839, M. de Barante écrivait à M. Bresson : « M. Thiers est devenu un véritable épouvantail; on se trouble au nom de celui que la renommée présente comme livré à une imagination turbulente. » (*Documents inédits.*)

quelles il tâchait d'attirer l'activité du parlement et l'attention du public. C'est le mérite, parfois un peu oublié, des Chambres de la monarchie de Juillet, qu'au moment où on les croit absorbées, entravées, stérilisées par les dissensions et les intrigues politiques, l'œuvre législative se poursuive, souvent un peu dans l'ombre et sans grand bruit, mais généralement intelligente et féconde. Rarement les lois ont été plus sagement faites et plus soigneusement rédigées ; la meilleure preuve n'en est-elle pas dans ce fait que beaucoup des dispositions organiques qui nous régissent encore, datent de cette époque? Sans doute il ne saurait entrer dans le plan d'une histoire politique d'analyser ces lois, de raconter en détail les débats d'où elles sont sorties : ces renseignements se trouvent dans les traités spéciaux de jurisprudence ou d'administration ; mais ce qui nous appartient, c'est de mentionner l'importance des résultats obtenus, et de rappeler qu'on ne saurait, en les négligeant, juger équitablement le régime et les hommes.

Pour ne parler que de la session qui nous occupe en ce moment, celle de 1840, le ministère du 1er mars, réussit en quelques mois à mener à bonne fin et à faire voter par les deux Chambres plusieurs lois, dont quelques-unes importaient grandement à la prospérité matérielle du pays : prorogation jusqu'en 1867 du privilége de la Banque de France qui était près d'expirer; abolition du monopole pour la fabrication du sel; impulsion donnée à la construction, déjà trop retardée, des chemins de fer, et subventions accordées, sous différentes formes, aux compagnies concessionnaires hors d'état de remplir leurs obligations ; création ou achèvement de divers canaux et amélioration de la navigation de plusieurs rivières; établissement d'un service de bateaux à vapeur entre nos grands ports et l'Amérique. Les deux Chambres eurent aussi une discussion importante sur cette question de la conversion des rentes qui, depuis le jour où elle s'était trouvée si malheureusement mêlée à la chute du ministère du 11 octobre, avait été plusieurs fois soulevée, sans pouvoir jamais aboutir. En 1840, comme en 1836 et 1838, la conversion trouva bon accueil au

Palais-Bourbon, et échoua au Luxembourg ; les pairs, en la repoussant, se conformaient à la pensée connue du Roi et peut-être subissaient son influence. Louis-Philippe était fort animé sur ce sujet ; il redoutait beaucoup pour son gouvernement le mécontentement possible des rentiers, et ne se rendait pas suffisamment compte de l'avantage qu'une telle mesure pouvait avoir pour les finances de l'État. Que ce fût par ménagement pour la couronne ou par l'effet de ses propres hésitations, le cabinet soutint mollement la mesure, surtout devant la Chambre des pairs. Indiquons encore, parmi les problèmes toujours débattus et jamais résolus d'une façon définitive, l'inextricable question des sucres qui occupa, sans résultat satisfaisant, plusieurs séances des deux assemblées. Enfin signalons, dans la Chambre des pairs, la discussion, très-approfondie et très-honorable pour les législateurs de ce temps, de deux lois qui ne devaient être soumises à l'autre Chambre que dans la session suivante : c'était la loi sur l'expropriation pour cause d'utilité publique et celle sur le travail des enfants dans les manufactures, destinées l'une et l'autre à résoudre des problèmes nés récemment de la transformation économique, et à opérer, en des matières particulièrement graves, la conciliation toujours fort délicate des droits et des devoirs de l'État avec ceux de la propriété et de la famille.

L'initiative de plusieurs de ces lois avait été prise par le ministère du 12 mai ; mais c'était le cabinet du 1er mars qui en avait pressé l'examen, soutenu et dirigé la discussion. Chacun de ses membres prenait sa part de cette œuvre. Entre tous, le ministre des travaux publics, le comte Jaubert, profitait de l'excellent état des finances pour beaucoup entreprendre ; on eût presque dit que l'ancien doctrinaire cherchait, par cette activité un peu fiévreuse, à étourdir les scrupules que devait parfois éveiller chez lui la politique du président du conseil. Ce n'est pas cependant que M. Thiers fût disposé à laisser toute la charge et tout l'honneur aux ministres spéciaux. Il mettait, au

---

[1] Cf., sur la situation budgétaire, ce que j'ai dit au tome III, p. 247 à 250.

contraire, comme il avait déjà fait en 1836, son amour-propre à se substituer à eux, à intervenir de sa personne sur les sujets les plus divers et souvent les plus techniques. Ouvrez la collection des discours qu'il a prononcés à cette époque : vous en trouverez, à quelques jours de distance, sur la conversion de la rente, sur la question des sucres, sur le privilége de la Banque, sur la colonisation, sur la garantie d'intérêts à accorder au chemin de fer d'Orléans, sur la navigation intérieure, sur les paquebots transatlantiques. Cette prodigieuse facilité à parler de tout si hardiment et si agréablement, cette universelle compétence ne contribuaient pas peu au prestige du premier ministre [1]; si elle n'en imposait pas toujours également au petit nombre des gens qui connaissaient à fond la question particulière, elle éblouissait les ignorants et les superficiels qui forment la masse des assemblées. Souvent, du reste, dans ces débats, M. Thiers servait utilement la cause du bon sens et de la tradition contre les utopies envieuses et ruineuses de la gauche : témoin le très-remarquable discours par lequel il justifia la prorogation du privilége de la Banque contre les détracteurs jaloux de la prétendue « aristocratie financière »; en cette circonstance, son succès fut si complet qu'au moment du vote, il n'y eut pas plus de 58 boules noires dans l'urne. M. Thiers attirait ainsi tous les regards. Des membres du cabinet, on ne voyait guère que lui, on n'entendait que lui. Les autres ministres en étaient mortifiés et se plaignaient parfois tout bas de leur chef, mais sans rien faire pour reprendre leur rang. M. de Rémusat lui-même, que sa brillante intelligence eût pu faire prétendre à un rôle considérable et sur lequel les conservateurs avaient compté pour faire contre-poids aux tendances du président du conseil vers la gauche, s'était laissé, dès le premier jour, absorber, dominer, annuler. Il s'en apercevait, en plaisantait le premier et croyait ainsi sauver sa dignité. M. Thiers avait pris, du

---

[1] Henri Heine écrivait le 20 mai 1840 : « M. Thiers a gagné de nouveaux lauriers par la clarté convaincante avec laquelle il a traité, dans la Chambre, les sujets les plus arides et les plus embrouillés... Cet homme connait tout; nous devons regretter qu'il n'ait pas étudié la philosophie allemande : il saurait l'expliquer également. » (*Lutèce*, p. 60.)

reste, l'habitude de ne pas se gêner avec ses collègues, rudoyant ceux qui témoignaient quelque velléité d'indépendance et ne s'inquiétant pas de ménager leur amour-propre. C'est ainsi qu'un jour, à dîner chez M. de Rémusat et en présence de M. Cousin, il fit, contre les politiques philosophes, une sortie assez semblable au morceau de Napoléon contre les idéologues, et chanta, avec un égoïsme naïf, une sorte d'hymne sur le plaisir de présider un ministère dont il était le maître et avec lequel il n'avait pas à compter [1].

En même temps qu'il cherchait à se poser en homme d'affaires, ayant la sollicitude et l'intelligence des intérêts matériels, M. Thiers se plaisait à faire vibrer, de temps à autre, des cordes plus hautes et plus généreuses. A ce titre, on ne peut passer sous silence le discours qu'il prononça sur les crédits demandés pour l'Algérie. Lorsque le moment sera venu de reprendre le récit des guerres africaines, nous aurons occasion de dire l'origine et les conséquences de ce débat; quant à présent, il importe seulement de mettre en lumière la netteté et la fierté patriotique avec lesquelles le ministre proclama la nécessité, pour le gouvernement français, de « se maintenir » et de « se maintenir grandement en Afrique », rejeta, comme un « système absurde », « l'occupation restreinte » et déclara bien haut qu'il fallait « faire une guerre heureuse à Abd-el-Kader ». Aucun ministre n'avait encore parlé sur ce ton de l'œuvre de la France au delà de la Méditerranée. Le président du conseil termina ces déclarations par quelques phrases d'une portée plus générale, bien faites pour caresser la fibre nationale, mais aussi pour donner, au dehors, à notre politique une sorte de physionomie belliqueuse. « N'est-ce pas, disait-il, une chose utile pour une nation que de se battre quelque part?... Voyez l'Angleterre et la Russie, ces deux grandes puissances; elles vont à Khiva, elles vont en Chine, elles se font des armées, elles donnent des preuves de force et d'existence! Et la France, cette puissance qui a tant besoin de

[1] *Documents inédits.*

son épée, cette puissance si remuante et si belliqueuse, la France ne ferait rien!... Messieurs, voilà vingt-cinq ans que l'Europe est en paix. C'est la trève la plus longue que l'on ait vue. Après vingt-cinq ans de paix, le sang bouillonne dans les veines. Eh bien! les grandes nations ne se ruent plus les unes sur les autres ; mais elles se portent chez les peuples barbares. Les Russes vont à Khiva, les Anglais en Chine, nous allons en Algérie. Je suis charmé que la France aussi fasse parler d'elle, se fasse une bonne renommée, se fasse des soldats! » Ces idées, d'ailleurs, n'étaient pas nouvelles chez M. Thiers ; il les avait déjà exprimées, quelques semaines auparavant, dans le salon du duc de Broglie, où il s'était rencontré avec certains adversaires de l'Algérie, entre autres M. Duvergier de Hauranne et M. d'Haubersaert. Ceux-ci avaient objecté la quantité de millions et d'hommes absorbés dans cette entreprise : « Eh bien! s'était écrié M. Thiers, vous êtes bien heureux, dans notre pauvre temps où chacun ne pense qu'à son pot-au-feu, où l'on jette les hauts cris quand il s'agit d'emporter une mauvaise bicoque comme Anvers, où on lésine sur le budget, où on fait des économies de bouts de chandelles, vous êtes bien heureux d'avoir encore quelque chose qui maintienne le moral de votre armée et qui vous arrache quelques écus! Vous êtes bien heureux d'avoir quelque chose qui touche, qui remue, qui ébranle! Est-ce nos mauvaises discussions, est-ce notre gouvernement représentatif, dans le pauvre état où il est, qui relèvera les âmes des petites passions qui les possèdent, de ce scepticisme qui les ronge? Non, ce que nous faisons à Paris, ce que nous crions dans nos Chambres, ne fait rien au pays ; mais, quand le pays apprend qu'on s'est battu à Mazagran et qu'on a vaincu à Meserghin, les enfants s'émeuvent et les femmes pleurent. Est-ce trop de soixante millions pour maintenir ce qui reste de sentiments moraux et de passions désintéressées, pour empêcher la France de s'accroupir sur sa chaufferette? Est-ce que vous craignez de manquer jamais de banquiers? Est-ce que vous avez peur de voir F... prodigue, L... désintéressé? Sans Alger, savez-vous quelle pensée impertinente l'Europe pourrait concevoir sur de pauvres petits soldats comme les nôtres? car nous ne sommes pas beaux hommes en France, dit-il en se regardant. Mais quand ces pauvres petits soldats arrivent en Afrique, on leur dit : Vous êtes les successeurs de l'armée de Napoléon, et ils vont se battre tant qu'ils peuvent. — Est-ce assez de coups de fusil comme cela? — Non, il en faut davantage pour être les soldats de Napoléon. — Eh bien! en voilà encore et toujours. Ils meurent, ils se consument de maladie. Eh bien! tant mieux, ceux qui reviennent en sont plus forts et plus aguerris. Savez-vous ce qu'il y a d'horreurs, de souffrances, de maladies, sous ces beaux noms de Napoléon et de César? Savez-vous ce qu'il y a d'enfants massacrés, de femmes violées, sous les souvenirs poétiques de Rivoli et de Castiglione? Et puis, quand tout cela s'éloigne, ça fait de la grandeur et de la gloire [1]. » La voix de M. Thiers s'était graduellement animée : il marchait de long en large devant la cheminée et semblait presque hors de lui-même. « C'est singulier, dit en sortant un des auditeurs, je ne suis pas de son avis, mais ce petit homme me rappelle pourtant la manière, et le geste, et la vivacité de paroles de l'Empereur, les jours où il n'était pas très-raisonnable [2]. »

IX

Si désireux qu'il fût d'éluder les questions politiques, M. Thiers n'y pouvait parvenir toujours. Le 16 mai, la Chambre avait à statuer sur diverses pétitions relatives à la réforme électorale. La commission concluait à l'ordre du jour pour celles qui demandaient le suffrage universel ou l'extension du droit de vote à tous les gardes nationaux; elle proposait de renvoyer au ministre celles qui réclamaient des modifications moins radicales, telles qu'une légère augmentation du nombre des électeurs, le suffrage à deux degrés ou le vote au chef-lieu du dépar-

---

[1] *Documents inédits.*
[2] *Lettres de M. Doudan,* t. I, p. 308.

tement. M. Arago, au nom du parti radical, soutint les pétitions dans un discours qui fit alors un certain bruit. François Arago a été l'une des plus fameuses victimes de la maladie étrange qui a sévi sur plusieurs savants de notre siècle ; nous voulons parler de cette sorte de perversion du goût qui leur fait trouver plus d'attraits à jouer un second rôle dans la politique qu'à occuper le premier rang dans la science, et qui les conduit à préférer la plus vulgaire des popularités ou le plus banal des honneurs, à la vraie gloire, la seule enviable et durable [1]. Ses débuts comme astronome avaient été singulièrement heureux et brillants. Déjà célèbre et membre de l'Institut à vingt-trois ans, il avait encore accru, depuis lors, par d'importantes découvertes, son renom dans le monde de la science. Mais les suffrages de cette élite, suffrages lents, froids, presque silencieux, ne contentaient pas une nature méridionale, avide de mouvement, de bruit, de mise en scène, impatiente de se sentir en communication directe avec le public, d'agir sur lui et de s'enivrer de ses louanges. Ne nous a-t-il pas lui-même laissé entrevoir ce côté de son âme, quand, dans sa notice sur Thomas Young, il a plaint le pur savant d'être privé des applaudissements populaires et de ne trouver, dans toute l'Europe, que huit ou dix personnes en état de l'apprécier? Aussi, pour son compte, ne resta-t-il pas isolé sur les cimes désertes et lointaines où se font les grandes découvertes. On le vit bientôt descendre en des régions plus voisines de la foule, et chercher, dans l'exposition et la vulgarisation éloquente de la science, une renommée moins haute, mais plus étendue. Cela même ne lui suffit pas longtemps, et 1830 lui ayant offert l'occasion de se jeter dans la politique, il se fit élire député par ses compatriotes des Pyré-

---

[1] Naguère, en pleine Académie française, M. Pasteur se plaignait éloquemment du tort que faisait ainsi la politique à la science. « Pourquoi, s'écriait l'illustre savant, faut-il que cette accapareuse prenne trop souvent les meilleurs, les plus forts d'entre nous? » Et il ajoutait : « Ce que la politique a coûté aux lettres, la littérature le calcule souvent avec effroi. Mais la science elle-même peut faire le triste dénombrement de ses pertes. De part et d'autre, combien de forces, déviées de leurs cours, vont s'abîmer inutilement dans des questions trop souvent aussi mouvantes et aussi stériles qu'un monceau de sable! »

nées-Orientales : il avait alors quarante-quatre ans. La direction de ses idées et surtout la fougue de son tempérament le portaient aux opinions avancées. Au début cependant, loin de prendre, à l'égard de la monarchie nouvelle, l'attitude d'un ennemi irréconciliable, il eut des rapports assez intimes avec la famille royale, et donna même quelques leçons d'astronomie et de mathématiques au duc d'Orléans. Mais, au bout de peu de temps, ayant cru avoir à se plaindre du « Château », il rompit ces relations, ne garda plus aucun ménagement dans son opposition et se posa ouvertement en républicain[1]. Avec sa haute stature, sa chevelure encore noire et flottante, son large front, ses yeux ardents, ombragés de puissants sourcils, M. Arago faisait figure à la tribune. Sa parole ne manquait ni de force, ni de chaleur, ni d'originalité ; c'étaient la mesure et le jugement qui faisaient défaut. On l'écoutait avec déférence dans les questions techniques où il apportait son autorité de savant; quand le tribun était seul en scène, il provoquait parfois des murmures d'impatience : de là, pour cet amour-propre hautain, des froissements qui augmentaient encore son animosité contre les hommes et les institutions. Les radicaux, trop heureux de se parer d'une si grande renommée, s'empressaient à le consoler par leurs applaudissements, et, chaque jour, s'emparaient plus complétement de sa vie et de son nom. Ainsi devait-il être conduit à figurer, vieux, malade, quelque peu dégoûté et effrayé de son entourage, dans le gouvernement provisoire de 1848, et, après sa mort, survenue en 1853, il s'est trouvé, par une sorte de châtiment posthume, que la notoriété très-discutée de l'homme de parti avait rejeté presque dans l'ombre le légitime renom du savant.

Le discours du 16 mai 1840 fut un des gages les plus éclatants donnés par M. Arago aux opinions avancées. Non content de s'y poser en précurseur du suffrage universel, il tendit la main aux socialistes, et présenta la réforme électorale comme le préliminaire d'une réforme sociale dont il affirmait l'urgence. Puis,

---

[1] Ce trait de la vie d'Arago, passé sous silence par ses biographes démocrates, est rapporté par M. Odilon Barrot, dans ses *Mémoires*, t. II, p. 32.

faisant une sombre peinture des souffrances de « la population manufacturière », il proclama solennellement la nécessité d'y remédier par une « nouvelle organisation du travail ». C'était la formule même dont se servaient alors les écoles socialistes ; non que l'orateur adhérât au système de l'une de ces écoles, ou fût en état d'en proposer un à soi : il se bornait à déclarer que le régime actuel était caduc et devait être radicalement transformé. « A l'époque de Turgot, disait-il, le principe du laisser-faire et du laisser-passer était un progrès. Ce principe a fait son temps ; il est vicieux, en présence des machines puissantes que l'intelligence de l'homme a créées. Si vous ne modifiez pas ce principe, il arrivera, dans notre pays, de grands malheurs, de grandes misères. » Cette déclaration marque une date non-seulement dans la vie politique de M. Arago, mais aussi dans l'histoire du parti radical. Réduit à une infime minorité dans le parlement, abandonné par la gauche dynastique, qui était devenue momentanément ministérielle, ce parti sentait plus que jamais le besoin de chercher sa force hors du pays légal. D'émeute, de conspiration politique, il ne pouvait plus être question ; on avait perdu les illusions de 1832 ou de 1834, et le misérable avortement de l'attentat du 12 mai 1839 était fait pour décourager les plus téméraires. Mais, à défaut d'un coup de force, les meneurs du radicalisme crurent avoir moyen d'arriver au même but par une agitation à longue échéance. De là l'importance qu'ils commencèrent à donner à la réforme électorale, leur propagande en faveur de l'universalité ou tout au moins de la large extension du suffrage, et leur appel fait aux masses privées du droit de vote. Seulement, ils s'aperçurent tout de suite que le peuple, — même celui des villes, — ne s'intéresserait guère à une revendication purement politique, et que le moindre grain de mil, autrement dit le moindre espoir d'une amélioration dans son sort matériel, ferait bien mieux son affaire. Si l'on voulait avoir chance de le remuer, on devait donc lui offrir, non plus un simple changement de gouvernement, mais aussi une transformation de l'organisation sociale ; ce n'était pas assez pour les radicaux d'être devenus démocrates, il leur fallait paraître plus ou moins socialistes. Le discours de M. Arago montra qu'ils ne reculaient pas devant cette évolution.

M. Thiers, alors dans tout l'orgueil du succès qu'avait obtenu, au premier moment, l'annonce du « retour des cendres[1] », crut pouvoir le prendre de haut avec les pétitionnaires et leur avocat. « On vous a parlé, dit-il, de souveraineté nationale, entendue comme souveraineté du nombre. C'est le principe le plus dangereux et le plus funeste qu'on puisse alléguer en présence d'une société. En langage constitutionnel, quand vous dites souveraineté nationale, vous dites la souveraineté du Roi, des deux Chambres, exprimant la souveraineté de la nation par des votes réguliers, par l'exercice de leurs droits constitutionnels. De souveraineté nationale, je n'en connais pas d'autre. Quiconque, à la porte de cette assemblée, dit : J'ai un droit, ment ; il n'y a de droits que ceux que la loi a reconnus. » Le président du conseil ne repoussait pas seulement les pétitions radicales tendant au suffrage universel ; il repoussait aussi les pétitions plus modérées que la commission avait proposé de renvoyer au ministère. Jugeant superflu de les discuter en détail, il déclara qu'il « n'était pas partisan de la réforme électorale » et rappela qu'il l'avait exclue du programme ministériel. Sur « l'organisation du travail », M. Thiers se contenta aussi de quelques mots de réponse. « Je tiens pour dangereux, pour très-dangereux, dit-il, les hommes qui persuaderaient à ce peuple que ce n'est pas en travaillant, mais que c'est en se donnant certaines institutions qu'ils seront meilleurs, qu'ils seront plus heureux. Il n'y a rien de plus dangereux. Dites au peuple qu'en changeant les institutions politiques, il aura le bien-être, vous le rendrez anarchiste et pas autre chose. » M. Garnier-Pagès, qui répondit longuement et âprement au ministre, était de l'extrême gauche comme M. Arago ; il n'apportait donc rien de nouveau dans le débat. Mais quelle serait l'attitude de la gauche dynastique ? Elle aussi avait fait, depuis une

[1] Cette discussion sur la réforme électorale avait lieu le 16 mai, et c'était le 12 que M. de Rémusat avait annoncé à la Chambre le « retour des cendres ».

année, grand bruit de la réforme électorale [1]. N'était-il pas à prévoir qu'elle appuierait les conclusions de la commission, ou qu'au moins elle ne laisserait pas passer, sans une réserve, sans une explication, la fin de non-recevoir opposée par M. Thiers? Elle se tut cependant. Les provocations ironiques du général Bugeaud, déclarant « qu'il ne voyait plus que des ombres à l'ancienne gauche », ne parvinrent même pas à la faire sortir de ce silence à la fois docile et embarrassé. L'ordre du jour, demandé par le ministre, fut voté sans difficulté sur toutes les pétitions. Le lendemain, le *Journal des Débats* félicitait M. Thiers de « n'avoir pas craint de mécontenter ses amis de la gauche »; il constatait, du reste, que celle-ci s'était montrée « fort tiède pour les pétitions ». « M. Odilon Barrot, ajoutait-il, s'est à peine soulevé de son banc en leur faveur ; il n'a pas parlé. »

La brève déclaration du président du conseil pouvait suffire pour décider le vote de la Chambre, non pour arrêter l'agitation du dehors, que les radicaux avaient surtout en vue. Leurs journaux s'appliquèrent à louer bruyamment M. Arago « de s'être fait le mandataire des classes torturées par la misère et par la faim, d'avoir appelé de tous ses vœux l'organisation du travail et de l'industrie, et de ne voir, dans la réforme politique, qu'un moyen d'obtenir les réformes sociales réclamées par l'esprit du siècle [2] ». Il se trouvait précisément que, depuis quelque temps, certaines régions populaires étaient dans un singulier état de fermentation. Quiconque se fût alors distrait un moment du bruit un peu factice des luttes parlementaires, pour porter son attention au delà et au-dessous, eût entendu sortir du monde ouvrier certaines rumeurs confuses et menaçantes. Au mois d'avril, Henri Heine avait eu l'idée de parcourir les ateliers du faubourg Saint-Marceau ; bien que son esprit, à la fois sceptique et audacieux, ne s'effarouchât ni ne s'inquiétât aisément, il était revenu épouvanté de ce qu'il avait vu. « J'y trouvai, écrivit-il, plusieurs nouvelles éditions des discours de

---

[1] Cf. plus haut, p. 84 et p. 87.
[2] *Journal du Peuple* du 31 mai 1840.

Robespierre et des pamphlets de Marat, dans les livraisons à deux sous, l'*Histoire de la Révolution*, par Cabet, *la Doctrine et la conjuration de Babeuf*, par Buonarotti, etc..., écrits qui avaient comme une odeur de sang ; et j'entendis chanter des chansons qui semblaient avoir été composées dans l'enfer et dont les refrains témoignaient d'une fureur, d'une exaspération qui faisaient frémir. Non, dans notre sphère délicate, on ne peut se faire aucune idée du ton démoniaque qui domine dans ces couplets horribles ; il faut les avoir entendus de ses propres oreilles, surtout dans ces immenses usines où l'on travaille les métaux, et où, pendant leurs chants, ces figures d'hommes demi-nus et sombres battent la mesure, avec leurs grands marteaux de fer, sur l'enclume cyclopéenne. Un tel accompagnement est du plus grand effet, de même que l'illumination de ces étranges salles de concert, quand les étincelles en furie jaillissent de la fournaise. Rien que passion et flamme, flamme et passion [1]. » On comprend l'effet que devait produire sur des esprits ainsi excités la parole d'un député considérable, d'un bourgeois illustre tel que M. Arago, condamnant, en pleine Chambre, l'organisation actuelle du travail. Le 24 mai, un millier d'ouvriers se rendirent à l'Observatoire pour remercier l'astronome démocrate d'avoir « parlé, avec noblesse, courage et vérité, des souffrances du peuple et de ses vertus ». — « Nos vœux, dirent-ils, sont grands, mais ils sont justes, car ils se fondent sur le droit qu'a tout membre de la société de vivre en travaillant et d'obtenir, dans la répartition des fruits du travail, une part proportionnée à ses besoins..... Qu'ils le sachent bien, nos prétendus hommes d'État, — eux à qui il n'appartient pas, suivant leur aveu, de donner du travail aux ouvriers [2], — qu'ils le sachent bien, le peuple a vu, dans un

---

[1] Lettre du 30 avril 1840 (*Lutèce*, p. 29).

[2] Les ouvriers faisaient ici allusion à une expression malheureuse échappée, quelques jours auparavant, à M. Sauzet, président de la Chambre. Celui-ci, voulant rappeler à la question un orateur qui, à propos d'une loi sur les sucres, déclamait sur les ouvriers sans ouvrage, avait dit : « Nous sommes chargés de faire des lois, et non pas de donner de l'ouvrage aux ouvriers. » Cette phrase avait été aussitôt relevée et amèrement commentée par tous les journaux d'extrême gauche.

tel déni de justice, la preuve de leur impuissance radicale en face d'un mal trop grand, d'une situation trop effrayante. Ceux qui, s'élevant au-dessus des querelles frivoles qui absorbent aujourd'hui toute l'attention des hommes politiques, auront, comme vous, le courage d'aborder les questions sociales qui nous touchent, ceux-là peuvent compter sur notre reconnaissance et notre appui. » M. Arago remercia les ouvriers avec effusion, leur recommanda la modération et promit de « ne jamais déserter la sainte mission qu'il s'était donnée, celle de défendre, avec ardeur et persévérance, les intérêts des classes ouvrières ».

En même temps, pour prolonger dans le pays le bruit ainsi commencé autour de la réforme électorale et de la réforme sociale, les radicaux décidèrent d'entreprendre une campagne de banquets démocratiques. Le premier eut lieu à Paris, le 2 juin; plusieurs suivirent, soit dans la même ville, soit dans les départements, avec accompagnement de discours révolutionnaires. L'un de ces banquets, celui du huitième arrondissement, avait été fixé au 14 juillet, fête de l'anniversaire de la prise de la Bastille, et plus de trois mille convives s'y étaient inscrits, la plupart gardes nationaux du quartier. Préoccupée de ce nombre et de cette date, l'autorité fit défense au propriétaire du local choisi de recevoir plus de mille personnes. Aux réclamations qui lui furent adressées, le ministre de l'intérieur, M. de Rémusat, répondit qu'il avait le pouvoir d'accorder ou de refuser l'autorisation, suivant les circonstances. Le cabinet de M. Thiers invoquait donc alors et exerçait sans scrupule le droit dont l'opposition devait, en février 1848, tant reprocher à M. Guizot de faire usage. Le banquet fut ajourné. Il eut lieu, le 31 août suivant, dans la plaine de Châtillon, et plusieurs milliers de démocrates y prirent part.

Ces manifestations étaient principalement politiques : dans les toasts portés, on retrouvait tous les cris de guerre du parti radical, et d'abord ceux par lesquels il réclamait une large extension du suffrage. Cependant une place y était toujours faite au socialisme. La thèse habituelle des orateurs, dont les paroles étaient soumises préalablement à l'approbation des comités, consistait à présenter la réforme sociale comme étroitement liée à la réforme électorale, celle-ci étant le moyen, celle-là le but. Au banquet du douzième arrondissement, en présence de M. Arago et de M. Laffitte, et en quelque sorte sous leur patronage, M. Goudchaux, banquier et futur ministre des finances en 1848, proclama, dans une langue qui ne valait guère mieux que les idées exprimées, « la nécessité de régénérer le travail, soumis aujourd'hui à l'exploitation de l'homme par l'homme, exploitation qui crée des positions dissemblables à des hommes ayant les mêmes droits et qui, par cette exploitation, sont réellement classés en deux catégories, seigneurs et serfs » ; comme moyen pratique, il paraissait ne proposer, pour le moment, qu'un développement des sociétés coopératives, mais les mots dont il se servait, les colères et les espérances que ces mots devaient éveiller, portaient beaucoup plus loin. Après M. Goudchaux, M. Arago vint réclamer l'honneur d'avoir le premier, à la tribune, « distinctement articulé ces paroles pleines d'avenir : *Il faut organiser le travail* ». Dans le banquet du onzième arrondissement, un orateur déclara que « celui qui ne travaillait pas, dérobait au travailleur son existence et devait être, tôt ou tard, dépouillé de ses honteux priviléges par celui dont il dévorait la substance » ; et il terminait en buvant « à la réalisation des grandes idées égalitaires ».

Ce fut bien pis encore dans le banquet qui eut lieu à Belleville, le 1ᵉʳ juillet; il était organisé par les communistes qui, mécontents de n'avoir pas vu leur toast agréé dans le banquet du douzième arrondissement, voulaient avoir leur réunion à eux. Devant douze cents convives, les doctrines les plus détestables et les plus menaçantes pour la société, la famille, la propriété, furent audacieusement proclamées. Qu'elles osassent ainsi s'étaler, c'était déjà un signe des temps; l'accueil fait à cette manifestation par l'organe le plus considérable du parti républicain eût dû paraître un symptôme plus instructif et plus inquiétant encore. Au fond, les écrivains du *National* désapprouvaient les communistes, les redoutaient et se sentaient d'ailleurs détestés et jalousés par eux, au moins autant que les bourgeois conservateurs. Ils n'osèrent pas cependant répudier nettement le banquet de Belleville. Répondant à la presse ministérielle qui concluait de cet événement que les radicaux étaient divisés, le *National,* loin d'accepter cette division et de s'en faire honneur, se crut obligé de la nier. « Le parti démocratique, dit-il, est uni pour poursuivre l'émancipation complète du pays... Nous savons bien que, dans le champ des réformes sociales, tous les esprits, toutes les imaginations se donnent carrière. Mille systèmes naissent et meurent chaque jour; chacun bâtit son petit édifice... Ici, la bonne foi et le désintéressement; là, le charlatanisme et l'exploitation. Et qu'est-ce donc que cela prouve? C'est que la société entière est en travail, c'est que, sous vos couches officielles, où vous donnez l'exemple des intrigues et du désordre, règne une fermentation universelle qui atteste le besoin qu'a la société actuelle de sa transformation et de son progrès... Non-seulement cette agitation n'a rien d'effrayant, mais, sous un rapport, toutes les tentatives des sectaires ont un côté utile. Laissons passage à l'extravagance; peut-être porte-t-elle en croupe quelque idée que la nation voudra recueillir... Si de nobles sentiments se font jour à travers les utopies, pourquoi tout condamner et flétrir sans discernement? Si, parmi les esprits qui rêvent, il y a des cœurs qui palpitent à toutes les émotions de la patrie, si elle peut trouver là de l'abnégation pour la servir, du courage pour la défendre, pourquoi les envelopper dans un ostracisme injuste? Le parti démocratique ne rompt pas son unité pour si peu. » Nul, dès lors, ne pourra être surpris de voir, au 24 février 1848, le jour où les hommes du *National* deviendront par surprise les maîtres de la France, les socialistes partager avec eux le pouvoir. Pour en revenir à 1840, la faiblesse des radicaux ne leur valait même pas d'être bien traités par ceux qu'ils se refusaient à répudier. Peu de temps après le banquet de Belleville, le 24 juillet, on célébrait, à Saint-Mandé, l'anniversaire de la mort de Carrel. A la suite d'un discours de M. Bastide, gérant du *National,* un étudiant prit la parole, au nom des communistes, et reprocha violemment au journal républicain d'avoir dévié des doctrines de l'homme qui avait fait sa gloire. Il en résulta une violente altercation et même une sorte de rixe. Le *National* donna naturellement à entendre, le lendemain matin, que cet incident était l'œuvre de la police.

X

Il avait dû être déplaisant à la gauche ministérielle de paraître abandonner, ou tout au moins ajourner, la réforme électorale. Ce ne fut pas le seul sacrifice de ce genre que lui demanda M. Thiers : celui-ci, en effet, était tout aussi désireux de se débarrasser de la réforme parlementaire, autre article du programme de l'ancienne opposition. On a déjà vu comment il était parvenu à faire élire, pour examiner la proposition Remilly, une commission en apparence favorable à la mesure, en réalité chargée de l'ajourner[1]. Cette commission, nommée le 2 mai, conclut à l'adoption d'un projet de réforme, mais elle ne déposa son rapport que le 15 juin, alors que la préoccupation unique des députés était de prendre au plus tôt leurs vacances. A peine une voix, dans la Chambre, demanda-t-elle, sans insister, que la discussion du projet fût fixée entre le budget des recettes et celui des dépenses. La majorité, entrant dans le jeu du ministère, la renvoya après les deux budgets : c'était, au su de tous, un ajournement indéfini. Pour le coup, le souhait du comte Jaubert était accompli, et la proposition était dûment « enterrée ».

Toutefois, pouvait-on compter que la gauche montrerait longtemps encore une pareille complaisance? Il était visible qu'elle devenait chaque jour plus gênée et plus maussade. Les radicaux ne se faisaient pas faute de railler sa duperie et

---

[1] Cf. plus haut, p. 146 à 152.

de flétrir sa « trahison ». En outre, les divers incidents, provoqués par la proposition du retour des cendres de l'Empereur, avaient amené une scission dans son sein. Plusieurs députés de ce groupe, en révolte contre M. Odilon Barrot, avaient pris attitude d'opposition ouverte à l'égard du ministère. C'étaient d'abord ceux qu'on appelait les « saints », en tête desquels marchaient MM. de Tocqueville, de Beaumont, de Corcelle, et qui se plaignaient un peu naïvement que la gauche ne se préoccupât pas davantage d'appliquer ses doctrines. C'étaient ensuite des politiques moins austères et plus agités, faciles sur les principes et très-ombrageux dans leurs préventions. L'un de ces derniers, M. Lherbette, personnage de mince autorité, mais de parole âpre et d'allure remuante, ne manquait pas une occasion de soulever les débats les plus désagréables à M. Thiers : un jour, il l'interpellait sur la fameuse lettre par laquelle M. Jaubert avait invité les amis du cabinet à « enterrer » la proposition Remilly ; un autre jour, il dénonçait les moyens plus ou moins avouables par lesquels le président du conseil s'était rendu maître des journaux. « Je le dis hautement, s'écria-t-il, grâce à l'accaparement de la presse par le ministère, notre côté, celui de la gauche constitutionnelle, n'a plus d'organes ; il faut que le pays le sache. » Ces attaques embarrassaient les ministériels de gauche, qui n'osaient riposter à la tribune et qui se défendaient mollement dans la presse. Le *Siècle* en était réduit à se plaindre un peu piteusement du « déchaînement auquel M. Odilon Barrot était en butte », de « la fureur qui s'était tournée contre lui », et il ajoutait, quelques jours après, sous forme d'excuse : « Nous n'avons pas demandé au ministère tout ce qui était dans nos vœux, et il est loin d'avoir fait tout ce que nous lui avons demandé ; mais qui est en mesure de gouverner à sa place et de donner à l'opinion publique une satisfaction plus complète[1] ? »

La gauche trouvait-elle au moins une compensation dans la distribution des places ? C'était, on le sait, ce qui lui tenait le

[1] 10 et 19 juin 1840.

plus au cœur. M. Thiers en faisait sans doute assez sur ce point pour fournir occasion aux plaintes des conservateurs. Certaines de ses nominations témoignaient surtout d'un sans gêne dans le favoritisme, d'un parti pris de se faire une clientèle personnelle, d'un dédain pour les usages et la hiérarchie qu'on n'avait peut-être vus encore à ce degré chez aucun ministre. Mais il était loin de donner ainsi à la gauche tout ce qu'il lui avait, sinon promis, du moins laissé espérer. Après tout, il se sentait homme de gouvernement et n'entendait pas désorganiser l'administration. C'était surtout dans les préfectures que la gauche attendait un renouvellement presque complet : il y avait là d'anciennes ou de récentes rancunes électorales, impatientes de recevoir satisfaction. Le ministre de l'intérieur, M. de Rémusat, n'était pas encore assez loin du moment où il marchait avec M. Guizot, pour être bien pressé d'obéir à ces exigences ; il s'appliqua, au contraire, à les éluder. Tout d'abord, sous prétexte d'étudier le personnel, il retarda pendant plus de trois mois sa décision, et quand enfin, le 5 juin, le mouvement préfectoral, depuis si longtemps annoncé, parut au *Moniteur*, la gauche s'aperçut avec désappointement qu'un seul préfet était destitué, un autre nommé conseiller d'État, et treize changés de résidence ; parmi les sous-préfets on ne comptait que sept destitutions et vingt mutations. Pour le coup, les journaux ne purent cacher leur mécontentement. Le *Siècle,* tout en consentant à « tenir compte des intentions et des difficultés, » déclarait « ne pas accepter, comme une satisfaction politique, un mouvement dont la signification était aussi effacée. » Le *Courrier français* disait : « Cette mesure assure l'impunité à la plupart des magistrats qui avaient audacieusement trempé dans les tripotages électoraux du 15 avril... A force de vouloir contenter tout le monde, on a fini par ne pouvoir plus satisfaire personne... Les intérêts conservateurs ont prévalu presque partout... On voit maintenant où en est la réaction parlementaire du 1er mars. Il y a des choses que le cabinet ne peut pas faire, et ce sont les choses que nous avions le plus souhaitées. » Quelques jours après, rappelant toute la liberté d'action que la gauche avait laissée au ministère, il ajoutait : « Nous avons le droit de déplorer sa faiblesse... On n'est un grand ministre qu'à la condition de déclarer, comme Richelieu, en entrant au pouvoir par la brèche, que la politique du pays est changée[1]. »

Si M. Thiers trompait ainsi les espérances des partisans de M. Odilon Barrot, réussissait-il par là même à rassurer les amis de M. Guizot et de M. Molé? Non ; ceux-ci étaient toujours en méfiance. Si peu que le ministère eût fait de mutations administratives, elles étaient commentées avec humeur et inquiétude par les députés conservateurs, et d'ailleurs ceux-ci se rendaient compte que, dans chaque département, toute la faveur et tout le crédit étaient passés à leurs adversaires. Bien que la législation fût demeurée fermée à tous les articles du programme de la gauche, on n'en avait pas moins le sentiment que l'action parlementaire du cabinet tendait à désorganiser l'ancienne majorité au profit de l'ancienne opposition. La facilité même avec laquelle cette dernière laissait contredire ses idées, ajourner ses réformes, paraissait suspecte aux conservateurs. « Elle s'entend avec le ministère, disaient-ils, pour arriver à la fin de la session sans nous effaroucher, en gagnant même quelques-uns des nôtres. Puis, les Chambres dispersées, nous verrons se faire contre nous, d'abord l'épuration des fonctionnaires, et ensuite la dissolution de la Chambre. C'est parce qu'on lui a promis ce dénoûment, que la gauche est si patiente. » La dissolution était ce que l'on redoutait le plus au centre droit. « Soyez sûr, écrivait M. Duchâtel à M. Guizot, que la dissolution est au fond de la situation actuelle. On prend des renseignements de tous les

---

[1] *Siècle* du 6 juin, *Courrier français* du 6 et du 10 juin. — La gauche sentit très-vivement ce désappointement. Deux ans après, M. Léon Faucher, rédacteur du *Courrier français*, s'en souvenait encore et écrivait, le 8 novembre 1842, à M. Duvergier de Hauranne : « Nous ne pouvons à aucun prix recommencer l'épreuve du 1er mars. Rémusat en particulier, par son obstination à conserver les préfets, nous avait tout à fait sacrifiés. Pour ma part, j'ai failli y perdre ma position, ma santé... S'immoler à des personnes, c'est être dupe et faire des ingrats. Encore aujourd'hui, quatre ou cinq journaux me font l'honneur de m'attaquer personnellement comme si j'étais ministre, et pourtant je suis peut-être le seul homme de la presse, avec Chambolle, qui n'ai rien demandé ni rien accepté du 1er mars. » (Léon Faucher, *Biographie et Correspondance*, t. I, p. 396.)

côtés; on s'y prépare le plus mystérieusement que l'on peut. On envoie aux journaux des départements des articles que j'ai lus et qui vantent les heureux effets probables d'une dissolution. Le Roi est décidé à la refuser; mais le pourra-t-il? » Plus approchait la clôture de la session, plus, en dépit des dénégations des ministres, ces inquiétudes devenaient vives. Le bruit courait même qu'on n'attendait que la séparation du parlement pour faire entrer M. Odilon Barrot dans le cabinet. Ce bruit parvint, à Londres, aux oreilles de M. Guizot, et celui-ci, malgré son parti pris de réserve, fit avertir M. de Rémusat par le duc de Broglie que, dans ce cas, il ne resterait pas ambassadeur. « La dissolution de la Chambre ou l'admission de la gauche dans le gouvernement, dit-il, ce sont pour moi les cas de retraite que j'ai prévus et indiqués dès le premier moment ». M. de Rémusat répondit : « Guizot devrait bien contrôler un peu mieux sa correspondance et croire ce que nous lui écrivons. Je n'ai pas besoin de vous dire qu'il n'y a pas un mot de fondé dans ses suppositions. Ce n'est pas, même en ce moment, la tendance du cabinet de porter Barrot à la présidence l'année prochaine [1]. » M. Thiers avait sans doute eu connaissance de cette plainte de M. Guizot, quand il terminait l'une des nombreuses lettres qu'il écrivait alors à son ambassadeur, par ces mots un peu ironiques : « Je vous souhaite mille bonjours et vous engage à vous rassurer sur les affaires intérieures de la France; nous ne voulons pas la dissolution, et nous ne vous perdons pas le pays en votre absence. »

Bien qu'imparfaitement rassuré, M. Guizot n'en continua pas moins à prêcher à ses amis la patience et la modération. Il avait sur ce point des idées très-réfléchies qu'il exposa, un jour, en ces termes, à M. Duchâtel : « Je crois qu'il importe infiniment de ne pas se tromper sur le moment de la réaction et sur la position à prendre pour la diriger. Il ne faut rentrer au pouvoir qu'appelés par une nécessité évidente, palpable. Je ne connais rien de pis que les remèdes qui viennent trop tôt: ils ne guérissent pas le

---

[1] *Documents inédits.*

malade et ils perdent le médecin. Il faut, quand nous nous rengagerons, que le péril soit assez pressant, assez clair, pour que nos amis s'engagent bien eux-mêmes avec nous, et à des conditions honorables et fortes pour nous. Les partis ne se laissent sauver que lorsqu'ils se croient perdus. » Ces conseils n'étaient qu'à demi entendus. Sans doute les conservateurs n'avaient ni l'occasion, ni le moyen, ni la volonté d'entreprendre dans la Chambre une campagne décisive; mais leurs journaux étaient toujours fort agressifs. Les avances que M. Thiers cherchait parfois à faire aux divers groupes de l'ancienne majorité étaient d'ordinaire assez rudement rebutées : c'est ainsi que, vers la fin de la session, ayant offert des places à M. Villemain, ancien membre du cabinet du 12 mai, et à M. Martin du Nord, ancien collègue de M. Molé, il essuya des refus que les commentaires des journaux rendirent plus significatif encore. Aussi le *Constitutionnel* du 17 juillet constatait-il, non sans amertume, que « toutes les tentatives, plus ou moins heureuses, faites pour ramener le parti conservateur » avaient échoué, et que ce parti continuait son opposition plus ardemment que jamais : il en concluait à la nécessité de se montrer plus ferme. « Que le ministère, disait-il, sache avoir des amis et des ennemis. »

Telle était la situation, en juillet, à la fin de la session. Sans doute, à force d'adresse, d'activité, de talent, M. Thiers était resté debout pendant quatre mois. Il avait, sur un terrain difficile, évité toutes les chutes, mais à la condition de se réduire à une sorte d'inaction politique, bien contraire à sa nature; il n'avait pu tenter aucune des grandes entreprises par lesquelles il semblait devoir justifier son avénement et répondre à l'attente du public. Pour le moment, et à ne pas regarder au delà des quelques mois de vacances parlementaires, le ministère ne paraissait pas en péril; mais personne ne le croyait solide et n'avait foi dans son avenir. On ne voyait pas quels ennemis seraient, à l'heure actuelle, en état de le renverser et de le remplacer; mais on ne voyait pas davantage où se trouvaient ses amis, ceux qui le reconnaissaient et étaient résolus à le soutenir comme le représentant véritable et permanent de leurs idées et de leurs intérêts. En réalité, après tant d'ingénieuses manœuvres, il ne possédait pas plus une majorité à lui qu'au jour où il avait pris le pouvoir, et, comme l'écrivait un observateur, « la position politique du ministère était encore à trouver ». Chacun surtout se rendait compte que les expédients au moyen desquels M. Thiers avait vécu jusqu'alors étaient usés au regard de la gauche aussi bien que du centre; c'est le propre, en effet, de ces jeux de bascule de n'avoir que des succès de courte durée, et, par là, ils ne sauraient jamais égaler et remplacer la grande politique. Aussi l'impression générale était-elle alors que M. Thiers ne pourrait aborder, dans ces conditions, la rentrée des Chambres. « La session s'est close médiocrement pour le cabinet, écrivait M. Villemain à M. Guizot; il y avait, à la Chambre des députés, diminution de confiance, quoique la confiance n'eût jamais été grande. Le parti nécessaire, le centre, n'était pas hostile, mais froid et assez sévère dans ses jugements. La gauche était humble, mais une partie avait de l'humeur et, sans les journaux, en aurait eu davantage. La session prochaine retrouvera les choses dans le même état, et plutôt aggravées. Les conquêtes individuelles seront assez rares et péniblement compensées. Il y aura de l'impossible à satisfaire la gauche, ou à la conserver aussi bénigne sans la satisfaire. » Ceux qui étaient le plus dévoués au ministère ne cachaient pas leurs inquiétudes, tel M. Duvergier de Hauranne, qui, tout en affirmant à M. Guizot que l'existence du cabinet était assurée pour la durée des vacances, reconnaissait que les difficultés renaîtraient au début de la session prochaine; il ajoutait même : « J'avoue qu'à cette époque ces difficultés pourront être grandes. » Quant au duc de Broglie, tout en constatant que la session finissait paisiblement, «que toutes les grandes lois avaient passé », il notait que ceux des députés des centres qui étaient revenus individuellement au ministère, « ne lui voulaient pas de bien, ne lui souhaitaient pas d'avenir et étaient prêts à se réjouir de sa chute [1] ».

---

[1] *Documents inédits.*

M. Thiers était trop perspicace pour ne pas voir un danger qui frappait ainsi tout le monde, amis et adversaires. Il n'était pas homme non plus à s'y laisser acculer sans rien entreprendre pour y échapper. Tous ceux qui le connaissaient s'attendaient donc à le voir profiter de l'intervalle des sessions pour chercher l'occasion de quelque coup d'éclat qui le sortît des embarras actuels et donnât une autre direction aux esprits. Ne lui savait-on pas le goût des diversions? Chacun pressentait du nouveau et de l'imprévu, tout en ignorant quel il serait. « Personne, écrivait alors un observateur, ne devine ce que pourra inventer le président du conseil ; mais on ne sera surpris par quoi que ce soit, tant on est habitué à tout attendre de M. Thiers[1]. » Le passé permettait cependant de faire quelques pronostics. Ceux qui se rappelaient comment, en 1836, au milieu d'embarras analogues, M. Thiers avait voulu jeter la France dans une intervention militaire en Espagne, ne devaient-ils pas supposer que, cette fois encore, l'aventureux ministre chercherait au dehors la diversion dont il avait besoin? Les complications, chaque jour plus graves, des affaires d'Orient allaient le dispenser de faire naître une occasion. Le 15 juillet, le jour même où les Chambres françaises se séparaient pour leurs vacances annuelles, l'Angleterre, la Russie, l'Autriche et la Prusse signaient, à l'insu et à l'exclusion de la France, un traité pour régler la question orientale.

---

[1] Lettre du capitaine Callier au maréchal Soult. (*Documents inédits.*) Le capitaine Callier, aide de camp du maréchal, était resté à Paris pour tenir ce dernier, alors à la campagne, au courant des événements politiques.

CHAPITRE III

LE TRAITÉ DU 15 JUILLET 1840.

Mars-Juillet 1840.

I. Le plan diplomatique de M. Thiers. Il veut gagner du temps, ramener l'Angleterre, se dégager du concert européen et pousser sous main à un arrangement direct entre le sultan et le pacha. — II. M. Guizot ambassadeur. Ses avertissements au gouvernement français. Son argumentation avec lord Palmerston. Peu d'effet produit sur ce dernier. — III. Obstacles que lord Palmerston rencontre parmi ses collègues et ses alliés. Transactions proposées par les ministres d'Autriche et de Prusse. Refus de la France. Négociations diverses. Nouvelles offres de transaction. — IV. Tentative d'arrangement direct entre la Porte et le pacha. Espoir de M. Thiers. Irritation des puissances. Lord Palmerston pousse à faire une convention sans la France. La Russie, l'Autriche et la Prusse y sont disposées. Résistances dans l'intérieur du cabinet anglais. On se cache de M. Guizot. Ce qu'il écrit à M. Thiers. Signature du traité sans avertissement préalable à l'ambassadeur de France. Stipulations du traité. *Memorandum* de lord Palmerston. Conclusion.

I

En suivant M. Thiers dans sa politique parlementaire, nous avons perdu de vue les négociations sur la question d'Orient. C'est, du reste, ce qui était arrivé alors au public français. Cependant, pour n'avoir pas occupé le parlement et la presse, ces négociations n'en avaient pas moins continué, dans l'ombre et le mystère des chancelleries, et s'étaient, de jour en jour, approchées du dénoûment qui devait si désagréablement rappeler l'attention publique sur ce sujet. Il convient d'en reprendre le récit au point où nous l'avions laissé. On se rappelle quel était le dernier état des choses à la chute du ministère du 12 mai : la Russie venait de renvoyer M. de Brünnow en

Angleterre, avec instructions de tout céder pour séparer les puissances de la France; celle-ci s'obstinait, au contraire, à soutenir les prétentions de Méhémet-Ali; tout concourait donc à consommer notre isolement; seulement, la prudence ou l'hésitation de quelques-uns des alliés ralentissait un peu les événements que lord Palmerston et M. de Brünnow eussent volontiers précipités, et pour le moment les négociations de Londres étaient suspendues, sous prétexte d'attendre l'arrivée d'un plénipotentiaire turc. Si le nouveau ministère français eût voulu dégager notre politique des complications périlleuses où elle s'était fourvoyée, ce retard lui aurait donné le temps d'accomplir son évolution. Mais nous avons déjà vu que, dans ses premières déclarations devant les Chambres, M. Thiers, loin d'oser annoncer quelque mouvement de retraite, avait cru nécessaire de promettre qu'il ne serait pas moins égyptien que ses prédécesseurs [1]. Il avait seulement émis la prétention d'être plus habile et plus heureux dans la poursuite du même but. Par quels moyens? Il ne l'avait pas dit à la tribune. Rien de plus légitime qu'une telle discrétion. Mais le ministre était évidemment plus explicite avec ses agents diplomatiques. Cherchons à découvrir, par les instructions données à ces derniers, le plan qu'il entendait suivre dans cette difficile négociation.

L'idée qui tout d'abord se dégage avec le plus de netteté est le désir de gagner du temps. Reculer autant que possible la reprise des pourparlers de Londres, les faire ensuite traîner en longueur, affecter de se dire sans parti pris, s'abstenir de faire aucune proposition, critiquer celles d'autrui « avec mesure et patience », sans se prononcer et de façon à retarder toute solution définitive, laisser entrevoir que « si l'on voulait violenter la politique de la France, la France résisterait », telle est la tactique recommandée par le ministre à ses ambassadeurs près les diverses cours [2]. Pour n'être pas déraisonnable et paraître

---

[1] Cf. plus haut, p. 136 et suiv.
[2] Correspondance de M. Thiers avec M. Guizot, publiée par extraits dans les *Mémoires* de ce dernier, et dépêches inédites de M. Thiers à ses autres ambassadeurs.

indiquée par les circonstances, cette tactique n'était pas sans risque. Pendant que nous refuserions ainsi systématiquement de rien conclure, n'était-il pas à craindre que les autres puissances, impatientées, n'en finissent sans nous? En tout cas, ce n'était qu'un expédient temporaire. Qu'y avait-il au bout de cette politique d'attente et de difficultés sans cesse renouvelées? Ce temps que l'on cherchait à gagner, qu'en prétendait-on faire? S'il fallait en croire la conversation que M. Thiers a eue plus tard, — après 1848, — avec un Anglais, son secret dessein était de guetter le moment où l'opinion française, distraite ou fatiguée de son engouement égyptien, eût permis de consentir une transaction, pour le moment impossible[1]. Mais, dans les documents de l'époque, on ne trouve rien qui confirme cette explication donnée après coup. Le ministre, sans doute, y paraissait désirer un accord avec l'Angleterre, mais l'attendait des concessions de cette dernière ; il ne désespérait pas de vaincre par son habileté un antagonisme qu'il prétendait avoir été surtout provoqué par la maladresse de ses prédécesseurs ; et puis il se flattait que lord Palmerston accorderait à un partisan déclaré de l'alliance anglaise ce qu'il avait refusé au ministère du 12 mai, plus ou moins compromis dans les alliances continentales. C'était pour mener à fin cette conversion de l'Angleterre que M. Thiers jugeait utile de retarder toute solution. Pendant ce temps, d'ailleurs, les amours-propres engagés auraient le temps de se calmer. Aussi écrivait-il, le 12 mars, à M. de Barante :
« Il ne faut point afficher d'espérances ni de projets personnels à notre cabinet ; nous dirons notre mot quand il le faudra, mais il n'est pas nécessaire de nous presser ; jusque-là, de la douceur et des raisonnements, les meilleurs possibles. »

---

[1] SENIOR, *Conversations with M. Thiers, M. Guizot, and other distinguished persons*, t. I, p. 4. — Dans cet entretien, auquel nous avons déjà fait allusion, M. Thiers se donnait comme ayant été personnellement peu favorable au pacha; seulement, quand il prit le pouvoir, il trouva le Roi et l'opinion trop échauffés sur la question égyptienne pour pouvoir aller à l'encontre. « Je consultai Granville, ajouta-t-il, qui me donna le conseil de temporiser jusqu'à ce que les Français, avec leur habituelle versatilité, eussent porté leur attention sur un autre sujet... Je suivis ce conseil. »

C'est surtout avec l'Angleterre que M. Thiers prétendait ainsi employer la « douceur » et les « raisonnements ». Plus que jamais, il était convaincu que le ministère précédent avait commis « une grande faute » en se liant au concert européen. La note du 27 juillet lui paraissait surtout regrettable. « C'est, disait-il, l'ornière dans laquelle le char a échoué. » Seulement, il ne pouvait faire que ce concert n'eût été accepté, bien plus, provoqué par la France, et que cette note ne portât même la signature de l'amiral Roussin, devenu son collègue dans le cabinet du 1ᵉʳ mars. Il reconnaissait donc l'impossibilité de répudier ouvertement un engagement si formel et si récent[1], mais ne renonçait pas à s'en dégager peu à peu et sans bruit, par quelqu'une de ces voies détournées, obliques, qu'on ne saurait sans doute interdire à la diplomatie, mais dans lesquelles il est d'ordinaire fâcheux de se laisser surprendre. Telle était la répugnance de M. Thiers pour ce concert européen, qu'il recommandait à M. Guizot « de se refuser à toute délibération commune avec les quatre puissances, et de n'avoir en quelque sorte de rapports officiels qu'avec les ministres de la Reine ». On cherche vainement quel avantage il comptait trouver à demeurer en tête-à-tête avec lord Palmerston, qui était de tous le plus animé contre la France, et à ne pas admettre en tiers, dans la conversation, les représentants de l'Autriche et de la Prusse, dont les sentiments étaient plus conciliants. Heureusement, notre ambassadeur sut ne pas prendre à la lettre cette partie de ses instructions.

La politique de M. Thiers n'était pas uniquement fondée sur l'espoir d'un accord avec l'Angleterre; il poursuivait simultanément, mais avec plus de mystère, un autre dessein : c'était de revenir à cet arrangement direct entre le sultan et le pacha, qu'il regrettait tant d'avoir vu empêché par la note du 27 juillet[2]. N'était-ce pas s'exposer au reproche de manquer à l'enga-

---

[1] M. Thiers écrivait le 8 juin à M. Guizot : « Il ne faut pas avoir l'air d'abjurer la note du 27 juillet, car un revirement de politique, l'abandon patent d'un engagement antérieur doit s'éviter avec soin. » (*Mémoires de M. Guizot.*)

[2] Le ministère du 12 mai lui-même, très-peu de temps après la note du 27 juillet, en était à regretter l'arrangement direct. Le maréchal Soult écrivait, le

gement pris par cette note? N'était-ce pas surtout paraître jouer un double jeu, temporiser à Londres tout en agissant sous main en Orient? Notre ministre croyait échapper à ce reproche en ayant soin de ne pas prendre ouvertement l'initiative d'une négociation entre le sultan et Méhémet-Ali; il se bornait à leur adresser à tous deux le « conseil très-pressant » de « s'accorder directement », et à les décourager de rien attendre du concert européen[1]. « Je tire le câble des deux côtés pour rapprocher les deux parties, écrivait-il; mais je n'entame aucune négociation, pour nous éviter tout reproche fondé de duplicité. » Sans doute, si le coup eût réussi, il eût fait faire aux puissances dont nous estimions avoir à nous plaindre, à l'Angleterre surtout, une figure fort penaude : comme revanche d'amour-propre, c'eût été complet, si complet même qu'on aurait pu se demander s'il était d'une prudente politique d'infliger à l'Europe entière une telle mortification et de s'exposer aux représailles qui suivraient tôt ou tard. Mais y avait-il des chances sérieuses de succès? Une telle entreprise, avec tout ce qu'elle comportait de démarches complexes et lointaines à Constantinople et à Alexandrie, pouvait-elle s'accomplir assez secrètement pour n'être pas devinée par les autres cabinets, assez rapidement pour que ceux-ci n'eussent pas le temps de se mettre en garde?

II

Londres était le siége principal des négociations[2]. C'était donc à M. Guizot, qui venait d'y être nommé ambassadeur de France, qu'il appartenait d'exécuter, pour la plus grande part,

15 octobre 1839, au duc d'Orléans : « Quant à la Russie, elle pousse le Divan, par M. de Boutenieff, à s'arranger directement avec le vice-roi, qui paraît avoir à ce sujet des espérances. Si cela arrive, au lieu de l'empêcher, nous y donnerons notre consentement, et, pour en finir, ce serait l'issue la plus favorable. » (*Documents inédits.*)

[1] Voy. les lettres écrites sur ce sujet par M. Thiers à M. Guizot, notamment celles du 21 mars et du 28 avril 1840. (*Mémoires de M. Guizot.*)

[2] A Vienne, M. de Sainte-Aulaire ayant voulu entretenir M. de Metternich de

le plan de M. Thiers. Il était nouveau dans ce rôle, n'ayant pas encore fait de diplomatie et n'étant même jamais venu en Angleterre [1]. L'éclat de son renom, sa haute expérience des choses politiques, son importance parlementaire, l'éloquence de sa parole, faisaient de lui un ambassadeur hors pair. Nul ne pouvait davantage honorer la France, ni avoir plus d'autorité auprès du gouvernement et du public anglais. Possédait-il au même degré les autres qualités du diplomate, la souplesse de l'allure, la finesse et la sûreté de l'observation? Plus tard, les amis de M. Thiers ont tâché de rejeter la responsabilité de l'échec final sur le défaut de clairvoyance de M. Guizot. Celui-ci s'est défendu dans ses *Mémoires*, en citant les nombreux passages de ses lettres et de ses dépêches où il avertissait des dangers de la situation. Sa justification paraît généralement concluante; s'il a eu aussi ses illusions, elles ont été plutôt moindres que celles de son gouvernement. Pourrait-on affirmer cependant qu'un ambassadeur moins imposant et moins éloquent n'eût pas quelquefois mieux pénétré ce qu'on voulait nous cacher? Ce côté investigateur, — nous dirions presque : policier, — de la diplomatie est celui qui s'improvise le plus difficilement. Les grands orateurs y sont moins propres que d'autres; ils s'écoutent trop eux-mêmes pour bien écouter leurs interlocuteurs et surtout pour prêter l'oreille à tous les petits bruits qui pourraient leur servir d'indices; ils sont disposés à croire la partie gagnée, quand ils ont conscience d'avoir victorieusement réfuté les contradictions. Ajoutons qu'il y avait, chez M. Guizot, une disposition naturelle à l'optimisme et à la confiance, qui n'était pas

---

la question d'Orient, celui-ci le pria de ne plus lui parler de cette affaire. « Je n'aurais rien de nouveau à vous apprendre, lui dit-il, et ma maxime est de ne jamais parler dans un lieu de ce qui se traite dans un autre. » Aussi M. de Sainte-Aulaire, découragé, avait-il demandé et obtenu un congé. (*Mémoires inédits de M. de Sainte-Aulaire.*)

[1] M. Guizot dit lui-même modestement, en commençant, dans ses *Mémoires*, le beau récit de son ambassade : « J'avais beaucoup étudié l'histoire d'Angleterre et la société anglaise. J'avais souvent discuté dans nos Chambres les questions de politique extérieure. Mais je n'étais jamais allé en Angleterre et je n'avais jamais fait de diplomatie. On ne sait pas combien on ignore et tout ce qu'on a à apprendre, tant qu'on n'a pas vu de ses propres yeux le pays et fait soi-même le métier dont on parle. »

la meilleure condition pour traiter avec lord Palmerston. Cette disposition avait dû être encore augmentée par les succès personnels de l'ambassadeur auprès de la société anglaise. Grâce à sa renommée, à ses opinions, à sa religion même, il recevait des diverses classes l'accueil le plus flatteur; partout, objet d'une curiosité sympathique, il n'était pas jusqu'à ses dîners, apprêtés par le célèbre Louis, l'ancien cuisinier de M. de Talleyrand, qui ne fussent aussi goûtés par les ladies de l'aristocratie que ses *speechs* de *Mansion House* par les bourgeois de la Cité. Ce nuage d'admiration au milieu duquel il vivait à Londres ne risquait-il pas parfois de lui voiler un peu les manœuvres que poursuivait, pendant ce temps, la malice résolue et obstinée du chef du *Foreign-Office* [1] ?

M. Guizot n'avait, pour son compte, aucune objection de fond au plan qu'on le chargeait d'exécuter à Londres. Il partageait alors l'engouement général pour le pacha. Cependant, dès le début, avec une remarquable sagacité, il mit en garde M. Thiers contre certains risques de sa tactique. Tout en comprenant, par exemple, l'intérêt de « gagner du temps », il rappelait que le « ministère anglais croyait les circonstances favorables pour régler les affaires d'Orient, et voulait sérieusement en profiter » ; puis il ajoutait : « Si, de notre côté, nous ne paraissions vouloir qu'ajourner toujours et convertir toutes les difficultés en impossibilités, un moment viendrait, je pense, où, par quelque résolution soudaine, le cabinet britannique agirait sans nous et avec d'autres plutôt que de ne rien faire. » Il revenait souvent sur cet avertissement, sans, il est vrai, faire partager au gouvernement français son prévoyant souci. Le Roi lui-même, ordinairement plus perspicace, disait au général Baudrand, qui avait mission de le répéter à l'ambassadeur :

---

[1] Pour le récit des négociations qui vont suivre, jusqu'à la signature du traité du 15 juillet, je m'attache principalement aux documents diplomatiques publiés dans les *Mémoires de M. Guizot*, en les complétant par les *Papiers inédits* dont j'ai eu communication, et par les publications anglaises, notamment : *Life of Palmerston*, par Bulwer; *Greville Memoirs* et *Correspondence relative to the affairs of the Levant*. Les documents qui seront cités au cours de ce récit, sans indication de source particulière, sont tirés des *Mémoires de M. Guizot*.

« M. Guizot paraît trop préoccupé des dispositions de l'Angleterre, qui lui semblent douteuses envers nous. Il est enclin à croire que les ministres anglais traiteront sur les affaires de la Turquie, avec les puissances étrangères, sans nous. Soyez bien convaincu, mon cher général, que les Anglais ne feront jamais, sur un tel sujet, aucune convention avec les autres puissances, sans que la France soit une des parties contractantes. Je voudrais que notre ambassadeur en fût aussi convaincu que je le suis. » M. Guizot ne se rendit pas. « La politique anglaise, répondit-il au général Baudrand, s'engage quelquefois légèrement et bien témérairement dans les questions extérieures. Dans cette affaire-ci, d'ailleurs, toutes les puissances, excepté nous, flattent les penchants de l'Angleterre et se montrent prêtes à faire ce qu'elle voudra. Nous seuls, ses alliés particuliers, nous disons *non*... Ce n'est pas une situation bien commode, ni parfaitement sûre... Il faut toujours craindre quelque coup fourré et soudain. »

En même temps qu'il avertissait son gouvernement, M. Guizot s'efforçait de ramener le cabinet anglais à nos vues. Dans ses conversations avec lord Palmerston, son thème était celui-ci : « Nous n'avons en Orient qu'un seul intérêt, un seul désir, le même que celui de l'Angleterre, de l'Autriche et de la Prusse; nous voulons l'intégrité et l'indépendance de l'empire ottoman. Entre le sultan et le pacha, la répartition des territoires nous touche peu. Si le sultan possédait la Syrie, nous dirions : Qu'il la garde. Si le pacha consent à la rendre, nous dirons : Soit. C'est là, selon nous, une petite question. Mais si l'on tente de résoudre cette petite question par la force, c'est-à-dire de chasser le pacha de la Syrie, aussitôt s'élèveront les grandes questions dont l'Orient peut devenir le théâtre. Le pacha est très-fort et très-résolu. Il résistera; il résistera à tout risque. Sa résistance amènera l'intervention en Orient des puissances et surtout de la Russie, qui sera seule en état d'y envoyer des soldats. Moyen assuré de mettre l'empire ottoman en pièces et l'Europe en feu. Le czar peut y trouver son compte : tout emploi de la force dans le Levant tourne à son avantage, et toute grande secousse, en ces parages ouvre des chances dont il est, plus qu'un autre, en état de tirer profit. Mais ce n'est pas l'intérêt de la France, et il ne semble pas que ce soit davantage l'intérêt de l'Angleterre. Les deux nations n'ont-elles pas la même préoccupation en ce qui regarde la Turquie : empêcher que la Russie ne s'en empare matériellement ou moralement? Un dissentiment sur un point secondaire leur fera-t-il perdre de vue leur commune étoile? »

Dans la situation prise par le gouvernement français, ce langage était le meilleur qu'on pût tenir en son nom, et M. Guizot y apportait toute sa puissance d'argumentation, tout son art de parole. Il faisait cependant peu d'effet sur lord Palmerston. « La paix n'est pas possible en Orient, répondait ce dernier, tant que le pacha possédera la Syrie ; il est ainsi trop fort et le sultan trop faible ; pour l'empire ottoman, la Syrie est une question vitale. » Quant à la Russie, le ministre anglais, loin de se laisser inquiéter sur ses desseins, affectait de croire à sa loyauté ; il se félicitait de la modération avec laquelle elle ajournait son ancienne politique et renonçait à son protectorat exclusif sur la Porte. Pourquoi même s'émouvoir de son intervention possible en cas de résistance du pacha? Elle n'interviendrait alors qu'au nom de l'Europe. De méfiance et de jalousie, lord Palmerston n'en ressentait que contre la France. Il prétendait avoir été toujours trompé par elle, spécialement par Louis-Philippe, dont sa haine faisait une sorte de fourbe [1]. Le vrai danger en Orient lui paraissait venir, non de l'ambition du czar, mais de celle du gouvernement français. « Nous ne nous cachons rien,

---

[1] Lord Palmerston écrivait, le 16 avril, dans une lettre intime au comte Granville : « Il est manifeste que le gouvernement français nous a trompés dans les affaires de Buénos-Ayres, comme il l'a fait presque toutes les fois que nous avons été en rapport avec lui, par exemple en Espagne, en Portugal, en Grèce, à Tunis, en Turquie, en Égypte, en Perse, où sa conduite et son langage ont toujours été divergents. La vérité, — quelque répugnance qu'on ait à l'avouer, — est que Louis-Philippe est un homme dans lequel on ne peut avoir une solide confiance. Cependant, il est là, et nous l'appelons notre allié; seulement, nous devons être éclairés par l'expérience, et ne pas attacher à ses assertions ou professions, une valeur plus considérable que celle qui leur appartient réellement; plus particulièrement quand ses paroles sont, comme dans l'affaire d'Égypte, non-seulement différentes de ses actes, mais inconciliables même avec ceux-ci » (BULWER, *Life of Palmerston*, t. II, p. 272, 273.)

n'est-ce pas? se laissait-il aller à dire dès l'un de ses premiers entretiens avec M. Guizot. Est-ce que la France ne serait pas bien aise de voir se fonder, en Égypte et en Syrie, une puissance nouvelle et indépendante qui fût presque sa création et devînt nécessairement son alliée? Vous avez la régence d'Alger. Entre vous et votre alliée d'Égypte, que resterait-il? Presque rien, ces pauvres États de Tunis et de Tripoli. Toute la côte d'Afrique et une partie de la côte d'Asie sur la Méditerranée, depuis le Maroc jusqu'au golfe d'Alexandrette, seraient ainsi en votre pouvoir et sous votre influence. Cela ne peut nous convenir [1]. »
Ce qui empêchait d'ailleurs notre argumentation de faire effet sur lord Palmerston, c'est qu'il contestait absolument la donnée de fait sur laquelle elle reposait. Loin de croire à la résistance du pacha et aux dangers qui en résulteraient, il garantissait sa prompte et facile soumission; il jugeait que ce pouvoir, si rapidement grandi en Égypte, était précaire, personnel, plus ambitieux que solide, et il voyait dans Méhémet-Ali un de ces aventuriers orientaux aussi prompts à se résigner à un grand revers qu'à tenter une audacieuse entreprise. Sur ce sujet, en dépit des affirmations contraires qui avaient cours non-seulement en France, mais en Autriche et jusqu'en Angleterre, il ne laissait pas voir un seul instant de doute. La véhémence agitée du pacha, loin de lui en imposer, lui paraissait trahir plus de faiblesse que d'audace [2].

Quant à l'inconvénient de mécontenter la France, le ministre anglais n'y voyait même pas un motif d'hésiter; s'il pensait à notre irritation, c'était pour peser, d'un esprit très-libre et

[1] C'est le même sentiment qui fera dire, plus tard, en 1841, à la *Revue d'Édimbourg*, pour justifier rétrospectivement la politique de lord Palmerston : « La France humiliait l'Angleterre dans la Méditerranée. »

[2] Lord Palmerston écrivait à lord Granville : « Le rapport qui m'a été envoyé par Hodges (consul anglais à Alexandrie), de son entrevue avec Méhémet-Ali, me fait penser que celui-ci finira par se rendre. Il était très-mécontent, extrêmement agité, très-violent et fort véhément dans ses affirmations qu'il ne céderait pas, les appuyant de serments solennels; tout ceci indique qu'il a conscience de sa faiblesse, et qu'au fond il a peur. » (BULWER, t. II, p. 270.) Cette lettre est datée du 11 mars 1840 : il y a là une erreur évidente; certains passages de la lettre, relatifs au général Sébastiani et à M. Guizot, lui assignent une date antérieure, probablement le 11 février.

d'un cœur très-froid, les raisons qui devaient la rendre impuissante. « Que les Français disent ce qu'ils voudront, écrivait-il au comte Granville, ils ne peuvent pas faire la guerre aux quatre puissances pour soutenir Méhémet-Ali. Voudraient-ils risquer une guerre maritime? Où trouveraient-ils des navires pour tenir tête à la flotte anglaise seule, sans parler de la flotte russe, qui, en pareil cas, se joindrait à nous? Que deviendrait Alger, si la France était en lutte avec une puissance qui lui fût supérieure sur mer? Risqueront-ils une guerre continentale? Et pourquoi? Pourraient-ils aider Méhémet-Ali en marchant sur le Rhin, et ne seraient-ils pas ramenés en arrière aussi vite qu'ils seraient venus? L'intérieur est-il si tranquille et si uni que Louis-Philippe aimât à voir les trois puissances du continent armées contre lui, et les deux prétendants à son trône, le Bourbon et le Bonaparte, trouvant, pour leurs prétentions, appuis au dedans et au dehors? C'est impossible. La France peut parler haut, mais ne peut pas faire la guerre pour une telle cause. Il serait peu sage de méconnaître les forces de cette nation et les fâcheux résultats d'une guerre avec elle, dans le cas où elle aurait un intérêt national et une cause juste à soutenir; mais il serait également fâcheux de se laisser intimider par des paroles ou des rodomontades, dans le cas où une calme vue des choses doit nous convaincre que la France serait seule la victime d'une guerre entreprise par elle, précipitamment, par caprice et sans juste motif[1]. »

III

Si décidé, si passionné que fût lord Palmerston, il ne lui était pas aisé de faire marcher à son pas tous ses collègues. Plusieurs années après, repassant en esprit les événements de cette époque, il écrivait : « Les plus grandes difficultés que j'ai eu à

[1] Lettre précitée.

surmonter dans toute la négociation provenaient des intrigues sans principes qui se produisaient dans notre propre camp [1]. » Déjà on a eu occasion de noter les répugnances de plusieurs des ministres anglais à rompre avec la France pour se rapprocher de la Russie. M. Guizot s'était tout de suite aperçu de ces sentiments, et il s'attachait à les entretenir, tout en ménageant les susceptibilités de lord Palmerston. Habitué de *Holland House*, il n'avait pas à échauffer les sympathies françaises du maître de la maison ; peut-être même celui-ci les exprimait-il trop ouvertement pour un ministre de la Reine, et était-ce la raison pour laquelle ces sympathies se trouvaient n'être pas aussi efficaces que sincères. Lord Clarendon s'affichait aussi comme notre ami [2]. Aussi Palmerston écrira-t-il un peu plus tard : « Guizot a été trompé par le sot langage (*the foolish language*) de Holland et de Clarendon, qui, dans leurs conversations, parlaient en faveur de Méhémet-Ali [3]. » Lord Lansdowne et lord John Russell, bien que moins décidés et moins expansifs, assuraient amicalement notre ambassadeur de leur désir de « finir l'affaire d'Orient de concert avec la France ». Dès son arrivée à Londres, M. Guizot avait eu soin de se mettre en rapport avec le chef du cabinet, lord Melbourne : celui-ci l'avait écouté, étendu mollement dans son fauteuil, avec un sourire qui pouvait aussi bien témoigner de sa bienveillance que de son insouciance, donnant souvent des marques d'approbation, questionnant en homme qui serait heureux d'obtenir une bonne réponse, et montrant personnellement le désir sincère d'un accord, sans indiquer qu'il eût trouvé le moyen de le faire, et surtout qu'il fût résolu à l'imposer autour de lui; en somme, le premier ministre avait paru sortir de cette conversation, suivant

---

[1] Lettre à M. Bulwer, du 14 mars 1846. (BULWER, t. II, p. 284.)

[2] On lit dans le *Journal* de M. Charles Greville, à la date du 5 septembre 1840 : « Clarendon m'a montré, l'autre jour, une longue lettre qu'il écrivit à Palmerston en mars dernier, et où il discutait toute la question orientale, en indiquant les objections qu'elle paraissait soulever et en suggérant ce qu'il aurait voulu faire à sa place. C'était un document assez bien écrit et assez bien raisonné. » (*The Greville Memoirs, second part*, t. I, p. 301.)

[3] Lettre à William Temple, du 27 juillet 1840 (BULWER, t. III, p. 43.)

l'expression même de son interlocuteur, « plutôt rejeté dans une indécision favorable que ramené à notre sentiment ». En dehors du cabinet, la France comptait aussi des amis utiles. De ce nombre était M. Charles Greville, clerc du conseil privé, personnage fort répandu dans la haute société politique anglaise ; il voyait fréquemment M. Guizot et était pour lui un précieux informateur [1]. Lord Grey recherchait notre ambassadeur pour lui dire : « Nous ne devons pas nous séparer de vous ; sans vous, nous ne pouvons rien faire de bon. » Le beau-frère de lord Grey, M. Ellice, membre très-actif des Communes, s'employait ouvertement dans notre sens. L'illustre chef des tories, le duc de Wellington, demeuré, quoique tout cassé par l'âge, l'homme le plus considérable de l'Angleterre, déclarait « que, dans l'arrangement à intervenir, les limites des territoires importaient assez peu, qu'il fallait avant tout un arrangement agréé des cinq puissances, et que toute séparation de l'une d'elles serait un mal plus grave que telle ou telle concession territoriale ». Enfin, les radicaux de la Chambre basse et les whigs qui les avoisinaient se montraient de plus en plus choqués et effrayés à l'idée de substituer l'alliance russe à l'alliance française et de risquer une guerre en Orient pour enlever la Syrie à Méhémet-Ali.

Tous ces symptômes pouvaient faire croire que lord Palmerston serait empêché de pousser ses desseins jusqu'au bout. M. Guizot mettait cependant en garde M. Thiers contre de trop prompts espoirs. Il montrait le chef du *Foreign-Office* s'obstinant d'autant plus dans ses idées qu'il les voyait plus combattues. « Il sent, écrivait notre ambassadeur, que l'atmosphère change un peu autour de lui, que des idées différentes, des raisons auxquelles il n'avait pas pensé, s'élèvent, se répandent et modifient ou du moins ébranlent les convictions et les desseins. Cela l'embarrasse et l'impatiente... Il agit et fait agir auprès de ses collègues ébranlés. » M. Guizot ajoutait, avec une sagacité très-fine et très-sûre : « Sachez bien que lord

---

[1] Cf. *The Greville Memoirs, second part.*

Palmerston est influent dans le cabinet, comme tous les hommes actifs, laborieux et résolus. On entrevoit souvent qu'il n'a pas raison; mais il a fait, il fait. Et pour se refuser à ce qu'il fait, il faudrait faire autre chose; il faudrait agir aussi, prendre de la peine. Bien peu d'hommes s'y décident. »

Ce n'était pas seulement par ses collègues que lord Palmerston avait peine à se faire suivre, c'était aussi par ses alliés du continent, par ceux-là que M. Thiers aurait voulu tenir à l'écart. Sans doute, à Vienne et à Berlin, on n'était pas devenu plus favorable à Méhémet-Ali; mais on trouvait le ministre anglais passionné et casse-cou; on était disposé à nous croire, quand nous dénoncions les moyens coercitifs proposés par lui comme étant inefficaces contre le pacha et menaçants pour la paix européenne; on se demandait avec trouble si l'on ne s'était pas laissé engager dans une fort périlleuse aventure. M. de Metternich s'épanchait tristement avec le comte Apponyi sur la témérité de lord Palmerston : « Il va de l'avant, écrivait-il, sans même s'être assuré de l'appui, qui avant tout lui serait nécessaire, de ses propres collègues... Ses idées sur les moyens comminatoires n'ont pas le sens commun. Je crois le lui avoir démontré par ma dernière expédition [1]. » Le chancelier avait, en effet, envoyé à Londres un long mémoire où il discutait et critiquait les procédés de coercition préconisés par le *Foreign-Office* [2].

Vers la même époque, dans le courant d'avril, les représentants de l'Autriche et de la Prusse à Londres, le baron de Neumann et le baron de Bülow, vinrent d'eux-mêmes entretenir M. Guizot et lui laissèrent voir leur inquiétude, leur désir de trouver une transaction que chacun pût accepter sans s'infliger un démenti. « Pourquoi, disait le baron de Bülow, n'accorderait-on pas, par exemple, à Méhémet-Ali l'hérédité de l'Égypte et le gouvernement viager de la Syrie? Voilà une transaction possible. Peut-être y en a-t-il d'autres. Il faut les

---

[1] Lettres du 1ᵉʳ et du 6 mai 1840. (*Mémoires de M. de Metternich*, t. VI, p. 430, 432.)
[2] Mémoire du 25 avril 1840. (*Ibid.*, p. 454 à 464.)

chercher. » Le ministre de Prusse donnait même à entendre qu'on irait peut-être jusqu'à la Syrie héréditaire, si la France consentait, en cas de résistance du pacha, à se joindre aux autres puissances pour le mettre à la raison. Le baron de Neumann fit des ouvertures analogues. « Mon gouvernement, disait-il à notre ambassadeur, désire autant que le vôtre le maintien de la paix en Orient; il est fort peu enclin à l'emploi des moyens de contrainte; il en connaît, comme vous, les difficultés et les périls; ce qui importe, c'est qu'il y ait arrangement, arrangement efficace, et l'arrangement efficace ne peut avoir lieu que si nous en tombons tous d'accord. L'Empereur mon maître et le roi de Prusse le désirent également. Qu'une transaction, agréée par vous, soit donc proposée; elle peut l'être de plusieurs manières; nous serons fort disposés à l'appuyer, et lord Palmerston lui-même y sera amené. » Sans doute, on ne devait pas faire un très-grand fond sur l'énergie avec laquelle ces deux diplomates auraient agi sur lord Palmerston; la même disposition un peu craintive qui les poussait à se montrer conciliants avec M. Guizot, les eût fait, en un autre moment, se soumettre à l'impérieuse résolution du ministre anglais[1]. Leurs avances n'en avaient pas moins une réelle importance et pouvaient servir de point de départ à des négociations qui eussent très-heureusement modifié notre situation. Lié par ses instructions, M. Guizot se borna à répondre que le gouvernement français n'aurait, pour son compte, aucune objection à cette distribution des territoires, seulement qu'il ne savait si le pacha s'en contenterait; or il fallait avant tout, disait-il, que la transaction fût agréée à Alexandrie comme à Constantinople, et que l'exécution en fût toute pacifique. C'était subordonner la politique de la France aux fantaisies ambitieuses de Méhémet-Ali. A Paris, M. Thiers, toujours fort monté contre la Prusse et surtout contre l'Autriche,

---

[1] Un peu plus tard, M. Greville nous montre, dans son *Journal*, M. de Neumann parlant à chacun dans le sens qu'il sait lui plaire, énergique avec Palmerston, conciliant avec lord Holland, et il ajoute : « Neumann est un chien servile (*a time serving dog*). »(*The Greville Memoirs, second part*, vol. I, p. 329.)

se montra moins favorable encore aux ouvertures de leurs représentants; à son avis, les perpétuelles tergiversations de ces puissances, depuis un an, ne permettaient pas d'attacher beaucoup de valeur à un retour si incomplet. Il ne chargea donc notre ambassadeur de leur donner aucun encouragement.

Les ministres d'Autriche et de Prusse ne se rebutèrent pas. Le 5 mai, le baron de Neumann revint trouver M. Guizot avec des propositions plus précises, qu'il disait avoir espoir de faire accepter à lord Palmerston. Il s'agissait de laisser à Méhémet-Ali la presque totalité du pachalik d'Acre, y compris cette place même, que, dans les propositions un moment faites et si vite retirées au mois d'octobre précédent, le gouvernement anglais avait tenu à réserver au sultan. Cette concession serait-elle faite à titre héréditaire? Sur ce point, M. de Neumann ne pouvait répondre nettement; toutefois, bien qu'il prévît de grosses difficultés de la part du ministre anglais, il croyait qu'on irait jusqu'à l'hérédité. Le surlendemain, lord Palmerston, fort à contre-cœur, et agissant sous la pression de ses collègues, fit la même ouverture à notre ambassadeur, sans parler, il est vrai, de l'hérédité. Cette fois, nous n'étions plus en présence d'une velléité plus ou moins efficace de la diplomatie autrichienne, mais d'une proposition faite au nom des trois puissances. M. Guizot répondit qu'il allait la transmettre à son gouvernement, mais que celui-ci aurait besoin de temps pour savoir si cet arrangement serait accepté par Méhémet. M. Thiers ne jugea même pas nécessaire de poser la question à Alexandrie : « Nous trouvons le partage de la Syrie inacceptable pour le pacha, écrivit-il, le 11 mai, à M. Guizot. Imaginez que maintenant il revient sur Adana, ne paraît plus disposé à le céder, menace de passer le Taurus et de mettre le feu aux poudres. Jugez comme il écoutera le projet de couper en deux la Syrie! «

Si les tentatives de transaction n'aboutissaient pas, elles produisaient du moins un temps d'arrêt dans les négociations de M. de Brünnow et de lord Palmerston. Ces négociations ne paraissaient point avoir fait un pas depuis le mois de janvier. A Saint-Pétersbourg, selon les rapports de M. de Barante, on s'inquiétait de ces retards ; après avoir cru un moment tenir le succès de sa manœuvre, le gouvernement russe commençait à en désespérer et prenait presque son parti d'un accord avec la France [1]. D'ailleurs, à cette même époque, il voyait d'autres affaires se traiter entre Londres et Paris dans des conditions de bonne entente, d'amitié cordiale, qui semblaient écarter tout présage de rupture.

Ce fut alors, en effet, au commencement du mois de mai, que se négocia, entre les deux gouvernements, la restitution à la France de la dépouille mortelle de Napoléon. On sait avec quelle bonne grâce, un peu railleuse, lord Palmerston accueillit ce qu'il appelait une « requête bien française », heureux de nous donner cette satisfaction d'apparat, et de masquer ainsi les mauvais desseins dont il poursuivait ailleurs l'accomplissement [2]. Dans une autre affaire, ce fut l'Angleterre qui reçut un bon office du gouvernement français. Elle devait à l'humeur batailleuse de lord Palmerston d'avoir plusieurs querelles à la fois sur les bras : guerres avec la Chine et l'Afghanistan, rupture diplomatique avec le Portugal, contestation avec les États-Unis, et enfin conflit avec Naples à propos des soufres de Sicile. Par la dureté hautaine de la diplomatie britannique et par la fierté obstinée du roi de Naples [3], ce dernier conflit s'était à ce point envenimé, qu'il semblait n'y avoir plus place qu'aux moyens violents. Déjà la flotte de l'amiral Stopford donnait une chasse peu glorieuse aux barques napolitaines, et des rassemblements de troupes se faisaient sur toutes les côtes de l'Italie méridionale. Certes, la partie n'était pas égale ; elle l'était même si peu, que le gouvernement anglais avait, aux yeux de toute l'Europe, la figure fâcheuse d'un puissant qui abuse de sa force contre un faible. Bien qu'étranger, pour sa part, aux scrupules chevaleresques, lord Palmerston se rendait compte de cette

---

[1] Correspondance de M. de Barante, notamment dépêches du 14 avril et du 31 mai 1840. (*Documents inédits*.)

[2] Cf. plus haut, p. 159 et 160.

[3] « Je ne suis que le roi de Naples, disait ce prince, c'est-à-dire d'un pays qui a six millions d'âmes ; mais je tiendrai tête à l'Angleterre ; il en arrivera ce qui pourra. »

impression générale et en était fort ennuyé : il désirait vivement mettre fin à une affaire si mal engagée, d'autant que les vaisseaux employés à bloquer les ports des Deux-Siciles, étaient destinés, dans sa pensée, à des opérations autrement importantes en Orient. Il accepta donc avec empressement la médiation que lui offrit, au courant d'avril, le gouvernement français. Celui-ci s'était décidé à intervenir par un double motif : d'une part, il lui convenait, particulièrement en ce moment, de montrer que l'Angleterre lui était unie et recourait à lui dans ses embarras; d'autre part, cette ingérence dans les affaires d'un État italien lui paraissait de nature à augmenter, dans la Péninsule, l'influence de la France, au détriment de celle de l'Autriche, et l'humeur visible de M. de Metternich prouvait que le calcul n'était pas mauvais[1]. Les négociations rencontrèrent plus d'un obstacle; à chaque retard, le ministre anglais témoignait de son anxieuse impatience. M. Thiers surmonta les difficultés, les unes après les autres, avec une adroite et patiente fermeté, et tout fut heureusement terminé dans les premiers jours de juillet. Les titres que notre gouvernement crut avoir ainsi acquis à la gratitude de ses voisins, contribuèrent à augmenter sa trompeuse sécurité. Quant à lord Palmerston, il ne tira de là qu'une conclusion, c'est que ses vaisseaux étaient libres et que, dès lors, il était mieux armé pour nous faire échec en Orient; en effet, cette même flotte de l'amiral Stopford, que notre médiation venait de relever de sa faction dans les eaux napolitaines, allait, dans quelques semaines, être employée à bombarder Beyrouth et à chasser de Syrie les troupes du pacha, notre protégé[2].

Toutefois, avant de pouvoir réaliser son dessein, le chef du *Foreign-Office* se vit obligé, vers le milieu de juin, de nous offrir

---

[1] *Mémoires de M. de Metternich*, t. VI, p. 432, 434.
[2] Le 13 juillet 1840, lord Palmerston écrivait à son frère, ministre d'Angleterre à Naples : « Je suis très-content, sous tous les rapports, que la question des soufres soit réglée; c'est un grand embarras de moins, et nous avons besoin de tous nos vaisseaux dans le Levant, où nous avons de la besogne à leur faire faire. » Il ajoutait, le 27 juillet, dans une lettre au même : « Il est heureux que nous ayons fini notre querelle napolitaine, et une des raisons qui me rendaient

encore une transaction. C'est que sa politique antifrançaise inquiétait et mécontentait de plus en plus une bonne partie de ses collègues. On parlait de discussions très-animées au sein du conseil des ministres, et il n'était pas jusqu'à lord Melbourne qui, paraissant sortir de son indolence irrésolue, ne vînt dire à M. Guizot : « Tout ce que nous ferons ensemble sera bon ; tout ce que nous ferions en nous divisant serait mauvais et dangereux. » Si habitué que fût lord Palmerston à en prendre à son aise avec les autres ministres, il crut nécessaire de ne pas paraître rebelle à toute conciliation ; il renouvela donc à notre ambassadeur la proposition, déjà faite quelques semaines auparavant, de partager la Syrie entre le sultan et le pacha, et demanda à connaître la réponse « positive » du gouvernement français. Il s'attendait probablement à un refus et comptait en tirer parti pour vaincre les résistances qu'il rencontrait autour de lui. Son espérance ne fut pas trompée. M. Thiers persista à déclarer cette proposition « inadmissible ». « Le pacha, dit-il, n'accordera jamais ce qu'on lui demande là... Nous ne nous ferons donc pas les coopérateurs d'un projet sans raison, sans chance de succès, et qui ne peut être exécuté que par la force. Or, la force, nous ne la voulons pas et nous n'y croyons pas. »

A la même époque, M. de Neumann s'abouchait de nouveau avec M. Guizot et lui faisait des offres plus avantageuses encore. Impatient d'en finir, ne cachant ni son inquiétude ni son irritation contre lord Palmerston, il se déclara résolu à agir fortement sur ce dernier pour lui faire accepter une combinaison donnant au pacha l'Égypte héréditaire et toute la Syrie viagère ; il croyait, du reste, pouvoir compter sur l'appui d'une partie des ministres anglais. Plusieurs symptômes indiquaient que c'était là l'effort suprême de ceux qui désiraient l'accord. Notre ambassadeur comprit la gravité de la situation et écrivit aussitôt,

si impatient de la terminer était que je prévoyais que nous aurions besoin de toutes nos forces disponibles pour conduire nos opérations dans le Levant. Thiers, sans doute, pense que nous l'avons joué dans cette affaire, en obtenant que sa médiation fût terminée avant qu'il ne voulût y mettre fin, et cela le fâche fort. Mais sa mauvaise humeur se dissipera. » (BULWER, t. III, p. 41 à 44.)

le 24 juin, à M. Thiers : « Nous touchons peut-être à la crise de l'affaire. Ce pas de plus dont je vous parlais, et qui consiste, de la part de l'Autriche et de la Prusse, à déclarer à lord Palmerston qu'il faut se résigner à laisser viagèrement la Syrie au pacha et faire à la France cette grande concession, ce pas, dis-je, se fait, si je ne me trompe, en ce moment. Les collègues de lord Palmerston, d'une part, les ministres d'Autriche et de Prusse, de l'autre, pèsent sur lui pour l'y décider. S'ils l'y décident, en effet, ils croiront, les uns et les autres, avoir remporté une grande victoire et être arrivés à des propositions d'arrangement raisonnables. Il importe donc extrêmement que je connaisse bien vos intentions à ce sujet ; car de mon langage peut dépendre ou la prompte adoption d'un arrangement sur ces bases, ou un revirement par lequel lord Palmerston, profitant de l'espérance déçue et de l'humeur de ses collègues et des autres plénipotentiaires, les rengagerait brusquement dans son système et leur ferait adopter, à quatre, son projet de retirer au pacha la Syrie. » Sans affirmer que, dans ce cas, « l'arrangement à quatre » fût certain, M. Guizot le donnait pour « possible ». L'ambassadeur inclinait manifestement à se contenter de ce qu'il appelait cette « grande concession ». Tel ne fut pas le sentiment de M. Thiers : dans tout ce qui lui était transmis, il ne vit que l'embarras, la division, le désarroi de ceux qu'il prétendait amener à ses idées ; et il se flatta, en tenant ferme, de les contraindre à une capitulation complète. Il hésitait néanmoins à répondre par un refus trop net, et préférait prolonger son attitude critique et expectante. « Quand je vous parlais, écrivit-il à M. Guizot, le 30 juin, d'une grande conquête qui changerait notre attitude, je voulais parler de l'Égypte héréditaire et de la Syrie héréditaire. Toutefois, j'ai consulté le cabinet ; on délibère, on penche peu vers une concession. Cependant nous verrons. Différez de vous expliquer. Il faut un peu voir venir. Rien n'est décidé. »

IV

Quel était le secret de l'obstination avec laquelle M. Thiers se refusait à toutes les transactions? Sans doute, c'était, pour une bonne part, l'illusion, déjà tant de fois signalée, sur la puissance du pacha et sur l'impossibilité d'un accord entre l'Angleterre et la Russie. Mais, seul, ce motif n'eût peut-être pas suffi. On sait que, dès son arrivée au pouvoir, l'une des arrière-pensées du ministre du 1er mars, l'une de ses visées secrètes, avait été de revenir à cet arrangement direct, entre le sultan et le pacha, que les puissances avaient une première fois empêché par la note du 27 juillet. On n'a pas oublié non plus que nos agents avaient reçu recommandation d'y pousser par les moyens détournés à leur disposition, tout en se gardant d'en prendre ouvertement et officiellement l'initiative. Plus la prolongation du *statu quo* devenait intolérable et dangereuse pour l'empire ottoman, plus on se flattait, à Paris, que le sultan se déciderait, pour en finir, à s'entendre avec son vassal. Cependant les semaines, les mois s'écoulaient, et rien n'était encore venu justifier cette espérance, quand, vers la fin de mai, le bruit se répandit à Constantinople que le grand vizir, Khosrew-Pacha, de tout temps ennemi mortel de Méhémet-Ali, allait être destitué.

Les représentants de la France en Turquie et en Égypte, convaincus que cette disgrâce ferait disparaître le principal obstacle à un accommodement direct, redoublèrent d'activité. Ce fut notre consul général à Alexandrie, M. Cochelet, qui porta à Méhémet la première nouvelle de la chute imminente de Khosrew. Le vieux pacha fit un bond sur son divan ; sa figure prit une expression de joie extraordinaire, et des larmes vinrent dans ses yeux. Devançant les conseils que notre consul allait lui donner, il vint à lui, le frappa sur la poitrine de la paume de la main, lui serra les deux poignets et lui dit :

« Aussitôt que j'aurai la nouvelle officielle de la destitution du grand vizir, j'enverrai à Constantinople Sami-Bey, mon premier secrétaire; je le chargerai d'aller offrir au sultan l'hommage de mon respect et de mon dévouement; je demanderai à Sa Hautesse de me permettre de lui renvoyer la flotte ottomane sous le commandement de Moustoueh-Pacha (l'amiral égyptien). Je la prierai de consentir à ce que mon fils, Saïd-Bey, vienne à bord de la flotte pour se jeter à ses pieds. J'écrirai à Ahmed-Féthi-Pacha (le nouveau grand vizir), et une fois que les relations de bonne intelligence et d'harmonie seront rétablies, je m'arrangerai avec la Porte. » Et comme le consul lui recommandait d'être modéré dans ses prétentions : « Laissez-moi faire, reprit le pacha; lorsque je serai en rapport avec la Porte, nous nous arrangerons ensemble très-certainement.[1] » Le 16 juin, aussitôt qu'on eut reçu à Alexandrie la confirmation de la destitution de Khosrew, Sami-Bey s'embarqua pour Constantinople. Dans cette ville, les esprits paraissaient disposés à répondre par de très-larges concessions au renvoi de la flotte.

A cette nouvelle, grande fut l'émotion de M. Thiers. Ne touchait-il pas au but? Il expédia sur-le-champ M. Eugène Périer à Alexandrie, pour dire au pacha « de se hâter », pour l'avertir « qu'à Londres on était irrité contre lui, que l'on pouvait passer à des résolutions extrêmes », et pour l'inviter à se contenter de la Syrie viagère. En même temps, il donnait instruction à notre ambassadeur près le sultan de seconder la mission de Sami-Bey et de prêcher la modération au Divan, en évitant toutefois de « prendre la négociation à son compte et comme une entreprise française ». Enfin, il informait M. Guizot de ces événements, de ce qu'il en attendait, et lui recommandait de les tenir aussi longtemps que possible cachés aux autres puissances, à lord Palmerston notamment. « Il importe, lui écrivait-il, de ne pas faire connaître la proposition du pacha à Londres, pour que les Anglais n'aillent pas empêcher un arrangement direct. La nouvelle sera bientôt connue, mais

[1] Dépêche de M. Cochelet, 26 mai 1840.

pas avant huit jours. Dans l'intervalle, les Anglais ne pourront rien faire, et nous sommes sûrs qu'ils arriveront trop tard s'ils veulent écrire à Constantinople[1].

Vaine recommandation! notre secret avait été tout de suite éventé. L'avis de ce qui se préparait en Orient était arrivé à Londres de deux côtés : de Constantinople, par lord Ponsonby, dont l'animosité clairvoyante avait deviné notre plan; de Paris, par le comte Apponyi, qui avait eu connaissance des dépêches de notre consul. L'impression fut vive parmi les représentants des divers cabinets; ils virent là un coup monté par la France pour se soustraire à l'engagement formel pris par la note du 27 juillet, pour régler à elle seule les affaires d'Orient et pour « mystifier » les autres puissances. Lord Palmerston fut le plus irrité de tous. Cette campagne, qui était son œuvre personnelle, où il avait dépensé toute sa passion et engagé hardiment toute sa responsabilité, dont il attendait tant de satisfaction pour les préventions et les jalousies anglaises, tant d'importance pour lui-même, allait-il donc en sortir non-seulement battu, mais joué au point d'être quelque peu ridicule? « On se serait bien moqué de nous si l'arrangement direct avait réussi », disait-il plus tard à M. Guizot. Il n'était pas homme à prendre son parti d'un tel fiasco, ni à pardonner à qui lui en faisait courir le risque. Aussi résolut-il non-seulement de faire échouer l'arrangement direct, mais aussi de profiter de l'émotion de ses collègues et de ses alliés pour leur arracher ce qu'il n'avait pu jusqu'ici obtenir d'eux, c'est-à-dire une convention conclue entre l'Angleterre, la Russie, l'Autriche et la Prusse, et fondée sur cette triple base : exclusion de la France; la Syrie entière ou presque entière au sultan; coercition contre le pacha s'il ne se soumettait pas tout de suite. Ainsi s'engageait entre lord Palmerston et M. Thiers une partie dont l'enjeu était, des deux côtés, singulièrement redoutable. On eût dit une lutte de vitesse. Lequel arriverait le premier? Serait-ce le ministre français poursuivant, à Constantinople, l'accommodement du sultan

---

[1] Lettre citée par M. Guizot dans son discours du 26 novembre 1840.

et du pacha, ou le ministre anglais poursuivant, à Londres, la convention à quatre?

Il fut tout de suite visible que M. Thiers n'avait pas l'avance. En Turquie, les efforts de nos agents étaient contrariés par les menées de lord Ponsonby; loin d'aboutir promptement, comme il eût été nécessaire, l'arrangement direct perdait chaque jour de ses chances; Sami-Bey, d'abord bien reçu au Divan, voyait les empressements du premier jour se changer en froideurs; on ne répondait plus à ses offres que par des ajournements. A cette époque, d'ailleurs, et avec un à-propos assez bien calculé, l'ambassade anglaise parvenait à faire éclater, dans les montagnes du Liban, une insurrection contre la domination égyptienne. Il y avait plusieurs mois qu'elle y travaillait par ses agents secrets ou patents [1]. Cette tentative devait être facilement réprimée; mais, pour le moment, grossie par les rapports anglais, elle servit d'argument très-efficace pour dissuader le sultan de traiter avec le pacha et de lui abandonner la Syrie.

Pendant ce temps, à Londres, lord Palmerston gagnait du terrain auprès de ceux qu'il voulait convertir à ses idées. « L'Europe, leur disait-il, s'est engagée d'honneur, par la note du 27 juillet, à régler les affaires d'Orient; elle ne peut les laisser en souffrance. Pourquoi se croire tenu à des égards

---

[1] Des dépêches officielles publiées, un peu plus tard, par le gouvernement anglais lui-même (*Correspondence relative to the affairs of the Levant*), il ressort, en effet, que lord Ponsonby, au su de lord Palmerston, avait fomenté cette insurrection. « Je puis répondre des habitants du Liban, écrivait-il à son ministre, le 23 avril 1840, pourvu que l'Angleterre veuille agir et les aider. » A la fin de juin, les émissaires secrets ne lui suffisaient plus : il envoyait à Beyrouth son propre drogman, M. Wood, qui, du navire anglais où il résidait, appelait à lui les chefs de la montagne et les poussait à la révolte en leur promettant des armes. Ce drogman informait l'ambassadeur du bon résultat de ses démarches. « Il n'y a jamais eu, peut-être, disait-il, un moment plus favorable pour séparer la Syrie de l'Égypte et pour accomplir les vues politiques de lord Palmerston. J'explique aux Syriens les désirs de la politique de la Grande-Bretagne et le succès qui doit nécessairement suivre, s'ils nous assistent. Ils comprennent tout cela parfaitement; mais ils demandent toujours un appui indirect de notre part; autrement ils seraient écrasés. Je n'épargne aucun effort pour remplir les vues de Votre Seigneurie, malgré les difficultés dont je suis environné et qui dérivent de ma situation même. » Le gouvernement anglais fut si satisfait du zèle déployé en cette circonstance par M. Wood, qu'il le nomma peu après vice-consul à Beyrouth.

envers la France? Celle-ci a voulu avoir une politique séparée et personnelle : les autres puissances peuvent bien en faire autant. » Ardent, pressant, impérieux, il tâchait d'échauffer les esprits, de piquer les amours-propres, d'irriter les jalousies, en dénonçant ce qu'il appelait nos intrigues, notre duplicité et notre ambition. Et surtout, sachant qu'il avait affaire à des timides, il se portait fort d'un succès facile, et en donnait pour garant cette insurrection du Liban dont on venait d'apprendre l'explosion. Il se gardait, il est vrai, d'avouer qu'elle était une machination anglaise. A ceux qui le prétendaient, il opposait même un démenti indigné qu'il renouvelait peu après, en ces termes, devant la Chambre des communes : « Quelles que soient les causes de la révolte, les Syriens n'ont été soulevés ni à l'instigation des autorités anglaises, ni par des officiers anglais. » C'était certainement un des plus hardis mensonges dont pût user un ministre. Celui qui osait le commettre n'était-il pas bien venu à se plaindre de la mauvaise foi du gouvernement français?

Lord Palmerston ne paraît pas avoir eu beaucoup de peine à entraîner les puissances continentales. La Russie était toute convertie d'avance. Quant à l'Autriche et à la Prusse, depuis longtemps inquiétées par les allures de M. Thiers, vivement blessées de sa tentative d'enlever au concert européen le règlement des affaires d'Orient, elles étaient disposées à prêter l'oreille aux insinuations du chef du *Foreign-Office*, et il lui fut aisé de réveiller en elles, contre la prépotence révolutionnaire de la France, cette méfiance dont ne s'étaient jamais complétement débarrassés les anciens tenants de la Sainte-Alliance. « Si nous cédions au gouvernement français, en cette occasion, leur disait-il, nous ferions de lui le dictateur de l'Europe, et son insolence ne connaîtrait plus de bornes [1]. » Ce n'était pas que les cabinets de Vienne et de Berlin s'engageassent avec grand entrain dans la politique du ministre anglais, ni qu'ils fussent pleinement rassurés par ses promesses de succès facile ; mais ils

---

[1] BULWER, t. III, p. 44.

le suivaient en vertu de cette loi qui veut que toute volonté énergique et passionnée impose son ascendant aux caractères indécis, craintifs et faibles.

Lord Palmerston rencontra un peu plus de difficultés dans le sein même du cabinet anglais. Néanmoins, elles ne l'arrêtèrent pas longtemps. Si habitué qu'il fût à diriger à peu près sans contrôle les affaires de son département, il ne pouvait conclure un traité sans en aviser ses collègues. Aussi, le 4 juillet, à la fin du conseil de cabinet, annonça-t-il, d'un ton nonchalant et comme la chose la plus naturelle du monde, qu'il avait, depuis un certain temps déjà, engagé une négociation sur les bases antérieurement fixées, et qu'il venait de rédiger un traité dont il estimait convenable de donner connaissance au ministère. A cette nouvelle soudaine, les physionomies se rembrunirent, et personne n'ouvrit la bouche, sauf lord Holland, qui déclara ne pouvoir participer à aucune mesure risquant d'amener une rupture entre l'Angleterre et la France. Là-dessus, on se sépara, en renvoyant la discussion au conseil suivant. Cette première scène avait fait voir à lord Palmerston combien sa politique répugnait à ses collègues. Les uns, comme Clarendon et Holland, étaient ouvertement hostiles au traité. Plusieurs autres, indécis, troublés, désiraient qu'on ne précipitât rien et qu'on attendît les nouvelles de la démarche faite à Constantinople par Sami-Bey : cet ajournement contrariait autant lord Palmerston qu'un refus absolu ; car il s'agissait précisément pour lui de gagner de vitesse ceux qui négociaient l'arrangement direct. Pour triompher de ces hésitations, il résolut de recourir aux grands moyens[1]. Le 5 juillet 1840, c'est-à-dire le lendemain du conseil dont il vient d'être parlé, il écrivit à lord Melbourne : « La divergence

---

[1] Quelques jours plus tard, le 27 juillet, rendant compte à son frère de ce qui s'était passé, Palmerston reconnaissait la gravité de l'opposition à laquelle il avait eu affaire. « Thiers et Guizot, disait-il, s'étaient persuadés que le cabinet anglais ne se laisserait jamais conduire à se séparer de la France sur cette question... Il y avait quelque fondement à cette méprise, car, quand on vint à délibérer sur cette question, je trouvai une telle résistance de la part de Holland et de Clarendon, et une telle tiédeur chez les autres membres du cabinet, que j'envoyai ma démission... » (BULWER, t. III, p. 43.)

qui paraît exister entre quelques membres du cabinet et moi sur la question turque, et l'extrême importance que j'attache à cette question, m'ont conduit, après réflexion, à la conviction qu'il est de mon devoir, envers moi-même comme envers mes collègues, de vous délivrer, vous et d'autres, de la nécessité de décider entre mes vues et celles de certains membres du cabinet, en plaçant, comme je le fais en ce moment, ma démission entre vos mains. » Il rappelait sa conduite depuis la note du 27 juillet, puis il posait ainsi la question : « Il s'agit maintenant de décider si les quatre puissances, n'ayant pas réussi à persuader à la France de se joindre à elles, veulent ou ne veulent pas poursuivre, sans la France, l'accomplissement de leurs desseins... Mon opinion sur cette question est nette et absolue. Je crois que le but proposé est de la plus haute importance pour les intérêts de l'Angleterre, pour la conservation de l'équilibre général et pour le maintien de la paix en Europe. Je trouve les trois puissances entièrement prêtes à se rallier à mes vues sur cette matière, si ces vues doivent être celles du gouvernement britannique... J'estime que si nous nous retirons et si nous nous refusons à cette coopération avec l'Autriche, la Russie et la Prusse, dans cette affaire, parce que la France se tient à l'écart, nous donnerons à notre pays l'humiliante position d'être tenus en lisières par la France. Ce serait reconnaître que, même soutenus par les trois puissances du continent, nous n'osons nous engager dans aucun système politique en opposition avec la volonté de la France... Or il me semble que ceci est un principe qui ne sied pas à notre puissance et à notre position. » Le ministre montrait que si l'Angleterre se retirait, la Russie en profiterait pour « renouveler le traité d'Unkiar-Skélessi sous quelque forme encore plus répréhensible », et il concluait ainsi : « Le résultat final sera la division effective de l'empire ottoman en deux États séparés, dont l'un sera dans la dépendance de la France, l'autre un satellite de la Russie, dans chacun desquels notre influence politique sera annulée, nos intérêts commerciaux seront sacrifiés. Je ne sache pas que j'aie jamais eu une conviction plus arrêtée sur aucun sujet d'une importance égale, et je suis très-sûr que si mon jugement sur cette question est erroné, il ne peut être que de peu de valeur sur les autres [1]. » Le lendemain, dans une nouvelle lettre qui confirmait la première, lord Palmerston ajoutait : « Les nouvelles reçues d'Égypte et de Syrie, depuis deux jours, montrent que loin que Méhémet-Ali ait les moyens de soulever la Turquie contre le sultan, la Syrie s'est soulevée contre lui, et l'Égypte est vraisemblablement sur le point de suivre son exemple. Il semble bien clair que si, à cette époque, ses communications par mer avaient été coupées entre l'Égypte et la Syrie, ses difficultés intérieures auraient été telles qu'elles l'eussent probablement rendu beaucoup plus raisonnable [2]. » L'effet fut ce qu'attendait l'auteur de cet habile plaidoyer. Lord Melbourne lui répondit en le priant d'écarter ses idées de retraite, et envoya toute cette correspondance à l'un des dissidents, lord Clarendon. Celui-ci protesta du chagrin qu'il éprouvait à faire de l'opposition à son collègue et offrit de se retirer lui-même. « Pour Dieu, qu'il n'y ait pas de démission du tout! » s'écria le premier ministre, convaincu que son cabinet ébranlé ne résisterait pas à une telle secousse. Il fut alors suggéré que Clarendon et Holland pourraient dégager leur responsabilité, en mentionnant leur opposition dans une note annexée aux registres du conseil : ils firent ainsi, et remirent copie de cette note à la Reine. Quant aux autres ministres, ils suivirent docilement lord Palmerston, qui put dès lors agir à sa guise.

En même temps qu'il déployait beaucoup d'activité et d'énergie pour faire prévaloir ses vues, le chef du *Foreign-Office* s'attachait à envelopper ses négociations d'un mystère que nous ne pussions pas pénétrer. Non-seulement il gardait le secret, mais il l'obtenait de tous ceux avec qui il traitait. Suivant le mot de M. Guizot, « on se cachait de la France ». Notre ambassadeur, cependant, s'apercevait bien qu'il se tramait quelque chose et tâchait d'y mettre obstacle. Se rendant compte qu'on nous en

---

[1] BULWER, t. II, p. 315 et suiv.
[2] *Ibid.*, p. 324.

voulait surtout à cause de la tentative d'arrangement direct, il protestait qu'elle n'était pas l'œuvre de la France : cette dénégation, qui reposait, à la vérité, sur une distinction un peu subtile entre l'initiative officielle et les incitations indirectes, rencontrait quelque incrédulité. « Il serait bien étrange, ajoutait M. Guizot, de voir les puissances s'opposer au rétablissement de la paix, ne pas vouloir qu'elle revienne si elles ne la ramènent de leurs propres mains, et se jeter une seconde fois entre le suzerain et le vassal pour les séparer au moment où ils se rapprochent. Il y a un an, cette intervention se concevait; on pouvait craindre que la Porte, épuisée, abattue par sa défaite de la veille, ne se livrât, pieds et poings liés, au pacha et n'acceptât des conditions périlleuses pour l'avenir. Mais aujourd'hui, après ce qui s'est passé depuis un an, quand la Porte a retrouvé de l'appui, quand le pacha prend lui-même, avec une modération empressée, l'initiative du rapprochement, quel motif, quel prétexte pourrait-on alléguer pour s'y opposer? Ce serait un inconcevable spectacle. Il est impossible que l'Europe, qui, depuis un an, parle de la paix de l'Orient comme de son seul vœu, entrave la paix qui commence à se rétablir d'elle-même entre les Orientaux. » Ces arguments étaient-ils de nature à agir sur les puissances? En tous cas, leur auteur n'avait que peu d'occasions de les développer; par une sorte de mot d'ordre, lord Palmerston et ses complices évitaient toute explication sérieuse avec l'ambassadeur de France.

M. Guizot avait soin d'avertir son gouvernement du danger qui le menaçait, et lui envoyait, presque jour par jour, les renseignements qu'il pouvait recueillir. En dépit des manœuvres auxquelles on recourait pour tout lui cacher, il était parvenu à découvrir assez exactement le dessein de lord Palmerston et l'impulsion subite donnée au projet d'une convention à quatre [1]. Seulement il s'exagérait l'obstacle résultant des divisions du cabinet anglais, et surtout, comptant sur les égards dus à un allié, il était persuadé que le traité, ainsi préparé en dehors de

---

[1] Dépêche de M. Guizot à M. Thiers, du 11 juillet 1840, et ses lettres au duc de Broglie et au général Baudrand, du 12 juillet.

la France, lui serait communiqué avant la conclusion définitive, avec mise en demeure de dire si elle voulait ou non y adhérer; il en concluait que nous pouvions attendre, sans trop de péril, jusqu'à la dernière heure, les nouvelles à venir de Constantinople. D'ailleurs il avait été mis, intentionnellement peut-être, sur une fausse piste; il s'imaginait que les puissances commenceraient par répondre à la communication du plénipotentiaire ottoman, en renouvelant les promesses de la note du 27 juillet 1839, et que c'était sur la rédaction de cette réponse qu'on délibérait en ce moment. Il se trouvait encore sous l'empire de cette erreur, quand il écrivait, le 14 juillet, à M. Thiers : « Je crois, sans en être parfaitement sûr, que le projet de note collective à quatre, en réponse à la note de Chéhib-Effendi, a été adopté dans le conseil de samedi. La réserve est extrême depuis quelques jours... On prépare, soit sur le fond de l'affaire, soit sur le mode d'action, des propositions qu'on nous communiquera quand on aura tout arrangé, — si on arrange tout, — pour avoir notre adhésion ou notre refus. » Une circonstance particulière avait contribué à accroître cette trompeuse sécurité. On sait que la mission des ambassadeurs cesse par le seul fait de la mort du prince qu'ils représentent; or, Frédéric-Guillaume III étant mort le 7 juin, M. Guizot s'était assuré que M. de Bülow n'avait pas reçu les lettres de créance du nouveau roi de Prusse, et qu'il était, par suite, sans pouvoirs réguliers pour signer aucun acte au nom de son gouvernement.

A Paris, tout en croyant avoir du temps devant soi, M. Thiers sentait qu'un grand péril était proche; il ne voyait pas là, cependant, une raison de rien changer à sa conduite. « Je trouve fort graves les nouvelles que vous m'envoyez, écrivait-il, le 16 juillet, à M. Guizot; mais il ne faut pas s'en émouvoir, et tenir bon... Il faut attendre avec tout le sang-froid que vous savez garder sur votre visage comme dans le fond de votre âme. Nous n'aurons pas, vous et moi, traversé un plus dangereux défilé; mais nous ne pouvons pas faire autrement. A l'origine, on eût pu tenir une autre conduite ; depuis la note du 27 juillet 1839, il n'est plus temps. »

M. Thiers ne savait pas parler si juste en disant qu'il « n'était plus temps ». Au moment où il écrivait cette lettre, tout se trouvait déjà conclu et signé à Londres depuis vingt-quatre heures. Telle avait été la précipitation, qu'on n'avait pas attendu les pouvoirs réguliers du plénipotentiaire prussien et qu'on s'était contenté de l'assurance par lui donnée que son gouvernement ne le désavouerait pas. Loin d'avoir averti la France et de lui avoir demandé son dernier mot, comme M. Guizot s'y attendait et comme semblait l'exiger une alliance non encore rompue, on avait redoublé de soin pour la tromper sur ce qui se faisait. Que gagnait-on à ce mauvais procédé? Dans l'état d'esprit où il était, le gouvernement français, mis en demeure d'adhérer à la convention préparée, s'y fût très-probablement refusé [1] : le résultat dernier eût donc été toujours de signer à quatre comme on venait de le faire ; seulement la France aurait été isolée en connaissance de cause, par sa propre volonté, sans avoir les mêmes motifs et le même droit de se plaindre. Il fallait davantage à lord Palmerston, qui semblait, en cette circonstance, poursuivre, outre l'exécution d'un plan diplomatique, la satisfaction d'une vengeance personnelle : plus il blessait au vif celui qu'il accusait d'avoir voulu le mystifier, plus cette vengeance lui paraissait complète et agréable. Et voilà comment il n'avait pas hésité à compliquer une opération déjà fort déplaisante à la France, par un procédé plus offensant encore que la mesure en elle-même.

Le traité ainsi conclu le 15 juillet se composait de quatre pièces séparées [2]. L'instrument principal était une convention par laquelle les quatre puissances s'engageaient envers la Porte

---

[1] M. Thiers disait, quelques jours après, le 6 août, dans une dépêche à M. Guizot : « Ce que les procédés obligés avec une cour alliée exigeaient, c'est que l'Angleterre, avant de conclure, fît une dernière démarche auprès de l'ambassadeur de France, et lui soumît la convention proposée, en lui laissant le choix d'y adhérer ou non. Il est bien vrai que l'adhésion de la France à toute résolution entraînant l'emploi de la force contre le vice-roi n'était nullement supposable, car elle s'était souvent expliquée à cet égard ; mais toutes les formes eussent été observées. »

[2] Le texte même de ce document est publié dans les *Pièces historiques* des *Mémoires de M. Guizot*.

à lui donner l'appui dont elle aurait besoin pour réduire le pacha et à protéger au besoin Constantinople contre les entreprises de ce dernier. La seconde pièce était un acte séparé par lequel le sultan indiquait quelles conditions il avait l'intention d'accorder au pacha : il devait lui proposer d'abord l'Égypte à titre héréditaire et la plus grande partie du pachalik de Saint-Jean d'Acre en viager; si, dans les dix jours de la notification, le pacha n'avait pas accepté, l'offre du pachalik d'Acre serait retirée et la concession réduite à l'Égypte seule; si, après un nouveau délai de dix jours, le pacha ne s'était pas encore soumis, l'offre entière serait non avenue. Suivaient ensuite deux protocoles, l'un sur une question de détail sans intérêt historique, l'autre, intitulé *Protocole réservé*, qui décidait l'exécution immédiate de la convention, sans attendre les ratifications. Pour justifier cette hâte insolite, le protocole invoquait « l'état actuel des choses en Syrie », c'est-à-dire l'insurrection fomentée par les agents de lord Ponsonby. Parmi les stipulations dont l'exécution immédiate était ainsi prescrite, se trouvait celle par laquelle la reine d'Angleterre et l'empereur d'Autriche s'engageaient à faire intercepter par leurs flottes, les communications entre l'Égypte et la Syrie, et à « donner toute l'assistance en leur pouvoir à ceux des sujets du sultan qui manifesteraient leur fidélité à leur souverain ». En effet, lord Palmerston qui, dès le 13 juillet, avait fait avertir, à Naples, l'amiral Stopford de se préparer à soutenir les Syriens[1], lui expédiait, le 15 juillet, un courrier avec ordre d'agir immédiatement. En apprenant le passage de ce courrier par Paris, M. Thiers, bien que non encore avisé de la signature du traité, eut le pressentiment qu'il y avait là quelque danger pour le pacha, et il mit aussitôt en mouvement le télégraphe aérien, afin de faire parvenir le plus rapidement possible à Alexandrie l'avis de mettre en sûreté la flotte égyptienne qui croisait sur les côtes de Syrie. Bien lui en prit, car, s'il fallait en croire certains bruits, le courrier portait à lord

---

[1] Bulwer, t. III, p. 42.

Stopford l'instruction de s'emparer de cette flotte [1]. N'oublions pas que les vaisseaux anglais au moyen desquels on cherchait à frapper, à notre insu, ce coup contre le protégé de la France, étaient ceux-là mêmes qui, quelques jours auparavant, se trouvaient encore immobilisés dans les eaux des Deux-Siciles, et qui devaient leur liberté au succès de notre amicale médiation.

Ce ne fut que le 17 juillet, deux jours après la signature du traité, et quand il croyait avoir pris de l'avance pour les mesures d'exécution, que lord Palmerston pria M. Guizot de passer au *Foreign-Office*, et lui donna lecture d'un *memorandum* l'informant de ce qui venait d'être fait. Ce document, où l'on tâchait d'envelopper sous des formes presque caressantes la notification d'un acte aussi malveillant, rappelait d'abord comment les quatre puissances, n'ayant pu s'entendre avec la France, s'étaient trouvées placées en face de ces deux partis, ou d'abandonner aux chances de l'avenir les grandes affaires qu'elles avaient pris l'engagement d'arranger », ou bien « de marcher en avant sans la coopération de la France » ; comment elles avaient « cru de leur devoir d'opter pour la dernière de ces alternatives », et avaient « conclu avec le sultan une convention destinée à résoudre d'une manière satisfaisante les complications actuellement existantes dans le Levant ». Le *memorandum* témoignait du « vif regret » que les puissances éprouvaient « à se trouver momentanément séparées de la France » et de leur espoir que cette séparation serait de courte durée; il terminait en lui demandant son « appui moral » pour obtenir la soumission du pacha. M. Guizot, surpris, sentit la situation trop grave pour s'engager avant d'avoir reçu les instructions de son gouvernement. Il écouta en silence, se borna ensuite à relever froidement certains passages qui présentaient d'une façon inexacte le rôle et le langage de son gouvernement, mais ne discuta pas le fond. D'ailleurs, communication ne lui était pas faite du traité [2] ; ce fut à peine

---

[1] M. Thiers a affirmé ce fait plus tard à la tribune. (Discours du 25 novembre 1840.)
[2] Ce ne sera que le 16 septembre, après les ratifications échangées, que com-

si, après la lecture du *memorandum*, quelques indications sommaires lui furent données sur les conditions faites par le sultan au pacha. « Nous ne pouvons montrer la convention tant qu'elle n'a pas été ratifiée », écrivait, peu après, lord Palmerston à son frère [1]. Singulier scrupule, en vérité, de la part de celui qui croyait pouvoir exécuter cette convention avant toute ratification ! La vraie raison n'était-elle pas précisément qu'on voulait nous dissimuler cette exécution immédiate et se ménager ainsi plus de chances de faire un coup de surprise ? En tout cas, c'était un mauvais procédé de plus envers nous ; on eût dit que lord Palmerston s'appliquait à ne nous en épargner aucun.

Dans cette histoire de la question d'Orient, la signature du traité du 15 juillet marque une date importante et comme la séparation entre deux périodes distinctes. Avant d'aborder la seconde de ces périodes et de raconter la crise redoutable née de ce traité, ne convient-il pas de se recueillir un moment, d'essayer de juger le passé, et, dans ce dessein, de faire, pour ainsi dire, l'examen de conscience des principaux acteurs de ce drame diplomatique ? Commençons par le gouvernement français. Combien, en juillet 1840, il est loin de ses espérances de juillet 1839, alors qu'il se félicitait d'avoir substitué, aux vieux restes de la Sainte-Alliance formée contre lui, un nouveau concert européen où il comptait jouer l'un des premiers rôles, alors qu'il croyait avoir placé la Russie, son ennemie la plus acharnée depuis 1830, dans l'alternative de capituler ou de s'isoler ! Maintenant, c'est lui, au contraire qui est isolé ; il s'est brouillé avec son alliée de dix ans, l'Angleterre ; il a rejeté vers la Russie les cabinets de Vienne et de Berlin, qui s'en éloignaient pour venir à lui, et il a vu quatre grandes puissances nouer, en dehors de lui, sinon contre lui, une alliance qui semble la résurrection de la coalition de 1813. La cause d'un mécompte si complet et si prompt saute aujourd'hui à tous les yeux. C'est que, placée en face de questions multiples et complexes, la

---

munication sera faite du traité au gouvernement français. La presse anglaise, il est vrai, en avait auparavant révélé les principales dispositions.

[1] Lettre du 27 juillet 1840. (BULWER, t. III, p. 43.)

France n'a pas su mettre chacune à son rang ; elle s'est exagéré l'importance de la question des agrandissements du pacha, qui n'était que secondaire, au point de perdre de vue la question qui, à l'origine, lui avait apparu avec raison comme la principale, celle de sa rentrée dans le concert des puissances ; et elle est arrivée à confondre son intérêt, non pas même avec l'intérêt vrai de Méhémet-Ali, ce qui eût été déjà peu admissible, mais avec les prétentions de ce faux Alexandre [1]. Cette grave erreur de direction a été compliquée d'erreurs particulières, d'illusions sur la force du pacha, sur les hésitations ou les répugnances du cabinet anglais, sur les dispositions des autres puissances. Toutes ces fautes ne sont pas celles d'un ministère plutôt que d'un autre ; commencées par le ministère du 12 mai, elles ont été continuées par le ministère du 1er mars, chacun d'eux repoussant obstinément les chances, plusieurs fois offertes, de sortir honorablement et même brillamment de la mauvaise voie où la France était fourvoyée. Le Roi lui-même a eu sa part des illusions générales. Quant au parlement et à l'opinion, loin d'être innocents, ils sont les principaux coupables ; par la surexcitation de l'orgueil national, ils ont aggravé au dehors les difficultés du gouvernement, en même temps qu'ils lui interdisaient tout retour de sagesse.

Si, pour être un grand politique, il suffisait de bien savoir ce que l'on veut, de marcher vers son but avec adresse et résolution, et d'y arriver non-seulement malgré ses adversaires, mais malgré ses alliés et même malgré ses collègues, en bernant et mortifiant les uns, en dominant et entraînant les autres, — lord Palmerston se fût montré tel dans cette campagne diplomatique. Mais ce titre de grand politique exige plus encore ; il faut que le but ait été placé aussi haut qu'il devait l'être, qu'au lieu de s'abaisser à poursuivre la satisfaction d'une passion secondaire et passagère, on ait eu en vue l'avantage supérieur et permanent du pays. Or est-ce là ce qu'a fait le promoteur du traité du 15 juillet ? Que l'Angleterre eût intérêt à ne pas

---

[1] Il était alors de langage courant, en France, de qualifier Méhémet-Ali de « nouvel Alexandre ».

laisser la prépondérance française s'établir en Égypte, on le comprend. Mais son intérêt était aussi de ne pas rompre l'alliance occidentale et libérale; il était surtout de ne pas compliquer gratuitement une telle rupture par des offenses qui risquaient de provoquer une guerre, et qui, en tout cas, devaient laisser de longs et dangereux ressentiments. En somme, lord Palmerston avait fait preuve d'une vue très-nette, mais très-courte, de plus d'adresse inférieure que de grande habileté. S'il ne s'était pas trompé sur le détail et le procédé, il s'était trompé sur la direction générale, aveuglé par sa jalousie contre la France, comme nous l'étions par notre engouement pour le pacha.

La Russie venait de se donner le plaisir, très-goûté par l'empereur Nicolas, d'isoler et de mortifier la France de Juillet; mais c'était en renonçant à la prépondérance orientale, qui avait été de tout temps l'objet premier, presque exclusif, de sa politique, et pour laquelle, notamment, elle avait combattu en 1828, négocié en 1833. Y avait-elle au moins gagné de rompre à tout jamais cette alliance occidentale où elle n'avait pas tort, en effet, de voir le principal obstacle à ses desseins sur Constantinople? La guerre de Crimée devait répondre à cette question.

Quant à l'Autriche, après avoir rêvé, au début de cette crise, une grande politique, celle d'un concert européen dont le siége eût été à Vienne, et avec lequel elle eût fait échec à la Russie en Orient, elle avait, devant la division de la France et de l'Angleterre, renoncé à ses projets, et, abdiquant humblement toute prétention à une initiative quelconque, elle s'était mise à la remorque de lord Palmerston et du czar; depuis lors, docile et inquiète, elle servait des passions qui n'étaient pas les siennes, s'associait à des aventures qui l'effrayaient, et, avec l'amour de l'immobilité, participait à des actes qui risquaient de mettre en branle toute l'Europe. Ce que nous disons de l'Autriche s'applique aussi à la Prusse, avec cette réserve que le gouvernement de Berlin avait dans la question orientale moins d'intérêt, d'action, et, par suite, aussi moins de responsabilité

Nulle puissance donc qui puisse être satisfaite et fière de sa conduite. Toutes ont commis des fautes. Aucune n'a fait de grande et haute politique. Le résultat, nous allions dire le châtiment, est une situation singulièrement tendue, obscure, périlleuse pour tous. Personne ne peut savoir ce qui en va sortir, et si ce ne sera pas la ruine de cette longue paix dont l'Europe jouissait depuis 1815 et à laquelle elle n'avait jamais été plus attachée.

CHAPITRE IV

LA GUERRE EN VUE.

(Juillet-Octobre 1840.)

I. M. Thiers à la nouvelle du traité du 15 juillet. L'effet sur le public. Les journaux. Le ministère ne cherche pas à contenir l'opinion. — II. Le plan de M. Thiers : l'expectative armée. — III. Irritation du Roi. Son langage aux ambassadeurs. Son attitude dans le conseil. Au fond, il ne veut pas faire la guerre. Accord extérieur du Roi et de son ministre. — IV. Les armements. Attitude diplomatique de M. Thiers. Langage de M. Guizot à Londres. Lord Palmerston persiste dans sa politique, malgré les hésitations de ses collègues. Débats à la Chambre des communes. — V. Inquiétudes de l'Autriche et de la Prusse. Intervention conciliatrice du roi des Belges. Elle échoue devant l'obstination de lord Palmerston. Le *memorandum* anglais du 31 août. — VI. Louis-Napoléon réfugié à Londres. Ses menées pour s'allier à la gauche et débaucher l'armée. Expédition de Boulogne. Impression du public. Le procès. — VII. Continuation des armements. Fortifications de Paris. M. Thiers s'exalte. Il rêve d'attaquer l'Autriche en Italie. Nouvelles scènes faites par le Roi aux ambassadeurs. La presse. Les journaux ministériels et radicaux. Excitation ou inquiétude du public. Les grèves. L'Europe est à la merci des incidents. — VIII. Les premières mesures d'exécution contre le pacha. Celui-ci, sur le conseil de M. Walewski, offre de transiger. Cette transaction est appuyée par M. Thiers. Divisions dans le sein du cabinet anglais. — IX. Déchéance du pacha et bombardement de Beyrouth. Lord Palmerston triomphe. Mécompte de M. Thiers. Explosion belliqueuse en France. Premiers symptômes de réaction pacifique. Les journaux poussent à la guerre. — X. Que serait la guerre? La guerre maritime. On ne peut espérer concentrer la lutte entre la France et l'Autriche. Dispositions de l'Angleterre, de la Russie, de la Prusse, de la Confédération germanique. Puissant mouvement d'opinion contre la France, en Allemagne. Son origine. Ses manifestations en 1840. Réveil de l'idée allemande qui sommeillait depuis 1815. La France, en cas de guerre, se fût retrouvée en face de la coalition. La propagande révolutionnaire n'eût pas été une force contre l'Europe, et elle eût été un danger pour la France. — XI. M. Thiers penche vers une attitude belliqueuse. Divisions du cabinet. Résistance du Roi. Les ministres offrent leur démission. Transaction entre le prince et ses conseillers. La note du 8 octobre. — XII. Effet de cette note en Angleterre. En France, l'agitation révolutionnaire s'aggrave, et la réaction pacifique se fortifie. Situation mauvaise de M. Thiers. L'attentat de Darmès. Désaccord entre le

Roi et le cabinet sur le discours du trône. Démission du ministère. Les résultats de la seconde administration de M. Thiers. Service rendu par Louis-Philippe.

I

« Je suis curieux de savoir comment Thiers a pris notre convention, écrivait, le 21 juillet 1840, lord Palmerston à M. Bulwer, son chargé d'affaires. Sans aucun doute, cela a dû le mettre très en colère; c'est un coup pour la France; mais elle se l'est attiré par son obstination. » Et plus loin : « Thiers commencera probablement par faire le bravache; mais nous ne sommes pas gens à nous laisser épouvanter par des menaces[1]. » Grandes furent, en effet, à la nouvelle du traité du 15 juillet, la surprise et l'émotion du ministre français; il n'était pas seulement blessé de l'offense faite à son pays : il se sentait personnellement atteint, se rendant compte du tort fait à son renom d'habileté. Toutefois, il se montra d'abord plus calme que ne s'y attendait lord Palmerston. Ainsi, du moins, il apparut à M. Bulwer dans l'entretien où, pour la première fois, il fut question entre eux du traité. « M. Thiers était naturellement très-déconcerté, rapporte le diplomate anglais; il me parla de l'effet qui serait produit sur l'opinion publique en France, me pria de ne rien dire jusqu'à ce qu'il eût pris ses mesures pour prévenir quelque violente explosion, et m'entretint sur ce sujet, je dois lui rendre cette justice, avec plus de regret que d'irritation[2]. » M. de Sainte-Aulaire, qui avait reçu l'ordre de retourner immédiatement à Vienne, eut aussi, dans ces premiers jours, une longue conversation avec le président du conseil. M. Thiers lui parut se rendre compte « qu'engager la France dans une lutte où elle se trouverait seule contre toute l'Europe, ce serait encourir une terrible responsabilité, et qu'un sentiment de vanité blessée, une infatuation systéma-

[1] Bulwer, *Life of Palmerston*, t. II, p. 277, 278
[2] *Ibid.*, p. 274, 275.

tique en faveur de Méhémet-Ali ne justifierait pas le ministre coupable d'une telle audace ». Aussi déclarait-il « s'abstenir de prendre une résolution extrême ». « Je ne ferai au début, disait-il, que le strict nécessaire, et resterai bien en deçà de ce que réclamera le sentiment national quand le traité de Londres sera connu en France ». Il annonçait même ne pas vouloir convoquer les Chambres, de « peur d'être entraîné par elles [1] ». Il tenait un langage semblable à ses autres ambassadeurs. Tout en leur recommandant de se montrer tristes, sévères, inquiétants, de laisser voir que nous avions ressenti l'offense, il les détournait de tout ce qui eût pu provoquer une rupture violente. « Se plaindre, écrivait-il le 21 juillet à M. Guizot, est peu digne de la part d'un gouvernement aussi haut placé que celui de la France; mais il faut prendre acte d'une telle conduite... Désormais la France est libre de choisir ses amis et ses ennemis, suivant l'intérêt du moment et le conseil des circonstances. Il faut sans bruit, sans éclat, afficher cette indépendance de relations que la France sans doute n'avait jamais abdiquée, mais qu'elle devait subordonner à l'intérêt de son alliance avec l'Angleterre. Aujourd'hui, elle n'a plus à consulter d'autres convenances que les siennes. L'Europe ni l'Angleterre, en particulier, n'auront rien gagné à son isolement. Toutefois, je vous le répète, ne faites aucun éclat; bornez-vous à cette froideur que vous avez montrée, me dites-vous, et que j'approuve complétement. Il faut que cette froideur soit soutenue. » Le président du conseil ajoutait, toujours à la même date : « Ayez soin, en faisant sentir notre juste mécontentement, de ne rien amener de péremptoire aujourd'hui. Je ne sais pas ce que produira la question d'Orient. Bien sots, bien fous ceux qui voudraient avoir la prétention de le deviner. Mais, en tout cas, il faudra choisir le moment d'agir pour se jeter dans une fissure et séparer la coalition. Éclater aujourd'hui serait insensé et point motivé; d'autant que nous sommes peut-être en présence d'une grande étourderie anglaise. En atten-

---

[1] *Mémoires inédits de M. de Sainte-Aulaire.*

dant, il faut prendre position et voir venir avec sang-froid [1]. »

Si désireux que fût M. Thiers de retarder le moment où le public français serait mis au courant de ce qui venait d'être fait à Londres, une telle nouvelle ne pouvait demeurer longtemps cachée : elle commença à s'ébruiter dans Paris, le 25 juillet; le 26, les journaux l'annoncèrent explicitement. L'effet en fut d'autant plus considérable que les esprits n'y étaient nullement préparés. Absorbés par les incidents de la politique intérieure, ils avaient, depuis plusieurs mois, à peu près perdu de vue les affaires d'Orient, dont il n'était plus question ni à la tribune ni dans la presse. Voici qu'ils y étaient brusquement ramenés, non point pour voir la France jouer le rôle prépondérant, solennellement promis, un an auparavant, par le rapport de M. Jouffroy, mais pour apprendre que toutes les puissances s'étaient coalisées en se cachant de nous et dans le dessein d'écraser notre protégé, le pacha d'Égypte. Pour des imaginations que l'on venait précisément d'échauffer en soufflant sur les cendres napoléoniennes, la déception était douloureuse, irritante. « C'est le traité de Chaumont », disait-on en répétant un mot attribué au maréchal Soult. L'alarme générale se manifesta par une baisse extraordinaire à la Bourse [2]. Toutefois, si inquiet que l'on fût, la colère dominait. Les autres questions s'étaient subitement évanouies devant celle qui apparaissait comme la « question nationale ». Tous les partis, réunis dans un même sentiment, ne rivalisaient que de susceptibilité patriotique. Les témoignages contemporains sont unanimes. « Je n'avais pas vu, depuis longtemps, une semblable explosion de sentiment national », lisons-nous, à la date du 27 juillet, sur le journal intime d'un observateur exact et clairvoyant; et il ajoutait, le lendemain : « Les têtes se montent de plus en plus [3]. » Henri Heine écrivait de Paris, le 27 juillet : « Les mauvaises nouvelles arrivent coup sur coup. Mais la dernière

---

[1] *Mémoires de M. Guizot.*

[2] Le 3 pour 100, qui était, le 18 juillet, à 86 fr. 50, se cotait 78 fr. 75, le 6 août. Les actions de la Banque de France baissèrent de 3,770 à 3,000 francs.

[3] *Journal inédit du baron de Viel-Castel.*

et la pire de toutes, la coalition entre l'Angleterre, la Russie, l'Autriche et la Prusse, contre le pacha d'Égypte, a plutôt produit ici un joyeux enthousiasme guerrier que de la consternation... Les sentiments et les intérêts nationaux blessés opèrent maintenant une suspension d'armes entre les partis belligérants. A l'exception des légitimistes, tous les Français se rassemblent autour du drapeau tricolore, et leur mot d'ordre commun est : Guerre à la perfide Albion! » Et, le 28 juillet : « Peut-être cent cinquante députés qui se trouvent encore à Paris se sont prononcés pour la guerre de la façon la plus déterminée, en cas que l'honneur national offensé exigeât ce sacrifice [1]. » « Le public est incroyablement belliqueux, rapportait, le 30 juillet, l'un des correspondants de M. Guizot; les têtes les plus froides, les caractères les plus timides sont emportés par le mouvement général; tous les députés que je vois se prononcent sans exception pour un grand développement de forces; les plus pacifiques sont las de cette question de guerre qu'on éloigne toujours et qui toujours se remontre. Il faut en finir, dit-on, et cette disposition a réagi sur nos anniversaires de ce mois; il y avait, le 28, soixante à quatre-vingt mille hommes sous les armes, et tout le monde était heureux de voir tant de baïonnettes à la fois. Hier, quand le Roi a paru au balcon des Tuileries, il a été salué par des acclamations réellement très-vives, et quand l'orchestre a exécuté la *Marseillaise*, il y a eu un véritable entraînement [2]. » Le 2 août, le duc de Broglie résumait ainsi l'état des esprits : « Il y a chez tous, sans exception, un grand sentiment d'indignation, une indignation sérieuse, réelle, et une conviction non moins sérieuse qu'il ne faut plus compter que sur soi-même et qu'il y a lieu de se mettre en défense; c'est un sentiment aussi vrai que celui qui a suivi les premiers jours de 1830 et favorisé l'expédition d'Anvers; il a le même caractère d'unanimité [3]. » Toujours à cette date,

---

[1] *Lutèce*, p. 99, 100, 108.
[2] Lettre de M. de Lavergne, alors chef du cabinet du ministre de l'intérieur. (*Mémoires de M. Guizot.*)
[3] Lettre à M. Guizot. (*Documents inédits.*)

M. Léon Faucher écrivait à un Anglais, ami de la France, M. Reeve : « Je n'avais jamais vu, depuis 1830, un enthousiasme aussi prononcé ni aussi soutenu. C'est l'esprit national se montrant sans bravade... Tenez pour certain que si le gouvernement ne répondait pas par une attitude énergique au traité de Londres, il serait renversé par une révolution[1]. »

Le langage des journaux répondait à ces sentiments : on eût dit autant de clairons sonnant la charge. « La France, disait le *Siècle* du 28 juillet, entend que l'on compte avec elle, fût-on Russe ou Anglais, pour régler les affaires de l'Europe, et elle se lèverait tout entière pour se répandre au delà de ses frontières, comme il est déjà arrivé une fois, plutôt que de se résigner à ce rôle passif auquel ses alliés d'hier, comme ses anciens ennemis, veulent insolemment la réduire. » On lisait dans le *Temps* du même jour : « L'Europe est bien faible contre nous. Elle peut essayer de jouer avec nous le terrible jeu de la guerre ; nous jouerons avec elle le formidable jeu des révolutions. Que si l'on nous pousse à promener de nouveau le drapeau tricolore de capitale en capitale, nous ne le ferons plus, cette fois, pour accumuler contre nous les représailles des peuples, mais bien plutôt pour favoriser leur affranchissement. » Il n'était pas jusqu'au sage *Journal des Débats* qui ne déclarât, le 29 juillet : « Le traité est une insolence que la France ne supportera pas ; son honneur le lui défend. » Et il ajoutait, en rappelant la situation de l'Irlande : « A ce terrible jeu des batailles, ce n'est pas nous qui avons le plus de risques à courir. » Il disait encore, deux jours après : « La France ne reculera pas... La France ne peut pas reculer, parce que ce serait se laisser mettre au rang des puissances de second ordre... Il est nécessaire qu'elle se prépare à la guerre. » Les radicaux du *National*, contemplaient, avec une sorte de satisfaction railleuse, cette effervescence guerrière. « On a pu voir, au milieu de cette agitation, disaient-ils, combien les traités de 1815 pèsent à notre pays, combien il serait heureux d'en effacer les souillures... Si

---

[1] Léon Faucher, *Biographie et Correspondance*, t. Ier, p. 93.

nous avions un autre gouvernement, la guerre serait acceptée déjà, car on nous l'a déclarée. » Seulement le *National* ajoutait qu'il fallait, pour la faire, porter la révolution en Italie, dans les États du Rhin, dans l'Allemagne entière, en Pologne, et il mettait au défi la monarchie d'avoir cette hardiesse : « Les conditions de la guerre, concluait-il, nous les connaissons tous, et vous aussi peut-être... C'est pour cela qu'il vous est défendu de la tenter. » Une seule feuille essayait de se soustraire à cet entraînement général, c'était la *Presse,* inspirée par M. Molé et M. de Lamartine. « Et pourquoi, s'il vous plaît, la guerre? demandait-elle, le 31 juillet. Parce que M. Thiers est un aimable étourdi. Il sait bien faire les coalitions; il ne sait pas les prévoir... Jadis, toutes les puissances de l'Europe se coalisèrent pour se venger de Napoléon. Aujourd'hui, les mêmes puissances se coalisent pour se moquer de M. Thiers. » Mais le public ne se sentait pas disposé à sourire de ces malices; tout entier à son indignation patriotique, il eût plutôt traité de lâches et de traîtres ceux qui ne s'y associaient pas.

M. Thiers trouvait donc, dans l'opinion, des impressions plus vives que n'avaient été tout d'abord les siennes propres; ni le public, ni la presse ne semblaient disposés à garder la réserve expectante, le tranquille sang-froid qu'il avait jugé convenir à la situation. Dans quelle mesure en fut-il contrarié? On aurait peine à le dire. En tout cas, il ne paraît pas avoir eu, un moment, l'idée de se poser en modérateur. Dès le premier jour, au contraire, les journaux officieux s'appliquèrent à ne se laisser dépasser en véhémence par aucun autre. Peut-être, après tout, M. Thiers regardait-il cette explosion d'indignation nationale comme une diversion utile, et aimait-il mieux voir les esprits s'échauffer contre les mauvais procédés de l'Angleterre que de s'entendre demander compte de sa mésaventure diplomatique. A un point de vue moins personnel, il ne lui déplaisait pas que ceux qui s'étaient mal conduits envers nous ressentissent quelque inquiétude. La leçon lui paraissait nécessaire. Selon lui, la faiblesse des ministères précédents avait répandu, en Europe, l'idée que « la France n'avait de résistance sur rien[1] » ; il se félicitait de ce qui pouvait troubler cette impertinente sécurité. Ajoutons enfin qu'il craignait de faire la figure un peu piteuse des gens trompés : devenir menaçant a souvent paru, en pareil cas, la seule chance de ne pas être ridicule ; c'est ce qui faisait dire à M. de Rémusat, peu après la signature du traité : « Le moyen de ne pas être humilié est de se montrer offensé. » Était-ce là un sentiment juste de la dignité nationale ou un faux calcul d'amour-propre ? M. de Tocqueville exprimait une idée qui avait quelque rapport avec celle de M. de Rémusat, quand il écrivait à M. Stuart Mill : « Pour maintenir un peuple, et surtout un peuple aussi mobile que le nôtre, dans l'état d'âme qui fait faire les grandes choses, il ne faut pas lui laisser croire qu'il doit aisément prendre son parti qu'on tienne peu compte de lui. Après la manière dont le gouvernement anglais a agi à notre égard, ne pas montrer le sentiment de la blessure reçue eût été, de la part des hommes politiques, comprimer, au risque de l'éteindre, une passion nationale dont nous aurons besoin quelque jour. L'orgueil national est le plus grand sentiment qui nous reste[2]. » Sans doute, ce peut être un devoir pour le gouvernement d'entretenir cette susceptibilité patriotique ; mais c'est son devoir non moins étroit de la diriger quand elle s'égare, de la contenir quand elle est excessive. Si, comme le prétendait M. de Rémusat, le moyen de ne pas être humilié d'un mauvais procédé est de s'en montrer offensé, on peut dire aussi qu'en faisant trop d'éclat de son irritation, on grossit l'offense. Il semble parfois, dans ces questions diplomatiques, qu'un pays soit offensé dans la mesure où il proclame lui-même qu'il l'est. En tout cas, se fâcher très-haut, sans être assuré d'obtenir et résolu à exiger, coûte que coûte, une satisfaction proportionnée à l'irritation qu'on témoigne, c'est s'exposer à une humiliation plus grande que celle de l'injure et amoindrir cet « orgueil national » que M. de Tocqueville

---

[1] C'est l'expression employée par M. de Rémusat, dans une lettre écrite à M. Guizot, aussitôt après avoir connu le traité. (*Mémoires de M. Guizot.*)
[2] Lettre du 18 décembre 1840.

avait souci de garder intact. Estimait-on que les questions posées en juillet 1840 ne valaient pas, pour la France, le risque d'une guerre contre toute l'Europe? Il importait alors, non-seulement à notre sécurité, mais surtout à notre dignité, de ne pas parler de l'offense ressentie, comme on parle de celles qu'il faut laver dans le sang. Il y avait là une mesure à garder soigneusement, et, si l'opinion échauffée la dépassait, c'était au gouvernement d'user de son influence pour l'y ramener.

Ce devoir, M. Thiers ne parait pas en avoir compris alors l'importance, ou du moins il crut impossible de le remplir. Ce n'était pas qu'il eût pris le parti de régler sa conduite sur les emportements de l'opinion et de monter sa diplomatie au ton des journaux. Non, toujours résolu à ne pas faire un *casus belli* de la seule signature du traité, il s'était fait un plan de politique expectante par lequel il comptait obtenir une revanche, sinon très-prompte, du moins assurée, de l'offense du 15 juillet. C'est ce plan dont il importe d'abord de se faire une idée exacte.

II

Tous les calculs de M. Thiers reposaient entièrement sur la confiance dans la force et dans la résolution du pacha, confiance alors si répandue en France et si absolue, qu'elle ne se discutait même pas [1]. Plus tard, quand les événements eurent apporté au gouvernement français un complet démenti, M. de Rémusat, interrogé sur la cause d'une si grosse erreur, répondait : « Comment voulez-vous que nous ayons deviné la vérité? Sans parler de l'opinion politique qui, vous le savez, s'était attachée, depuis plusieurs années, à grandir Méhémet-Ali et

---

[1] Cette confiance paraissait appuyée sur les témoignages les plus autorisés. Le maréchal Marmont, qui vivait alors à Vienne, répétait souvent à M. de Sainte-Aulaire qu'il avait vu manœuvrer l'armée du pacha, et qu'à nombre égal elle n'aurait pas à craindre une armée russe. (*Mémoires inédits de M. de Sainte-Aulaire.*)

Ibrahim, nous trouvions, dans les cartons des ministères, une foule de renseignements recueillis par nos prédécesseurs et plus concluants les uns que les autres. De plus, le Roi, qui avait suivi cette affaire depuis le début et qui naturellement devait connaître les faits mieux que nous, nous affirmait qu'il n'y avait rien à craindre et que le pacha était en état de résister à l'Europe[1]. » Louis-Philippe, en effet, avait ou affectait d'avoir la plus haute opinion de la puissance de Méhémet-Ali. « C'est un second Alexandre, disait-il souvent au chargé d'affaires d'Angleterre ; je n'ai pas une armée capable de lutter avec celle qu'il pourrait amener sur le champ de bataille[2]. »

De cette foi dans le pacha, M. Thiers déduisait toute une série de prévisions qu'il exposait à peu près en ces termes, dans les communications verbales ou écrites avec ses collègues et ses agents diplomatiques[3] : « Le pacha résistera. Que feront les quatre alliés pour vaincre cette résistance? Ils ont jugé eux-mêmes la question si embarrassante qu'ils n'ont pas osé se la poser : entre eux, rien n'a été prévu, rien n'a été réglé à ce sujet. Les mesures maritimes, — blocus des côtes, bombardement de quelques villes, — seront de nul effet : il suffira à l'armée égyptienne de se concentrer dans l'intérieur des terres. Tentera-t-on de débarquer des troupes pour aller l'y chercher? Où trouver ce corps de débarquement? L'Angleterre ne l'a pas. L'Autriche et la Prusse semblent résolues à ne pas le fournir. La Turquie n'a plus d'armée, et l'on sait d'ailleurs ce que valent ses soldats en face de ceux d'Ibrahim. Et puis, s'il ne s'agit que d'un corps peu considérable, comme une escadre peut en transporter à pareille distance, les quatre-vingt mille hommes d'Ibrahim auront bientôt fait de le jeter à la mer. L'Angleterre se résoudra-t-elle donc à prier la Russie d'envoyer par terre, à travers l'Arménie, une armée en Syrie? Mais cette armée, prise à revers par les populations du Caucase, arrive-

---

[1] *Notes inédites de M. Duvergier de Hauranne.*
[2] Bulwer, t. II, p. 309.
[3] Cf. les *Mémoires de M. Guizot*, les *Mémoires inédits de M. de Sainte-Aulaire*, la correspondance également inédite de M. Thiers avec M. de Barante.

rait, déjà épuisée, devant les Égyptiens, dix fois plus nombreux. Rien de tout cela n'est sérieux. Ajoutez que la mauvaise saison est proche : avec l'hiver, nul moyen de tenir la mer devant une côte sans abri; nul moyen de faire traverser, à une armée nombreuse, les montagnes d'Arménie. Il est donc, en tout cas, certain que rien ne pourra être accompli avant le printemps. Eh bien, pendant ces longs mois d'attente, en présence de ces difficultés, de ces impossibilités d'exécution, n'est-il pas très-probable que la division éclatera entre les puissances, ou que tout au moins quelques-unes hésiteront et se retireront? Ne verra-t-on pas reparaître forcément, entre l'Angleterre et la Russie, l'opposition d'intérêts qui est au fond des choses, et chacune de ces deux puissances ne sera-t-elle pas plus disposée à jalouser qu'à seconder l'action de l'autre? L'Autriche et la Prusse, qui ne se sont engagées que sur la promesse d'une exécution facile et prompte, ne chercheront-elles pas à se dérober? Dans la Chambre des communes, et jusque dans le sein du cabinet britannique, ne sera-t-il pas demandé à lord Palmerston un compte sévère de l'imbroglio inextricable, stérile et périlleux, où il aura engagé son pays et l'Europe? Au jour où se manifesteront ces incertitudes, ces regrets, ces discordes, quand les coalisés du 15 juillet auront abouti à cette mortification de se trouver impuissants en face d'un pacha d'Égypte, et que lord Palmerston aura été convaincu d'une immense étourderie, alors ce sera l'occasion pour la France, qui aura vu ses prévisions justifiées, de faire dans les conseils européens une rentrée triomphante qui la vengera de tous les déplaisirs passés. » Cette argumentation n'était pas mal construite, à une condition, cependant, c'est que la base en fût solide; or cette base, on vient de le voir, était la foi dans la résistance du pacha.

Cette sorte de dissolution sans violence de la coalition, cette faillite par impuissance était, aux yeux de M. Thiers, l'éventualité la plus probable et la plus désirable. Toutefois, ce n'était pas la seule qu'il eût en vue. Il prévoyait aussi le cas où le pacha, poussé à bout, ne se contenterait pas de garder la défensive, et où, passant le Taurus, il marcherait sur Constantinople. Du coup, disait le ministre, l'empire ottoman tomberait en morceaux, son partage serait inévitable et l'Europe ébranlée jusqu'en ses fondements ; la France ne pourrait demeurer immobile. « C'est alors, continuait M. Thiers, que commencerait le grand jeu. En approchant du Bosphore, l'armée égyptienne aurait chance de rencontrer des armées européennes qui rendraient la partie plus égale, mais, en ce cas aussi, les armées françaises paraîtraient sur le Rhin et au delà des Alpes. C'est là qu'est marquée leur place de combat, c'est là qu'elles défendraient l'Égypte et la Syrie, et ce secours ne serait pas moins efficace pour Méhémet-Ali que des flottes et des armées envoyées à son aide sur les côtes de la Méditerranée. L'Autriche et la Prusse, placées alors en première ligne, dans une lutte où elles s'engageraient sans intérêt et sans passion, payeraient cher leur complaisance pour l'Angleterre et la Russie, et elles apprendraient qu'il y a bien aussi quelque danger à braver le ressentiment de la France [1]. » Le président du conseil répétait avec insistance que, « quoi qu'il arrivât en Orient, la France n'y tirerait pas un coup de canon », et que, si elle était obligée d'agir par les armes, elle porterait tout son effort en Allemagne et surtout en Italie. On voit que M. Thiers, tout en repoussant la guerre immédiate, la croyait possible dans certaines éventualités ; sans la désirer, il l'acceptait, et il prévoyait qu'elle serait alors générale et européenne.

En attendant l'heure, dans tous les cas lointaine, de cette rentrée diplomatique ou militaire, le président du conseil était décidé à garder son attitude expectante, laissant aller les événements, dont il espérait la justification de ses pronostics, observant, chez les autres puissances, les embarras et les divisions d'où devait sortir l'occasion prévue. Toutefois, ce n'était pas, dans sa pensée, une attente inerte : il voulait l'employer à armer la France. « L'expectative armée et fortement armée, disait-il, voilà notre politique [2]. » Au lendemain de 1830, sous le coup du péril extérieur et intérieur, l'armée, qui ne comptait,

[1] *Mémoires inédits de M. de Sainte-Aulaire.*
[2] Lettre de M. Thiers à M. de Barante, 22 août 1840. (*Documents inédits.*)

sous la Restauration, que deux cent trente et un mille hommes et quarante-six mille chevaux, avait été tout à coup portée à quatre cent trente-quatre mille hommes et quatre-vingt-dix mille chevaux, et le budget de la guerre élevé de 187 millions à 373. Mais, une fois rassuré sur la paix du dehors et du dedans, le gouvernement avait mis fin aux armements extraordinaires, et les dépenses, bien que demeurées supérieures à celles de 1829, s'étaient notablement réduites. L'armée continentale avait d'autant plus souffert de ces réductions que l'Algérie exigeait chaque jour plus d'hommes et de matériel, et tendait, par suite, à absorber presque toutes les ressources très-péniblement obtenues des Chambres ; l'esprit d'économie, qui était, en ce temps, l'une des vertus, mais qui devenait parfois l'une des manies du régime parlementaire [1], n'était pas, en ce qui concernait notre état militaire, toujours d'accord avec l'intérêt national. Les forteresses étaient désarmées, les casernes insuffisantes, les arsenaux mal garnis ; on n'avait même pas le nombre de fusils nécessaire. Au moment donc où la France fut surprise par le traité du 15 juillet, son armée n'était pas en mesure de soutenir une grande lutte européenne. M. Thiers résolut de la mettre, non encore sur le pied de guerre, mais sur ce qu'il appelait le pied de paix armée. Cette mesure, qu'il jugeait indispensable pour se préparer aux éventualités du printemps, il la jugeait aussi immédiatement utile comme avertissement comminatoire aux puissances. De plus, quelle que dût être l'issue de la crise, il trouvait bon d'en profiter pour donner à la France un armement complet. « Nos préparatifs, écrivait M. de Rémusat, ne fussent-ils, comme je le pense, qu'une précaution sans emploi, c'est une excellente chose que de saisir cette occasion de rendre à la France la force militaire dont elle a besoin pour soutenir son rang [2]. »

---

[1] C'est ce qui faisait écrire déjà, sous la Restauration, à la duchesse de Broglie : « La marotte de nos libéraux, c'est l'économie ; ils ne voient dans la liberté qu'une soupe économique. » (*Souvenirs du feu duc de Broglie*, t. II, p. 95.)

[2] Lettre à M. Guizot, 29 août 1840. (*Mémoires de M. Guizot.*)

III

M. Thiers avait pu arrêter son plan sans avoir à s'en expliquer devant les Chambres, alors en vacances. Mais, à défaut du parlement, la couronne était là, et quelle que fût la prétention du ministre du 1er mars à gouverner seul, il ne pouvait décider, sans le Roi, des destinées du pays, dans une crise si redoutable. Nulle part l'offense du traité du 15 juillet n'avait été ressentie plus vivement que dans la famille royale, non-seulement par les jeunes princes et princesses, le duc d'Orléans en tête, dont l'ardeur guerrière fut tout de suite enflammée[1], mais même par le vieux Roi. A la première nouvelle de ce qui s'était passé à Londres, il éclata avec une telle véhémence, que la Reine dut faire fermer la porte de son cabinet pour qu'on n'entendît pas sa voix dans la galerie. « Depuis dix ans, s'écriait-il, je forme la digue contre la révolution, aux dépens de ma popularité, de mon repos, même au danger de ma vie. Ils me doivent la paix de l'Europe, la sécurité de leurs trônes, et voilà leur reconnaissance ! Veulent-ils donc absolument que je mette le bonnet rouge[2] ? » Tandis que M. Thiers en voulait surtout à l'Angleterre, dans laquelle il avait espéré, le ressentiment de Louis-Philippe se portait principalement contre l'Autriche et la Prusse, auxquelles il avait fait tant d'avances depuis plusieurs années, et sur lesquelles il s'était habitué à compter. Aussi ne put-il se retenir d'apostropher rudement les ambassadeurs de ces puissances, la première fois qu'il les vit après la signature du traité.

---

[1] Dès le 26 juillet, le duc d'Orléans n'a qu'une préoccupation, c'est que le gouvernement ne soit pas assez belliqueux. « Je crains, — écrit-il à son frère le prince de Joinville, alors en mer pour aller chercher la dépouille de l'Empereur, — je crains que nos adversaires n'aient l'immense supériorité que donne la volonté bien arrêtée de faire la guerre dans certains cas, sur l'hésitation, la mollesse et la pensée secrète de ne jamais faire la guerre dans aucun cas. » (*Revue rétrospective.*)

[2] HILLEBRAND, *Geschichte Frankreichs*, t. II, p. 516.

« Vous êtes des ingrats », leur dit-il avec une extrême véhémence ; et, après leur avoir rappelé tout ce qu'il avait fait et risqué pour maintenir la paix : « Mais, cette fois, ne croyez pas que je me sépare de mon ministère et de mon pays ; vous voulez la guerre, vous l'aurez, et, s'il le faut, je démusellerai le tigre. Il me connaît, et je sais jouer avec lui. Nous verrons s'il vous respectera comme moi [1]. »

Ce prince, si facilement accusé d'être trop peu susceptible pour ce qui touchait à la dignité de la France, se montrait donc, au premier abord, plus animé, plus menaçant que M. Thiers. C'est qu'en dépit des calomnies de l'opposition, sa sensibilité patriotique était des plus vives. C'est aussi que, très-circonspect dans l'action, il avait parfois la parole un peu intempérante. Faut-il ajouter que tout, dans ces scènes, n'était peut-être pas entraînement irréfléchi, et qu'en se laissant aller à une irritation très-sincère, ce fin politique visait à produire, au dehors et au dedans, un effet calculé? Au dehors, convaincu que la résistance du pacha serait invincible, il espérait, en parlant fort, intimider des puissances qu'il croyait assez irrésolues et condamnées à de prochains déboires, à d'inextricables embarras, à d'inévitables divisions. Au dedans, persuadé que M. Thiers, mis en face des faits, n'oserait se jeter dans une guerre folle, mais craignant de sa part une manœuvre que les souvenirs de la coalition ne rendaient pas improbable, il voulait lui enlever tout prétexte de rejeter sur la couronne seule la responsabilité d'une politique pacifique, déplaisante à l'amour-propre national [2].

Pendant qu'il prenait cette attitude devant les diplomates

---

[1] *Notes inédites de M. Duvergier de Hauranne.*

[2] Un peu plus tard, le Roi expliquait ainsi à M. Pasquier son attitude presque belliqueuse : « Si, le lendemain du traité, je m'étais prononcé pour la paix, M. Thiers eût quitté le ministère, et je serais aujourd'hui le plus impopulaire des hommes. Au lieu de cela, j'ai crié plus haut que lui, et je l'ai mis aux prises avec les difficultés. Dès le lendemain du premier conseil, après s'être fait rendre compte de l'état de l'armée, M. Thiers est venu me trouver, fort découragé, et a été le premier à me demander de ne rien précipiter. Il fera la paix et j'aurai, aux yeux du pays, l'honneur d'avoir maintenu nos droits avec résolution. » (*Notes inédites de M. Duvergier de Hauranne.*)

étrangers et le public français, le Roi se montrait, dans les délibérations intimes du gouvernement, ému sans doute, anxieux, mais résolu. Très-peu de jours après la divulgation du traité, M. Thiers, qui habitait alors à Auteuil, reçut, à six heures du matin, un message du duc d'Orléans, qui le mandait d'urgence à Saint-Cloud. En arrivant, il trouva le Roi entouré de sa famille, le visage serein, bien qu'un peu fatigué ; le duc d'Orléans était radieux. « Vous ne serez pas surpris, dit Louis-Philippe à son ministre, d'apprendre que nous avons passé la nuit entière à causer de la situation. Nous sommes demeurés tous d'accord que la France ne doit rien céder du terrain où elle s'est placée, et que l'Europe doit être avertie que nous ne reculerons pas. Persévérons donc; je me confie à vous. Agissez avec fermeté, mais avec prudence, et surtout, autant que l'honneur le permettra, épargnons à notre pays l'horrible fléau de la guerre. » M. Thiers répondit, sans être d'ailleurs contredit, que le moyen le plus sûr d'éviter cette guerre était de montrer à tous que nous ne la craignions pas. L'entretien se prolongea fort cordial. Au moment où le ministre allait se retirer, la Reine, lui montrant ses fils, ne put retenir ce cri de mère : « Au moins soyez prudent, car la guerre me les prendrait tous, et combien m'en rendriez-vous [1] ? » M. Thiers sortit profondément remué de cette entrevue. A la même époque, le duc de Broglie écrivait, après une conversation avec Louis-Philippe : « J'ai trouvé le Roi très-résolu, très-clairvoyant... Nous avons causé à fond, épuisé toutes les chances, été à toutes les extrémités, je ne l'ai pas vu faiblir un seul instant [2]. »

Toutefois, à y regarder d'un peu près, on eût pu, dès cette première heure, discerner un principe de dissidence entre la politique du monarque et celle de son ministre. Tant qu'il ne s'agissait que de se plaindre haut et de menacer, Louis-Philippe ne s'y refusait pas; il approuvait aussi les armements, et sa prévoyance royale saisissait très-volontiers cette occasion de renforcer l'état militaire de la France. Mais il entendait bien

---

[1] Nouvion, *Histoire du règne de Louis-Philippe*, t. IV, p. 532, 533.
[2] *Documents inédits.*

ne pas dépasser certaines bornes. Il était dores et déjà résolu à ne pas laisser la guerre sortir de la crise actuelle, tandis que M. Thiers, sans être décidé à faire cette guerre, en acceptait l'éventualité. De là des réserves prudentes, inquiètes, qui se faisaient jour soudainement dans la conversation du Roi, au moment même où sa sensibilité patriotique venait de s'épancher avec le plus d'impétuosité. Bien qu'elles semblassent parfois détonner avec le reste, il n'y avait là ni duplicité ni même contradiction. Cette variété d'accent tenait au laisser-aller, aux habitudes prime-sautières de la parole royale, et aussi à cette vivacité, à cette mobilité d'imagination qui s'alliaient, chez ce prince, à un esprit politique très-réfléchi, très-froid et très-calculateur. Dans les derniers jours de juillet, M. de Sainte-Aulaire, qui venait de recevoir les instructions du président du conseil et de l'entendre développer son plan, eut une audience du Roi; celui-ci lui fit les mêmes recommandations que le ministre, et M. de Sainte-Aulaire fût sorti convaincu de leur parfait accord si, au moment de lui donner congé, le prince n'eût ajouté : « Vous voilà bien endoctriné, mon cher ambassadeur; votre thème officiel est excellent. Pour votre gouverne particulière, il faut cependant que vous sachiez que je ne me laisserai pas entraîner trop loin par mon petit ministre. Au fond, il veut la guerre, et moi je ne la veux pas; et quand il ne me laissera plus d'autres ressources, je le briserai plutôt que de rompre avec toute l'Europe [1]. »

M. Thiers se rendait-il compte de cette arrière-pensée de Louis-Philippe? En tout cas, il ne s'en tourmentait pas beaucoup, persuadé qu'il lui suffirait, à l'heure venue, d'ouvrir les fenêtres et d'appeler le pays à l'aide, pour avoir raison de toutes les résistances. La veille même du jour où M. de Sainte-Aulaire s'était rendu aux Tuileries, il avait vu le président du conseil et lui avait demandé s'il était assuré que le Roi le suivrait jusqu'au bout. « Pour le moment, il se montre très-animé, répondit M. Thiers; et s'il est pris de quelque défaillance pen-

[1] *Mémoires inédits de M. de Sainte-Aulaire.*

dant l'action, il sera soutenu, entraîné même par le flot de l'opinion, qu'aucune digue ne pourra contenir [1]. » D'ailleurs, le désaccord n'était qu'éventuel; il portait sur une hypothèse lointaine que les deux parties espéraient ne pas voir se présenter : elles comptaient bien que la résistance du pacha et les embarras des puissances fourniraient à la France l'occasion de prendre sa revanche, sans qu'il fût question de guerre. En attendant, elles étaient d'accord sur la conduite immédiate et avaient intérêt à faire montre de cet accord, le prince pour sa popularité, le ministre pour son autorité, tous deux pour rendre leur politique plus efficace au regard de l'étranger. Louis-Philippe disait bien haut : « Je suis content de M. Thiers; il ne m'a proposé que des choses fort raisonnables. Il est aussi prudent que moi, et je suis aussi national que lui. Nous nous entendons très-bien [2]. » Et pendant ce temps, le président du conseil affectait de répéter à tous, particulièrement aux ambassadeurs étrangers, que le Roi était plus belliqueux que lui, et qu'il avait peine à le contenir. Ces propos se répandaient dans le public, et, dès le 29 juillet, Henri Heine, après avoir raconté l'explosion belliqueuse dont il était le témoin à Paris, disait : « Ce qui est surtout important, c'est que Louis-Philippe semble s'être dépouillé de cette vilaine patience qui endure chaque affront, et qu'il a même pris éventuellement la résolution la plus décisive... M. Thiers assure qu'il a parfois de la peine à apaiser la bouillante indignation du Roi. » Il est vrai que Heine ajoutait : « Ou bien, cette ardeur guerrière, n'est-ce qu'une ruse de l'Ulysse moderne [3] ? »

[1] *Mémoires inédits de M. de Sainte-Aulaire.*
[2] Lettre du capitaine Callier au maréchal Soult, 4 septembre 1840, et lettre du duc Decazes à M. de Barante, 29 août 1840. (*Documents inédits.*)
[3] *Lutèce*, p. 108.

IV

Le président du conseil ne perdit pas un jour pour exécuter le plan qu'il avait conçu. Dès le 29 juillet, le *Moniteur* annonça les premières mesures d'armement. Les jeunes soldats disponibles des classes de 1836 à 1839 furent aussitôt appelés sous les drapeaux, et l'on ouvrit par voie extraordinaire des crédits considérables pour l'accroissement de l'effectif et du matériel des armées de terre et de mer. Aux diplomates étrangers qui venaient demander des explications sur ces mesures, M. Thiers, réservé, froid, se bornait à répondre que, dans l'isolement où on l'avait mise, la France n'avait plus qu'à se régler sur ce qu'elle se devait à elle-même; il ajoutait qu'elle se préparait aux dangers de la situation qu'on lui avait faite, et que sa conduite à venir dépendrait de celle qu'on tiendrait envers elle. Toutes ses démarches, toutes ses paroles, visaient à être ainsi tranquillement inquiétantes, menaçantes sans provocation. Avec son habituelle activité, il trouva le loisir d'écrire, sur la question d'Orient, dans la *Revue des Deux Mondes* du 1er août, un article non signé, mais dont l'auteur fut tout de suite deviné; cet article se terminait ainsi : « Il y a un mot, un mot décisif qu'il faut dire à l'Europe, avec calme, mais avec une invincible résolution : Si certaines limites sont franchies, c'est la guerre, la guerre à outrance, la guerre, quel que soit le ministère. » En même temps, il veillait à ce que ses ambassadeurs près les diverses cours conformassent leur attitude à la sienne. « J'ai reçu toutes vos excellentes lettres, écrivait-il le 31 juillet à M. Guizot; je ne vous dis qu'un mot en réponse : *Tenez ferme.* Soyez froid et sévère, excepté avec ceux qui sont nos amis. Je n'ai rien à changer à votre conduite, sinon à la rendre plus ferme encore, s'il est possible [1]. » C'étaient les mêmes recommanda-

---

[1] *Mémoires de M. Guizot.*

tions qu'il adressait verbalement à M. de Sainte-Aulaire sur le point de partir pour Vienne [1]. A Saint-Pétersbourg, il faisait parvenir un langage plus menaçant encore. « Qu'on y prenne garde, écrivait-il à M. de Barante dès le 23 juillet, la France, si elle entre en lice, ne pourra y entrer que d'une manière terrible, avec des moyens extraordinaires et funestes à tous; la face du monde pourra en être changée. » Et il donnait à entendre que, dans ce cas, la Pologne serait soulevée [2].

Londres demeurait toujours le principal centre des négociations. M. Guizot y faisait la figure et y tenait le langage prescrits par son ministre. Dans un premier entretien avec lord Palmerston, il se plaignit gravement et sévèrement du passé. « Non-seulement on ne nous a pas dit ce qu'on faisait, déclarat-il, non-seulement on s'est caché de nous, mais je sais que quelques personnes se sont vantées de la façon dont le secret avait été gardé. Est-ce ainsi, milord, que les choses se passent entre d'anciens et intimes alliés? L'alliance de la France et de l'Angleterre a donné dix ans de paix à l'Europe; le ministère whig, permettez-moi de le dire, est né sous son drapeau et y a puisé, depuis dix ans, quelque chose de sa force. Je crains bien que cette alliance ne reçoive en ce moment une grave atteinte, et que ce qui vient de se passer ne donne pas à votre cabinet autant de force, ni à l'Europe autant de paix... M. Canning, dans un discours très-beau et très-célèbre, a montré un jour l'Angleterre tenant entre ses mains l'outre des tempêtes et en possédant la clef; la France aussi a cette clef, et la sienne est peut-être la plus grosse. Elle n'a jamais voulu s'en servir. Ne nous rendez pas cette politique plus difficile et moins assurée. Ne donnez pas, en France, aux passions nationales, de sérieux motifs et une redoutable impulsion. » Puis, après avoir indiqué tous ses pronostics sur les embarras, les impossibilités et les périls auxquels il fallait s'attendre dans l'exécution du traité du 15 juillet : « Nous nous lavons les mains de cet avenir. La France s'y conduira en toute liberté, ayant toujours en vue la paix, le

---

[1] *Mémoires inédits de M. de Sainte-Aulaire.*
[2] Dépêche de M. Thiers à M. de Barante, 23 juillet 1840. (*Documents inédits.*)

maintien de l'équilibre actuel en Europe, le soin de sa dignité et de ses propres intérêts. » En même temps qu'il tenait ce langage à lord Palmerston, M. Guizot avait soin de ne pas rassurer ceux qui, autour de lui, demandaient, inquiets : Que fera la France? « L'affaire sera longue et difficile, disait-il. La France ne sait pas ce qu'elle fera, mais elle fera quelque chose. L'Angleterre et l'Europe ne savent pas ce qui arrivera, mais il arrivera quelque chose. Nous entrons tous dans les ténèbres. » Notre ambassadeur, du reste, ne demandait rien, ne faisait aucune proposition nouvelle, et quelque diplomate, effrayé de l'avenir, venait-il lui faire des ouvertures conciliantes, il l'écoutait froidement, sans le rebuter, mais plus occupé d'augmenter son inquiétude que d'aller au-devant de sa bonne volonté. Il était visible que le gouvernement français n'éprouvait aucune hâte d'entrer en pourparlers et qu'il préférait attendre les événements, comptant y trouver la confirmation de ses pronostics et la revanche de ses mortifications [1].

Si cette attitude d'expectative menaçante ne laissait pas que d'émouvoir certains esprits, soit en Angleterre, soit sur le continent, un homme du moins ne s'en montrait aucunement troublé, c'était lord Palmerston. Comme on demandait un jour à M. Guizot, au sortir d'un entretien avec le chef du *Foreign-Office*, s'il avait fait quelque impression sur son interlocuteur : « Pas la plus légère », répondit-il [2]. La raison en est bien simple : c'est que lord Palmerston persistait à ne pas croire à cette résistance du pacha sur laquelle était fondée toute notre argumentation; quand nous paraissions vouloir attendre les événements, loin de s'en inquiéter, il s'en félicitait, car, lui aussi, il espérait y rencontrer le triomphe de sa politique. Dans ses conversations avec notre ambassadeur, s'il se défendait d'avoir eu l'intention d'offenser la France, il ne témoignait ni regret, ni velléité de concession, et se montrait, au contraire, froidement résolu à aller jusqu'au bout. Sa correspondance avec M. Bulwer, chargé d'affaires à Paris, respirait une confiance imperturbable

---

[1] *Mémoires de M. Guizot.*
[2] *The Greville Memoirs, second part,* t. I, p. 302.

dans le succès de son plan, un mépris hautain de nos menaces. « Vous dites, lui écrivait-il, que Thiers est un ami chaud, mais un dangereux ennemi ; cela peut être, mais nous sommes trop forts pour être influencés par de telles considérations. Je doute, d'ailleurs, qu'on puisse se fier à Thiers comme ami, et, me sachant dans mon droit, je ne le crains pas comme ennemi. La manière de prendre tout ce qu'il peut dire est de considérer le traité comme un *fait accompli*, comme une décision irrévocable, comme un pas fait sur lequel on ne peut revenir. » Presque à chaque ligne de sa correspondance, on retrouve cette affirmation, « que la France demeurera tranquille et ne fera pas la guerre [1] ». Ses compatriotes eux-mêmes ne pouvaient comprendre une telle assurance. « Je n'ai jamais été plus étonné, écrivait alors un membre de la haute société politique d'Angleterre, qu'en lisant les lettres de Palmerston, dont le ton est si audacieux, si hardi et si confiant. Quand on considère l'immensité de l'enjeu dans la partie qu'il joue, quand on voit qu'il peut allumer la guerre dans toute l'Europe et que la guerre, si elle a lieu, sera entièrement son œuvre, on est stupéfait qu'il ne paraisse pas affecté plus sérieusement par la gravité des circonstances, et qu'il ne regarde pas avec plus d'anxiété (sinon d'appréhension) les résultats possibles ; mais il cause, sur le ton le plus dégagé, de la clameur qui s'est élevée à Paris, de son entière conviction que le cabinet français ne pense nullement à faire la guerre, et que, s'il la faisait, ses flottes seraient instantanément balayées et ses armées partout battues. Il ajoute que si ce cabinet essayait de faire une guerre d'opinion et de surexciter les éléments de la révolution dans les autres contrées, de plus fatales représailles seraient exercées contre la France, où les carlistes et les bonapartistes, aidés par l'intervention étrangère, renverseraient le trône de Louis-Philippe... Il peut arriver que les choses tournent suivant l'attente de Palmerston. C'est un homme favorisé d'une bonne fortune extraordinaire, et sa devise semble être celle de Danton : De l'audace, encore de l'audace et toujours

---

[1] Lettres diverses du 21 juillet au 23 août 1848. (BULWER, t. II, p. 277 à 282.)

de l'audace. Mais il y a, dans son ton, une faconde, une
imperturbable suffisance, et une légèreté dans la discussion
d'intérêts d'une si effrayante grandeur, qui me convainquent
qu'il est très-dangereux de confier à un tel homme la direction
sans contrôle de nos relations extérieures [1]. »

Lord Palmerston rencontrait cependant, dans son pays même,
des difficultés qui eussent embarrassé un esprit moins résolu.
La divulgation du traité du 15 juillet avait causé en Angleterre
une surprise où dominaient le déplaisir et l'inquiétude. La passion du ministre contre la France ne paraissait pas trouver
d'écho chez ses compatriotes. Beaucoup de ceux-ci, au contraire, s'alarmaient de voir, pour une question qui ne les intéressait pas, rompre l'alliance des deux grandes puissances libérales et mettre en péril la paix européenne. Si les journaux
directement inspirés par le chef du *Foreign-Office* nous faisaient
une guerre haineuse et violente, plusieurs autres, le *Times* en
tête, blâmaient le traité : on sentait même que leur opposition
eût été plus vive encore, si leur sentiment national n'avait été
souvent blessé par les attaques de la presse parisienne [2]. En
même temps, les radicaux provoquaient, dans toutes les grandes
villes, d'immenses meetings où l'on déclarait « désavouer hautement toute participation à l'insulte faite à la nation française »,
et où des orateurs proclamaient, aux applaudissements de leur
auditoire, que « s'il y avait à choisir entre M. Thiers et une
armée française, d'une part, et lord Palmerston et une armée
russe, de l'autre, il fallait se joindre à la France et à M. Thiers ».
Sans doute ces meetings n'avaient pas, sur la direction des
affaires, l'influence qu'eussent voulu leur attribuer certains de
nos journaux; mais il n'en était pas moins vrai que l'opinion
anglaise était troublée et nullement satisfaite.

Cet état d'esprit eût dû d'autant plus préoccuper lord Palmerston que le parlement n'était pas encore en vacances et que

[1] *The Greville Memoirs, second part,* t. I, p. 298, 299.
[2] M. Guizot écrivait à M. Thiers, le 29 juillet : « Je suis informé ce matin que
le *Times* hésite à continuer son attaque contre lord Palmerston, tant l'attaque
française lui parait vive et dirigée contre l'Angleterre elle-même autant que contre
lord Palmerston. » (*Mémoires de M. Guizot.*)

tout y faisait prévoir une interpellation. Quelle n'en pouvait pas être l'issue, étant données les dispositions des partis? Les radicaux étaient ouvertement mécontents. Les whigs, s'ils hésitaient à ébranler un ministère tenant en main leur drapeau, s'inquiétaient de l'atteinte portée à cette alliance française qui avait été jusqu'ici le premier article de leur programme. Les tories modérés, sympathiques aussi à cette alliance, se réservaient, attendant les événements, prêts à profiter de tout ce qui leur fournirait une arme contre le cabinet. Seuls, les tories extrêmes se félicitaient hautement du coup frappé contre l'ennemi héréditaire. En face d'un parlement dont les dispositions apparaissaient ainsi au moins froides et incertaines, lord Palmerston n'avait même pas l'avantage de se sentir fermement appuyé par ses collègues. Il voyait, en effet, renaître dans le sein du cabinet les oppositions et les hésitations qu'il avait dominées au moment de la signature du traité. Dans un long entretien qu'ils eurent, le 28 juillet, avec M. Guizot, lord Melbourne et lord Russell ne dissimulèrent pas leurs alarmes; lord Melbourne, notamment, sans abandonner son ministre des affaires étrangères, ne semblait guère compter sur le succès facile promis par ce dernier. « Si cet espoir est trompé, disait-il à notre ambassadeur, on ne poussera pas l'entreprise à bout. » Aussi nous demandait-il de reprendre la proposition tendant à attribuer la Syrie héréditaire au pacha, « lorsque ce dernier aurait fait preuve de résistance et que la confiance de lord Palmerston commencerait à être déjouée ». Puis il ajoutait : « La France, qui n'aura pas voulu aider les quatres puissances à marcher, les aidera à s'arrêter[1]. »

Lord Palmerston, cependant, prétendait ne rien changer à sa conduite. Il s'était habitué à exercer une sorte de despotisme au *Foreign-Office,* allant droit son chemin, sans s'occuper de ses collègues, plus disposé à malmener qu'à écouter les dissidents[2],

---

[1] *Mémoires de M. Guizot.*

[2] M. Greville écrivait alors sur son journal : « Rien ne peut dépasser le mépris avec lequel les palmerstoniens traitent le petit groupe des dissidents, notamment lord Holland et lord Granville, qui, disent-ils, sont devenus tout à fait imbéciles. » (*The Greville Memoirs, second part,* p. 298.)

en imposant par sa laborieuse activité[1], par son intrépidité tenace, par son audace heureuse et par une belle humeur confiante qui se mêlait étrangement chez lui à un caractère agressif, impertinent et querelleur ; du reste, fort adroit à franchir les défilés parlementaires où il paraissait s'engager à l'étourdie, sachant alors unir la ruse à la hardiesse, et se faire retors et dissimulé, sans cesser au fond d'être impérieux. On le vit bien à la façon dont il se tira des interpellations sur le traité du 15 juillet. A entendre les explications qu'il donna, les 6 et 7 août, personne ne tenait plus que lui à l'alliance française ; il affirmait que cette alliance subsistait et n'était pas atteinte par une dissidence partielle, momentanée, « peu importante », et qui n'aurait aucune conséquence fâcheuse ; d'ailleurs, ajoutait-il, ce n'étaient pas les puissances qui se séparaient de la France, mais la France qui avait repoussé toutes les propositions qu'on lui avait faites. Le ministre se gardait d'avouer que le traité avait été conclu à l'insu et en cachette de notre représentant. Il se refusa à en produire le texte : « Ce traité n'aura, dit-il, toute sa force que lorsqu'il aura été ratifié, et jusque-là il est impossible de le communiquer. » Ce qui ne l'empêchait pas, en ce moment même, de le faire exécuter sans attendre la ratification. On se fera, du reste, une idée de la bonne foi qui présidait à ces explications, en se rappelant que ce sont ces mêmes discours où lord Palmerston affirmait n'être pour rien dans l'insurrection de Syrie. Mais peu lui importait de s'exposer à être convaincu plus tard d'avoir parlé sans sincérité ; il ne voyait que le but actuel ; or, ce but, il l'atteignit : il échappa à tout vote de blâme, et la prorogation du parlement, qui eut lieu quelques jours après, le 10 août, le délivra, pour un temps, de toute préoccupation de ce côté.

[1] Bien qu'homme de salon et de sport, Palmerston travaillait énormément et faisait presque tout lui-même. « Ce que je fais me fatigue rarement, disait-il ; ce qui me fatigue, c'est ce que je n'ai pas encore pu faire. » Au terme de sa carrière, il disait à ses amis : « Je crois être aujourd'hui l'homme politique de l'Europe qui a le plus travaillé. »

V

Même débarrassé des Chambres, lord Palmerston n'était pas au terme de ses difficultés. Ses alliés du continent laissaient voir plus d'un signe d'hésitation et d'inquiétude. A Vienne, à Berlin, même à Saint-Pétersbourg, on s'attendait, de la part du pacha, à la résistance annoncée par la France, et l'on ne croyait pas au succès facile promis par le ministre anglais[1]. Si le czar prenait volontiers son parti des complications qui pouvaient ainsi se produire, il n'en était pas de même des cours d'Autriche et de Prusse. M. de Metternich, tout en tâchant de faire bonne figure et de prendre de haut les menaces de M. Thiers, était au fond assez troublé de l'impression produite en France, de nos armements et de la possibilité d'une explosion révolutionnaire[2]. L'audace passionnée de lord Palmerston ne l'alarmait pas moins. Effrayé tout à la fois de son adversaire et de son allié, il ne demandait qu'à sortir décemment d'une aventure

---

[1] *Mémoires de M. de Sainte-Aulaire;* correspondance de M. de Barante et de M. Bresson. (*Documents inédits.*)

[2] La princesse de Metternich, fort hostile à la France, notait sur son journal, à la date du 2 août : « Les explosions de fureur du petit Thiers inquiètent un peu les cours. » Le chancelier écrivait lui-même, le 4 août, au comte Apponyi, son ambassadeur à Paris : « Il manque au *Napoléon civil* une chose pour faire le conquérant militaire, et cette chose, ce sont des ennemis prêts à se présenter sur les champs de bataille. La guerre politique n'est pas dans l'air, et il ne dépend pas de M. Thiers de changer à son gré l'état atmosphérique. Il est en son pouvoir, sans doute, de faire éclater la tempête de la révolution; mais qui menacerait-elle en premier lieu, si ce n'est l'édifice de Juillet?... Déployez le plus grand calme vis-à-vis de M. Thiers. Ne vous laissez pas dérouter par des paroles, et s'il vous parle de guerre, faites-lui la remarque que, pour la faire, il faut tout au moins être à deux de jeu. *Pas un soldat ne bougera à l'étranger.* » Dans une circulaire adressée, le 27 août, à ses agents en Italie et en Allemagne, M. de Metternich constatait « l'inquiétude du public européen à la lecture des journaux français, et surtout lorsqu'il avait vu le gouvernement français prendre des mesures qui décelaient de l'humeur, de la méfiance et la prévision d'une guerre générale. » Cette circulaire concluait ainsi : « Ce qu'il faut craindre, c'est que les esprits infernaux ayant été imprudemment évoqués, ils ne soient difficiles à conjurer, et ne fassent dégénérer une question toute politique en une affaire de propagande révolutionnaire. » (*Mémoires de M. de Metternich,* t. VI, p. 404, 435, 436, 478 et 480.)

qui devenait si périlleuse. Il avait réuni chez lui, au château de Kœnigswart, les ambassadeurs des quatre grandes puissances, et tous les entretiens qu'il avait avec eux tendaient à trouver une base d'accommodement. Non qu'il crût possible de rien proposer tout de suite ; mais il se préparait pour le moment où la résistance du pacha aurait donné un premier démenti aux prédictions de lord Palmerston. « Les engagements pris par les quatre puissances avec la Porte, disait-il à M. de Sainte-Aulaire, ne peuvent être changés sans occasion ni prétexte. Aujourd'hui la balle est lancée, il faut la laisser rebondir. Attendons... Ni vous ni moi ne pouvons prévoir, dans une telle affaire, quelles conséquences aura la résistance du pacha. Il est raisonnable d'attendre le jugement de la fortune et de laisser à chacun la part qu'elle lui fera. » Puis, après avoir indiqué sur quelles bases il pourrait proposer alors une entente : « En attendant, ne me faites pas parler. Je ne puis m'engager à adopter telle ou telle conduite ; mais vous pouvez répondre de mes intentions. Je vous donne ma parole d'honneur qu'elles ne sont pas autres que les vôtres. J'ai toujours pensé que la France ne pouvait pas être mise en dehors d'une grande affaire européenne... Il ne s'agit que de trouver un joint, une transition pour remettre les cinq puissances ensemble. J'y travaillerai de mon mieux. » En transmettant cette conversation à son gouvernement, notre ambassadeur avait soin de le mettre en garde contre certaines illusions. « Ne comptez pas, lui disait-il, que jamais l'Autriche se sépare de l'Angleterre et de la Russie pour venir se joindre à nous. Les armées françaises seraient à Vienne que vous ne l'obtiendriez pas. Mais, dans le conseil des quatre, quand il y aura à choisir entre une mesure extrême et une mesure modérée, la voix de l'Autriche appartiendra à la modération, et elle profitera de toutes les circonstances pour amener une conciliation. » En tout cas, comme le faisait observer M. de Sainte-Aulaire, la conduite du cabinet de Vienne dépendait avant tout de ce que serait la résistance de Méhémet-Ali [1].

---

[1] *Mémoires inédits de M. de Sainte-Aulaire.*

M. de Metternich ne cachait pas son état d'esprit au gouvernement anglais. Il déclarait à l'ambassadeur de la Reine qu'il ne donnerait ni argent ni soldats pour l'exécution du traité, et que « si ce traité pouvait tomber tranquillement à terre, ce serait une très-bonne chose ». Aussi écrivait-on de Vienne à lord Palmerston que le chancelier « était à bout », qu'il « cherchait, jour et nuit, comment il pourrait *se tirer d'affaire* », et qu'il était résolu à « empêcher la guerre par tous les moyens, sans s'inquiéter de savoir s'il lui en reviendrait quelque part d'humiliation ou si l'objet même du traité se trouverait ainsi complétement manqué[1] ».

A la cour de Prusse, mêmes sentiments. « Ici, écrivait de Berlin le ministre de France, nous redoutons que l'Angleterre ne pousse l'exécution trop vivement. Nous sommes embarrassés de ce que nous avons fait. Nous en acceptons à regret la solidarité; nous savons très-peu de gré à M. de Bülow[2] de son œuvre, et nous voudrions pouvoir nous replacer au point de départ; nous agirions d'autre sorte. Notre espoir est que rien ne sera précipité et qu'à l'aide des délais d'une exécution molle et inefficace et de la simple défensive de Méhémet-Ali, M. de Metternich parviendra à découvrir quelque expédient qui nous tire de peine[3]. »

A Londres, les ambassadeurs d'Autriche et de Prusse, toutes les fois qu'ils rencontraient M. Guizot ou, en son absence, M. de Bourqueney, ne manquaient pas d'exprimer leur désir de faire rentrer le gouvernement français dans la négociation, s'excusant, non sans quelque embarras, du mauvais procédé auquel ils s'étaient associés pour ne pas se séparer de l'Angleterre. Le ministre de Prusse ajoutait même, évidemment non sans avoir pris l'avis de son collègue autrichien : « La difficulté sera extrême pour en finir à Londres directement avec lord Palmerston, et en restant dans l'ornière où nous sommes

---

[1] *The Greville Memoirs, second part*, p. 306.
[2] M. de Bülow était le représentant de la Prusse à Londres, au moment de la signature du traité du 15 juillet.
[3] Lettre de M. Bresson à M. de Sainte-Aulaire, 18 septembre 1840. (*Documents inédits.*)

engagés. Il faut non-seulement vous faire rentrer dans l'affaire, mais la déplacer... C'est à Vienne qu'il faut la porter. Le prince de Metternich n'est pas engagé comme lord Palmerston... Les vues pacifiques, la politique de transaction, prévaudront plus aisément à Vienne qu'à Londres. Le prince de Metternich s'est tenu, depuis quelque temps, fort à l'écart; mais, n'en doutez pas, si la solution de l'affaire d'Orient pouvait être son testament politique, il en serait charmé et il ferait tout pour y réussir [1]. »

Quels que fussent au fond les regrets de l'Autriche et de la Prusse, on ne pouvait attendre d'elles une initiative un peu résolue ; et puis tous leurs projets de transaction étaient subordonnés à la résistance du pacha. Mais la politique de conciliation avait alors à Londres un champion plus décidé et plus pressé : c'était le roi des Belges. Comprenant quels risques une guerre ferait courir à son jeune État et à son jeune trône, bien placé par ses liens intimes avec les familles royales de France et d'Angleterre, comme par son renom personnel, pour se faire écouter à Paris et à Londres, il chercha et crut avoir trouvé un moyen de couper court aux embarras du présent et aux périls de l'avenir. Ce moyen consistait à remplacer la convention du 15 juillet par un traité entre les *cinq* puissances, traité garantissant l'indépendance et l'intégrité de l'empire ottoman. Il écrivit sur ce thème au roi des Français et à M. Thiers. Si désireux que ce dernier fût de laisser les événements suivre leur cours, il ne pouvait éconduire sans façon un tel négociateur. Louis-Philippe, d'ailleurs, ne l'eût pas permis. Il fut donc répondu, au nom du gouvernement français, qu'une telle proposition serait acceptable, à une condition : c'est qu'en garantissant, dans son état actuel, l'intégrité de l'empire ottoman, le nouveau traité s'appliquerait au pacha comme au sultan, assurerait au premier les territoires dont il était en possession par l'arrangement de Kutaïèh, en ne les lui conservant, du reste, qu'à titre viager, et supprimerait entièrement le traité du 15 juillet. Il était indiqué, en outre, très-nettement

---

[1] *Mémoires de M. Guizot.*

que la France ne prenait aucune initiative, qu'elle n'avait rien à demander ni à offrir, sa dignité ne lui permettant pas de reparaître dans une affaire qu'on avait essayé de régler sans elle, avant que les autres puissances n'eussent senti elles-mêmes la nécessité de sa présence [1].

Le roi des Belges accepta pleinement cette façon de poser la question et se mit aussitôt en campagne à Londres, ou plutôt à Windsor, où il se trouvait l'hôte de la jeune reine Victoria. Tout parut d'abord lui réussir. La Reine était de cœur avec lui, bien qu'elle ne pût désavouer ouvertement son cabinet [2]. Léopold gagna aussi l'appui de lord Wellington et le décida à parler à lord Melbourne; celui-ci en fut troublé au point qu'il prit, contre son habitude, une physionomie toute soucieuse; il écrivait, peu après, à lord John Russell « qu'il ne pouvait ni manger, ni boire, ni dormir [3] », signe, chez cet aimable indifférent, d'une préoccupation tout à fait extraordinaire. Plusieurs autres membres du cabinet n'étaient pas moins émus, d'autant qu'à cette action secrète des conversations de cour se joignaient l'alarme et la méfiance croissante d'une partie de l'opinion anglaise; celle-ci paraissait avoir de plus en plus peur que la paix ne fût mise en péril, et, sous cette impression, la Bourse baissait rapidement. Lord Wellington ne se contentait pas d'endoctriner lord Melbourne; il allait partout répétant son blâme de la politique de lord Palmerston et disait à M. Guizot, dans le salon de la Reine, assez haut pour être entendu de tous : « Moi, j'ai une ancienne idée de politique bien simple, mais bien arrêtée, c'est qu'on ne peut rien faire dans le monde pacifiquement qu'avec la France. Tout ce qui est fait sans elle compromet la paix. Or on veut la paix; il faudra donc s'entendre avec la France [4]. » M. de Neumann et M. de Bülow appuyaient

---

[1] *Mémoires de M. Guizot.* — Cf. aussi lettres de M. Thiers à M. de Barante, 22 août et 5 septembre 1840. (*Documents inédits.*)
[2] *The Greville Memoirs, second part*, p. 304, 305.
[3] *Ibid.*, p. 303.
[4] *Mémoires de M. Guizot.* — Cf. aussi, sur le même sujet, la correspondance inédite de M. Bresson et les dépêches citées par Hillebrand, *Geschichte Frankreichs*, t. II, p. 435.

les démarches de Léopold. Enfin, parmi les ambassadeurs anglais près les diverses cours, plusieurs se montraient inquiets de la politique de leur ministre : non-seulement lord Granville, ambassadeur à Paris, mais son chargé d'affaires, M. Bulwer, qui, malgré son intimité avec lord Palmerston, le trouvait trop dur pour la France [1], et aussi lord Beauvale, ambassadeur à Vienne, qui déclarait « la convention du 15 juillet inexécutable [2]. »

Le roi des Belges semblait donc avoir conquis ou ébranlé tous ceux sur lesquels il voulait agir; tous, en effet, sauf lord Palmerston. Celui-ci demeurait entier dans sa passion et sa confiance, ne se laissant pas un seul moment troubler par l'agitation qui l'enveloppait, tenant tête à tous les alarmés et à tous les mécontents du dehors comme du dedans. Vainement Léopold eut-il avec lui, le 19 août, une conversation de plus de deux heures, il n'obtint à peu près rien. « L'obstination est grande, racontait-il aussitôt après à M. Guizot; il y a de l'amour-propre blessé, de la personnalité inquiète; les noms propres se mêlent aux arguments, les récriminations aux raisons. Lord Palmerston persiste, d'ailleurs, à dire que Méhémet-Ali cédera. » Toutefois, le royal négociateur ne se décourageait pas. « Je continuerai, dit-il; il faut de la patience et marcher pas à pas. » De nouveaux efforts n'eurent pas plus de succès. Quelques jours après, en effet, lord Palmerston abordant lui-même ce sujet avec M. Guizot, lui déclarait qu'il ne pourrait être question du traité général proposé par le roi des Belges, avant que le traité partiel, conclu entre les puissances, eût « suivi son cours et atteint son but »; pour le moment, il fallait « attendre les événements ». Et, comme l'ambassadeur de France lui répondait que cette exécution du traité partiel pouvait soulever de grandes difficultés, de redoutables périls, compromettre la paix de l'Europe : « Je sais que vous pensez ainsi, répliqua le ministre anglais. On verra; si les événements vous donnent raison, alors comme alors. »

---

[1] Bulwer, t. II, p. 280 et 283.
[2] *The Greville Memoirs, second part*, p. 306.

Cependant tant d'obstination faisait mauvais effet. Précisément à cette époque, on apprit que la fameuse insurrection de Syrie, celle dont lord Palmerston avait fait tant de bruit, venait d'être facilement réprimée par Ibrahim. Le crédit du ministre s'en trouvait quelque peu diminué. Il en eut le sentiment et jugea prudent, sans fléchir au fond, de modifier son mode de résistance; au lieu de faire front, il rusa. On put croire, dans les derniers jours d'août, que, cédant aux instances du roi Léopold, de lord Melbourne et de plusieurs autres ministres, il se résignait à entrer dans la voie de la conciliation. « Eh bien, oui, disait-il, je ferai le premier pas (*I'll move the first*) [1]. » Il convint avec ses collègues qu'il enverrait à lord Granville une dépêche qui donnerait sur le passé des explications atténuantes, de nature à calmer les susceptibilités de la France, et qui indiquerait la nécessité d'un traité à cinq pour régler la situation générale de l'empire ottoman. Mais, quand cette longue dépêche, datée du 31 août, fut communiquée, le 3 septembre, à M. Thiers, il apparut qu'elle était seulement une discussion fort aigre du passé [2]. « Ces vingt pages, écrivait le surlendemain Louis-Philippe au roi des Belges, ne contiennent que l'énumération des griefs des *four powers* contre la France, des contradictions entre nos actes et nos promesses, etc., et après avoir subi cette rude épreuve de patience, on ne trouve au bout ni une ouverture ni une proposition, rien, absolument rien que l'annonce que le traité sera exécuté [3]. » Était-ce simplement, chez lord Palmerston, l'entraînement naturel et irréfléchi d'un esprit essentiellement argumentateur, querelleur, possédé de la manie de prouver qu'il avait toujours eu raison? N'était-ce pas aussi une manœuvre calculée pour jouer ceux qui s'imaginaient l'avoir forcé à faire une avance? En tout cas, le résultat fut complet, et lord Palmerston put se vanter d'avoir mis à néant la tentative de transaction poursuivie par le roi Léopold.

[1] *Mémoires de M. Guizot.*
[2] *Correspondence relative to the affairs of the Levant*
[3] *Revue rétrospective.*

Pour découvrir, en effet, dans cette dépêche, une ouverture acceptable, il eût fallu être plus disposé à un rapprochement immédiat que ne l'était alors M. Thiers. Le ministre français croyait toujours que les événements d'Orient allaient donner raison à ses pronostics et que Méhémet-Ali réservait une déconvenue terrible à l'Angleterre et à ses alliés. Quelques jours avant de recevoir la dépêche de lord Palmerston, il écrivait à M. Guizot : « Le pacha est capable, sur une menace, sur un blocus, sur un acte quelconque, de mettre le feu aux poudres. En preuve, il vous envoie une dépêche de Cochelet. Vous verrez comme il est facile de venir à bout d'un tel homme! Vous verrez si, quand je vous parlais, il y a deux mois, de la difficulté de *la Syrie viagère et de l'Égypte héréditaire*, j'avais raison, et si je connaissais bien ce personnage singulier!... Tenez pour certain que s'il y a quelque chose de sérieux sur Alexandrie, ou sur tel point du pays insurgé ou insurgeable, Méhémet-Ali passe le Taurus et fait sauter l'Europe avec lui. Les gens qui sont sensibles au danger de la guerre doivent être abordés avec cette confidence. » Et il ajoutait d'un ton qui n'était pas celui d'un homme en recherche d'un accommodement : « Nous attendons le nouveau *memorandum*. La réponse ne m'embarrasse guère ; elle sera adaptée à la demande. » Aussi, dès le 4 septembre, la dépêche connue, M. Thiers écrivait à son ambassadeur à Londres : « La fameuse note n'arrange rien ; elle empirerait la situation plutôt qu'elle ne l'améliorerait, si nous voulions être susceptibles. C'est exactement le *memorandum* du 17 juillet, augmenté de récriminations sur le passé... Cela interprété au vrai signifie qu'après avoir accepté l'alliance russe contre Méhémet-Ali, l'Angleterre nous ferait l'honneur d'accepter l'alliance française contre les Russes. On n'est pas plus accommodant, en vérité, et nous aurions bien tort de nous plaindre. Toutefois, il ne faut pas prendre ceci en aigreur. Il faut être froid et indifférent, dire que cette note ajouterait au mauvais procédé si nous voulions prendre les choses en mauvaise part; car, lorsque le traité du 15 juillet nous a si vivement blessés, nous dire qu'on l'exécutera et qu'après l'exécution on se mettra avec nous, c'est redoubler le mal[1]. »

Les deux adversaires se retrouvaient donc l'un en face de l'autre, chacun sur son terrain primitif, attendant tout, celui-ci, de la résistance de Méhémet-Ali, celui-là, de sa soumission immédiate. Le résultat dépendait de ce qui allait se passer en Orient. Si les retards et les complications annoncés par M. Thiers se produisaient, la situation de lord Palmerston deviendrait très-mauvaise. Si, au contraire, les mesures coercitives employées contre le pacha obtenaient le prompt succès prédit par le ministre anglais, ce serait à la France de se trouver en passe dangereuse. On eût dit deux joueurs dont chacun a mis audacieusement tout son enjeu sur une seule carte. Laquelle allait être retournée? Ils ne pouvaient se dissimuler à eux-mêmes la gravité redoutable d'une telle partie ; mais l'un et l'autre se croyaient assurés de gagner. Entre les deux, cependant, il y a une différence. La force dans laquelle lord Palmerston mettait sa confiance était, après tout, une force dont il disposait : c'était celle des vaisseaux anglais. La force sur laquelle M. Thiers jouait toute la politique de la France était celle d'un pouvoir étranger, d'un pacha turc. Il est vrai qu'en croyant à cette force, il se sentait en communion avec l'opinion régnante dans son pays, tandis que c'était à l'encontre de ses alliés, de sa souveraine, de plusieurs de ses collègues et d'une bonne partie de ses compatriotes, que le ministre anglais proclamait sa foi dans la prompte soumission de Méhémet-Ali.

VI

Au beau milieu de cette crise, tandis que tous les regards et toutes les pensées étaient tournés vers l'Orient, on apprit subitement que le prince Louis-Napoléon, auquel presque personne ne songeait, avait débarqué, le 6 août, à Boulogne,

---

[1] *Mémoires de M. Guizot.*

pour recommencer la pitoyable échauffourée de Strasbourg.

Contraint, en 1838, à la suite des réclamations de M. Molé, de quitter la Suisse [1], le fils de la reine Hortense s'était réfugié en Angleterre. Il y avait poussé plus activement que jamais ses menées contre la monarchie de Juillet. L'une de ses principales préoccupations était toujours de lier partie avec la gauche. Dans ce dessein, il publia sous ce titre : *Idées napoléoniennes*, une brochure où l'Empereur était présenté comme n'ayant eu d'autre souci que de fonder la liberté et d'améliorer le sort des classes laborieuses. Le journal *le Capitole*, fondé à Paris, en juin 1838, avec le concours d'un aventurier, le marquis de Crouy-Chanel, et d'un sieur Durand, mêlé aux intrigues de la diplomatie russe, eut pour mission de faire campagne avec les radicaux, tout en étant l'organe officiel de la propagande napoléonienne. La faction trouva en outre moyen de gagner l'appui, plus ou moins ouvert, d'une feuille de gauche, le *Commerce*, alors dirigée par M. Mauguin ; celui-ci, aigri, peu considéré, ruiné, ne s'était pas montré insensible à certaines séductions. Des pourparlers furent même engagés avec les hommes du *National*, qui chargèrent un de leurs amis, M. Degeorge, d'aller conférer avec le prince ; mais on ne put s'entendre, chaque partie prétendant se servir de l'autre pour faire prévaloir sa cause particulière. Il n'y avait pas jusqu'aux sociétés secrètes, notamment celle des *Saisons*, où les agents bonapartistes n'eussent cherché, vainement il est vrai, des alliés.

En même temps, par des distributions de brochures dans les casernes, par des promesses de grades ou même d'argent prodiguées aux officiers, le prétendant tâchait de créer, dans l'armée, des foyers de révolte et de trahison. C'était principalement sur les garnisons de Paris et du Nord que portait cet effort de corruption. On se flattait d'avoir conquis ou tout au moins ébranlé des personnages considérables ; seulement, il faut toujours rabattre des illusions d'émigrés. Quant aux procédés

---

[1] Cf. plus haut, t. III, p. 283 à 287.

employés, on en peut juger par un fait révélé plus tard devant la Cour des pairs. L'un des agents d'embauchage était un ancien chef d'escadron, M. Le Duff de Mésonan, fort irrité d'avoir été mis à la retraite en 1838, et devenu conspirateur par dépit. Parcourant fréquemment la région du Nord, il avait paru plusieurs fois à Lille, et s'était mis en rapport avec le maréchal de camp Magnan, qui y commandait. Il se crut bien accueilli par lui et osa lui communiquer une lettre signée : « Napoléon-Louis », qui était ainsi conçue : « Mon cher commandant, il est important que vous voyiez tout de suite le général en question. Vous savez que c'est un homme d'exécution que j'ai noté comme devant être un jour maréchal de France. Vous lui offrirez 100,000 francs de ma part, et 300,000 francs que je déposerai chez un banquier, à son choix, à Paris, pour le cas où il viendrait à perdre son commandement. » Le général Magnan a, depuis, solennellement affirmé qu'il avait repoussé cette ouverture avec indignation. M. de Mésonan ne le comprit pas ainsi, ou feignit de ne pas le comprendre ; il eut même, plus tard, une nouvelle entrevue avec le général, et celui-ci était regardé, autour du prétendant, comme un de ceux sur lesquels on pouvait compter, au moins après un premier succès.

Le retentissement considérable qu'eut en France la proposition de ramener les restes de Napoléon 1ᵉʳ ne contribua pas peu à exciter les ambitions et à encourager les illusions de son neveu. Se remuant beaucoup pour attirer les regards et faire parler de lui, il tâchait de répandre l'idée qu'il était *persona grata* auprès des gouvernements européens, se targuait des relations qu'il avait en effet avec M. de Brünnow et la cour de Russie, laissait ou même faisait répandre la nouvelle qu'il voyait lord Melbourne et lord Palmerston. « Le parti se pavane, fait grand bruit de lui-même, écrivait de Londres, le 30 juin 1840, M. Guizot à M. de Rémusat. Le prince Louis est sans cesse au parc, à l'Opéra. Quand il entre dans sa loge, ses aides de camp se tiennent debout derrière lui. Ils parlent haut et beaucoup ; ils racontent leurs projets, leurs correspondances.

L'étalage des espérances est fastueux. » L'attention du gouvernement français était donc en éveil. Il lui était revenu, d'autre part, quelques indices des tentatives d'embauchage; il savait, par exemple, que « Lille était fort travaillé ». Toutefois il n'avait découvert rien de précis sur les desseins du prince : il avait seulement le sentiment un peu vague qu'un coup se préparait, soit pour la rentrée des cendres, soit même pour une époque plus proche. « Je crois à une tentative », écrivait M. de Rémusat, le 12 juillet 1840.

L'émotion et l'agitation produites en France par la divulgation du traité du 15 juillet parurent à l'aventureux prétendant une occasion qu'il fallait aussitôt saisir. Imperturbablement confiant dans son nom et dans son étoile, toujours hanté des souvenirs de 1815, il résolut de se jeter, avec une poignée de partisans, sur un point de la côte française, pour y recommencer le retour de l'île d'Elbe. Boulogne fut choisi à cause de sa proximité et aussi parce que l'un des officiers du 42ᵉ de ligne, dont un détachement y tenait garnison, le lieutenant Aladenise, était du complot. Débarquer avant le jour, enlever les soldats du 42ᵉ, s'emparer de la ville et des cinq mille fusils enfermés dans le château, de là se porter sur les places du Nord où l'on se croyait assuré du concours du général Magnan, et enfin gagner Paris, en entraînant toutes les troupes sur le passage, tel était le plan ou plutôt le rêve du prince. Les préparatifs se firent en grand secret. Un paquebot à vapeur fut loué par un tiers, sous prétexte de partie de plaisir. Avec une presse à main, on imprima, à l'avance, des proclamations à l'armée, au peuple français, aux habitants du Pas-de-Calais, ainsi qu'un décret prononçant la « déchéance de la dynastie des Bourbons d'Orléans », nommant M. Thiers président du gouvernement provisoire et le maréchal Clausel commandant en chef de l'armée de Paris. Le 3 août, tout le matériel fut transporté à bord, argent, armes, munitions, uniformes, chevaux, voitures et jusqu'à un aigle vivant auquel un rôle était sans doute réservé dans le drame qui allait se jouer. A minuit, le prince s'embarqua et alla prendre, sur divers points de la Tamise, ses compagnons, au nombre d'une soixantaine. Parmi eux, étaient quelques anciens officiers, le colonel Vaudrey et le commandant Parquin, qui tous deux avaient pris part à l'attentat de Strasbourg; les colonels Voisin et Bouffet-Montauban, le commandant de Mésonan, enfin le plus élevé en grade, le général Montholon, compagnon de l'Empereur à Sainte-Hélène. Le gros de cette armée d'invasion se composait d'une trentaine de soldats libérés que l'on avait engagés en France, à titre de domestiques. Ajoutez enfin quelques amis personnels du prince, comme M. Fialin de Persigny et le docteur Conneau. Divers incidents prolongèrent la traversée, et ce ne fut que le 6 août, de grand matin, que le paquebot mouilla en face de Vimereux, à quatre kilomètres de Boulogne.

Débarqués sur la plage, les conjurés y trouvent seulement trois de leurs partisans, dont le lieutenant Aladenise. Peu d'instants après, surviennent quelques douaniers qui, malgré toutes les instances et toutes les promesses d'argent, refusent de se joindre à l'expédition. On se hâte vers Boulogne, où l'on arrive à cinq heures du matin. Premier échec devant le petit poste de la rue d'Alton; le sergent qui le commande résiste aux caresses et aux menaces. Les conjurés sont contraints de passer outre et arrivent à la caserne du 42°. Ici se reproduisent les scènes dont le quartier Finckmatt, à Strasbourg, avait été le théâtre en 1836. Le lieutenant Aladenise fait descendre dans la cour les soldats à peine réveillés, leur annonce que Louis-Philippe a cessé de régner, et leur présente le neveu de Napoléon entouré d'officiers aux brillants uniformes. Ces soldats ne savent trop que penser ni que faire; quelques cris de : *Vive l'Empereur!* accueillent les paroles du prince. Mais bientôt les officiers, prévenus en ville, accourent à la caserne, parviennent, malgré les violences des conjurés, à joindre leurs hommes; ceux-ci se retrouvent à la voix de leurs chefs et se rangent derrière eux. Dès lors, la partie est perdue pour le prince. A ce moment, au milieu du tumulte, il lève un pistolet; le coup part. Est-ce par mégarde? La balle va se loger dans le cou d'un grenadier, après lui avoir coupé la lèvre et brisé trois dents. Ce coup de feu, loin d'être le signal d'une lutte désespérée, précipite la retraite des conjurés. Déçus du côté de l'armée, ils tâchent de soulever le peuple, sans plus de succès. Bientôt, devant les gardes nationaux qui se rassemblent de toutes parts, ils se dispersent. Les uns se cachent dans la ville ou s'enfuient dans la campagne, où ils sont bientôt arrêtés. Le prince et quelques autres se jettent dans une barque, espérant gagner leur paquebot. Accourent les gardes nationaux, qui leur crient de s'arrêter; n'obtenant pas de réponse, ils font feu sur la barque, qui chavire; l'un des fuyards est tué d'une balle, un second est blessé, un troisième se noie; le prince et tous les survivants sont faits prisonniers.

A la nouvelle de cet attentat et de son pitoyable avortement, « l'impression du public, comme l'écrivait alors un témoin, fut celle d'une indignation méprisante [1] ». Sauf les feuilles radicales, qui affectèrent de couvrir le vaincu de leur protection hautaine [2], tous les autres journaux raillèrent et flétrirent sa conduite dans les termes les plus durs. Le *Constitutionnel*, d'ordinaire sympathique au bonapartisme, disait : « Dans cette misérable affaire, l'odieux le dispute au ridicule, la parodie se mêle au meurtre, et, tout couvert qu'il est de sang, Louis Bonaparte aura la honte de n'être qu'un criminel grotesque... Si un brave soldat n'était tombé victime de son dévouement, on n'aurait guère que des rires de pitié pour cet extravagant jeune homme qui croit nous rendre Napoléon, parce qu'il fait des proclamations hyperboliques et qu'il traîne un aigle vivant. » Et ce même journal exprimait la conviction générale, quand il ajoutait : « Un prétendant au moins est à jamais tombé sous les sifflets du pays [3]. » M. de Chateaubriand proclamait, dans une lettre datée du 18 août, que « l'entreprise du prince Louis avait ôté à l'arrivée des cendres une partie de son danger ». L'aide de camp du maréchal Soult, resté à Paris pour le tenir au courant des événements, lui écrivait, le 22 août : « L'indif-

---

[1] *Journal inédit de M. de Viel-Castel,* à la date du 7 août 1840.
[2] Entre autres le *National* et la *Revue du progrès* de Louis Blanc.
[3] *Constitutionnel* des 8 et 9 août 1840.

férence complète avec laquelle la tentative de Louis Bonaparte a été accueillie à Paris est le seul motif qui m'ait engagé à ne pas vous écrire tout exprès pour vous entretenir de cet événement, dont on ne s'est pas occupé un seul instant avec intérêt et auquel on n'attache aucune importance [1]. » Quant aux délicats, ils n'avaient pas assez de dédain pour celui que M. Doudan appelait « ce petit nigaud impérial [2] ». A l'étranger, l'impression fut la même. M. de Metternich traitait fort dédaigneusement cette tentative : « Je ne vous parle pas de l'échauffourée de Louis Bonaparte, écrivait-il à son ambassadeur à Paris. Je n'ai pas le temps de m'occuper de toutes les folies de ce bas monde. Veuillez toutefois féliciter le Roi en mon nom [3]. » Le chancelier ne se privait pas du plaisir d'ajouter : « Mais que dire du titre d'*empereur légitime* que M. de Rémusat avait si généreusement départi à Napoléon Ier? Si M. de Rémusat a eu raison, il est clair que Louis Bonaparte n'a pas eu tort [4]. » Lord Palmerston éprouvait le besoin de se défendre vivement d'avoir eu aucun rapport avec « cet insensé [5] ». Enfin, le père du prétendant, l'ex-roi de Hollande « déclarait », dans une lettre publique, « que son fils était tombé, pour la troisième fois, dans un piége épouvantable, dans un effroyable guet-apens, puisqu'il est impossible qu'un homme qui n'est pas dépourvu de moyens et de bon sens se soit jeté de gaieté de cœur dans un tel précipice [6]. »

Las de montrer une longanimité qui avait été si mal récompensée, et craignant de voir se renouveler le scandale de l'acquittement de Strasbourg en 1838, le gouvernement se décida à

[1] *Documents inédits.*
[2] *Lettres de M. Doudan*, t. I, p. 355
[3] *Mémoires de M. de Metternich*, t. VI, p. 441, 442.
[4] C'est la même idée qu'exprimait alors le *National.* « On a ramené, disait-il, tous les souvenirs qui se rattachent au nom qu'il porte, et l'on ne veut pas qu'il ait songé à revendiquer l'héritage, lorsqu'un ministre avait proclamé sa légitimité. »
[5] *Mémoires de M. Guizot*, t. V, p. 263.
[6] Dans cette même lettre, l'ex-roi de Hollande se plaignait que son fils eût été mis, à la Conciergerie, dans la chambre qu'avait occupée Fieschi. Le gouvernement répondit que cette chambre, depuis qu'elle avait servi à Fieschi, avait subi une transformation complète, ayant été affectée au logement particulier de l'inspectrice du quartier des femmes.

comprendre le prince dans l'instruction judiciaire ouverte au sujet du nouvel attentat, et le traduisit avec ses complices devant la Cour des pairs. Les débats du procès commencèrent le 28 septembre. Prenant une pose devenue familière, depuis dix ans, à tous les conspirateurs poursuivis en justice, le prince prétendit être un vaincu, non un accusé, et termina ainsi sa déclaration : « Je représente devant vous un principe, une cause, une défaite. Le principe, c'est la souveraineté du peuple ; la cause, celle de l'Empire ; la défaite, Waterloo. Le principe, vous l'avez reconnu ; la cause, vous l'avez servie ; la défaite, vous voulez la venger. Non, il n'y a pas de désaccord entre vous et moi, et je ne veux pas croire que je puisse être dévoué à porter la peine des défections d'autrui. Représentant d'une cause politique, je ne puis accepter, comme juge de mes volontés et de mes actes, une juridiction politique. Vos formes n'abusent personne. Dans la lutte qui s'ouvre, il n'y a qu'un vainqueur et un vaincu. Si vous êtes les hommes du vainqueur, je n'ai pas de justice à attendre de vous, et je ne veux pas de votre générosité. » M. Berryer, qui assistait le prince comme avocat, fut, suivant son habitude, particulièrement habile à concilier sa situation personnelle avec les exigences de la cause dont il s'était chargé. Dans l'impossibilité de trouver une justification ou seulement une excuse sérieuse, il s'écria : « N'est-ce pas là une de ces situations uniques dans le monde, où il ne peut y avoir un jugement, mais un acte politique?... Quand tant de choses saintes et précieuses ont péri, laissez au moins au peuple la justice, afin qu'il ne confonde pas un arrêt avec un acte de gouvernement... On veut vous faire juges, on veut vous faire prononcer une peine contre le neveu de l'Empereur ; mais qui êtes-vous donc? Comtes, barons, vous qui fûtes ministres, généraux, sénateurs, maréchaux, à qui devez-vous vos titres, vos honneurs? » En fin de compte, l'arrêt, prononcé le 6 octobre, condamna le prince Louis-Napoléon Bonaparte à l'emprisonnement perpétuel dans une forteresse du territoire, et ses complices, au nombre de quatorze, à des peines variant de la déportation à deux ans de prison. Aussitôt après le jugement, le prince Louis Bonaparte fut conduit au château de Ham, où avaient été enfermés les ministres de Charles X ; il obtint d'avoir pour compagnons de captivité le général Montholon et le docteur Conneau.

L'opinion s'était montrée fort indifférente aux débats et à leur issue. L'attention des hommes politiques se trouvait absorbée par les incidents chaque jour plus graves du conflit oriental. Quant au public, il s'occupait alors d'un tout autre procès criminel, de celui qui se déroulait avec mille vicissitudes devant la cour d'assises de la Corrèze : il s'agissait d'une femme, madame Lafarge, poursuivie pour avoir empoisonné son mari. Partout, on ne parlait que de cette affaire, chacun prenant parti, avec passion, pour ou contre l'accusée, recueillant les dépositions, étudiant les expertises, les contre-expertises, prêtant l'oreille aux plaidoiries, et attendant le verdict avec une fiévreuse curiosité. Dans cette émotion générale, le prétendant de Boulogne, le condamné de la Cour des pairs était oublié [1]. D'ailleurs, à quoi bon s'inquiéter de lui? N'était-il pas, aux yeux de tous, un homme absolument fini ? Vanité des prévisions humaines! Quelques années plus tard, l'aventureux conspirateur de Strasbourg et de Boulogne sera à la tête du gouvernement de la France. Ramené alors sous les murs du château de Ham, il y prononcera ces paroles remarquables : « Aujourd'hui qu'élu par la France entière, je suis devenu le chef légitime de cette grande nation, je ne saurais me glorifier d'une captivité qui avait pour cause l'attaque contre un gouvernement régulier. Quand on a vu combien les révolutions les plus justes entraînent de maux après elles, on comprend à peine l'audace d'avoir voulu assumer sur soi la terrible responsabilité d'un changement. Je ne me plains donc pas d'avoir expié ici, par un emprisonnement de six années, ma témérité contre les lois de ma patrie [2]. »

---

[1] Madame Swetchine écrivait, le 22 septembre 1840 : « Louis Bonaparte est éteint, annulé, non pas seulement par l'Orient, mais par le procès Lafarge. » Et M. d'Houdetot, pair de France, écrivait, le 30 septembre, à son beau-frère, M. de Barante : « Notre procès de Boulogne est bien terne au milieu de tout cela, et madame Lafarge a tout fait pâlir. » (*Documents inédits*.)

[2] Discours du 22 juillet 1849.

VII

Cependant M. Thiers demeurait fidèle au plan qu'il avait arrêté dès le début de la crise. « Il faut se conduire habilement, c'est-à-dire prudemment, écrivait-il, le 22 août, à M. de Barante. Le premier acte de prudence c'est d'armer, beaucoup armer, plus qu'à aucune autre époque, mais sans bruit, sans jactance. Le second acte, c'est d'observer, d'attendre et de saisir l'occasion. Cette occasion sera une division entre les puissances, quelque hésitation de la part d'une ou deux d'entre elles, l'imprévu, enfin, toujours si fécond dans les situations extraordinaires [1]. » Les mesures d'armement se succédaient, rapides [2]. Aucune considération d'économie, aucun scrupule de responsabilité n'arrêtaient l'impétueux ministre. Il n'hésitait pas à pousser jusqu'à ses plus extrêmes limites l'usage des crédits extraordinaires, ouverts sans intervention des Chambres. Tel fut le cas des ordonnances qui créèrent douze nouveaux régiments d'infanterie, six de cavalerie, et dix bataillons de chasseurs; c'était modifier la composition de l'armée et engager des dépenses permanentes par simple décision du pouvoir exécutif. M. Thiers fut plus hardi encore, en ordonnant de même l'érection des fortifications de Paris.

On n'a pas oublié tout le bruit qui s'était fait, en 1833, au sujet des « forts détachés », devenus, dans l'imagination populaire, autant de nouvelles bastilles destinées à bombarder la capitale, et comment, devant cette émotion, qui venait s'ajouter

---

[1] *Documents inédits.*
[2] Ceux mêmes qui étaient le plus d'avis d'armer se demandaient parfois s'il n'y avait pas excès. « Je suis de votre avis sur nos armements, écrivait M. Doudan à M. d'Haussonville; je les trouve un peu gigantesques. Nous faisons assez de poudre et de bombes pour faire sauter le monde entier... Si nous avons la paix malgré nos préparatifs, nous ne saurons que faire de nos provisions. Nous serons dans la situation de M. de Rambuteau, avec ses cent mille bouquets, un soir que le bal de l'Hôtel de ville avait été renvoyé. » (*Lettres de M. Doudan*, t. I, p. 348.)

aux objections des prêcheurs d'économie, le gouvernement s'était cru obligé d'interrompre les travaux alors commencés [1]. Depuis cette époque, il n'avait pas osé reprendre la question devant les Chambres; toutefois, il l'avait fait étudier. Une grande commission avait été nommée, en 1836, par le maréchal Maison, à l'effet de prononcer entre les deux systèmes rivaux, celui de l'enceinte continue et celui des forts détachés : après trois ans d'examen, la commission avait conclu à la réunion des deux systèmes. Tel était l'état de la question en 1840. A la première nouvelle du traité du 15 juillet, le duc d'Orléans manda l'un de ses aides de camp, qui appartenait à l'arme du génie, M. de Chabaud-Latour, et, après lui avoir fait dessiner sur place un croquis approximatif de l'enceinte et des forts, l'emmena chez M. Thiers. Le président du conseil, entrant vivement dans les idées du prince et de son aide de camp, donna six jours à ce dernier pour tracer un plan et un devis plus précis, puis, muni de ces documents, saisit le conseil des ministres du projet. Le Roi, qui, de tout temps, avait voulu assurer la défense de Paris, mais dont le désir avait été entravé par les sottes préventions du public, fut enchanté de voir une telle œuvre prise en main par un ministère « qui le couvrait », comme il disait malicieusement à un diplomate étranger [2]. Bien qu'inclinant personnellement à croire que les forts suffisaient, il ne s'obstina pas dans cette manière de voir; un jour, à l'issue d'une des nombreuses conférences qu'il avait avec le duc d'Orléans, M. Thiers, le ministre de la guerre et le commandant de Chabaud, il dit gaiement à son fils : « Allons, Chartres, nous adoptons ton projet. Je le sais bien, pour que nous venions à bout de faire les fortifications de Paris, il faut qu'on crie dans les rues : *A bas Louis-Philippe! Vive l'enceinte continue!* » Le *Moniteur* annonça, le 13 septembre, la décision prise, et les travaux furent aussitôt commencés, sous la direction du général Dode de la Brunerie. « Nous avons réuni les deux systèmes, écrivait M. Thiers à

---

[1] Cf. plus haut, t. II, p. 209 à 214.
[2] Dépêche du comte Crotti, en date du 10 septembre 1840, citée par HILLEBRAND, *Geschichte Frankreichs*, t. II, p. 443.

M. Guizot. Tous deux sont bons; réunis, ils sont meilleurs et n'ont qu'un inconvénient, à mon avis, fort accessoire, c'est de coûter cher. En France, cela est pris, non pas avec plaisir, mais avec assentiment. On comprend que notre sûreté est là, et que c'est le moyen de rendre une catastrophe impossible. »

M. Thiers prenait goût à ce rôle d'organisateur d'armées, à ce remuement d'hommes et de millions [1]. Ne se rapprochait-il pas ainsi du grand capitaine qu'il avait accompagné en esprit sur tant de champs de bataille, et qui régnait en maître sur son imagination? Raconter les campagnes du premier consul, c'était déjà bien; les continuer, ne serait-ce pas mieux encore? Les contemporains raillaient souvent cette tendance à prendre Napoléon pour modèle [2]. Le président du conseil passait, chaque jour, trois ou quatre heures dans les bureaux des ministères de la guerre et de la marine, prétendant tout décider par lui-même, enseignant aux officiers leur métier, et réduisant les deux ministres spéciaux au rôle de commis. Ou bien il couvrait son parquet de cartes géographiques et là, étendu sur le ventre, s'occupait à ficher des épingles noires et vertes dans le papier, tout comme avait fait Napoléon. A ce régime, son imagination se montait; excitation dont il savait d'autant moins se défendre qu'il s'y mêlait un sentiment patriotique très-vif et très-sincère. Comment laisser sans emploi une armée créée avec tant d'activité? Un jour que, dans le conseil, on avait récapitulé nos forces militaires, le Roi se leva et, posant la main sur le bras de son président du conseil : « Ah! mes chers ministres, s'écria-t-il, qu'il est beau d'avoir tant de forces à sa disposition

---

[1] M. de Sainte-Aulaire rappelle à ce propos que M. Thiers lui avait dit un jour : « Il faut donner à la France le goût de la guerre et de la dépense. » (*Mémoires inédits de M. de Sainte-Aulaire.*)

[2] Dès le 27 juillet, Henri Heine écrivait : « M. Thiers croit fermement que sa vocation naturelle, ce ne sont pas les escarmouches parlementaires, mais la guerre véritable, le sanglant jeu des armes... Cette croyance à ses capacités de grand capitaine aura tout au moins la conséquence que le général Thiers ne s'effrayera pas beaucoup des canons de la nouvelle coalition...; au contraire, il se réjouira en secret d'être contraint, par une extrême nécessité, à déployer, devant le monde surpris, ses talents militaires. » (*Lutèce*, p. 100, 101.) — On appelait M. Thiers « le petit Bonaparte », et, sous la plume de certains plaisants, le ministère du 1er mars devenait le ministère de Mars Ier.

et de ne pas s'en servir! » M. Thiers n'eût pas tenu ce langage; il était plutôt disposé à s'en moquer. Non qu'il fût dores et déjà résolu à la guerre. A la fois tenté et effrayé, l'anxiété dominait dans son esprit. « Le ciel m'est témoin, écrivait-il à M. de Barante, que je désire ardemment la paix ; cependant je crois que nous ferions beaucoup de mal à tout le monde. Du reste, cette confiance ne m'aveugle pas. Je trouve le jeu trop hasardeux pour y mettre, si je puis faire autrement. » Et à M. de Sainte-Aulaire : « Je sais bien que si la guerre éclate, mes ennemis diront que c'est moi qui l'ai donnée à la France. Une guerre où nous serions seuls contre tout le monde, cela est effroyable. Mais je sais aussi que, si la France se laisse offenser, mettre de côté, traiter comme le fut autrefois Louis XV, elle descend dans l'échelle des nations... Mieux vaut la guerre avec ses horreurs [1]. » Il était toutefois visible que, dans cette sorte de conflit entre des impressions contraires, c'étaient les belliqueuses qui, avec le temps, gagnaient du terrain. A force de préparer la guerre, le ministre finissait par s'y habituer, par y croire, presque par la désirer. « M. Thiers, écrivait alors un des fonctionnaires du ministère des affaires étrangères, parle avec enthousiasme de l'immensité de nos préparatifs et dit, à qui veut l'entendre, qu'avant le printemps nous serons en état de faire avec avantage la guerre à l'Europe. » Aussi le même témoin ajoutait-il : « On s'effraye de sa légèreté extrême, de ses emportements, de la jactance de ses propos, et de cet enivrement qui dépasse ce qu'on pourrait imaginer [2]. » Tous les instincts aventureux du président du conseil (et Dieu sait qu'il n'en manquait pas chez ce brillant enfant de la Provence!) se donnaient carrière. A la date du 5 septembre, l'un de ses confidents, M. Léon Faucher, écrivait à un Anglais de ses amis : « Thiers croit à la guerre, et s'y prépare [3]. »

Notre ministre paraissait avoir choisi par avance le théâtre de cette guerre éventuelle. Il ne parlait plus de la porter en

[1] Lettres du 20 et du 22 août 1840. (*Documents inédits.*)
[2] *Journal inédit du baron de Viel-Castel*, 21 et 23 septembre 1840.
[3] Léon Faucher, *Biographie et correspondance*, t. I, p. 96.

Allemagne, comme il avait fait au lendemain du traité. Aux représentants des petits États de la Confédération germanique qui s'inquiétaient : « Mais soyez donc tranquilles, disait-il, nous n'enverrons aucun corps sur le Rhin, nous n'attaquerons pas l'Allemagne. » Seulement, il ajoutait aussitôt : « Il en est autrement de l'Autriche. Nous connaissons son côté faible : là, nous l'attaquerons. » Ce « côté faible » était l'Italie. Dès le mois d'août, M. Thiers fit des ouvertures au Piémont, pour l'attirer dans notre jeu, tâchant de réveiller ses ambitions séculaires. « Je pense, disait-il au représentant de Charles-Albert, que vous n'avez aucune idée de vous étendre de ce côté-ci des Alpes, tandis que vous pourriez très-bien cueillir l'artichaut de l'autre côté. » A Berlin, M. Bresson disait à l'envoyé sarde : « Liez-vous donc à nous, qui pouvons tout aussi bien vous donner et vous prendre quelque chose, tandis que les autres ne peuvent que prendre. Vous aimeriez avoir la Lombardie ; nous seuls pourrons vous la donner. » Des menaces se mêlaient à ces caresses et à ces promesses : « Si l'on ne se joint pas à nous, déclarait M. Thiers, on sera les premiers à payer les pots cassés. Ce serait une niaiserie de vouloir respecter les pays qui sont des grandes routes. » Charles-Albert, fort embarrassé, chercha à éluder toute réponse positive : il était dans les traditions de sa maison de ne jamais abattre son jeu d'avance. Toutefois, il laissa voir dès lors que, s'il lui fallait sortir de sa neutralité, ses préférences politiques le porteraient plutôt vers l'Autriche absolutiste que vers la France de 1830. Il demanda même au cabinet de Vienne, comme prix de son alliance éventuelle, de lui garantir la possession de la Savoie ; mais sa demande ne fut pas accueillie. « Nous sommes innocents de ce qui peut se passer au delà des Alpes », répondit le prince Schwarzenberg [1]. Le gouvernement sarde n'était pas, en Italie, le seul dont le ministre français cherchât à gagner le concours : le roi de Naples reçut aussi des ouvertures et parut mieux les accueillir [2].

---

[1] Cf. les dépêches des envoyés sardes ou autres diplomates étrangers, citées par Hillebrand, *Geschichte Frankreichs*, t. II, p. 440 à 442.

[2] *Ibid.*, p. 442.

Ces démarches de notre diplomatie ne pouvaient demeurer ignorées de l'Autriche. A Paris, du reste, on ne désirait pas qu'elles le fussent, car on comptait sur elles pour intimider le cabinet de Vienne. Le Roi se prêtait volontiers, pour sa part, à cette tactique comminatoire. « Tenons bon, disait-il souvent, et nous les ferons *bouquer*. » Il calculait, en conséquence, son langage aux ambassadeurs. « Comte Crotti, disait-il un jour, avec une extrême animation, à l'envoyé sarde, voulez-vous savoir où l'on en viendrait sans ma vigilance, sans ma fermeté? A la dictature de Thiers ou du maréchal Clausel et à la révolution partout... Les puissances y perdront leurs dents, car Méhémet-Ali est inattaquable... Je ferai, certes, tout ce qui dépend de moi pour que la guerre n'arrive pas ; mais je le crois à peine possible. Alors l'empereur de Russie aura atteint son but. Reste à savoir s'il tirera de la guerre le parti qu'il en attend. Même s'il m'expulse du trône, ce qu'il désirerait, et d'un seul coup de pied (ici le Roi fit du pied le mouvement), il n'aura fait que favoriser tous les révolutionnaires, ébranler tous les trônes. » Et un autre jour : « Je n'ai rien contre la Prusse ; mais, quant aux poltrons qui se cachent derrière les autres (ceci s'adressait à la cour de Vienne), nous saurons bien les atteindre[1]. » Vers la fin d'août, il renouvela la scène qu'il avait déjà faite à l'ambassadeur d'Autriche dans les derniers jours de juillet. « Les puissances, lui dit-il, se trompent lourdement, si elles comptent sur ma patience illimitée ; cette patience trouvera son terme en même temps que celle de la nation, qui n'est pas bien grande. Au surplus, ce n'est pas la première impertinence qu'on m'ait faite ; si je n'ai pas paru me ressentir des autres, ce n'est pas faute de les apercevoir, mais parce que je les ai méprisées. On eût dû comprendre, cependant, que moi seul, bien plus que cet empereur de Russie dont on a tant de peur, j'ai la puissance de préserver l'Europe d'un débordement révolutionnaire ; seul, entre tous les souverains actuels, je me sens en mesure de tenir tête à la gravité des conjonctures. » Le tout accompagné de

---

[1] Dépêches du comte Crotti du 27 août et du 5 septembre 1840. (HILLEBRAND, *Geschichte Frankreichs*, p. 444.)

menaces dédaigneuses, de traits acérés contre M. de Metternich, d'éclats de voix qui retentissaient jusque dans la pièce voisine, où était la Reine avec la cour. M. de Rothschild, qui s'y trouvait également, laissait voir son trouble. Comme, en sortant du cabinet royal, le comte Apponyi priait la Reine de calmer le Roi, elle répondit « qu'elle ne se mêlait nullement d'affaires, mais qu'en ce qui touchait l'honneur français, elle était aussi susceptible que le Roi et plus animée. » L'ambassadeur autrichien alla se plaindre à M. Thiers : « A qui le dites-vous ? répondit celui-ci, non sans malice ; je fais ce que je peux pour le calmer[1]. » Cette scène eut un tel retentissement, que les journaux en donnèrent le récit plus ou moins exact, mettant en scène Louis-Philippe et lui faisant honneur de son patriotisme. Les Tuileries, d'ailleurs, entendaient parfois un langage plus menaçant encore : c'était celui du duc d'Orléans, qui disait tout haut, vers la fin d'août, « que, dans l'état actuel des esprits, la guerre était nécessaire pour la France, et qu'il la désirait ardemment[2]. » Quelques semaines plus tard, faisant allusion aux émeutes que faisait craindre, à Paris, l'excitation populaire : « J'aime mieux, s'écriait-il, succomber sur les rives du Rhin ou du Danube que dans un ruisseau de la rue Saint-Denis ! »

Si, à la cour, on était à ce point animé, que ne devait pas être l'emportement de la presse ! Une bonne partie des journaux de Paris et de la province ne semblaient occupés qu'à menacer l'Europe d'une guerre et de plusieurs révolutions, avec des allusions souvent peu voilées aux frontières du Rhin. C'était surtout avec les feuilles anglaises que s'échangeaient, à travers la Manche, de véhémentes invectives, d'amères récriminations. « La discussion, disait le *Constitutionnel*, n'est presque plus engagée de parti à parti ; elle l'est de peuple à peuple[3]. » La presse semblait comme une seconde puissance qui négociait, déclamait, menaçait à côté de la puissance exécutive, parlant

---

[1] *Journal de M. de Viel-Castel*, correspondance du feu duc de Broglie, et lettre du duc Decazes à M. de Barante. (*Documents inédits*.)
[2] Dépêche du comte Crotti, du 24 août 1840, citée par HILLEBRAND, *Geschichte Frankreichs*, t. II, p. 443.
[3] 19 août 1840.

plus haut et frappant plus fort. Le conflit diplomatique n'en était ni simplifié ni moins dangereux. Dès le 2 août, le duc de Broglie, quoique favorable alors à la politique de M. Thiers, exprimait le vœu que « l'action de la presse se régularisât un peu ». « Il faut éviter, ajoutait-il, de rallier contre nous toute l'Angleterre autour de Palmerston et d'inquiéter l'Europe à ce point qu'on fasse d'une alliance bancroche sur un point spécial une alliance solide sur la généralité même des choses[1]. » Le 8 août, M. Duchâtel écrivait : « Les bavardages des journalistes ne conviennent pas aux hommes d'État, et, par susceptibilité pour soi-même, il ne faut pas provoquer justement l'amour-propre des autres... Tout en nous montrant dignes et résolus, ne forçons pas nos voisins à se fâcher contre nous par point d'honneur. Maintenons notre honneur, ne blessons pas celui des autres[2]. » Le 15 août, c'est M. de Barante qui, de Saint-Pétersbourg, jugeait ainsi la situation : « Il y a un désir si universel de la paix, que je ne craindrais point, si l'orgueil français et l'orgueil anglais ne se trouvaient en présence. Tous deux sont âpres et peu accoutumés à reculer. » Le même diplomate écrivait encore le 1er septembre : « Je suis confondu et affligé des fanfaronnades des journaux... Je ne puis supposer que le ministère ait lâché cette meute qui accroît les difficultés d'une situation déjà périlleuse... Notre dignité en souffre. C'est irriter sans intimider[3]. »

M. Thiers se défendait d'être pour quelque chose dans ces violences. « J'ai fait de grands efforts pour calmer la presse », écrivait-il à M. de Barante, le 23 août[4]. Mais il avait plus de peine qu'un autre à se dégager pleinement de cette compromettante solidarité; il souffrait, en cette circonstance, de la part qu'il avait donnée aux journaux dans son action politique et des liens qu'il avait laissés s'établir entre eux et le gouvernement. Ajoutez que les feuilles officieuses, celles où les cabinets étran-

[1] Lettre à M. Guizot. (*Documents inédits.*)
[2] *Mémoires de M. Guizot.*
[3] *Documents inédits.*
[4] *Ibid.*

gers pouvaient se croire autorisés à chercher la pensée du ministère français, celles dont les rédacteurs recevaient, de notoriété générale, les confidences et les inspirations du président du conseil, étaient, pour la plupart, des feuilles de gauche, et avaient pris, dans l'opposition, l'habitude de traiter les affaires étrangères sur un ton peu fait pour rassurer l'Europe. « Il faut convenir, disait le *Journal des Débats*, que le langage de nos journaux ministériels n'est que trop propre à nous représenter, au dehors, sous ce faux jour de tapageurs et de brouillons. Ne sachant pas être dignes et fermes, ils prennent des airs fanfarons. C'est le malheur, c'est la fatalité, c'est la punition des ministres du 1er mars de traîner à leur suite les organes d'un parti qui ne peut pas se défaire de ses habitudes d'agitation. La gauche a fait beaucoup de sacrifices au ministère actuel; mais la dernière chose qu'un parti sacrifie, c'est son langage. Quand on a parlé si longtemps propagande, guerre de principes, révolution universelle, il est difficile de revenir à des formes de discussion plus modérées [1]. » Aussi M. de Tocqueville, qui pourtant appartenait alors à la gauche et qui penchait personnellement vers une politique belliqueuse [2], écrivait-il, le 9 août, à son ami M. de Beaumont : « Je n'approuve point le langage de la presse officielle; ces airs de matamores ne signifient rien. Ne saurait-on être fermes, forts et préparés à tout, sans jactance et sans menace? Il faut faire, assurément, la guerre dans telle conjoncture, aisée à prévoir; mais une pareille guerre ne doit pas être désirée ni provoquée, car nous ne saurions en commencer une avec plus de chances contre nous [3]. »

Naturellement, le langage de la presse radicale était pire encore que celui de la presse ministérielle. Le *National* évoquait 1792, et levait ouvertement le drapeau de la guerre de

---

[1] 30 septembre 1840.
[2] M. de Tocqueville écrivait alors que les plus sages réflexions « ne l'empêchaient pas, au fond de lui-même, de voir avec une certaine satisfaction toute cette crise. » Et il ajoutait : « Vous savez quel goût j'ai pour les grands événements et combien je suis las de notre petit pot-au-feu démocratique bourgeois. » (*Nouvelle correspondance de M. de Tocqueville*, p. 180.)
[3] *Ibid.*

propagande et de l'insurrection universelle; il demandait qu'on devançât la coalition sur le Rhin comme en Italie, et prétendait avoir reçu d'Allemagne, de Belgique, de Hollande, de Suisse, des rapports qui garantissaient à la France le concours des peuples contre les rois de l'Europe. En même temps, il travaillait à tourner contre la monarchie de Juillet, autant que contre l'étranger, l'irritation du sentiment national : « Vous avez pris, disait-il au gouvernement, la couardise pour de l'habileté. Vous vous félicitiez de la paix acquise au prix de vos bassesses. Aujourd'hui, vous recueillez le prix de vos ignominies. Vous êtes traînés comme des poltrons à la queue de l'Europe. Elle vous rejette, vous méprise et vous insulte... La guerre n'est pas possible pour Louis-Philippe, car la guerre, pour lui, c'est le suicide... Si M. Thiers ne veut pas se joindre à la trahison, s'il est autre chose qu'un brouillon qui se sert des événements pour agir sur les fonds publics[1], il pressera toutes les mesures d'armements, au lieu de les arrêter... Si quelque influence fatale domine le ministère, qu'il la désigne en s'éloignant. » Du reste, tout en excitant ainsi M. Thiers contre la couronne, le *National* n'était pas disposé à le ménager; il l'accusait sans cesse de « reculade », le traitait de « fanfaron de dictature », dont « la

---

[1] Ces mots faisaient allusion à une polémique d'une extrême violence qui occupa alors les journaux. Certains scandales de Bourse avaient fourni à des feuilles ennemies du cabinet, à la *Presse* entre autres, un prétexte d'accuser M. Thiers, et surtout son beau-père, M. Dosne, d'avoir, en jouant à la baisse grâce à la connaissance anticipée des nouvelles extérieures, gagné des sommes considérables. L'affaire fit tant de bruit que les journaux officieux durent publier un démenti formel, et que M. Dosne écrivit une lettre pour déclarer que, depuis sa nomination comme receveur général, il ne s'était livré à aucune opération de Bourse. Comme il arrive en pareil cas, les démentis ne désarmèrent pas les accusateurs. Cette polémique devait, plusieurs mois après, trouver un écho à la Chambre des députés (séance du 4 décembre 1840) et provoquer une réponse indignée de M. Thiers. — Henri Heine écrivait à propos de ces accusations, le 7 octobre 1840 : « Que M. Thiers ait spéculé à la Bourse, c'est une calomnie aussi infâme que ridicule; un homme ne peut obéir qu'à une seule passion, et un ambitieux songe rarement à l'argent. Par sa familiarité avec des chevaliers d'industrie sans convictions, M. Thiers s'est lui-même attiré tous les bruits malicieux qui rongent sa bonne réputation. Ces gens, quand il leur tourne maintenant le dos, le dénigrent encore plus que ses ennemis politiques. Mais pourquoi entretenait-il un commerce avec une semblable canaille? Qui se couche avec des chiens, se lève avec des puces. » (*Lutèce*, p. 130.)

fatuité impertinente était pire peut-être qu'une audacieuse et manifeste trahison ». Et il lui criait : « Pourquoi donc êtes-vous là plutôt que M. Molé ? Avec lui, nous aurions la honte et la paix ; avec vous, nous n'avons pas moins la honte, et la paix est de plus en plus compromise. »

Aux articles de journaux se joignaient des écrits de moins courte haleine. Un homme de talent, encore peu connu, M. Edgard Quinet, publiait sous ce titre : « 1815 et 1840 », une brochure toute brûlante de passion patriotique et guerrière, où il demandait la destruction des traités de Vienne et la conquête des frontières du Rhin, rêvant, du reste, non sans quelque naïveté, de persuader à l'Allemagne que ce serait son plus grand bien. « La bataille de la Révolution française, disait-il, a duré trente ans. Victorieux au commencement et pendant presque toute la durée de l'action, nous avons perdu la journée, vers le dernier moment. Cette bataille séculaire ressemble à celle de Waterloo, heureuse, glorieuse, jusqu'à la dernière minute qui décide de tout. La Révolution a rendu son épée en 1815 ; on a cru qu'elle allait la reprendre en 1830. Il n'en a point été ainsi. Ce grand corps blessé ne s'est relevé que d'un genou. Depuis vingt-cinq ans, nous voilà courbés sous des fourches caudines, nous efforçant de faire bonne contenance... Si la Révolution a été vaincue en 1815, le droit public, fondé sur les traités de Vienne, est la marque légale, palpable, permanente, de cette défaite. Soumis aux traités écrits avec le sang de Waterloo, nous sommes encore légalement, pour le monde, les vaincus de Waterloo. » C'est la revanche de cette grande défaite que M. Quinet veut poursuivre par la guerre, guerre immense, terrible, où il ne nous faudra compter que sur nous-mêmes » et où « nous ne pourrons reculer sans périr ». Puis l'auteur s'écriait : « Mettez donc la main sur le cœur. Êtes-vous d'humeur à faire de chacune de nos cités, s'il le faut, une Saragosse française ? Sentez-vous la terre frémir sous vos pas et, dans vos poitrines, la force nécessaire pour décupler celle du pays ?... Dans ce cas, après avoir invoqué votre droit, acceptez la guerre. Sauvez la France ! »

Le bruit de ces déclamations, venant s'ajouter à celui des armements, jetait le trouble dans les esprits. Il semblait à tous que la France fût à la veille d'événements redoutables. Par moments même, dans tel département, la nouvelle se répandait que la guerre venait d'être déclarée, et il fallait que le préfet la démentît officiellement. Ce n'était partout que clameurs contre l'Anglais, chants de la *Marseillaise*. On intercalait dans les pièces de théâtre des phrases belliqueuses, aussitôt saisies et applaudies [1]. Cette effervescence pouvait n'avoir pas de trop graves inconvénients, si la résistance victorieuse du pacha devait prochainement donner raison à notre politique et mettre fin à la crise d'une façon flatteuse pour notre amour-propre. Mais si cette prévision était trompée, que ferait-on de cette opinion surchauffée? Comment la contenir ou la satisfaire? D'ailleurs, tout semblait alors concourir à exciter les esprits. Le parti radical continuait plus bruyamment que jamais, par toute la France, sa campagne de banquets réformistes et socialistes [2]. Les deux agitations révolutionnaire et belliqueuse se mariaient pour ainsi dire. Au retour tumultueux du banquet de Châtillon, dans la soirée du 31 août, on cria : *Mort aux Anglais!* et la police craignit un moment une attaque contre l'ambassade d'Angleterre [3]. Vainement les journaux ministériels, le *Siècle* et le *Courrier*, représentaient-ils que cette agitation des partis extrêmes était peu opportune à l'heure où il convenait de réunir toutes les opinions contre l'étranger : le *National* répondait « que si le ministère était de bonne foi dans ses manifestations patriotiques, il ne pouvait qu'applaudir à un tel élan de l'esprit révolutionnaire, parce qu'il y trouverait un point d'appui; que si, au contraire, il jouait la comédie, ou si seulement il était faible et incertain, les amis du pays devaient voir avec satisfaction tout ce qui tendait à le surveiller et à le stimuler. »

---

[1] C'est à ce propos que Louis-Philippe disait un jour : « Les Français aiment à claquer comme les postillons; ils n'en savent pas les conséquences. »
[2] Cf. plus haut, p. 181 et suiv.
[3] Léon Faucher, *Biographie et Correspondance*, t. I, p. 97, 98.

A cette même époque, comme pour montrer que tout était ébranlé et troublé à la fois, éclatait, à Paris, un mouvement de grèves comme on n'en avait pas encore connu de pareil. Les tailleurs donnèrent le signal; d'autres suivirent. Les ouvriers réclamaient une augmentation des salaires ou tout au moins une diminution des heures de travail. Bien que, dans la législation d'alors, le seul fait de la coalition constituât un délit, le gouvernement montra d'abord quelque tolérance, fermant les yeux sur les réunions illégales des grévistes, en autorisant même formellement quelques-unes. Loin d'être calmée par ces ménagements, l'agitation ne fit que croître : les grèves s'étendirent; on établit, pour les soutenir, des caisses de secours; une véritable pression, des violences même furent exercées sur les ouvriers qui répugnaient à quitter leurs ateliers. La police, ne pouvant plus longtemps fermer les yeux, usa de la force pour dissoudre les réunions et fit d'assez nombreuses arrestations. Par contre, la presse radicale prit en main la cause des grévistes, attribuant tous les conflits qui se produisaient « à la mauvaise organisation du travail, aux préférences de la loi pour les puissants, à sa sévérité pour les faibles ». « Notre parti, disait le *National* du 30 août, sympathise avec les ouvriers, parce que leur cause est juste... Il faut que les conditions du travail soient changées; il faut que le crédit se réorganise; il faut enfin une autre base à l'ordre social tout entier. » Le *National* eût été sans doute fort gêné d'indiquer quelle serait cette nouvelle société; il se tirait d'embarras en concluant à une vaste enquête. A la fin d'août, la grève avait gagné les tailleurs de pierre, les maçons, les charpentiers, les mécaniciens, les charrons, les vidangeurs, les cotonniers, les bonnetiers, les cordonniers, les ouvriers en papiers peints. Des désordres qui se produisirent, le 31 août au soir, au retour du banquet de Châtillon, furent une excitation nouvelle pour les ouvriers, dont l'attitude devint de plus en plus menaçante. On les vit, le lendemain et les jours suivants, se réunir en grand nombre, dès le matin, aux diverses barrières de Paris, à Vaugirard, à Pantin, à Ménilmontant, à Saint-Mandé. Après avoir entendu les discours enflammés des meneurs auxquels tâchaient de se mêler les chefs des sociétés secrètes, des bandes se formaient, qui parcouraient la ville, forçant les ouvriers qui travaillaient encore à faire grève. Le 3 septembre, plusieurs sergents de ville qui cherchaient à empêcher une violence de ce genre dans la fabrique d'armes de M. Pihet, furent frappés mortellement à coups de poignard. Des rassemblements obstruaient la circulation sur certains points des boulevards ou des quais. Les choses tournaient de plus en plus à l'émeute ; Paris prenait une physionomie inquiétante ; les travaux se trouvaient presque partout interrompus, et la Bourse baissait d'un franc en un seul jour. Le gouvernement comprit qu'il n'était que temps de faire preuve d'énergie. Le préfet de police fit afficher la loi sur les attroupements et y joignit un « avis aux ouvriers », promettant protection à ceux qui voulaient travailler et adressant des avertissements sévères aux perturbateurs et aux embaucheurs. Les troupes furent mises sur pied pour agir de concert avec la garde municipale ; des charges de cavalerie, sabre au poing, dispersèrent les rassemblements, tandis que la police opérait de nombreuses arrestations. La presse radicale cria, naturellement, à la cruauté, et accusa le ministère de vouloir provoquer une sédition pour distraire le public des embarras et des humiliations de sa politique extérieure.

Cependant le désordre continuait toujours ; il fut même bientôt visible que les meneurs, croyant la population suffisamment échauffée, allaient tenter un coup de force. En effet, le 7 septembre au matin, les ébénistes du faubourg Saint-Antoine quittent en masse leurs ateliers ; d'autres corps d'état se joignent à eux. Ils résistent aux sergents de ville et aux gardes municipaux qui veulent les disperser. Bientôt toutes les rues qui vont de la Bastille aux extrémités du faubourg sont encombrées. Un omnibus qui passe est renversé, et, sur trois ou quatre points, on commence des barricades. Des rassemblements se forment sur la place Maubert et dans le faubourg Saint-Marceau. Mais le gouvernement est sur ses gardes ;

il a réuni dans Paris des forces considérables. En très-peu de temps, suivant un plan tracé par le maréchal Gérard, les troupes occupent en nombre les points menacés; le rappel est battu dans tous les quartiers, pour faire prendre les armes aux gardes nationaux. Ce grand déploiement de force décourage les perturbateurs, qui, d'ailleurs, n'ont pas de chefs capables de les mener à la bataille. L'émeute est étouffée en son germe. Les jours suivants, les ouvriers, convaincus que la lutte serait impossible, se tiennent cois. C'est ensuite affaire aux tribunaux de juger les nombreux individus arrêtés. Ils en condamnent plusieurs à des peines légères, ce qui fournit occasion à la presse radicale d'attaquer les juges, comme naguère elle a attaqué la police. En même temps, cette presse, tirant argument de ce que les grévistes se sont heurtés à la résistance du gouvernement, répète, avec plus de force, que la révolution politique est le préliminaire indispensable de la révolution sociale [1]. Toutefois, si l'ordre matériel se trouvait rétabli, la paix n'était pas faite dans les esprits : beaucoup d'ouvriers sortaient de là, aigris, pleins de ressentiments, plus que jamais préparés à être la proie des sophistes du socialisme. M. Louis Blanc saisit cette occasion pour lancer une brochure sur l'*Organisation du travail,* qu'il adressa tout spécialement aux grévistes. Cet écrit, devenu bientôt tristement fameux, devait faire de grands ravages dans le monde populaire : il y aura lieu d'en reparler plus tard.

La menace de la guerre sociale, venant s'ajouter à celle de la guerre étrangère, ne contribuait pas peu à donner je ne sais quoi de sinistre à la situation. Aussi l'alarme était-elle grande. « Une inquiétude générale suspend toute entreprise, disait le *National;* les travaux de la paix ne peuvent plus s'exécuter. » Nous lisons, vers la même époque, dans le journal qu'écrivait l'une des princesses royales pour le prince de Joinville, alors en route vers Sainte-Hélène : « L'inquiétude des esprits est extrême relativement à la guerre; les fonds descen-

---

[1] Article du *National* du 11 septembre 1840.

dent avec une effrayante rapidité[1]. » Le *Journal des Débats* en venait à dire : « Mieux vaudrait avoir la guerre tout de suite que d'en avoir la menace suspendue sur la tête... Ce qu'il y aurait de pis au monde, ce serait la prolongation indéfinie de l'incertitude actuelle. S'il faut faire la guerre, faisons-la. Mais ne nous abandonnons pas à la merci des événements. Les esprits s'échaufferont ; le gouvernement ne sera plus le maître. » Ce dernier péril, le plus grave de tous, était signalé par M. Thiers lui-même, dans une conversation avec un diplomate étranger. « En France, disait-il, la guerre et la paix ne dépendent pas du gouvernement ; elles dépendent de la nation, et il n'est que trop vrai que celle-ci pourrait un jour entraîner le gouvernement plus loin qu'il ne se l'est proposé[2]. »

Ce n'était pas le seul côté par lequel la France courût risque d'être conduite à la guerre sans l'avoir voulue. Elle avait alors, dans les eaux du Levant, une flotte très-belle et très-nombreuse, aux mains de chefs hardis, confiante dans sa force et se sentant même supérieure à la flotte anglaise qui manœuvrait à côté d'elle[3]. Déjà, à l'époque de la bonne harmonie diplomatique, on eût pu facilement discerner, entre ces deux flottes, plus d'un symptôme de rivalité jalouse[4]. Les relations s'étaient

---

[1] *Revue rétrospective.*
[2] HILLEBRAND, *Geschichte Frankreichs*, t. II, p. 419.
[3] Le prince de Joinville, qui avait servi sur cette escadre avant d'être envoyé à Sainte-Hélène, a écrit plus tard : « Notre escadre, égale en nombre à l'escadre britannique, valait mieux qu'elle. Ce que je dis ici, l'amiral Napier l'a proclamé en plein parlement. Nous tirions le canon aussi bien qu'eux, et nous leur étions très-supérieurs dans la manœuvre. Deux ou trois fois par semaine, nous appareillions, et la présence des Anglais donnait à nos équipages une promptitude et un élan incroyables. La flotte anglaise restait immobile sur ses ancres ; elle sentait qu'elle ne pouvait rivaliser avec nous, et se souciait peu d'accepter la lutte. C'était un spectacle bien nouveau et assez déplaisant pour des officiers anglais que celui d'une escadre française nombreuse, pleine d'ardeur, bien amenée et hardiment menée, dont les vaisseaux jouaient aux barres au milieu des rochers et des courants, sans aucun accident, dont les canons, bien pointés, ne manquaient guère leur but. Pour nous, au contraire, ce spectacle était celui du réveil naval de la France ; nous y trouvions une jouissance d'amour-propre et une satisfaction patriotique que je ne saurais exprimer. » (*L'Escadre de la Méditerranée.*)
[4] Quoique en apparence unies pour tendre au même but, les deux escadres restèrent plusieurs mois presque étrangères l'une à l'autre et sans aucun échange de procédés amicaux. » (*Ibid.*)

tendues encore, depuis que les politiques se trouvaient en conflit, et, pour leur compte, nos marins, loin de redouter une rupture, la désiraient et l'espéraient [1]. Dans de telles conditions, le seul voisinage de ces deux formidables escadres n'était-il pas un péril quotidien? Une contestation entre deux navires, une simple querelle de matelots pouvait être l'étincelle qui mettrait le feu aux poudres. M. Thiers avouait n'être pas, sous ce rapport, sans inquiétude, et se faisait honneur d'avoir « donné des ordres pour rendre nos marins circonspects ». Bien plus, il avait rappelé l'amiral Lalande et l'avait remplacé par l'amiral Hugon, fort énergique également, mais moins téméraire. Toutefois, chacun avait le sentiment que, contre un danger de ce genre, les plus soigneuses précautions étaient d'une bien incertaine efficacité, et, comme le disait M. Guizot, dans une phrase qui fut alors très-répétée : « L'Europe était à la merci des incidents et des subalternes. »

Aussi comprend-on que les esprits clairvoyants témoignassent, à cette époque, d'une réelle inquiétude. M. Duchâtel écrivait, le 8 août, à M. Guizot : « La situation me paraît inquiétante... Nous sommes, comme en 1831, sur la lame d'un couteau, et le défilé n'est pas facile à passer [2]. » Peu après, à la date du 15 août, nous lisons, dans une lettre intime de M. de Barante : « Depuis dix ans, le repos de l'Europe n'a jamais été dans un tel péril [3]. » M. Thiers lui-même déclarait, le 22 août, que « la situation était fort grave », et que « bien des accidents pouvaient se produire qui amèneraient une catastrophe [4] ». « Aurons-nous la guerre? » se

---

[1] « Il nous importait peu de voir, après vingt-cinq ans, la paix du monde remise au hasard du jeu des batailles; nous avions de longs revers à effacer, et nous appelions, de tous nos vœux, l'occasion de donner au monde la mesure de nos forces... Il y eut un moment où notre flotte crut toucher à l'accomplissement de tous ses vœux; elle crut que la guerre allait éclater avec l'Angleterre. Sa confiance était extrême; elle attendait avec impatience le jour d'une réhabilitation glorieuse pour la marine française. Ce jour ne vint point... On pleura amèrement, sur les vaisseaux, cette belle occasion perdue. » (*L'Escadre de la Méditerranée*.)

[2] *Mémoires de M. Guizot.*

[3] *Documents inédits.*

[4] Lettre à M. de Barante. (*Ibid.*)

demandait Henri Heine quelques jours plus tard. Et il répondait : « Pas à présent; mais le mauvais démon est de nouveau déchaîné, et il possède les âmes. Le ministère français a agi très-légèrement et très-imprudemment, en soufflant de suite, de toute la force de ses poumons, dans la trompette guerrière, et en mettant l'Europe entière sur pied par ses roulements de tambour. Comme le pêcheur dans le conte arabe, M. Thiers a ouvert la bouteille d'où sortit le terrible démon. Il ne s'effraya pas peu de sa forme colossale, et il voudrait maintenant le faire rentrer dans sa prison par des paroles de ruse [1]. » En tout cas, on avait, chaque jour davantage, le sentiment que le nœud de la question n'était plus en Occident, mais en Orient, et l'on prêtait anxieusement l'oreille à tous les bruits venant de ces régions lointaines. « Les événements ne sont plus à Londres, écrivait M. Guizot; ils sont en Égypte et en Syrie. Je ne les fais plus; je les attends [2]. »

VIII

Pendant qu'en Europe notre diplomatie tournait dans le même cercle et attendait que le temps fît naître les difficultés sur lesquelles elle fondait l'espoir de sa revanche, lord Palmerston, imperturbablement confiant dans la prompte soumission du pacha, pressait, en Orient, l'exécution du traité du 15 juillet. Sous l'impulsion de lord Ponsonby, la politique turque prenait une allure rapide et impétueuse qui ne lui était pas habituelle. Bien que le traité ne fût toujours pas ratifié, la Porte faisait faire à Méhémet-Ali les premières sommations, et avant même que celles-ci fussent arrivées à leur adresse, sir Charles Napier se présentait, le 14 août, devant Beyrouth, avec une partie de l'escadre anglaise, enjoignait aux Égyptiens d'évacuer cette ville, saisissait les petits navires qui se trouvaient sous sa

[1] *Lutèce*, p. 120.
[2] *Lettres de M. Guizot à sa famille et à ses amis*, p. 211.

main et n'avait pas scrupule d'appeler ouvertement les Syriens à la révolte, les soldats du pacha à la désertion [1].

La nouvelle de la démarche de sir Charles Napier arriva à Paris le 5 septembre. Connue du public le 6, elle augmenta encore la surexcitation des esprits. Une telle précipitation dans la violence surprenait et irritait d'autant plus qu'on nous avait tenu secrète jusqu'alors la clause qui permettait d'exécuter le traité sans attendre les ratifications. « Ces faits sont d'une immense gravité », déclarait, le 7 septembre, le *Journal des Débats*, et il demandait la convocation des Chambres. M. Guizot fut chargé de porter au gouvernement anglais de très-vives réclamations ; lord Palmerston lui répondit par la clause de l'exécution immédiate, sans expliquer, il est vrai, comment on avait usé de la force contre Méhémet-Ali, avant même qu'il eût été mis en demeure de dire s'il acceptait ou refusait les conditions du traité.

En même temps qu'arrivaient à Alexandrie les premières sommations de la Porte, débarquait dans cette ville un envoyé spécial de M. Thiers, le comte Walewski ; il avait mission de conseiller Méhémet-Ali, dans cette crise redoutable pour lui comme pour nous, d'empêcher ses coups de tête et de lui recommander un grand esprit de conciliation. Frappé de la promptitude et de la vigueur avec lesquelles agissaient la Porte et ses alliés, M. Walewski invita le pacha à transiger, et lui suggéra d'offrir la restitution d'Adana, de Candie et des villes saintes, si l'on voulait lui laisser l'Égypte héréditaire et la Syrie en viager. C'était précisément la combinaison que M. Thiers avait refusée, ou au moins éludée, peu avant le 15 juillet. Méhémet, qui, malgré ses bravades, avait déjà conscience de sa faiblesse, suivit le conseil de notre envoyé, non sans se faire habilement

---

[1] Sir Charles Napier était au fond peu fier de la besogne que lui faisaient faire, en cette circonstance, lord Palmerston et lord Ponsonby ; il dira plus tard, le 17 août 1860, à la Chambre des communes : « J'étais honteux, pour mon pays et pour moi, du rôle que je jouais en Syrie. Le gouvernement m'y avait envoyé pour remplir une mission ; je m'en suis acquitté, mais à contre-cœur. Si lord Ponsonby n'avait envoyé des agents soulever les populations, il nous eût été impossible, avec les faibles troupes dont nous disposions, de chasser une armée de trente à quarante mille hommes. »

un mérite de sa déférence. Dès le 25 août, il fit connaitre aux consuls sur quel nouveau terrain il était disposé à se placer. Le 30, M. Walewski s'embarquait pour Constantinople ; il s'était aperçu que les choses pressaient, et avait pris sur lui d'aller négocier, auprès du Divan, la prompte acceptation de la transaction proposée par le pacha.

Instruit, vers le 17 septembre, de la démarche de son envoyé, M. Thiers, loin de la désapprouver, y entra vivement. Il informa aussitôt ses ambassadeurs de la « grande concession » faite par le pacha, et demanda à la Porte, ainsi qu'aux cabinets de Londres, de Vienne et de Berlin, de donner sans retard leur assentiment à « des propositions si conciliantes ». « Dans ces circonstances, ajoutait-il, le gouvernement du Roi, immolant à l'intérêt de la paix des susceptibilités trop bien justifiées cependant, n'hésite pas à faire un appel à la sagesse des cours alliées. » C'était sortir de la réserve expectante où M. Thiers avait jusqu'ici jugé que l'intérêt et la dignité de la France l'obligeaient à se renfermer. Commençait-il à éprouver quelque doute sur la force et la volonté de résistance du pacha? Divers indices tendraient à le faire croire [1].

Le ministre français n'hésita pas à appuyer cet appel à la « sagesse » des puissances par des menaces plus ou moins voilées. « Repousser ces conditions, écrivait-il à M. Guizot dans une dépêche destinée à être montrée, ce serait évidemment réduire le pacha à la nécessité de défendre par les armes son existence politique... Les puissances se verraient obligées de recourir à des moyens extrêmes, et, parmi ces moyens, il en est qui peut-être rencontreraient quelques obstacles de notre part; il en est d'autres auxquels nous nous opposerions très-certainement; on ne doit se faire, à cet égard, aucune illusion [2]. » C'était, sans le préciser, il est vrai, poser un *casus belli*. M. Thiers crut pouvoir être plus menaçant encore dans une

---

[1] C'est ce qui parait résulter notamment des lettres écrites à sa famille par le duc de Broglie, alors à Paris pour le procès du prince Louis-Napoléon. (*Documents inédits.*)
[2] *Mémoires de M. Guizot.*

conversation qu'il eut, à Auteuil, le 18 septembre, avec M. Bulwer. Après lui avoir fait connaître les termes de la transaction négociée par M. Walewski : « La France, dit-il, trouve ces conditions raisonnables et justes. Si votre gouvernement veut agir avec nous, pour persuader au sultan et aux autres puissances d'accepter ces conditions, il y aura de nouveau entre nous une *entente cordiale*. Si non, après les concessions obtenues de Méhémet-Ali par notre influence, nous sommes tenus de le soutenir. » Puis, regardant M. Bulwer entre les yeux : « Vous comprenez, mon cher, la gravité de ce que je viens de dire. » — « Parfaitement », répondit le diplomate anglais en demeurant à dessein imperturbable. Toutefois, à la fin de l'entretien, notre ministre ajouta : « Ce que je vous ai dit, c'est M. Thiers, non le président du conseil, qui l'a dit. Je n'ai consulté ni mes collègues ni le Roi. Mais je désirais que vous connussiez la tendance de mes opinions personnelles. » M. Bulwer ne voulut pas envoyer à Londres le récit d'un entretien si grave, sans l'avoir soumis à M. Thiers ; il lui apporta donc, quelques heures après, l'ébauche de sa dépêche. Celle-ci, non sans malice, commençait par avertir le gouvernement anglais que la conversation dont il allait lui être rendu compte n'exprimait que le sentiment personnel de M. Thiers ; puis elle ajoutait : « Vous ne devez pas avoir la moindre appréhension que le Roi adhère jamais à un tel programme ; et si M. Thiers offre sa démission sur cette question, elle sera acceptée sans aucune hésitation. » Suivait le récit de l'entretien. Le président du conseil lut la dépêche, non probablement sans se mordre un peu les lèvres. « Mon cher Bulwer, dit-il, comment pouvez-vous vous tromper ainsi? Vous gâtez une belle carrière. Le Roi est bien plus belliqueux que moi. Mais ne compromettons pas l'avenir plus qu'il n'est nécessaire ; n'envoyez pas votre dépêche ; faites seulement connaître d'une façon générale à lord Palmerston ce que vous pensez de notre conversation. » Il comprenait sans doute qu'il s'était avancé un peu à la légère[1].

---

[1] BULWER, t. II, p. 285 à 288.

La transaction rencontra tout de suite un adversaire résolu dans lord Palmerston. Loin d'être adouci par les dispositions conciliantes du pacha, il y voyait un indice de faiblesse, et cette faiblesse l'encourageait. Quant aux menaces, elles ne l'intimidaient pas. « Si Thiers, écrivait-il à M. Bulwer, reprend jamais avec vous le ton comminatoire, si vague qu'il soit, ripostez et allez jusqu'aux dernières limites de ce que je vais vous dire : avertissez-le, de la façon la plus amicale et la plus inoffensive possible, que si la France jette le gant, nous ne refuserons pas de le ramasser; que si elle commence la guerre, elle perdra certainement ses vaisseaux, ses colonies, son commerce, avant d'en voir la fin ; que son armée d'Algérie cessera de lui donner du tracas, et que Méhémet-Ali sera jeté dans le Nil. J'ai toujours fait ainsi quand Guizot ou Bourqueney commençaient à faire les bravaches, et j'ai observé que cela agissait chaque fois comme un sédatif. » Le ministre anglais faisait ensuite un fastueux étalage de ses armements maritimes. Du reste, il comptait qu'on n'en viendrait pas à ces extrémités. « Vous pensez, écrivait-il à son chargé d'affaires, que Thiers pourrait passer le Rubicon. Je persiste à croire qu'il ne le voudra pas ou ne le pourra pas[1]. »

A Londres, tout le monde n'était pas aussi âprement réfractaire à la conciliation. L'ouverture de M. Thiers eut même pour effet de ranimer, dans le cabinet anglais, l'opposition intestine contre laquelle lord Palmerston avait eu déjà à lutter[2]. Cette fois, ce fut lord John Russell, l'un des membres les plus influents du ministère, qui se mit en avant ; il avait approuvé le traité du 15 juillet ; mais il s'effrayait de la façon dont on l'exécutait, et était blessé de l'attitude prise au *Foreign-Office* de tout décider sans consulter ni même avertir les autres ministres. Au su des propositions nouvelles faites par la France, il requit lord

[1] BULWER, t. II, p. 288 à 292.
[2] Lord Palmerston faisait allusion, non sans amertume, à cette opposition, quand il écrivait, le 22 septembre, au cours de la lettre dont nous avons cité ci-dessus des passages : « Je n'ai jamais été, dans ma vie, plus dégoûté de quelque chose, que je ne l'ai été de la conduite de certaines personnes, — inutile de les nommer maintenant, — dans toute cette affaire. »

Melbourne de convoquer un conseil de cabinet qui fut fixé au 27 septembre[1] ; il ne cachait pas son intention de critiquer à fond la politique suivie, résolu à se démettre, si le conseil lui donnait tort, et prêt à prendre le portefeuille des affaires étrangères si lord Palmerston se retirait. Celui-ci n'avait pas encore eu à soutenir un aussi redoutable assaut, et l'anxiété était grande parmi les rares personnes au courant de ce qui se préparait. Cependant le ministre menacé ne paraissait disposé à rien céder ; dans ses conversations, il traitait la transaction offerte de proposition « absurde » qui ne « méritait pas d'arrêter un moment l'attention », affirmait à tout venant que Méhémet était à bout de ressources, et persistait à garantir un succès prompt et facile. De plus, pour effacer le bon effet de notre attitude conciliante, il prétendait que, livré à lui-même, le pacha eût été disposé à céder beaucoup plus et que notre intervention à Alexandrie n'avait tendu qu'à empêcher ces concessions[2]. A la vérité, il fut bientôt contraint, non-seulement devant nos démentis formels[3], mais devant les rapports de ses propres agents, de reconnaître un peu piteusement que cette imputation reposait sur de faux bruits[4]. Loin de pousser au conflit, M. Thiers donnait en ce moment des preuves nouvelles de sa modération : à la demande de ceux qui formaient à Londres « le parti de la paix », il consentait à déclarer qu'au cas où la transaction proposée serait

---

[1] La récente publication de la seconde partie du journal de M. Charles Greville, clerc du conseil privé, a apporté, sur cette crise intérieure du cabinet anglais, des renseignements nouveaux et piquants. C'est ce témoignage que je suivrai principalement dans le récit des faits qui vont suivre. (Cf. *The Greville Memoirs, second part*, t. Ier, p. 307 à 334.)

[2] M. Guizot écrivait, le 22 septembre 1840, à M. Thiers, au sujet de l'effet produit par cette imputation : « Deux de nos amis, des plus chauds et des plus utiles, sont venus, ce matin, me dire les *ravages*, je me sers à dessein de l'expression, que les adversaires de la transaction pourraient faire, dans le cabinet et dans le public, avec de telles allégations. » (*Mémoires de M. Guizot.*)

[3] *Moniteur* du 25 septembre 1840.

[4] M. Guizot, rendant compte à M. Thiers, le 26 septembre, d'un entretien où lord Palmerston avait été contraint de reconnaître la fausseté des allégations dont il s'était servi, disait qu'il l'avait trouvé « assez embarrassé ». Notre ambassadeur ajoutait : « Il n'a point cherché de mauvaise excuse, et vous pouvez être sûr qu'à cet égard, en ce moment, il a le sentiment d'un tort et presque envie de le réparer. Ce qui importe encore plus, c'est qu'il a perdu par là un grand moyen d'action sur ses collègues. » (*Mémoires de M. Guizot.*)

acceptée, la France en garantirait l'exécution par le pacha et s'associerait, s'il était besoin, aux mesures coercitives prises par les autres puissances.

Enfin vint le jour indiqué pour le conseil de cabinet. Ce fut une vraie scène de comédie. « On eût payé sa place pour y assister », écrivait alors M. Greville. La séance ouverte, il y eut d'abord, pendant quelque temps, un silence de mort; chacun attendait ce que dirait « le premier ». Son avis, dans l'état de division du ministère, devait être décisif. Mais, avec sa bravoure accoutumée, lord Melbourne, n'avait qu'une pensée, se dérober. Voyant cependant qu'il lui fallait dire quelque chose, il commença : « Nous avons à examiner à quelle époque le parlement pourrait être prorogé. » Là-dessus, lord Russell rappela brusquement qu'il y avait une autre question, qui était de savoir si avant peu on ne serait pas en guerre; et, se tournant vers lord Melbourne : « J'aimerais, dit-il, à connaître votre opinion sur ce sujet. » Pas de réponse. Après une autre longue pause, quelqu'un demanda à lord Palmerston quelles étaient ses dernières nouvelles. Celui-ci tira de sa poche un paquet de lettres et de rapports qu'il se mit à lire ; ce qui fournit au « premier » l'occasion de s'endormir profondément dans son fauteuil, moyen sûr d'échapper à la nécessité de se prononcer. La lecture finie, nouveau silence. Lord John, voyant l'impossibilité de rien tirer de son chef, prit le parti d'aborder lui-même la question, et la traita à fond. Lord Palmerston répondit par une véhémente philippique contre la France, disant qu'elle était faible et mal préparée, que toutes les puissances de l'Europe étaient unies contre elle, que la Prusse avait deux cent mille hommes sur le Rhin, enfin, suivant le mot de lord Holland, « montrant toute la violence de 93 ». Lord Russell, mis en demeure de préciser ses conclusions, demanda d'abord qu'on remerciât tout de suite la France des efforts qu'elle avait faits pour amener le pacha à des concessions; ensuite qu'on réunit les ambassadeurs des autres puissances et qu'on leur fît connaître qu'en face de la situation nouvelle créée par la médiation de la France, l'avis de l'Angleterre était de rouvrir les négociations. Une discussion s'ensuivit. Holland et Clarendon appuyèrent lord Russell; Minto et Macaulay défendirent lord Palmerston. Lord Melbourne, cependant, se taisait toujours. Dans l'impossibilité de s'entendre, on profita de l'absence de l'un des ministres, lord Morpeth, pour renvoyer la suite de la délibération au 1er octobre.

Dans l'intervalle des deux conseils, le mouvement contre lord Palmerston parut grandir encore. Cinq ou six de ses collègues déclaraient être résolus à se démettre si sa politique triomphait. L'opinion anglaise s'alarmait des menaces de guerre. Le *Times* se prononçait fortement pour l'entente avec le cabinet de Paris et pour l'approbation des propositions du pacha. On rapportait ce propos de M. de Neumann, le chargé d'affaires d'Autriche : « Plût à Dieu que le sultan acceptât les dernières propositions de Méhémet-Ali, car cela nous tirerait d'un grand embarras ! » Enfin la reine elle-même, endoctrinée par son oncle, le roi des Belges, écrivait que son désir était de voir tenter un rapprochement avec la France. Quant à l'infortuné lord Melbourne, il s'était enfui à la campagne pour échapper aux deux partis : une fois de plus, il avait perdu l'appétit et le sommeil. « Jamais, écrivait un témoin, on n'a vu une image aussi mélancolique de l'indécision, de la faiblesse et de la pusillanimité. » M. Guizot, qui avait fort habilement noué des relations avec les partisans de la conciliation, était tenu au courant de leurs projets et de leurs démarches.

Le 1er octobre, le cabinet se trouva de nouveau réuni. A l'attitude de ses collègues et même de lord Melbourne, lord Palmerston comprit qu'en persistant à tout repousser de front, il briserait le cabinet. Il modifia donc sa tactique, et, sans cesser d'affirmer sa confiance dans le succès des opérations entreprises en Orient, il s'offrit à faire quelque communication à la France, si tel était le désir du cabinet. Ses collègues furent surpris et charmés d'un changement de ton si complet, et l'accord se fit tout de suite sur la proposition de lord Palmerston. Était-ce que ce dernier fût converti à la conciliation? Pour se convaincre du contraire, il suffisait de lire, dès le lendemain, l'article d'une violence sans mesure contre la France que ce ministre avait inspiré et même, disait-on, rédigé, dans le *Morning Chronicle*. Quel était donc le secret de la concession apparente faite par lui dans le conseil de cabinet? Tout en se disant prêt à faire une communication à la France, il avait indiqué, comme allant de soi, que cette démarche devrait être préalablement approuvée par les représentants des trois puissances alliées. Or il savait pertinemment pouvoir compter sur le refus de l'ambassadeur de Russie. En effet, à la première ouverture qui lui fut faite, M. de Brünnow déclara n'être pas en mesure de se prononcer avant d'avoir pris l'avis de sa cour; il ajouta que l'Angleterre pouvait agir à son gré, mais que le czar serait extrêmement blessé, si quelque démarche de ce genre était faite sans qu'il l'eût connue et approuvée. Il fallait plusieurs semaines pour avoir la réponse de Saint-Pétersbourg; la « communication » à la France était retardée d'autant. Lord Palmerston, qui savait quelles instructions il avait données à lord Ponsonby et aux commandants de la flotte anglaise, pensait bien n'avoir pas besoin d'un si long délai pour recevoir d'Orient quelque nouvelle qui plaçât le cabinet en face d'un fait accompli. Il ne se trompait pas. Les choses allèrent même plus vite encore qu'il ne l'espérait. Dès le 3 octobre, c'est-à-dire le lendemain du jour où il avait fait connaître à ses collègues les objections de M. de Brünnow, arrivait à Londres la nouvelle que Beyrouth n'avait pu résister à la flotte anglaise et que le sultan venait de prononcer la déchéance de Méhémet-Ali.

IX

Lord Ponsonby, en effet, justifiant la confiance de son chef, n'avait rien négligé pour précipiter les événements à Constantinople et en Syrie. Il avait fait repousser par le Divan la transaction apportée par M. Walewski, et avait même arraché, le 14 septembre, à la Porte, un firman de déchéance contre le pacha. Vainement quelques-uns des ambassadeurs hésitaient-ils à aller si loin : il les avait entraînés en prenant sur lui de déclarer que l'Angleterre se chargeait à elle seule d'exécuter la sentence de déposition [1]. En même temps, une escadre anglaise, renforcée de quelques bâtiments autrichiens, jetait, le 11 septembre, sur la côte de Syrie, tout près de Beyrouth, un corps de débarquement qui s'y établissait solidement : ce petit corps se composait de quinze cents Anglais, trois mille Turcs et quatre à cinq mille Albanais. Le même jour, la flotte bombardait et détruisait à demi la ville de Beyrouth, mais sans l'occuper. L'armée d'Ibrahim, campée sur les hauteurs voisines, assista immobile au débarquement et au bombardement, ne pouvant ou n'osant rien faire pour s'y opposer. Une telle inertie surprend de la part des vainqueurs de Nézib ; elle serait même absolument inexplicable, si l'on ne savait que cette armée, comme toutes les créations du pacha, avait plus de façade que de fond. Contrairement, d'ailleurs, à ce qu'on s'imaginait en France, Ibrahim était dans une position difficile; sans communications assurées avec l'Égypte, au milieu de populations hostiles et excitées de toutes parts à la révolte, à la tête de troupes dont une partie, la partie syrienne, n'était que trop disposée à écouter les appels à la désertion, il se sentait quelque peu intimidé à l'idée de se mettre en guerre ouverte avec les puissances européennes, et se demandait s'il ne contrarierait pas ainsi les manœuvres diplomatiques de son père. Toujours est-il qu'il n'essaya aucune résistance. A ne considérer que les résultats matériels, on eût pu soutenir que ce premier succès des alliés n'était pas décisif : l'armée d'Ibrahim, non encore entamée, demeurait bien supérieure en nombre au petit corps débarqué, et les Anglais n'avaient pas même pris possession de Beyrouth. Mais les Égyptiens venaient de donner la mesure de leur faiblesse, et le fatalisme oriental, toujours prompt à se soumettre aux arrêts de la fortune, en concluait que la cause de Méhémet-Ali était perdue.

---

[1] *The Greville Memoirs, second part,* t. 1er, p. 334, 335.

Ainsi, au moment même où le gouvernement anglais témoignait de son désir d'atténuer l'exécution du traité du 15 juillet, il se trouvait que cette exécution était déjà, par le fait de lord Palmerston et de ses agents, poussée à ses conséquences extrêmes, si extrêmes que le gouvernement britannique dut tout de suite ramener les choses un peu en arrière. En effet, à peine connue, la déchéance prononcée contre le pacha parut généralement une mesure violente, passionnée, excessive. M. de Metternich, entre autres, s'en montait fort mécontent. « Ce n'est conforme ni à la lettre ni à l'esprit des protocoles du 15 juillet », disait-il à M. de Sainte-Aulaire, et il en avait tout de suite écrit à Londres, sur un ton tellement vif que l'ambassadeur anglais à Vienne s'était demandé avec inquiétude si l'Autriche n'allait pas se séparer de l'Angleterre dans la question orientale [1]. Là n'était pas, d'ailleurs, le seul grief du chancelier, qui se montrait de plus en plus effarouché des procédés de lord Palmerston. « Il a reconnu une fois le bon droit dans sa carrière de whig, disait-il ; mais il prétend le faire triompher à la manière des joueurs qui veulent faire sauter la banque [2]. » Devant cette désapprobation, le chef du *Foreign-Office* jugea prudent d'atténuer, en ce qui concernait la déchéance, les brutalités de lord Ponsonby, et il chargea le comte Granville de déclarer au gouvernement français que cette déchéance n'était pas « un acte définitif et qui devait nécessairement être exécuté, mais une mesure de coercition destinée à retirer au pacha tout pouvoir légal, à agir sur son esprit pour l'amener à céder, et qui n'excluait pas, entre la Porte et lui, s'il revenait sur ses premiers refus, un accommodement le maintenant en possession de l'Egypte ». Le comte Apponyi fit également savoir à M. Thiers que, dans l'esprit de son gouvernement, cette déchéance « n'était qu'une mesure comminatoire sans conséquence effective et nécessaire [3]. »

---

[1] *Mémoires inédits de M. de Sainte-Aulaire;* lettre inédite du même à M. Bresson, en date du 5 octobre 1840; *Mémoires de M. de Metternich,* t. VI, p. 417; *The Greville Memoirs, second part,* t. Ier, p. 329.

[2] Lettre du 9 octobre 1840. (*Mémoires de M. de Metternich,* t. VI, p. 490.)

[3] *Mémoires de M. Guizot.*

Napier for ever! s'était écrié lord Palmerston à la nouvelle du bombardement de Beyrouth [1]. Avait-il été un homme d'État perspicace ou n'était-il qu'un téméraire heureux? Toujours est-il que, grâce à sir Charles Napier, l'événement lui donnait raison, justifiant ses plus hardis pronostics et trompant les prévisions générales [2]. Il triomphait donc, et n'était pas homme à le faire discrètement : dans les salons politiques, sa joie et celle de ses amis insultaient à la déconvenue de lord Russell et des autres opposants. Ceux-ci, sans être rassurés sur la politique suivie, ne jugeaient plus possible de la combattre et se sentaient réduits au silence. La partie du public anglais qui jusqu'alors s'était montrée inquiète des procédés de son ministre, se prenait à les admirer depuis qu'ils réussissaient, et lui savait gré de la satisfaction donnée à l'amour-propre national : changement complet et subit qui se trahit aussitôt dans le langage des journaux. « *Palmerston has completely gained his point* », disait mélancoliquement l'un des hommes qui, à Londres, avaient le plus désiré un rapprochement avec la France [3].

Ce qui faisait le triomphe de lord Palmerston était un cruel mécompte pour M. Thiers. Il avait joué toute sa partie sur la prévision que Méhémet-Ali se défendrait efficacement. Or l'action ne faisait que commencer, et déjà elle lui apportait un démenti. Sans doute son erreur avait été l'erreur de tous en France, Chambres, royauté, opinion. Mais il devait s'attendre qu'on s'en prit principalement à lui. Le public n'est jamais plus pressé de chercher un bouc émissaire que quand il se sent une part de responsabilité. Et puis n'appartenait-il pas au ministre d'être mieux informé que les autres, et un gouvernement n'a-t-il pas toujours tort de se tromper, fût-ce en nombreuse compagnie? On trouvait, du reste, que ce genre d'accident arrivait trop souvent à M. Thiers, dans la politique étrangère. Déjà, quelques

---

[1] Bulwer, t. II, p. 294.

[2] Les autres signataires du traité du 15 juillet n'étaient pas les moins surpris. « Les Anglais, je dois en convenir, disait M. de Metternich à M. de Sainte-Aulaire, ont mieux évalué que moi les forces de Méhémet-Ali... Tout ce qui se passe aujourd'hui en Syrie était bien réellement en dehors de mes prévisions. »

[3] *The Greville Memoirs*, second part, t. Ier, p. 330.

mois auparavant, il avait dirigé toute sa diplomatie dans la confiance que les puissances ne se concerteraient-jamais sans nous, et le traité du 15 juillet avait été signé à notre insu. On se rappelait qu'il n'avait pas été plus heureux lors de son premier ministère : il s'était imaginé qu'il pourrait enlever de vive force la main d'une archiduchesse pour le duc d'Orléans, et avait exposé le jeune et brillant héritier du trône à un refus pénible; ensuite, il avait soutenu que sans une nouvelle expédition d'Espagne, on ne pourrait avoir raison du carlisme, et, en septembre 1839, bien qu'il n'y eût eu aucune intervention armée de la France, don Carlos avait été expulsé de la Péninsule.

Si mortifiant que fût pour lui-même le nouveau mécompte de sa diplomatie, M. Thiers devait être plus préoccupé encore de l'effet produit sur l'opinion qu'il avait laissée si imprudemment s'échauffer. Jamais seau d'eau glacée, jeté sur une barre de fer rougie à blanc, n'avait produit une telle éruption de vapeurs brûlantes. On sut, le 2 octobre, à Paris, le bombardement de Beyrouth et la déchéance du pacha; dès le lendemain, Henri Heine écrivait : « Depuis hier soir, il règne ici une agitation qui surpasse toute idée. Le tonnerre du canon de Beyrouth trouve son écho dans tous les cœurs français. Moi-même, je suis comme étourdi; des appréhensions terribles pénètrent dans mon âme... Devant les bureaux de recrutement, on fait queue aujourd'hui, comme devant les théâtres, quand on y donne une pièce marquante : une foule innombrable de jeunes gens se font enrôler comme volontaires. Le jardin et les arcades du Palais-Royal fourmillent d'ouvriers qui se lisent les journaux d'une mine très-grave. » Heine ajoutait, le 7 octobre : « L'agitation des cœurs s'accroît de moment en moment... Avant-hier soir, le parterre, au Grand Opéra, demanda que l'orchestre entonnât la *Marseillaise*. Comme un commissaire de police s'opposa à cette demande [1], on se mit à chanter sans accompagnement,

---

[1] « Le commissaire de police, qui monta sur la scène pour faire ses observations au public, bégaya, avec force révérences, ces mots : « Messieurs, l'orchestre ne peut jouer la *Marseillaise*, parce que ce morceau de musique n'est pas marqué sur l'affiche. » Une voix dans le parterre répondit : « Monsieur, ce n'est pas une raison; car vous n'êtes pas non plus marqué sur l'affiche. »

mais avec une colère si haletante, que les paroles restèrent à demi accrochées dans le gosier; c'étaient des accents inintelligibles... Pour aujourd'hui, le préfet de police a donné à tous les théâtres la permission de jouer l'hymne de Marseille, et je ne regarde pas cette concession comme une chose insignifiante... L'orage approche de plus en plus. Dans les airs, on entend déjà retentir les coups d'aile et les boucliers d'airain des Walkyries, les déesses sorcières qui décident du sort des batailles [1]. » Tous les observateurs contemporains étaient frappés, comme Henri Heine, de ce que l'un d'eux appelait « l'effet prodigieux produit à Paris et en France par le bombardement de Beyrouth [2] ». Ils constataient que « l'on parlait de la guerre comme d'une chose inévitable » et que « la perspective d'une lutte contre l'Europe entière n'effrayait pas beaucoup les masses ». Certains esprits, d'ailleurs, semblaient chercher, dans ce rêve belliqueux, un moyen d'échapper, coûte que coûte, au malaise irrité de l'heure présente, une diversion violente à la mortification qu'ils ressentaient de s'être si complétement trompés. Il était visible que partout cette agitation prenait une physionomie révolutionnaire. On n'entendait que la *Marseillaise,* et les scènes de l'Opéra se reproduisaient dans plusieurs villes de province. Les radicaux cherchèrent à provoquer une manifestation dans la garde nationale de Paris : le prétexte était de se plaindre que le gouvernement ne fît pas exercer cette garde nationale à la petite guerre ; de demander la réorganisation et la prompte mobilisation de toutes les milices citoyennes de France ; enfin de réclamer le rétablissement de l'ancienne artillerie parisienne, licenciée, peu après 1830, parce qu'elle était un foyer de conspiration républicaine. Les mesures prises par le gouvernement empêchèrent la manifestation projetée ; mais les meneurs publièrent dans les journaux, au nom d'un certain nombre d'officiers et de soldats de la garde nationale, une déclaration où l'on revendiquait pour elle le droit de « protester publiquement contre la conduite du gouvernement », et

[1] *Lutèce,* p. 126 à 131.
[2] *Journal inédit de M. de Viel-Castel.*

où l'on flétrissait « la politique déshonorante suivie envers la coalition ».

A entendre tous ces manifestants, la France avait reçu une offense après laquelle il n'était même plus permis d'hésiter. On eût dit qu'un *casus belli*, préalablement posé par notre diplomatie, venait de se trouver réalisé. Sans doute, à raisonner les choses de sang-froid, il eût été facile d'établir qu'il n'en était rien. Le gouvernement français, en effet, n'avait jamais dit aux autres puissances : « Ne touchez pas aux possessions du pacha, ou vous aurez affaire à moi. » Il leur avait, au contraire, répété à satiété que la répartition des territoires entre le sultan et le pacha le touchait peu ; seulement, qu'il était impossible de réduire par la force Méhémet-Ali, que les mesures coercitives seraient inefficaces, dangereuses, qu'elles aboutiraient à une intervention de la Russie et que nous ne pourrions supporter cette intervention. L'Europe ne s'était pas arrêtée à nos observations, et l'événement donnait tort à notre prophétie. C'était pour nous un désagrément, un mécompte : ce n'était pas une offense nouvelle, nous obligeant à tirer l'épée. Notre situation n'avait-elle pas, d'ailleurs, une frappante analogie avec celle où s'était trouvée l'Angleterre elle-même, lors de la guerre d'Espagne, sous la Restauration? Cette puissance avait tout fait, dans le congrès de Vérone, pour détourner les autres cabinets d'approuver et la France d'entreprendre une expédition au delà des Pyrénées; elle avait notamment cherché à nous décourager par les prophéties les plus sombres sur l'issue d'une telle tentative. Malgré ses efforts, elle avait eu la mortification de voir ses anciens alliés, à la tête desquels elle venait de combattre et de vaincre, quelques années auparavant, à Waterloo, ne pas tenir compte de ses avis, de ses protestations, et, au contraire, faire cause commune avec le gouvernement français; l'expédition avait été décidée malgré elle, et, au sortir du congrès, elle s'était trouvée seule de son côté, en face de toutes les puissances. La question d'Espagne, par les souvenirs qui s'y rattachaient, comme par la proximité du théâtre où elle se débattait, était, pour nos voisins, beaucoup plus intéressante, plus irritante que ne pouvait être pour nous la question de la Syrie. Aussi la colère avait-elle été grande outre-Manche. Elle s'était accrue encore, quand le succès militaire des Français au delà des Pyrénées était venu démentir les pronostics du cabinet britannique, aussi complétement que le succès de la flotte anglaise dans le Levant devait plus tard démentir les nôtres. Sous l'empire de ce désappointement, beaucoup de voix s'étaient élevées, à Londres et dans les comtés, pour demander qu'on recourût aux armes. M. Canning occupait alors le pouvoir : il n'était, certes, pas de la race des timides et n'avait pas appris, à l'école de Pitt, une crainte exagérée de la guerre. Il refusa cependant de sortir de la neutralité où il s'était renfermé dès le premier jour : la réussite d'une entreprise qu'il avait blâmée, dont il avait mal auguré, lui était, certes, désagréable ; néanmoins, il ne se jugeait pas pour cela tenu de jeter l'Angleterre dans une lutte où elle eût été seule contre toute l'Europe. Sauf les mauvais procédés tout gratuits par lesquels lord Palmerston aggrava, en 1840, le déplaisir de notre isolement, ne semblait-il pas que l'Angleterre avait eu à subir, en 1823, tout ce que nous subissions dix-sept ans plus tard? Pourquoi nous montrer plus susceptibles? — Mais que pouvaient ces raisonnements diplomatiques ou ces souvenirs historiques sur des esprits surexcités? Impossible de les faire sortir de cette idée que la France avait pris fait et cause pour le pacha et qu'elle se déshonorerait en le laissant dépouiller. Ce n'était pas la moindre des fautes commises par le gouvernement, d'avoir agi et parlé de telle sorte que cette impression se fût naturellement produite.

Il ne faudrait pas croire, cependant, que les agités et les effervescents exprimassent le sentiment unanime du pays. Dans le parti conservateur, beaucoup de ceux qui, au lendemain du traité du 15 juillet, s'étaient d'abord laissé entraîner dans le mouvement, témoignaient maintenant, dans leurs conversations, dans leurs lettres, d'une grande inquiétude. De Londres, M. Guizot leur donnait l'exemple ; il en venait à se demander s'il ne serait pas bientôt obligé de répudier publiquement une politique dont l'inspiration lui paraissait suspecte et l'issue effrayante. « La France ne doit pas faire la guerre pour conserver la Syrie au pacha », écrivait-il à ses amis, et il ajoutait, le 2 octobre, dans une lettre adressée au duc de Broglie : « Le vent m'apporte chaque jour ces paroles : Si la Syrie viagère est refusée, c'est la guerre. Cela peut n'être rien, ou n'être qu'un langage prémédité pour produire un certain effet ; mais ce peut aussi être quelque chose, quelque chose de fort grave et tout autre chose que ce qui me paraît la bonne politique. J'y regarde donc de très-près, et je vous demande de me dire le plus tôt possible ce que vous voyez [1]. » Le monde politique n'était pas le seul où se manifestât une répulsion inquiète contre toute aventure belliqueuse. Les intérêts souffraient, s'alarmaient et s'irritaient. La Bourse baissait de 4 francs sur le seul effet produit par les nouvelles de Beyrouth. Les affaires étaient arrêtées. Suivant l'expression même du *Journal des Débats*, c'était « une sorte de panique universelle ». Tout n'était pas également noble et louable dans les éléments dont se formait la réaction pacifique. A la sollicitude patriotique, aux réflexions d'une sagesse virile, aux inspirations du bon sens, se mêlaient, pour une part, la préoccupation du bien-être matériel, l'égoïsme terre à terre, l'énervement, la fatigue, la lâcheté publique et privée. C'est par là que cette réaction éveillait quelquefois le sévère dégoût d'un Tocqueville [2] ou le sarcasme sceptique d'un Doudan [3]. Mais, quelles qu'en fussent

---

[1] *Mémoires de M. Guizot.*

[2] M. de Tocqueville, revenant, peu de mois après, sur ces événements, montrait, en face du parti « rêvant de conquêtes et aimant la guerre soit pour elle-même, soit pour les révolutions qu'elle peut faire naître », un autre parti « ayant pour la paix un amour » que cet homme politique « ne craignait pas d'appeler déshonnête ; car cet amour a pour unique principe, non l'intérêt public, mais le goût du bien-être et la mollesse du cœur. » (*Nouvelle Correspondance*, p. 187.)

[3] M. Doudan écrivait, le 11 octobre 1840 : « J'ai quelque idée que les Chambres ne seront pas très-guerrières. Il est assez agréable de se faire chanter des airs belliqueux, après dîner, dans un salon bien éclairé, quand on est sûr de n'être pas réveillé par le bruit du canon. Mais le vrai canon exalte peu l'imagination. Les propriétaires sensés se trouvent surpris d'une profonde mélancolie, en pensant à ce que coûte la gloire. Ce n'est pas timidité devant le danger matériel, c'est l'horreur des chances, la crainte que le pot-au-feu, qui bout doucement, ne soit renversé, qu'il ne faille se déshonorer. Quand on a ces dispositions, il faut tâcher

la cause et la moralité, elle croissait avec l'agitation belliqueuse, réalisant ainsi le pronostic très-fin que M. de Lavergne avait indiqué, dès le 17 août, dans une lettre à M. Guizot : « Les choses iront à la guerre tant que tout le monde croira la paix inébranlable, et elles reviendront à la paix dès que tout le monde verra la guerre imminente. »

Toutefois s'il y avait déjà un parti de la paix, ce n'était pas lui qui tenait alors le milieu du pavé et qui avait le verbe le plus haut. Il était encore timide, sans conscience de sa force. Les belliqueux, au contraire, semblaient avoir l'opinion entière, parce qu'ils en avaient la partie remuante et bruyante. Presque toute la presse faisait campagne avec eux, à l'exception du *Journal des Débats*, désabusé de ses velléités guerrières et devenu le champion de la paix menacée. Ce n'était pas seulement le *National* qui disait : « Marchez sur le Rhin, déchirez les traités de 1815, proclamez hardiment les principes qui doivent changer la face du monde, criez à l'Allemagne, à l'Italie, à l'Espagne, à la Pologne, que votre oriflamme est le symbole de l'égalité et de la fraternité humaines. » Les journaux ministériels, loin de chercher à éteindre le feu, semblaient plutôt vouloir souffler dessus pour l'aviver. « Le gouvernement, lisait-on dans le *Siècle* du 3 octobre, a nos flottes, nos armées à sa disposition, et ce n'est point désormais pour les laisser inactives. Qu'il choisisse le lieu et le moment... Mais qu'on sache bien que la nation française se regarde comme offensée..., qu'elle a entendu le canon de Beyrouth et qu'elle y répondra sur le continent, s'il le faut, comme dans la Méditerranée. » Même note dans le *Courrier français*, qui voyait approcher le moment « où il faudrait déchaîner la force révolutionnaire ». Le *Constitutionnel*, malgré une velléité passagère de prudence, embouchait aussi la trompette. « Le sentiment de l'honneur blessé est unanime dans Paris, déclarait-il le 4 octobre... Il y a une limite, nous a-t-on dit, à laquelle le gouvernement aura

---

de n'avoir pas, en même temps, la fureur de la déclamation et ne jamais menacer de loin les murailles de Troie. C'est cela qui est ridicule. Le reste est très-pardonnable. » (*Lettres*, t. Ier, p. 358.)

le devoir d'arrêter les puissances. Eh bien, le sentiment général nous paraît être que cette limite est atteinte. » Il avertissait M. Thiers que s'il faiblissait, il serait abandonné de ses amis. « Le péril de la honte, concluait-il, est plus menaçant pour les gouvernements que le péril de la guerre. » Même du côté conservateur, la *Presse*, naguère si pacifique, se croyait obligée de suivre le mouvement général. « Puisque les fautes du gouvernement, disait-elle, nous ont placés entre une guerre insensée et une paix ignominieuse, le choix ne saurait être douteux; il faut déclarer la guerre et convoquer immédiatement les Chambres. » Les feuilles légitimistes tenaient un langage analogue. Cette quasi-unanimité produisait d'autant plus d'effet qu'en l'absence des Chambres, la presse semblait avoir qualité pour exprimer la volonté nationale.

En somme, l'émotion produite par les nouvelles de Beyrouth avait fait faire un grand pas dans le chemin qui conduisait à la guerre. « La situation n'a jamais été, à beaucoup près, aussi grave », écrivait M. Thiers à M. Guizot, et celui-ci répétait de son côté à lord Palmerston : « Personne ne peut plus répondre de l'avenir [1]. » De Paris, lord Granville envoyait à son gouvernement cet avertissement : « Je crois que la guerre n'est pas improbable [2] », et il recevait en réponse des instructions pour l'enlèvement des archives de l'ambassade, au cas de rupture diplomatique [3]. Vu de Vienne, l'état général ne paraissait pas plus rassurant, et, le 5 octobre, M. de Sainte-Aulaire écrivait à ses amis : « La situation est diablement critique; nous allons peut-être voir craquer entre nos mains toute la machine européenne... Ma conviction personnelle est que, si avant un mois un arrangement n'est pas fait ou en bon chemin, la guerre est inévitable [4]. » Enfin, toujours à la même date, nous lisons sur le journal qu'une des princesses royales écrivait pour le prince de Joinville : « En deux jours, nous avons fait un grand et triste

---

[1] *Mémoires de M. Guizot.*

[2] Dépêche du 5 octobre 1840. (*Correspondence relative to the affairs of the Levant.*)

[3] BULWER, t. II, p. 298.

[4] Lettres à M. Bresson et à M. de Barante. (*Documents inédits.*)

chemin... Nous voilà dans un moment de crise, le plus grave que nous ayons eu à traverser depuis dix ans. Au dedans, l'opinion est en émoi, chez les uns excitation révolutionnaire, alarme chez les autres, et à nos portes la guerre étrangère, la guerre contre toute l'Europe. Dieu seul peut nous sauver [1]! »

X

La France allait-elle se jeter dans la guerre ou du moins s'y laisser glisser? Jusqu'alors le gouvernement avait pu, avec une sécurité relative, s'associer à l'agitation belliqueuse. Les démarches dans ce sens ne lui paraissaient pas avoir d'effet immédiat; les menaces n'étaient qu'à terme, et à terme lointain. Il croyait avoir du temps devant lui, et comptait bien qu'avant l'heure des grandes résolutions, se produirait, en Orient ou ailleurs, quelque événement qui dispenserait de les prendre. Désormais, plus d'espoir de ce genre, plus de délai; les menaces devaient être aussitôt réalisées. Si l'on penchait vers la guerre, c'est tout de suite qu'on y tombait; si l'on voulait y échapper, c'est tout de suite qu'il fallait s'en détourner. Le moment était donc venu de se demander ce que serait cette guerre et quelles en étaient les chances.

Tout d'abord la France pouvait-elle espérer quelque chose d'une guerre maritime, localisée en Orient? Sans doute sa flotte du Levant était égale, supérieure peut-être à celle qui portait en ces parages le pavillon de l'Angleterre. En cas de lutte, un premier succès était possible [2]. Mais après? On ne refusera pas de s'en rapporter au jugement d'un jeune marin, qui n'était

---

[1] *Revue rétrospective.*

[2] L'amiral Jurien de la Gravière, qui servait, jeune officier, sur cette flotte, a écrit depuis dans ses *Souvenirs* : « Combien de temps nos succès auraient-ils duré? C'est ce qu'il est difficile de savoir; mais il est hors de doute qu'un premier succès était presque infaillible. » Sir Charles Napier, qui avait un commandement sur la flotte anglaise du Levant, a reconnu depuis, en plein parlement, qu'elle eût difficilement résisté à une attaque de la flotte française. (Séance du 4 mars 1842.)

certes suspect ni de timidité ni de tiédeur. « Admettons, écrivait quelques années plus tard le prince de Joinville, que le Dieu des batailles eût été favorable à la France. On eût poussé des cris de joie par tout le royaume; on n'eût pas songé que le triomphe devait être de courte durée... Je veux supposer ce qui est sans exemple : j'accorde que vingt vaisseaux et quinze mille matelots anglais prisonniers puissent être ramenés dans Toulon par notre escadre triomphante. La victoire en sera-t-elle plus décisive?... Au bout d'un mois, une, deux, trois escadres, aussi puissamment organisées que celle que nous leur aurons enlevée, seront devant nos ports. Qu'aurons-nous à leur opposer? Rien que des débris... Disons-le tout haut, une victoire, comme celle qui nous semblait promise en 1840, eût été, pour la marine française, le commencement d'une nouvelle ruine. Nous étions à bout de ressources; notre matériel n'était pas assez riche pour réparer, du jour au lendemain, le mal que nos vingt vaisseaux auraient souffert, et notre personnel eût offert le spectacle d'une impuissance plus désolante encore [1]. »

Restait la guerre continentale. C'est en effet la seule à laquelle eût jamais pensé M. Thiers. On n'a pas oublié qu'il avait même choisi éventuellement son adversaire, l'Autriche, et son champ de bataille, l'Italie. Croyait-il donc sérieusement pouvoir limiter ainsi la lutte et la réduire à une sorte de duel en champ clos avec une seule puissance? Si tel avait été un moment son espoir, lord Palmerston s'était chargé de le ramener à une appréciation plus vraie de la situation. « Une idée de Thiers, écrivait-il le 22 septembre à M. Bulwer, semble être qu'il pourrait attaquer l'Autriche, et laisser de côté les autres puissances. Je vous prie de le détromper sur ce point et de lui faire comprendre que l'Angleterre n'a pas l'habitude de lâcher ses alliés. Si la France attaque l'Autriche à raison du traité, elle aura affaire à l'Angleterre aussi bien qu'à l'Autriche, et je n'ai pas le plus léger doute qu'elle n'ait aussi sur les bras la Prusse et la Russie [2]. » Lord Palmerston pouvait parler au nom

[1] *Note sur l'état des forces navales de la France.* (Mai 1844.)
[2] BULWER, t. II, p. 291, 292.

de son pays : depuis le succès de Beyrouth, il était assuré d'être suivi. D'ailleurs, la véhémence même des attaques de notre presse contre la politique britannique irritait l'opinion au delà du détroit, et celle-ci, par amour-propre national, se trouvait conduite à prendre pour elle la querelle de son gouvernement.

Le ministre anglais s'avançait-il trop en se portant garant de la Russie et de la Prusse? En Russie, sans doute, à ne considérer que la haute société, on eût trouvé des sentiments amis pour la France [1]; M. de Nesselrode lui-même, quoique assez étranger pour sa part à ces sentiments [2], était, par modération d'esprit, très-désireux d'écarter les chances de guerre. Mais la Russie, c'était le Czar, dont on n'ignorait pas l'animosité contre le gouvernement de 1830. L'immobilité que l'autocrate avait gardée depuis le traité du 15 juillet ne devait pas nous donner le change sur ses vrais sentiments [3]. Il ne désirait point entreprendre seul, sans l'Europe et peut-être contre elle, une guerre d'Orient; il ne s'y sentait pas prêt. Mais une guerre d'Occident contre la France révolutionnaire, sorte de croisade où il reprendrait, à la tête de l'Europe monarchique, le rôle d'Alexandre en 1814 et 1815, une telle guerre avait toujours été son rêve depuis dix ans, et il s'y fût jeté avec joie. Si jusqu'alors il était demeuré calme, s'il n'avait fait que peu de préparatifs, c'est que les dispositions de l'Autriche et de la Prusse ne lui laissaient pas espérer la réalisation de cette heureuse

[1] Quelques mois plus tard, l'ambassadeur anglais à Saint-Pétersbourg disait à M. de Barante : « Croyez-vous que je ne voie pas comment, parmi tous ceux qui environnent l'Empereur, l'opinion est favorable à la France? Paris est pour eux le centre de la civilisation ; ils ne se soucient pas, ils ne savent rien de ce qui se fait ou se dit ailleurs ; ils parlent votre langue ; les souvenirs de leurs généraux se portent avec plaisir vers l'époque de l'alliance avec Napoléon. La conduite du cabinet russe ne s'explique que par la passion de l'Empereur. » (Dépêche de M. de Barante à M. Guizot, du 13 janvier 1841. *Documents inédits.*)

[2] « Le comte de Nesselrode, écrivait M. de Barante, n'est pas aussi français que la plupart de ses compatriotes. Son opinion politique a pris son pli et ses habitudes à l'époque du congrès de Reims, d'Aix-la-Chapelle et de Vérone : être bien avec tous, intime avec Vienne et Berlin, tel est son programme, programme que son caractère rend complétement pacifique et conciliant. » (Lettre à M. Guizot du 13 janvier 1841. *Documents inédits.*)

[3] Cf. la correspondance de M. de Barante, en août, septembre et octobre 1840. (*Documents inédits.*)

chance et qu'il ne voulait pas se faire inutilement, auprès de ces puissances, le renom d'un brouillon et d'un turbulent. Faute de mieux, il se contentait alors de nous avoir mis « en mauvaise posture ». Mais, au cas où nous-mêmes provoquerions cette guerre, il ne serait pas le dernier à l'accepter. Ne le vit-on pas, en effet, aussitôt que la situation parut s'aggraver, à la fin de septembre et surtout au commencement d'octobre, sortir de son immobilité, morigéner les cours de Berlin et de Vienne sur ce qu'elles n'armaient pas, et trahir, devant les diplomates étrangers, l'impatience avec laquelle il attendait la « conflagration générale » qui lui fournirait l'occasion « d'étouffer la révolution dans son berceau [1] » ?

A la différence de la Russie, la Prusse n'avait ni intérêt ni passion dans la question; en outre, par ses traditions et sa situation, elle semblait la rivale naturelle et l'antagoniste de l'empire d'Autriche. C'était pour elle que notre diplomatie avait le plus de ménagements : ménagements, il est vrai, singulièrement contrariés par les sorties de nos journaux sur les frontières du Rhin ou sur l'émancipation du peuple allemand. Avions-nous donc quelque chance d'obtenir la neutralité de cette puissance? Aucune. Dans les premiers jours d'octobre, sous le coup des menaces de la France, des pourparlers s'engagèrent aussitôt entre Vienne et Berlin; ils aboutirent, après quelques semaines, à une déclaration du roi de Prusse, « portant qu'il considérerait toute attaque de la France contre les possessions autrichiennes en Italie, comme dirigée contre lui-même [2]. » M. de Metternich avait raison de signaler à ses agents diplomatiques l'extrême importance d'une telle déclaration [3]. Notre gouvernement ignorait sans doute cette négociation, demeurée secrète entre les deux chancelleries; mais les communications de M. Bresson, son ministre près la cour de Berlin devaient l'avoir éclairé sur les habitudes de dépendance contractées, depuis trente ans, par cette cour envers

---

[1] Dépêche citée par Hillebrand, *Geschichte Frankreichs*, t. II, p. 438.
[2] *Mémoires de M. de Metternich*, t. VI, p. 490 à 507.
[3] *Ibid.*, p. 506.

l'Autriche et la Russie. La Prusse eût difficilement résisté à l'une de ces deux puissances; à toutes les deux réunies, jamais [1]. Ajoutons qu'il venait de se produire, dans ce pays, un changement qui y diminuait encore le crédit de la France. Le 8 juin, était mort le vieux roi Frédéric-Guillaume III, qui avait donné plus d'une fois à notre jeune monarchie des gages de sa modération et même de sa sympathie. Son fils et successeur, Frédéric-Guillaume IV, était dans des sentiments tout différents. Imagination ardente, facilement enthousiaste, mais inquiète, capricieuse et qui devait finir par la folie, il avait puisé, dans la culture allemande dont il était tout imprégné [2], aussi bien que dans les souvenirs du mouvement de 1813 auquel il avait pris part, la haine de la France : il voyait en elle l'ennemie héréditaire (*Erbfeind*) et la détentrice illégitime d'une partie de la terre germanique [3]. Par-dessus tout adversaire de la révolution et même du libéralisme [4], piétiste scrupuleux et mystique,

---

[1] Frédéric-Guillaume III, qui gouverna la Prusse de 1797 à 1840, recommanda, par son testament, à son successeur, de ne jamais rompre avec le czar et l'empereur d'Autriche.

[2] Après une conversation qu'il eut à Londres, en 1842, avec ce prince, le baron Stockmar écrivait : « Dans sa culture générale, le Roi est essentiellement germanique. » (*Les Souvenirs du conseiller de la reine Victoria*, par M. Saint-René Taillandier.)

[3] Telle était son aversion pour les Welches que, malgré son goût très-vif pour la peinture, il ne voulut jamais acquérir un tableau de l'école française.

[4] A quel point l'horreur de la révolution dominait, chez ce prince, jusqu'au sentiment de l'unité allemande et de l'ambition personnelle, on put s'en rendre compte, en 1848, quand il repoussa la couronne impériale que lui offrait le parlement de Francfort. Il expliquait ainsi son refus à son confident, M. de Bunsen : « D'abord, cette couronne n'est pas une couronne. La couronne que pourrait prendre un Hohenzollern, ce n'est pas, même avec l'assentiment des princes, la couronne fabriquée par une assemblée issue d'un germe révolutionnaire, une couronne *dans le genre de la couronne des pavés de Louis-Philippe* (ces mots étaient en français dans le texte). C'est la couronne qui porte l'empreinte de Dieu, la couronne qui fait souverain, par la grâce de Dieu, celui qui la reçoit avec le saint-chrême... La couronne dont vous vous occupez, elle est déshonorée surabondamment par l'odeur de charogne que lui donne la révolution de 1848... Quoi! cet oripeau, ce bric-à-brac de couronne pétri de terre glaise et de fange, on voudrait la faire accepter à un roi légitime, bien plus, à un roi de Prusse qui a eu cette bénédiction de porter, non pas la plus ancienne, mais la plus noble des couronnes royales, celle qui n'a été volée à personne! » La dernière phrase fera peut-être sourire; mais le reste de la lettre montre au vif et au vrai les sentiments du Roi. (*Frédéric-Guillaume IV et le baron de Bunsen*, par M. Saint-René Taillandier.)

dévot du moyen âge, rêvant je ne sais quelle restauration archéologique, mi-féodale et mi-théocratique, il avait la terreur et l'horreur de la France de Juillet et de Voltaire. 1830 l'avait indigné et effrayé. Six ans plus tard, quand il n'était encore que prince royal, la seule nouvelle que les fils de Louis-Philippe étaient invités à Berlin et qu'à Vienne on les « attendait à bras ouverts », l'avait jeté dans une humeur noire. « Tout cela m'est si dur, écrivait-il, que j'en pleurerais [1]. » Une fois roi, ses sentiments ne changèrent pas. Peu après son avénement, causant à Londres avec le baron Stockmar, il laissait voir son désir de faire partout échec à notre influence. « En France, ajoutait-il, il n'y a plus ni religion ni morale : c'est un état social entièrement pourri, comme celui des Romains avant la chute de l'Empire; je crois que la France s'écroulera de la même manière [2]. » Il célébrait l'anniversaire de la bataille de Leipzig avec des discours appropriés, et, fort occupé de l'achèvement de la cathédrale de Cologne, enfouissait sous le porche cette inscription : *Post Franco-Gallorum invasionem.* Aussi, M. Bresson pouvait-il bientôt écrire, au sujet des dispositions du nouveau roi à notre égard : « Le fond, chez lui, est malveillant. C'est toujours l'esprit de 1813, la première empreinte reçue... En toute question qui nous touchera, comptons, avec une certitude presque infaillible, qu'il se rangera contre nous. Son très-regrettable père constituait un tout autre élément dans la politique européenne [3]. »

Enfin, il n'était pas jusqu'aux petits États de l'Allemagne qui, bien qu'étrangers au traité du 15 juillet et sans intérêt en Orient, n'eussent fini par s'émouvoir de nos armements et de nos menaces de guerre continentale. Vainement notre diplomatie cherchait-elle à les attirer dans l'orbite de la France, ils se tournaient, effrayés, vers les deux grandes puissances allemandes et gourmandaient même leur quiétude et leur immobilité [4].

[1] *Frédéric-Guillaume IV et le baron de Bunsen*, par M. Saint-René Taillandier.
[2] *Souvenirs du conseiller de la reine Victoria.*
[3] Lettre à M. Guizot, du 24 septembre 1843. (*Documents inédits.*)
[4] *Mémoires inédits de M. de Sainte-Aulaire*, et Hillebrand, *Geschichte Frankreichs*, t. II, p. 437.

Ces plaintes décidèrent l'Autriche et la Prusse à se concerter sur les moyens de mettre en branle la machine lourde et compliquée qu'on appelait la Confédération germanique [1]. « Tant qu'il sera question du conflit qui existe entre la Porte et Méhémet-Ali, écrivait, le 9 octobre, M. de Metternich au roi de Prusse, la Confédération n'aura rien à voir dans l'affaire. Mais si la question devient *européenne,* au lieu de rester spéciale, il faudra que la Confédération agisse en puissance appelée à jouer un rôle important dans le grand conseil. » Et il prévoyait l'éventualité prochaine où elle aurait « le devoir de demander à la France à qui s'adressaient ses menaces ». De ces pourparlers, sortit assez promptement une convention secrète entre l'Autriche et la Prusse, déterminant « la manière dont l'armée de la Confédération devrait être, le cas échéant, employée contre la France » ; il était entendu en outre que le gouvernement de Berlin proposerait, en temps et lieu, à la Confédération de se déclarer atteinte par toute attaque contre les possessions italiennes de l'Autriche [2]. En attendant, les divers États de l'Allemagne, suivant l'exemple de la Prusse, interdisaient l'exportation des chevaux en France : mesure fort gênante pour nos armements et que la presse officieuse de Paris avait vainement tâché de prévenir, en déclarant bruyamment à l'avance qu'elle y verrait l'équivalent d'une déclaration de guerre. L'un de nos agents diplomatiques près l'une des petites cours germaniques écrivait, quelques semaines plus tard, le 3 novembre, alors que M. Thiers n'était plus au pouvoir : « Je crois être sûr qu'on était au moment d'ordonner quelques armements en Allemagne ; ils n'ont été différés que par la crise ministérielle qui s'est déclarée chez nous [3]. » Les cours allemandes se sentaient d'ailleurs poussées par leurs peuples : mouvement d'opinion singulièrement puissant et passionné alors mal vu et mal compris de la France, mais qui

---

[1] Lettre de M. de Metternich à Frédéric-Guillaume IV, en date du 9 octobre 1840. (*Mémoires de M. de Metternich*, t. VI, p. 490 à 495.)

[2] *Ibid.*, p. 505 à 507.

[3] Lettre du marquis d'Eyragues, ministre de France à Stuttgard, au maréchal Soult, 3 novembre 1840. (*Documents inédits.*)

devait avoir de trop redoutables suites pour qu'il n'y ait pas intérêt à s'y arrêter quelque temps, à en rechercher l'origine, le caractère et le développement. Aussi bien, les événements actuels projettent-ils sur ce passé une lumière qui manquait aux contemporains.

La lutte dont l'Allemagne avait été le sanglant théâtre, au commencement du siècle, avait laissé, des deux côtés du Rhin, des impressions bien différentes. « La conscience française, a-t-on écrit, est courte et vive ; la conscience allemande est longue, tenace, profonde. Le Français est bon, étourdi ; il oublie vite le mal qu'il a fait et celui qu'on lui a fait ; l'Allemand est rancunier, peu généreux ; il comprend médiocrement la gloire, le point d'honneur ; il ne connaît pas le pardon [1]. » C'est ainsi que l'Allemand gardait, des conquêtes de la Révolution et de l'Empire, un ressentiment que la revanche de la dernière heure n'avait aucunement désarmé et que les années, en s'écoulant, n'effaçaient pas. Il avait, du reste, contre nous, des griefs plus anciens encore : il nous en voulait de l'avoir raillé au dix-huitième siècle, d'avoir conquis l'Alsace et ravagé le Palatinat au dix-septième. Jusqu'où ne remontait pas cette rancune archéologique ? Henri Heine racontait, en 1835, qu'à Gœttingue, dans une brasserie, « un jeune Vieille-Allemagne avait déclaré qu'il fallait venger dans le sang des Français celui de Konradin de Hohenstaufen, qu'ils avaient décapité à Naples ». Et, peu après, un savant des bords du Rhin, interrogé par M. Quinet sur le but poursuivi par ses compatriotes, lui répondait gravement : « Nous voulons revenir au traité de Verdun entre les fils de Louis le Débonnaire. »

Le Français n'avait pas conscience de la haine dont il était l'objet. Comme on l'a dit avec raison, l'Allemagne, malgré sa proximité, n'a été longtemps pour nous qu'une grande inconnue [2]. Cela tenait au caractère profond, complexe et sourd des mouvements de l'esprit allemand, à notre ignorance de la

---

[1] RENAN, *Réforme intellectuelle et morale de la France.*
[2] Voy. une étude intéressante de M. Joseph REINACH, *De l'influence de l'Allemagne sur la France*, insérée dans la *Revue politique et littéraire.*

langue, au défaut de sympathie de notre génie prompt, clair et parfois un peu superficiel, pour un génie abstrait, confus et obscur. Ajoutez qu'à l'époque dont nous parlons, il n'y avait, outre-Rhin, ni journaux exprimant librement la pensée nationale, ni capitale unique où l'on pût observer cette pensée pour ainsi dire concentrée et résumée. Comment d'ailleurs eussions-nous soupçonné, chez nos voisins, des ressentiments que nous n'éprouvions pas? Si nous nous souvenions encore de Waterloo et parlions parfois de le venger, c'était aux Anglais seuls que nous nous en prenions : on eût dit que nous avions oublié la part de Blücher dans la fatale journée. Bien plus, par un sentiment nouveau dans notre histoire, nous nous étions pris, depuis 1815, d'un engouement attendri pour cette Allemagne, autrefois dédaignée. Sur la foi de madame de Staël [1], nous nous la figurions comme une nation patriarcale, sentimentale, rêveuse, foyer de la pensée pure et du chaste amour, inapte aux réalités vulgaires, amoureuse de justice, incapable de ruse et de violence, dépaysée au milieu des passions et des convoitises du monde, et y ressentant comme la nostalgie de l'idéal. L'imagination de nos poëtes et de nos artistes se plaisait dans la compagnie des Marguerite, des Mignon, des Charlotte, des Dorothée, pendant que nos philosophes s'obscurcissaient au contact de Kant et de Hegel, ou que nos savants exaltaient et suivaient la science allemande. L'un des ministres du 1er mars, M. Cousin, avait beaucoup contribué à répandre en France cet engouement germanique. Vainement Henri Heine était-il venu, avec un éclat de rire sardonique, déchirer l'image brillante et généreuse tracée par madame de Staël [2], et avait-il fait apparaître à la place une réalité beaucoup moins poétique, une race forte, rude, aux appétits violents, aux âpres convoitises, « soupirant après des mets plus solides que le sang et la chair mystiques », impatiente de jouir, de posséder et de dominer; vainement nous criait-il : « Prenez garde, on ne vous aime pas en Allemagne, vous autres Français », et nous faisait-il l'énu-

[1] Voy. son livre *De l'Allemagne* (1814).
[2] *L'Allemagne*, par Henri HEINE (1835).

mération de l'armée terrible, implacable, qui se lèverait un jour contre nous, rien ne pouvait nous ébranler; nous restions, malgré tout, « teutomanes[1] ».

Tels étaient les sentiments respectifs des deux peuples, quand, à la suite du traité du 15 juillet 1840, l'écho de nos bruits de guerre parvint en Allemagne, y apportant quelques phrases sur les frontières du Rhin, bravades jetées à la légère et sans passion[2]. Il n'en fallut pas davantage pour y provoquer comme une éruption de cette gallophobie, demeurée jusqu'alors à peu près souterraine. « Toutes les fureurs de 1813 firent explosion, a raconté depuis un Français qui se trouvait alors à l'Université de Heidelberg. Je n'avais aucune idée d'une telle violence... Je devais croire que la France nouvelle, par sa générosité, sa cordialité, ses expiations douloureuses, avait effacé ces souvenirs des jours de haine. Il n'en était rien. Chaque jour, dans la salle du muséum, des gazettes, venues de toutes les villes d'Allemagne, nous apportaient des invectives sans nom... Défis, insultes, calomnies se succédaient comme des feux de peloton. L'odieux *crescendo* allait s'exaltant d'heure en heure[3]. » De lourdes et savantes brochures remontaient jusqu'à Arminius pour faire le procès des Gaulois. La conclusion générale était qu'il fallait reprendre l'Alsace et la Lorraine. Si l'on retrouvait là toute la passion, toute la violence de 1813, rien ne rappelait l'éclat épique des productions littéraires de cette époque, des polémiques de Gœrres, des poésies de Kœrner, des chansons de Arndt, des sonnets de Rückert. En 1840, tout est plus grossier. Dans ce fatras, un seul morceau se détache, le chant de Becker : « Ils ne l'auront pas, le libre Rhin allemand[4]! » La poésie est

---

[1] Sur cette singulière influence du livre de madame de Staël, voyez un brillant article de M. Caro, *les Deux Allemagnes*, publié par la *Revue des Deux Mondes* du 1ᵉʳ novembre 1872.

[2] M. Quinet, dont la brochure « 1815-1840 » fut l'une des causes principales du soulèvement des esprits, au delà du Rhin, avait été un « teutomane » passionné.

[3] Saint-René Taillandier, *Dix ans de l'histoire d'Allemagne*, Préface.

[4] Voici la pièce entière : « Ils ne l'auront pas, le libre Rhin allemand, quoiqu'ils le demandent dans leurs cris comme des corbeaux avides; — Aussi longtemps qu'il roulera paisible, portant sa robe verte, aussi longtemps qu'une rame frappera ses flots. — Ils ne l'auront pas, le libre Rhin allemand, aussi longtemps

médiocre; l'auteur était un inconnu, petit employé dans je ne sais quelle administration publique à Cologne; mais la passion nationale vint donner à ses vers un accent et une portée qu'ils n'auraient pas eus par eux-mêmes. Du coup, la célébrité de Nicolas Becker fit pâlir les grands noms de 1813; le roi de Bavière lui envoya une coupe avec des vers de sa façon, et le roi de Prusse 1,000 thalers avec une promesse d'avancement. Plus de soixante compositeurs mirent en musique cette sorte de *Marseillaise* germanique, et de la Baltique aux Alpes, du Rhin à la Vistule, des voix innombrables chantèrent d'un ton farouche :
« Ils ne l'auront pas, le libre Rhin allemand! »

Surpris par cette explosion, les Français n'y comprenaient rien. Henri Heine rapporte qu'il rencontra alors, sur le boulevard des Italiens, M. Cousin, arrêté devant une boutique d'estampes, à contempler des compositions d'Overbeck. « Le monde était sorti de ses gonds, dit Heine, le tonnerre du canon de Beyrouth soulevait, comme un tocsin, tout l'enthousiasme guerrier de l'Orient et de l'Occident; les pyramides d'Égypte tremblaient; en deçà et au delà du Rhin, on aiguisait les sabres, — et Victor Cousin, alors ministre de France, admirant les paisibles et pieuses têtes des saints d'Overbeck, parlait avec ravissement de l'art allemand et de la science allemande, de notre profondeur d'âme et d'esprit, de notre amour de la justice et de notre humanité. « Mais, au nom du ciel! dit-il soudain, en s'interrompant lui-même, et comme s'il s'éveillait d'un rêve, que signifie la rage avec laquelle vous vous êtes pris tout à coup, en Allemagne, à vociférer et à tempêter contre nous, Français? » Et le ministre philosophe se perdait en conjectures, ne parvenant pas à s'expliquer cette colère [1]. Quant au public, il ne s'en apercevait même pas. Les journaux de Paris, tout

---

que les cœurs s'abreuveront de son vin de feu; — Aussi longtemps que les rocs s'élèveront au milieu de son courant, aussi longtemps que les hautes cathédrales se réfléteront dans son miroir. — Ils ne l'auront pas, le libre Rhin allemand, aussi longtemps que de hardis jeunes gens feront la cour aux jeunes filles élancées. — Ils ne l'auront pas, le libre Rhin allemand, jusqu'à ce que les ossements du dernier homme soient ensevelis dans ses vagues. »

[1] *Lutèce*, p. 204.

absorbés par leurs polémiques contre la presse anglaise, répondaient à peine aux attaques bien autrement violentes qui leur venaient de l'Est ; on eût presque dit qu'ils les ignoraient. Personne ne lisait, en France, les brochures de combat qui pullulaient en Allemagne. Les vers de Becker eux-mêmes ne parurent pas, pendant quelque temps, avoir franchi la frontière. Ce fut seulement plus tard, en juin 1841, que Musset, agacé par ce grand bruit de voix tudesques chantant à pleine bouche et sur un ton de menace, riposta par ses strophes du *Rhin allemand*, cinglantes comme une volée de coups de cravache, mais témoignant de plus d'impertinence railleuse que d'animosité profonde. A la même date, Lamartine répondit, lui aussi, au chant de guerre du Tyrtée prussien, mais par une *Marseillaise de la paix,* hymne d'amour et de fraternité internationale, où notre poëte répudiait toute visée « sur le libre Rhin » et s'écriait :

Vivent les nobles fils de la grave Allemagne!

Appel un peu naïf qui devait provoquer de la part de ces « nobles fils » un redoublement d'injures contre la France [1].

Et cependant, à y regarder d'un peu près, les Français de 1840 eussent pu discerner, dans l'agitation d'outre-Rhin, quelque chose de plus menaçant encore pour leur pays qu'une explosion de haine. En 1813, l'Allemagne, soulevée par notre invasion, n'avait pas seulement poussé un cri de nationalité et d'unité [2]. Alors était apparue, pour la première fois, l'idée d'une grande patrie allemande, réunissant et absorbant toutes les petites patries particulières, et même revendiquant, contre les États voisins, les territoires où elle prétendait reconnaître l'empreinte germanique. Mais, en 1815, au lieu de l'unité attendue, le congrès de Vienne avait consacré, dans l'organisation de la Confédération germanique, ce que M. Saint-Marc

[1] M. Quinet écrivait en septembre 1841 : « Les journaux allemands ont indignement, abominablement traité la *Marseillaise de la paix*. » (*Correspondance de Quinet.*)

[2] Sur les phases diverses de l'agitation unitaire en Allemagne, voyez les articles intéressants publiés par M. Julian Klazcko, dans la *Revue des Deux Mondes* du 1er décembre 1862 et du 15 janvier 1863.

Girardin a spirituellement appelé « le mal de la petitesse et de la dislocation » ; au lieu de la liberté promise, les gouvernements allemands, soutenus par la Sainte-Alliance, s'étaient appliqués à rétablir leur pouvoir absolu et avaient traité en ennemis, ou du moins en suspects, les patriotes de 1813. Sous le coup de cette déception, l'idée de l'unité parut s'effacer ou être reléguée au second plan. Les plus ardents, tournant toute leur colère contre leurs princes, s'absorbèrent dans la lutte pour la liberté locale, lutte morcelée sur cent théâtres différents et prenant ainsi un caractère plus autonomique qu'unitaire ; ils s'y trouvaient même amenés à se servir des idées françaises, heureux et presque reconnaissants, quand leur venait d'Occident un souffle de liberté plus vif ou, comme en 1830, un vent de tempête révolutionnaire [1] : du reste, malgré ce secours, ils ne faisaient pas grand progrès. Pendant ce temps, la masse de la nation, découragée, dégoûtée de la politique, revenait à l'étude, et, comme a dit M. Klaczko, se « replongeait dans les immensités de la pensée, pour y chercher l'oubli ». Les uns, devenus dévots du romantisme, « se mettaient à genoux devant l'idéal ». Les autres, occupés à refaire toutes les connaissances humaines d'après le verbe de Hegel, s'enfouissaient pour ainsi dire dans cette colossale besogne, étrangers aux bruits du dehors, broyant tous les sentiments, sous la formidable meule de la nouvelle dialectique, et apprenant de cette philosophie l'indifférence suprême, produite par la prétention de tout comprendre. Henri Heine a fait, avec son *humour* habituelle, le portrait de cette Allemagne « immobile et livrée à un profond sommeil ». « Je la parcourus, jeune encore, dit-il, et observai ces hommes endormis. Je vis la douleur sur leurs visages ; j'étudiai leur physionomie ; je leur mis la main sur le cœur, et ils commencèrent à parler dans leur sommeil somnambulique : discours entrecoupés dans lesquels ils me révélaient leurs plus secrètes pensées. Les gardiens du peuple, bien enveloppés dans leurs robes de chambre d'hermine, leurs bonnets d'or bien enfoncés

---

[1] « Nous vivions et pensions dans les journaux étrangers, a dit l'un de ces libéraux allemands ; nous étions là chez nous, bien plus que dans notre patrie. »

sur les oreilles, étendus dans de grands fauteuils de velours rouge, dormaient aussi et même ronflaient de grand cœur. Cheminant ainsi avec le havre-sac et le bâton, je dis et je chantai à haute voix ce que j'avais découvert sur la figure de ces hommes endormis, ce que j'avais surpris des soupirs de leurs cœurs. Tout demeura tranquille autour de moi, et je n'entendis que l'écho de mes propres paroles. » Sans doute, comme le donne à entendre Heine, la grande idée allemande, la passion unitaire n'était pas morte, mais enfin elle sommeillait.

Prolonger ce sommeil, tel était notre intérêt manifeste, telle devait être notre politique. Nos gouvernements s'y étaient appliqués depuis vingt-cinq ans, quand, tout à coup, dans l'émotion causée par le traité du 15 juillet, il se fit un tel bruit en France, que, sans y penser, on se trouva avoir réveillé le dormeur. Celui-ci se redressa, avec un grognement menaçant. Alors reparurent, au delà du Rhin, ces grands mots d'unité allemande, de patrie allemande, de gloire allemande, que les princes proscrivaient naguère comme suspects de sédition et que les peuples semblaient avoir oubliés. On s'exalta à les prononcer, à les répéter, à les crier, à les chanter. Il fut bientôt visible qu'un changement immense s'accomplissait, que l'Allemagne contemplative et immobile s'effaçait pour laisser apparaître une Allemagne active, ambitieuse, farouche, impatiente de jouir, de dominer, de tenir le premier rôle parmi les maîtres du monde réel. Au bout de quelques mois, la crise orientale était finie; les derniers bruits de guerre s'éteignaient en France; personne n'y parlait plus du Rhin ni même ne se souvenait de la colère germanique; mais, chez nos voisins, l'agitation unitaire survivait à la cause accidentelle qui l'avait produite. Journaux et livres, science et art, manifestations des peuples et des princes, tout contribuait à grossir le courant vers une patrie une, sous l'hégémonie de la Prusse, à aviver la haine et le mépris de la France. L'anniversaire de la bataille de Leipzig devenait la grande fête nationale[1]. Ce mouvement

[1] En 1842, par exemple, à l'occasion de cet anniversaire, le roi de Prusse prononçait, devant les princes allemands réunis pour assister aux manœuvres de son

ne devait plus s'arrêter, et notre génération ne sait que trop jusqu'où il a conduit l'Allemagne, la France et le monde.

Histoire étrange que celle de cette unité allemande, si funeste à notre grandeur, et qui semble cependant n'avoir toujours progressé que par notre fait, aussi bien à l'origine, en 1813, que plus tard, en 1848, en 1866, en 1870. Entre ces dates néfastes de l'imprévoyance française, il convient d'inscrire 1840. Le ministère du 1er mars, qui ne nous rappelle, en France, qu'un accident passager de notre politique, marque une époque dans l'histoire de nos voisins. Ceux-ci ne s'y trompent pas. « Ce fut là le jour de la conception de l'Allemagne », écrivait récemment un Prussien [1]. Dès novembre 1840, au milieu même des événements, M. de Metternich, après avoir noté que, dans tous les pays germaniques, « le sentiment national était monté comme en 1813 et 1814 », ajoutait : « M. Thiers aime à être comparé à Napoléon ; eh bien, en ce qui concerne l'Allemagne, la ressemblance est parfaite et la palme appartient même à M. Thiers. Il lui a suffi d'un court espace de temps pour conduire ce pays là où dix années d'oppression l'avaient conduit sous l'Empereur [2]. » Un peu plus tard, en 1854, rappelant ses souvenirs de 1840, Henri Heine écrivait : « M. Thiers, par son bruyant tambourinage, réveilla de son sommeil léthargique notre bonne Allemagne et la fit entrer dans le grand mouvement de la vie politique de l'Europe ; il battait si fort la diane que nous ne pouvions plus nous rendormir, et, depuis, nous sommes restés sur pied. Si jamais nous devenons un peuple,

---

armée, un discours tout rempli d'invocations à l'unité germanique et tout enflammé des passions de 1813 ; à la même date, le roi de Bavière inaugurait le Walhalla, sorte de temple élevé à la patrie allemande, et où, pour bien montrer le genre de gloire qu'on rêvait pour elle, on faisait figurer Alaric, Genséric, Odoacre et Totila ; enfin, sur un autre point, ce jour était également choisi pour poser la première pierre de la forteresse d'Ulm, qui devait compléter le système de fortifications élevées, en exécution des traités de 1815, contre la France et à ses dépens.

[1] HILLEBRAND, *Geschichte Frankreichs*. — Cet historien ajoute : « C'en était fini, pour l'élite de la nation, des idées françaises. Le courant, jusqu'alors souvent arrêté, de l'amour de la liberté nationale et historique prit à jamais le dessus, dans ces heures d'agitation, sur le courant rationnel français de l'esprit de révolution. »

[2] *Mémoires de M. de Metternich*, t. VI, p. 447 et 503.

M. Thiers peut bien dire qu'il n'y a pas nui, et l'histoire allemande lui tiendra compte de ce mérite [1]. »

En 1840, notre gouvernement était trop mal informé des choses d'outre-Rhin pour discerner toute la portée de ce mouvement unitaire. Du moins, en devait-il voir et entendre assez pour ne pas douter que la Confédération germanique ne fît au besoin cause commune avec les quatre puissances. Comme l'écrivait alors M. de Metternich, « l'Allemagne tout entière était prête à accepter la guerre, et cela *de peuple à peuple* [2]. » Au cas donc où la France en appellerait aux armes, elle rencontrerait devant elle, au grand complet, cette vieille coalition qui avait tenté de se reformer après 1830, mais que notre alliance avec l'Angleterre et notre prudente sagesse avaient fait alors avorter; non pas la coalition incertaine, mal armée, de 1792, mais celle de la fin de l'Empire, passionnée, résolue, sûre d'elle-même et de ses forces. Nos ambassadeurs ne manquaient pas d'en avertir M. Thiers. Dès le 8 août, M. de Barante lui écrivait de Saint-Pétersbourg : « Si nous faisions grand bruit en parlant de bouleversement général, de conquête, de guerre d'invasion, nous nous trouverions aussitôt en face de l'Europe de 1813. Le même esprit y règne et se réveille à la moindre idée de nos prétentions ambitieuses. Les souvenirs sont encore tout vifs [3]. » Lord Palmerston, dans les dépêches qu'il faisait communiquer au gouvernement français, lui donnait, sous forme de menaces, des avertissements non moins utiles à méditer. « Si la voie ouverte par M. Thiers continuait à être

---

[1] *Lutèce*, Épître dédicatoire, p. 6.
[2] Lettre du 8 novembre 1840. (*Mémoires de M. de Metternich*, t. VI, p. 447.)
[3] C'était presque à chaque page de sa correspondance, que M. de Barante jetait, comme un menaçant avertissement, cette date de 1813. Avant même le traité du 15 juillet, il écrivait, le 18 mars 1840, à M. Guizot : « La guerre viendra, non pas la guerre de 1792, mais celle de 1813 : une coalition bien unie, de grandes armées animées des traditions encore vives de leurs derniers succès, composées d'une façon presque aussi nationale que la nôtre, et d'un tout autre esprit que les troupes mercenaires du siècle dernier. » Le 14 avril, il répétait à M. Bresson : « L'Europe veut la paix...; mais si la guerre éclatait, elle se combinerait comme en 1813. » Enfin il écrivait à un de ses fils, le 22 décembre : « Le napoléonisme de journaux et de tribune nous a reportés en 1813. C'est payer cher des paroles. » (*Documents inédits.*)

suivie, disait-il, l'Europe devrait penser que les desseins actuels de la France sont semblables à ceux qui, pendant la République et l'Empire, forcèrent l'Europe à s'unir pour résister à ses agressions ; dans ce cas, l'Europe pourrait se convaincre de la nécessité de prévenir ces desseins par une combinaison de moyens défensifs pareils à ceux qu'elle employa alors pour protéger ses libertés [1]. »

Il est vrai qu'à entendre ceux qui, en France, poussaient à la guerre, à lire leurs journaux, nous avions en main une arme puissante, terrible, nous permettant de braver la coalition : c'était la propagande révolutionnaire. L'Europe prétendait revenir à 1813 ; nous lui répondrions en revenant à 1792. Libre à elle de refaire une Sainte-Alliance ; il nous suffirait de jeter un appel, pour que partout les peuples opprimés secouassent leur joug, brisassent leurs fers. Ces déclamations nous sont connues ; elles avaient cours parmi les « patriotes » de 1830 et de 1831 ; ce programme est celui que développaient alors, avec accompagnement d'émeutes dans la rue, les Lamarque et les Mauguin, celui contre lequel Casimir Périer livrait le tragique combat qui lui coûta la vie et lui donna la gloire. C'est en triomphant, non sans peine ni péril, de cette politique de propagande, que la monarchie de Juillet avait fondé son pouvoir en France, acquis son crédit en Europe. On prétendait donc lui arracher le reniement de cette ancienne victoire. On voulait qu'après dix ans de règne pacifique, bien assise chez elle, considérée de ses voisins, à une époque de tranquillité générale, elle arborât subitement ce drapeau de révolution qu'elle avait eu le courage d'écarter, dans l'incertitude de ses premiers jours, quand tout, chez elle et autour d'elle, était trouble et exaltation. Ne voyait-on pas qu'elle y perdrait tout d'abord son honneur?

Et pour quel profit? Cette arme de la guerre révolutionnaire était-elle aussi efficace, aussi puissante qu'on le prétendait ? Quelle réalité y avait-il derrière ces menaces déclamatoires? Depuis l'époque légendaire de 1792 que l'on évoquait, bien des

[1] Dépêche de lord Palmerston à lord Granville, 20 octobre 1840. (*Correspondence relative to the affairs of the Levant.*)

changements s'étaient accomplis chez nous et autour de nous. « En France, aujourd'hui, écrivait M. Guizot, le 13 octobre 1840, je crois à la violence révolutionnaire, je ne crois pas à l'élan révolutionnaire de la nation [1]. » Le mot était profond et vrai. Les haines, les convoitises, l'esprit de discorde, de révolte et d'anarchie, fermentaient toujours dans certains bas-fonds et menaçaient la société. Mais un mouvement puissant, général, soulevant le peuple entier, le poussant à accomplir par la force, au dedans ou au dehors, une grande transformation, on l'eût vainement cherché. Par contre, il s'était répandu, dans ce peuple, des préoccupations et des habitudes de bien-être qui le rendaient plus que jamais soucieux de sa tranquillité, réfractaire aux aventures. La gauche elle-même, cette gauche qui criait si fort, était, au fond, fatiguée comme la nation entière; il y avait chez elle moins de passion que de routine révolutionnaire; elle n'était pas plus en mesure de réaliser ses menaces que de tenir ses promesses. Et puis, en Europe, où pouvions-nous nous flatter que notre appel à la révolte trouvât écho? Au delà du Rhin, on l'a vu, la nation était notre ennemie plus encore que les gouvernements. Si les Italiens et les Polonais n'avaient pas contre nous les mêmes préventions, les uns étaient « énervés », les autres « écrasés [2] », et il n'y avait pas à attendre de ce côté un concours considérable. D'ailleurs, à l'étranger, autant qu'en France, le sentiment dominant était la lassitude des secousses passées, le besoin de repos. M. de Barante ne cessait d'en avertir M. Thiers. « Peut-être en 1830, disait-il, la propagande pouvait-elle faire des révolutions; aujourd'hui, elle ne ferait que des émeutes et aurait contre elle tout ce qui a intérêt à l'ordre public... En somme, il n'y a nulle analogie entre le temps présent et les souvenirs de 1792. A cet égard, toute illusion serait dangereuse [3]. »

Pour être impuissante contre nos ennemis, l'arme de la guerre

---

[1] Lettre au duc de Broglie. (*Mémoires de M. Guizot.*)
[2] Ces expressions sont tirées d'une autre lettre de M. Guizot, en date du 17 octobre 1840.
[3] *Documents inédits.*

révolutionnaire n'eût pas été inoffensive pour nous-mêmes. Elle n'était pas de celles qu'une monarchie, surtout une monarchie d'origine récente et encore contestée, pût manier sans risque de se blesser, peut-être mortellement. Les passions soulevées eussent, avant même de passer la frontière, exigé satisfaction à l'intérieur. La France avait grande chance d'être la seule où tout au moins la première victime de la révolution qu'elle aurait tenté de déchaîner sur le monde. C'était d'ailleurs la conséquence de nos bouleversements successifs et de l'état troublé, instable, où ils avaient réduit notre pays, que les grandes émotions, bonnes ou mauvaises, y prenaient facilement une forme révolutionnaire. Tout se tournait en *Marseillaise*. Les agitateurs politiques le savaient bien; aussi étaient-ils à l'affût des diverses émotions, prêts à s'en emparer, à les pervertir, pour les faire servir à leurs desseins de renversement. Ainsi avaient-ils fait maintes fois des aspirations libérales; ainsi cherchaient-ils à faire des susceptibilités patriotiques : perfide manœuvre qui condamnait les hommes d'ordre à paraître combattre les sentiments les plus nobles, ici la liberté, là le patriotisme. En octobre 1840, à lire les journaux, à considérer la physionomie de la population, à entendre ses chants, à assister à ses démonstrations diverses, il était de plus en plus manifeste que l'agitation républicaine, radicale, démagogique, croissait avec l'agitation belliqueuse, qu'elle s'en servait, que toutes deux se mêlaient, et que la première tendait à dominer la seconde. Aussi pouvait-on augurer des désordres qu'amènerait la guerre elle-même, par ceux que produisait déjà la seule menace de cette guerre. Les contemporains avaient bien le sentiment du danger [1]. « La guerre est encore le moindre des maux que je redoute, disait Henri Heine, le 3 octobre. A Paris, il peut se passer des scènes près desquelles tous les actes de l'ancienne révolution ne ressembleraient qu'à des rêves sereins d'une nuit d'été. Les Français seront dans une mau-

---

[1] Béranger écrivait, le 12 octobre 1840 : « Quelques-uns veulent la guerre par patriotisme plus ou moins éclairé; beaucoup d'autres, parce qu'on suppose qu'elle tournerait au détriment du pouvoir actuel. »

vaise position, si la majorité des baïonnettes l'emporte ici [1]. »
De Londres, M. Guizot ne pouvait s'empêcher d'écrire à
M. de Broglie : « Je suis inquiet du dedans plus encore que du
dehors. Nous retournons vers 1831, vers l'esprit révolutionnaire
exploitant l'entraînement national [2]. » Le *Journal des Débats*
disait : « Le travail des factions pour s'emparer de la question
extérieure et la changer en une question de révolution intérieure,
est patent... Il faut que le pays le sache : il court en ce moment
deux dangers, un danger extérieur et un danger intérieur...
L'agitation des esprits ouvre aux factions une chance inattendue ;
la guerre est un noble prétexte ; une révolution est leur but [3]. »

Après ce long examen, nous pouvons conclure. Nulle chance
de s'en tenir à une guerre limitée et politique ; elle serait forcément générale contre toute l'Europe coalisée, gouvernements et
peuples ; elle serait révolutionnaire avec tous les risques et sans
les forces de la révolution. La France se trouvait donc placée
en face de cette perspective : l'écrasement au dehors et l'anarchie au dedans. C'eût été 1870 et 1871 trente ans plus tôt.

XI

Entre la politique belliqueuse, si violemment réclamée par la
partie bruyante de l'opinion, et la politique pacifique que la
situation de la France et de l'Europe semblait imposer, le

---

[1] *Lutèce*, p. 126.
[2] Lettre du 13 octobre 1840. — Quelques semaines plus tard, commentant
cette idée à la tribune de la Chambre, M. Guizot disait : « Je respecte, j'honore
l'entraînement national, même quand il s'égare... Mais au sortir des grandes
secousses politiques, il reste, dans la société, quelque chose qui n'est pas du tout
l'entraînement national, qui n'a rien de commun avec lui, quelque chose que je
n'honore pas, que je n'aime pas, que je crains profondément, l'esprit révolutionnaire. Ce qui a fait, non-seulement aujourd'hui, mais à tant d'époques diverses, ce
qui a fait la difficulté de notre situation, c'est ce contact perpétuel de l'esprit
révolutionnaire et de l'entraînement national ; c'est l'esprit révolutionnaire essayant
de s'emparer, de dominer, de tourner à son profit l'entraînement national, sincère
et généreux. » (Discours du 25 novembre 1840.)
[3] 6 octobre 1840.

ministère devait choisir. Impossible d'éviter ou d'ajourner ce choix. Les événements qui se précipitaient en Orient, l'émotion extrême qu'ils soulevaient en France, exigeaient qu'un parti fût pris, sans perdre une heure, sans laisser la moindre équivoque. M. Thiers le comprenait, et il en éprouvait une singulière angoisse. Sa belle humeur, d'ordinaire un peu légère et présomptueuse, s'était évanouie. « Si vous saviez, disait-il plus tard, de quels sentiments on est animé, quand d'une erreur de votre esprit peut résulter le malheur du pays!... J'étais plein d'une anxiété cruelle. » Il avait trop d'intelligence pour n'être pas frappé du péril manifeste d'une telle guerre. Mais, en même temps, il était troublé du tapage des journaux et de l'effervescence de l'opinion. Après s'être avancé comme il l'avait fait, reculer ou seulement s'arrêter lui semblait difficile. Des motifs d'ordre très-inégal agissaient sur lui : d'abord, la susceptibilité patriotique, le sentiment que la France ne pourrait laisser le champ libre aux autres puissances, sans déchoir; ensuite, l'amour-propre, l'irritation de son insuccès, l'excitation d'esprit, suite naturelle de la campagne qu'il menait depuis deux mois, le souci de sa popularité et de son renom de ministre « national », sa dépendance envers la gauche, un certain goût des aventures et la séduction d'un grand rôle militaire. Il cherchait d'ailleurs à se persuader qu'il lui suffirait d'armer; que l'Europe redoutait trop la guerre pour l'affronter, lorsqu'elle nous y croirait décidés, et qu'elle deviendrait aussitôt très-coulante, si une fois nous étions sérieusement menaçants. Quant à l'agitation révolutionnaire, il ne la pouvait nier; mais, disait-il, elle était inévitable aux approches de toute guerre, et si cette perspective suffisait pour nous arrêter, la France serait à la merci de l'étranger.

Ces raisons ne rassuraient pas cependant tous les autres ministres. Si habitués qu'ils fussent à s'effacer derrière le président du conseil, plusieurs d'entre eux se troublaient à la pensée d'une responsabilité qui menaçait de devenir si lourde. Fait significatif, les plus pacifiques étaient les ministres de la guerre et de la marine, le général Cubières et l'amiral Roussin;

le premier disait tout haut, trop haut même parfois, que nous ne serions pas prêts avant un an; le second, s'autorisant de l'expérience acquise pendant son ambassade à Constantinople, affirmait qu'il ne fallait faire aucun fond sur l'armée et la flotte du pacha. M. Cousin était aussi fort animé contre la guerre et exposait ses craintes avec une chaleur éloquente [1]. D'autres se montraient hésitants et mal à l'aise. Dans ces conditions, un accord était difficile. « La confusion règne aux alentours du cabinet, écrivait-on des Tuileries, le 4 octobre; les ministres se réunissent par groupes et tiennent conseils sur conseils; ils ne savent plus ce qu'ils ont à faire et ne peuvent se décider sur rien [2]. » Ajoutez, pour augmenter le désarroi, que les journaux de gauche, informés des divisions du ministère, intervenaient bruyamment dans ses délibérations, et lançaient les menaces les plus terribles contre « ceux qui faibliraient ». Ces menaces n'étaient pas sans effet sur le président du conseil; elles le faisaient pencher de plus en plus vers une politique ou tout au moins vers une attitude guerrière. Seulement, quand il s'agissait de préciser en quoi elle consisterait, son embarras devenait grand. Augmenter les armements en leur donnant une publicité comminatoire, envoyer la flotte devant Alexandrie avec annonce qu'elle s'opposerait par la force à toute attaque des alliés contre l'Égypte, recommencer en Orient une sorte d'expédition d'Ancône et se saisir de quelque point de l'empire ottoman, toutes ces idées étaient mises en avant, mais sans conclusion nette et surtout sans indication de ce que l'on ferait après et du but auquel on tendait. En somme, M. Thiers désirait faire quelque chose, mais ne savait pas bien quoi [3]. Il n'osait pas

---

[1] *Journal inédit du baron de Viel-Castel.*

[2] Journal écrit par l'une des princesses royales pour le prince de Joinville. (*Revue rétrospective.*)

[3] « Pour savoir ce que le cabinet voulait faire, a écrit M. Duvergier de Hauranne, j'ai interrogé tout le monde, M. Thiers, M. de Rémusat, M. de Broglie, et j'avoue que je ne le sais pas exactement... Il reste prouvé pour moi, d'une part, qu'il y avait, au sein du cabinet et parmi ceux qui le conseillaient, des avis fort différents, et que l'on s'en finit un peu aux événements pour choisir entre ces avis; de l'autre, que, pour ne point déranger une harmonie nécessaire, on évitait de s'expliquer à fond. » (*Notes inédites.*)

avouer aux autres, ni même s'avouer à lui-même qu'il marchait à la guerre; mais, sans la vouloir, il inclinait à faire ce qui l'y eût conduit fatalement. De tous les partis, c'était certainement le plus mauvais.

Ce fut en cet état d'esprit que les ministres se réunirent aux Tuileries, pour arrêter définitivement avec le Roi la conduite à suivre. Louis-Philippe, à la différence de beaucoup d'autres en cette heure de trouble, savait très-nettement ce qu'il voulait et surtout ce qu'il ne voulait pas. Nul n'avait été plus animé et plus impétueux, au lendemain du 15 juillet. Convaincu que Méhémet-Ali résisterait efficacement et que l'union des quatre puissances ne durerait pas, il avait cru sans danger et au contraire profitable à la paix, de s'abandonner à sa très-sincère irritation et de le prendre de haut avec l'Europe. L'événement lui donnant tort, il ne mettait pas son amour-propre à s'obstiner dans son erreur; pour s'être trompé une fois, il ne se croyait pas condamné à se tromper encore; pour avoir contribué à exciter les esprits, il ne se jugeait pas tenu de les suivre jusqu'à l'abîme, mais se faisait au contraire un devoir de les en détourner. Dès le début, d'ailleurs, nous l'avons vu très-décidé à ne pas se laisser entraîner à la guerre, et disposé à surveiller son ministère tout en s'associant à sa politique. M. de Rémusat, avec sa finesse accoutumée, avait pénétré le fond de la pensée royale; le 21 septembre, il écrivait à un de ses amis : « Notre situation avec le Roi est actuellement bonne. Il a du goût pour son ministère, quoiqu'il ne lui porte pas une confiance absolue... Il jouit de sa quasi-popularité... Cependant, quand il croira la paix immédiatement menacée, il nous plantera là; il ne nous le cache guère... Il ne prendra pas aisément l'alarme, mais cela viendra un jour, et alors les liens seront brisés en un moment [1]. » Ces sentiments de Louis-Philippe étaient connus à l'étranger. De Vienne, M. de Metternich y faisait directement appel, en passant par-dessus la tête des ministres français [2]. A Londres,

---

[1] *Documents inédits.*
[2] Cf. entre autres deux lettres du 20 août 1840, adressées au comte Apponyi. (*Mémoires de M. de Metternich*, t. VI, p. 440 et 441.)

les amis de la paix y trouvaient une raison de se rassurer [1]. Il n'était pas jusqu'à lord Palmerston qui, malgré ses préventions, ne fît entrer dans les éléments de sa décision la confiance en la sagesse royale, sauf à satisfaire sa haine en donnant à cette confiance une forme méprisante qui pût fournir, en France, une arme aux ennemis de la monarchie de Juillet [2].

Aussi quand, dans les premiers jours d'octobre, le ministère proposa de prendre des mesures conduisant plus ou moins directement à une rupture avec les autres puissances, Louis-Philippe n'hésita pas; il s'y refusa formellement, déclarant qu'il « ne voulait pas d'une guerre qui serait, en Europe, la lutte d'un contre quatre, et qui déchaînerait, en France, la révolution [3] ». « Puisque l'Angleterre et ses alliés, ajoutait-il, nous déclarent qu'ils limiteront les hostilités au développement nécessaire pour faire évacuer la Syrie et qu'ils n'attaqueront point Méhémet-Ali en Égypte, je ne vois pas qu'il y ait là pour nous de *casus belli*. La France n'a point garanti la possession de la Syrie à Ibrahim-Pacha ; et bien qu'elle soit loin d'approuver l'agression des puissances, et encore plus loin de vouloir leur prêter aucun appui, ni moral, ni matériel, je ne crois pas que son honneur soit engagé à se jeter dans une guerre où elle serait seule contre le monde entier, uniquement pour maintenir Ibrahim en Syrie. On objecte que les alliés vont attaquer l'Égypte. Nous verrons alors ce que nous aurons à faire... Dans l'état actuel des choses, nous n'avons qu'à attendre, en regardant bien. » Les ministres répondirent par l'offre de leur

---

[1] M. Charles Greville écrivait sur son journal, à la date du 24 août : « Mon frère m'écrit de Paris que le Roi est très-soucieux de conserver la paix et qu'en ce moment il tâte le pouls de la nation, en vue de régler sa propre conduite dans la crise prochaine. Bien qu'agissant maintenant en union apparente avec Thiers, il n'aurait aucun scrupule à résister à sa politique, s'il savait pouvoir compter, pour ses desseins pacifiques, sur quelque appui de la nation. » (*The Greville Memoirs, second part*, t. 1ᵉʳ, p. 300.)

[2] On racontait à Paris que notre chargé d'affaires à Londres, ayant voulu prendre une attitude comminatoire, s'était vu aussitôt répondre par lord Palmerston : « Je connais le Roi mieux que vous ; il ne fera jamais la guerre. » (*Documents inédits.*) — Voy. aussi plus haut, p. 291, l'incident analogue qui s'était produit entre M. Thiers et M. Bulwer.

[3] *Documents inédits.*

démission. On eût même dit qu'ils saisissaient avec une sorte d'empressement cette occasion de se retirer. Il ne leur déplaisait pas sans doute d'échapper à la responsabilité de mettre en pratique leur politique belliqueuse, tout en gardant aux yeux du pays, le bénéfice de leur attitude patriotique. Par contre, autour du Roi, on s'émut de voir ainsi une crise ministérielle s'ajouter aux complications du dehors et aux agitations du dedans. Louis-Philippe personnellement s'inquiétait fort d'être en quelque sorte dénoncé au pays, par cette démission des ministres, comme n'ayant pas le souci de l'honneur français. « M. Thiers, disait-il, va être le ministre national, tandis que je serai le Roi de l'étranger! » On paraissait même craindre qu'avec l'excitation des esprits et le réveil des passions révolutionnaires, cet événement ne fût le signal d'une insurrection ou de quelque tentative de régicide. Aussi de graves représentations, des instances émues furent-elles aussitôt adressées de toutes parts à M. Thiers. On le conjura d'attendre au moins, pour s'en aller, que l'effervescence fût un peu calmée. La Reine, dit-on, daigna faire elle-même appel aux sentiments d'attachement et de reconnaissance que le ministre devait avoir gardés pour la monarchie de Juillet. L'intervention la plus efficace, en cette circonstance, fut celle du duc de Broglie, dont nous avons eu plusieurs fois occasion de noter les relations avec le cabinet du 1ᵉʳ mars. Un sens très-vif de la fierté nationale et une certaine méfiance à l'égard de Louis-Philippe l'avaient tout d'abord incliné vers une politique analogue à celle du ministère; mais sa prudence commençait à s'alarmer [1]. Aussi, quand M. Thiers menaça de découvrir la royauté en donnant sa démission, il l'en détourna vivement. « Voulez-vous donc jouer les Espartero et vous faire ramener au pouvoir par une émeute? » lui demanda-t-il, et il le pressa de chercher un terrain de transaction sur lequel il pût s'entendre avec la couronne. Soit qu'ils fussent réellement touchés dans leur sentiment monarchique, soit qu'ils

---

[1] « L'émoi est grand, écrivait le duc de Broglie à M. Guizot, le 3 octobre 1840, et Dieu veuille qu'on ne se lance pas dans des résolutions précipitées : j'y ferai de mon mieux »

n'osassent résister à de telles instances, les ministres retirèrent leur démission [1].

Restait à trouver la transaction : ce n'était pas chose facile. Les conseils se succédaient sans aboutir, parfois singulièrement dramatiques; le souverain et le chef du cabinet y faisaient assaut d'éloquence, se brouillant et se raccommodant plusieurs fois par jour. Tout en s'étant rendu aux avis du duc de Broglie, M. Thiers ne se faisait pas faute de parler fort mal du Roi devant sa petite cour de journalistes [2]. Ses propos, parfois outrageants, circulaient de bouche en bouche [3], et l'écho s'en trouvait, le lendemain, dans les feuilles de centre gauche ou de gauche [4]. Dès le 4 octobre, le *Constitutionnel* donnait à entendre que le premier ministre voulait sauver l'honneur de la France, mais qu'il rencontrait un obstacle dans la royauté. Les jours suivants, cette polémique continua, en s'aggravant [5]. Il en résultait pour le prince une situation assez dangereuse. « J'admire son courage, écrivait alors Henri Heine; avec chaque heure

---

[1] *Documents inédits.*

[2] *Ibid.*

[3] Nous lisons dans une lettre de M. Quinet, en date du 24 octobre 1840 : « M. Thiers prétend avec ses amis que Louis-Philippe fait, en se levant, sa prière comme il suit : « Mon Dieu, accordez-moi la platitude quotidienne. » (*Correspondance de Quinet.*)

[4] On lisait, à cette époque, sur le journal que l'une des princesses royales écrivait pour le prince de Joinville : « M. Thiers n'a pas insisté sur sa démission, mais ses journaux, pendant ce temps, jouent un singulier jeu : ils insinuent qu'il est en dissentiment avec la couronne, qu'il défend inutilement les intérêts nationaux contre le système de la paix à tout prix, et mettent désormais leur assistance à la condition d'une déclaration de guerre. Tout ceci ne présage rien de bon. J'y vois, Dieu veuille que je me trompe ! la contre-partie de l'affaire d'Espagne en 1836. Thiers, qui sait l'immense responsabilité dont la guerre le chargerait, n'ose ouvertement la poser comme question de cabinet, et cependant il ne serait pas fâché de sauver sa popularité en rejetant sur le Roi les sages résolutions que l'opinion violente de la presse exaltée traite de lâcheté. » (*Revue rétrospective.*)

[5] Nous lisons, par exemple, dans le *Courrier français* du 8 octobre : « L'Angleterre a, dans la pratique du gouvernement, un grand avantage sur nous. Ce qu'un ministre veut, il le peut. Ici, il n'y a pas un acte de résolution, si mince qu'il soit, qu'il ne faille arracher de vive force. La note la plus pacifique coûte huit jours de délibérations. Le gouvernement, tiraillé par deux influences contraires, épuise, dans cette lutte intestine, tout ce qu'il a de sève et de vigueur. Les conseils se multiplient durant cinq à six heures par jour, et sont presque toujours une bataille sans victoire. Il semble qu'un mauvais génie s'étudie à ne permettre que des enfantements qui sont des avortements. »

qu'il tarde de donner satisfaction au sentiment national froissé s'accroît le danger qui menace le trône bien plus terriblement que tous les canons des alliés [1]. » Mais si Louis-Philippe se voyait dénoncé par les journaux aux colères des patriotes, il ne lui échappait pas que, d'un autre côté, la réaction pacifique était de jour en jour plus étendue, quoique encore un peu timide et silencieuse. Il sentait que cette réaction se tournait vers lui et attendait tout de sa sagesse et de sa fermeté. M. Villemain exprimait la pensée de beaucoup, quand il écrivait à M. Guizot : « La paix depuis dix ans est une force acquise au Roi et par le Roi. Le nom du Roi et son action personnelle doivent servir encore à la maintenir. » Des hommes politiques, des financiers, des industriels, des généraux même accouraient aux Tuileries pour conjurer le chef de l'État de préserver la France du péril auquel l'exposait la témérité du cabinet. « La guerre n'est pas populaire », venait lui dire un député, et celui-ci y mettait même une insistance si peu vaillante, que Louis-Philippe répondait sévèrement : « S'il faut la faire, la guerre sera populaire [2]. » C'est que ce prince, tout ami de la paix qu'il fût, ne goûtait pas certains des sentiments qui faisaient repousser la guerre. « Vous me trouvez trop pacifique, disait-il à ses ministres. Eh bien! je le suis encore moins que le pays. Vous ne savez pas jusqu'où la pacificomanie conduira ce pays-ci [3]. »

Cette lutte entre le Roi et le ministre ne pouvait se prolonger indéfiniment. L'incertitude était trop pénible à tous. « Une décision, une décision à tout prix, tel est le cri du peuple entier », écrivait alors un spectateur [4]. Sous la pression de l'impatience générale et du péril public, on finit par trouver, le 7 octobre, une solution, acceptée à la fois des deux parties. Elle consistait à abandonner la Syrie à la fortune de la guerre,

---

[1] *Lutèce*, p. 130.
[2] Journal écrit par une des princesses royales pour le prince de Joinville. (*Revue rétrospective*.)
[3] Notes inédites de M. Duvergier de Hauranne.
[4] Lettre de Henri Heine, en date du 7 octobre 1840. (*Lutèce*, p. 128.)

mais en déclarant à l'Europe que la France n'admettrait pas qu'il fût touché à l'Égypte. Le duc de Broglie, qui avait suggéré cette solution, semblait s'être inspiré de la conduite suivie par l'Angleterre en 1823 : alors, tout en nous laissant le champ libre en Espagne, le cabinet britannique avait posé un *casus belli* pour le cas où notre intervention s'étendrait en Portugal. Cette sorte d'*ultimatum* de la politique française fut formulé dans une note expédiée, le 8 octobre, à nos ambassadeurs près les quatre puissances : les termes en sont intéressants à connaître, car notre diplomatie ne devait jamais s'en départir. « La France, lisait-on dans cette note, se croit obligée de déclarer que la déchéance du vice-roi, mise à exécution, serait à ses yeux une atteinte à l'équilibre général. On a pu livrer aux chances de la guerre actuellement engagée, la question des limites qui doivent séparer, en Syrie, les possessions du sultan et du vice-roi d'Égypte ; mais la France ne saurait abandonner à de telles chances l'existence de Méhémet-Ali, comme prince vassal de l'empire... Disposée à prendre part à tout arrangement acceptable qui aurait pour base la double garantie de l'existence du sultan et du vice-roi d'Égypte, elle se borne, dans ce moment, à déclarer que, pour sa part, elle ne pourrait consentir à la mise à exécution de l'acte de déchéance prononcé à Constantinople. Du reste, les manifestations spontanées de plusieurs des puissances signataires du traité du 15 juillet nous prouvent qu'en ce point nous ne les trouverions pas en désaccord avec nous. Nous regretterions ce désaccord que nous ne prévoyons pas, mais nous ne saurions nous départir de cette manière d'entendre et d'assurer le maintien de l'équilibre européen. La France espère qu'on approuvera en Europe le motif qui la fait sortir du silence. On peut compter sur son désintéressement, car on ne saurait même la soupçonner d'aspirer, en Orient, à des acquisitions de territoire. Mais elle aspire à maintenir l'équilibre européen. Ce soin est remis à toutes les grandes puissances. Son maintien doit être leur gloire et leur principale ambition [1]. »

[1] Le texte entier de cette note est inséré dans les *Pièces historiques* des *Mémoires de M. Guizot*.

Le fond était net : mais la forme était modérée. Plusieurs des ministres avaient demandé d'abord que le *casus belli* fût formulé d'une façon plus agressive. Mais, au moment même où le conseil délibérait, lord Granville, informé de ce qui s'y passait et désireux de seconder les amis de la paix, était venu trouver M. Thiers pour lui faire des déclarations rassurantes sur les conséquences de la déchéance. « Les puissances, lui avait-il dit formellement, ne veulent pas pousser les choses jusqu'au bout. » Rendant compte, le 8 octobre, à lord Palmerston de sa démarche, l'ambassadeur d'Angleterre ajoutait : « La conséquence de cette communication a été plus de modération dans les termes de la note [1]. »

On conçoit les raisons qui avaient permis au Roi et à M. Thiers, malgré leurs vues si opposées, de se réunir sur ce terrain nouveau. Aux yeux du ministre, la note du 8 octobre avait le mérite de ne pas laisser toute liberté aux autres puissances : pour n'être pas formulé expressément et offensivement, le *casus belli* était posé sans équivoque; sans doute il ne portait que sur l'Égypte, mais ce n'était, de notre part, l'abandon d'aucune position antérieurement prise ; comme l'écrivait, à ce propos, M. Thiers lui-même, « le gouvernement français avait toujours déclaré que l'importance de la question d'Orient ne résidait pas, à ses yeux, dans l'extension un peu plus ou un peu moins considérable des territoires que conserveraient le sultan et le pacha [2]. Quant à Louis-Philippe, il voyait, dans cette note, l'avantage, sinon de supprimer toutes les chances de guerre, du moins de les diminuer notablement; le champ des aventures se trouvait circonscrit. Et puis n'était-il pas garanti contre le risque de voir se réaliser le *casus belli* posé, puisque les puissances déclaraient n'avoir aucune intention d'exécuter la déchéance contre Méhémet-Ali? Or le Roi n'était pas homme à refuser à la France le plaisir de mettre la main sur le pommeau de son épée, s'il avait assurance qu'elle ne

---

[1] *Correspondence relative to the affairs of the Levant.*
[2] Lettre de M. Thiers à M. de Barante, en date du 10 octobre 1840. (*Documents inédits.*)

serait pas ainsi sérieusement exposée à la tirer du fourreau.

En même temps que cette attitude était arrêtée, le Roi et son ministère s'accordèrent aussi pour prendre quelques mesures importantes. La première fut la convocation des Chambres pour le 28 octobre : c'était faire entrevoir la possibilité de déterminations graves, notamment en ce qui concernait le développement de nos armements; mais c'était aussi donner satisfaction aux conservateurs, qui accusaient, depuis quelque temps, M. Thiers, de jouer au dictateur, de substituer les journaux au parlement et de s'imposer par ce moyen à la couronne [1]. L'autre mesure fut le rappel, dans les eaux de Toulon, de l'escadre du Levant, alors dans le golfe de Salamine : d'une part, si les événements devaient tourner à la guerre, il paraissait plus avantageux d'avoir nos forces maritimes, au bout du télégraphe, pour les lancer partout où leur action serait jugée utile; d'autre part, en éloignant nos vaisseaux du théâtre où opéraient ceux de l'Angleterre, on évitait que la politique de la France et la paix du monde fussent à la merci d'une querelle de matelots, querelle que l'excitation des deux marines pouvait justement faire craindre. La décision était donc sage : toutefois, au moment où elle fut prise, elle avait une apparence de reculade : il n'en fallait pas tant pour fournir prétexte aux attaques de la presse et produire dans le public « une de ces impressions incertaines et tristes qui affaiblissent le pouvoir, même quand il a raison [2] ».

XII

Les ministres anglais étaient réunis en conseil, quand leur parvint la note du 8 octobre. Ils furent agréablement surpris de la trouver si modérée : le fracas de nos manifestations belli-

---

[1] Dans la seconde moitié de septembre, le *Journal des Débats* et la *Presse* avaient souvent réclamé la réunion du parlement, et c'étaient alors les journaux ministériels qui la repoussaient. On racontait que M. Thiers avait répondu au Roi, la première fois que celui-ci avait parlé de convoquer les Chambres : « Mais les Chambres, c'est la paix ! »

[2] Expressions de M. Guizot.

queuses leur avait fait attendre tout autre chose. Cet étonnement ne laissait même pas que de se traduire par un sourire légèrement railleur. Nous leur faisions un peu l'effet d'une montagne qui accouche d'une souris [1]. Toutefois, ils n'écoutèrent pas lord Palmerston, qui arguait de notre modération pour pousser plus loin ses avantages, et qui parlait déjà de réduire Méhémet-Ali à l'Égypte viagère : ils repoussèrent « ce marchandage », plus digne « d'un colporteur que d'un homme d'État [2] », et arrêtèrent, au contraire, qu'il serait répondu au gouvernement français sur « un ton conciliant ». Cette décision fut prise le 10 octobre. Lord Palmerston, habitué à n'agir qu'à sa tête, chercha à en éluder ou tout au moins à en ajourner l'exécution. A ceux qui le pressaient, il répondait qu'on allait prochainement recevoir la nouvelle de l'évacuation totale de la Syrie et qu'on serait alors en meilleure situation pour négocier. Il fallut l'intervention de la Reine elle-même, toujours conseillée par le roi des Belges [3], pour décider enfin l'obstiné et impérieux ministre à faire quelque chose [4]. Le 15 octobre, il expédia, de plus ou moins bonne grâce,

---

[1] M. Charles Greville, dans son journal, à la date du 10 octobre, constate cette surprise des ministres anglais à la réception d'une note si « modérée » et si « terne ». « J'allai trouver immédiatement Guizot, ajoute-t-il, et je lui dis que la réception de la note avait changé très-heureusement les choses, qu'elle avait causé une très-grande satisfaction, mais que les ministres n'étaient certainement pas préparés à une communication si modérée. Il rit, haussa les épaules et dit qu'il ne pensait pas qu'ils fussent plus étonnés que lui, qu'on avait été plus loin qu'il n'était besoin, que lui-même, si désireux qu'il fût de la paix, n'aurait jamais pu se décider à aller jusque-là. Il ne me cacha pas et même me dit en propres termes qu'il trouvait cela peu honorable, en désaccord criant avec le langage tenu antérieurement et avec tant de fastueux préparatifs. Je lui répondis que je ne comprenais pas, en effet, comment une telle note pouvait émaner des mêmes gens que toutes les menaces que nous avons naguère entendues, et j'ajoutai que M. Thiers, malgré tout son savoir-faire, aurait quelque difficulté à défendre à la fois, devant les Chambres, sa note et ses armements. Guizot ne paraissait pas du tout chagrin à l'idée que Thiers s'était mis dans une mauvaise passe, mais il était très-mécontent de la figure faite par la France. » (*The Greville Memoirs, second part*, t. Ier, p. 336, 337.) — Le 17 octobre, la princesse de Metternich notait sur son journal que l'on venait de recevoir de M. Thiers une dépêche « si conciliante que M. de Sainte-Aulaire lui-même en avait paru surpris ». (*Mémoires de M. de Metternich*, t. VI, p. 419.)

[2] Expressions de M. Charles Greville.

[3] M. Greville disait alors du roi Léopold qu'il était « fou de frayeur ».

[4] *The Greville Memoirs*, t. II, p. 336 à 340.

à lord Ponsonby des instructions l'invitant à « recommander fortement au sultan », au cas où Méhémet-Ali se soumettrait, « non-seulement de le rétablir comme pacha d'Égypte, mais de lui donner aussi l'investiture héréditaire de ce pachalik [1] ». Communication de ces instructions fut aussitôt donnée au gouvernement français; le cabinet anglais lui montrait par là le compte qu'il tenait des désirs et aussi des menaces contenus dans la note du 8 octobre.

Si l'on pouvait ainsi apercevoir quelques symptômes de détente dans la politique des cabinets étrangers, par contre, aucun apaisement ne se produisait, en France, dans la partie remuante et parlante de l'opinion. L'agitation belliqueuse y prenait un caractère de plus en plus ouvertement révolutionnaire. Les violences factieuses de la presse dépassaient toute mesure. Le *Journal des Débats* n'exagérait pas, quand il s'écriait, le 13 octobre : « Qu'on lise les journaux radicaux, ceux de Paris et des départements ! Y a-t-il encore des lois, une charte, une monarchie, une France? Y a-t-il un gouvernement? Ou bien sommes-nous déjà en pleine anarchie? De tous côtés, ce sont des exaltations furieuses, un incroyable débordement de passions qui ne connaissent plus de frein. Quiconque est soupçonné d'être favorable à la paix, on le dénonce comme un traître, un lâche, un ennemi de la France, et ce sont les journaux ministériels eux-mêmes qui donnent ce scandale. Les lois, on les brave ouvertement. La Charte, on déclare tout haut qu'on ne s'en inquiète pas. La royauté, on l'insulte sans mesure, sans pudeur. Les Chambres, on les menace; on leur montre en perspective la colère du peuple... Le parti révolutionnaire parle en maître... Voilà comment se préparent par les violences de la parole les violences de l'action! » A cette même date, dans un pamphlet intitulé : *Le pays et le gouvernement,* M. de Lamennais employait toutes les ressources de sa rhétorique, si étrangement mélangée de colère et de pitié, à exaspérer le pauvre contre le riche, le prolétaire contre la société, comme

[1] *Mémoires de M. Guizot.*

si la perspective d'une guerre étrangère l'eût encouragé à provoquer en même temps une guerre sociale[1]. Ces excitations produisaient leur effet. A Paris et dans beaucoup de villes de province, la rue prenait un aspect sinistre; chants, cris, promenades, manifestations diverses, tout présageait l'émeute. Le 12 octobre, il fallut disperser par la force un rassemblement formé devant le ministère de la guerre. D'autres tentatives de désordre se produisaient dans les départements. Aussi, pendant que le *National* se félicitait que la « Révolution eût repris son énergie », le *Journal des Débats* s'écriait, épouvanté : « Je ne sais quel air de révolution s'est répandu sur tout le pays [2]. »

Mais plus l'anarchie se montrait à nu, plus elle faisait peur et horreur. A mesure que les belliqueux de 1840 trahissaient leur ressemblance avec ceux de 1831, le parti de la résistance se retrouvait, lui aussi, animé des sentiments qui l'avaient autrefois jeté dans les bras de Casimir Périer, et cherchait sous quel chef il pourrait recommencer le même combat contre le même ennemi. Pour ne pas faire encore autant de bruit que les prétendus patriotes, ces pacifiques étaient néanmoins bien revenus de leur première timidité. On en pouvait juger par l'énergie vraiment désespérée avec laquelle le *Journal des Débats* sonnait le tocsin de la royauté, de la patrie, de la société en péril. A ce bruit, les bourgeois se réveillaient; la crainte leur donnait du courage: ils ne se sentaient plus seuls, et, osant parler à leur tour « des volontés de la nation », ils signifiaient très-haut qu'elle repoussait la guerre.

Entre ces deux courants, qui se heurtaient si violemment, la situation de M. Thiers devenait de plus en plus fausse. Il ne pouvait inspirer confiance à la réaction pacifique; celle-ci se

---

[1] Cette publication excita la plus vive indignation chez les gens d'ordre. M. de Viel-Castel écrivait sur son journal, à la date du 13 octobre : « C'est une des productions les plus atroces qui aient paru depuis Babeuf. » (*Documents inédits.*) — Nous lisons dans le journal écrit par l'une des princesses royales : « M. de Lamennais a lâché une brochure, véritable hurlement d'une bête enragée impatiente de se jeter sur tout l'ordre social. » (*Revue rétrospective.*)

[2] Articles du 12 et du 15 octobre 1840.

faisait contre lui, le craignait, le maudissait, avec excès même, car elle s'en prenait à lui non-seulement de ses fautes, qui étaient grandes, mais de tous les malheurs d'une situation dont il n'était pas seul responsable. D'autre part, si aventureux que fût le ministre, il ne pouvait être davantage l'homme du mouvement belliqueux : il n'était pas assez décidé à faire bon marché de la sécurité du pays et de l'avenir de la monarchie. Vainement déployait-il tout son art à caresser les journalistes, les gardant longtemps dans son cabinet, leur prodiguant ses confidences, les recevant à sa table, il était visible que ce jeu était à bout. Des grondements menaçants se faisaient entendre dans la presse de gauche, naguère ministérielle. Quant aux feuilles radicales qui tendaient de plus en plus à prendre la tête du parti de la guerre, il y avait longtemps qu'elles maltraitaient le ministre du 1er mars comme un simple conservateur. La révolution, à les entendre, aimait mieux un adversaire déclaré qu'un enfant bâtard qui n'appelait sa mère qu'aux jours des dangers personnels et la reniait quand son ambition était satisfaite [1].

Cette double attaque du dedans, s'ajoutant aux embarras et aux périls du dehors, faisait plus que jamais désirer à M. Thiers et à ses collègues de s'en aller [2]. Le duc de Broglie, bien placé pour connaitre le fond des cœurs, écrivait à M. Guizot : « Le cabinet ne demande pas mieux que de se retirer. Le gros des ministres trouve la charge trop lourde, et leur chef sera charmé de passer le fardeau à d'autres, en gardant la popularité pour lui [3]. » Telle avait déjà été la tactique de M. Thiers en 1836. On eût dit qu'au pouvoir, sa préoccupation principale fût de soigner sa sortie, et que le ministre s'inquiétât avant tout de la figure que pourrait faire, le lendemain, le député de l'opposition. En 1840, il tenait à ce que sa retraite parût celle, non

---

[1] M. Edgar Quinet écrivait, dans une de ses lettres, le 14 octobre 1840 : « Le ministère ruse, faiblit, atermoie... Quelle affreuse et infâme comédie ! »

[2] Dès le 9 octobre, M. Thiers avait écrit à M. de Sainte-Aulaire : « Je ne serai point un obstacle à la paix et je me retirerai de grand cœur pour la rendre moins difficile. » (*Documents inédits*.)

[3] Lettre du 19 octobre 1840. (*Documents inédits.*)

d'un présomptueux maladroit qui recule, impuissant et effrayé, devant les difficultés qu'il a soulevées, mais d'un patriote auquel la lâcheté d'autrui ne permet pas de défendre jusqu'au bout l'honneur national. Être l'homme qui jette son pays dans une guerre désastreuse, c'est une effroyable responsabilité; mais avoir voulu une guerre qui ne se fait pas peut fournir l'occasion d'une pose flatteuse.

D'ailleurs l'accord momentané qui s'était conclu sur la note du 8 octobre n'avait pas supprimé toutes les causes de dissidence entre le Roi et son ministre. A peine quelques jours s'étaient-ils écoulés, que cette dissidence réapparaissait. M. Thiers voulait pousser plus avant encore les préparatifs militaires; dès le 9 octobre, il écrivait à M. Guizot : « La position s'aggravant d'heure en heure, les armements doivent être accélérés en proportion. Nous demanderons aux Chambres cent cinquante mille hommes sur la classe de 1841 ; nous les demanderons par anticipation : notre chiffre sera alors de six cent trente-neuf mille hommes. Les bataillons mobiles de garde nationale seront organisés sur le papier. Et si un moment vient où le cœur de la nation n'y tienne plus, devant un acte intolérable, devant une des cent éventualités de la question, nous nous adresserons aux Chambres et au Roi, et ils décideront [1]. » Précisant davantage son arrière-pensée, M. Thiers ajoutait : « La France, une fois son armement complété, fera certainement la guerre, si la conférence n'accorde pas à Méhémet plus que le traité [2]. » Il ne faisait pas mystère de son dessein aux gouvernements étrangers, et donnait à entendre à lord Granville que « la guerre était inévitable, si les quatre puissances, au moment de l'arrangement définitif entre Méhémet et le sultan, refusaient d'accorder quelque chose à la France [3]. » Louis-Philippe, au contraire, arguant des dispositions conciliantes manifestées par les alliés, de l'égard qu'ils avaient au *casus belli*

---

[1] *Mémoires de M. Guizot.*

[2] Cité par M. Duvergier de Hauranne dans un écrit publié, en 1841, sur la *Politique extérieure de la France.*

[3] Dépêche de lord Granville du 15 octobre. (*Correspondence relative to the affairs of the Levant.*)

implicitement posé dans la note du 8 octobre, et notamment des instructions envoyées, le 15 octobre, à lord Ponsonby, répugnait à de nouveaux armements qui avaient, à ses yeux, le double inconvénient d'exciter encore en France l'effervescence des esprits et de paraître provoquer l'étranger. Tout ce qui lui revenait d'ailleurs d'Angleterre, d'Allemagne, les renseignements que lui transmettait le roi des Belges, lui montraient que ces armements seraient pris par les puissances comme une menace à laquelle elles répondraient par une menace contraire. Mieux valait, à son avis, attendre dans une attitude froide et digne. Mais c'était précisément cette expectative immobile que ne permettait pas aux ministres l'opinion dont ils dépendaient[1]. Il était donc visible que le Roi et son

---

[1] Tel était même le désir des ministres de « faire quelque chose », que les idées les plus étranges traversèrent alors le cerveau de certains d'entre eux. Ainsi fut-il question d'une entreprise éventuelle de la flotte sur les îles Baléares, dont la France se serait brusquement saisie pour assurer ses communications avec l'Algérie et faire échec à l'influence anglaise, alors dominante en Espagne. Contre un État avec lequel nous ne nous trouvions pas en guerre et qui était même absolument étranger au conflit oriental, un tel coup de main eût été d'un forban plutôt que d'un gouvernement civilisé. Mais le souvenir de l'expédition d'Ancône avait quelque peu altéré la notion du droit des gens, et depuis que les orateurs de la coalition s'étaient complu à opposer cet exemple de l'énergie de Périer aux défaillances des ministres du 15 avril, le désir de refaire n'importe où une « anconade » était devenu pour certains esprits une véritable obsession. Si peu que le projet ou le rêve de mettre la main sur les Baléares ait occupé le cabinet français, il transpira cependant au dehors; le gouvernement anglais en fut informé et s'empressa d'avertir le gouvernement espagnol. (BULWER, t. II, p. 301 à 308.) On aurait quelque peine à attribuer une idée si bizarre aux membres ou même seulement à l'un des membres du ministère du 1er mars, si l'on n'avait sur ce point un aveu formel. Quelques semaines plus tard, le 3 décembre, en pleine Chambre des députés, le comte Jaubert s'exprimait ainsi : « La flotte de Toulon! Qui vous a dit que nous n'en voulions rien faire? Nous voulions en faire quelque chose. (*On rit.*) Nous n'avons pas eu le temps, vous le savez bien. La flotte, à Toulon, était plus menaçante pour l'Angleterre que partout ailleurs; car à Toulon elle dominait les îles Baléares : ce gage... (*Exclamations aux centres. Agitation prolongée*), ce gage du retour de notre armée d'Afrique, s'il devenait nécessaire. Vous avez tort de vous récrier. J'ai commencé par dire que d'autres n'étaient pas responsables et de mes paroles et de mes pensées personnelles. » Devant l'effet fâcheux produit par cette révélation, un autre ministre du 1er mars, M. Vivien, chercha, dans la même séance, à en réduire la portée. « Oui, messieurs, dit-il, on prévoyait que, dans le cas d'une collision, une autre puissance voudrait s'emparer des Baléares, et la flotte était destinée à les protéger. » Les journaux de Londres firent naturellement grand tapage de l'indiscrétion du comte Jaubert. Le *Constitutionnel* leur répondit qu'il avait été question « non d'occuper les Baléares, mais

cabinet obéissaient à des inspirations absolument opposées et qu'entre eux le désaccord éclaterait au premier incident.

Telle était la situation quand, le 15 octobre, à six heures du soir, au moment où la voiture royale passait sur le quai des Tuileries, une forte explosion se fit entendre : la voiture fut enveloppée d'un nuage de fumée. Un homme, accroupi au pied d'un réverbère, venait de tirer un coup de carabine sur le Roi. L'arme, trop chargée, ayant éclaté, personne n'avait été atteint dans la voiture : seuls deux valets de pied et l'un des gardes nationaux de l'escorte se trouvaient légèrement blessés. L'assassin, dont la main était mutilée, ne chercha pas à s'enfuir. « Votre nom? lui demanda-t-on. — Conspirateur. — Votre profession? — Exterminateur des tyrans. — Ne vous repentez-vous pas? — Je ne me repens que de n'avoir pas réussi. Maudite carabine! Je le tenais pourtant bien, mais je l'avais trop chargée. » Et le misérable s'impatientait qu'on ne s'occupât pas assez vite de ses blessures : « On aurait, dit-il, le temps de mourir avant d'être pansé. » Ce nouveau régicide s'appelait Darmès; frotteur de son état, fanatique dépravé et grossier, il avait dissipé son petit avoir dans la débauche et était affilié aux sociétés communistes [1].

Si habituée que fût, hélas! la France à de semblables crimes, l'effet produit par l'attentat de Darmès fut immense. « A la lettre, cette nouvelle a consterné Paris, écrivait un témoin. Le parti de l'anarchie a eu lui-même un instant de stupeur qui lui a fermé la bouche... Où allons-nous? Chacun se le demande, et la seule réponse que chacun puisse faire, c'est que jamais nous n'avons été si malades depuis dix ans [2]. » On eût dit que bien des gens, naguère distraits ou aveuglés, entrevoyaient à la lueur sinistre de ce coup de feu, comme dans une nuit sombre subitement déchirée par un éclair, la révolution qui s'avançait,

de les protéger contre quelqu'une de ces entreprises de corsaire dont la marine anglaise était coutumière ».

[1] Traduit devant la Cour des pairs, Darmès fut condamné à mort, le 29 mai 1841, et exécuté le 31.

[2] Journal écrit par l'une des princesses royales pour le prince de Joinville. (*Revue rétrospective.*)

hideuse, menaçante. C'est que le danger avait pris, pour ainsi dire, une forme matérielle, tangible, la seule qui touchât les esprits vulgaires. L'inquiétude, qui, chez beaucoup, avait été jusque-là incertaine et latente, se précisa et fit explosion. Avec l'énergie irritée que l'effroi donne par moments à ces masses conservatrices, d'ordinaire inertes et molles, un cri de réprobation s'éleva contre la politique qui avait conduit le pays à une telle extrémité. Du coup, la paix eut cause gagnée, et le ministère fut condamné [1]. Vainement celui-ci chercha-t-il à désarmer les colères, en ordonnant tardivement, le 19 et le 20 octobre, des perquisitions, des visites domiciliaires, des saisies et des poursuites contre les auteurs de plusieurs publications démagogiques, entre autres contre M. de Lamennais; il y gagna seulement de faire crier les radicaux, sans retrouver la confiance définitivement perdue des conservateurs.

Aux Tuileries, la première impression produite par ce nouvel attentat, avait été, naturellement, très-douloureuse. « Le Roi est d'une profonde tristesse, écrivait une des princesses. Voir se rouvrir une carrière de crimes qu'on croyait fermée! Être ainsi frappé d'impuissance et d'ignominie devant l'étranger, quand ce ne serait pas trop de tout l'ascendant que pourrait avoir la France unie et calme! Je vous le répète, pour ce motif et d'autres que vous savez mieux que moi, le Roi est navré au fond du cœur. La pauvre Reine fait pitié; elle a trouvé des accents de reconnaissance pour remercier Dieu de cette nouvelle marque de protection dont il couvre les jours du Roi. Mais cette pieuse effusion ne peut être aujourd'hui le sentiment dominant de son âme. Le serrement douloureux qui l'oppresse et amène sans cesse des larmes au bord de ses paupières, est

---

[1] M. Duchâtel, arrivé à Paris le 17 octobre, constatait aussitôt ce double résultat dans une lettre à M. Guizot, en date du 19 octobre. (*Mémoires de M. Guizot.*) — Voy. aussi une lettre écrite au même M. Guizot, le 18 octobre, par M. de Lavergne, alors attaché à M. de Rémusat; M. de Lavergne déclarait que « l'attentat de Darmès avait hâté la maturité d'une situation déjà fort avancée. »(*Revue rétrospective.*) — M. de Rémusat, de son côté, écrivait, non sans amertume, à un de ses amis, le 17 octobre : « Beaucoup de gens, fort susceptibles naguère sur la question d'honneur national, sont charmés de trouver dans la crainte de l'anarchie un prétexte pour se refroidir. » (*Documents inédits.*)

visible à tous les regards. Elle n'a plus de sommeil [1]... » Louis-Philippe, cependant, avait trop conscience de ses devoirs de souverain pour s'abandonner à de stériles gémissements. Avec son habituel coup d'œil, il aperçut tout de suite l'effet produit sur l'opinion, l'impulsion décisive donnée à la réaction pacifique et conservatrice, et il en conclut que désormais il ne serait plus livré sans appui aux clameurs de l'opposition, s'il rompait avec M. Thiers sur la question de guerre. Sans doute, quelques amis le détournaient encore de se découvrir, de prendre sur lui l'impopularité d'une semblable rupture; ils l'engageaient à laisser son ministre aux prises avec des difficultés dont il ne pourrait sortir, et à s'en rapporter aux Chambres, qui n'y manqueraient pas, du soin de le jeter bas [2]. Mais cette attente, si elle épargnait des ennuis au Roi, aggravait les périls du pays; pendant ce délai, risquaient de se produire au dehors telles complications, au dedans tels désordres, dont les conséquences pouvaient être graves, irréparables. N'était-ce pas, dès lors, pour la couronne, le cas d'intervenir, sans préoccupation mesquine et craintive de sa propre responsabilité? Louis-Philippe en jugea ainsi. Il crut que non-seulement la France conservatrice, mais que l'Europe pacifique comptait sur lui, et son parti fut tout de suite arrêté, sans hésitation, sans équivoque. D'ailleurs, à ce moment même, il recevait des encouragements du côté où sans doute il en attendait le moins : ce fut en effet l'un des membres du cabinet qui vint le trouver pour lui dire : « Renvoyez-nous, Sire, il est temps; nous ne pouvons plus rien, et nous empêchons tout [3]. » Louis-Philippe ne cacha pas sa résolution aux chefs du parti con-

[1] Journal écrit pour le prince de Joinville. (*Revue rétrospective*.)
[2] M. de Metternich, bien que fort animé contre M. Thiers et déclarant que « l'Europe jetait contre lui un cri d'indignation », croyait cependant « nécessaire de le conserver dans son poste actuel », et il ajoutait : « C'est devant les Chambres que M. Thiers doit tomber; toute autre chute serait un danger évident, et pour la France, et pour l'Europe. » (Dépêche au comte Apponyi, du 23 octobre 1840. *Mémoires de M. de Metternich*, t. VI, p. 487, 488.)
[3] *Mémoires de M. Dupin*, t. IV, p. 100, et *Notice sur M. Duchâtel*, par M. Vitet. — Ce ministre était probablement M. Cousin. Depuis quelque temps, il laissait clairement voir son désir de s'en aller; un jour où l'on discutait sur les

servateur. L'un d'eux, M. Duchâtel, étant allé le 18 octobre à Saint-Cloud, rendit ainsi compte de sa visite, le lendemain, à M. Guizot : « J'ai causé longtemps avec le Roi ; l'attentat ne l'a pas troublé ; il est ferme, décidé. Il a la tenue que vous lui avez vue dans ses bons jours... Il m'a dit que ses ministres paraissaient peu s'entendre, qu'il voyait bien que tout cela se détraquait, et que, la première fois qu'on lui mettrait le marché à la main, il l'accepterait. Il m'a parlé de vous, que vous étiez son espérance, qu'il n'y avait qu'un cabinet possible, le maréchal Soult, vous, moi, Villemain, etc. En résumé, le Roi sent que le cabinet ne peut plus aller ; il est décidé à s'en séparer à la première occasion [1]. »

Cette occasion ne tarda pas. On se rappelle que les Chambres avaient été convoquées pour le 28 octobre. Force était de préparer un discours du trône. Chez les pacifiques comme chez les belliqueux, on attendait ce document avec une curiosité anxieuse. Les journaux de gauche, fort mécontents de la note du 8 octobre, dont le texte venait de leur être révélé par un journal anglais [2], signifiaient à M. Thiers qu'il lui fallait réparer cette faiblesse en faisant tenir à la couronne un langage énergique [3]. Mais Louis-Philippe n'était pas d'humeur à laisser proclamer, sous son nom et par sa bouche, une politique qui ne serait pas la sienne. Le 20 octobre, M. de Rémusat apporta au conseil et lut devant le Roi le projet de discours qu'il avait rédigé d'accord avec ses collègues. Après avoir rappelé le traité du 15 juillet et les armements de la France, il ajoutait : « Les événements qui se pressent pourraient amener des complications plus graves. Les mesures prises jusqu'ici par mon gouvernement pourraient alors ne plus suffire. Il importe donc de les compléter par des mesures nouvelles pour lesquelles le concours des deux Chambres est nécessaire. Elles penseront,

---

périlleuses complications de la crise extérieure, il s'était penché vers M. de Rémusat et lui avait dit à mi-voix : « Ne trouvez-vous pas que j'aurais mieux fait d'achever mon mémoire sur Olympiodore? »

[1] *Mémoires de M. Guizot.*
[2] *Morning Herald* du 17 octobre 1840.
[3] *Siècle* du 21 octobre 1840.

comme moi, que la France, qui n'a pas été la première à livrer le repos du monde à la fortune des armes, doit se tenir prête à agir, le jour où elle croirait l'équilibre européen sérieusement menacé. » Le projet se terminait ainsi : « Vous voulez, comme moi, que la France soit grande et forte. Aucun sacrifice ne vous coûterait pour lui conserver, dans le monde, le rang qui lui appartient. Elle n'en veut pas déchoir. La France est fortement attachée à la paix, mais elle ne l'achèterait pas à un prix indigne d'elle, et votre Roi, qui a mis sa gloire à la conserver au monde, veut laisser intact à son fils ce dépôt sacré d'indépendance et d'honneur national que la révolution française a mis dans ses mains. » Sauf cette dernière invocation à la révolution, mise là pour satisfaire la gauche, ce langage était mesuré et digne. Il n'en donnait pas moins à l'opinion comme à notre diplomatie une orientation belliqueuse : c'était l'attitude et l'accent d'un gouvernement qui jugeait le moment venu d'armer sur le pied de guerre. Le Roi fit aussitôt des objections qui indiquaient une opinion contraire fort arrêtée, et, tirant de sa poche un papier couvert de sa grosse écriture, il se mit à lire un discours d'une note absolument différente. La discussion fut courte. M. Thiers parla avec modération, en homme qui s'attendait à être congédié et qui au fond le désirait. Le désaccord constaté, les ministres offrirent leur démission : le prince l'accepta, non sans beaucoup de paroles aimables et affectueuses. Le lendemain, le duc de Broglie, mandé chez le Roi, lui proposa son intervention pour le raccommoder avec son cabinet et rajuster le projet de discours; Louis-Philippe déclina cette offre [1]. Son parti était pris. Le même jour, il appelait le maréchal Soult et pressait M. Guizot de venir à Paris.

Décidément, il est écrit que M. Thiers ne pourra jamais rester longtemps à la tête du gouvernement. Comme en 1836, il lui a suffi de quelques mois pour se rendre impossible. Pendant cette si courte administration, a-t-il du moins employé sa

[1] *Documents inédits.*

merveilleuse intelligence, son ambition patriotique, à accomplir quelque œuvre qui honore sa mémoire? Le bilan est facile à dresser; dans la politique intérieure, rien ou à peu près rien, sauf quelques exercices stériles de bascule parlementaire et le dangereux coup de théâtre du « retour des cendres » ; dans la politique extérieure, la paix mise en péril. Non, sans doute, qu'on puisse justement lui imputer tous les mécomptes de la crise orientale. Il convient de ne jamais oublier que les fautes avaient été commencées avant lui, et que, dans celles qu'il a commises lui-même, il a eu beaucoup de complices. Seulement, force est bien de reconnaître qu'il n'a pas su saisir les occasions de réparer le mal fait avant lui, qu'au contraire il l'a singulièrement aggravé par ses erreurs diplomatiques et sa téméraire étourderie, par sa recherche de la popularité et ses complaisances révolutionnaires. Et maintenant, à l'heure où il quitte le pouvoir, que laisse-t-il derrière lui? En France, la grande victoire remportée par Casimir Périer sur l'anarchie et la guerre remise en question; l'opinion fiévreuse et inquiète; les passions en fermentation et les intérêts en souffrance; les finances à ce point engagées que l'équilibre budgétaire en est pour longtemps détruit; une situation diplomatique telle, que ses successeurs semblent placés entre une folie désastreuse pour les intérêts vitaux du pays et une apparence de retraite mortifiante pour la fierté nationale; le patriotisme compromis, la prudence devenue suspecte, pénible, et, par suite, un malaise qui doit longtemps peser sur notre politique extérieure; en Europe, les gouvernements et les peuples, alarmés par nous, excités, irrités contre nous, sans que nous les ayons intimidés, et, pour couronner cette belle œuvre, le réveil de l'unité allemande, qui désormais ne se rendormira plus.

Si M. Thiers n'a pas fait pis encore, s'il ne nous a pas conduits jusqu'à la guerre, il le doit au Roi, qui l'arrêta. Avec quelle justesse de coup d'œil, quelle adresse et quelle sûreté de main le prince a dénoué cette crise si compliquée et si périlleuse, les contemporains en ont été frappés. « Il est notre maître à tous », disait alors l'un des ministres démissionnaires,

M. Cousin; et, de l'étranger, M. Charles Greville, en écrivant son journal intime, ne pouvait contenir son admiration pour « cette merveilleuse sagacité qui faisait de Louis-Philippe l'homme le plus habile de France, et grâce à laquelle, tôt ou tard, il arrivait toujours à ses fins[1] ». Le Roi avait pris sa part, d'abord des erreurs diplomatiques, ensuite des entraînements patriotiques; mais ces fautes, si fâcheuses qu'aient été leurs conséquences au dedans et au dehors, ne sont-elles pas rachetées par l'intervention décisive de la dernière heure? Intervention d'autant plus méritoire que, sur le moment, elle était déplaisante et même dangereuse pour celui qui l'entreprenait. Louis-Philippe voyait ce danger personnel : seulement, il voyait aussi le péril du pays, et il n'hésita pas. Le 22 octobre, après avoir informé M. Dupin de la crise qui venait d'éclater dans le conseil des ministres, il ajoutait avec une rare noblesse d'accent et d'idées : « Cela n'est pas encore publié, mais les journaux vont travestir ces débats et travailler la crédulité publique sur mon compte de la manière la plus cruelle. N'importe! j'ai la conscience que je tiens mon serment royal, en me dévouant pour préserver la France d'une guerre qui, selon moi, serait *sans cause et sans but,* par conséquent sans justification aux yeux de Dieu et des hommes. Je ne fléchirai pas plus devant les clameurs factices dont on s'efforce de nous assaillir que devant les balles des assassins[2]. » Le Roi courait un risque plus grand encore que celui d'être mal jugé par l'opinion de son temps, c'était que l'histoire n'aperçût pas tout le bienfait de son intervention. Après cette œuvre, purement négative, qui consistait à empêcher une faute, à prévenir un péril, rien ne restait debout qui fût comme le monument du service rendu; les ingrats ou seulement les distraits avaient beau jeu à dire qu'ils ne voyaient rien. Toutefois, de la part de notre génération, une telle injustice n'est pas à craindre. Elle a de douloureux points de comparaison qui lui permettent, hélas! de mesurer l'étendue et la profondeur du péril dont ses

---

[1] *The Greville Memoirs, second part,* t. I*er*, p. 339.
[2] *Mémoires de M. Dupin,* t. IV, p. 99.

pères ont été préservés, il y a près d'un demi-siècle. Nous avons pu dire que la guerre en 1840, dans les conditions où elle se présentait, eût été 1870 et 1871 trente ans plus tôt. Eh bien, refaisons par la pensée les événements de cette dernière époque : supposons à la place de Napoléon III un souverain qui ait, par son intervention personnelle, empêché la guerre, et faisons le compte du mal qui eût été ainsi épargné à la patrie. Ce souverain que la France n'a pas eu en 1870, elle l'avait en 1840.

CHAPITRE V

LA PAIX RAFFERMIE.

(Octobre 1840-juillet 1841.)

I. Le Roi appelle le maréchal Soult et M. Guizot. Ce dernier s'était, dans les derniers temps, séparé de la politique de M. Thiers. Composition du ministère du 29 octobre. Hostilités qu'il rencontre. Dans quelle mesure peut-il compter sur l'appui de tous les conservateurs? On ne croit pas généralement à sa durée. Confiance de M. Guizot. — II. Discours du trône. Rétablissement de l'ordre matériel. M. Guizot tâche de se faire offrir par les puissances des concessions qui permettent à la France de rentrer dans le concert européen. Dispositions des diverses puissances. Tout dépend de lord Palmerston. Ce dernier ne veut rien céder. Le *memorandum* anglais du 2 novembre. Efforts des partisans de la conciliation à Londres. Les revers des Égyptiens en Syrie mettent fin à ces efforts. Désappointement du gouvernement français. L'Égypte est menacée. Prise de Saint-Jean d'Acre. Lord Palmerston, triomphant, est plus roide que jamais envers la France. M. Guizot est réduit à la politique d'isolement et d'expectative. — III. L'Adresse à la Chambre des pairs. Discours de M. Guizot. — IV. Premiers votes de la Chambre des députés. Dispositions de M. Thiers. Lecture du projet d'Adresse. — V. Ouverture du débat au Palais-Bourbon. M. Guizot et M. Thiers sont à l'apogée de leur talent. Animosité des deux armées. L'attaque de M. Thiers. La défense de M. Guizot. Les autres orateurs. L'amendement de M. Odilon Barrot. Le vote. M. Thiers est battu. Dans quelle mesure M. Guizot est-il victorieux? — VI. Préoccupations éveillées par la prochaine rentrée des cendres de l'Empereur à Paris. La cérémonie. Conclusion qu'en tire M. Guizot. — VII. Le ministère maintient les armements. Réponse aux observations des cabinets étrangers. La loi de crédits pour les fortifications de Paris. M. Thiers la soutient. Dispositions hostiles ou incertaines dans une partie de la gauche, dans la majorité et même dans le cabinet. La discussion. Discours équivoque du maréchal Soult. Trouble qui en résulte. Discours de M. Guizot. Résumé de M. Thiers. Débat sur l'amendement du général Schneider. Nouvelles équivoques du maréchal. Intervention décisive de M. Guizot. Le vote. Les adversaires de la loi tentent un dernier effort à la Chambre des pairs. Ils sont battus. — VIII. Situation parlementaire du cabinet. Convient-il ou non de provoquer une grande discussion pour raffermir la majorité? Rapport de M. Jouffroy sur la loi des fonds secrets. Effet produit. La discussion. Le ministère se dérobe. Discours de M. Thiers. Réponse de M. Guizot. Le vote. — IX. Attaques de la presse contre le Roi. Les prétendues lettres de Louis-Philippe publiées par la *France*. La Contemporaine. Acquittement de la *France*. Scandale qui en résulte et redoublement d'attaques contre le Roi. Le faux est cependant manifeste. Déclaration de M. Guizot à la Chambre. Silence de l'opposition. Le bruit s'éteint. — X. Convention du 25 novembre 1840 entre le commodore Napier et Méhémet-Ali. Les puissances désirent qu'elle soit approuvée par le sultan. La Porte, poussée par lord Ponsonby, déclare la convention nulle et non avenue. Note du 31 janvier 1841 par laquelle la conférence engage le sultan à accorder l'hérédité au pacha. — XI. La France doit-elle entrer dans le concert européen et à quelles conditions? Négociations. Le gouvernement français obtient satisfaction sur les points essentiels. Difficultés sur les clauses de la convention. Rédaction des actes. Hatti-shériff n'accordant au pacha qu'une hérédité illusoire. Parafe des actes préparés à Londres. — XII. La discussion des crédits supplémentaires de 1840 et de 1841. Attaque de M. Thiers. M. Guizot refuse de discuter les négociations en cours. Le bilan financier du ministère du 1er mars. — XIII. Nouveaux efforts de lord Ponsonby pour empêcher la Porte de faire des concessions à Méhémet-Ali. Action contraire de M. de Metternich. M. Guizot persiste dans son attitude. Modification du hatti-shériff. Le gouvernement français est disposé à signer. Difficultés soulevées par lord Palmerston. Irritation et faiblesse des puissances allemandes. Méhémet-Ali accepte le hatti-shériff modifié. Signature du protocole de clôture et de la convention des détroits. — XIV. Conclusion.

I

L'interrègne ministériel ouvert par la démission du ministère du 1er mars ne pouvait se prolonger sans péril. Le Roi se trouvait absolument à découvert, en butte aux polémiques les plus dangereuses; déjà les journaux de gauche annonçaient ouvertement son abdication. En même temps, divers symptômes semblaient indiquer que les fauteurs de trouble jugeaient l'occasion favorable pour tenter quelque mauvais coup. Les promenades nocturnes, avec chants de *Marseillaise*, prenaient un caractère de plus en plus tumultueux, et, dans la soirée du 21 octobre, les manifestants blessaient mortellement, à coups de poignard, un sous-officier de la garde municipale. Les rapports de police étaient inquiétants. Dans le public, circulaient des bruits de sédition prochaine, des menaces de régicide [1]. L'une des princesses royales écrivait le 24 octobre : « L'état de l'opinion donne tout à craindre, et l'on s'attend à la plus redoutable émeute que nous ayons vue encore, si par malheur la crise se prolonge [2]. »

[1] *Journal inédit de M. de Viel-Castel.*
[2] *Revue rétrospective.*

Le Roi n'eut aucune incertitude sur la direction à donner à ses démarches. Depuis longtemps il avait décidé à part lui et même laissé voir à quelques personnes de quel côté, en cas de rupture avec M. Thiers, il chercherait de nouveaux ministres [1]. Aussi à peine les démissions lui eurent-elles été remises, qu'il manda le maréchal Soult aux Tuileries et écrivit à Londres pour presser M. Guizot de revenir à Paris.

La presse de gauche affecta d'être surprise et scandalisée de voir un ambassadeur appelé à prendre la place de son ministre : elle prétendit montrer là une inconvenance et même une sorte de trahison domestique. Tel ne fut pas le sentiment de M. Thiers, du moins au premier moment; car, en transmettant à M. Guizot l'appel du souverain, il lui écrivait : « Vous êtes, *naturellement*, l'un des hommes auquel le Roi a le plus pensé dans cette occasion. » Loin de s'être lié indissolublement au cabinet en consentant à rester à Londres après le 1ᵉʳ mars 1840, M. Guizot avait tout de suite posé ses conditions, et il était demeuré, depuis, à l'égard de M. Thiers, dans l'état d'un surveillant un peu inquiet, prompt à le faire avertir qu'il ne pourrait pas le suivre dans telle direction, accepter telle mesure. Au début, ses alarmes avaient porté exclusivement sur la politique intérieure. Dans les questions étrangères, et spécialement dans l'affaire égyptienne, il avait commencé par donner son concours sans faire d'objection, prenant sa part des erreurs et des illusions du gouvernement. Mais vers la seconde moitié de septembre, devant le bruit croissant de guerre et surtout de révolution qui lui arrivait de France, il se rendit compte que M. Thiers était débordé, entraîné. Voulant que son sentiment fût connu de ses amis et du gouvernement, il s'en ouvrit au duc de Broglie et lui adressa successivement, le 23 septembre, le 2 octobre, le 13, des lettres où il témoignait chaque fois une inquiétude plus vive, une opposition plus résolue à la politique qui lui paraissait prévaloir [2]. De Paris, ses amis le tenaient au courant du désac-

---

[1] Cf. plus haut, p. 152 et p. 346.
[2] « Je vois de loin le mouvement, l'entraînement, écrivait M. Guizot à M. de Broglie, le 13 octobre; je ne puis rien pour y résister. Je suis décidé à ne pas

cord entre les ministres et le Roi, et aussi de la résolution témoignée par ce dernier de lui proposer la succession de M. Thiers. M. Duchâtel le pressait de saisir l'occasion qui ne tarderait pas à lui être offerte, ajoutant qu'il « n'était pas donné tous les jours de sauver son pays ». De tels appels ne risquaient pas de trouver M. Guizot insensible. Sentant venir cette heure qu'il attendait patiemment depuis les douloureux déboires de la coalition, il voulait sans doute éviter tout ce qui pourrait le faire accuser de précipiter la crise, de provoquer la chute du ministère dont il se trouvait l'agent; mais il était bien décidé à ne pas laisser échapper le grand rôle qui se présentait, à ne pas refuser à la monarchie et au pays en péril le secours dont ils avaient besoin [1].

Aussi, quand il reçut l'invitation du Roi, M. Guizot n'eut pas un moment d'hésitation; il quitta Londres le 25 octobre, et arriva le 26 à Paris. Il se savait d'accord avec la couronne sur la nécessité de ramener vers la paix la politique qu'on avait laissée dériver vers la guerre; mais il prit ses précautions pour que la réaction n'allât pas trop loin. Dès le lendemain de son arrivée, il était heureux d'annoncer au duc de Broglie qu'il avait fait accepter au Roi les conditions suivantes : « 1° maintien de la note du 8 octobre; 2° liberté pour les ministres de rédiger le discours du trône; 3° permission de parler éventuellement des armements à continuer; 4° promesse d'occuper Candie si les Russes entraient à Constantinople [2]. » Sur les

---

m'y associer. » Et, en même temps, il disait à d'autres amis : « Tout, absolument tout, est engagé pour moi dans cette question, mes plus chers intérêts personnels, les plus grands intérêts politiques de mon pays, et de moi dans mon pays. Et tout cela se décide sans moi, loin de moi... Mon âme est pleine de trouble; je n'ai jamais été aussi agité. » Il voyait venir, d'ailleurs, le moment où il se regarderait comme obligé de répéter tout haut ce qu'il disait tout bas avec tant d'insistance. Dès qu'il avait appris la convocation des Chambres, il avait demandé un congé pour prendre part à leurs travaux. A ceux qui lui conseillaient de ne revenir qu'après les premiers débats, il répondait, le 17 octobre, qu'il « ne voulait pas attendre, pour paraître dans la Chambre, qu'il fût insignifiant d'y être », et il ajoutait : « Je ne suis ici, je ne serai là dans aucune intrigue; mais je suis député avant d'être ambassadeur. » (*Mémoires de M. Guizot.*)

[1] *Mémoires de M. Guizot.*
[2] *Documents inédits.*

questions de personnes, tout fut décidé en deux jours : chacun sentait le péril du moindre retard. M. Guizot prit le ministère des affaires étrangères; mais il se contenta d'être l'homme considérable, la personnification politique du cabinet, sans aspirer à en être le chef nominal. Il laissa ce titre au ministre de la guerre. Qu'un tel président du conseil pût être parfois incommode, il le savait par expérience; mais, dans la crise présente, ce grand nom guerrier lui paraissait utile à la tête d'un ministère pacifique. D'ailleurs, pour le moment, le maréchal se montrait facile, et témoignait qu'il comprenait l'importance de M. Guizot; il le laissait à peu près tout décider à sa guise, lui réclamant seulement le portefeuille des travaux publics pour M. Teste, qui devait lui servir de porte-parole; on le lui concéda. M. Guizot eut soin de faire attribuer à ses amis personnels, M. Duchâtel, M. Humann et M. Villemain, les portefeuilles de l'intérieur, des finances et de l'instruction publique. M. Martin du Nord, M. Cunin-Gridaine et l'amiral Duperré, appelés aux ministères de la justice, du commerce et de la marine, représentaient le centre proprement dit, celui qui avait soutenu M. Molé contre la coalition. Cette fraction, la plus nombreuse du parti conservateur, avait donc sa part dans ce ministère d'union, part, il est vrai, moins considérable que celle du centre droit. Ces divers personnages étaient des hommes d'expérience, ayant fait leurs preuves; tous avaient déjà été ministres, quelques-uns plusieurs fois [1]. En dépit des rôles divers joués par eux à l'heure troublée de la coalition, l'ensemble ne laissait pas que d'être suffisamment homogène : leur accord était complet sur l'œuvre du moment; ils voulaient tous sortir la France de la passe mauvaise où le ministère précédent l'avait engagée, écarter le péril de guerre et réprimer l'agitation révolutionnaire, raffermir la paix au dehors et l'ordre au dedans, et le

[1] Le maréchal Soult et M. Guizot avaient fait partie de plusieurs ministères depuis 1830. M. Duchâtel avait siégé dans le cabinet du 6 septembre 1836 et dans celui du 12 mai 1839; l'amiral Duperré, dans ceux du 22 février 1836 et du 12 mai 1839; M. Martin du Nord, dans celui du 15 avril 1837; MM. Villemain, Cunin-Gridaine et Teste, dans celui du 12 mai 1839. Sur les neuf ministres, six avaient fait partie de ce dernier cabinet.

faire sans que l'honneur national ni la liberté politique eussent à en souffrir. Comme aimaient alors à le dire les membres et les amis du cabinet, la France se retrouvait dans la même situation qu'au commencement de 1831, à la chute du ministère Laffitte; il fallait recommencer Casimir Périer [1]. On trouvait avantage à abriter, sous ce grand nom, une politique raisonnable sans doute, utile, nécessaire, mais peu flatteuse pour l'imagination et l'amour-propre. Le Roi, qui acceptait pleinement ce programme, ne fit objection à aucun des noms proposés, et les ordonnances furent signées le 29 octobre.

Le nouveau cabinet devait s'attendre à un choc redoutable avec toutes les passions qu'il venait refréner. Aussi ne fut-il pas surpris d'être salué par un cri de colère et de haine, parti de tous les journaux de gauche. « Le ministère de l'étranger », tel fut le nom sous lequel on tâcha de l'écraser. « Depuis que les traités de 1815 ont été conclus, disait le *National*, jamais conspiration de nos gouvernants avec l'étranger n'avait été aussi flagrante. » Et pour mieux imprimer au cabinet cette marque de 1815 qui ne pouvait manquer d'éveiller des préventions encore très-vivaces, la presse opposante évoquait le souvenir du voyage que M. Guizot avait fait à Gand pendant les Cent-Jours, et celui des compliments académiques qu'au lendemain de la première invasion, M. Villemain avait adressés à l'empereur de Russie et au roi de Prusse [2].

Pour lutter contre une opposition qui se révélait, dès le

[1] M. Guizot et M. Duchâtel n'étaient pas seuls alors à rappeler sans cesse le souvenir de 1831. M. de Lamartine écrivait, dans une de ses lettres : « C'est 1831 après le cabinet Laffitte. »

[2] En mai 1815, M. Guizot s'était rendu à Gand, auprès de Louis XVIII, pour lui porter les vœux et les conseils des royalistes constitutionnels, entre autres de M. Royer-Collard, et pour demander l'éloignement de M. de Blacas. Cf. sur cet épisode ce qu'en dit M. Guizot au tome Ier de ses *Mémoires*, p. 77 et suiv. — Quant à M. Villemain, il avait été admis, le 21 avril 1814, peu après la première entrée des « alliés » dans Paris, à lire, en séance solennelle de l'Académie française, un discours couronné. L'empereur de Russie et le roi de Prusse étaient présents et avaient été reçus aux cris de : Vivent les alliés! Le président de l'Académie, M. Lacretelle jeune, leur avait adressé un compliment. M. Villemain crut devoir faire de même avant de lire son discours; il salua donc le « vaillant héritier de Frédéric » et « le magnanime Alexandre, ce héros à l'âme antique et passionnée pour la gloire ».

début, si implacable et si exaspérée, le ministère comptait tout d'abord sur la couronne. Louis-Philippe avait le sentiment trop vif des dangers de l'heure présente, et aussi de la responsabilité assumée par lui en rompant avec M. Thiers et ses collègues, pour ne pas être résolu à donner un appui sans réserve, sans arrière-pensée, à ceux qui les remplaçaient. Il mit même tout de suite une sorte d'affectation dans les témoignages publics de confiance et de bienveillance qu'il accordait à M. Guizot, de façon à bien faire voir à tous et spécialement aux hommes de la cour, qu'il ne fallait plus garder rancune à l'illustre doctrinaire de son rôle dans la coalition. Le ministère était-il assuré de rencontrer un appui aussi décidé, aussi absolu dans toutes les fractions du parti conservateur? Plus d'un symptôme laissait voir qu'un certain nombre des anciens 221, tout en étant fort animés contre M. Thiers, n'avaient pas pardonné à M. Guizot son opposition à M. Molé. C'était avec chagrin et méfiance qu'ils sentaient, entre ses mains, la cause pacifique et conservatrice qui était la leur, et la présence de MM. Martin du Nord et Cunin-Gridaine dans le cabinet ne suffisait pas à les désarmer. On devinait leurs sentiments au langage de la *Presse,* qui ne soutenait le ministère qu'avec une répugnance visible, et le fougueux M. Henri Fonfrède, dans le *Courrier de Bordeaux,* prédisait aux conservateurs « qu'en chargeant de réparer les maux de la France celui qui en était le principal auteur, ils préparaient de nouvelles calamités. » D'ailleurs, l'ancien chef des 221, M. Molé, ne cachait pas qu'il était personnellement fort blessé d'avoir été laissé de côté lors des pourparlers ministériels[1].

[1] M. Molé écrivait à M. de Barante, le 7 novembre 1840 : « Ce qui vient de se passer a achevé de fixer mes idées sur l'emploi des années qu'il plaira au ciel de me réserver encore. Je n'ai été ni consulté ni prévenu, soit par le Roi, soit par les meneurs, de ce qu'on préparait. Le Roi, dit-on, m'a trouvé trop *compromis* et s'était entendu avec les amis de M. Guizot. M. de Montalivet a rendu à ce ministère les bons offices que M. de Broglie avait rendus à celui de M. Thiers. C'est lui qui a rapproché de son mieux mes anciens collègues ou amis politiques de M. Guizot. Quant à ce dernier, il triomphe et s'écrie : C'est de la réconciliation! Ce qu'il y a de vrai, c'est qu'il remplace M. Thiers et la gauche, en un mot : l'abime. Voilà pourquoi moi et tous ceux qui comprennent le mieux toute l'immoralité de la situation de M. Guizot, nous voterons pour lui, ne fût-ce que pour ne pas lui ressembler. Dieu veuille qu'il répare en quelque chose le mal qu'il a

D'autres conservateurs, et ce n'étaient pas ceux qui avaient le cœur le plus bas, reconnaissaient bien qu'on s'était trompé complétement sur le pacha, que pousser plus avant dans la même voie conduirait à la guerre et que cette guerre serait une folie ; mais cet aveu leur était pénible, cette déception leur était douloureuse ; encore tout agités des excitations de la veille, ils s'irritaient des échecs des Égyptiens, comme si la France en avait sa part ; ils se sentaient humiliés de paraître reculer devant l'Europe, et la promptitude effarée, l'emportement peureux avec lesquels une partie de ceux qui avaient crié le plus fort au début lâchaient pied depuis que l'affaire devenait sérieuse, augmentait encore cette humiliation, en y mêlant un certain sentiment de dégoût indigné. « Aujourd'hui, disaient-ils avec amertume, l'Europe sait que nos fusils ne sont pas chargés ; c'est cent fois pis que si l'on eût cédé dès le début. » Ils n'en concluaient pas sans doute à suivre une autre politique que celle du cabinet ; mais, s'ils ne pouvaient contester que cette politique ne fût raisonnable, ils la trouvaient déplaisante ; comme l'a dit à ce propos M. Guizot, « la prudence qui vient après le péril est une vertu triste ». De ces sentiments divers, qui souvent ne s'analysaient pas bien eux-mêmes, résultaient un malaise, un mécontentement de soi et des autres qui pesaient lourdement sur la situation et qui n'étaient pas faits pour faciliter la tâche du gouvernement.

Le public avait la perception plus ou moins nette de ces difficultés. On croyait généralement que le ministère était sacrifié d'avance et qu'il n'en avait que pour quelques mois. Qu'il pût avoir la majorité au début sur la question de paix, on l'admettait ; seulement, le danger une fois passé, la Chambre ne l'abandonnerait-elle pas sur quelque autre question, et ne fallait-il pas s'attendre que l'opinion lui gardât moins de reconnaissance que de rancune d'avoir fait une besogne à la fois si nécessaire et si pénible ? Comme le disait alors l'un des doctrinaires dissidents, « aussitôt qu'on aura bu le vin qui est dans cette

fait ! Le réparer complétement est impossible. Le pays expiera longtemps les torts des ambitieux. » (*Documents inédits.*)

bouteille, on la cassera ». C'était également le sentiment des cabinets étrangers. « Aux yeux de l'Europe entière, écrivait M. de Barante, M. Guizot n'a pas l'assurance d'un avenir de trois mois. Cela n'est pas commode pour diriger des négociations[1]. » L'impression générale de malaise et d'insécurité était telle que la monarchie elle-même paraissait menacée. Ce n'était pas seulement M. Edgar Quinet qui disait, dans une de ses lettres, le 29 octobre : « On croit la dynastie perdue[2]. » M. de Tocqueville écrivait à M. Reeve, le 7 novembre : « La nation est irritée contre le prince qui la gouverne ; elle se croit, à tort ou à raison, profondément humiliée et déchue du rang qu'elle doit tenir en Europe, et est tout près de ces résolutions désespérées que de pareilles impressions font naître chez un peuple orgueilleux, inquiet, irritable comme le nôtre. Là est le péril, le péril unique. Ce n'est pas la guerre qui est à craindre pour le gouvernement ; c'est d'abord le renversement du gouvernement et, après, la guerre... Jamais, depuis 1830, le danger n'a été aussi grand. Le radicalisme s'appuie momentanément sur l'orgueil national blessé : cela lui donne une force qu'il n'avait point encore eue[3]. »

En dépit de ces pronostics, M. Guizot abordait sa tâche avec une confiance sereine et vaillante. Il voyait toutes les difficultés, mais elles ne lui paraissaient au-dessus ni de son courage ni de ses forces. Loin de redouter la lutte, il l'aimait. « Les pays libres, disait-il quelques mois auparavant, sont des vaisseaux à trois ponts ; ils vivent au milieu des tempêtes ; ils montent, ils descendent, et les vagues qui les agitent sont aussi celles qui les portent et les font avancer. J'aime cette vie et ce spectacle... Cela vaut la peine de vivre ; si peu de choses méritent qu'on en dise autant ! » Et plus tard, rappelant précisément son entrée au pouvoir en octobre 1840, il écrivait : « J'ai goût aux entreprises à la fois sensées et difficiles, et je ne connais point de

[1] *Journal inédit de M. le baron de Viel-Castel, Papiers inédits de M. le duc de Broglie, Correspondance inédite de M. de Barante, Notice de M. VITET sur M. Duchâtel.*
[2] *Correspondance de Quinet.*
[3] *Nouvelle Correspondance de Tocqueville.*

plus profond plaisir que celui de lutter pour une grande vérité, nouvelle encore et mal comprise. » Du reste, tout en sachant qu'il s'exposait, il n'avait pas le sentiment qu'il se sacrifiât. Comme il l'a dit souvent, il portait dans la vie publique une disposition optimiste, toujours prompte et obstinée à croire au succès. En cela, sa nature tranchait fort avec celle de l'homme d'État dont il prétendait recommencer l'œuvre. Casimir Périer, suivant l'expression même de M. Guizot, était « hardi avec doute, presque tristesse » ; il « espérait peu en entreprenant beaucoup », et semblait, au milieu même de ses héroïques victoires, obsédé d'idées sinistres et funèbres. M. Guizot avait reçu du ciel, au contraire, une facilité d'espoir et de contentement qu'il devait conserver même au milieu des plus profondes défaites. En octobre 1840, il ne se sentait pas seulement le courage de combattre, mais la confiance de vaincre ; il se croyait de force à dompter les révolutionnaires et, ce qui était peut-être plus difficile, à s'imposer aux conservateurs. Vainement, autour de lui, lui prédisait-on une chute prochaine, il comptait bien garder longtemps le pouvoir. Toutefois, si optimiste qu'il fût, eût-il pu croire à la possibilité de le conserver jusqu'en 1848?

II

L'ouverture de la session, primitivement fixée au 28 octobre, avait été, à cause de la crise ministérielle, reportée au 5 novembre. Le discours du trône, sans désavouer le passé ni désarmer pour l'avenir, donna à la politique extérieure une orientation nettement pacifique [1] ; à l'intérieur, tout en se pro-

---

[1] « J'ai la dignité de notre patrie à cœur, autant que sa sûreté et son repos, disait le Roi. En persévérant dans cette politique modérée et conciliatrice, dont nous recueillons depuis dix ans les fruits, j'ai mis la France en état de faire face aux chances que le cours des événements en Orient pourrait amener. Les crédits extraordinaires, qui ont été ouverts dans ce dessein, vous seront incessamment soumis; vous en apprécierez les motifs. Je continue d'espérer que la paix générale ne sera point troublée. Elle est nécessaire à l'intérêt commun de l'Europe, au

nonçant pour « le ferme maintien des libertés publiques », il annonça la répression des « passions anarchiques ».

Sur ce dernier point, l'action du ministère s'exerça tout de suite et avec succès. Dès le 6 novembre, une circulaire du garde des sceaux, presque aussitôt publiée, signalait à la vigilance des procureurs généraux les excès de la presse et aussi « ces manifestations bruyantes qui se couvraient mensongèrement du nom d'élans patriotiques et qui recélaient trop souvent des pensées de révolte et de sédition ». Conformément à ces prescriptions, des poursuites furent dirigées contre plusieurs journaux; la continuation des banquets fut interdite. Ce langage, ces actes répandirent partout l'impression que le gouvernement était résolu à ne pas tolérer le désordre, et il n'en fallut pas davantage pour faire perdre promptement à la rue sa physionomie inquiétante. Au bout de quelques jours, les chants et les promenades tumultueuses avaient cessé. A la date du 1er novembre, avant que la fermeté du nouveau cabinet eût encore produit son effet, un observateur écrivait sur son journal intime : « Il règne dans les esprits une sombre inquiétude. On s'attend à une émeute, et la police croit en remarquer déjà les signes précurseurs. Paris est sillonné de patrouilles. » Et le lendemain : « Les promenades de jeunes gens et d'ouvriers chantant la *Marseillaise* continuent tous les soirs. » Quelques jours se passent, et le même témoin constate que cette agitation a presque entièrement disparu. « Ce serait injuste, dit-il à ce propos, de prétendre que le ministère du 1er mars l'entretenait à dessein ; mais l'incertitude de sa marche, le ton de ses journaux paralysaient l'action des autorités, qui, craignant de n'être pas soutenues, n'osaient et ne pouvaient se mettre en opposition avec les agitateurs. Pour raffermir l'ordre, il a suffi de le vouloir fortement [1]. »

Le problème extérieur n'était pas aussi facile à résoudre [2].

---

bonheur de tous les peuples et au progrès de la civilisation. Je compte sur vous pour m'aider à la maintenir, comme j'y compterais si l'honneur de la France et le rang qu'elle occupe parmi les nations nous commandaient de nouveaux sacrifices. »

[1] *Journal inédit de M. le baron de Viel-Castel.*

[2] Outre les sources inédites ou non que j'ai eu souvent occasion d'indiquer, je

Dans sa circulaire de prise de possession, envoyée les 2 et 4 novembre à tous nos représentants au dehors, M. Guizot, tout en proclamant que « la politique du gouvernement avait pour but le maintien de la paix », n'indiquait aucune solution précise aux difficultés pendantes ; il se bornait à marquer, dans les termes les moins provocants possible, l'attitude d'isolement et d'expectative armée qui était imposée à la France par les derniers événements [1]. C'est qu'en effet, après les procédés dont nous avions eu à nous plaindre, il ne paraissait pas convenir à notre dignité de prendre l'initiative d'un rapprochement et de solliciter ouvertement des concessions qui pouvaient nous être refusées. Mais ce que M. Guizot ne voulait pas faire officiellement, il ne renonçait pas à le tenter par des moyens indirects. Son désir, sinon son espoir, était que les puissances, par égard pour un ministère qui se mettait en travers du mouvement belliqueux et révolutionnaire, lui offrissent, en Syrie par exemple, quelques concessions satisfaisantes pour l'amour-propre national ; il les accepterait aussitôt, et la France reprendrait sa place dans le concert européen. Le ministère rêvait même d'arriver à ce résultat avant la discussion de l'Adresse dans la Chambre des députés. Quel succès pour la politique pacifique, si elle pouvait débuter au parlement en se faisant honneur d'avoir obtenu, du premier coup, des avantages refusés aux menaces de la politique belliqueuse! Sans doute, on avait très-peu de temps devant soi : à peine deux ou trois semaines. Mais cette brièveté du délai pouvait servir à forcer la main aux cabinets étrangers. Après tout, ceux-ci n'étaient-ils pas les premiers intéressés à fournir au ministère du 29 octobre les moyens de trouver une majorité et d'apaiser l'opinion ?

me suis beaucoup servi, pour raconter l'action diplomatique du ministère du 29 octobre en 1840 et 1841, d'un important document dont je dois la communication à M. le duc de Broglie. Celui-ci, étant prince Albert de Broglie et jeune attaché au ministère des affaires étrangères, avait été chargé par M. Guizot, en 1842, de lui faire un exposé des négociations poursuivies depuis le 29 octobre 1840 jusqu'à la convention des détroits en juillet 1841. Cet exposé, très-complet, fait sur le vu des dépêches du ministre ou de ses agents, révélait déjà, par l'art de la composition, le futur historien.

[1] *Note du prince Albert de Broglie* et *Papiers inédits de M. de Barante.*

Cette idée s'était présentée à l'esprit de M. Guizot aussitôt qu'il avait été question pour lui de prendre le pouvoir. Sur le point de quitter Londres, dans ses dernières conversations avec les ministres anglais, il leur avait laissé voir ce qu'il attendait d'eux [1]. « Donnez-moi quelque chose à dire, répétait-il avec insistance à lord Clarendon, si peu que ce soit, pourvu que ce soit satisfaisant. Si je n'ai pas quelque chose de ce genre, je ne serai pas capable de calmer les esprits et de prendre en mains le gouvernement [2]. » Aussitôt ministre, tout en évitant les ouvertures officielles, il refit les mêmes insinuations aux ambassadeurs étrangers, notamment à lord Granville. En même temps il écrivait, vers le 4 novembre, à M. de Bourqueney, notre chargé d'affaires à Londres : « Vous recevrez une circulaire que j'adresse à tous mes agents. J'y ai essayé de marquer avec précision l'attitude que le cabinet veut prendre et qu'il gardera. Mais ce ne sont là que des paroles : il faut des résultats. On les attend du cabinet. Il s'est formé pour maintenir la paix et pour trouver aux embarras de la question d'Orient quelque issue; pour vivre, il faut qu'il satisfasse aux causes qui l'ont fait naître. La difficulté est extrême : l'exaltation du pays n'a pas diminué... Pour que le succès vienne à la raison, il faut qu'on m'aide... Je l'ai souvent dit à Londres, je le répète de Paris. Le sentiment de la France, — je dis de la France et non pas des brouillons et des factions, — est qu'elle a été traitée légèrement, qu'on a sacrifié légèrement, sans motif suffisant, pour un intérêt secondaire, son alliance, son amitié, son concours. Là est le grand mal qu'a fait la convention du 15 juillet, là est le grand obstacle à la politique de la paix. Pour guérir ce mal, pour lever cet obstacle, il faut prouver à la France qu'elle se trompe; il faut lui prouver qu'on attache à son alliance, à son amitié, à son concours, beaucoup de prix, assez de prix pour lui faire quelque sacrifice. Ce n'est pas l'étendue, c'est le fait même du sacrifice qui importe. Qu'indépendamment de la convention

---

[1] Dépêche de lord Palmerston à lord Granville, 27 octobre 1840. (*Correspondence relative to the affairs of the Levant.*)

[2] *The Greville Memoirs, second part*, vol. Ier, p. 342.

du 15 juillet, quelque chose soit donné, évidemment donné, au désir de rentrer en bonne intelligence avec la France et de la voir rentrer dans l'affaire : la paix pourra être maintenue et l'harmonie générale rétablie en Europe. Si on vous dit que cela se peut, je suis prêt à faire les démarches nécessaires pour atteindre ce but ; mais je ne veux pas me mettre en mouvement sans savoir si le but est possible à atteindre. Si on vous dit que cela ne se peut pas, qu'on entend s'en tenir rigoureusement aux premières stipulations du traité..., la situation restera violente et précaire; le cabinet se tiendra immobile, dans l'isolement et l'attente. Je ne réponds pas de l'avenir... La politique de transaction est préférable à la politique d'isolement, s'il y a réellement transaction; mais, si la transaction n'est de notre part qu'abandon, l'isolement vaut mieux[1]. »

Le Roi appuyait chaudement M. Guizot dans cette campagne. Peut-être même y apportait-il plus d'ardeur et d'espoir de réussir. Il faisait connaître ses désirs à M. de Metternich par des voies indirectes[2]. En même temps, il agissait sur le gouvernement anglais au moyen du roi des Belges. Ainsi écrivait-il à ce dernier, le 6 novembre : « Qu'on sache donc bien à Londres quelle est la nature de la lutte dans laquelle nous sommes engagés *neck or nothing!* Cette lutte n'est ni plus ni moins que la paix ou la guerre ; et, si c'est la guerre, que lord Palmerston et ceux qui n'y voient peut-être des dangers que pour la France, sachent bien que, quels que puissent être les premiers succès d'un côté ou de l'autre, les vainqueurs seront aussi immaniables que les vaincus; que jamais on ne refera ni un congrès de Vienne, ni une nouvelle délimitation de l'Europe; l'état actuel de toutes les têtes humaines ne s'accommodera de rien et bouleversera tout. *The world shall be unkinged;* l'Angleterre ruinée prendra pour son type le gouvernement modèle des États-Unis, et le continent prendra pour le sien l'Amérique espagnole... Ne nous y

---

[1] Cette lettre importante, qui expose si clairement le dessein du nouveau ministère, n'est publiée qu'en partie dans les *Mémoires de M. Guizot*. M. Charles Greville, qui la tenait de M. de Bourqueney, l'a donnée plus au complet dans son journal. (*The Greville Memoirs, second part,* vol. Ier, p. 348.)

[2] HILLEBRAND, *Geschichte Frankreichs*, t. II, p. 458.

trompons pas : le point de départ, c'est le renversement ou la consolidation du ministère actuel. S'il est renversé, point d'illusion sur ce qui le remplace, c'est la guerre à tout prix, suivie d'un 93 perfectionné; s'il est consolidé, c'est la paix qui triomphe, et ce n'est que par la paix qu'il peut l'être; mais il faut se dépêcher, car vous savez que ces têtes gauloises sont mobiles. On va soutenir ce ministère, parce qu'on croit qu'il apportera la paix; mais, s'il ne l'apporte pas tout de suite, on ne tardera pas à croire qu'il ne l'apportera pas du tout, et alors on croira aussi que la guerre est inévitable, et qu'il faut l'entamer bien vite pour prendre les devants sur ceux qu'on appellera tout de suite les ennemis. Dépêchons-nous donc de conclure un arrangement que les cinq puissances puissent signer, car alors, croyez-moi, c'en est fait de la guerre pour longtemps. » Le Roi ne faisait pas mystère des « conditions que son cabinet accepterait immédiatement ». C'était la concession à Méhémet-Ali de l'Égypte héréditaire, du pachalik d'Acre et de Candie en viager. « Si on veut signer ce que dessus, concluait-il, faisons-le vite. Dites-moi un mot approbatif de Londres, et c'est fait [1]. »

Ces appels indirects, mais si pressants, avaient-ils chance d'être entendus? Pour répondre, il convient de se rendre un compte exact des dispositions des diverses puissances. A Vienne, ces dispositions étaient favorables. De plus en plus troublé de l'aventure où il s'était laissé engager en signant le traité du 15 juillet, M. de Metternich avait hâte d'en sortir. Il témoignait la satisfaction que lui causait la constitution du nouveau ministère, reconnaissait la nécessité de le seconder dans ses difficultés intérieures [2], mettait grand soin à se montrer aimable avec M. de Sainte-Aulaire [3], et renvoyait à Londres son ambassadeur, le prince Esterhazy, avec mission formelle d'amortir les conséquences du traité du 15 juillet et de chercher un moyen de faire rentrer la France dans le concert européen [4]. Mêmes dis-

---

[1] *Revue rétrospective.*
[2] *Mémoires de M. de Metternich*, t. VI, p. 445 et 446.
[3] *Mémoires inédits de M. de Sainte-Aulaire.*
[4] *Mémoires de M. Guizot.*

positions à Berlin et mêmes instructions à M. de Bülow, qui avait aussitôt, avec M. de Bourqueney, les conversations les plus expansives sur les moyens de faire cesser l'isolement de la France [1]. Toutefois, le passé permettait-il de compter absolument sur l'efficacité de ces bonnes dispositions, si sincères qu'elles fussent? Que de fois, depuis un an, on avait vu les deux puissances allemandes s'associer à des actes qu'elles déploraient ! M. Guizot n'avait-il pas pu s'apercevoir, pendant son ambassade, du changement qui s'opérait dans l'attitude de M. de Neumann et de M. de Bülow, lorsqu'ils passaient des entretiens confidentiels à la solennité des conférences, et comment la présence de lord Palmerston rendait aussitôt leur langage contraint et timide?

Tout autres étaient les sentiments du gouvernement russe. Le czar avait abandonné sa prépotence en Orient, accepté le protectorat européen à Constantinople, pour le plaisir de rompre l'alliance des puissances occidentales et de mortifier la France de Juillet; on ne pouvait s'attendre qu'il renonçât volontiers à ce qui était la seule compensation de son sacrifice. Il laissait voir aux Anglais qui l'approchaient le chagrin que lui ferait éprouver une réconciliation avec la France [2]. Toutefois, suivant une remarque que nous avons déjà eu occasion de faire, si passionné qu'il fût, il ne se sentait pas prêt pour l'emploi des moyens extrêmes et redoutait de se faire en Europe, particulièrement en Allemagne, le renom d'un artisan de discorde. Aussi pouvait-on être assuré qu'il n'oserait pas opposer de *veto* à toute pacification décidée par les trois autres puissances, et que, notamment, il ne repousserait rien de ce qu'aurait

---

[1] *Note inédite du prince Albert de Broglie.*

[2] M. Charles Greville écrivait sur son journal, à la date du 27 octobre 1840 : « L'empereur de Russie est pleinement satisfait de l'état actuel des choses, et il ne consentirait pas, sans un extrême déplaisir, à un nouvel arrangement auquel participerait la France. » (*The Greville Memoirs, second part*, vol. Ier, p. 347.) — Un peu plus tard, lord Clanricarde disait à M. de Barante : « J'ai eu souvent à répéter à l'Empereur que l'Angleterre tenait à vivre en bonne intelligence avec la France, que la paix de l'Europe dépendait de cette bonne harmonie ; jamais il n'a entendu ces paroles sans que son visage éprouvât une contraction. (*Documents inédits.*)

accepté l'Angleterre. C'est ce qui faisait écrire à M. de Barante :
« En ce moment, comme dans tout le cours de la négociation,
lord Palmerston conserve le blanc seing de l'empereur de
Russie... Celui-ci ne se refusera point à ce qui sera voulu sérieusement par l'Angleterre, l'Autriche et la Prusse. » Et encore :
« Si lord Palmerston vous alléguait comme difficulté l'opinion
de la Russie, ce ne serait pas de bonne foi. Il sait très-bien
qu'elle voudra tout ce qu'il décidera [1]. »

En somme, ni les bonnes dispositions de l'Autriche et de la
Prusse, ni les mauvaises de la Russie n'étaient de force à résister
à une résolution contraire de l'Angleterre. Tout dépendait de
cette dernière, c'est-à-dire de lord Palmerston. Car telle était
alors la situation étrange de ce pays, où l'on était habitué à
croire l'opinion maîtresse, que tout ce qui regardait la politique
étrangère s'y décidait par la volonté d'un seul ministre. C'est
donc le sentiment particulier de ce ministre qu'il faut avant
tout connaître. Si lord Palmerston eût été un véritable homme
d'État, il n'eût pas hésité à accueillir les ouvertures de notre
gouvernement. Il avait atteint pleinement son but en Orient ;
le prestige du pacha y était détruit ; la politique britannique y
avait notoirement prévalu. Seulement, le ministre anglais, se
brouillant du même coup avec la France, avait privé son pays
d'une alliance populaire, naturelle et profitable, l'avait exposé à
des ressentiments incommodes, périlleux même, et avait jeté le
trouble et l'inquiétude dans l'Europe, qui lui en savait très-mauvais gré. Eh bien, par une fortune inouïe, une occasion se présentait immédiatement de renouer cette alliance, d'amortir ces
ressentiments, de rassurer l'Europe, et cela sans grand sacrifice,
car la France demandait moins encore une concession effective
qu'une satisfaction morale, nous allions dire une politesse. Lord
Palmerston ne devait-il pas saisir cette occasion avec franchise,
résolution, bonne grâce, et se charger, au nom de l'Angleterre,
de mener à fin cette sorte de transaction et de réconciliation ?
N'était-ce pas le meilleur moyen de confirmer la prépondérance

---

[1] Dépêche du 30 décembre 1840, et lettre particulière de la même date. (*Documents inédits.*)

passagère que sa nation venait d'acquérir en Europe, et lui-même n'ajoutait-il pas ainsi à son renom de lutteur hardi, tenace et heureux, l'honneur qui était alors le plus apprécié des gouvernements et des peuples, celui d'être un pacificateur généreux? Il y avait là de quoi séduire une ambition un peu grande. Mais, quoique fort intelligent et fort habile, lord Palmerston n'était pas capable de voir les choses d'aussi haut. Aprement et mesquinement querelleur, sa diplomatie consistait à argumenter à outrance pour convaincre les autres qu'ils avaient tort; sa politique n'avait guère d'autre objet que d'user sans mesure de ses avantages et de faire le plus de mal possible à ceux qu'il croyait avoir à sa merci; enfin, son patriotisme se confondait avec l'assouvissement de passions, de haines, de rancunes qui étaient plus personnelles encore que nationales [1].

Dès les premières insinuations que lui avait faites M. Guizot en quittant Londres, lord Palmerston avait laissé voir ses dispositions revêches [2], et, le 29 octobre, jour de la constitution du nouveau cabinet français, il écrivait à lord Granville : « Louis-Philippe semble vous avoir tenu le même langage que Flahault et Guizot tenaient ici, particulièrement qu'il est nécessaire, afin d'aider le Roi à maintenir la paix et à dompter le parti de la guerre, que nous fassions à sa prière des concessions que nous avons refusées aux menaces de Thiers. Mais c'est tout à fait impossible, et vous ne sauriez trop tôt ou trop fortement l'expliquer à toutes les parties intéressées... Nous ne pouvons pas compromettre les intérêts de l'Europe par complaisance pour Louis-Philippe ou pour Guizot plus que par crainte de Thiers. Si nous cédions, la nation française croirait que nous cédons à ses menaces et non aux prières de Louis-Philippe. Ce serait

---

[1] Comme l'écrivait récemment un Anglais qui avait vu de près tous ces événements, « il est hors de doute que Palmerston a été poussé, dans toute cette affaire, non pas tant par l'idée de soutenir le sultan et de ruiner le pacha que par le désir passionné d'humilier la France et de se venger sur Louis-Philippe et ses ministres de leur conduite antérieure en Espagne ». (Note de M. Henri Reeve, éditeur du journal de M. Greville. — *The Greville Memoirs, second part,* vol. Ier, p. 347, 348.)

[2] Dépêche de lord Palmerston à lord Granville, du 27 octobre 1840. (*Correspondence relative to the affairs of the Levant.*)

d'ailleurs déplorable que les puissances fissent le sacrifice de leurs intérêts les plus importants pour apaiser les organisateurs d'émeutes à Paris ou faire taire les journaux républicains. J'ajoute que nous sommes en train de réussir pleinement en Syrie, que nous aurons bientôt placé toute cette contrée entre les mains du sultan, et ce serait, en vérité, être bien enfant de cesser d'agir quand il ne faut qu'un peu de persévérance pour l'emporter sur tous les points. Je puis vous assurer que vous servirez plus utilement les intérêts de la paix en tenant un langage ferme et hardi au gouvernement français et aux Français eux-mêmes... La seule manière possible de tenir de telles gens en respect est de leur faire clairement comprendre qu'on ne cédera pas d'un pouce et qu'on est en état de repousser la force par la force. Quelques-uns de nos amis whigs ont fait beaucoup de mal en s'abandonnant à des alarmes sans fondement et en tenant ce qu'on appelle un langage conciliant... Mon opinion est que nous n'aurons pas la guerre avec la France en ce moment, mais nous devons préparer nos esprits à l'avoir un jour ou l'autre. Tous les Français ont le désir d'étendre leurs possessions territoriales aux dépens des autres nations, et ils sentent tous ce que le *National* a dit une fois, que l'Angleterre est un obstacle à de tels projets... C'est un malheur que le caractère d'un grand et puissant peuple, placé au centre de l'Europe, soit ainsi fait; mais c'est l'affaire des autres nations de ne pas fermer les yeux à la vérité et de prendre prudemment leurs précautions [1]. » Cette lettre, dans sa roideur sèche et presque brutale, est bien significative; elle trahit toute la passion de lord Palmerston contre la France; elle montre aussi que l'avantage politique de renouer l'alliance brisée ne se présentait même pas à son esprit.

Ce n'était pas seulement dans des lettres intimes que lord Palmerston témoignait de ses sentiments réfractaires à toute conciliation. On se rappelle que, le 31 août, il avait fait remettre à M. Thiers un long *memorandum* contenant la critique amère de

---

[1] Bulwer, *Life of Palmerston*, t. II, p. 306 à 308.

la politique française[1]. Ce document ayant été publié dans les journaux et ayant exercé une certaine action sur l'opinion anglaise, M. Thiers s'était décidé, un peu tardivement, le 3 octobre, à y faire une réponse étendue, habile, qui fut envoyée en même temps que la fameuse note du 8 octobre, et que le ministre français eut soin de faire paraître aussitôt dans le *Times*[2]. Lord Palmerston, dans une controverse, ne se résignait jamais à ne pas avoir le dernier mot. Il se mit donc à l'œuvre pour réfuter la réponse de M. Thiers, et le fit avec son aigreur habituelle. Son travail terminé seulement le 2 novembre, il l'adressa à M. Guizot, marquant ainsi que le changement de ministère ne devait modifier ni le fond des choses, ni même le ton de la polémique. Bien plus, dans ce *memorandum*, il semblait revenir sur des concessions déjà faites à la France, et retirer la déclaration par laquelle les puissances avaient en quelque sorte désavoué la déchéance prononcée contre le pacha. En effet, au cours de son argumentation contre les thèses de M. Thiers, il contestait au gouvernement français le droit d'intervenir par les armes pour maintenir le pacha en Égypte, si la Porte jugeait à propos de le destituer. « Le sultan, disait-il, comme souverain de l'empire turc, a seul le droit de décider auquel de ses sujets il confiera le gouvernement de telle ou telle partie de ses États ; les puissances étrangères, quelles que soient à cet égard leurs idées, ne peuvent donner au sultan que des avis, et aucune d'elles n'est en droit de l'entraver dans l'exercice discrétionnaire de l'un des attributs inhérents et essentiels de la souveraineté indépendante. » N'était-ce pas détruire en fait le conseil donné à la Porte de révoquer la déchéance du pacha ? Lord Palmerston mit le comble à son mauvais procédé en faisant publier, dès le 10 novembre, le nouveau *memorandum* dans le *Morning Chronicle*. L'effet fut déplorable en France. Tous les journaux de gauche et de centre gauche ne manquèrent pas de jeter ce docu-

---

[1] Sur les conditions dans lesquelles avait été fait ce *memorandum*, cf. plus haut, p. 260.
[2] Le texte de cette « réponse » se trouve dans les *Pièces historiques* des *Mémoires de M. Guizot*.

ment à la tête du cabinet. « Vous parlez timidement, lui disaient-ils, voilà pourquoi l'on vous répond avec insolence. On sait que vous ne voulez pas résister, et l'on en profite pour pousser plus loin ses avantages contre vous. » M. Guizot, surpris et attristé, écrivait, le 14 novembre, à M. de Bourqueney : « Nos adversaires exploitent l'effet produit par cette pièce ; nos propres amis en sont troublés. C'est la première communication que lord Palmerston ait adressée au nouveau cabinet. En quoi diffère-t-elle de ce qu'il aurait écrit à l'ancien ? Comment cette dépêche a-t-elle été publiée dans le *Morning Chronicle*, et avec tant d'empressement ? Témoignez, mon cher baron, et au cabinet anglais et à nos amis à Londres, le sentiment que je vous exprime et le mal qu'on nous fait [1]. »

On vient de voir l'allusion de M. Guizot à « nos amis de Londres ». Dans une autre lettre, tout en recommandant à M. de Bourqueney « de traiter bien réellement avec lord Palmerston, et non pas contre lui », il l'invitait à « ne rien négliger pour que l'atmosphère où vivait le ministre anglais pesât sur lui dans notre sens ». C'est qu'en effet, malgré tant de déconvenues et de défaillances, le « parti de la paix », existait toujours outre-Manche, et il avait même trouvé, dans le changement de ministère en France, une occasion de se ranimer et de tenter de nouveaux efforts [2]. Lord Clarendon proclamait bien haut que « le cabinet qui venait de se former à Paris, pour le maintien de la paix, ne pouvait vivre qu'avec un sacrifice des puissances signataires du traité du 15 juillet ». Lord Lansdowne insistait vivement pour l'adoption d'une « mesure immédiate ayant une tendance pacifique ». Lord Russell menaçait de sa démission si lord Ponsonby n'était pas rappelé. Lord Melbourne louait fort la conduite et le langage de M. Guizot. En somme, le plus grand nombre des ministres étaient d'avis de faire quelque chose pour

---

[1] *Note inédite du prince Albert de Broglie et Mémoires de M. Guizot.* — Il fallait que Louis-Philippe eût un bien grand désir de conciliation pour avoir, au premier moment, trouvé satisfaisant le *memorandum* de lord Palmerston. (Cf. sa lettre au roi des Belges du 6 novembre 1840. *Revue rétrospective.*)

[2] Pour le récit de ce qui va suivre, je me suis principalement servi des *Greville Memoirs, second part*, vol. Ier, p. 342 à 354.

la France. Tel était aussi le sentiment de la Reine. Les journaux anglais exaltaient la sagesse de Louis-Philippe et demandaient qu'on lui proposât une solution acceptable. Enfin, les ambassadeurs d'Autriche et de Prusse s'agitaient avec le sincère désir de trouver cette solution.

Si puissant, si général que parût cet effort vers la conciliation, nous savons par expérience que la volonté de lord Palmerston était plus forte encore. M. Charles Greville, qui assistait de près à toutes ces démarches, écrivait sur son journal, à la date du 7 novembre : « Bien que telle soit la disposition de l'Autriche et aussi de la Prusse, quoique la Reine soit ardemment désireuse de voir la paix et la tranquillité rétablies, que presque tout, sinon tout le cabinet incline à un arrangement avec la France, et que la France elle-même soit prête à répondre aux moindres avances faites dans un esprit conciliant, la résolution personnelle de Palmerston l'emportera probablement sur toutes les autres opinions et inclinations. Il repoussera ou ajournera chacune des propositions qui seront faites, et, si l'une d'elles est adoptée malgré lui, il s'arrangera pour la faire avorter dans l'exécution, pour n'écarter aucune difficulté et pour en créer même où il n'y en aura pas. Ce qu'il y a de plus extraordinaire dans toute cette affaire, c'est de voir un groupe d'hommes consentir à faire route avec un autre homme qui non-seulement ne leur inspire aucune confiance, mais qu'ils croient être politiquement malhonnête et traître (*dishonest and treacherous*), et de les voir discuter sérieusement avec lui l'adoption de certaines mesures, avec la certitude qu'il ne les exécutera pas loyalement. On dirait Jonathan Wild [1] et son compagnon jouant ensemble à Newgate. » Tout se passa en effet comme le prévoyait M. Greville. Lord Palmerston le prit d'abord de haut avec les conciliateurs. Puis, quand ceux-ci lui parurent gagner du terrain, il changea de tactique, se prêta à discuter, feignit de céder à demi, consentit même à demander au gouvernement français de « faire connaître ses désirs et ses idées », s'excusa presque,

---

[1] Jonathan Wild est un brigand, héros de l'un des romans de Fielding.

auprès de M. de Bourqueney, du ton du *memorandum* du 2 novembre, et lui déclara n'avoir voulu rétracter aucune de ses déclarations antérieures sur la déchéance du pacha; seulement, il s'arrangeait pour que les choses traînassent en longueur, persuadé que, pendant ce temps, les événements se précipiteraient en Syrie et viendraient, une fois de plus, placer ses contradicteurs en présence de faits accomplis.

Cet espoir ne fut pas trompé. Pendant que les diplomates discutaient sur la portion de la Syrie que l'on pourrait, par égard pour la France, laisser au pacha, chaque courrier d'Orient annonçait un revers des Égyptiens. Ainsi savait-on, dès le 2 novembre, que l'insurrection avait éclaté de nouveau, au commencement d'octobre, dans toutes les montagnes du Liban, — insurrection fomentée par les agents anglais, armée avec des fusils anglais, payée avec l'or anglais, — et qu'elle prenait même cette fois une gravité particulière par la défection de l'émir Beschir, qui gouvernait toute cette contrée au nom de Méhémet-Ali. Bientôt après, on apprenait que la flotte britannique avait bombardé et réduit Saïda et Sour, occupé Beyrouth; que l'armée d'Ibrahim, affaiblie par les désertions, harcelée par les populations, démoralisée, n'opposait nulle part de résistance sérieuse, et que, partout où elle entrait en contact avec le petit corps turco-anglais, elle était battue. Enfin, d'après les nouvelles arrivées le 14 novembre, les Égyptiens ne possédaient plus, sur la côte, dans la dernière moitié d'octobre, que Tripoli et Saint-Jean d'Acre, et leur armée, en retraite sur Damas et Balbeck, se trouvait aux prises avec les insurgés. Encore tout indiquait-il qu'on n'était pas au terme de cet effondrement.

Ces succès, dont la rapidité surprenait tout le monde, sauf lord Palmerston, démontèrent complétement ceux qui tâchaient d'imposer à ce dernier quelque concession en dehors du traité du 15 juillet. Leurs plans de transaction avaient toujours reposé sur la conviction que le pacha pourrait défendre la Syrie au moins pendant tout l'hiver. Les cabinets allemands furent les premiers à lâcher pied. Dès le 8 novembre, arrivait à Londres une dépêche de M. de Metternich, déclarant qu'il ne pouvait pas être question maintenant d'une concession en Syrie[1]. « Ne laissons plus d'illusion à la France sur cette région, écrivait le chancelier; elle est irrévocablement perdue, perdue tout entière. C'est à l'Égypte qu'il faut songer; le mal gagne de ce côté. Que Méhémet-Ali se soumette sans retard, ou la question d'Égypte est soulevée. » Même effet sur la Prusse. « M. de Bülow est hors de selle, rapportait, le 8 novembre, M. de Bourqueney; il m'a dit ce matin qu'il attendait de Berlin, sous peu de jours, une dépêche analogue à celle de M. de Metternich; voilà, comme il le reconnait lui-même, sa mission à néant. » Le même M. de Bülow disait à notre chargé d'affaires, quelques jours plus tard, le 13 novembre : « Les événements ont été trop vite; ma mission a échoué en Syrie avant de commencer à Londres[2]. » Le parti de la paix en Angleterre n'était pas moins découragé; questionné, le 11 novembre, par M. de Bourqueney sur ce qu'il y avait à faire, M. Charles Greville lui disait : « Bien qu'il y ait toujours, chez mes amis, le même désir d'une réconciliation avec la France, la même préoccupation d'aider M. Guizot, quand ils en viennent à se demander ce qui est possible et ce qui serait justifiable, ils ne peuvent trouver aucun expédient pour faire face aux immenses difficultés pratiques de la situation. Les événements ont marché avec une telle rapidité, et changé si complétement la position de la question, que les concessions, considérées antérieurement comme raisonnables, ne sont plus possibles. Tous comprennent qu'ils ne peuvent rien offrir en Syrie. Il se pourrait, en effet, qu'au moment où ils offriraient quelque ville ou quelque territoire, le gouvernement ottoman en fût déjà redevenu maître. La justice envers la nation, l'honneur et la fidélité envers nos alliés, particulièrement envers le sultan, ne nous permettent de faire aucune concession dans cette région. » Sur la demande de M. de Bourqueney, M. Greville écrivit dans le même sens à M. Guizot, sans lui rien déguiser. Tel était, du reste, le sentiment général en Angleterre, et le duc de Wellington exprimait tout haut les

---

[1] *The Greville Memoirs, second part*, vol. 1er, p. 351.
[2] *Note inédite du prince Albert de Broglie et Mémoires de M. Guizot.*

mêmes idées[1]. Par contre, lord Palmerston, sentant n'avoir plus à se gêner, se montrait plus absolu, plus roide que jamais dans ses refus. « J'ai dit à M. de Bourqueney, écrivait-il à lord Granville le 13 novembre, que je tromperais M. Guizot, si je lui laissais supposer que le gouvernement de Sa Majesté pourrait consentir à ce qui n'est pas le traité. Le traité étant conclu, il faut qu'il s'exécute. » Il donnait à entendre, non sans une intention sarcastique et dédaigneuse, que notre mauvaise humeur importait peu à l'Europe. « On ne voit pas bien, disait-il dans la même dépêche, les dangereuses conséquences qui, selon M. Guizot, résulteraient pour le monde de la non-coopération de la France à cette pacification. » Bien plus, dans une dépêche du 13 novembre, il déniait formellement à notre gouvernement le droit de « délibérer sur l'exécution d'un traité auquel il était étranger[2] ».

Le désappointement fut grand en France. Tandis que Louis-Philippe se plaignait amèrement au roi des Belges d'avoir vu si mal accueillir ses ouvertures[3], M. Guizot déclarait froidement et tristement à lord Granville qu'il ne croyait plus pouvoir faire aucune communication sur ce sujet au cabinet anglais, et que le gouvernement français attendrait les événements, prêt à tenir la conduite qu'ils lui imposeraient[4]. Toutefois, s'il était forcé de battre en retraite sur la question de Syrie, la résignation de notre ministre n'allait pas jusqu'à accepter que le pacha fût dépouillé de l'Égypte. Plus d'un indice lui avait fait connaître que lord Palmerston, sans être décidé au renversement complet de Méhémet-Ali, n'en repoussait pas cependant l'idée, quand les circonstances semblaient la rendre réalisable; déjà cette arrière-pensée avait percé dans le *memorandum* du 2 novembre, et, depuis, elle s'était manifestée plus vivement, à mesure qu'arrivaient les nouvelles des succès remportés en Syrie[5]. Toutes les

---

[1] *The Greville Memoirs, second part*, vol. Ier, p. 351 à 353.
[2] *Correspondence relative to the affairs of the Levant.*
[3] Lettre du 16 novembre 1840. (*Revue rétrospective.*)
[4] Dépêche de lord Granville, en date du 16 novembre 1840. (*Correspondence relative to the affairs of the Levant.*)
[5] M. de Rumigny, notre ministre à Bruxelles, informé par le roi Léopold de

fois qu'il voyait poindre cette idée, M. de Bourqueney faisait aussitôt sentir l'opposition de la France. « Je dis très-haut et très-ferme, écrivait-il à M. Guizot, que le traité de juillet n'a pas mis l'Égypte en question, qu'il en faudrait un nouveau pour cela et que c'est sans doute assez d'un seul traité conclu sans la France[1]. » Un autre jour, lord Palmerston ayant cherché à établir que si le pacha refusait de se soumettre, les opérations pourraient être continuées contre l'Égypte rebelle, M. de Bourqueney l'arrêta net. « Le traité du 15 juillet, lui dit-il, n'a rien stipulé pour le cas dont vous me parlez; je ne puis consentir à le discuter. » Et comme le ministre insistait : « Non, milord, reprit notre chargé d'affaires, il faudrait pour cela un nouveau et plus grave traité[2]. »

Le gouvernement français défendait donc l'Égypte, et, tout en évitant de poser prématurément un *casus belli* qui eût pu paraître une provocation peu en harmonie avec son attitude générale, il montrait à tous qu'il n'abandonnait rien de la note du 8 octobre. Peut-être même n'avait-il pas encore perdu absolument tout espoir du côté de la Syrie; sans doute il n'y avait rien à faire pour le moment : mais ne restait-il pas, dans l'avenir, une dernière chance? Cette chance était que les alliés ne pussent s'emparer de Saint-Jean d'Acre avant l'hiver et que l'autorité du pacha se maintînt ainsi dans le sud de la Syrie. Quand M. Greville avait déclaré impossible tout arrangement immédiat, M. de Bourqueney s'était rejeté sur cette hypothèse et y avait indiqué, sans être contredit, une base éventuelle de transaction[3]. Or, si faibles qu'eussent été jusqu'ici les Égyp-

---

ce qui se passait à Londres, écrivait, le 7 novembre, au maréchal Soult : « Lord Palmerston est emporté par la joie que lui causent les nouvelles de Syrie... Il rêve déjà la chute complète de Méhémet-Ali. (*Documents inédits.*)

[1] *Note inédite du prince Albert de Broglie.*
[2] Dépêche de M. de Bourqueney du 18 novembre 1840. (*Ibid.*)
[3] *The Greville Memoirs*, second part, vol. Ier, p. 352. — Cette question de la possession de Saint-Jean d'Acre avait paru toujours fort importante, et, dès le 6 novembre, Louis-Philippe avait proposé d'en faire dépendre l'exécution de la convention à conclure. « Que l'arrangement, si on veut, écrivait-il au roi des Belges, soit subordonné à une seule condition, c'est-à-dire à savoir dans quelles mains se trouvera Saint-Jean d'Acre au moment où l'ordre de suspendre les hostilités arrivera en Syrie. S'il tient pour Méhémet-Ali, l'arrangement deviendra

tiens, ne pouvait-on pas espérer qu'ils résisteraient dans une place dont Bonaparte lui-même n'avait pu s'emparer en 1799? D'ailleurs la saison mauvaise s'avançait et rendait de plus en plus difficiles les opérations de la flotte. On en était fort préoccupé à Londres. Le 15 novembre, lord John Russell annonçait à un de ses amis avoir reçu des nouvelles de l'amiral Stopford, et il concluait de ces nouvelles que l'entreprise allait être forcément interrompue et renvoyée au printemps prochain; très-inquiet des conséquences que cet ajournement pouvait avoir en Orient et en Europe, il paraissait disposé, dans ce cas, à transiger moyennant l'attribution au pacha de tout ou partie du pachalik d'Acre, et il ajoutait que tel était le sentiment de lord Melbourne [1]. Mais ce n'était pas celui de lord Palmerston, qui déclarait au contraire bien haut que le traité serait exécuté immédiatement et jusqu'au bout, dussent les vaisseaux tenir la mer tout l'hiver. Et il ne se contentait pas de le dire à Londres ; il avait envoyé aux amiraux des ordres dans ce sens.

L'événement justifia encore une fois son audacieuse obstination. Le 23 novembre, arriva la nouvelle que Saint-Jean d'Acre était pris. Stimulé par les impérieuses injonctions de lord Palmerston, l'amiral Stopford s'était résolu à jouer le tout pour le tout et à tenter de terminer brusquement l'entreprise par un hardi et puissant coup de main. Le 2 novembre, une flotte formidable, comptant vingt bâtiments de guerre, dont sept vaisseaux de ligne, était réunie devant Saint-Jean d'Acre. Le bombardement commença aussitôt. Les assaillants avaient quatre cent soixante-dix-huit gros canons, tandis que les assiégés ne leur en opposaient que soixante-douze de médiocre calibre. Soixante-mille boulets furent lancés en quelques heures. Tout fut brisé, bouleversé par cet ouragan de fer et de feu. L'explosion du principal magasin à poudre compléta l'œuvre de destruction. Avant la fin de la journée, les survivants de la garnison évacuaient la ville ruinée, et les Anglais y débarquaient en

---

définitif; mais s'il est au pouvoir du sultan et de ses alliés, l'arrangement sera nul. » (*Revue rétrospective*.)

[1] *The Greville Memoirs, second part*, vol. Ier, p. 354.

maîtres. Le pacha comprit que la Syrie était définitivement perdue, et peu après il envoya aux restes de l'armée d'Ibrahim l'ordre de rentrer en Égypte.

Le triomphe de lord Palmerston était complet. « Force est de reconnaître, écrivait alors l'un de ceux qui, en Angleterre, avaient le plus critiqué ce ministre, qu'il a vraiment droit d'être fier de son succès. Ses collègues n'ont plus qu'à s'incliner... Quoi qu'on puisse dire ou penser de sa politique, il est impossible de ne pas rendre justice à la vigueur de l'exécution. M. Pitt (Chatham) n'aurait pu montrer plus de décision et de ressources. Il n'a voulu entendre parler ni de délais ni de difficultés, a envoyé des ordres péremptoires d'attaquer Acre et a pourvu, avec grand soin, dans ses instructions, à toutes les éventualités. Nul doute que c'était la prise d'Acre qui devait décider de la campagne, et certainement elle est due encore plus à Palmerston qu'aux chefs de notre flotte et de notre armée. Elle est probablement due à lui seul[1]. »

Un tel succès ne rendait pas le ministre anglais plus disposé à la conciliation envers le gouvernement français. Celui-ci, contraint de renoncer à apporter aux Chambres, comme don de joyeux avénement, quelque arrangement assurant au pacha une partie de la Syrie, désirait au moins leur annoncer que l'Égypte était sauve, et, — ce qui lui paraissait fort important, — qu'elle l'était grâce à la France. Sur ce dernier point, M. de Metternich était venu, dès le début, au-devant de nos désirs. « Je reconnais la nécessité, écrivait-il au comte Apponyi le 8 novembre, que le gouvernement français puisse dire au pays : C'est moi qui ai sauvé le pacha d'Égypte. Tout le monde se joindra à cette prétention, et nous les premiers[2]. » Et quelques jours après, il disait à M. de Sainte-Aulaire : « Pour le compte de l'Autriche, je vous déclare qu'elle s'abstiendra de toute attaque contre l'Égypte et qu'elle s'en abstiendra par égard pour la France. Si M. Guizot trouve quelque avantage à faire connaître cette vérité dans les Chambres, il peut la proclamer

---

[1] *The Greville Memoirs, second part,* vol. Ier, p. 354 à 356.
[2] *Mémoires de M. de Metternich,* t. VI, p. 445 et 446.

avec la certitude de n'être pas démenti par moi. » Mais tel était l'acharnement mesquin de lord Palmerston, que, même au milieu de son plein triomphe, il prétendait nous disputer cette petite consolation d'amour-propre. En écrivant à M. Bulwer, il exposa, dans les termes les plus roides, ses raisons pour ne pas autoriser M. Guizot à déclarer que l'intervention de la France avait décidé les alliés à accorder l'Égypte à Méhémet-Ali. « Le désir des Français, répétait-il quelques jours plus tard, est que le règlement final de la question d'Orient ne paraisse pas avoir été arrêté sans leur concours; mais j'ai justement le désir qu'il paraisse en être ainsi [1]. »

Il y avait, dans ces lettres, quelque chose de plus grave que le refus lui-même, — refus qui ne devait pas empêcher M. Guizot de faire, en pleine Chambre, la déclaration dont ne voulait pas lord Palmerston, — c'étaient les motifs invoqués par le ministre anglais. Il y laissait voir de nouveau son arrière-pensée d'enlever l'Égypte au pacha. « Nous avons informé la France, disait-il, que nous avions conseillé au sultan de laisser Méhémet-Ali en Égypte s'il se soumettait dans un certain délai; mais nous avons aussi expliqué que, si Méhémet ne se soumettait pas, il devrait supporter les conséquences et courir les chances qui l'attendaient. » Cette façon de voir devait d'autant plus nous préoccuper qu'il ne s'agissait plus d'éventualités lointaines; les opérations étant terminées en Syrie, c'était tout de suite que le pacha pouvait se voir attaquer en Égypte. M. Guizot, moins disposé que jamais à abandonner le terrain de la note du 8 octobre, et sachant toute la mauvaise volonté de lord Palmerston, chercha des garanties auprès des puissances allemandes. Par nos conseils et sur notre demande, le prince Esterhazy, ambassadeur d'Autriche à Londres, obtint de lord Palmerston la promesse formelle qu'aucun ordre d'agir contre l'Égypte ne serait envoyé à la flotte anglaise sans que la conférence de Londres eût été convoquée et consultée [2]. Le prince de Metternich disait en même temps à notre ambassadeur : « Assurez M. Guizot que

[1] Bulwer, t. II, p. 322 à 324.
[2] *Note inédite du prince Albert de Broglie.*

nous agirons pour que tout s'arrête à la Syrie[1]. » Toutefois, nous connaissions trop et la faiblesse des cabinets allemands, et la mauvaise foi de lord Palmerston, et les coups de tête de lord Ponsonby, pour nous fier entièrement à de telles garanties. Il était d'ailleurs difficile de répondre aux ministres anglais, quand ils nous disaient, comme M. Macaulay : « En continuant les hostilités, Méhémet-Ali aurait, de son côté, la chance de reconquérir la Syrie; si nous n'avions pas, du nôtre, celle de lui enlever l'Égypte, il n'y aurait ni égalité, ni justice, ni politique. » Aussi, sans vouloir admettre diplomatiquement que la résistance de Méhémet donnât aux puissances le droit d'intervenir en Égypte, nous rendions-nous compte que sa soumission pouvait seule nous donner pleine sécurité. D'ailleurs, après son désastre en Syrie et dans le mauvais état de ses affaires, le pacha ne pouvait raisonnablement espérer de meilleures conditions que celles qui lui étaient offertes et qui lui assuraient l'hérédité de l'Égypte. Le gouvernement français n'hésita donc pas à lui recommander de les accepter sans retard[2].

Telle était, vers la fin de novembre, l'issue peu heureuse des premières tentatives de M. Guizot. Tout en évitant de compromettre la dignité de la France par des ouvertures officielles, il avait essayé de se servir de la satisfaction causée par l'avénement d'un ministère pacifique, pour enlever une concession qui lui permît de reprendre immédiatement une place honorable dans le concert des puissances. Son effort avait échoué par la mauvaise volonté de lord Palmerston et surtout par la déroute des Égyptiens. Non-seulement il n'avait rien obtenu en Syrie, mais il se voyait réduit à lutter pour l'Égypte et n'était pas assuré de la conserver au pacha. Sans se laisser démonter par cette première déception, il continua à vouloir et à espérer la paix ; seulement, au lieu d'une guérison subite qui eût fait disparaître tout d'un coup le malaise dont souffraient la France et l'Europe, il lui fallait se contenter d'une convalescence lente, pénible et,

[1] *Mémoires de M. Guizot.*
[2] *Note inédite du prince Albert de Broglie.*

par cela même sujette à bien des accidents. Il régla en conséquence son attitude diplomatique. Refusant d'approuver ce qui se faisait et ne voulant pas cependant soulever de querelle à ce sujet, également soucieux de sauvegarder la dignité de la France et la paix du monde, il prit le parti de se renfermer, pour un temps, dans cette politique d'isolement et de paix armée qu'il avait déjà indiquée dans sa première circulaire, et il en marqua ainsi les caractères dans des lettres écrites à ses principaux ambassadeurs : « Il n'y a en ce moment rien de plus à faire qu'une attitude à prendre et un langage à tenir. L'isolement n'est pas une situation qu'on choisisse de propos délibéré, ni dans laquelle on s'établisse pour toujours ; mais quand on y est, il faut y vivre avec tranquillité, jusqu'à ce qu'on en puisse sortir avec profit... Nous verrons venir. Nous n'avons nul dessein de rester étrangers aux affaires générales de l'Europe. Nous croyons qu'il nous est bon d'en être, et qu'il est bon pour tous que nous en soyons. Nous sommes très-sûrs que nous y rentrerons. La France est trop grande pour qu'on ne sente pas bientôt le vide de son absence. Nous attendrons qu'on le sente en effet et qu'on nous le dise. J'ai un dégoût immense de la fanfaronnade ; mais la tranquillité de l'attente et la liberté du choix nous conviennent bien. » Il disait encore : « J'ai toujours en perspective le rétablissement du concert européen ; mais nous l'attendrons ; et c'est pour l'attendre avec sécurité comme avec convenance que nous avons fait nos armements[1]. » M. Guizot devait, pendant près de huit mois, au milieu des difficultés qui naîtront au dehors ou au dedans, maintenir, avec sang-froid, mesure et fermeté, l'attitude qu'il définissait ainsi au début.

[1] Lettres à M. de Barante du 13 décembre, et à M. de Sainte-Aulaire du 10 décembre 1840. (*Notice* sur M. de Barante, par M. GUIZOT, et *Mémoires* du même.)

III

Pendant que s'évanouissaient, l'une après l'autre, toutes les chances d'obtenir immédiatement une solution satisfaisante des difficultés extérieures, l'heure était venue pour le ministère de soutenir, dans les Chambres, la grande bataille de l'Adresse [1]. Force lui était de l'aborder, en n'apportant au pays, en compensation de ses déboires actuels, que des assurances un peu vagues, des espérances lointaines et incertaines. Encore devait-il se féliciter que le secret de ses premiers pourparlers et du mécompte qui les avait suivis, n'eût pas été du tout ébruité. Une seule chose était connue du public, la succession accablante des revers subis par les Égyptiens en Syrie, et ces revers n'étaient pas faits pour augmenter rétrospectivement le crédit de la politique de M. Thiers, tout entière fondée sur la foi dans la résistance du pacha; d'autant que, survenus pendant le ministère du 1er mars, ou du moins avant que sa chute ne fût connue en Orient, ils ne pouvaient aucunement être imputés à ses successeurs.

M. Guizot se sentait prêt à aborder, le cœur haut et confiant, cette grande lutte de tribune. Loin de redouter les débats parlementaires, il les désirait, comme étant le vrai moyen de redresser l'esprit public, de guérir son malaise et « de relever la bonne politique à son juste rang, malgré le fardeau qu'elle avait à soulever ». Avant même d'avoir pris possession du pouvoir, au moment où il allait quitter Londres, il avait écrit au duc de Broglie : « J'ai confiance dans les Chambres. J'ai toujours vu, dans les moments très-critiques, le sentiment du

---

[1] C'était le 16 novembre que M. Guizot, prenant acte des refus de lord Palmerston, renonçait à faire de nouvelles ouvertures, et, le lendemain 17, commençait la discussion de l'Adresse à la Chambre des pairs. La nouvelle de la prise de Saint-Jean d'Acre, qui détruisait nos dernières chances d'arrangement, arrivait à Paris le 23 novembre, et le 25 était le jour fixé pour l'ouverture du débat à la Chambre des députés.

péril, du devoir et de la responsabilité s'emparer des Chambres et leur donner un courage, des forces qui, en temps tranquille, leur auraient manqué, comme à tout le monde. C'est ce qui est arrivé en 1831... Sommes-nous à la veille d'une seconde épreuve?... Ma confiance est à la même adresse; c'est par les Chambres, par leur appui, par la discussion complète et sincère dans leur sein, qu'on peut éclairer le pays et conjurer le péril, si on le peut [1]. »

A la Chambre des pairs, la cause de la paix était trop sûrement gagnée d'avance pour que la discussion de l'Adresse eût beaucoup d'importance et d'intérêt. Commencée le 17 novembre, cette discussion était terminée le 18. Toutefois M. Guizot profita de ce qu'il se trouvait dans un milieu sympathique et calme, pour y faire un exposé de la grave question sur laquelle il prévoyait avoir à soutenir bientôt, dans une autre enceinte, des débats plus troublés; non qu'il voulût abattre son jeu diplomatique à la tribune; au contraire, dès les premiers mots, il prévenait qu'il serait obligé de garder « la plus grande réserve »; mais il croyait l'occasion favorable pour donner à l'esprit public, sur les événements d'Orient, la direction qui lui paraissait conforme à la vérité des choses et aux intérêts du pays.

M. Guizot le proclame tout de suite : sa politique tend à la paix. « L'intérêt supérieur de l'Europe et de toutes les puissances en Europe, dit-il, c'est le maintien de la paix partout et toujours. » On verra bientôt le parti que l'opposition devait chercher à tirer de ces derniers mots. Seulement, cette paix, le ministre s'attache, par la noblesse de son langage, par la hauteur de ses considérations, à la dégager de ce je ne sais quoi d'égoïste, de terre à terre, de grossier, que lui prêtaient ses adversaires, et qu'en effet certains de ses partisans semblaient parfois lui donner. Nul talent n'est plus propre que celui de M. Guizot à grandir et à élever ainsi les idées qu'il voulait défendre. L'orateur discute ensuite, l'une après l'autre, les raisons invoquées par

---

[1] *Mémoires de M. Guizot*, t. V, p. 394, et t. VIII, p. 14.

ceux qui voulaient que la France prît une attitude belliqueuse. D'abord, nos intérêts en Orient : il n'a pas de peine à établir que la question de la Syrie n'est pas, pour la France, « un intérêt dont la guerre doive sortir ». Autre motif : l'injure reçue. C'est la partie la plus délicate et la plus pénible du sujet. Comment paraître justifier ou excuser des procédés dont l'amour-propre national a tant souffert? Et M. Guizot ne doit-il pas trouver particulièrement dur de s'exposer lui-même, pour détourner de lord Palmerston les ressentiments français, au moment où ce ministre vient de lui donner, dans le secret des derniers pourparlers, des preuves nouvelles de sa malveillance? Mais il ne s'agit pas de faire payer à un homme d'État étranger ses mauvais procédés ; il s'agit d'empêcher, en France, l'opinion de s'égarer dans une voie dangereuse. La thèse de l'orateur est qu'il y a eu « manque d'égards », mais non « insulte politique ». « On n'a jamais voulu, dit-il, dans tout le cours de l'affaire, — je prie la Chambre de faire quelque attention à ces paroles que je prononce après y avoir bien pensé, — on n'a jamais voulu ni tromper, ni défier, ni isoler la France ; on n'a eu contre elle aucune mauvaise intention, aucun sentiment hostile ; on a cru qu'il n'y avait pas moyen de s'entendre avec elle sur les bases de la transaction ; on a dit que, dans ce cas, on conclurait un engagement à quatre. On l'a fait, et la France devait s'y attendre. On ne l'a pas fait avec tous les égards auxquels elle avait droit; c'est un tort, sans doute, un tort dont nous sommes fondés à nous plaindre; mais, je le demande aux hommes les plus délicats, les plus susceptibles en fait d'honneur national, et qui cependant conservent et doivent conserver leur jugement dans l'appréciation des faits, est-ce là un cas de guerre [1] ? » M. Gui-

---

[1] Pour expliquer, d'ailleurs, cette signature du traité à l'insu de la France, l'ancien ambassadeur la présentait comme une réponse à la tentative d'arrangement direct entre le sultan et le pacha. « On a cru, fort à tort, dit-il, et contre mes protestations les plus formelles et les plus persévérantes, on a cru que cette tentative était l'œuvre de la France, on a cru que la France, abandonnant la politique du 27 juillet, avait tenté de se faire là une politique isolée, un succès isolé. J'ai dit, j'ai répété officiellement, particulièrement, que cela était faux; on

zot discute enfin un troisième et dernier motif invoqué par les partisans d'une politique belliqueuse : l'intérêt de notre influence dans le monde. « Messieurs, s'écrie-t-il, il ne faut pas que la France se trompe sur ses moyens d'influence en Europe; je crains qu'il n'y ait à cet égard, dans nos esprits, beaucoup de préjugés et de routine; nous avons eu, pendant longtemps, deux grands moyens d'influence en Europe : la révolution et la guerre. Je ne les accuse pas; ils ont été pendant longtemps nécessaires... Mais enfin, la révolution et la guerre, comme moyens d'influence en Europe, sont usés pour la France. Elle se ferait un tort immense, si elle persistait à les employer. Ses moyens d'influence, aujourd'hui, c'est la paix, c'est le spectacle d'un bon gouvernement au sein d'une grande liberté... Croyez-moi, Messieurs, ne parlons pas à notre patrie de territoires à conquérir; ne lui parlons pas de grandes guerres, de grandes vengeances à exercer. Non; que la France prospère, qu'elle vive libre, intelligente, animée sans trouble, et nous n'aurons pas à nous plaindre qu'elle manque d'influence dans le monde. »

L'inspiration de ce discours était haute, l'intention patriotique, et l'orateur avait au fond mille fois raison. Peut-être, en la forme, n'avait-il pas toujours tenu un compte suffisant des susceptibilités alors éveillées, même dans les parties sages de l'opinion. Peut-être sa courageuse volonté de réagir contre les entraînements belliqueux l'avait-elle porté à être un peu trop lyrique dans son chant de paix, à se montrer un peu trop impartial dans l'indication des torts respectifs de l'Angleterre et de la France. La presse opposante en profita pour tâcher de présenter ce manifeste comme un acte de platitude honteuse. Oubliant volontairement que le ministre, en parlant, au début

---

ne m'a pas cru. » L'orateur prononça ces derniers mots d'un tel ton qu'ils semblaient signifier : « On ne pouvait pas me croire. » M. Thiers, fort irrité de cette insinuation, répondit, quelques jours plus tard, à la tribune de la Chambre des députés : « Je suis convaincu que, lorsque M. Guizot disait au cabinet anglais que nous n'étions en rien les auteurs de la proposition faite à Constantinople, il le disait de manière à être cru. S'il ne l'avait pas dit de ce ton-là, il aurait trahi son cabinet; il en était incapable. Je crois aussi que lorsqu'il exprimait sa profonde conviction, il aurait tenu à insulte de n'être pas cru. »

de sa harangue, « du maintien de la paix partout, toujours », avait montré là « l'intérêt supérieur de l'Europe, de toutes les puissances en Europe », elle feignait de croire qu'il avait voulu ainsi faire de la paix à tout prix la règle particulière de la politique française [1]. Ce fut un prétexte à indignations tapageuses, plus faciles qu'une sérieuse discussion. « On dit, lisait-on dans le *Constitutionnel*, que M. Guizot ne s'est jamais élevé si haut. Nous disons, nous, qu'on n'a jamais mis le gouvernement français si bas. » Le *Commerce* ajoutait : « Nous cherchons en vain dans notre mémoire les actes des ministres les plus pusillanimes ou les plus perfides qui aient jamais perdu ou trahi une nation ; et nous ne trouvons rien de semblable à l'excès d'avilissement, à l'audace de bassesse déployée aujourd'hui par M. Guizot. » Enfin, le *National* s'écriait ironiquement : « L'étranger peut faire à sa fantaisie... Nous abandonnons à la Russie et à l'Angleterre cette guenille qu'on nomme la victoire, et nous répéterons dans la boue ce nouveau cantique de gloire : La paix partout! la paix toujours! »

IV

La discussion à la Chambre des pairs n'avait été qu'une sorte de préliminaire. C'est à la Chambre des députés que devait se livrer la vraie bataille. Rarement débat avait été attendu avec autant de curiosité, d'émotion anxieuse. Non-seulement la France entière, mais toute l'Europe politique était attentive à ce qui allait se passer au Palais-Bourbon [2]. Le drame d'ail-

---

[1] M. Guizot, du reste, avait été amené, sur l'interpellation d'un pair, à expliquer lui-même ainsi ses paroles : « J'ai dit que, s'il y avait une offense réelle, il faudrait tout sacrifier ; j'ai parlé de la guerre que ferait la France pour une cause juste et légitime, après s'être emparée de l'esprit et des sympathies des peuples. Certes, ces deux paroles excluaient l'idée de la paix à tout prix. J'ai parlé de la paix partout et toujours, mais comme d'un intérêt égal pour tous les gouvernements, pour tous les peuples, mais aux conditions de la justice et de l'honneur national. »

[2] Un peu plus tard, le 30 décembre, M. de Barante écrivait de Saint-Péters-

leurs ne se présentait pas sans quelque grandeur. Il ne s'agissait plus, comme on l'avait vu trop souvent depuis quelques années, d'un de ces débats pour ainsi dire artificiels, funestes au crédit du régime parlementaire, et au fond desquels on ne pouvait découvrir que la rivalité de certains partis ou même l'ambition de certains hommes. Il semblait qu'on fût reporté à ces temps tragiques de Casimir Périer où l'enjeu de la partie engagée à la tribune était la paix du monde.

Dans quelles dispositions la Chambre était-elle revenue de vacances, et quelle réponse se préparait-elle à faire au discours de la couronne? Sans doute c'était bien cette même Chambre qui avait naguère applaudi l'ambitieux rapport de M. Jouffroy et qui, depuis lors, n'avait jamais paru admettre qu'on pût rien rabattre des prétentions du pacha. Mais, dans ces derniers temps, les événements de Syrie, la peur de la guerre et de la révolution avaient changé bien des points de vue. Ajoutons que, dans cette assemblée issue de la coalition, les partis étaient singulièrement morcelés, inconsistants, mobiles, et qu'on les avait vus, depuis dix-huit mois, se combiner successivement de façon à former des majorités passagères au service des politiques et des ministères les plus différents. Les statisticiens parlementaires la décomposaient ainsi : d'une part, environ 175 députés du centre, 25 doctrinaires et 10 royalistes ralliés, soit 210 partisans avérés d'une politique pacifique; d'autre part, 30 radicaux, 100 membres de la gauche dynastique et 10 royalistes de la nuance de M. Berryer, soit 140 opposants décidés. Entre les deux, une centaine de députés du centre gauche. On savait que ceux-ci se partageraient : mais comment? où se ferait la coupure? De là dépendait la majorité.

Les premiers indices furent favorables aux conservateurs et aux pacifiques. Dès le 6 novembre, lors de la nomination du président et des vice-présidents, tous les candidats ministériels avaient été élus d'emblée à une forte majorité, ce qui ne

---

bourg à M. Guizot : « La discussion de l'Adresse a excité ici un vif intérêt. On lisait tous les discours; on ne parlait pas d'autre chose. C'était l'affaire de l'Europe entière. » (*Documents inédits.*)

s'était pas encore vu depuis 1830. Trois jours après, on nommait dans les bureaux la commission chargée de préparer l'Adresse ; sur les neuf membres, sept étaient favorables à la politique du discours royal. Ces votes s'expliquaient par ce double fait : d'abord que tous les anciens 221 s'étaient décidés ou résignés à soutenir le cabinet, au moins pour le moment ; ensuite que la fraction du centre gauche qui suivait M. Dufaure et les flottants de la nuance de M. Dupin s'étaient unis aux conservateurs pour faire tête à M. Thiers et à la gauche. Ces succès paraissaient de bon augure, et le Roi s'en réjouissait fort. « Ici, écrivait-il au roi des Belges, il y a un revirement admirable dans l'opinion. Les bureaux d'hier ont été excellents ; les discours belliqueux ont été très-mal accueillis dans tous, et la volonté de la paix y était, au contraire, très-nettement et très-rondement avouée. Le soir, mon salon ne désemplit pas de toutes les bénédictions qu'on m'apporte d'avoir résisté [1]. » Toutefois, on ne pouvait encore considérer la bataille comme gagnée. Avec une telle Chambre, les surprises, les retours étaient possibles. Et puis, le vote n'était pas tout. Comment se comporterait la discussion ? Quelle figure y ferait chaque parti ? Dans quel état en sortirait la politique de la France ? La victoire du ministère serait-elle seulement une victoire numérique et précaire, ou une victoire morale et définitive ?

Tout indiquait que l'attaque serait d'une violence extrême, de la part non-seulement de la gauche, mais de l'ancien ministère. M. Thiers avait eu, un moment, l'inspiration d'un rôle plus sage et plus digne. Le 22 octobre, en transmettant à M. Guizot l'appel du Roi, il avait ajouté en son nom personnel : « Ne croyez pas que je serai pour vous un obstacle ; le pays est dans un état qui nous commande à tous la plus grande abnégation. Quelle que soit ma façon de penser sur tout ceci, je suis bien résolu à ne créer de difficultés à personne [2]. » Mais, après quelques jours, rien ne restait de ces bonnes dispositions ; tout entier à la lutte, le ministre déchu s'exprimait avec une colère

---

[1] *Revue rétrospective.*
[2] *Mémoires de M. Guizot*, t. V, p. 405.

et un mépris sans mesure sur ses successeurs et sur le Roi. Ce n'était pas faute, cependant, de s'entendre recommander une conduite absolument différente, par un homme au jugement duquel il paraissait alors attacher une grande importance : nous voulons parler du duc de Broglie. Ce dernier avait ressenti du changement de cabinet une impression assez mélangée : d'une part, il s'attristait de voir la politique française battre, pour ainsi dire, en retraite devant l'Europe; d'autre part, il se sentait un grand poids de moins de n'avoir plus à répondre des fautes du ministère du 1ᵉʳ mars. Ne voulant pour son compte ni maudire le passé ni entraver le présent, il se montrait dans les salons des nouveaux ministres, tout en continuant à recevoir les anciens chez lui, employant tous ses efforts à prévenir, entre les uns et les autres, une rupture trop violente et trop profonde. Il tâcha surtout de contenir M. Thiers. « Vous avez eu bonne intention et beaucoup d'habileté, lui dit-il, et cependant il vous a été impossible de conserver le pouvoir, parce que vous n'aviez avec vous que cinq ou six journaux, et pas une des personnes qui font le lest des gouvernements et pèsent sur le pays. Vous aviez dompté la gauche, et, toute domptée qu'elle était, elle vous entraînait. Apprenez, par cet exemple, à ne plus revenir au pouvoir avec de pareils soutiens et sans l'appoint nécessaire. Vous avez deux conduites à tenir. Une opposition vive vous concilie la gauche, mais vous éloigne du pouvoir; faites-vous l'homme de la gauche, et vous ne rentrez plus qu'avec une révolution. Au contraire, attendez, tenez-vous tranquille, soyez modéré, et, dans six mois, les cartes vous reviennent[1]. » Pendant que le duc lui parlait ainsi, M. Thiers paraissait touché au point d'avoir les larmes aux yeux. Mais, à peine était-il revenu au milieu de son entourage habituel, que la passion reprenait le dessus. Il fut bientôt manifeste que son attitude serait celle d'un chef d'opposition résolu à une lutte à outrance.

Dès la lecture du projet d'Adresse, le 23 novembre, on eut comme un avant-goût des dispositions violentes de la gauche.

---

[1] *Documents inédits.*

Ce projet, nettement pacifique, était l'écho du discours du trône. Peut-être eût-il convenu de dire les mêmes choses avec un accent plus généreux, plus vibrant. Mais M. Dupin avait tenu la plume, et il n'était pas dans sa nature d'élever ce à quoi il touchait. Le fond des idées était, du reste, irréprochable. « La paix donc, s'il se peut, faisait-on dire en terminant à la Chambre, une paix honorable et sûre, qui préserve de toute atteinte l'équilibre européen, c'est là notre premier vœu. Mais si, par événement, elle devenait impossible à ces conditions, si l'honneur de la France le demande, si ses droits méconnus, son territoire menacé ou ses intérêts sérieusement compromis l'exigent, parlez alors, Sire, et, à votre voix, les Français se lèveront comme un seul homme. Le pays n'hésitera devant aucun sacrifice, et le concours national vous est assuré. » Après ces mots : *son territoire menacé*, la gauche éclata en cris d'indignation, feignant de comprendre que la commission n'admettait la guerre que dans ce cas, et on put croire, pendant un certain temps, que ces clameurs ne permettraient même pas de finir la lecture. Ce malentendu, nullement involontaire, ressemblait fort à celui qui s'était déjà produit, quelques jours auparavant, à propos de la phrase de M. Guizot sur la paix partout et toujours. On se flattait, par ces tapages calculés, de troubler et d'intimider à l'avance la majorité.

V

Le débat s'ouvrit le 25 novembre. A peine fut-il engagé que son caractère apparut manifeste : c'était un duel entre M. Guizot et M. Thiers. Pendant les quatre premiers jours, les deux champions occupèrent, à tour de rôle, presque constamment la tribune. Combat de géants ! s'écrient les spectateurs, partagés entre l'admiration qu'éveillent en eux de si beaux coups d'éloquence et la tristesse de voir ces deux grands esprits, dont l'union avait été, de 1831 à 1836, si féconde pour le pays, employer

toute leur force à s'entre-détruire. L'un et l'autre sont arrivés
à l'apogée de leur talent. M. Guizot, sans avoir rien perdu
de son élévation grave et imposante, s'est pleinement dégagé
de la roideur et de la sécheresse professorales. Rien de plus
parfait, de plus puissant que son débit, son geste et toute
son action oratoire. Sa parole est devenue plus souple, plus
chaude, plus vibrante. Il sait remuer profondément ceux qu'autrefois il se bornait à éclairer. Il a acquis la promptitude dans
l'improvisation et le sang-froid dans la riposte. Il s'est fait à
l'agitation violente du nouveau forum, et y a trouvé même un
milieu merveilleusement propre au développement de son éloquence : dans cette mêlée, le philosophe austère et serein s'est
révélé homme de lutte ; ses éclats de passion sont superbes
et terribles. Personne, a-t-on pu dire justement[1], n'exprime
comme lui la colère et le dédain. Il n'est jamais plus beau que
quand, adossé à la tribune, la tête renversée, le front pâle, l'œil
en feu, les bras croisés, il reçoit, comme un roc immobile,
l'écume impuissante des passions que l'opiniâtreté hautaine de
sa parole a rendues furieuses, ou bien quand, reprenant l'offensive, le geste menaçant, il anéantit ces outrages à ses pieds,
avec un mépris irrité et une fierté vengeresse. M. Thiers n'est
pas arrivé à une moindre perfection. Il est devenu complétement maître du genre si nouveau qu'il a créé, de cette sorte de
causerie alerte, abondante, universellement intelligente, charmante de verve, de fraîcheur et de naturel. Il y apporte plus
d'aisance encore que dans le passé, plus d'ampleur et d'autorité. Il a même ses mouvements d'émotion éloquente, soit que
la colère de la lutte l'enflamme, soit qu'il veuille sonner quelque
fanfare patriotique. Ces morceaux, dont le relief est augmenté
par la simplicité familière de l'ensemble, ne détonnent pas
cependant avec ce qui les entoure : c'est toujours le même
accent naturel, bien que momentanément élevé ou échauffé.
Le contraste absolu des deux champions ajoute encore à l'intérêt dramatique de leur combat singulier. M. Guizot, sévère,

---

[1] M. Jules Simon, *Notice* lue à l'Académie des sciences morales et politiques.

dominateur, impérieux, parle de haut aux gens, daignant les élever jusqu'à lui, mais sans les mettre tout à fait à leur aise. M. Thiers, insinuant, séduisant, câlin, en communication constante et facile avec ses auditeurs, on allait presque dire ses interlocuteurs, paraît se mettre de plain-pied avec eux. M. Guizot, dédaigneux des épisodes, ne se permettant et ne permettant aux autres aucune distraction, ordonne ses discours comme une thèse philosophique, compose par masses, procède par généralisation, a pour dialectique habituelle d'élever toutes les questions qu'il traite, et, quand il a des points faibles dans sa cause, il s'attache à les faire disparaître derrière quelque grande idée. M. Thiers, abondant, même parfois diffus, se plaît aux diversions, aux longueurs et aux redites, sans cesser néanmoins de paraître toujours vif et rapide ; il entre dans les détails les plus minutieux, ouvre des vues sur les quatre coins de l'horizon, mêle tout, anecdotes, exposés techniques, considérations morales, saillies de bon sens, mouvements de passion, plein d'aisance et d'agrément dans ces mille détours, ne semblant que suivre ses caprices, n'ayant rien de l'ordonnance classique du discours, et cependant finissant toujours, avec une habileté consommée, par amener son auditoire au but qu'il veut atteindre. M. Guizot semble réunir tous les dons extérieurs de l'orateur idéal : un profil d'une beauté sculpturale, le front haut et sillonné, le teint pâle, les tempes amaigries, des yeux où brille un feu contenu mais ardent, la bouche fine, ferme et fière, une voix sonore, profonde, au besoin tragique [1], une puissance de geste et de regard capable d'en imposer aux plus violents tumultes, tant de dignité et de hauteur dans le maintien qu'on ne s'aperçoit même pas qu'il est de petite et frêle stature. M. Thiers, au contraire, avec sa figure de petit bourgeois, ses lunettes, sa moue mélangée de bonhomie et de malice, n'a rien du masque

---

[1] On a souvent cité le mot de mademoiselle Rachel, au sortir d'une séance de la Chambre où M. Guizot avait parlé : « J'aimerais à jouer la tragédie avec cet homme-là. » Jeune homme, quand il avait fait visite pour la première fois à madame de Staël, celle-ci, frappée de son accent, lui avait dit brusquement : » Je suis sûre que vous joueriez très-bien la tragédie ; restez avec nous et prenez un rôle dans *Andromaque.* »

héroïque de l'orateur : pas de geste, seulement quelques tics du bras ou du buste ; une voix grêle et clairette, une taille courte et ramassée, avec un dandinement qui n'est pas fait pour donner plus de majesté à la démarche : et malgré tout, à la tribune, il produit un tel effet qu'on en vient à douter lequel est le plus éloquent de lui ou de M. Guizot.

Si le débat se résumait, pour ainsi dire, dans le duel de M. Guizot et de M. Thiers, ce n'était pas que la Chambre en fût seulement spectatrice ; elle y était partie. Sa passion venait s'ajouter à celle des deux champions. On eût dit un chœur farouche, tumultueux, qui accompagnait et, par moments, couvrait presque la voix des acteurs principaux. Dès la première séance, à peine M. Guizot eut-il commencé à parler que les vociférations de la gauche éclatèrent : c'était le même parti pris de violence que naguère pendant la lecture du projet d'Adresse. L'un lui rappelle que, lors de la coalition, il a soutenu, sur la politique extérieure, les thèses qu'il combat aujourd'hui[1]. L'autre lui jette cette phrase : « Nous n'avons pas été à Gand ! » La plupart crient pour ne rien dire. Le tapage est effroyable. Le ministre, dont chaque phrase est hachée par des hurlements injurieux, fait extérieurement fière figure, mais au fond ne laisse pas que d'être un peu désorienté ; il s'engage dans des justifications assez embarrassées de sa conduite en 1815 et en 1839. Bientôt, cependant, la violence même de ses adversaires lui fouette le sang ; il se retrouve, sort de la défensive et pousse l'attaque avec vigueur. Le tumulte est, sinon apaisé, du moins dominé, et l'orateur a conquis de vive force la liberté de sa parole. Sans doute, dans le reste du débat, il aura encore à lutter contre les interrupteurs ; mais ceux-ci n'oseront plus essayer d'étouffer sa voix.

[1] L'opposition avait en effet assez beau jeu à rappeler le temps où M. Guizot accusait le ministère du 15 avril « d'abaisser » la France, où il proclamait que « la paix pouvait être compromise par une politique faible, peu digne, qui blesserait l'honneur national », et où il s'écriait : « La France est très-fière, très-susceptible pour sa dignité nationale, pour son attitude dans le monde. Le gouvernement est coupable et insensé, quand il ne donne pas à cette fierté, à cette susceptibilité, sécurité et satisfaction. »

Bien que les conservateurs écoutassent plus décemment les discours de M. Thiers, ils témoignaient, eux aussi, une animosité singulièrement passionnée ; ceux d'entre eux qui avaient donné un moment dans le mouvement belliqueux ne se montraient pas les moins implacables à faire de l'ancien ministre la victime expiatoire d'une faute dont ils sentaient avoir leur part. On semblait impatient de lui infliger une sorte d'éclatant supplice politique. Quelques-uns demandaient qu'on le mît en jugement. Le mot courant était qu'il fallait profiter de la discussion pour le tuer « moralement », de telle sorte qu'il ne pût jamais se relever. On a souvent remarqué que, quand elles ont eu peur, les parties d'ordinaire les plus calmes et les plus inoffensives de la nation deviennent presque féroces. Il y avait un peu de cela dans l'exaspération dont le ministre du 1er mars était alors l'objet.

Toute une partie de la discussion, non la moins longue ni la moins âpre, se passa en récriminations rétrospectives sur les négociations qui avaient précédé le traité du 15 juillet, principalement sur la façon dont M. Guizot avait rempli son rôle d'ambassadeur. Ce fut une succession, bientôt assez déplaisante, d'attaques et d'apologies toutes personnelles. On vit les deux adversaires ne pas hésiter, pour les besoins de leur cause particulière, à vider les cartons du ministère, venant lire à la tribune les dépêches officielles et même les lettres privées, livrant les secrets d'État, sans paraître même s'apercevoir, dans leur étrange acharnement, de la surprise pénible qu'ils provoquaient ainsi en France [1] et hors de France [2] : le tout pour arriver à

---

[1] M. Rossi écrivait à ce propos : « Tout ce que notre diplomatie a fait, a dit, a pensé, a connu, a conjecturé, depuis deux ans, sur la question d'Orient, a été lu, étalé, commenté à la tribune. On a mis en scène les diplomates présents, les absents, les français, les étrangers, comme si l'affaire d'Orient était finie et reléguée dans le domaine de l'histoire. Nous ne croyons pas nous tromper en affirmant que le comité diplomatique de la Convention mettait plus de réserve dans ses communications au public sur les affaires pendantes. Nous autres, nous sommes las, pour employer le mot de M. Villemain, de toute cette politique rétrospective. » (Chronique politique de la *Revue des Deux Mondes* du 1er décembre 1840.)

[2] M. Charles Greville écrivait sur son journal, à la date du 4 décembre 1840 : « Les révélations de secrets officiels et de confidences ont été monstrueuses. » (T. Ier, p. 355.)

bien établir devant l'étranger, qui écoutait et auquel une telle démonstration ne pouvait déplaire, que si la France se trouvait dans une situation fâcheuse, elle le devait à l'incapacité, si ce n'était même à la déloyauté de tous ceux qui, à des titres différents, avaient mis la main à ses affaires.

Laissons ces misères et arrivons vite à une partie plus intéressante du débat, celle qui porta sur la question de paix ou de guerre. M. Thiers, principalement préoccupé de sa popularité actuelle dans la gauche [1], se donna après coup une attitude beaucoup plus résolument belliqueuse qu'il ne l'avait eue au pouvoir. En réponse à la distinction que M. Guizot avait faite, à la Chambre des pairs, entre l'injure et le manque d'égards, il proclama qu'il y avait eu, au 15 juillet, injure pour la France. « On a prononcé, dit-il, le mot de tromperie, eh bien, je l'accepte. Oui, après dix ans d'alliance, cette conduite à notre égard est une indigne tromperie... La France a senti cet affront. Quoi! l'on voudrait que seul je l'aie senti? M. Thiers a seul pu entraîner son pays! Non, cela n'est ni vrai ni possible. Je ne vous rappelle pas, je ne puis pas rappeler combien parmi vous il y a eu d'hommes, que leur sympathie d'opinion n'amenait pas à moi, qui sont venus me dire : Soutenez la dignité de la France; soutenez-la jusqu'au bout. (*Mouvement.*) Et aujourd'hui, on voudrait n'avoir pas senti tout cela; on est presque honteux des bons sentiments que l'on a éprouvés! (*Bruit.*) Eh bien, Messieurs, ces sentiments, moi, je les ai éprouvés profondément, je ne les désavoue pas, et, après les avoir éprouvés très-sincèrement et comme un Français, comme un bon Français le devait, j'ai voulu suivre jusqu'au bout, entendez-moi bien, la conduite que de tels sentiments, quand on les a ressentis, doivent inspirer... (*Mouvement.*) Je ne puis pas songer à ces jours terribles sans être profondément ému... Je savais bien que j'allais peut-être faire couler le sang de dix

---

[1] « Je m'honore de l'appui de la gauche, disait M. Thiers; cet appui tenait à ce qu'il y avait de commun entre elle et moi : l'amour pour notre pays et sa révolution. Je ne crains pas de m'appeler révolutionnaire; il n'y a que les parvenus de mauvaise éducation qui ont peur de leur origine; moi je n'ai pas peur de la mienne. »

générations ; mais je me disais : Si la France recule, l'Europe le sait ; les Chambres, le gouvernement, tout le monde s'est engagé : si elle recule, elle descend de son rang. » La conséquence d'un tel langage, c'était la guerre. Seulement, la guerre immédiate étant impossible, M. Thiers disait l'avoir ajournée au printemps. En attendant, il voulait armer la France, et cet armement prenait, dans son discours, des proportions étonnantes : il ne s'agissait plus de cinq cent mille ni même de six cent mille soldats, mais d'un total de neuf cent trente-neuf mille hommes. Ainsi armé, il comptait venir dire aux puissances : ou la modification du traité ou la guerre. Dans cette guerre, la France eût été sans doute seule contre toute l'Europe ; M. Thiers ne le niait pas ; mais elle en eût été quitte, selon lui, pour recommencer « un de ces grands actes d'énergie qu'elle avait faits si magnifiquement au commencement du siècle ». En tout cas, ajoutait-il, « je me suis dit que, s'il y avait une faiblesse à faire, la ferait qui voudrait, mais que ce ne serait ni moi ni mes collègues ». Tout en se posant ainsi comme ayant seul osé regarder l'Europe en face, M. Thiers indiquait que son courage patriotique avait été constamment entravé, annulé, par la faiblesse de Louis-Philippe. Il ne nommait pas ce dernier, mais le désignait avec une perfide clarté. Quand il faisait l'éloge du roi de Naples, « ce petit roi » qui avait eu le cœur assez grand pour vouloir résister à lord Palmerston, chacun comprenait que c'était pour le mettre en opposition avec Louis-Philippe, et la gauche, afin de souligner l'intention de l'orateur, applaudissait bruyamment, en criant : « Bravo pour le roi de Naples ! »
« Savez-vous, demandait M. Thiers, où était ma faiblesse? On doutait, en Europe, que la résolution de la France fût soutenue jusqu'au bout... On croyait que, lorsque les armements seraient poussés au dernier terme, le cabinet n'existerait plus. » Et, revenant avec insistance sur cette insinuation, il ne se lassait pas de dénoncer à la tête du gouvernement un parti pris de faiblesse. De là, à l'entendre, cette affirmation méprisante de lord Palmerston, « que la France, après avoir montré de la mauvaise humeur, se tairait et céderait ». Il avait voulu lutter

contre ce parti pris, donner un démenti à cette affirmation : la puissance malfaisante et défaillante, qu'il ne nommait toujours pas, l'avait une fois de plus emporté sur lui, pour la honte de la France. Et alors il s'écriait, aux acclamations de la gauche : « Qu'on me condamne, qu'on m'exclue à jamais du pouvoir, j'y consens volontiers ; mais quand je vois mon pays ainsi humilié, je ne puis contenir le sentiment qui m'oppresse, et je m'écrie : Quoi qu'il arrive, sachons être toujours ce qu'ont été nos pères, et faisons que la France ne descende pas du rang qu'elle a toujours occupé en Europe ! »

Après s'être donné ce rôle dans le passé, M. Thiers s'efforçait de discréditer par avance la politique de sagesse et de modération à laquelle ses successeurs étaient condamnés pour réparer ses fautes. Cette paix qu'il ne pouvait pas, qu'au fond même il ne voulait pas empêcher, il tâchait du moins de la rendre douloureuse au patriotisme, et, dans ce dessein, fouillait en quelque sorte de sa parole aiguë, les blessures encore à vif de l'orgueil national. « Le discours de la couronne, déclarait-il, a dit que l'on espère la paix ; il n'a pas dit assez. On est certain de la paix... Je ne calomnie personne. Qu'on me permette de dire les choses telles qu'elles sont : le cabinet du 29 octobre a été formé pour la paix et la paix certaine... Ce calme, calme triste dont vous vous vantez, savez-vous à quoi il tient? Il tient à ce que le pays sait bien que la question est résolue. Il sait que la question est résolue pour la paix... » Et alors il avertissait la France « qu'elle avait ainsi perdu toute l'influence qu'elle pouvait avoir dans la Méditerranée ». Après avoir longuement insisté sur cette déchéance, répété à satiété cette même phrase, il ajoutait : « Il y a pis que cela ; les pertes matérielles, on en revient. Si vous l'aviez voulu, nous serions revenus des traités de 1815... (*Bravo! à gauche. Agitation au centre.*) Mais aujourd'hui qu'on sait qu'on a pu vous intimider, aujourd'hui qu'après avoir dit que vous résisteriez vous ne résistez pas, le secret est connu, et la coalition, vous la retrouverez souvent... Je ne voudrais pas affliger mon pays ; il m'en coûte de remplir le triste rôle que je remplis ici. Savez-vous ce qu'il faut lui dire : que s'il veut rester étranger aux grandes questions, il fait bien de se conduire comme il fait aujourd'hui ; s'il ne veut que sauver *son territoire menacé,* pour parler le langage de l'Adresse (*Vive adhésion à gauche. Réclamations au centre*), il n'y a pas de danger peut-être dans la conduite qu'il tient ; mais, s'il a la prétention de se mêler aux grandes questions de l'Europe, il faut, en se conduisant comme on l'a fait pour lui, qu'il y renonce pour longtemps. Qu'il proportionne son énergie à ses prétentions ou qu'il réduise ses prétentions, non pas à l'énergie qu'il a, mais à l'énergie qu'on lui suppose. (*Vive approbation à gauche.*) »

L'attaque avait été perfide et redoutable : la défense fut habile et résolue. Le ministre, cependant, dans un tel débat, était plus gêné que le député : il devait calculer l'effet de chacune de ses phrases, non-seulement sur le parlement dont il cherchait à conquérir les votes, mais sur les chancelleries avec lesquelles il continuait à négocier. De plus, en face d'une opinion réellement mortifiée, la thèse de la prudence était beaucoup plus ingrate que celle du patriotisme belliqueux, surtout quand celui qui défendait cette dernière thèse ne courait pas le risque d'être mis en demeure de traduire ses paroles en actes. Quelques semaines plus tard, dans une autre discussion, M. Guizot a noté lui-même, avec une mélancolie fière, le désavantage de son rôle. « J'envie quelquefois, disait-il, les orateurs de l'opposition. Quand ils sont tristes, quand ils sympathisent vivement avec des sentiments nationaux, ils peuvent venir ici épancher librement toutes ces tristesses, exprimer librement toutes leurs sympathies. Messieurs, des devoirs plus sévères sont imposés aux hommes qui ont l'honneur de gouverner leur pays. Quand le pays a besoin d'être calmé, il n'est pas permis aux hommes qui gouvernent de venir exciter en lui les bons sentiments qui l'irriteraient et le compromettraient. Quand le pays a besoin d'être rassuré, il faut parler, à cette tribune, avec fermeté et confiance. Il ne faut pas se laisser aller à des récriminations, à des regrets. Il y a des tristesses qu'il faut contenir pendant que d'autres ont le plaisir de les répandre. »

M. Guizot marqua tout de suite comment il entendait riposter aux attaques de son adversaire. « Messieurs, commença-t-il, l'honorable M. Thiers disait tout à l'heure : sous le ministère du 29 octobre, la question est résolue, la paix est certaine. L'honorable M. Thiers n'a dit que la moitié de la vérité : sous le ministère du 1ᵉʳ mars, la question était résolue, la guerre était certaine. » Et pour appuyer cette affirmation, il s'emparait non-seulement des actes de son prédécesseur, mais des paroles qu'il venait de prononcer. « Croyez-vous, demandait-il, que les neuf cent cinquante mille hommes dont parlait tout à l'heure M. Thiers soient un moyen de garder la paix? C'est un moyen de faire la guerre, de la rendre à peu près infaillible... Voilà le vrai de la situation : vous êtes tombé parce que vous poussiez à la guerre. Nous sommes arrivés au pouvoir, parce que nous espérions maintenir la paix. » Le ministre reprit avec succès la même idée, les jours suivants. Entre temps, il proclama, aux applaudissements du centre, « le service immense rendu par la couronne au pays, service analogue à ceux qu'elle lui avait rendus plusieurs fois dans de semblables occasions ». Mais ce fut surtout le quatrième jour que, se dégageant et des récriminations personnelles et des controverses sur le passé, il porta à son adversaire les coups décisifs. Il commença par rappeler, — ce que l'on semblait trop oublier, — qu'il y avait eu « des faits accomplis » depuis le traité du 15 juillet; c'était, en Orient, l'effondrement complet des Égyptiens, survenu pendant que M. Thiers occupait le pouvoir, et sans qu'il eût rien fait pour l'empêcher; c'étaient, en Occident, les réserves diplomatiques et les armements de précaution du dernier cabinet. « Nous avons maintenu les armements, dit le ministre, les armements de paix; nous n'avons fait auprès de l'Europe aucune proposition, aucune concession; nous n'avons dit aucune parole qui altérât la position isolée, digne, expectante que l'on avait prise, avec raison. » Naturellement M. Guizot n'avait pas à faire confidence à la Chambre des efforts indirects qu'il venait de tenter, sans succès, pour se faire offrir une concession en Syrie, ni des inquiétudes qu'il pouvait avoir sur l'Égypte. Ne révélant qu'un point des récentes négociations, il annonça qu'en ce moment même les puissances offraient au pacha, s'il se soumettait, de lui assurer l'Égypte héréditaire; et il ajouta, sans s'inquiéter du déplaisir qu'en ressentirait lord Palmerston[1] : « ... Offre qui lui est faite, je n'hésite pas à le dire, surtout en considération de la France. » Il concluait ensuite : « Par les chances de la guerre, avant le 3 novembre, pendant la durée et sous l'action du cabinet du 1er mars, le pacha a perdu la Syrie tout entière. Par la note du 8 octobre, on avait fait la réserve du pachalik héréditaire de l'Égypte. Ce pachalik héréditaire est offert à Méhémet-Ali au nom des puissances. Dans cet état des faits, des faits accomplis et diplomatiques, que voulez-vous qu'on fasse? Lui donneriez-vous le conseil de refuser l'Égypte héréditaire, dans l'espoir qu'au printemps, par la guerre, avec neuf cent cinquante mille hommes, vous lui ferez rendre la Syrie? (*Rires approbatifs au centre.*) Voilà la question réelle, voilà la question pratique. Il faut choisir entre deux politiques, entre celle qui, acceptant la position que vous avez prise, acceptant les faits accomplis sous votre administration, acceptant la réserve que vous avez faite, se contente de cette réserve et donne au pacha, sincèrement, sans détour, le conseil de s'en contenter, et une politique qui, remettant en question les faits accomplis, remettant en question la position que vous avez prise, remettant en question les limites dans lesquelles vous vous êtes vous-même renfermé, donnerait au pacha le conseil de continuer je ne sais quelle guerre, non en Syrie, où il ne sera bientôt plus, mais en Égypte même, dans l'espoir que, par une guerre générale, dans six mois, vous serez en état de lui faire recouvrer la Syrie. Il n'y a pas d'autre question politique que celle-là. Tout le reste est du passé, un passé qui nous est étranger... Je ne rentre pas dans le passé. Je crois que ce qui importe au pays, c'est de mettre un terme à une situation difficile et périlleuse; et on ne peut le faire qu'en acceptant et les faits accomplis et les réserves qui ont été faites

---

[1] Cf. plus haut, p. 378 et 379.

au profit du pacha. Voilà la politique du cabinet... » Ce discours fut comme un jet franc et vif de lumière sur le problème que venaient d'obscurcir, pendant plusieurs jours, d'interminables discussions rétrospectives. La Chambre fut heureuse de se sentir ramenée d'une main si ferme à la question « pratique et actuelle », et d'y voir si clair.

L'incomparable éclat de la lutte engagée entre les deux grands orateurs rejeta nécessairement dans l'ombre tout le reste du débat. M. Odilon Barrot, qui se croyait appelé, comme il l'a écrit depuis avec une présomption naïve, à « couvrir » et à « relever » M. Thiers[1], essaya de répondre au dernier discours de M. Guizot; il montra une telle inintelligence de la question qu'il excita l'impatience de la gauche elle-même, et que, pour se tirer d'affaire, il n'eut d'autre ressource que de se jeter dans les personnalités et de reprendre l'éternelle histoire du voyage à Gand : il eut ainsi la satisfaction de soulever un nouveau tumulte, mais se fit rappeler qu'il avait été volontaire royaliste en 1815. M. Thiers ne fut pas mieux servi par ses anciens collègues, notamment par M. le comte Jaubert, qui se livra aux sorties les plus furieuses et les plus compromettantes contre l'Angleterre ou, pour parler son langage, contre « l'Anglais[2] ». M. Guizot trouva, au contraire, quelque secours dans une harangue du général Bugeaud, assez décousue, mais pleine de verdeur et de bon sens[3]. Notons enfin un très-éloquent discours de M. Berryer. L'occasion était belle, en effet, pour l'orateur

---

[1] *Mémoires de M. Odilon Barrot*, t. Ier, p. 359.

[2] « Je suis de l'école de l'Empire, s'écriait M. Jaubert; mon père a été tué par un boulet anglais à la bataille d'Aboukir; en 1815, j'ai vu les habits rouges des Anglais dans les Champs-Élysées; je ne l'oublierai jamais. » Puis, parlant des incidents récents, il ajoutait : « Il y a eu outrage; j'attends le jour de la vengeance. »

[3] Le général Bugeaud fit justice des déclamations sur la guerre révolutionnaire et de la légende des volontaires de 1792. « Il y a beaucoup de gens en France, dit-il, qui sont persuadés qu'il suffit de chanter la *Marseillaise* pour renverser les armées de l'Europe. J'apprécie beaucoup le chant de la *Marseillaise*. (On rit.) Mais je crois qu'à lui seul il ne donne pas la victoire. Je trouve très-bien que les combattants chantent la *Marseillaise*, quelques instants avant le combat, non pendant l'action : ce qu'il faut alors, c'est le silence, c'est l'aplomb. Il faut se méfier des troupes silencieuses et non pas de celles qui crient et qui chantent. »

légitimiste, de reprendre toutes les accusations de M. Thiers et d'en accabler la monarchie de Juillet : il s'attacha à bien donner à la France le sentiment douloureux et irrité qu'elle était humiliée, diminuée, et qu'elle l'était par le fait du Roi. Il finit même par faire au gouvernement ce reproche, étrange dans la bouche d'un royaliste, de se méfier trop de la passion révolutionnaire et de ne pas comprendre ce qui s'y trouvait de force patriotique. Cette thèse et cette tactique sont déjà connues : M. Berryer y avait eu plus d'une fois recours; mais jamais la flamme de sa parole n'avait été plus éclatante et plus brûlante. La gauche l'acclama, et, le lendemain, toute la presse opposante, depuis le *Constitutionnel* jusqu'au *National*, porta aux nues son discours.

De cette discussion, qui s'était prolongée pendant huit séances, la majorité sortait éclairée sur la folie périlleuse de la politique préconisée par M. Thiers. Mais tout ce qui lui avait été dit et répété si éloquemment sur l'humiliation de la France lui laissait un certain sentiment de malaise. Ce fut par égard pour ce sentiment qu'à la dernière heure, la commission de l'Adresse apporta, avec l'adhésion complète du ministère, une rédaction nouvelle d'une note un peu plus fière que le premier projet de M. Dupin. On y disait que « la France s'était vivement émue des événements qui venaient de s'accomplir en Orient ». La phrase si attaquée sur le *territoire menacé* était remplacée par cette déclaration générale : « La France, à l'état de paix armée et pleine du sentiment de sa force, veillera au maintien de l'équilibre européen, et ne souffrira pas qu'il y soit porté atteinte [1]. » L'opposition songea un moment à voir, dans cette modification de forme, son triomphe et la condamnation du ministère. Mais elle ne persista pas dans cette manœuvre, un peu puérile, et M. Odilon Barrot présenta un amendement exprimant plus ou moins nettement la pensée de la gauche. Ce

---

[1] En apportant cette nouvelle rédaction, M. Dupin s'exprima ainsi : « Le rédacteur de l'Adresse et la majorité de la commission n'ont pas changé d'opinion ; mais, avec les sentiments français qui étaient dans nos cœurs, nous avons été amenés à recueillir les impressions, non pas de nos adversaires, mais de nos amis, et à donner satisfaction à la Chambre, non en changeant les sentiments, mais en leur donnant plus de relief et de saillie. »

fut pour M. Thiers l'occasion d'un suprême effort. Laissant de côté tous ses grands plans de campagne et son armée de neuf cent mille hommes, il donna à l'amendement une portée restreinte et modeste : à l'entendre, c'était seulement la répétition parlementaire de l'*ultimatum* contenu dans la note du 8 octobre, l'affirmation que la Chambre voulait assurer quand même l'Égypte au pacha; puis, avec une éloquence nerveuse, pressante, il plaça le ministère en face de ce dilemme, ou d'avouer qu'il était résigné à sacrifier aussi l'Égypte, ou de laisser la Chambre poser ce *casus belli*. La situation devenait embarrassante pour M. Guizot. Céder à M. Thiers, c'était lui permettre de se dire vainqueur; et puis, si décidé que fût le ministre à défendre l'Égypte, il ne lui plaisait guère de voir la France s'engager à fond sur un terrain où elle avait eu déjà et où elle pouvait encore rencontrer tant de fâcheuses surprises. D'autre part, il ne voulait pas non plus, devant le pays et devant l'étranger, avoir l'air d'abandonner la note du 8 octobre. Il s'en tira fort habilement. « En fait, déclara-t-il dans une dernière réplique, il n'y a pas de question. Ce que la note du 8 octobre a dit est fait. Ce que la note du 8 octobre a demandé est accompli... A l'heure qu'il est, l'offre de l'Égypte héréditaire est portée au pacha par les puissances, et, je n'hésite pas à le redire, surtout en considération de la France. Que venez-vous donc demander aujourd'hui? Vous venez demander que la France exige par la menace ce qui est obtenu par l'influence... Il s'agit de se donner à soi-même la satisfaction puérile d'avoir écrit un cas de guerre. Messieurs, un gouvernement prudent, une Chambre prudente n'écrivent pas des cas de guerre; il les pratiquent, quand le moment arrive... J'estime très-médiocrement ces cas de guerre qui apparaissent longtemps d'avance, ainsi que les courages qui viennent longtemps après. (*Bravo! au centre.*) » Cette réplique eut un grand succès et enleva le vote. L'amendement fut repoussé à une forte majorité, et l'ensemble de l'Adresse adopté par 247 voix contre 161.

M. Thiers était bien complétement battu. Il le devait en grande partie à lui-même, à son langage dans le débat. Il avait trouvé moyen d'inquiéter par ses allures belliqueuses et révolutionnaires, sans cependant en imposer par ce plan de guerre au printemps que la Chambre n'avait pu entendre exposer sans sourire et dont les journaux s'étaient gaussés [1]. On l'avait jugé un homme d'État à la fois peu sérieux et dangereux. M. de Lamartine écrivait alors à un ami : « Rien ne peut vous donner une idée de la démonétisation de M. Thiers. » La plupart des conservateurs ressentaient, à l'égard du ministre tombé, un sentiment mêlé d'effroi, d'indignation et de dédain, et leurs journaux l'exprimaient sans ménagement aucun. Il paraissait très-dur à M. Thiers d'être frappé par cette presse dont il s'était tant servi contre les autres. Il en souffrait parfois jusqu'à verser des larmes de tristesse et de colère [2]. Au cours de la discussion, il s'en était plaint, à la tribune, avec un accent de douloureuse amertume [3].

A l'étranger, l'attitude de M. Thiers avait eu des effets plus déplorables encore. Il ne s'était pas seulement nui à lui-même, il avait nui gravement à la France. Toute cette mise en scène belliqueuse semblait, en effet, donner raison à ceux qui, depuis

[1] Le *Journal des Débats* criblait de ses sarcasmes ce fameux plan. « M. Thiers, disait-il, se donne un singulier mérite, et voici ce mérite : sa politique officielle était pacifique, mais sa politique secrète était belliqueuse! Au mois d'octobre, il ne considérait pas le traité de Londres comme une insulte; il l'eût considéré comme une insulte, au mois de mai prochain! Il n'entendait pas s'opposer à l'exécution du traité, il l'a dit et l'a prouvé; mais il voulait le faire modifier, quand il serait pleinement exécuté! Il a abandonné la Syrie aux chances de la guerre; mais, au mois de mai, il eût essayé de la reprendre. » Puis, cessant de railler, il apostrophait ainsi l'ancien ministre du 1er mars : « Non, M. Thiers, vous n'avez pas voulu la guerre. Vous ne l'avez pas plus voulu au mois d'octobre qu'au mois d'août, avec cette résolution sérieuse et calme d'un homme d'État qui a calculé les chances et qui se sent la main assez forte pour diriger les événements... Puis, quand les événements vous ont déçu, vous n'avez plus songé qu'à vous préparer sur les bancs de l'opposition une retraite avantageuse. »

[2] *Journal inédit du baron de Viel-Castel* du 10 décembre 1840.

[3] M. Thiers avait dit, dans son discours du 27 novembre : « Cette presse m'injurie de la manière la plus affreuse. On me fait un homme de presse qui attaque tout le monde avec cet instrument, comme si je n'étais pas la plus grande victime de la presse! (*Exclamations et rires au centre.*) Messieurs, n'y a-t-il pas des journaux qui me diffament tous les jours de la manière la plus odieuse? Eh bien, je leur accorde une chose : on peut toujours faire souffrir un honnête homme quand on le calomnie; je leur accorde cette triste puissance sur moi... Mais cet honnête homme méprise, il méprise beaucoup, et c'est sa seule vengeance. »

quelques mois, dénonçaient notre gouvernement comme menaçant la paix de l'Europe. Lord Palmerston sentit aussitôt l'avantage qu'il pouvait en tirer, et se fit honneur de son opposition à une politique qui se vantait d'avoir eu de si mauvais desseins [1]. Les adversaires anglais du chef du *Foreign Office* déclaraient que sa politique et ses actes étaient justifiés par les révélations de M. Thiers [2]. » M. Desages, que sa haute situation au ministère des affaires étrangères mettait bien au courant de toutes les choses d'Europe, disait, peu après, à ce propos, au duc de Broglie : « Depuis ses discours, M. Thiers est tenu plus que jamais, au dehors, pour le représentant de la guerre révolutionnaire et de tous les souvenirs impériaux ; à ce point que sa rentrée aux affaires amènerait une guerre immédiate. En Allemagne, son langage a contribué à monter plus encore les esprits contre la France, à aviver la passion de 1813. En Angleterre, depuis cette affreuse discussion, tout le monde commence à trouver que lord Palmerston a eu raison de rompre avec de pareils brouillons [3]. » Enfin, de Saint-Pétersbourg, M. de Barante écrivait : « La manière dont on a cherché à justifier, à glorifier une politique d'illusion, a achevé le mal de cette politique, en resserrant les nœuds de toutes les alliances hostilement défensives [4]. »

M. Guizot avait-il gagné tout ce qu'avait perdu M. Thiers? Sans doute, la victoire de l'Adresse apparaissait être bien sa victoire. En France comme à l'étranger, l'effet en était considérable. Toutefois, s'il avait vaincu l'opposition, il n'était pas encore assuré de dominer la majorité. Au milieu même de son triomphe, il avait le sentiment de cette incertitude ; mais il ne s'en décourageait pas, et, envisageant d'un regard viril les difficultés qui lui restaient à vaincre de ce côté, il écrivait à M. de Barante : « Je sors d'une grande lutte. La bataille est, je crois, bien gagnée. Mais je ne me fais aucune illusion ; cette

---

[1] Bulwer, t. II, p. 324.
[2] *The Greville Memoirs, second part*, t. Ier, p. 354 et 355.
[3] *Documents inédits.*
[4] *Ibid.*

bataille-là n'est que le commencement d'une longue et rude campagne. Depuis 1836, depuis la chute du cabinet du 11 octobre, le parti gouvernemental est dissous, et le gouvernement flottant, abaissé, énervé. Le grand péril où nous sommes arrivés par cette voie nous en fera-t-il sortir? Ressaisirons-nous le bien d'une majorité vraie et durable, par l'évidence du mal que nous a fait son absence? Je l'espère et j'y travaillerai sans relâche. C'est commencé. La Chambre est coupée en deux. Le pouvoir est sorti de cette situation oscillatoire entre le centre et la gauche, qui a tout gâté depuis quatre ans, même le bien. Mais tout cela n'est qu'un commencement. Du reste, je ne veux pas vous envoyer mes doutes, mes inquiétudes. Le monde en est plein, les esprits en sont pleins. Je crois le bien possible, probable même, à travers des obstacles, des embarras, des ennuis, des échecs innombrables. Cela me suffit et cela doit suffire à tous les hommes de sens. La condition humaine n'est pas plus douce que cela [1]. »

VI

La discussion de l'Adresse avait prouvé que la politique belliqueuse était condamnée par la représentation nationale. Une occasion allait se présenter de voir si elle avait plus de crédit sur le peuple lui-même. Après l'épreuve du parlement, celle de la rue.

Le 30 novembre 1840, la frégate *la Belle Poule*, sous les ordres du prince de Joinville, avait mouillé en vue de Cherbourg, rapportant de Sainte-Hélène le corps de Napoléon. Restait maintenant à le transporter à la sépulture qui l'attendait sous le dôme des Invalides. Au mois de mai précédent, quand cette question « du retour des cendres » avait été si inopinément soulevée par M. Thiers, les esprits prévoyants s'étaient aussitôt

---

[1] Lettre du 13 décembre 1840. (*Documents inédits.*)

préoccupés de ce que serait le jour de la rentrée dans Paris, de ce que produirait la rencontre de ce cercueil redoutable avec le peuple debout pour le recevoir. Les événements survenus depuis lors, l'irritation patriotique et l'agitation révolutionnaire provoquées par le traité du 15 juillet, n'étaient point faits pour diminuer le danger. Que ne pourrait pas inspirer à des esprits excités et souffrants le contraste entre les souvenirs de victoire évoqués par la vue de ce mort et les humiliations qu'au dire de M. Thiers et de ses amis, Louis-Philippe avait attirées à la France par sa faiblesse! Le langage des journaux de gauche témoignait qu'ils trouvaient l'occasion favorable et voulaient en profiter. Plus approchait la cérémonie, plus ils s'attachaient à échauffer, à irriter les esprits, poussant la garde nationale à crier : « A bas les traîtres! » et préparant visiblement ce qu'on appelle, en langage révolutionnaire, une « journée[1] ». Le gouvernement n'était nullement rassuré, et le *Journal des Débats* avouait ses alarmes[2]. Il n'était pas jusqu'aux cabinets étrangers qui ne s'attendissent à voir éclater, en cette circonstance, quelque émeute ou même une révolution[3].

En dépit de ses inquiétudes, le ministère ne voulut se montrer ni craintif ni mesquin; il n'épargna rien pour donner à la cérémonie le plus d'importance et d'éclat possible. Il fut décidé que le corps serait amené par eau jusqu'à Courbevoie, et que l'entrée dans Paris se ferait par l'arc de triomphe de l'Étoile et par les Champs-Élysées : c'était accorder largement à la foule la place pour se développer. Un temple grec fut élevé

---

[1] M. Berryer avait dit à la tribune, dans la discussion de l'Adresse : « Je l'entends, je l'entends, le canon de Saint-Jean d'Acre, j'entends le canon anglais qui brise Saint-Jean d'Acre, devant lequel Napoléon s'était arrêté. Et vous allez entendre, aux rives d'une autre mer, un autre canon qui va vous annoncer les restes du prisonnier de l'Anglais. A ses funérailles et dans sa tombe même, est-ce que vous ensevelirez, sans gémir, sans protester, l'influence, l'ascendant qu'il vous avait conquis et que vous gardiez encore? »

[2] 13, 14 et 15 décembre 1840.

[3] M. de Barante écrivait plus tard, le 30 décembre 1840, à M. Guizot : « On attendait ici (à Saint-Pétersbourg) impatiemment des nouvelles de la cérémonie funèbre de Napoléon. Beaucoup de personnes, et probablement l'Empereur tout le premier, s'imaginaient qu'elle serait l'occasion de quelque grand trouble. » (*Documents inédits.*)

à Courbevoie, à l'endroit où devait avoir lieu le débarquement; on dressa le long du parcours d'immenses statues de plâtre doré et des colonnes avec des aigles; sur le sommet de l'arc de triomphe, était figurée l'apothéose de l'Empereur. Pour porter le cercueil, on construisit un char gigantesque de cinquante pieds de haut, tout orné de velours, d'or et de sculptures; seize chevaux devaient y être attelés. Cette mise en scène était, à la vérité, plus brillante que vraiment grandiose et émouvante; elle sentait trop le décor d'opéra, trahissant ainsi ce qu'il y avait d'un peu faux ou tout au moins de factice dans cette cérémonie; pour presque tous ceux qui y prenaient part, il ne s'agissait guère que d'une grande représentation politique; nous aurions dit : une comédie, si la mort n'y eût figuré [1]. Le prince de Joinville avait été mieux inspiré pour tout ce qu'il avait eu à régler comme chef de l'expédition maritime. Le voyage à Sainte-Hélène, le tête-à-tête avec le mort pendant une longue traversée, dans la solitude de l'Océan, les réflexions qu'il avait dû faire alors sur cette destinée si extraordinaire et si tragique, la sincérité d'émotion qui est le privilége d'une jeunesse généreuse, lui avaient donné le sens juste du genre de grandeur qui convenait à de telles funérailles. Il le prouva dans un incident qui précéda de peu de jours l'entrée dans Paris. Pour remonter la Seine, on avait préparé un bateau pompeusement orné; aussitôt qu'il en fut informé, le prince fit supprimer tous les ornements; son ordre portait : « Le bateau

---

[1] M. Doudan, qui, il est vrai, n'était pas prompt à l'émotion et voyait facilement le côté ridicule des choses, écrivait à ce propos : « Pour faire quelque chose de grand en ce genre, il faut une grande impression, unanime, profonde; mais, avec l'infinie variété de nos petits esprits, toutes nos petites inventions sont risibles. Le directeur de l'Opéra, se mettant à la tête d'un sentiment public, lui ôtera toujours de sa gravité. Si une voiture de poste s'arrêtait à la porte des Invalides pour y déposer le cercueil de l'Empereur, repris après une bataille à Sainte-Hélène, cela serait grand; mais les statues de l'Éloquence, de la Justice et de l'Idéologie, exécutées en plâtre et en osier sur des dimensions gigantesques, seront l'image parfaite de nos impressions et de nos idées. Toutes ces émotions, tirées des vieux garde-meubles de l'Empire, ne pourront pas supporter le grand air. Vous pouvez bien vous vanter de faire partie d'une nation de baladins et de baladins de la plus mauvaise école, mêlant tous les genres et exagérant tout, faute d'éprouver quelque chose. » (*Mélanges et lettres*, t. 1er, p. 354.)

sera peint en noir ; à la tête de mât, flottera le pavillon impérial ; sur le pont, à l'avant, reposera le cercueil, couvert du poêle funèbre rapporté de Sainte-Hélène ; l'encens fumera ; à la tête, s'élèvera la croix ; le prêtre se tiendra devant l'autel ; mon état-major et moi derrière ; les matelots seront en armes ; le canon, tiré à l'arrière, annoncera le bateau portant les dépouilles mortelles de l'Empereur. Point d'autre décoration. » Comme on l'écrivait alors, le prince « avait compris que le pont d'un vaisseau était assez dignement paré, quand il avait à son bord le cercueil d'un empereur et la croix d'un Dieu ». Eût-on pu agir de même pour l'entrée à Paris ? Qui sait si la frivolité déçue du badaud n'eût pas alors accusé le gouvernement d'avoir marchandé jalousement les honneurs à la dépouille impériale ?

Les divers préparatifs avaient demandé du temps. Parti de Cherbourg le 8 décembre, le funèbre convoi ne fit son entrée dans Paris que le 15. Il gelait à 14 degrés ; la Seine charriait des glaçons, un vent de nord-est coupait les visages. Malgré tout, une multitude immense, telle qu'on n'en avait peut-être jamais vu de pareille, encombrait les abords du parcours. Qu'allait-il sortir d'un tel rassemblement ? Le gouvernement attendait, anxieux. Il n'en sortit rien. Cette population n'était venue que pour voir un spectacle extraordinaire. Elle acclama les marins de la *Belle Poule* qui entouraient le char, la hache d'abordage sur l'épaule, et dont l'air hardi, la simplicité militaire tranchaient avec le reste. Les vieux soldats de l'Empire, dans leurs costumes légendaires, eurent aussi un succès d'émotion. Mais l'ensemble était froid et banal, froid comme la température, banal comme le décor. N'était-il pas bien significatif que, des innombrables pièces de vers composés pour la circonstance, pas une n'eût été animée d'un souffle vrai et ne fût allée à l'âme de la nation. En tout cas, dans cette grande excitation de la curiosité populaire, ce qui était le plus oublié, c'était la politique du moment. A peine, dans chaque légion de la garde nationale, se trouva-t-il, de loin en loin, une cinquantaine d'individus pour crier nonchalamment : « A bas Guizot ! A bas l'homme de Gand ! A bas les traîtres ! A bas les Anglais ! » Ces cris ne se propagèrent pas et se perdirent dans l'indifférence générale. Ce fut juste assez pour montrer que l'on avait tenté une manifestation et que la population s'y était refusée. Vers deux heures, le convoi arriva devant l'hôtel des Invalides. Aux sons d'une marche à la fois funèbre et triomphale, au bruit du canon qui tonnait au dehors, le cercueil, porté sur les épaules des marins et des soldats, fit son entrée dans l'église, où l'attendaient le Roi, la famille royale, les ministres, les Chambres, les hauts fonctionnaires. « Sire, dit le prince de Joinville au Roi en baissant son épée, je vous présente le corps de l'empereur Napoléon. — Je le reçois au nom de la France », répondit Louis-Philippe ; et, remettant au général Bertrand l'épée de Napoléon, il lui dit : « Général Bertrand, je vous charge de placer l'épée de l'Empereur sur son cercueil. » Puis au général Gourgaud : « Général Gourgaud, placez sur le cercueil le chapeau de l'Empereur. » Le service religieux fut ensuite célébré. A cinq heures, tout était terminé, et la foule se dispersait paisiblement.

Les ministres rentrèrent chez eux, singulièrement soulagés et presque surpris d'avoir vu se passer sans encombre cette inquiétante journée. Le *Journal des Débats*, d'autant plus triomphant qu'il avait été plus alarmé, railla la déconvenue de « ces journaux parlementaires qui avaient espéré regagner dans les rues ce qu'ils avaient perdu dans les Chambres ». Et il ajoutait : « Le 15 décembre a montré que le gouvernement était fort de la confiance du peuple, car ses ennemis avaient mis tout en œuvre pour l'égarer et le corrompre, et ils ont échoué. Ils avaient remué ciel et terre pour tirer une démonstration politique d'un grand acte de reconnaissance nationale, et ils ont échoué [1]. » M. Guizot eut soin de se faire honneur de ce succès auprès des gouvernements étrangers qui en avaient douté. Dès le lendemain de la cérémonie, il donnait les instructions suivantes à ses ambassadeurs : « Je dois vous faire remarquer et vous inviter à faire remarquer à votre tour le caractère politique de cette journée, qui a prouvé, par le témoignage d'un

[1] 16 et 17 décembre 1840.

million d'hommes réunis entre le palais des Tuileries et le pont de Neuilly, combien la population de Paris et de la France est éloignée de tout dessein turbulent, de toute tentative anarchique, et les repousse, par sa seule attitude, au milieu même des circonstances les plus propres à exalter les sentiments nationaux [1]. » Et, deux jours après, il écrivait au baron Mounier, alors en mission officieuse à Londres : « Nous voilà, mon cher ami, hors du second défilé. Napoléon et un million de Français se sont trouvés en contact, sous le feu d'une presse conjurée, et il n'en est pas sorti une étincelle. Nous avons plus raison que nous ne croyons. Malgré tant de mauvaises apparences et de faiblesses réelles, ce pays-ci veut l'ordre, la paix, le bon gouvernement. Les bouffées révolutionnaires y sont factices et courtes. Elles emporteraient toutes choses, si on ne leur résistait pas; mais, quand on leur résiste, elles s'arrêtent, comme ces grands feux de paille que les enfants attisent dans les rues et où personne n'apporte de solides aliments. Le spectacle de mardi était beau : c'était un pur spectacle. Nos adversaires s'en étaient promis deux choses, une émeute contre moi et une démonstration d'humeur guerrière. L'un et l'autre dessein ont échoué... Le désappointement est grand, car le travail avait été très-actif. Mardi soir, personne n'aurait pu se douter de ce qui s'était passé le matin. On n'en parle déjà plus. Les difficultés générales du gouvernement subsistent, toujours les mêmes et immenses. Les incidents menaçants se sont dissipés. Méhémet-Ali reste en Égypte et Napoléon aux Invalides [2]. » M. Guizot pouvait en effet se féliciter, et cependant, quand on le voit ainsi persuadé que ce nom de Napoléon, si légèrement évoqué par M. Thiers, n'était plus désormais qu'un souvenir scellé dans le tombeau de l'église des Invalides, on ne peut s'empêcher de songer au démenti que l'événement devait bientôt lui donner. Sans doute, il serait puéril d'expliquer par le « retour des cendres » la fortune étonnante du prince qui, oublié de tous, subissait alors sa peine dans le château de Ham ; toutefois, on

[1] Lettre à M. de Barante, du 16 décembre 1840. (*Documents inédits.*)
[2] *Mémoires de M. Guizot.*

ne saurait aujourd'hui le contester : par de telles cérémonies, la monarchie de Juillet servait, avec une générosité un peu naïve et que l'Empire n'aurait pas eue à sa place, une cause qui n'était pas la sienne [1].

VII

M. Guizot avait, par son attitude dans la discussion de l'Adresse, donné un gage à la paix européenne; il en donnait un autre au sentiment national, en maintenant la France à l'état de paix armée. « J'ai toujours eu en perspective le rétablissement du concert européen, écrivait-il le 10 décembre à M. de Sainte-Aulaire. Mais nous l'attendrons, et c'est pour l'attendre avec sécurité comme avec convenance que nous avons fait nos armements. Ils étaient nécessaires. Notre matériel, notre cavalerie, notre artillerie, nos arsenaux, nos places fortes n'étaient pas dans un état satisfaisant. Ils le sont désormais, et ils resteront tels qu'il nous convient. La position permanente de notre établissement militaire, celle qui ne s'improvise pas, sortira de cette crise grandement améliorée. Quant à notre force en hommes, nous la garderons sur le pied actuel aussi longtemps que la situation actuelle se prolongera [2]. » M. Guizot disait encore, le 18 décembre, dans une lettre à M. de Bourqueney : « Notre isolement nous oblige, et pour notre sûreté et pour la satisfaction des esprits en France, à maintenir nos armements actuels. Nous les avons arrêtés à la limite qu'ils avaient atteinte quand le cabinet s'est formé. Le cabinet précédent voulait les pousser

---

[1] Dans sa lettre parisienne du 20 décembre 1840, madame Émile de Girardin raconte ou plutôt suppose des conversations échangées entre diverses personnes sur la cérémonie du 15 décembre. « Le prince de Joinville, dit un vieux général, est un brave jeune homme; l'Empereur l'aurait beaucoup aimé. — C'est possible, répond son interlocuteur; mais l'Empereur, à sa place, ne *se* serait pas ramené. »

[2] L'armée, à la chute de M. Thiers, et par suite de l'appel des classes de 1834 à 1838, comprenait environ quatre cent quarante mille hommes. C'est à peu de chose près ce chiffre que maintenait le ministère du 29 octobre.

plus loin; nous avons déclaré que nous ne le ferions point; mais, pour que nous puissions réduire nos armements actuels, il faut que notre situation soit changée, de manière que la disposition des esprits change aussi et se calme [1]. »

Bien que l'accroissement de nos forces militaires fût présenté comme étant « purement de précaution et pacifique », il ne laissait pas que d'émouvoir l'Europe. On s'en préoccupait surtout outre-Rhin, où les esprits continuaient à être fort excités contre la France; les journaux allemands en parlaient avec un mélange d'inquiétude affectée et de colère superbe. Stimulés par ce mouvement d'opinion, les gouvernements de Vienne et de Berlin se décidèrent à faire une démarche auprès du cabinet français. M. d'Arnim et le comte Apponyi vinrent successivement trouver M. Guizot; ils se plaignirent d'abord « des efforts de la presse radicale pour faire de la propagande révolutionnaire en Allemagne »; puis, passant aux armements, ils représentèrent « que la France n'était menacée par personne, que ses armements avaient excité des inquiétudes en Allemagne, et que, s'ils étaient maintenus, les puissances se verraient peut-être obligées d'armer à leur tour. » M. Guizot refusa d'examiner la question des journaux. « Quant aux armements, dit-il, ils n'ont rien d'hostile pour l'Allemagne, rien de menaçant pour la paix. Ils nous sont commandés par notre situation isolée et par l'état des esprits en France. C'est un devoir pour le gouvernement du Roi de mettre sa prévoyance en rapport avec cette situation et de donner à la sollicitude, à la susceptibilité nationale, satisfaction et sécurité... Que les causes qui ont rendu ces mesures indispensables cessent absolument, sans doute nous ne prolongerons pas gratuitement un état de choses si onéreux. Mais tant que nous serons obligés de rester dans l'isolement qui nous a paru nécessaire pour protéger notre dignité et nos intérêts, nous maintiendrons les armements de précaution qui y correspondent. » Les représentants de la Prusse et de l'Autriche n'insistèrent

---

[1] *Mémoires de M. Guizot*, t. VI, p. 39 et p. 55.

pas, et laissèrent voir, plus ou moins explicitement, qu'ils s'attendaient à cette réponse[1]. Ils avaient agi pour donner satisfaction aux populations allemandes, mais sans avoir aucune envie d'en faire sortir un conflit[2]. Lord Palmerston et le Czar se plaignirent même, à cette occasion, de la mollesse des cabinets de Vienne et de Berlin dans leurs rapports avec la France[3].

Plusieurs des mesures d'armement prises par le ministère du 1er mars et maintenues par le ministère du 29 octobre, nécessitaient l'intervention des Chambres. Tel était le cas notamment de ce grand travail des fortifications de Paris, que M. Thiers avait si hardiment décidé et engagé par simple ordonnance. Ses successeurs pouvaient être tentés de ne pas prendre à leur charge une entreprise très-coûteuse, peu populaire, et dont ils risquaient de n'avoir guère que l'embarras, tandis que l'honneur en resterait au cabinet précédent. Mais le souci supérieur de la défense nationale et aussi la volonté très-décidée du Roi leur interdirent toute hésitation ; dès le 12 décembre, ils déposaient un projet de loi tendant à ouvrir pour ce travail un crédit de cent quarante millions. Il apparut tout de suite qu'on allait avoir un spectacle assez piquant au lendemain de la terrible bataille de l'Adresse, celui de M. Thiers soutenant la même cause que M. Guizot. M. Thiers, en effet, laissant de côté pour un moment toutes les manœuvres d'opposition, témoignait n'avoir qu'une préoccupation, le succès de la loi. L'intérêt engagé lui paraissait au-dessus de tous les calculs de parti ; et puis il se rendait compte que le ministre qui avait commencé les travaux sans approbation législative, encourrait les plus lourdes responsabilités si le parlement refusait de ratifier son initiative. Dans son zèle, il se fit même nommer rapporteur, et déposa, le 13 janvier 1841, sous forme de rapport, tout un traité historique, stratégique, topographique et financier sur les fortifications de Paris.

[1] Cette démarche est rapportée dans une lettre de M. Guizot à M. de Barante, décembre 1840. (*Documents inédits*.)

[2] *Mémoires inédits de M. de Sainte-Aulaire*; *Mémoires de M de Metternich*, t. VI, p. 507, 508. — HILLEBRAND, *Geschichte Frankreichs*, t. II, p 459.

[3] HILLEBRAND, *Ibid.*

Du moment que le ministre de la veille et celui du jour étaient d'accord, ne semblait-il pas que le vote de la loi fût chose faite? Il s'en fallait de beaucoup. Un regard jeté sur les journaux suffisait pour faire voir que, dans tous les partis, les fortifications rencontraient des adversaires [1]. Ces journaux reflétaient exactement les dispositions du parlement. Parmi les députés de la gauche, si le plus grand nombre suivait M. Thiers, d'autres, fidèles à leurs anciennes préventions, voyaient toujours, dans les fortifications, une menace contre la liberté des émeutes parisiennes. Du côté des conservateurs, la mauvaise volonté était peut-être plus générale encore; cette entreprise leur semblait une partie intégrante de la politique belliqueuse qu'ils entendaient répudier entièrement; ils craignaient que la guerre, devenue ainsi moins dangereuse, ne tentât davantage l'opinion [2]. Toute réaction tend naturellement à s'exagérer; c'est ce qui arrivait alors à la réaction pacifique de 1841; on eût dit que, chez plusieurs, la terreur de la guerre ne laissait pas complétement intact le sens du patriotisme. L'appui donné à la loi par M. Thiers contribuait à la rendre plus suspecte, et telle était l'animosité de certains députés du centre contre l'ancien ministre du 1er mars, qu'ils eussent repoussé la loi des fortifications rien que pour le plaisir de lui infliger un échec personnel. Il fallait aussi compter avec l'épouvante causée aux financiers par la perspective d'une si énorme dépense. Faut-il enfin parler de l'objection quelque peu puérile de ceux qui prétendaient que Paris fortifié serait Paris *bêtifié* [3]?

---

[1] A gauche, la presse se divisait ainsi : pour les fortifications, les journaux thiéristes et le *National;* contre, le *Commerce* et les autres feuilles d'extrême gauche. A droite, le *Journal des Débats* soutenait la loi, mais tristement et sans grand entrain; la *Presse* la combattait.

[2] A entendre la réflexion, un peu chagrine, il est vrai, d'un contemporain, certains conservateurs étaient « bien aises de n'avoir pas d'armes pour se défendre, comme les petits enfants de n'avoir pas de plume pour faire leur devoir ».

[3] « Soyez franc, écrivait madame de Girardin le 24 janvier 1841, connaissez-vous au monde une ville de guerre où l'esprit travaille? Il n'en est point..... Ne mettez pas à Paris une armure, sa lourde cuirasse le gênerait pour se promener en rêvant sur les destinées du monde. Ne lui mettez pas un casque, l'idée a peur du fer; elle n'ose point naître sous une pesante coiffure. » Elle invoquait à l'appui l'opposition de tous les grands lettrés contre les fortifications, de Chateaubriand,

Pour dominer ces hésitations, pour surmonter ces résistances, il eût fallu une action très-énergique du cabinet. Or quelques-uns des ministres partageaient plus ou moins les répugnances des conservateurs. M. Humann paraissait fort contrarié de voir grossir le déficit de son budget, et sans combattre ouvertement l'idée de fortifier Paris, il avait toujours un mot à lancer à l'encontre. Fait plus grave encore, le maréchal Soult, qui, par son glorieux passé comme par sa situation éminente, semblait avoir le plus d'autorité en cette affaire, ne cachait pas son peu de goût pour une partie essentielle du projet, celle qui ajoutait l'enceinte continue aux forts détachés; ces derniers lui paraissaient suffire. Il avait même expressément réservé cette opinion personnelle dans l'exposé des motifs [1], et, depuis lors, il faisait volontiers, dans son salon, des conférences stratégiques pour prouver que l'on pouvait défendre Paris par de grandes manœuvres sans l'entourer de remparts. Presque seul dans le cabinet, le ministre des affaires étrangères était résolu à soutenir tout le projet. Or, s'il avait de l'influence sur une partie des conservateurs, d'autres, au contraire, lui eussent fait échec sans trop de regret. A en croire certains bruits, M. Molé avait jugé l'occasion favorable pour tenter de renverser M. Guizot et de prendre sa place; on prétendait qu'il avait, dans ce dessein, partie liée avec M. Dufaure et M. Passy. Ce qui est certain, c'est que l'ancien ministre du 15 avril ne ménageait pas le projet dans ses conversations : il affectait de prendre en main cette politique pacifique qu'il reprochait à M. Guizot de ne pas oser défendre complétement [2]. Si attaqué ou si insuf-

de Victor Hugo, de Lamartine, de Balzac, de Théophile Gautier, etc. « Le projet, concluait madame de Girardin, est un coup d'État contre l'esprit; il fait naturellement frémir tous ceux qui ont quelque chose à perdre. » (Le vicomte DE LAUNAY, *Lettres parisiennes*, t. III, p. 119 à 121.)

[1] « Je n'ai point abandonné, disait le maréchal, l'opinion que j'ai été appelé à émettre, sur la même question de fortifier Paris, en 1831, 1832 et 1833; mais j'ai pensé que ce n'était pas le moment de la reproduire. Aussi je l'ai écartée avec soin, afin que la question se présentât tout entière devant la Chambre. Mais je lui dois et je me dois à moi-même de déclarer que je fais expressément la réserve de cette opinion antérieure que ni le temps ni les circonstances n'ont affaiblie. »

[2] Les journaux thiéristes dénonçaient ouvertement cette intrigue. Cf. entre

fisamment soutenu qu'il fût du côté conservateur, le projet y rencontrait cependant un puissant appui : c'était celui du Roi. Louis-Philippe proclamait très-haut l'importance qu'il attachait aux fortifications, et, se livrant personnellement à un travail actif de propagande, il invitait à dîner les députés récalcitrants ou hésitants, pour les « chambrer ». Mais l'action royale suffisait-elle à contre-balancer tant d'influences contraires ? En somme, la situation était très-confuse, très-obscure : partisans et adversaires de la loi siégeaient pêle-mêle dans toutes les parties de l'Assemblée. Personne ne pouvait prévoir ce qui sortirait de là. M. Guizot, néanmoins, avec son optimisme habituel, assurait que tout irait bien.

La discussion s'ouvrit à la Chambre des députés, le 21 janvier 1841 ; elle devait se prolonger jusqu'au 1ᵉʳ février. L'opinion, fort attentive, en suivait anxieusement les péripéties ; peu de questions avaient autant occupé et partagé les esprits. De nombreux orateurs combattirent l'idée même de fortifier Paris : le discours le plus retentissant dans ce sens fut celui de M. de Lamartine. Mais le danger ne venait pas de ces adversaires patents ; il venait de ceux qui, en la forme, demandaient seulement la modification du système proposé : danger d'autant plus grand que les auteurs de cette manœuvre semblaient appuyés par le président du conseil lui-même. Dès la seconde journée, le maréchal Soult prononça un long discours où, tout en disant se rallier au projet comme ministre, il s'efforçait de démontrer, comme militaire, que les forts avancés étaient seuls utiles et que l'enceinte fortifiée ne servait à rien. L'émotion fut grande. Si l'enceinte était abandonnée, la gauche ne voudrait plus d'un projet restreint à ces « forts détachés » si longtemps maudits

---

autres le *Siècle* du 8 janvier 1841. Le bruit en arrivait jusqu'à Londres, et M. Charles Greville écrivait à ce propos, le 13 janvier 1841 : « Guizot est évidemment inquiet de certaines intrigues maintenant en œuvre pour le renverser. De ces intrigues, Molé est l'objet ou l'agent, peut-être les deux à la fois. Guizot a envoyé l'autre jour à Reeve un article habilement fait, où l'on discutait la position de M. Molé et la moralité aussi bien que la possibilité de son arrivée au pouvoir avec l'aide d'une coalition. » (*The Greville Memoirs, second part*, t. II, p. 365.)

par elle, et il n'y aurait plus chance de faire rien adopter. D'autre part, comment espérer que les conservateurs, déjà si hésitants, se rallieraient à l'enceinte continue, si elle était combattue par le premier ministre? La commission demanda le renvoi au lendemain pour s'entendre avec le gouvernement. Les adversaires du projet se flattaient déjà d'avoir bataille gagnée. Mais, le soir même, le Roi écrivait au maréchal sur un ton si ferme, que celui-ci, qui avait appris à obéir sous Napoléon, se rendit auprès de la commission et lui fit d'un air grognon les déclarations qu'elle désirait. Le rapporteur put dès lors affirmer à la Chambre que le président du conseil adhérait au projet tout entier et ne voyait dans l'addition de l'enceinte aux ouvrages détachés qu'une force de plus.

Cet incident laissait un grand trouble dans les esprits. Les hésitations ou les répugnances du centre s'en trouvaient accrues; ceux qui rêvaient de substituer M. Molé à M. Guizot entrevoyaient le concours possible du maréchal Soult. A gauche, les partisans du projet accusaient le ministère de trahir; M. Guizot lui-même était soupçonné de ne pas jouer franc jeu; on s'étonnait qu'il n'eût pas encore pris la parole pour proclamer la volonté du gouvernement. Le *Journal des Débats,* malgré son désir de servir le cabinet, ne pouvait s'empêcher d'exprimer sa surprise. « Il a paru à tout le monde, dit-il, que M. le maréchal avait parlé contre le projet de loi en discussion, ou du moins contre une partie désormais nécessaire de ce projet, nous voulons dire contre l'enceinte continue. » Et le journal ajoutait : « La loi a été ébranlée peut-être : c'est au ministère à la raffermir par la fermeté et la netteté de son langage... Qu'il y prenne garde : si l'on pouvait douter de sa sincérité, le rejet et l'adoption de la loi seraient également pour lui un échec. » M. Guizot en était plus convaincu que personne; mais il sentait les difficultés que lui créaient les dispositions fort douteuses d'une grande partie des conservateurs et même de plusieurs de ses collègues. Bien que sincèrement résolu à servir de son mieux la cause des fortifications, il craignait de provoquer un éclat, et retardait le moment d'une intervention périlleuse. Cette inaction encourageait les manœuvres hostiles : on sut bientôt que, dans les coulisses, se préparait un amendement proposant la suppression de l'enceinte continue, et que l'auteur de cet amendement était le général Schneider, connu pour être le familier du maréchal et pour avoir été son ministre de la guerre dans le cabinet du 12 mai.

Si gêné qu'il fût, M. Guizot comprit qu'il ne pouvait pas laisser clore la discussion générale sans s'expliquer, sinon sur les amendements qui n'étaient pas encore en discussion, du moins sur les questions politiques que soulevait le projet. Il prit donc la parole dans la séance du 25 janvier. Sentant que le point capital était de rassurer les conservateurs inquiets, il établit que les fortifications de Paris, loin d'être « l'instrument d'une politique turbulente et belliqueuse », étaient une « garantie de paix ». « Un moment, dit-il, la politique du 1er mars a pu faire croire à la France, je n'examine pas si c'est à tort ou à raison, que la mesure avait un autre but, qu'elle aurait d'autres effets; mais, au fond et aujourd'hui, il n'en est rien... » Et alors, rappelant le souvenir laissé, en France et à l'étranger, par les invasions de 1814 et de 1815, il ajouta : « La mesure que vous discutez a pour effet de rassurer les imaginations en France, de les refroidir en Allemagne. Elle a pour effet de donner à la France la sécurité qui lui manque dans sa mémoire et d'ajouter pour l'Europe, à la guerre contre la France, des difficultés auxquelles l'Europe ne croit pas assez... Elle nous tranquillisera, nous; elle fera tomber les souvenirs présomptueux des étrangers. » Toutefois, si M. Guizot tenait à rassurer les pacifiques, il ne voulait pas ôter aux fortifications ce qu'elles avaient, au regard des autres puissances, de fier et de fort. « En même temps qu'elles sont une garantie de paix, disait-il, elles sont une preuve de force. Elles prouvent que la France a la ferme résolution de maintenir son indépendance et sa dignité; c'est un acte d'énergie morale... Dans les circonstances actuelles, après ce qui s'est passé depuis un an en Europe..., c'est une bonne fortune qu'une telle mesure à adopter. » Jusque-là, tout allait bien et l'on ne pouvait défendre plus utilement le projet, quand, tout d'un coup, vers la fin, touchant seulement d'un mot ce qu'il appelait les questions de système, M. Guizot s'écria : « Les questions de système! je déclare que je n'en suis pas juge, et que je me trouverais presque ridicule d'en parler : je n'y entends rien. Ce que je demande, c'est une manière efficace, la plus efficace, de fortifier Paris. Tout ce qui me présentera une fortification de Paris vraiment efficace, je le trouverai bon. » (*Sensation prolongée.*) Ces paroles furent aussitôt interprétées, contrairement, sans aucun doute, aux intentions de l'orateur, comme un blanc seing donné aux auteurs d'amendements. Les intrigues en reçurent un encouragement singulier. « Vous le voyez, disait-on, le ministère ne tient pas plus à l'enceinte continue qu'aux forts. Il n'est pas en cause dans tout ceci. »

Le lendemain, 28 janvier, ce fut au tour de M. Thiers de venir faire, comme rapporteur, le résumé de la discussion générale. Il aurait eu beau jeu à embarrasser le ministère, en signalant les contradictions, les incertitudes et les équivoques de son attitude; mais il n'eût pu le faire sans compromettre le sort de la loi qu'il voulait avant tout faire voter. Il résista donc à la tentation. Sa première parole fut pour déclarer qu'il « écarterait toute politique ». Puis, après avoir rappelé l'initiative qu'il avait prise : « C'eût été un scandale, dit-il, pour mes collègues et pour moi, non-seulement de laisser passer le projet sous nos yeux, mais même de le défendre faiblement, lorsque le ministère du 29 octobre le présentait. Je le remercie de l'avoir présenté; je ne demande pas qu'il nous remercie parce que nous venons le soutenir. Si j'ai désiré être membre de la commission, si j'ai ensuite cherché à être rapporteur, c'est que je croyais que le succès de la mesure dépendait de la conciliation des opinions et des systèmes. » Cela dit, M. Thiers discuta avec son abondance infatigable et son universelle compétence toutes les raisons invoquées, tour à tour historien, géomètre, géologue, ingénieur, tacticien, général en chef, administrateur des vivres, faisant même la leçon, en passant, au maréchal Soult sur les combats qu'il avait livrés, et prétendant lui prouver qu'il n'entendait rien à la façon dont il les avait gagnés; mais, malgré tout, merveilleusement intelligent, intéressant et persuasif. Il ne termina pas sans déclarer d'une façon formelle que l'adoption de l'amendement dont il était question serait « la ruine du projet ». « Je sais bien ce qui se passe dans les esprits, ajouta-t-il ; si un système exclusif prévalait, c'est-à-dire si l'enceinte était mise de côté au profit des forts, ou si les forts étaient mis de côté au profit de l'enceinte, il y a une portion nécessaire de la majorité pour faire passer le projet qui se retirerait à l'instant même. »

La discussion générale fut close après ce discours, et, le 27 janvier, commença le débat sur l'amendement du général Schneider. Pendant trois jours, il se prolongea sans qu'on pût en prévoir l'issue. Parmi les orateurs qui parlèrent pour l'amendement, signalons M. de Lamartine, M. Mauguin, M. Dufaure, qui eut un grand succès, et M. Passy. Se distinguèrent en sens contraire, M. de Rémusat, M. Odilon Barrot et M. Thiers, ce dernier toujours soigneux de s'en tenir à la cause elle-même et de ne laisser rien paraître de l'homme de parti. Pendant ce temps, les ministres restaient silencieux à leurs bancs. On eût dit que la bataille se livrait par-dessus leurs têtes et qu'ils avaient cédé la direction de la Chambre aux anciens ministres du 1er mars. Vainement pressait-on M. Guizot de parler. « On ne peut pas faire tout en un jour », répondait-il. Plus que jamais, cette attitude du cabinet paraissait suspecte aux partisans des fortifications ; on racontait que M. Teste pérorait dans les couloirs contre la loi, que M. Duchâtel avait serré la main à M. Dufaure après son discours, et que certains députés, connus pour être des ministériels dévoués, recrutaient ouvertement des adhérents pour la proposition du général Schneider. Le duc d'Orléans, déjà assez mal disposé contre le cabinet, ne cachait pas son indignation. Une telle situation ne pouvait se prolonger indéfiniment ; elle risquait de compromettre non-seulement le sort du projet, mais la considération du gouvernement.

Ce fut une nouvelle intervention du maréchal Soult qui amena le dénoûment. Le 31 janvier, interpellé par M. Thiers, le maréchal se décida à s'expliquer : singulières explications qui embrouillèrent la question plus encore. Chacune de ses phrases trahissait une animosité passionnée contre M. Thiers et le désir secret de voir voter l'amendement. Des murmures éclatèrent ; la confusion était au comble. M. Billault fit une réponse d'avocat, habile, vive, pressante, mettant à nu la situation équivoque du cabinet, raillant le maréchal, sommant les ministres politiques de monter à la tribune. M. Guizot avait retardé le plus possible une intervention qu'il sentait embarrassante et périlleuse ; mais, le moment étant venu où elle s'imposait, il s'en tira avec hardiesse et habileté. Tout d'abord, revenant sur les paroles de son premier discours, il fit cette déclaration : « Je ne suis pas juge, je persiste à le dire, je ne suis pas juge compétent, éclairé, de la question de système ; mais il m'est évident que le système proposé par le projet de loi est le plus efficace de tous. Je le maintiens donc, tel que le gouvernement l'a proposé. » Puis, abordant le cas du maréchal : « Je tiens, dit-il, à la clarté des situations encore plus qu'à celle des idées, et à la conséquence dans la conduite encore plus que dans le raisonnement. Que la Chambre me permette, sans que personne s'en offense, de dire, au sujet de ce qui se passe en ce moment, tout ce que je pense. La situation est trop grave pour que je n'essaye pas de la mettre, dans sa nudité, sous les yeux de la Chambre ; c'est le seul moyen d'en sortir. M. le président du conseil avait, il y a quelques années, exprimé, sur les moyens de fortifier Paris, une opinion qui a droit au respect de la Chambre et de la France, car personne ne peut, sur une pareille question, présenter ses idées avec autant d'autorité que lui. Qu'a-t-il fait naguère ? Il s'est rendu, dans le cabinet, à l'opinion de ses collègues ; il a présenté, au nom du gouvernement du Roi, le projet de loi que, dans l'état actuel des affaires, ses collègues ont jugé le meilleur, et en même temps il a réservé l'expression libre de son ancienne opinion, le respect de ses antécédents personnels. Un débat s'élève ici à ce sujet. M. le président du conseil me permettra, j'en suis sûr, de le dire sans détours : il n'est pas étonnant qu'il n'apporte pas à cette tribune la même dextérité de tactique qu'il a si souvent déployée ailleurs ; il n'est pas étonnant qu'il ne soit pas aussi exercé ici qu'ailleurs à livrer et à gagner des batailles... Mais le projet de loi qu'il a présenté au nom du gouvernement reste entier ; c'est toujours le projet du gouvernement ; le cabinet le maintient ; M. le président du conseil le maintient lui-même, comme la pensée, l'acte, l'intention permanente du cabinet. Il vient de le redire tout à l'heure. Je le maintiens à mon tour ; je persiste à dire que, dans la conviction du gouvernement du Roi, le projet de loi tout entier est techniquement la manière la plus efficace, et politiquement la seule manière efficace de résoudre la grande question sur laquelle nous délibérons. » Après avoir replacé, avec cette vigueur polie, le maréchal sur le terrain d'où il avait paru s'éloigner, M. Guizot s'occupa de la majorité ; il sentait bien les difficultés que lui créaient, de ce côté, les répugnances des pacifiques contre les fortifications, et les dispositions ombrageuses des anciens 221 à son égard ; procédant avec une adresse pleine de ménagements, évitant toute apparence de vouloir violenter « la liberté » de cette majorité, il sut dire tout ce qui pouvait attirer le plus de suffrages au projet, sans donner aux votes contraires, qu'il prévoyait malgré tout assez nombreux, le caractère d'une scission politique. C'est dans ces occasions qu'on pouvait bien mesurer tout ce que la parole de l'éloquent doctrinaire avait acquis d'habileté et de souplesse.

Ce discours décida du vote : l'amendement fut rejeté par 236 voix contre 175, et l'ensemble de la loi fut adopté le lendemain par 237 voix contre 162. La minorité ne comptait guère qu'une quarantaine de membres de la gauche : le reste, 130 à 140 voix, venait du centre ; ce chiffre élevé montre que M. Guizot ne s'était pas exagéré les difficultés qu'il rencontrait dans sa propre majorité. C'était M. Thiers qui avait amené le plus de suffrages au projet ; les journaux opposants ne se firent pas faute de le remarquer. Mais c'était M. Guizot qui, à la dernière heure, avait apporté l'appoint sans lequel la loi eût succombé. Le Roi le comprit, et remercia aussitôt son ministre du « grand service » qu'il avait ainsi rendu à la France et à la couronne. En revenant à son banc, aussitôt après son discours,

M. Guizot avait dit à M. Duchâtel : « Je crois la loi sauvée. — Oui, répondit le ministre de l'intérieur, mais vous pourriez bien avoir tué le cabinet. » Il n'en fut rien : le maréchal tenait plus à la durée du ministère qu'au rejet de l'enceinte continue. Il affecta donc, avec une bonne humeur un peu narquoise, de féliciter M. Guizot de l'adresse avec laquelle il avait tiré le gouvernement d'embarras. Dans le centre, les irritations cherchèrent moins à se dissimuler.

Les adversaires des fortifications résolurent de tenter un suprême effort à la Chambre des pairs. Ils remportèrent un premier succès, lors de la nomination de la commission, qui, se trouvant en majorité hostile au projet, choisit comme président M. Molé, le meneur de cette campagne, et conclut à un amendement analogue à celui du général Schneider. La discussion en séance publique fut d'une longueur et d'un acharnement inaccoutumés au Luxembourg[1]. M. Molé y prononça un grand discours : sa thèse était que le gouvernement français créerait le danger de guerre en paraissant y croire et en prenant une « résolution aussi désespérée » que celle de fortifier Paris. Mais il rencontra des adversaires considérables : le duc de Broglie, qui rompit à cette occasion le silence qu'il gardait depuis longtemps; le maréchal Soult, qui fut plus net qu'au Palais-Bourbon; M. Duchâtel, qui traita surtout la question financière, et M. Guizot, qui développa de nouveau, avec une grande force, les considérations de haute politique qu'il avait déjà fait valoir devant la Chambre des députés. « La France veut sincèrement la paix, dit-il; mais si la sécurité et la dignité de la France étaient compromises par la paix ou au sein de la paix, l'amour sincère de la France pour la paix en pourrait être altéré. » Il termina en pesant plus fortement sur la Chambre haute qu'il n'avait osé le faire sur la Chambre basse. Il déclara nettement qu'amender le projet, c'était le ruiner. « Bien plus, ajouta-t-il en terminant, le gouvernement lui-même serait affaibli, profondément affaibli en France et en Europe. (*Mouvement*

---

[1] Cette discussion dura du 23 mars au 1ᵉʳ avril 1841.

en sens divers.) Oui, Messieurs, en France et en Europe. Voilà quel serait le résultat de votre délibération. La France aurait perdu tous les avantages de la loi; elle aurait substitué à ces avantages des risques politiques immenses. Pourquoi Messieurs? Pour supprimer quelques fossés et quelques bastions! Permettez-moi de le dire, cela est impossible. » Le tempérament de la Chambre des pairs ne lui permettait pas de résister à un langage si pressant et si ferme. L'amendement de la commission fut repoussé par 148 voix contre 91.

En même temps qu'il écartait dans les Chambres les obstacles élevés contre le projet de fortifier Paris, M. Guizot, non moins attentif à son rôle diplomatique qu'à son rôle parlementaire, veillait à ce que la mesure produisît au dehors l'effet qui convenait à notre politique et particulièrement aux négociations alors en cours sur les affaires d'Orient. Aussitôt la loi votée dans la Chambre des députés, il avait écrit à ses ambassadeurs : « J'ai mis une extrême importance à restituer au projet son vrai et fondamental caractère. Gage de paix et preuve de force... Appliquez-vous constamment, dans votre langage, à lui maintenir ce caractère : point de menace et point de crainte; ni inquiétants ni inquiets; très-pacifiques et très-vigilants. Que pas un acte, pas un mot de votre part ne déroge à ce double caractère de notre politique. C'est pour nous la seule manière de retrouver à la fois de la sécurité et de l'influence [1]. » Revenant sur ces mêmes idées après le vote de la Chambre des pairs, il ajoutait : « Je vous engage à ne négliger aucune occasion de faire ressortir dans vos entretiens le caractère de la mesure. Il nous importe que ce qu'elle a en même temps de grand et de pacifique soit partout compris [2]. »

---

[1] *Mémoires de M. Guizot*, t. VI, p. 30.
[2] Lettre à M. de Barante (*Documents inédits*).

VIII

Les péripéties de la discussion de la loi des fortifications au Palais-Bourbon n'avaient pas affermi la situation parlementaire du cabinet. Celui-ci, dans une question grave et d'une portée politique, n'avait pu se faire suivre par une grande partie de ceux qui avaient voté l'Adresse. Les journaux de gauche ne se faisaient pas faute d'en conclure que le ministère était sans majorité. Pour le moment, il est vrai, l'opposition se bornait à cette constatation, sans songer sérieusement à pousser les choses plus avant dans la Chambre ; M. Thiers se rendait compte que toute offensive ouverte de sa part l'exposerait à une éclatante défaite : il n'avait donc, pour la session présente, d'autre ambition que de maintenir l'équivoque et l'incertitude résultant du dernier débat. Certains conservateurs devinaient cette tactique : leur avis était que le ministère devait à tout risque sortir de cette situation, et, dans ce dessein, provoquer, sur la politique générale, un grand débat qui fût comme une répétition de l'Adresse. « Ce qu'il faut craindre aujourd'hui, disaient-ils, ce n'est pas la discussion, c'est l'intrigue; ce n'est pas une mort violente, c'est une lente dissolution. Les grandes discussions, comme les grands intérêts, rapprochent les opinions et les concentrent ; elles élèvent les esprits et les arrachent à ces préoccupations personnelles qui sont le fléau de toutes les assemblées. Dans un gouvernement qui a pour base une majorité, si l'on veut que cette majorité subsiste, il faut souvent lui remettre devant les yeux les grands principes, les grands motifs sous l'influence desquels elle s'est formée. Il faut l'émouvoir, la passionner pour le bien. Casimir Périer n'a pas formé sa majorité, en dissimulant les côtés de sa politique qui pouvaient déplaire aux esprits timides ; il avait du courage pour ceux qui n'en avaient pas ; il forçait les indécis à se décider. S'il perdait de cette façon quelques voix, celles qu'il avait étaient sûres [1]. »

D'autres conservateurs, plus timides ou plus prudents, considérant le peu d'homogénéité de la majorité qui s'était réunie, sous la pression d'un grand péril, pour voter l'Adresse, se rendant compte du tempérament moral et des idées politiques qu'elle devait à la coalition, des préventions et des ressentiments qu'y rencontrait le ministère, jugeaient impossible de procéder avec elle par coup d'éclat, de vaincre ses répugnances, de dominer ses divisions par un effort soudain et de haute lutte. « Loin de là, disaient-ils, ce qu'il faut pour réussir, ce sont des soins, de l'habileté, de la patience. Laissez aux habitudes gouvernementales le temps de se reformer, aux exigences parlementaires le temps de s'affaiblir. Peu à peu les votes, arrachés d'abord par les nécessités du moment, seront accordés par entraînement et par conviction. Le talent est un grand séducteur, et le succès prépare le succès. Les conscrits, qui se sont mis en route à contre-cœur, prennent goût à la guerre et se passionnent pour leurs chefs, lorsqu'ils ont, sous leur direction, fait une campagne heureuse et obtenu des succès qu'ils n'espéraient pas. Quant à l'exemple de Casimir Périer, ce n'est pas le cas de l'invoquer : nulle analogie entre la situation actuelle et celle de 1831. Alors, l'armée parlementaire était sur le champ de bataille. Aujourd'hui, elle est, pour ainsi dire, en garnison : elle s'ennuie, elle disserte au lieu d'agir, elle ergote au lieu d'obéir. On a beau lui dire que l'ennemi est toujours là, qu'il est toujours le même, elle n'en croit rien, surtout depuis qu'elle pense en avoir bien fini avec les menaces de guerre. Et puis, elle a traversé tant de ministères, elle a vu arborer tant de drapeaux, qu'elle est tombée dans une sorte d'incrédulité politique. Vouloir brusquer une Chambre en un tel état d'esprit serait s'exposer à de graves accidents. Enfoncez l'éperon dans les flancs d'un coursier abîmé de fatigue ou rétif, il succombe ou vous renverse ; ménagez ses forces et son humeur, il achèvera tant bien que mal la carrière [2]. »

[1] Ces idées étaient soutenues entre autres par le *Journal des Débats*.
[2] Telle était la thèse développée par M. Rossi, qui écrivait alors, sans les signer, les chroniques politiques de la *Revue des Deux Mondes*.

Le gouvernement eut bientôt à faire son choix entre ces deux conduites si différentes. Il avait déposé, le 2 février, une demande de fonds secrets. L'occasion parut favorable à ceux qui désiraient provoquer une grande discussion et mettre la Chambre en demeure de voter l'Adresse. Se trouvant précisément en majorité dans la commission, ils donnèrent mandat au rapporteur, M. Jouffroy, d'agrandir le débat et de formuler à ce propos tout le programme de la politique conservatrice. L'ancien philosophe, qui avait décidément le goût des rapports retentissants, accepta volontiers cette tâche. Tout d'abord, il marqua le mal dont on souffrait et en dénonça la cause. « La stabilité et le repos manquent au gouvernement, dit-il ; il n'y a, en France, de lendemain bien déterminé pour personne ; le présent chancelle toujours, l'avenir y demeure une éternelle énigme. De là, un découragement permanent pour tous les bons principes, une espérance sans cesse renaissante pour les mauvais. On se plaint de voir la lie de la société en battre avec acharnement les fondements. Cette audace est l'ouvrage de la Chambre ; elle est la conséquence directe de l'instabilité des majorités. Et d'où vient cette instabilité ? De ce qu'un jour, croyant les grandes questions décidées, chacun s'est mis à regarder dans ses principes, en a découvert les nuances et s'est passionné pour ces nuances, comme il s'était auparavant passionné pour les principes mêmes. Ce jour-là, les deux grands drapeaux de la majorité et de l'opposition ont été déchirés en lambeaux : il y a eu autant de fractions dans la Chambre que de nuances dans les opinions, et le moment est venu où chacun de nous a pu craindre de devenir à soi seul un parti tout entier. La manière dont le mal s'est produit indique le remède. C'est en descendant aux nuances dans les principes que la majorité s'est décomposée ; c'est en remontant à ce qu'ils ont d'essentiel, c'est en le dégageant et en le formulant nettement, c'est en s'y ralliant et en forçant le cabinet à s'y tenir qu'elle se reformera. » Le rapporteur estimait que le cabinet actuel offrait toutes les garanties pour cette œuvre de reconstitution. Quelle doit être sa politique et celle de la majorité ? A l'extérieur, une politique de paix, une « politique européenne », soucieuse « du bon droit, de la justice, de l'intérêt commun des peuples ». « Sans doute, disait M. Jouffroy, la France, dans le passé, a dû sa grandeur à la politique contraire, à la politique égoïste et étroitement nationale; mais c'était au temps où il n'y avait pas place dans le monde pour une autre; c'était au temps de l'antagonisme des nations. » A l'intérieur, le rapport demandait l'exécution des lois protectrices du bon ordre. Sur la réforme électorale et sur les lois de septembre, il se prononçait pour le strict maintien du *statu quo,* non pas qu'il prétendit consacrer l'immutabilité de cette partie de notre législation ; « mais, disait-il, nos mœurs sont fort en arrière de nos lois, et nous sommes à peine au niveau des institutions que nous avons ». C'était autour de ces principes, et pour l'application de cette politique, que le rapport provoquait la formation d'une majorité réelle et durable.

Déposé le 18 février, ce rapport fit aussitôt grand bruit. Les journaux de gauche poussèrent un cri de colère : invectives et sarcasmes tombèrent dru sur M. Jouffroy. En même temps qu'elle cherchait ainsi à troubler et à effrayer les timides, l'opposition tâchait de se rendre favorables tous les fatigués, tous les amis du repos quand même, en se donnant la figure d'une personne fort tranquille qui n'eût demandé qu'à demeurer en paix et que l'on venait, au nom du gouvernement, provoquer gratuitement et forcer à la bataille. En outre, pour inquiéter la fraction du centre gauche qui s'était ralliée au ministère, elle affectait de voir dans le programme de politique intérieure exposé par M. Jouffroy un manifeste de réaction à outrance. Si violentes que fussent ces colères, si habiles que fussent ces manœuvres, le *Journal des Débats* avait beau jeu à les railler. « Voyez, en effet, quel crime, s'écriait-il, sous un gouvernement de délibération et de majorité, de provoquer une discussion complète, de ne pas laisser à l'intrigue le temps de décomposer l'opinion! Depuis quelque temps, les journaux de M. Thiers travaillaient par ordre à mettre en doute l'existence de la majorité. Qui l'a vue? Eh bien, vous allez savoir s'il y en a une! L'occasion est belle... Vous auriez mieux aimé, je le conçois, en rester sur la question des fortifications. Là, par un rapprochement nécessaire, mais fâcheux, les opinions s'étaient mêlées et confondues. Aujourd'hui, le rapport de M. Jouffroy et la discussion que ce rapport rend inévitable vont apporter la lumière dans ce chaos. Les opinions vont se débrouiller. C'est ce qui vous fâche, n'est-ce pas ? » Mais il était un symptôme plus inquiétant que l'irritation de la gauche : c'était l'effet produit par le rapport sur certaines parties de la majorité ministérielle. Le petit groupe de MM. Dufaure et Passy était visiblement de mauvaise humeur et plus porté à combattre qu'à accepter un pareil programme. Parmi les anciens 221, soit fatigue, soit méfiance à l'égard d'une initiative qui portait la marque doctrinaire, on paraissait désagréablement surpris de cette sorte d'appel aux armes et peu disposé à y répondre. « Qu'est-ce qu'on veut donc? demandaient dans les couloirs de la Chambre certains députés du centre. Faut-il chaque jour remettre tout en question, recommencer de déplorables débats? Qu'attend-on de cette répétition tardive de l'Adresse, de cette colère à froid? Si le ministère veut nous faire croire à sa vie, qu'il vive; à sa durée, qu'il trouve le moyen de durer. Lorsqu'une nouvelle session aura commencé sous sa direction, alors nous pourrons croire qu'il n'est pas tout à fait impossible, dans notre pays, d'avoir une administration durable. Jusque-là, que les ministres se contentent de mener une vie modeste, prudente, et, sans fuir les débats, qu'ils ne les provoquent pas. L'oubli convient à tout le monde, à commencer par les membres du cabinet; il convient au pays aussi. »

Il est difficile d'admettre que le rapport de M. Jouffroy ait été fait à l'insu des ministres. Ceux-ci l'avaient-ils approuvé et encouragé? En tout cas, l'accueil qui lui fut fait leur donna cette conviction, qu'en s'engageant dans cette voie, ils risquaient fort de n'être pas suivis par toute leur armée, et que, loin de confirmer le résultat de l'Adresse, ils l'affaibliraient, peut-être même le détruiraient. Aussi, quand le débat public s'ouvrit, le

25 février, y arrivèrent-ils décidés à ne pas lui donner le caractère et les proportions indiquées par M. Jouffroy. On put même croire un moment que les fonds secrets seraient votés sans discussion. Ce fut un membre de la gauche, M. Portalis, qui réclama. « Je ne croyais pas assister à une comédie en venant à cette séance », dit-il, et il demanda si le ministère entendait renier ou approuver le rapport de la commission. M. Guizot, évidemment embarrassé, déclara en quelques mots qu'il ne répondrait pas, s'en référant à la discussion de l'Adresse, ne désavouant pas M. Jouffroy, mais évitant de le suivre. C'était une attitude fort différente de celle qu'avait espérée et annoncée le *Journal des Débats*. « Nous n'accusons personne, disait-il mélancoliquement après cette première séance. Hélas ! le ministère, la Chambre, tous les partis portent encore les tristes cicatrices de ces longues divisions qui ont jeté le trouble dans les meilleurs esprits. Le souvenir du passé pèse sur le présent ; tout le monde semble mal à l'aise[1]. »

M. Thiers n'avait pas plus envie que M. Guizot d'engager le débat à fond ; mais, sans attendre peut-être un résultat immédiat et positif, il ne voulut pas laisser passer l'occasion qui s'offrait à lui d'embarrasser le cabinet, de se rapprocher un peu de la partie de la majorité qu'effarouchait le programme de M. Jouffroy, et d'y jeter ainsi un germe de division et de décomposition. Tout son discours fut calculé dans ce dessein. Le champion menaçant de la politique belliqueuse, l'organisateur de l'armée de 950,000 hommes, le « révolutionnaire » se faisant honneur de l'appui de la gauche n'eût pas eu chance d'attirer les amis de M. Dufaure. Aussi est-ce, cette fois, un tout autre personnage qui se met en scène. Sur la politique extérieure, il reconnaît presque qu'il a pu se tromper ; il regrette qu'on ait « magnifié » la question d'Égypte ; il affirme ne s'y être jeté qu'à contre-cœur et pour tenir les engagements contractés avant lui. « Du reste, ajoute-t-il, tout cela est maintenant bien fini. Que l'on ne revienne plus nous présenter cet épouvan-

[1] 20 février 1841.

tail de la guerre. » L'orateur affirme et répète à satiété que la question n'est pas, et même n'a jamais été entre la guerre et la paix ; qu'elle est uniquement entre ceux qui, répudiant, comme le rapporteur, « la politique exclusivement française », veulent se hâter de rentrer dans le concert européen, et ceux qui préfèrent attendre dans l'attitude d'isolement et de paix armée. M. Thiers est de ces derniers ; sa politique, devenue subitement modeste, ne demande pas davantage. « J'ai reproché, dit-il, au ministère, dans le débat de l'Adresse, de s'être prêté à un revirement de politique qui a, je crois, beaucoup affaibli la considération du pays ; mais, cela fait, ce revirement produit, cette situation acceptée, si le cabinet ne se hâte pas de rentrer dans le concert européen et d'ajouter à notre politique le dernier échec qu'elle puisse recevoir, oh! ce n'est pas moi qui le tourmenterai... Si en effet vous faites la seule chose qu'il y ait à faire aujourd'hui, en restant immobiles, prêts à tout événement ; si vous réparez vos négligences à l'égard de notre organisation militaire, oh! mon Dieu! loin de vous combattre, je vous aiderai souvent, je ferai comme j'ai fait il y a un mois. » De même, à l'intérieur, M. Thiers bornait son programme à deux réformes d'une portée restreinte : 1° la définition de l'attentat, qu'une des lois de septembre permettait de soustraire au jury et de déférer à la Cour des pairs ; 2° l'élargissement des incompatibilités. Mais, en même temps, il insistait sur cette idée, bien faite pour inquiéter certaines parties moyennes et flottantes du monde parlementaire, que « le pouvoir était placé à l'une des extrémités de la Chambre ». « J'ai vu deux fois, ajoutait-il, tenter cette expérience de recomposer une majorité en se mettant à l'une des extrémités, à l'extrémité de droite, comme le propose M. le rapporteur, et jamais on n'a réussi. Dans le cabinet du 6 septembre, ce n'était, certes, ni les hommes de talent ni les hommes éclairés qui manquaient ; il y avait M. le comte Molé et M. Guizot. Eh bien ! on a échoué. Pourquoi ? Parce qu'on a voulu faire avec une loi, la loi de disjonction, ce que M. le rapporteur a essayé de faire aujourd'hui avec un rapport. On a voulu amener une grande partie de la Chambre à ce qu'on appelle un évangile, et il s'est trouvé que cet évangile ne convenait pas à tout le monde. Quant à moi, je suis convaincu que, pour avoir une majorité, il faut se placer non pas à l'une des extrémités de la Chambre, mais au véritable milieu, celui où j'avais essayé de placer le pouvoir. Vous avez tenté de faire la majorité en arrière; je crois qu'il faut la faire en avant. »

La manœuvre de M. Thiers était habile. La réponse qu'y fit M. Guizot, deux jours après, ne le fut pas moins. Après avoir tout d'abord déclaré qu'il ne pouvait, dans l'état des affaires, rien dire sur la question extérieure, et avoir annoncé qu'il ne s'expliquerait pas plus complétement sur le rapport de M. Jouffroy, il prit aussitôt l'offensive, et dénonça la campagne faite, depuis trois jours, « pour porter dans la majorité le trouble et la désunion. » Il railla M. Thiers, « se faisant tout petit », tout pacifique, pour « abuser cette majorité ». Vous aurez beau faire, lui dit-il, vous n'y parviendrez pas! Et, rappelant le langage de l'ancien ministre du 1er mars dans la discussion de l'Adresse et la lutte alors ouvertement engagée entre la guerre et la paix : « Laissez-moi croire, s'écria-t-il, que tout ce que nous avons dit et fait, vous et nous, n'a pas été une insignifiante comédie! » La tactique des adversaires ainsi dévoilée, le ministre indiquait pourquoi il devait se refuser à toutes les paroles, à toutes les explications qui serviraient cette tactique et aideraient à diviser la majorité nouvelle. « Cette majorité, continua-t-il, a été formée par la nécessité, en présence d'un grand danger, pour rétablir, au dehors, la pratique d'une politique prudente et modérée, au dedans, la pratique d'une politique ferme, conséquente, favorable à l'affermissement et à l'exercice du pouvoir. Elle s'est constituée dans des intentions sincères qui ne redoutent aucune clarté... J'ai bien le droit de le dire : si le repos du pays s'est rétabli à l'apparition de cette majorité, si les espérances du pays se rattachent à son affermissement, il est bien naturel que ceux qui lui sont attachés, simples députés ou ministres, prennent leur majorité au sérieux, et que, pour la conserver, ils acceptent un inconvénient momentané, une contrariété vive; pour moi, par exemple, la contrariété de ne pas parler, autant que je l'aurais voulu, du rapport de l'honorable M. Jouffroy... Tout homme attaché à la majorité et voulant son succès, a dû faire ce sacrifice. Voilà ce qui a gouverné notre conduite; et comme toute majorité a des éléments divers qui ont leurs droits, leur honneur, qui se respectent mutuellement, nous avons eu, les uns pour les autres, ce juste respect de ne pas élever des questions qui ne nous étaient pas impérieusement commandées, de ne pas entrer dans des débats que l'état actuel des faits, les nécessités de la politique ne nous imposaient pas. Votre commission, Messieurs, qui n'était pas un cabinet, votre honorable rapporteur, qui n'était pas chargé du poids du gouvernement, a pu très-légitimement, et je dirai plus, a pu utilement venir exposer ici sa politique extérieure et sa politique intérieure, l'ensemble de ses idées, de ses intentions. Nous n'aurions pas dû faire cela ; puisque nous ne devions pas le faire, nous ne devions pas le discuter. » Puis il terminait ainsi : « La majorité tout entière veut rester unie ; elle sait qu'elle le peut, car elle sait que sur toutes les questions qui sont à l'ordre du jour, sur les questions de conduite, sur les questions qu'il faut vraiment résoudre pour agir aujour d'hui, pour agir demain, elle sait qu'elle est du même avis, qu'elle se conduira unanimement. Et si jamais il lui arrivait des dissentiments intérieurs, elle serait sincère alors comme elle l'est aujourd'hui; nous parlerions, au besoin, comme nous savons au besoin nous taire. (*Vif mouvement d'adhésion. Applaudissements au centre.*) »

On ne pouvait se dérober avec une allure plus fière, ni dire plus éloquemment qu'on ne dirait rien. L'effet fut considérable sur la majorité, où l'on comprenait mieux que partout ailleurs la nécessité d'une semblable attitude, et où l'on savait gré au ministre d'y apporter à la fois tant d'adresse et de dignité. On put d'ailleurs comprendre les motifs qui avaient dicté cette conduite, quand M. Dufaure vint ensuite déclarer que, tout en n'approuvant pas le rapport de la commission, il voterait pour le cabinet. Il estimait que la révision des lois de septembre et la réforme électorale s'imposeraient tôt ou tard, mais qu'un homme politique devait savoir, sinon abandonner ses opinions, du moins en ajourner la réalisation. A son avis, le cabinet fournissait des garanties suffisantes sur les quatre questions dominantes du moment, la direction à donner à notre diplomatie, l'organisation militaire, le développement des forces navales et la reconstitution des finances. La déclaration de M. Dufaure assurait le succès du ministère, et les fonds secrets furent en effet votés par 235 voix contre 145. L'Adresse avait réuni 247 voix contre 161.

Ce n'était pas sans doute la victoire à la Périer qu'avait rêvée le *Journal des Débats* et qu'avait cru préparer M. Jouffroy : peut-être le tempérament d'une Chambre née de la coalition ne permettait-il pas d'obtenir davantage. Après tout, la manœuvre de l'opposition avait été déjouée, la majorité était restée unie. Le temps seul pouvait donner à cette majorité plus de cohésion, d'homogénéité, au ministère plus d'autorité et de hardiesse. M. Guizot comptait sur cette action du temps et était résolu à la seconder. Tout en ménageant, pour le moment, les faiblesses de la Chambre, il se donnait pour tâche d'y remédier, et l'on pouvait être assuré qu'il ne se prêterait pas longtemps à éluder les débats de doctrine.

IX

Le ministère ne se laissait pas absorber entièrement par l'action parlementaire. Il s'était donné aussi pour tâche de mettre fin, dans le pays, à l'agitation mauvaise que la politique du dernier cabinet y avait provoquée et laissée grandir. Dès le début de son administration, il était parvenu assez vite à rétablir l'ordre extérieur dans la rue. Mais l'esprit de sédition s'était réfugié dans la presse, y entretenant une sorte d'émeute morale plus difficile à atteindre et à réprimer que l'émeute matérielle. Le cabinet n'hésitait pas à entreprendre de nombreuses poursuites de presse ; ce n'était pas toujours avec grand profit. Si nous l'avons vu tout à l'heure embarrassé dans sa lutte contre l'opposition de la Chambre, par l'incertitude de la majorité, il l'était plus encore dans sa lutte contre la presse factieuse, par les défaillances du jury. Un incident qui fit alors grand scandale montra une fois de plus à quel point cette juridiction pouvait être non-seulement inefficace contre les ennemis du gouvernement, mais dangereuse pour le gouvernement lui-même.

L'une des conséquences de la dernière crise avait été de découvrir le Roi et de le rendre personnellement le point de mire des attaques de la presse [1]. Et quelles attaques! C'était bien pis que de l'accuser de tyrannie : on contestait son patriotisme. Comment s'en étonner? L'opposition parlementaire n'avait-elle pas montré la première que c'était là, à ce point particulièrement sensible, qu'il fallait viser la royauté? Après tout, les journaux ne faisaient que répéter plus brutalement ce que M. Thiers avait donné à entendre à la tribune. Quand un ministre d'hier insinuait que Louis-Philippe n'avait ni le souci ni le sens de l'honneur national, que ne devait-on pas attendre d'écrivains sans responsabilité? Et quand des hommes, se disant amis de la monarchie nouvelle, donnaient contre elle le signal d'une campagne si meurtrière, n'était-il pas certain qu'ils seraient suivis, dépassés, par ceux qui s'avouaient les ennemis mortels de cette monarchie, par les radicaux d'une part et les légitimistes de l'autre?

Ces derniers ne furent pas les moins audacieux, et ils eurent même un moment le triste honneur de mener l'attaque. Le 11 janvier 1841, la *Gazette de France* publiait trois lettres qu'elle disait avoir été écrites en 1807 et 1808 par Louis-Philippe, alors réfugié en Sicile et en Sardaigne. Ces lettres, dont l'authenticité n'a jamais été ni formellement prouvée ni officiellement contestée [2], exprimaient contre Napoléon et en faveur des

---

[1] Comme s'en est vanté plus tard un écrivain radical, « le Roi était devenu personnellement, en dépit des jalouses précautions de la loi, le but de toutes les attaques ». (ELIAS REGNAULT, *Histoire de huit ans*, t. II, p. 77).

[2] S'il faut en croire le témoignage de certains ambassadeurs étrangers, M. Guizot

armées qui le combattaient des sentiments qui étaient, à cette époque, ceux de tous les princes français émigrés. On eût pu concevoir que des républicains s'en fissent un grief; mais n'était-il pas étrange qu'un journal légitimiste, défenseur attitré de l'émigration, prétendît trouver là une note infamante? L'opinion eut-elle le sentiment de cette inconséquence? Toujours est-il que la publication de la *Gazette de France* ne produisit pas grand effet. Mais quelques jours plus tard, le 24 janvier, une feuille de même couleur, la *France,* publia trois autres lettres que Louis-Philippe, disait-elle, avait écrites postérieurement à 1830 : elle n'en indiquait ni les dates exactes ni les destinataires. Dans la première, le Roi confirmait l'engagement d'évacuer l'Algérie, engagement qu'il disait avoir été pris envers l'Angleterre par Charles X; dans la seconde, il se faisait honneur auprès de la Russie, de l'Autriche et de la Prusse, d'avoir facilité l'écrasement de la Pologne; dans la troisième, il présentait les fortifications de Paris comme étant dirigées contre la population de cette ville. Tout, dans ces lettres, ne fût-ce que leur forme plate, vulgaire et sottement compromettante, trahissait une falsification maladroite. Mais l'opposition n'y regardait pas de si près. Ses journaux firent un énorme tapage autour de ces prétendues révélations, surtout de celle qui avait trait à l'évacuation de l'Algérie. Le public en était troublé; à force d'avoir entendu dire, et de si haut, que le Roi n'avait pas le sentiment français, beaucoup de gens en étaient venus à prêter l'oreille à des accusations dont, en d'autres temps, l'odieuse invraisemblance leur eût fait hausser les épaules. Le scandale prit tout de suite de telles proportions, que le gouvernement jugea nécessaire d'annoncer que les auteurs de cette publication seraient poursuivis pour crime de faux et pour offense envers la personne du Roi.

Pendant que la justice commençait son instruction, la curiosité publique, fort excitée, faisait aussi son enquête et ne tardait pas à découvrir où la *Gazette de France* d'abord, la *France* ensuite, étaient allées chercher les pièces par lesquelles elles se

leur aurait avoué l'authenticité de ces lettres. (HILLEBRAND, *Geschichte Frankreichs,* t. II, p. 478).

flattaient de faire tant de mal à la monarchie de Juillet. Vivait alors à Londres une courtisane sur le retour, se faisant appeler Ida de Saint-Elme, et plus connue à Paris sous le nom de la Contemporaine. Jadis la maîtresse de plusieurs généraux, entre autres de Moreau et de Ney, tombée dans la misère sous la Restauration et publiant alors sous son nom des mémoires fabriqués par d'autres et remplis de faussetés, elle avait fini, en 1834, par s'échouer en Angleterre, et, à bout d'expédients, avait tâché de trouver dans le chantage politique les ressources que son âge ne lui permettait plus de chercher ailleurs. Pour faire connaître aux intéressés l'honnête commerce qu'elle entreprenait, elle fit imprimer et distribuer un prospectus développé, intitulé la *Poire couronnée*; elle y avait inséré quelques extraits de lettres attribuées à Louis-Philippe, notamment de celles qui devaient être publiées en 1840, avec tant de fracas, et en annonçait beaucoup d'autres. Cette tentative de scandale passa inaperçue, et la Contemporaine ne trouva pas tout d'abord acheteur pour sa marchandise. Mais, quelques années après, elle fut plus heureuse et entra en marché avec les deux journaux légitimistes, fournissant à l'un des lettres qui étaient peut-être vraies, à l'autre des lettres qui étaient certainement fausses. Comment une telle alliance parut-elle acceptable, une telle caution suffisante aux représentants d'une opinion qui se piquait d'avoir, plus que tout autre, le sens de l'honneur chevaleresque? C'est ce qu'on ne parviendrait pas à comprendre, si l'on ne savait, par plus d'une expérience, jusqu'où peut aller l'esprit de parti. Il est permis de croire que, parmi les légitimistes, ceux qui avaient le cœur haut et l'esprit libre se sentaient, au fond, honteux de voir quelques-uns des leurs se compromettre en de telles promiscuités. M. Rossi exprimait le sentiment de beaucoup de gens, quand il s'indignait de « voir l'arène politique contaminée par les impostures d'une prostituée [1] ».

Cependant l'instruction judiciaire se suivait contre MM. de Montour et Lubis, gérant et rédacteur en chef de la *France*.

---

[1] Chronique politique de la *Revue des Deux Mondes* du 1er mai 1841.

Sommés de produire les prétendus originaux, les accusés déclarèrent se réserver de le faire devant le jury et ne vouloir rien montrer d'ici là. Ce refus ôtait toute base juridique à l'accusation de faux : du moment où les pièces n'étaient pas produites, comment prouver quelles étaient fabriquées? Force fut donc d'abandonner cette partie de la poursuite et de s'en tenir à la prévention d'offense au Roi ; le gérant resta seul en cause.

Retardée par ces incidents de procédure, l'affaire ne vint devant le jury que le 24 avril. M° Berryer était au banc de la défense : dans la salle, plusieurs notabilités légitimistes. Le prévenu fut mis solennellement en demeure de faire la production qu'il avait si obstinément réservée pour ce moment. Mais il eût été bien empêché de produire quelque pièce : il n'avait rien. Dans le marché conclu avec la Contemporaine, la rédaction de la *France* ne s'était même pas assuré la possession d'une apparence d'original. Après tout, cette négligence était peut-être une habileté, car elle avait enlevé à l'accusation le moyen d'établir matériellement le faux. Dans ces conditions, M° Berryer plaida non la réalité, ni même la vraisemblance des lettres, mais uniquement la bonne foi de son client : étrange bonne foi, qui ne pouvait être que la foi dans la Contemporaine ! En effet, l'avocat argua surtout de ce qu'une partie des lettres avait déjà été publiée, quelques années auparavant, dans le prospectus de cette intrigante. Il ajouta que M. de la Rochejaquelein, dont on regrette de voir le nom mêlé à une telle affaire, avait vu l'un des originaux aux mains de cette femme et que cet écrit lui avait paru authentique. Pour expliquer la non-production de ces originaux, l'avocat raconta que la Contemporaine, se croyant menacée à Londres d'une accusation de faux, ne voulait pas se dessaisir des pièces, par crainte d'être « pendue » si elle n'était plus en mesure de les produire devant la justice anglaise. Ces arguments, recouverts, il est vrai, du talent de M° Berryer, suffirent pour persuader le jury parisien, et, par six voix contre six, le gérant de la *France* fut acquitté.

Les journaux légitimistes et radicaux poussèrent un cri de triomphe. La veille, devant le jury, on n'avait sollicité qu'un verdict d'indulgence en plaidant modestement la bonne foi. Maintenant on changeait de ton : le verdict était la condamnation du Roi; c'était la justice du pays proclamant souverainement que Louis-Philippe était l'auteur de ces lettres et qu'on avait bien agi en lui jetant à la tête sa honte et sa trahison. Des *fac-simile* lithographiques furent répandus à profusion. La *France* publia à cent mille exemplaires le compte rendu de son procès, comme elle eût fait d'un bulletin de victoire. L'avocat général, dans son réquisitoire, du reste assez maladroit, s'était écrié : « Il résulterait de ces lettres que le Roi, élu en 1830, pour répondre aux sympathies patriotiques, les aurait trahies de tout point!... Comment donc faudrait-il appeler le Roi qui aurait écrit de pareilles choses? Il faudrait bien dire de lui que c'est un de ces tyrans qui ne marchent que par la voie de la dissimulation, qui établissent leur empire non pas sur la sincérité de leur langage, mais sur la violation de tous leurs engagements ! » Les journaux reproduisaient ces phrases, affectant de croire qu'après la décision du jury, les hypothèses oratoires de l'avocat général étaient devenues des réalités, et que, de par sa magistrature, Louis-Philippe était un traître. Les journaux de la gauche dite dynastique, avec des formes plus hypocrites, faisaient écho à tout ce bruit, tellement occupés à le tourner contre le ministère, qu'ils ne paraissaient même pas s'inquiéter de savoir si la monarchie n'en était pas la première victime. Quant aux conservateurs, ils s'indignaient, s'effrayaient. Cette malheureuse affaire était le sujet de toutes les polémiques, de toutes les conversations. Jamais les ennemis de la royauté de Juillet n'étaient parvenus à causer un tel scandale. Infortuné Roi! quel moyen avait-il de se défendre contre cette nouvelle forme de régicide? Henri Heine, qui n'avait pour ce prince aucune sympathie particulière, se sentait obligé de le plaindre. Il le montrait ne pouvant ni poursuivre une réparation judiciaire, ni se battre en duel, ni écrire aux journaux sur un ton courroucé, « car, hélas! ajoutait-il, les rois ne sauraient s'abaisser à employer de tels moyens de défense, et ils sont contraints de supporter avec une longanimité silencieuse tous les mensonges qu'on se plaît à répandre sur leur compte. J'éprouve la plus profonde compassion pour le royal martyr dont la couronne est la cible des flèches les plus envenimées et dont le sceptre, quand il s'agit de sa propre défense, ou de punir un calomniateur, lui est moins utile que ne le serait une canne ordinaire [1]. »

Et pourtant chaque jour faisait surgir une preuve nouvelle de la falsification. Tel fut, entre autres, le résultat d'une découverte faite, peu après le verdict du jury, dans le livre oublié d'un écrivain républicain, *Louis-Philippe et la contre-révolution*, publié en 1834 par M. Sarrans. Là se trouvait, sous la forme d'une réponse verbale qui aurait été faite en 1830, par Louis-Philippe, à l'ambassadeur d'Angleterre, le texte même, à un mot près, de la plus importante des lettres attribuées au Roi, celle sur l'évacuation d'Alger. Or comment admettre que le Roi, écrivant une lettre en 1830, eût trouvé sous sa plume exactement les mêmes mots dont un historien devait se servir en 1834 pour donner le sens d'une réponse verbale? N'était-il pas, dès lors, clair comme le jour que la Contemporaine avait fabriqué sa lettre en copiant une page de M. Sarrans? La découverte parut même si décisive, qu'une note la mentionnant fut aussitôt envoyée par huissier à tous les journaux qui avaient reproduit les fausses pièces; cette note se terminait ainsi : « Nous n'avons pas besoin de dire que la conversation rapportée par M. Sarrans n'est pas plus vraie que la lettre de la Contemporaine. »

Il semblait que la calomnie dût être confondue; mais non : elle s'obstinait à ne pas lâcher la proie dont elle s'était emparée. Loin de diminuer, le tapage allait croissant. Pendant que les uns continuaient à se servir des prétendues lettres, d'autres s'en allaient réveiller les vieilles histoires de la conspiration de Didier en 1816, et prétendaient que Louis-Philippe en avait été le complice. On eût dit qu'un appel général avait été fait à tous les faux témoignages pour déshonorer le Roi. Le 22 mai, une dépu-

---

[1] Lettre du 29 avril 1841. (*Lutèce*, p. 197 et 198).

tation de « citoyens », dont plusieurs habillés en gardes nationaux, se présenta tumultueusement au Palais-Bourbon et y déposa une pétition que l'on prétendait être revêtue de cinq mille signatures et qui était ainsi conçue : « Messieurs les députés, des lettres qui seraient l'expression de la plus lâche et de la plus infâme trahison ont été attribuées au roi Louis-Philippe. La justice du pays a acquitté le journal qui les a publiées. Les ministres n'ont répondu que par de vagues démentis à l'imputation qu'ils laissent peser sur le chef de l'État. La conscience publique exige une enquête. Nous venons donc vous demander d'interpeller le ministère sur un fait qui touche aussi profondément à l'honneur, à la liberté et à l'indépendance de la nation. »

Le ministère en était venu à désirer cette interpellation, comme le seul moyen de confondre en face la calomnie. Mais si les journaux radicaux ou légitimistes l'annonçaient de temps à autre, sur un ton de menace, ils ne trouvaient personne qui osât s'en charger : ce qui ne les empêchait pas, il est vrai, de prétendre que le gouvernement avait peur de s'expliquer. M. Guizot, voyant que la session tirait à sa fin, se décida alors à prendre les devants. Dans la séance du 27 mai, il saisit le prétexte du budget de l'Algérie, alors en délibération, pour monter à la tribune. « Depuis quelque temps, dit-il, d'insignes faussetés ont été laborieusement répandues au sujet de prétendus engagements que le gouvernement du Roi aurait contractés envers les puissances étrangères, ou telle puissance étrangère, pour l'abandon complet ou partiel de nos possessions d'Afrique. Si ces faussetés s'étaient produites à cette tribune, nous les aurions à l'instant même relevées et qualifiées comme elles le méritent. (*Interruptions diverses.*) On ne l'a pas fait. (*Une voix : On ne l'a pas osé.*) Personne n'a apporté ici les faussetés auxquelles je fais allusion ; nous n'avons pas voulu, nous n'avons pas dû leur faire un honneur que personne ne leur accordait. Cependant, elles continuent à se montrer audacieusement ailleurs. La Chambre est près de se séparer ; nous ne laisserons pas fermer cette enceinte sans donner à ces calomnies, quelles qu'elles soient, le démenti le plus formel. Jamais, je le répète, par personne, envers personne, aucun engagement n'a été contracté ou indiqué. Toute assertion contraire est radicalement fausse ou calomnieuse. » L'accent méprisant de l'orateur ajoutait encore à la dureté du soufflet renfermé dans ces paroles. Les journaux allaient-ils être laissés sous le coup de cette flétrissure? Ils avaient de nombreux amis sur les bancs de la Chambre, à droite ou à gauche; ne s'en trouverait-il pas un qui les avouât, les justifiât, ou seulement essayât de plaider leur bonne foi, comme naguère devant le jury? L'heure n'était-elle pas venue, notamment pour les orateurs légitimistes, d'apporter les révélations écrasantes dont, prétendait-on, ils avaient les mains pleines?

Un député de la droite, en effet, demanda la parole; c'était M. le duc de Valmy. Mais il se borna à affirmer, ce qui n'avait été contesté par personne, que la Restauration n'avait pris, elle non plus, aucun engagement d'évacuer Alger : à l'accusation portée contre Louis-Philippe, pas même une allusion; aux démentis du ministre, pas l'ombre d'une réponse. M. Guizot remonta à la tribune. « Tout Français, dit-il, doit être heureux de trouver qu'à toutes les époques, par tous les gouvernements, l'intérêt et l'honneur de la France ont été défendus. Ce que j'ai dit, ce que je répète, c'est que, depuis 1830, les intérêts et l'honneur de la France ont été défendus, soutenus, spécialement dans la question dont il s'agit, hautement, nettement, sans une minute d'hésitation. On avait, dit-on, entendu prouver le contraire, je suis venu vous donner et je donne de nouveau à cette assertion le démenti le plus formel. » Pour la seconde fois, le ministre jetait le gant. Mais personne ne le releva. M. Berryer, l'avocat de la *France* devant le jury, était là, sur son banc; les journaux royalistes avaient annoncé qu'il parlerait. Il se tint coi. Force fut de clore l'incident sur la parole du ministre et sur le silence peut-être plus décisif encore de toute l'opposition.

Le lendemain, les journaux essayèrent de payer d'audace; ils feignirent de croire qu'il ne s'était passé à la Chambre qu'une « comédie » sans portée, une façon d'escamotage. On eut

l'aplomb d'écrire dans la *Gazette de France* : « La preuve que
M. Guizot n'a rien dit, c'est que M. Berryer n'a pas parlé. »
Il n'était pas jusqu'aux feuilles du centre gauche et de la gauche
dynastique qui, par animosité contre le ministre, ne cherchassent
à diminuer la portée de son démenti. Efforts impuissants : cette
fois, la conscience publique savait à quoi s'en tenir. Au bout de
quelque temps, tout ce bruit s'éteignit, et il ne fut plus question
des fameuses lettres. Toutefois, s'il ne restait rien de la calomnie
elle-même, qui oserait affirmer qu'il ne restait rien des effets de
la calomnie? Ce n'était pas impunément que le Roi avait été
en quelque sorte à l'état d'accusé pendant plusieurs semaines,
que son honneur patriotique avait été discuté, contesté. Le
prestige monarchique, déjà si ébranlé en France, en avait reçu
une nouvelle atteinte.

X

Si grand bruit que fissent, dans le moment, toutes ces luttes
de tribune ou ces polémiques de presse, le règlement de la
question extérieure n'en demeurait pas moins la préoccupation
principale du ministère. On se rappelle en quel état se trouvaient les négociations à la fin de novembre 1840[1]. Il n'y avait
plus aucune chance d'obtenir quelque concession qui permît à la
France de rentrer immédiatement dans le concert européen. La
Syrie était définitivement perdue; bien plus, l'Égypte était
menacée. Sans doute si, cédant aux conseils de la France, le
pacha se soumettait en acceptant l'hérédité de son pachalik, que
les puissances se déclaraient prêtes à lui garantir, on pouvait
espérer une solution prompte et pacifique de la crise. Mais s'il

[1] Pour l'exposé qui va suivre jusqu'à la convention des détroits, je me suis
surtout servi de la *Note inédite du prince Albert de Broglie*, complétée par
occasion avec les *Papiers inédits de M. de Barante*, les *Mémoires de M. Guizot*
et la *Correspondence relative to the affairs of the Levant*. C'est à ces sources
que seront puisés tous les documents pour lesquels ne sera indiquée aucune origine particulière.

ne se soumettait pas, la situation risquait de devenir très-tendue, très-critique, entre lord Palmerston, qui voulait, dans ce cas, attaquer l'Égypte, et le gouvernement français, qui, fidèle à sa note du 8 octobre, protestait d'avance contre ce qui lui paraissait une intolérable aggravation du traité du 15 juillet. Il y avait là un nouveau péril pour la paix européenne, et un péril très-prochain. Au train dont la flotte anglaise venait de mener les opérations de Syrie, ne pouvait-on pas recevoir, d'un jour à l'autre, la nouvelle qu'elle avait bombardé Alexandrie? Chacun prêtait l'oreille avec inquiétude aux bruits qui venaient d'Orient. M. de Metternich surtout était dans des transes mortelles, et il cherchait, sans aboutir, à prévenir diplomatiquement ces redoutables éventualités. « Il faut, écrivait-il à son ambassadeur à Londres, prévoir le cas où Méhémet ne se soumettrait pas. Le *quid faciendum* alors est à chercher. »

Telle était l'anxiété générale quand, le 8 décembre 1840, on apprit à Londres qu'une de ces initiatives toutes personnelles, alors assez fréquentes chez les agents anglais, venait, en Orient même, de brusquer le dénoûment. Le 25 novembre, le commodore Napier était arrivé tout à coup devant Alexandrie avec plusieurs vaisseaux. Son prétexte était de réclamer la liberté de quelques prisonniers, son but réel de voir s'il ne pourrait pas déterminer Méhémet-Ali à une soumission immédiate. A une première communication, Boghos-Bey, ministre du pacha, répondit sur un ton qui parut encourageant. Faisant alors des propositions plus directes, le commodore prit sur lui d'envoyer au pacha copie d'une dépêche de lord Palmerston où se montrait l'intention des puissances de laisser au pacha, au cas où il se soumettrait, l'Égypte héréditaire. Se déclarant ami et admirateur de Méhémet, il faisait briller à ses yeux la gloire de rétablir ainsi « le trône des Ptolémées ». Boghos-Bey, sans repousser ces offres, eût désiré ajourner sa réponse; mais le commodore, élevant alors la voix, déclara qu'il ne consentait à interrompre les hostilités qu'à la condition d'une acceptation immédiate, donnant à entendre plus ou moins clairement qu'en cas de refus, Alexandrie pourrait subir le même sort que Saint-

Jean d'Acre. Ce mélange de caresses et de brusquerie, de promesses et de menaces produisit son effet, et, au bout de quelques heures, le diplomate improvisé enleva la signature d'une convention portant : 1° que le pacha donnerait immédiatement à ses troupes l'ordre d'évacuer la Syrie ; 2° qu'il s'engagerait à restituer au sultan sa flotte, moyennant que la Porte lui accordât la possession héréditaire de l'Égypte ; 3° qu'à ces conditions, les hostilités cesseraient et les puissances feraient leurs efforts pour amener la Porte à concéder l'hérédité du pachalik d'Égypte.

Sans doute le procédé était fort incorrect de la part d'un officier qui n'avait pas de pouvoirs pour traiter au nom des puissances et encore moins pour engager la Porte ; ce procédé eût pu même devenir très-dangereux, si un refus du pacha eût amené le commodore à exécuter ses menaces contre Alexandrie. Mais enfin tout était bien qui finissait bien ; le résultat avait été de réaliser les vœux de l'Europe sans franchir les limites posées par la France. Aussi, quoique mêlée de beaucoup de surprise, l'impression dominante des plénipotentiaires, à Londres, fut-elle la satisfaction de voir clore une crise dangereuse, et se montrèrent-ils tous résolus à agir sur la Porte pour lui faire accepter cette solution. C'était, entre autres, le sentiment de lord Palmerston, qui écrivit dans ce sens à lord Ponsonby. Le gouvernement français ne pouvait participer à un acte qui était l'exécution du traité du 15 juillet, mais il n'avait rien à objecter à un tel dénoûment ; au fond même, il le désirait. On croyait donc généralement en avoir fini avec la question égyptienne, et l'on jugeait le moment venu de s'occuper à résoudre la question européenne en faisant rentrer la France dans le concert des puissances. Notre gouvernement recevait de plusieurs côtés, notamment de Vienne, des ouvertures à cet effet, et il était conduit à examiner dans quelles conditions il pourrait consentir à sortir de son isolement.

La diplomatie avait à peine commencé à s'engager dans cette voie nouvelle, que, le 2 janvier 1841, arrivait à Londres la nouvelle que la Porte déclarait nulle et non avenue la convention conclue par le commodore Napier. Elle n'en trouvait pas seulement la forme inconvenante : le fond lui paraissait inacceptable. Elle ne se refusait pas, si les puissances le lui demandaient, et par déférence pour elles, à accorder « quelque faveur temporaire » au pacha, mais sans concession d'hérédité. Et tout cela était dit d'un ton singulièrement roide. L'inspirateur de cette attitude se devinait facilement : c'était lord Ponsonby. Le premier mouvement des ministres ottomans avait été d'acquiescer à la convention d'Alexandrie ; mais l'ambassadeur anglais les en avait aussitôt impérieusement détournés [1] ; en même temps, il soutenait dans ses conférences avec les autres ambassadeurs, dans ses instructions à l'amiral Stopford, dans ses dépêches à lord Palmerston, qu'« aucun gouvernement, dans la situation de la Porte, ne pouvait tolérer un seul moment qu'un individu s'arrogeât le droit de traiter pour lui avec un pouvoir considéré, en droit ou en fait, comme un pouvoir rebelle » . Décidément, les agents anglais n'en faisaient qu'à leur fantaisie, et, ce qui ne simplifiait pas les choses, leurs coups de tête étaient en sens contraire.

Les nouvelles de Constantinople et les lettres de lord Ponsonby eurent pour effet de changer l'attitude de lord Palmerston. Dans ses conversations avec les plénipotentiaires et avec notre chargé d'affaires, il parut avoir subitement découvert des objections contre la concession de l'hérédité. Il n'y pensait pas naguère, quand il se félicitait de la solution apportée par la convention du commodore Napier. Mais on eût dit qu'une occasion s'étant offerte à lui d'embrouiller de nouveau la question, il n'avait pu s'empêcher de la saisir. La patience et la docilité des cabinets allemands commençaient à être à bout. M. de Metternich surtout fut vivement irrité de voir remettre une fois de plus en péril la pacification qu'il désirait tant et qu'il avait cru tenir. Il envoya à Londres des notes sévères, à Constantinople des instructions énergiques, menaçant là de rompre l'alliance à quatre, ici de retirer son appui

---

[1] *The Greville Memoirs, second part*, t. I, p. 361.

au sultan, si l'on ne concédait pas l'hérédité de l'Égypte à Méhémet-Ali. Le cabinet de Berlin suivait celui de Vienne. Il n'était pas jusqu'à M. de Brünnow qui ne parût, cette fois, désireux d'en finir. En même temps, le sentiment public en Angleterre se prononçait, avec une grande force, pour un rapprochement avec la France. On en put juger, dans les discussions qui eurent lieu le 26 janvier, à l'ouverture de la session, par les attaques violentes que les libéraux, comme lord Brougham, ou les radicaux, comme M. Hume, dirigèrent contre la politique du *Foreign Office*, et surtout par le langage tenu au nom des tories modérés, que l'on pressentait devoir remplacer prochainement le ministère. A la Chambre des lords, lord Wellington, tout en approuvant le traité du 15 juillet, mit une sorte d'affectation et de solennité à rappeler que, « pendant son ministère, il avait fait tous ses efforts pour que la France eût la véritable place qui lui appartenait dans le monde », ajoutant « que, sans cela, il ne saurait y avoir aucune sécurité pour la paix »; et il termina en exprimant « le désir que les nobles lords qui siégeaient parmi ses adversaires pussent ramener la France au sein des conseils de l'Europe ». La situation du duc donna un grand retentissement à ses paroles. A la Chambre des communes, sir Robert Peel exprima des idées analogues; il y mêla même des critiques, sinon sur le but poursuivi, du moins sur les procédés employés, prodigua les politesses flatteuses à la France, se plaignit que le discours royal n'eût pas eu, pour elle, au moins une phrase de regret, et déclara que la paix ne serait pas raffermie tant qu'on n'aurait point son concours. « Le moment est donc venu, dit-il en terminant, d'inviter la France à coopérer, dans l'intérêt de la paix, avec les grandes puissances européennes. » Telle fut l'impression produite par ce langage sur le parlement, que lord Palmerston, tout en tâchant de justifier ses procédés, feignit d'éprouver à notre sujet les mêmes sentiments que sir Robert Peel : il prétendit avoir été de tout temps le plus chaud partisan de l'alliance française, gémit sur un refroidissement, qu'il déclarait d'ailleurs être momentané, enfin proclama que « la France, maîtresse d'une grande puissance navale et militaire, ne saurait être exclue des affaires de l'Europe, et qu'aucune transaction ne pouvait être complétement et sûrement réglée sans que, d'une manière ou d'une autre, elle y prît part. »

Ces manifestations de l'opinion anglaise, s'ajoutant aux représentations de M. de Metternich, firent comprendre à lord Palmerston qu'il ne pouvait plus longtemps soutenir lord Ponsonby dans ses manœuvres contre l'établissement héréditaire du pacha. Le 28 et le 29 janvier, il s'en expliqua verbalement avec le plénipotentiaire turc et, par lettre, avec lord Ponsonby lui-même. « Certainement, disait-il, il vaudrait beaucoup mieux que le sultan pût garder, pour le choix des gouverneurs futurs de l'Égypte, la même liberté qu'il possède quant au choix des gouverneurs des autres provinces de son empire. Mais, dans toutes les affaires, il faut se contenter de ce qui est praticable et ne pas compromettre ce qu'on a obtenu, en courant après ce qu'on ne peut atteindre... Le sultan n'a pas, quant à présent, des moyens maritimes ni militaires suffisants pour rétablir son autorité en Égypte. Il serait donc obligé de recourir à ses alliés. Or les mesures convenues jusqu'ici entre les quatre puissances, en vertu du traité de juillet, se bornent à chasser les Égyptiens de la Syrie, de l'Arabie et de l'Asie... Si donc le sultan s'adressait aux quatre puissances pour attaquer, avec leur aide, Méhémet-Ali en Égypte même, une nouvelle délibération de la conférence deviendrait nécessaire. Eh bien, je puis vous dire d'avance le résultat de la délibération. Je sais parfaitement que les quatre puissances refuseront de venir en aide au sultan. » Il concluait donc que la Porte « devait mettre, sans autre délai, fin à cette affaire ». Deux jours après, le 31 janvier, la conférence, réunie à Londres, adoptait une note collective invitant la Porte, « non-seulement à révoquer l'acte de destitution prononcée contre Méhémet-Ali, mais à lui accorder la promesse que ses descendants en ligne directe seraient nommés successivement par le sultan au pachalik d'Égypte ».

Le gouvernement français, tout en suivant attentivement ces

fluctuations, tout en encourageant la résistance de M. de Metternich, était demeuré étranger à ces négociations. Même pour limiter les résultats du traité du 15 juillet, il ne voulait faire aucune démarche qui parût être une adhésion à ce traité. Ce n'en était pas moins son attitude qui avait sauvé l'Égypte. Pourquoi, en effet, M. de Metternich avait-il pris en main, avec une énergie si nouvelle chez lui, la cause du pacha, pour lequel il n'avait jamais caché son peu de sympathie? Comme il le proclamait lui-même, il n'avait agi que par égard pour la France; il se sentait obligé de faire quelque chose en retour du service que le ministère du 29 octobre rendait à la cause de la paix européenne; et, en même temps, ému de nos armements, du quant à soi où se renfermait notre politique, de la fermeté avec laquelle nous maintenions la note du 8 octobre, il se préoccupait des complications auxquelles on s'exposerait, si aucun compte n'était tenu de l'espèce d'ultimatum renfermé dans cette note. C'est ainsi que, sans éclat irritant, sans provocation tapageuse, le ministère s'était trouvé contre-carrer efficacement, sur le point qui nous avait toujours paru le plus essentiel, les mauvais desseins de lord Palmerston et de lord Ponsonby. Comme l'a dit à ce propos M. Guizot, « la France absente pesait sur les esprits autant que présente elle eût pu influer sur les délibérations ».

XI

Persuadées que l'imbroglio égyptien était cette fois définitivement terminé par la note du 31 janvier, les puissances allemandes reprirent leurs démarches en vue de faire rentrer la France dans le concert européen. Leur projet était de nous inviter à signer avec les autres cabinets quelque acte général sur la question d'Orient. Quel en serait l'objet précis? On parlait, par exemple, de confirmer ainsi la vieille règle de l'empire ottoman, qui fermait les détroits des Dardanelles et du Bosphore aux navires de guerre étrangers. Y ajouterait-on d'autres stipulations d'un intérêt plus actuel? Sur ce point, les idées étaient loin d'être arrêtées. A vrai dire, la seule chose qui importait aux cabinets de Vienne et de Berlin, c'était qu'il y eût signature à cinq : ce qui serait signé ne leur paraissait que secondaire.

Prévenu des ouvertures qui allaient lui être faites, le gouvernement français avait dû se demander quelle réponse il y donnerait. Il rencontrait, en cette occasion comme en plusieurs autres, quelque difficulté à concilier les exigences de la politique intérieure et celles de la politique extérieure. En France, du moins dans les parties de l'opinion où avait été vivement sentie la mortification du traité du 15 juillet, l'idée d'une rentrée prochaine dans le concert européen était mal vue. Il semblait que ce fût oublier trop facilement un passé blessant, et que le souci de la dignité nationale exigeât un peu plus de ressentiment, de bouderie menaçante. Aussi, quand l'opposition voulait exciter les esprits contre le ministère, elle lui reprochait, comme M. Thiers dans la discussion des fonds secrets[1], d'être trop empressé à rentrer en relation avec les autres puissances, et de ne pas oser maintenir la France dans son isolement.

Par contre, à regarder l'étranger, il semblait que nous ne pussions sans inconvénient rebuter les avances qui nous étaient faites. Ainsi que l'écrivait M. de Bourqueney, le 12 février, il ne fallait pas croire qu'il y eût, chez toutes les puissances, « une égale sincérité, une égale ardeur pour arriver aux *cinq signatures sur le papier* ». Lord Palmerston, sous la pression de ses alliés et de son parlement, n'avait pu se refuser à paraître nous tendre la main ; mais il n'eût sans doute pas été fâché de pouvoir dire que nous ne voulions pas la prendre. Cela était plus vrai encore de la Russie : M. de Brünnow se montrait opposé à toute demande en vue de se rapprocher de la France, et M. de Nesselrode disait à l'ambassadeur de la

---

[1] Cf plus haut, p. 432.

Reine, « que la Russie n'avait pas fait tant de concessions à l'Angleterre pour que celle-ci fît des concessions à la France ». Seules, l'Autriche et la Prusse désiraient sincèrement et vivement notre rentrée dans le concert européen; mais plus elles étaient impatientes d'y parvenir, plus elles eussent été dépitées d'échouer par notre fait. Elles estimaient faire beaucoup pour nous en sauvant le pacha, qu'elles n'aimaient pas, et en tenant tête à lord Palmerston et au Czar qui les intimidaient. Dès lors elles croyaient avoir droit à quelque chose en retour de notre part, et nous en auraient voulu de ne pas l'obtenir. Elles se seraient regardées d'ailleurs comme étant les premières menacées par la persistance de nos armements, et auraient cherché à se garantir de ce péril en se rapprochant davantage de la Russie et de l'Angleterre. Ainsi, de la mauvaise volonté plus ou moins patente des uns et du dépit des autres pouvait sortir la confirmation d'une alliance à quatre contre la France isolée, armée et suspecte. L'accident du 15 juillet deviendrait l'état permanent de l'Europe, et un tel état serait gros de complications. Que ne pourrait-il pas arriver, si le premier acte de la nouvelle coalition était de soulever la question du désarmement? Or était-ce une hypothèse en l'air? n'avait-on pas vu déjà, en novembre, les cabinets allemands nous adresser à ce sujet des observations, et ne colportait-on pas une lettre de lord Wellington contre la paix armée et les cinq cent mille hommes de la France? Nos représentants à l'étranger étaient très-frappés de ce péril; ils en avertissaient M. Guizot et insistaient pour qu'il le conjurât en ne retardant pas sa rentrée dans le concert européen. « Voici, écrivait M. de Bourqueney le 12 février, le danger en présence duquel nous sommes. Si les uns nous trouvent froids, les autres défiants, on se réunira à quatre, on fera un protocole de clôture, et tout sera dit ici comme acte diplomatique. On n'en affirmera pas moins que la France n'a plus le droit de se dire isolée... Rappelez-vous, Monsieur, la situation de juin 1840. Il y eut aussi un moment où vous sentîtes que vous alliez être débordé par une entente à quatre : je vois poindre le même danger sous une autre forme. Alors, c'était un traité à inaugurer; il s'agit aujourd'hui de l'enterrer en rendant tout autre traité impossible. » De Russie, M. de Barante envoyait, à la même époque, un avertissement semblable. « Si une délibération commune, écrivait-il, ne ramène pas l'Europe à la politique antérieure, si la situation de la paix armée se prolonge, si les esprits s'obstinent et s'irritent sur le désarmement, je ne serais pas surpris qu'un beau matin, un traité d'alliance défensive ne se trouvât signé par les quatre puissances. »

M. Guizot comprenait la gravité du péril que lui signalaient ainsi ses ambassadeurs; mais il n'avait pas le sentiment moins vif des susceptibilités de l'opinion française. Après avoir mûrement considéré ces deux faces si différentes de la question, il prit son parti et l'exposa avec une grande netteté dans les instructions qu'il envoya à ses agents. Conformément à ses premières déclarations, il continuait à accepter franchement l'attitude de l'isolement comme « étant, dans l'état des faits, la plus convenable pour la dignité ou la sûreté du pays »; il se disait nullement pressé d'en sortir et prêt à y « persister sans inquiétude pour son propre compte, sans agression ni menace pour personne, aussi longtemps que les circonstances l'exigeraient ». Cependant il ne prétendait pas en faire « la base permanente de sa politique » et ne repoussait pas l'éventualité d'une rentrée dans le concert des puissances. Il admettait que cette rentrée se produisît sous la forme de quelque acte signé avec les autres cabinets pour régler tout ou partie des problèmes européens soulevés par la question d'Orient; mais son adhésion à un tel acte était subordonnée aux conditions suivantes : 1° que l'initiative fût prise par les autres puissances, et que ceux qui avaient manqué à la France en se passant d'elle trop facilement témoignassent par leur démarche qu'ils avaient besoin d'elle; 2° que l'Égypte héréditaire fût définitivement assurée au pacha, et qu'il eût ainsi été fait droit aux demandes de la note du 8 octobre; 3° que le traité du 15 juillet fût un acte accompli, terminé, dont il ne fût plus question et qui n'appartînt plus qu'au passé; car, ayant blâmé ce traité, la France ne pouvait, à aucun degré, prendre part à son exécution, ni même entrer en communauté d'action avec des puissances qui seraient encore occupées de cette exécution ; 4° que la clôture du traité du 15 juillet fût préalablement constatée par un protocole signé des quatre alliés et porté officiellement à notre connaissance ; 5° enfin, qu'on ne soulevât pas la question du désarmement. C'étaient là les conditions que M. Guizot jugeait essentielles à notre honneur et dont il était résolu à ne pas se départir, de quelque péril qu'on le menaçât. Quant à l'acte lui-même, quelles stipulations contiendrait-il ? Se rendant compte que la clause de la fermeture des détroits ne faisait que confirmer une règle existant de longue date et naguère encore rappelée dans le traité du 15 juillet 1840, notre ministre ne cachait pas son désir d'y voir adjoindre d'autres articles plus importants et plus intéressants : par exemple, l'affirmation de l'indépendance et de l'intégrité de l'empire ottoman ; quelques garanties pour les populations chrétiennes de la Syrie ou pour Jérusalem ; la liberté ou la neutralité des routes d'Asie par Suez et par l'Euphrate. En somme, il désirait que « l'acte eût autant de consistance et fût aussi plein qu'il se pouvait ». Ce n'étaient là, toutefois, que des *desiderata* et non des conditions absolues comme celles que nous avons tout d'abord indiquées. Quoique moins indifférent que l'Autriche et la Prusse au contenu de l'acte, plus désireux qu'elles d'en faire quelque œuvre de grande, sérieuse et prévoyante politique, il tenait surtout à ce que l'acte lui-même fût signé et vînt « mettre un terme à l'état de tension universelle ».

Quand le gouvernement français eut ainsi fixé ses résolutions et qu'il en eut informé ses agents diplomatiques, les négociations s'engagèrent à Londres et marchèrent rapidement. Il fut bientôt visible que, malgré la résistance de M. de Brünnow, nous aurions satisfaction sur tous les points qui, selon M. Guizot, importaient essentiellement à notre dignité. Les difficultés s'élevèrent sur les stipulations à insérer dans l'acte. La clôture des détroits était acceptée par tous, mais la déclaration relative à l'intégrité et à l'indépendance de l'empire ottoman était hautement repoussée par le plénipotentiaire russe comme impliquant un soupçon contre sa cour, et lord Palmerston avait alors partie trop intimement liée avec la Russie pour ne pas appuyer cette résistance. Le ministre anglais ne se prêtait pas non plus à parler dans le traité soit des routes de Suez et de l'Euphrate, soit des populations chrétiennes. La première clause, disait-il, préterait à dire que l'Angleterre avait poursuivi un but intéressé; la seconde ne comportait que des conseils, et des conseils se donnaient par note diplomatique plutôt qu'ils ne se formulaient dans des traités. M. de Bourqueney lutta pied à pied sur tous ces points, mais sans succès. Il n'était pas soutenu par les plénipotentiaires allemands, soucieux de ne pas blesser le Czar. Tout au plus, en ce qui touchait l'intégrité de l'empire ottoman, notre chargé d'affaires espérait-il obtenir, à défaut d'un article du pacte, une phrase indirecte insérée dans le préambule.

M. de Bourqueney n'en pressait pas moins M. Guizot de conclure sans exiger davantage; chaque jour moins rassuré sur les conséquences qu'aurait un refus ou un retard de notre part, il multipliait ses avertissements. « Trois au moins des quatre puissances, écrivait-il le 22 février, regardent la phase dans laquelle nous venons d'entrer comme l'unique et dernière occasion de rendre à la France et, conséquemment, à elles-mêmes la situation normale qu'a troublée le traité du 15 juillet 1840. Cette occasion perdue sans retour, et perdue du fait de la France, jamais nous ne persuaderons à nos alliés qu'elle a échoué pour nous sur une forme de rédaction. On sera convaincu que nous avons laissé préparer une démarche de déférence envers nous, décidés d'avance à en confisquer la gloriole à notre profit, mais à en répudier les conséquences pratiques. Les rapports avec la France changeront brusquement de caractère. Les quatre cours ne voudront pas rester sous le ridicule d'avoir échoué dans leurs efforts de réconciliation avec la France. Elles se replieront sur ce qu'elles peuvent faire sans nous, et il n'y a pas de raisonnement qui empêche ce qui se fait sans nous d'avoir au moins l'air d'être fait contre nous. » Le 25 février, notre chargé d'affaires revenait sur les mêmes idées avec plus d'insistance encore : « Voyez, disait-il à son ministre, ce que vous avez décidé dans votre sagesse : vous n'avez pas eu à prendre une décision plus grave. Je répète, parce que c'est ma conviction, que, sur les quatre puissances, trois au moins croient avoir ouvert à la France une haute et honorable porte de rentrée dans le concert européen ; mais enfin c'est à nous à examiner si nous la trouvons à notre taille, au risque de la fermer sans retour et de faire face, dès le lendemain, à une situation toute nouvelle. »

M. Guizot gardait tout son sang-froid, ne se montrant ni pressé ni hésitant [1]. Une fois bien assuré qu'une discussion plus prolongée ne donnait chance de rien obtenir de plus et risquait de faire tout perdre, il prit son parti de se contenter de ce qui était possible. Il regrettait sans doute de ne pas faire le grand acte qu'il avait rêvé : c'était pour lui un désappointement de plus à ajouter à ceux que cette affaire lui avait déjà causés. Il se rendait compte en outre que l'opposition aurait beau jeu à soutenir que par son contenu le traité n'avait pas grande signification. Mais, malgré tout, il avait satisfaction sur les points qu'il s'était fixés à lui-même comme essentiels. « Du moment, écrivait-il le 28 février à M. Bourqueney, que nous n'avons pas fait les premières ouvertures, qu'on ne nous demande pas de sanctionner le traité du 15 juillet et qu'on ne nous parle pas de désarmement, l'honneur est parfaitement sauf, et l'avantage de reprendre notre place dans les conseils de l'Europe est bien supérieur à l'inconvénient d'un traité un peu maigre. C'est l'avis du Roi et de son conseil. Rompre toute coalition, apparente ou réelle, en dehors de nous ; prévenir, entre l'Angleterre et la Russie, des habitudes d'intimité un peu prolongées ; rendre toutes les puissances à leur situation individuelle et à leurs intérêts naturels ; sortir nous-mêmes de la position d'isolement pour prendre la position d'indépendance, ce sont là, à

---

[1] « Continuez, écrivait-il à M. de Bourqueney, à ne vous point montrer pressé, à n'aller au-devant de rien, mais ne montrez non plus aucune hésitation ni aucune envie de rien retarder. »

ne considérer que la question diplomatique, des résultats assez considérables pour être achetés au prix de quelques ennuis de discussion dans les Chambres. »

Dès lors il n'y avait plus qu'à fixer la rédaction du traité et de ses annexes. Ce fut fait en quelques jours, et, le 5 mars, M. de Bourqueney envoyait à M. Guizot trois pièces qui n'attendaient plus que son adhésion. La première, sous la lettre A, était le protocole de la clôture du traité du 15 juillet : les quatre puissances, mentionnant la soumission de Méhémet-Ali, l'évacuation de la Syrie et les concessions que la Porte avait faites à son vassal (concessions dont on avait déjà la nouvelle indirecte et dont on attendait de jour en jour la nouvelle officielle), déclaraient le traité du 15 juillet terminé. La seconde, sous la lettre B, n'était également signée que par les quatre puissances : celles-ci prenaient acte de la clôture établie par la pièce précédente et déclaraient que, la question spéciale née du traité du 15 juillet étant *heureusement* terminée, il y avait pourtant, *dans ledit traité, un principe permanent, — la clôture des détroits, — auquel il importait de donner un caractère plus solennel encore* en invitant la France à y adhérer au moyen d'une convention qui l'établirait formellement et donnerait ainsi à l'Europe un *nouveau* gage de l'union des puissances. Venait enfin, sous la lettre C, le texte même de la convention, contenant dans son préambule la phrase suivante, à laquelle M. de Brünnow avait, à titre de compromis, fini par adhérer : « *Les puissances, désirant attester leur accord en donnant à S. H. le Sultan une preuve manifeste du respect qu'elles portent à ses droits souverains...* » La convention se composait de quatre articles : le premier consacrait le principe de la clôture des détroits ; le second réservait au sultan le droit d'excepter de cette règle les bâtiments légers employés au service des légations ; le troisième et le quatrième réglaient le délai pour les ratifications et engageaient les autres puissances à adhérer à ladite convention. En envoyant ces pièces, M. de Bourqueney écrivait à M. Guizot : « Je persiste à vous demander en grâce le coup de théâtre d'une rapide acceptation. A l'heure où je vous écris, Brünnow joue encore sur la carte de notre refus. Il sent que son rôle est fini le lendemain de notre signature. »

Si frappé que pût être M. Guizot de l'insistance inquiète d'un agent dont il appréciait la clairvoyance, il ne perdait pas de vue, pour cela, l'autre face de la question; les exigences de la dignité nationale et les susceptibilités de l'opinion. Aussi, après examen, notifia-t-il à M. de Bourqueney que plusieurs choses le blessaient dans les pièces envoyées de Londres. Le protocole B faisait de la clôture des détroits une conséquence du traité du 15 juillet et l'y rattachait indirectement; la France n'acceptait pas cette assertion; le traité du 15 juillet devait être considéré comme éteint tout entier. Les mots *heureusement terminés* ne pouvaient convenir à la France, qui ne voulait pas donner ainsi implicitement un éloge à ce qui venait de se passer. Observation analogue sur ces autres expressions : les puissances veulent donner un *nouveau* gage, etc. Enfin, pour exprimer plus clairement le sentiment qui portait la France à signer la nouvelle convention, M. Guizot désirait que, dans le préambule, on insérât ces mots : *pour consolider l'empire ottoman*. « Croyez, ajoutait le ministre, que je comprends le mérite de ce que vous appelez le coup de théâtre de l'acceptation immédiate, et j'aurais voulu vous en donner le plaisir. Il n'y avait pas moyen... Tout bien considéré, nous n'avons point montré d'empressement à négocier. Nous avons attendu qu'on vînt à nous. Il nous convient d'être aussi tranquilles et aussi dignes quand il s'agit de conclure. » M. de Bourqueney dut donc se remettre à l'œuvre. Après quelques jours de négociations difficiles, et malgré la très-vive résistance du plénipotentiaire russe, tous les mots, tous les tours de phrase qui blessaient la France furent supprimés; l'addition qu'elle réclamait fut faite. Dans ce remaniement, les trois actes préparés furent réunis en deux : le protocole de clôture et la convention elle-même. Notre chargé d'affaires, heureux d'avoir réussi, s'attendait à recevoir, par retour du courrier, notre adhésion définitive.

La France avait en effet obtenu pleine satisfaction, et il semblait que tout fût enfin terminé. C'était compter sans lord Ponsonby. Pendant qu'à Londres on parvenait à lever les derniers obstacles à un accord, arrivaient d'Orient des nouvelles graves qui, une fois de plus, remettaient tout en suspens. Les négociations suivies en Angleterre depuis quelques semaines supposaient que la Porte, se conformant à la note du 31 janvier, concédait l'hérédité au pacha et que le conflit turco-égyptien était ainsi terminé. On savait en effet qu'un hatti-shériff était préparé dans ce sens à Constantinople. Mais, quand le texte en parvint à Paris, le 9 mars, il apparut tout de suite que, sous l'inspiration de l'ambassadeur d'Angleterre, l'hérédité avait été accompagnée de conditions qui la rendaient absolument illusoire : droit pour le sultan, à chaque vacance, de choisir, entre les héritiers mâles, celui qu'il voulait appeler au trône ; obligation pour le pacha de percevoir tous les impôts au nom de la Porte, d'après le mode fixé par elle, et d'en verser un quart au trésor de l'empire ; limitation à dix-huit cents hommes du chiffre de l'armée égyptienne, et nomination par le sultan de tous les officiers au-dessus du grade d'adjudant ; sans compter plusieurs autres règlements vexatoires destinés à bien montrer qu'on ne prétendait concéder au pacha et à sa race qu'un pouvoir absolument nominal. En même temps que ce document arrivait de Constantinople, les dépêches d'Alexandrie faisaient connaître que Méhémet-Ali, justement irrité, repoussait ces conditions et qu'il faisait entendre des menaces de guerre. « Tous les enfants de l'Égypte sont maintenant revenus, — disait-il à notre consul, en faisant allusion au retour récent des débris de l'armée de Syrie, — c'est à eux de voir s'ils veulent perdre le fruit de tout ce que j'ai fait pour eux. » Puis, s'adressant à un de ses généraux qui était présent : « Tu es jeune, tu sais manier le sabre ; tu me verras encore te donner des leçons. »

A Londres, la surprise fut grande. Les plénipotentiaires allemands étaient furieux de voir l'action commune des puissances ainsi impudemment contrariée par le représentant de l'une d'elles. Lord Palmerston essaya bien un moment de soutenir que le hatti-shériff était « le meilleur arrangement possible ¹ » ; mais le mécontentement de ses collègues, les interpellations du parlement, les réclamations de ses alliés lui firent bientôt voir qu'en prenant à son compte ce nouveau tour de son ambassadeur, il se mettait dans une situation des plus fausses. Quant à M. Guizot, il conclut aussitôt de cet incident que les difficultés n'étaient pas aussi aplanies qu'on le croyait et que la question égyptienne n'était pas terminée. « Mettez en panne », écrivit-il à M. de Bourqueney. Et il ajoutait : « Notre situation, à nous, est invariable ; dans la conduite, l'attente tranquille ; dans le langage, la désapprobation mesurée, mais positive. »

M. de Bourqueney ne prit pas facilement son parti de voir ajourner et compromettre le fruit de ses laborieuses négociations. Les plénipotentiaires allemands, qui n'avaient pas moins hâte d'en finir, persistaient à lui déclarer que le traité du 15 juillet était éteint, et que leurs gouvernements comptaient rester complétement étrangers à « l'incident purement intérieur » résultant des difficultés nouvelles élevées entre le sultan et le pacha. Lord Palmerston, avec un peu moins de précision, exprimait un sentiment analogue. Notre chargé d'affaires en concluait que les conditions exigées par nous se trouvaient toujours remplies et que nous pouvions signer. Il pressait vivement M. Guizot de le faire. « Je ne puis pas, lui écrivait-il le 13 mars, me porter garant de maintenir intacte et de retrouver plus tard la situation qu'ont faite les derniers huit jours et que s'emploieront à défaire les arrière-pensées et les mauvaises passions, si nous leur laissons le temps de se retremper au foyer d'où elles partent... Brünnow compte encore que nous ferons aboutir les mauvaises pensées de la Russie... Le prince Esterhazy vous supplie de prendre la situation actuelle dans la plus sérieuse considération ; si l'avenir reste ouvert au chapitre des événements, il n'y a plus à répondre de quoi que ce soit. »

Malgré tant d'insistance et d'alarmes, M. Guizot tint bon. A son avis, quelles que fussent les bonnes dispositions des plé-

---

¹ *The Greville Memoirs, second part*, t. I, p. 385.

nipotentiaires, rien n'était terminé tant qu'il y avait en Orient une querelle entre le sultan et le pacha. Néanmoins, pour témoigner de son intention formelle d'adhérer au texte de la convention, sans prendre un engagement immédiat que les circonstances ne permettaient pas, il proposa, par lettre du 14 mars, d'apposer aux actes préparés le parafe des plénipotentiaires et d'ajourner la signature au moment où le nouvel incident survenu serait arrangé. C'était là plus qu'une prise *ad referendum;* la transformation du parafe en signature serait obligatoire le jour où l'incertitude qui la faisait ajourner aurait disparu. La proposition de M. Guizot fut aussitôt acceptée. M. de Brünnow, qui avait tenté de retarder cette acceptation, sous prétexte d'en référer à Saint-Pétersbourg, dut céder à la pression des autres plénipotentiaires. Lord Palmerston, devenu fort empressé, réunit aussitôt la conférence, et, le 15 mars au soir, les actes étaient parafés.

Un grand pas se trouvait fait. L'impression générale en Europe était que la crise se trouvait virtuellement terminée et qu'en présence de l'accord des puissances, la Porte ne saurait longtemps faire obstacle à la pacification définitive. Le Czar ressentait de ce dénoûment une mortification qu'il ne pouvait entièrement cacher, mais dont M. de Nesselrode tâchait de contre-balancer l'effet par un langage conciliant. Lord Palmerston affectait de voir avec un entier contentement sanctionner la rentrée de la France dans le concert européen; lord Melbourne se félicitait, dans la Chambre des lords, le 26 mars, « que toute mésintelligence eût heureusement cessé », et le duc de Wellington disait : « J'ai toujours déclaré, et le premier, qu'on ne ferait rien de solide sans la France. » Mais c'était surtout à Vienne et à Berlin qu'on éprouvait un véritable soulagement d'avoir mis, par un acte solennel, la politique générale à l'abri des périls qui la menaçaient. M. de Metternich se plaisait à témoigner sa satisfaction à notre représentant; après lui avoir indiqué comment le sultan serait obligé de faire droit aux réclamations du pacha : « Au bout du compte, ajouta-t-il, toutes ces difficultés ne sont que de misérables détails; l'affaire d'Orient n'en est pas moins finie dans sa partie européenne, la seule importante; la partie égyptienne ou réglementaire ne peut manquer d'arriver aussi prochainement à une bonne solution. » Quant au gouvernement français, il attendait, toujours ferme sur le terrain où il s'était placé, prêt à témoigner à l'Europe de sa loyauté et de sa modération conciliante, mais résolu à ne rien sacrifier de ce qu'il avait jugé essentiel à la dignité du pays.

XII

Si avancées que fussent les négociations, elles n'étaient pas terminées. Aussi M. Guizot ne jugeait-il pas l'heure encore venue de les soumettre aux Chambres. Usant d'un droit incontestable, il se refusait pour le moment à répondre à aucune question sur ce sujet. Jamais, d'ailleurs, une telle réserve n'avait été plus légitime, plus nécessaire. Depuis le commencement des affaires d'Orient, notre diplomatie n'avait déjà que trop souffert de s'être laissé envahir et dominer par les débats des Chambres et par les polémiques des journaux. L'un de nos plus clairvoyants diplomates, M. de Barante, sentait vivement ce mal, quand il écrivait à son fils, le 7 janvier 1841 : « Notre politique, en se compliquant des jactances déclamatoires, s'est jetée dans le faux et a perdu toute habileté. Retirer tout doucement, par la gravité et la discrétion, les affaires extérieures de la fatale invasion de la tribune et de la presse est la tâche indispensable de tout ministre sensé [1]. »

L'opposition supportait impatiemment ce silence et cherchait une occasion de le faire rompre. Elle crut l'avoir trouvée avec les deux projets que la Chambre fut appelée à discuter en mars et en avril, l'un ratifiant les crédits extraordinaires que le précédent ministère avait ouverts par ordonnances sur le

---

[1] *Documents inédits.*

budget de 1840 pour armer la France, l'autre ouvrant des crédits supplémentaires sur le budget de 1841 pour continuer ces armements. Ce fut à propos du second de ces projets, dans la séance du 13 avril, que se fit le grand effort. Réunissant les indices que leur fournissaient les faits publics, les bruits de presse et leurs renseignements personnels, les adversaires du cabinet prétendaient que les négociations étaient terminées, que les « faits étaient consommés », mais qu'on « n'osait pas les avouer à la Chambre et au pays ». Vivement engagée par M. Billault, l'attaque fut soutenue par M. Thiers, qui prit deux fois la parole. Que voulait-il donc? Ancien ministre lui-même, il ne pouvait ignorer qu'un ministre a le droit de refuser le débat sur une négociation en cours; il ne pouvait non plus se flatter sérieusement de forcer un orateur aussi expérimenté que M. Guizot à dire ce qu'il avait résolu de taire. Voulait-il profiter de ce que le gouvernement n'était pas en mesure de rétablir la vérité des faits, pour les présenter sous un jour défavorable, et prévenir d'avance l'opinion contre l'issue inévitable de cette crise? En tout cas, il y mit une extrême passion. Jamais encore il n'avait été si personnellement agressif contre M. Guizot, et parfois ses arguments tournaient presque en injure.

Faisant à sa façon l'exposé de ce qu'il prétendait avoir été la conduite diplomatique du cabinet, M. Thiers lui reprocha d'abord de n'avoir pas pu « obtenir que le pacha restât souverain de l'Égypte », car, disait-il, « le pacha n'est plus rien, vous le savez comme moi »; il l'accusa ensuite de n'avoir même pas osé « maintenir la paix armée ». « Une grande négociation, ajoutait-il, s'est faite sans vous et contre vous; on vous demandait d'y rester étranger jusqu'au bout; on vous demandait d'avoir au moins la dignité de ne pas venir, par votre assentiment, par un acte quelconque de votre part, réaliser vous-même cette espérance offensante que vous aviez entrevue sur le visage ironique du ministre d'Angleterre, cette espérance qu'après un peu d'humeur, la France finirait par se rendre et par se déclarer satisfaite. Je crois bien que vous n'avez pas poussé la résignation jusqu'à dire en termes formels que vous étiez satisfaits; mais, si votre langage n'a pas dit que vous l'étiez, votre conduite le signifie. » Et alors il s'écriait, comme ne pouvant contenir son indignation méprisante : « Je n'attendais rien de vous, je le dis hautement : eh bien, vous avez dépassé mon attente. (*Bruit.*) Vous avez dépassé celle de vos ennemis... (*Longue interruption.*) Oui, vous avez dépassé celle de tout le monde. » Et plus loin, après avoir affirmé que le gouvernement était « rentré par un acte vain, sous le coup de la peur, dans le concert européen », il ajoutait : « Si la France est arrivée à ce point qu'elle ne peut pas, sans être menacée, dire qu'elle refuse sa signature à un acte, si la France en est là, elle a fait plus de pas en quatre mois, dans cette échelle descendante de sa politique, que je ne lui en ai vu faire depuis quatre ans. » M. Thiers terminait ainsi son second discours : « Je respecte un légitime orgueil dans un homme tel que vous. Je comprends que vous vous soyez flatté d'obtenir des concessions que nul autre n'aurait obtenues; je le comprends. Mais cela ne vous est plus permis, monsieur le ministre, cela ne vous est plus permis, depuis que les puissances ont infligé à votre caractère ce hatti-shériff qui, à votre face, détruit de fond en comble la souveraineté de ce vice-roi que la France avait couvert de son égide. Depuis ce jour-là, tout orgueil de votre part serait déplacé, il serait ridicule. » Une telle violence dépassait le but; elle trahissait trop l'animosité personnelle, et la majorité en fut plus choquée qu'ébranlée.

Certes, la tentation dut être grande, pour M. Guizot, de répondre par les faits réels à ces suppositions malveillantes, de montrer que, loin d'avoir consenti à sacrifier les droits du pacha sur l'Égypte, il avait au début refusé d'entrer en pourparlers tant que l'Égypte était menacée, et que maintenant il refusait de rien signer jusqu'à l'établissement définitif de l'autorité héréditaire du pacha; que, loin de s'être déclaré satisfait du traité du 15 juillet, il avait veillé avec autant de sollicitude que de fermeté à écarter tout ce qui pouvait paraître une participation à cet acte, une acceptation de ses conséquences, une reconnaissance de son existence; enfin que, loin d'avoir été empressé à rentrer dans le concert européen, il s'était montré si exigeant, si méticuleux pour tout ce qu'il estimait importer à la dignité de la France, que ses agents inquiets l'avaient supplié de se montrer plus coulant. Mais le ministre résista à cette tentation. Il se borna à déclarer qu'une négociation s'était engagée pour « faire reprendre à la France, dans les affaires d'Orient, une place convenable sans l'associer à des actes auxquels elle n'avait pas cru devoir concourir, et pour consolider en Europe la paix générale sans porter à la dignité, aux intérêts particuliers et à l'indépendance de la politique de la France, aucune atteinte » ; il ajouta qu'il espérait un résultat favorable et prochain, mais « qu'il n'y avait rien de définitivement conclu », et qu'il risquerait de compromettre cette négociation en acceptant la discussion à laquelle on l'invitait. Vainement l'insistance de l'opposition l'obligea-t-elle à monter à trois reprises à la tribune, il ne se laissa pas entraîner sur le terrain où il ne voulait pas mettre les pieds. « **Nous n'avons jamais éludé la discussion**, dit-il avec un accent de fermeté hautaine; nous avons accepté les devoirs les plus rudes, les devoirs qui nous ont obligés à lutter contre une portion de nos amis et ceux qui ne nous engageaient que contre nos adversaires; nous les avons acceptés les uns et les autres; nous les remplirons jusqu'au bout, et vous ne me ferez pas parler plus tôt que je ne le jugerai convenable aux intérêts du pays, pas plus que vous ne me ferez dévier un moment de la ligne de conduite que nous avons adoptée. » Aux suppositions perfides de son contradicteur, il répondit d'un mot que, « dans les assertions de M. Thiers, il y avait beaucoup et de graves inexactitudes ». Chaque fois, du reste, qu'on l'obligeait ainsi à parler, il ne se faisait pas faute, comme par de légitimes représailles, de prendre à son tour l'offensive contre la politique belliqueuse de son adversaire, sûr de toucher ainsi une des cordes sensibles de la majorité.

Celle-ci était d'autant moins bien disposée pour M. Thiers que les lois en discussion attiraient alors son attention sur ce qu'on pouvait appeler la carte à payer de la politique du 1er mars. Ce n'étaient pas seulement les deux lois sur les crédits supplémentaires de 1840 ou de 1841, crédits s'élevant à 330 millions et mettant en déficit considérable les budgets de ces deux années. C'était aussi la loi de finances qui présentait le budget de 1842 avec un découvert de 115 millions [1]. C'était enfin une loi de travaux publics qui comprenait, outre 220 millions de travaux civils, 276 millions de travaux militaires ou maritimes, tels que fortifications, ports de guerre, établissements d'artillerie, casernements. Tout cela formait un total énorme, et, sans faire certaines distinctions qui eussent été équitables, beaucoup de gens se plaisaient à l'imputer en entier à M. Thiers. On en venait à dire dans les journaux et même à la tribune que sa politique coûtait un milliard à la France [2].

Le ministère du 29 octobre, sans s'approprier toutes ces assertions, n'était pas fâché de les voir porter à la tribune et laissait volontiers ses prédécesseurs aux prises avec ceux qui leur demandaient compte de la fortune publique compromise. S'il présentait les demandes de crédit, se chargeant ainsi de faire ratifier ou de continuer les dépenses engagées, il n'en dissimulait pas les gros chiffres, comme fait d'ordinaire tout gouvernement qui demande de l'argent; au contraire, il les étalait avec une franchise qui n'était pas sans malice. M. Humann entre

[1] Ces déficits venaient surtout des dépenses militaires. Sur les 330 millions de crédits supplémentaires pour 1840 et 1841, 189 concernaient les services de la guerre et de la marine. En 1839, les dépenses totales de ces deux services s'étaient élevées à 322 millions. Ce chiffre fut dépassé, en 1840, de 145 millions; en 1841, de 189 millions; en 1842, de 117 millions; en 1843, de 86 millions; soit, pour ces quatre années, une augmentation de 539 millions sur 1839. Encore ne comprend-on pas dans ces chiffres les travaux de fortifications.

[2] Ce n'était pas seulement sur le chiffre de la dépense que portait l'attaque : on critiquait aussi la façon dont elle avait été engagée, les marchés faits sans publicité et sans concurrence, les mesures précipitées, et surtout l'usage abusif des crédits ouverts par ordonnance. A ce dernier point de vue, les trois commissions des crédits de 1840, de ceux de 1841, du budget de 1842, et à leur suite de nombreux orateurs blâmèrent sévèrement les créations de nouveaux régiments qui avaient, sans intervention du pouvoir législatif, modifié l'organisation de l'armée et chargé le budget d'une lourde dépense permanente; ils soutenaient qu'on eût pu verser les hommes appelés dans les anciens cadres ou se borner à former des quatrièmes bataillons; en 1831, l'armée n'avait-elle pas été notablement augmentée sans création de régiments? Sans doute il était impossible de revenir sur la mesure, car douze cents officiers se seraient trouvés sans emploi; mais plus la dépense était maintenant forcée pour la Chambre, plus elle lui paraissait abusive.

autres, de fort méchante humeur d'avoir reçu une situation financière si endommagée, ne manquait pas une occasion d'en renvoyer la responsabilité au ministère précédent. « Un pays qui vient d'être surexcité, disait-il, ne se calme pas d'un jour à l'autre; les erreurs des jours d'exaltation pèsent longtemps sur ses finances. » Un autre jour, il faisait un tableau fort sombre des charges qu'on avait accumulées sur le pays, puis il s'écriait, en se tournant vers M. Thiers et ses amis : « Vainement essayez-vous de rejeter sur vos successeurs ces conséquences dévorantes. Vous n'abuserez pas le pays : il sait que nous liquidons le passé, et que ce n'est pas à nous qu'il faut imputer les sacrifices que cette liquidation lui impose. »

M. Thiers n'était pas homme à rester sous le coup de ces accusations. Il se défendait sur tous les points avec une habile vivacité, mettant de l'esprit, du mouvement et de la colère jusque dans l'arithmétique; quand il sentait que quelques gros chiffres ou quelques procédés arbitraires étaient difficiles à faire passer, il s'en tirait en faisant appel à l'orgueil national. « Si vous voulez rester puissance de premier ordre, s'écriait-il, il vous faut un état militaire considérable. Permettez-moi de le dire dans l'intérêt du pays : on parle d'illusions; mais la plus grande de toutes, c'est de vouloir être grande puissance et de ne pas faire les efforts suffisants pour l'être. Je sais bien que ces vérités sont désagréables à entendre; mais il faut avoir le courage de les répéter sans cesse, pour que le pays les comprenne. Oui, il faut faire de grands efforts, ou devenir modestes. Si vous voulez rester la grande nation, — rester, c'est trop dire ! — si vous voulez le redevenir, il faut vous décider à de grands efforts ! » M. Thiers s'attacha surtout à se décharger du fameux milliard sous lequel on voulait l'accabler. Ce fut vraiment un spectacle curieux que de le voir prendre en main ce milliard, puis, après l'avoir manié, décomposé de toutes façons, le présenter réduit à 189 millions, seule somme qu'il consentît à laisser mettre au compte de son administration. L'accusation à laquelle il répondait était exagérée : sa défense d'autre part prétendait trop prouver. Sans doute, parmi les dépenses comprises dans ce milliard, s'il en était d'absolument stériles, prix des fautes et des entraînements de la politique du 1er mars, d'autres, telles que certaines réfections de matériel, mises en état ou constructions de places fortes, pouvaient être regardées comme la réparation nécessaire, urgente, de longues négligences antérieures. A ce point de vue, on conçoit donc que M. Thiers fit deux parts dans le milliard. Seulement, il réduisait trop la sienne. Si respectable que fût déjà le chiffre de 189 millions, les erreurs de sa politique avaient coûté plus cher encore à la France. D'ailleurs, même pour les dépenses utiles qu'on avait eu le tort de ne pas faire avant 1840, M. Thiers n'était-il pas pour quelque chose dans la simultanéité coûteuse avec laquelle elles venaient d'être engagées et devaient être poursuivies. Entreprises successivement, en choisissant l'époque favorable, sans la préoccupation d'un danger immédiat, ces dépenses n'eussent-elles pas été moins fortes et l'équilibre budgétaire moins dérangé? Peut-être répondra-t-on que, sans un péril pressant, on eût difficilement trouvé un ministère capable de prendre une telle initiative et que les négligences se fussent indéfiniment prolongées.

Si l'on peut, du reste, discuter sur la mesure des responsabilités de M. Thiers, il est du moins un fait incontestable, c'est le contraste de la situation financière qu'il a laissée à ses successeurs avec celle qu'il avait reçue de ses prédécesseurs. Rarement la fortune publique avait été en aussi bon état qu'au commencement de 1840. Le budget de 1839 s'était soldé, avec tous ceux qui le précédaient, par un excédant de recettes d'environ quinze millions. La liquidation de la révolution de Juillet était bien complétement terminée, et toute trace avait disparu des 900 millions de charges extraordinaires qui en avaient été la conséquence [1]. La dette publique avait été ramenée par l'amortissement au chiffre de 1830. Le 5 pour 100 était monté à 119 francs et le 3 pour 100 à 86 francs. On pouvait évaluer, pour l'avenir, à 80 millions, toutes les charges ordinaires payées,

---

[1] Cf. plus haut, t. III, p. 247 à 250.

l'excédant réel des ressources de chaque exercice, excédant disponible pour les grands travaux. Après le ministère du 1er mars quel changement! Les déficits prévus des budgets de 1840, de 1841 et de 1842 sont évalués à environ 500 millions, auxquels il faut ajouter les 534 millions de dépenses votées pour les grands travaux militaires et civils. C'est donc un découvert de plus d'un milliard auquel on doit faire face. Les réserves de l'amortissement et les accroissements de revenus qui devaient, dans les combinaisons antérieures, fournir le gage des grands travaux publics, étant absorbés et au delà par les déficits, force est de recourir pour ces travaux à un emprunt de 450 millions; or la crise avait atteint le crédit public : le 5 pour 100, naguère à 119 francs, était tombé presque au pair à la fin du ministère du 1er mars; et, si les cours se sont relevés avec le cabinet du 29 octobre, ils sont loin d'avoir regagné tout ce qu'ils avaient perdu. Aussi quand, le 18 septembre 1841, on émettra en 3 pour 100 la première partie de l'emprunt, devra-t-on se contenter du cours modeste de 78 fr. 52 c. L'emprunt, les réserves de l'amortissement, les accroissements probables de revenus ne suffisaient pas pour faire face aux découverts : à défaut d'impôts nouveaux, le ministre des finances voulut faire rendre davantage aux impôts existants, et ordonna, dans ce dessein, un recensement général des propriétés bâties, des portes et fenêtres et des valeurs locatives; on verra plus tard quels incidents devait provoquer ce recensement. Toutes ces mesures, du reste, n'étaient que des palliatifs incomplets, et notre situation financière devait rester longtemps embarrassée. La liquidation de la crise de 1840 était plus lourde encore que n'avait été celle de la révolution de 1830.

XIII

Les Chambres se séparèrent le 25 juin, après le vote des diverses lois financières, sans que le gouvernement eût été en mesure de leur soumettre le résultat définitif des négociations.

M. Guizot en était contrarié ; il écrivait peu auparavant à M. de Barante : « La session finit. Je ne crois pas que nos affaires de Londres soient assez conclues avant son terme, pour que je puisse avoir encore, à ce sujet, une explication à la tribune. Je le regrette ; j'aime beaucoup mieux m'expliquer à la tribune que dans les journaux. Mais il n'y aura probablement pas moyen [1]. » Quels événements avaient donc encore retardé, pendant plusieurs mois, la solution que naguère l'accord des puissances faisait croire si prochaine? C'était un nouveau coup de lord Ponsonby. Vers le milieu de mars, au moment même où, à Londres, les plénipotentiaires échangeaient leurs parafes, à Constantinople, l'ambassadeur d'Angleterre, consulté officiellement par la Porte sur la conduite à suivre envers Méhémet-Ali, répondait, sans tenir aucun compte des volontés de la conférence, que le pacha ne s'était pas réellement soumis et que le sultan n'avait pas dès lors à négocier avec un sujet rebelle. Les autres ambassadeurs avaient été également consultés ; mais, intimidés par la résolution passionnée de leur collègue, ils n'avaient fait qu'une réponse embarrassée et dilatoire. A cette nouvelle, grande fut l'irritation de M. de Metternich. Il écrivit à son internonce à Constantinople d'insister pour que le hatti-shériff fût modifié dans le sens d'une hérédité réelle concédée au pacha : il lui ordonnait de faire cette démarche, de concert avec les autres ambassadeurs s'ils y consentaient, seul s'ils s'y refusaient, et, dans ce dernier cas, de « déclarer que Sa Majesté Impériale regarderait comme épuisée, pour sa part, la tâche dont elle s'était chargée par les engagements du 15 juillet, et qu'elle se considérerait, dès lors, comme rendue à une entière liberté de position et d'action ».

Cette difficulté imprévue confirma M. Guizot dans sa résolution d'ajourner toute signature. De Londres, les plénipotentiaires, effrayés et impatients d'en finir, le faisaient supplier d'accepter, sous une forme quelconque, leur déclaration que le traité du 15 juillet était définitivement éteint et que les quatre puis-

---

[1] *Documents inédits.*

sances renonçaient à exercer une action sur le pacha; les diplomates autrichiens disaient à M. de Bourqueney, qui, pour son compte, était un peu troublé de ces avertissements : « Prenez garde, à Paris, de servir par vos délais la politique du cabinet de Saint-Pétersbourg, qui ne veut pas du traité général à cinq, et celle de lord Palmerston, qui ne se laisse arracher qu'avec une extrême répugnance la tutelle de l'Orient à quatre, car c'est la sienne. » Malgré tout, M. Guizot tenait bon. « Je connais trop bien ma situation parlementaire, disait-il à M. Bulwer, le 16 avril; je ne pourrais pas faire ce qu'on me demande, si j'y étais disposé. » Il écrivait à M. de Bourqueney, le 19 : « L'abdication de Londres ne nous tirerait pas d'embarras, car elle laisserait toute chose dans l'incertitude et la confusion. Ni le pacha ni le sultan ne voudraient plus finir, et nous serions, l'Europe et nous, à la merci de je ne sais quelle lubie de je ne sais qui. Je comprends que cette situation déplaise. C'est précisément parce qu'elle déplaît qu'on fera ce qu'il faut pour y mettre un terme. » Et, le 22 avril, il ajoutait dans une dépêche officielle : « Résolus comme nous le sommes, et comme nous devons l'être, à demeurer complétement étrangers au traité du 15 juillet, nous ne pouvons penser à sortir de l'isolement dans lequel il nous a placés, que lorsque nous ne pourrons plus craindre que des conspirations nouvelles, suscitées par des difficultés auxquelles les puissances n'ont pu donner encore une solution définitive, ne les forcent, malgré elles, à reprendre sous une forme quelconque le système d'intervention auquel nous n'avons pas voulu nous associer. »

Il semblait donc qu'on fût plus loin que jamais d'une solution. Mais, pendant ce temps, les menaces de M. de Metternich avaient produit leur effet à Constantinople; le 29 mars, le sultan retirait la direction des affaires étrangères à Reschid-Pacha, compromis par sa docilité envers lord Ponsonby, et la donnait à Riffat-Pacha, ancien ambassadeur en Autriche. Le premier acte du nouveau ministre était de demander à la conférence de Londres son avis sur les modifications à faire subir au hatti-shériff. Bientôt même, et sans attendre l'arrivée de cet avis, que la faiblesse des plénipotentiaires allemands, la mauvaise humeur de lord Palmerston et l'hostilité de M. de Brünnow devaient, du reste, rendre assez équivoque, le gouvernement ottoman prenait le parti, le 19 avril, de changer les conditions imposées au pacha : l'hérédité par ordre de primogéniture était substituée au choix par le sultan; la nomination des officiers était abandonnée au pacha jusqu'au grade de colonel inclusivement; le tribut devait consister en une somme fixe réglée de gré à gré. Lord Ponsonby avait lutté jusqu'au bout pour empêcher ces concessions, mais il avait été vaincu.

M. de Metternich était fier de sa campagne : se tournant aussitôt vers nous, il nous demanda, comme prix du service qu'il venait de rendre à notre client, de ne pas tarder plus longtemps à transformer en signature définitive le parafe des actes préparés à Londres. « Si la signature allait être refusée, disait-il à M. de Sainte-Aulaire, je resterais fort compromis aux yeux de tous, par la responsabilité morale que j'ai assumée. J'ose dire que l'on me doit de ne pas me jouer ce mauvais tour... Il ne faut pas demander ou attendre ce que Méhémet-Ali pensera des nouvelles concessions de la Porte... Il témoignera d'autant moins d'empressement à accepter qu'on lui laissera l'idée qu'il peut encore tout arrêter par sa résistance... Dépêchons-nous de tirer une ligne entre le passé et l'avenir. Mon Dieu! il est bien impossible que des difficultés ne surgissent pas quelque jour : on ne bâtit pas pour l'éternité; mais il ne faut pas les laisser se compliquer du passif de l'ancienne affaire; quand elles se présenteront, on se concertera; chacun sera libre dans ses mouvements; ce sera une affaire nouvelle et non plus la continuation de celle que nous venons de régler... J'ai bonne confiance que M. Guizot partagera mon sentiment et qu'il ne se refusera pas à déclarer fini ce qui est fini. »

Le 16 mai, aussitôt après avoir connu les modifications du hatti-shériff et reçu les communications de M. de Metternich, M. Guizot écrivit à M. de Bourqueney : « Nous n'avons plus aucune raison de nous refuser à la signature définitive. Les modifications apportées sont les principales qu'ait réclamées Méhémet-Ali; ce qui reste encore à débattre est évidemment d'ordre purement intérieur et doit se régler entre le sultan et le pacha seuls. » Notre gouvernement croyait, d'ailleurs avec raison, que c'était dans ce tête-à-tête, et non dans la prolongation de l'intervention européenne, que le pacha devait chercher et avait chance de trouver une revanche. Dès le 27 avril, avant même d'avoir su les modifications du hatti-shériff, M. Desages, le confident et le collaborateur de M. Guizot, écrivait au comte de Jarnac, alors gérant *ad interim* le consulat général d'Alexandrie : « Le premier des intérêts du pacha est que la conférence soit *irrévocablement* dissoute ; et, dût-elle lui refuser une partie de ce qu'il demande, il devrait encore se hâter de répondre *amen*, pour être débarrassé des ingérences collectives de l'Europe dans ses rapports avec Constantinople. C'est sur ce dernier théâtre qu'il doit désormais travailler et refaire sa position, à l'aide de ces moyens qu'il lui coûte tant aujourd'hui d'avoir négligés ou méconnus depuis huit ou dix ans. Acheter et caresser le sultan, ses entours et, par là, faire les ministres, c'est ce à quoi, en son lieu et place, je m'appliquerais sans relâche. Cela n'est pas si cher qu'on pourrait le croire [1]. » M. Desages avait ajouté, pour mettre en garde le pacha contre certaines illusions : « Si les modifications au hatti-shériff nous paraissent convenables, nous tiendrons l'affaire pour terminée et nous passerons outre à la signature définitive de la convention relative aux détroits, sans attendre le bon plaisir de Méhémet-Ali. Nous ne recommencerons pas 1839 et 1840, c'est-à-dire que nous ne ferons pas dépendre nos déterminations des arrière-pensées, des finesses, des volontés ou des vœux du vice-roi. Je vous expose cela un peu crûment, parce que nous avons cru remarquer, à la lecture de vos derniers rapports, que Méhémet-Ali spéculait toujours, au fond, sur notre résistance à accepter comme clôture com-

---

[1] Correspondance de M. Desages et du comte de Jarnac. (*Documents inédits.*) Le 17 juin 1841, le même M. Desages conseillait encore à Méhémet-Ali de « s'arranger de manière à ne plus entretenir ou réattirer sur lui l'attention. Son intérêt est de *faire le mort* au moins pour une ou deux années ».

plète et définitive ce qu'il n'aurait pas accepté préalablement comme tel [1]. »

Du moment où la France était disposée à signer, il semblait qu'il n'y eût plus qu'à procéder à cette formalité, et, dans cette pensée, la conférence de Londres chargea lord Palmerston d'inviter notre représentant à se procurer les pouvoirs nécessaires. Convoqué, le 24 mai, au *Foreign-Office*, M. de Bourqueney s'y rendit, convaincu qu'il avait seulement à prendre jour pour la signature. Quel ne fut pas son étonnement en entendant alors le ministre anglais, distinguer entre son opinion personnelle et celle de la conférence, déclarer que, « suivant son opinion personnelle, le traité du 15 juillet n'était pas éteint dans toutes ses conséquences possibles », et annoncer qu'en cas de résistance du pacha aux conditions nouvelles de la Porte, les quatre puissances signataires seraient dans la nécessité de faire quelque chose pour en déterminer l'acceptation! — Mais alors, la condition mise par la France à sa signature n'est pas réalisée, dit M. de Bourqueney. — Lord Palmerston se hâta d'en convenir, en homme qui paraissait n'avoir parlé que pour provoquer cette conclusion.

La soirée ne s'était pas écoulée que le résultat de cet entretien était connu dans le monde diplomatique et y causait une vive émotion. Les plénipotentiaires allemands fulminaient contre lord Palmerston, ne reconnaissant dans son langage ni l'expression de leur pensée, ni l'accomplissement du mandat que la conférence lui avait donné, et s'indignant de « la légèreté avec laquelle il disposait de leurs cabinets ». Leurs collègues à Paris ne témoignaient pas moins d'humeur, et cherchaient quels pouvaient être le mobile et le dessein du ministre anglais : le comte Apponyi voyait là un accès de jalousie contre le prince de Metternich ; le baron d'Arnim soupçonnait quelque secret désir de tenir encore l'Orient en trouble et l'Europe en alarme. Mêmes impressions à Vienne et à Berlin. Dans cette dernière ville, M. de Werther, ministre des affaires étrangères,

---

[1] Correspondance de M. Desages et du comte de Jarnac. (*Documents inédits.*)

disait à notre chargé d'affaires : « Que voulez-vous que nous fassions vis-à-vis d'un homme intraitable qui n'écoute aucun raisonnement, qui ne cède qu'à son humeur plus ou moins mauvaise et ne prend conseil que de ses préventions? Dans ma conviction, la soumission même du pacha ne ramènera pas lord Palmerston. Je ne sais quel prétexte d'ajournement il trouvera ou il inventera, mais vous verrez qu'il saura créer de nouveaux obstacles. »

M. Guizot, non moins surpris que les cabinets allemands, ne montra pas le même trouble : il reprit aussitôt, avec un sang-froid résolu, son attitude expectante, et refusa de signer tant que les doutes élevés par lord Palmerston ne seraient pas dissipés et que la conférence ne serait pas unanime à déclarer l'affaire turco-égyptienne définitivement terminée. A un certain point de vue, d'ailleurs, ces lenteurs ne lui déplaisaient pas. « Pour nos relations avec les Chambres, le public, la presse, écrivait-il à M. de Sainte-Aulaire le 7 juin, elles ont plus d'avantage que d'inconvénient. Plus il est évident que nous n'avons ressenti ni témoigné aucun empressement, meilleure sera notre position le jour où nous discuterons tout ce que nous aurons dit et fait. » Sans récriminer contre personne, notre ministre avait bien soin de faire en sorte que toute la responsabilité de l'incident retombât sur lord Palmerston. « Je constate avec vous, disait-il au chargé d'affaires d'Angleterre, que ce n'est pas le gouvernement français qui retarde la signature de la convention; c'est le cabinet britannique. » Le chef du *Foreign-Office* ne laissait pas que d'être fort embarrassé de voir mettre ainsi en lumière la responsabilité qu'il avait dans ce nouveau retard. Son humeur en devenait de jour en jour plus chagrine, sa conversation plus aigre, ses communications plus agressives contre la France.

Il semblait que ce fût aux plénipotentiaires allemands de contraindre lord Palmerston à en finir. L'œuvre était au-dessus de leur courage. Parlant très-mal du personnage quand celui-ci n'était pas là, ils n'osaient lui tenir tête en face. Ils projetaient des notes, les rédigeaient, puis, au moment de les signifier, y renonçaient par crainte de provoquer un éclat de la part de leur irritable allié. Ils se rejetaient alors sur une démarche verbale ; mais, quand ils sortaient de l'entretien, ils se trouvaient n'avoir à peu près rien dit. En fin de compte, ils attendaient des événements la solution qu'ils ne se sentaient pas l'énergie d'imposer.

Jusqu'où la patience des deux cabinets allemands aurait-elle laissé cours aux caprices de lord Palmerston? Heureusement, pendant ce temps, Méhémet-Ali, trompant l'espérance malveillante de lord Ponsonby [1] et se rendant aux conseils pressants du gouvernement français [2], apportait à cette Europe qu'il avait si longtemps troublée, la pacification que celle-ci semblait incapable d'opérer elle-même : il se décidait à accepter le hatti-shériff modifié, sauf à discuter ultérieurement le chiffre du tribut, qui n'était pas d'ailleurs fixé dans le document lui-même. Le 10 juin au matin, entouré de ses principaux officiers, il reçut les envoyés ottomans, prit de leurs mains le décret impérial, le porta à ses lèvres et à son front. Lecture en fut faite à haute voix, et des salves de canon annoncèrent à la population la fin du conflit oriental.

La nouvelle de cet événement, arrivée en France le 28 juin, ne laissait plus place aux chicanes de lord Palmerston. Celui-ci, du reste, devait alors avoir l'esprit ailleurs. Le ministère whig avait été mis en minorité, la Chambre des communes dissoute, et tous les indices faisaient prévoir la victoire électorale des tories [3]. Mais rien ne pouvait distraire lord Palmerston de son

---

[1] Le 16 juin, lord Ponsonby écrivait à lord Palmerston : « Je pense, comme je l'ai toujours pensé, que le pacha n'exécutera point les mesures ordonnées par le sultan. »

[2] M. Guizot avait fait instamment recommander au pacha de ne pas servir par sa résistance « les vues des gouvernements qui, moins bien disposés pour lui ou pour la France, travaillent en secret à retarder le moment où la rentrée du gouvernement du Roi dans les conseils de l'Europe proclamera hautement que le traité du 15 juillet n'existe plus ». « Il importe à Méhémet-Ali plus qu'à personne, ajoutait notre ministre, que la situation exceptionnelle créée par ce traité ne se prolonge pas, et que chacun des États qui l'ont signé reprenne sa position particulière et sa liberté d'action. »

[3] Dès le 18 mai, le ministère whig était une première fois mis en minorité de trente-six voix sur la question des sucres étrangers. Le 5 juin, une motion formelle de défiance, présentée par Robert Peel, fut votée à une voix de majorité. Le parlement, prorogé le 23 juin, fut dissous le 29.

animosité hargneuse contre la France : à ce moment même, il trouvait moyen, en discourant devant ses électeurs de Tiverton, de faire une sortie contre l'inhumanité de notre armée d'Afrique [1]. Tout moribond que fût son pouvoir ministériel, il voulut l'employer à retarder le plus possible la solution de la crise européenne, et se refusa à rien signer tant qu'il n'aurait pas reçu par ses propres agents la confirmation des nouvelles d'Alexandrie. Attendait-il quelque frasque de lord Ponsonby? Ou bien espérait-il que le baron de Bülow, rappelé par son gouvernement pour aller présider la diète de Francfort, ne pourrait pas attendre le jour de la signature, et qu'ainsi de nouveaux pouvoirs étant nécessaires pour son successeur, un délai s'ensuivrait? Mais M. de Bülow prit le parti de rester jusqu'à l'arrivée des dépêches anglaises, et lord Ponsonby, cette fois impuissant, fut réduit à expédier à Londres, avec un laconisme qui trahissait sa méchante humeur, l'annonce de cette pacification dont il avait voulu douter jusqu'à la dernière heure. Lord Palmerston ne pouvait plus, dès lors, prolonger sa résistance. Le 13 juillet, les deux actes préparés et parafés quatre mois auparavant, — le protocole de clôture de la question égyptienne et la convention des détroits, — furent définitivement signés, le premier par les représentants de l'Angleterre, de l'Autriche, de la Prusse, de la Russie et de la Turquie, le second, par ces cinq plénipotentiaires et par celui de la France.

[1] Lord Palmerston opposait à cette inhumanité, qui arrachait à ses auditeurs indignés des cris de : « *Honte! Honte!* » le tableau touchant de la douceur montrée par les Anglais dans leur empire d'Asie. La conséquence, disait-il, c'est qu'un Anglais voyageant seul est aussi en sûreté dans le centre de l'Afghanistan que dans un comté anglais, tandis qu'en Algérie « un Français ne peut montrer son visage au delà d'un certain point sans tomber victime de la féroce et excusable vengeance des Arabes ». Presque au moment où lord Palmerston parlait ainsi, l'Afghanistan se soulevait en masse, les Anglais étaient obligés d'évacuer Caboul, laissant des milliers de morts et de prisonniers, et peu après, les journaux étaient remplis du récit des cruautés attribuées aux généraux anglais dans cette campagne de l'Afghanistan.

XIV

A la nouvelle de cette signature tant désirée et si longtemps retardée, grande fut la joie à Vienne et à Berlin. On avait eu très-peur et on jouissait d'être rassuré. « Il y a trente ans, disait M. de Metternich, que je ne me suis vu en une telle tranquillité d'esprit [1]. » A Saint-Pétersbourg, le Czar était au fond mortifié, sans le laisser trop voir; mais M. de Nesselrode se félicitait sincèrement d'être débarrassé d'une affaire difficile et inquiétante [2]. En Angleterre, les esprits étaient absorbés par la lutte électorale, qui tournait de plus en plus à l'avantage des tories; ce qui n'empêchait pas lord Palmerston de continuer sa guerre contre la France; pour se consoler de n'avoir pu empêcher la signature de la convention du 13 juillet, il tâchait de rendre cette convention déplaisante à l'opinion française. « Tout s'est accompli comme on l'avait annoncé, faisait-il dire dans ses journaux, et l'Europe a prouvé que, quand elle veut se passer de la France, elle le peut sans danger. Désormais le *statu quo* oriental, tel que l'a réglé le 15 juillet, est pour tout le monde un point de départ reconnu et consacré... Certaines feuilles françaises prétendent voir dans la convention du 13 juillet un succès et un sujet d'orgueil pour la France. Ces feuilles devraient se souvenir que la France a fait des remontrances contre le traité de juillet, qu'elle a armé, qu'elle a crié, et qu'elle n'a rien fait de plus. Aujourd'hui, elle se présente, accepte les faits accomplis et s'efforce d'entrer dans le char de la Sainte-Alliance. C'est bien; mais ce qu'un ministre de France aurait de mieux à faire dans une telle situation, ce serait de se taire. » A cette impertinence voulue et perfidement destinée à fournir des arguments à M. Thiers et à ses amis, il y avait une réponse facile à faire : si la signature de la convention du

---

[1] *Correspondance inédite de M. de Barante.*
[2] *Ibid.*

13 juillet était aussi humiliante pour notre pays, comment le chef du *Foreign-Office* s'était-il jusqu'à la dernière heure donné tant de mal pour l'empêcher?

Qu'importent, après tout, les sentiments plus ou moins affectés de lord Palmerston? Considérons les choses au seul point de vue de la France. Tout d'abord la convention des détroits en elle-même était-elle aussi insignifiante qu'on voulait bien le dire? Si l'interdiction qu'elle formulait était depuis longtemps une règle de l'empire ottoman, il n'était pas sans intérêt de voir les puissances délibérer en commun sur un pareil sujet : on marquait ainsi clairement que la Turquie était soustraite à l'espèce de suzeraineté exclusive établie au profit de la Russie par le traité d'Unkiar-Skelessi et qu'elle se trouvait placée sous le protectorat de toutes les grandes puissances. Tel était, on s'en souvient, le but principal qu'à l'origine de la crise le gouvernement français avait donné à sa politique. Nous devions donc nous féliciter de l'avoir atteint. Il est vrai que, par la suite, ce but avait été un peu perdu de vue; il avait été rejeté au second plan par la question égyptienne et par le désaccord dont cette dernière question avait été l'occasion entre la France et les autres puissances. C'était donc surtout en tant qu'ils prononçaient la clôture du conflit entre le sultan et le pacha et mettaient fin à notre isolement, que les actes du 13 juillet fixaient l'attention du public.

A ce point de vue, force était bien de reconnaître que le pacha ne sortait pas de cette crise avec l'empire grandiose que nous avions à l'origine rêvé pour lui, ni même avec le domaine qu'avant le 15 juillet nous avions été plusieurs fois en mesure de lui obtenir. Il subissait les conséquences inévitables de ses revers militaires et de nos erreurs diplomatiques. Mais enfin nous avions su limiter son échec; il conservait l'Égypte et en acquérait l'hérédité. C'est à nous qu'il le devait; c'est la politique pacifique du ministère du 29 octobre qui, par un mélange habile de modération et de fermeté, de patience et de sang-froid, en se conciliant les uns et en s'imposant aux autres, avait préservé l'Égypte, mise sérieusement en péril par l'effondrement de l'armée du pacha et par l'acharnement du cabinet anglais. Si M. Guizot n'avait pu supprimer le traité du 15 juillet, qui était, au moment de son entrée au pouvoir, matériellement exécuté, il avait du moins arrêté le mal au point même où il l'avait trouvé accompli. Il avait empêché l'Europe de franchir les bornes posées par la note du 8 octobre 1840. L'essentiel était sauf, comme devaient le prouver les événements qui ont suivi. La puissance de Méhémet et de sa famille, ainsi concentrée dans des limites naturelles, gagnait en solidité ce qu'elle perdait en étendue. Si des événements récents ont singulièrement ébranlé le pouvoir des descendants de Méhémet-Ali, la dynastie fondée par lui n'en règne pas moins encore au Caire. Qui pourrait affirmer que l'empire tout artificiel et superficiel dont le pacha avait un moment reculé les frontières jusqu'au pied du Taurus aurait eu la même durée? Que serait-il devenu, une fois aux prises avec les révoltes des populations, les ressentiments de la Turquie, l'hostilité de l'Angleterre et les charges d'un état militaire supérieur à ses moyens? Ajoutons que la France gardait son patronage sur cette terre d'Égypte dont les politiques clairvoyants devinaient déjà, même avant le percement de l'isthme de Suez, la grande importance politique, stratégique et économique. Que ne donnerait-elle pas aujourd'hui pour avoir encore dans cette région la situation que la monarchie avait su lui conserver en 1841, même au sortir d'une crise malheureuse et difficile?

La question européenne était résolue en même temps que la question égyptienne. Les actes du 13 juillet 1841 dissolvaient l'espèce de coalition que le traité du 15 juillet 1840 avait formée sinon contre la France, du moins en dehors d'elle; ils empêchaient que cet accident ne devînt un état normal et permanent. Notre rentrée dans le concert des puissances n'était pas triomphale. Comment eût-elle pu l'être après ce qui s'était passé? Mais elle était honorable. Au vu de tous, nous n'y avions consenti qu'en nous faisant prier par les autres cabinets, embarrassés de notre absence, inquiets de notre isolement armé, et en imposant des conditions qui avaient été rigoureusement accomplies. En même temps que cette fermeté sauvegardait la dignité nationale, notre sagesse pacifique effaçait peu à peu les suspicions si promptement et si vivement réveillées au dehors par l'agitation belliqueuse et révolutionnaire du ministère précédent; et la sécurité ainsi rendue aux cours étrangères avait déjà pour effet de laisser se produire entre elles les divisions qui seules pouvaient fournir à notre politique l'occasion d'une revanche.

Sans doute, au début de cette affaire, de plus grandes ambitions s'étaient fait jour. En 1839, le fameux rapport de M. Jouffroy sur le crédit de 10 millions avait promis à l'orgueil national, soit en Orient, soit en Europe, des satisfactions bien autrement éclatantes. Mais c'était ce même M. Jouffroy qui, après la rude leçon des événements, écrivait à M. Guizot, vers la fin de 1841 : « Nous nous sommes trompés, nous n'avons pas bien connu les faits ni bien apprécié les forces; nous avons fait trop de bruit : c'est triste; mais, la lumière venue, il n'y avait pas à hésiter. Vous avez fait acte de courage et de bon sens en arrêtant le pays dans une mauvaise voie. » Quand une affaire a été mal engagée, on ne saurait se flatter d'en sortir vainqueur. C'est déjà beaucoup d'en sortir indemne, en ayant écarté tous les périls, en ayant sauvegardé les intérêts essentiels et la dignité de la nation. Les généraux qui, recevant une situation compromise, savent réparer les échecs subis avant eux, ou même seulement empêcher qu'ils ne s'étendent, font une œuvre plus ingrate, mais non moins salutaire que ceux qui ont l'heureuse chance de gagner des batailles.

Cette œuvre de réparation, le ministère avait eu à l'entreprendre ailleurs que dans la politique étrangère. A côté de la crise extérieure, et se mêlant à elle par plus d'un point, existait une crise intérieure. Nous ne parlons pas seulement du désordre matériel, un moment menaçant sous le cabinet précédent et promptement réprimé par ses successeurs. Nous faisons surtout allusion à cette sorte de maladie parlementaire qui avait précédé les complications internationales et contribué à les faire naître. Une partie des fautes diplomatiques de 1840 n'a-t-elle pas, en effet, son origine dans la coalition de 1839? Les symptômes de cette maladie ne nous sont que trop connus : décomposition des partis, absence d'une majorité, instabilité ministérielle, méfiance à l'égard de la légitime action de la royauté. Sur tous ces points, le ministère, bien qu'obligé parfois à des ménagements et empêché de procéder par coup d'éclat, a fait constamment effort pour remédier au mal, et il a obtenu d'importants résultats. N'en est-ce pas un que d'avoir duré et de s'être affermi, en dépit des prophètes qui, à ses débuts, lui accordaient à peine trois mois de vie? que d'avoir su trouver et garder une majorité dans cette assemblée issue de la coalition et depuis lors soumise à tant d'influences dissolvantes? que d'avoir constamment résisté aux attaques ouvertes comme aux manœuvres détournées d'une opposition conduite par un chef tel que M. Thiers? En somme, le pouvoir avait grandi et l'opposition était surprise et découragée de son propre discrédit. Les révoltés les plus audacieux avaient eux-mêmes le sentiment de cette force nouvelle acquise par le gouvernement, et Proudhon écrivait à un de ses amis, le 16 mai 1841 : « Le pouvoir est très fort, l'armée magnifique; pas de révolution possible pour cette année. » Et plus loin : « Le pouvoir rit de la rage impuissante des radicaux; en effet, il n'a rien à craindre... Il y en a peut-être encore pour bien des années; j'en souffre et j'en pleure[1]. »

À l'intérieur comme à l'extérieur, la guérison est donc, sinon complète, — le mal était trop grave pour disparaître en quelques mois, — du moins en bonne voie. Le mérite en revient à M. Guizot et à ses collègues. Il en revient aussi, ne l'oublions pas, au Roi. Depuis qu'il avait un cabinet en accord avec sa pensée, Louis-Philippe n'intervenait plus ouvertement, comme aux jours où il avait mis le holà aux entraînements de M. Thiers; mais, pour être cachée derrière celle de ses ministres, son action n'en était pas moins constante et efficace. Causant, en mai 1841, avec le comte Apponyi, ambassadeur d'Autriche, il lui disait : « M. de Metternich attribue tout ce qui

---

[1] *Correspondance de Proudhon*, t. Ier.

s'est fait de bien à M. Guizot; je n'ai pas besoin de vous dire que je suis enchanté du suffrage donné par le prince de Metternich à M. Guizot; il est mérité, bien mérité, j'aime à en convenir; mais il ne faut jamais laisser croire à ces messieurs qu'ils peuvent réussir en quoi que ce soit sans le Roi, sans l'élément royal [1]. » C'était peut-être une faiblesse chez Louis-Philippe de ne pas se contenter d'exercer une influence réelle, mais de vouloir aussi qu'elle fût connue et qu'on lui en sût gré. Il s'est créé ainsi plus d'embarras qu'il n'a ajouté à son importance, il a éveillé plus de défiance que de reconnaissance. Mais si, en raison des préventions de l'époque, il convenait que l'action royale demeurât voilée au moment où elle s'exerçait, il est de toute justice que l'histoire soulève ce voile et fasse honneur de cette action au prince et à l'institution monarchique. Aussi bien n'est-ce pas après la crise dont nous venons de raconter les péripéties que l'on pourrait être tenté de méconnaître le bienfait de la royauté.

[1] *Mémoires de M. de Metternich*, t. VI, p. 545.

FIN DU TOME QUATRIÈME.

TABLE DES MATIÈRES

LIVRE IV

LA CRISE DE LA POLITIQUE EXTÉRIEURE
(MAI 1839 — JUILLET 1841)

                                                                                                      Pages.

CHAPITRE PREMIER. — LA QUESTION D'ORIENT ET LE MINISTÈRE DU 12 MAI 1839 (mai 1839-février 1840) 1

   I. Situation créée, en 1833, par l'arrangement de Kutaïèh entre Mahmoud et Méhémet-Ali, et par le traité d'Unkiar-Skélessi entre la Porte et la Russie. Efforts des puissances pour empêcher un conflit entre le sultan et le pacha. Vues particulières de la France, de l'Angleterre, de la Russie, de l'Autriche. L'armée ottomane passe l'Euphrate, le 21 avril 1839 2

  II. Politique arrêtée par le gouvernement français à la nouvelle de l'entrée en campagne des Turcs. Son entente avec l'Angleterre et avec l'Autriche. Réserve de la Prusse. Embarras de la Russie. Premiers indices de désaccord entre Paris et Londres. La Russie disposée à en tirer parti 14

 III. Le ministère du 12 mai. Accueil qui lui est fait. M. Guizot le soutient. Irritation de M. Thiers. M. Sauzet président de la Chambre. M. Thiers impuissant à engager une campagne parlementaire. M. Dufaure et M. Villemain. Procès des émeutiers du 12 mai. Calme général. Faiblesse du cabinet 26

 IV. Le crédit de dix millions pour les armements d'Orient. Rapport de M. Jouffroy. La discussion. 44

  V. Bataille de Nézib. Mort de Mahmoud. Défection de la flotte ottomane. La Porte disposée à traiter avec le pacha. 51

 VI. Impressions des divers cabinets à la nouvelle des événements d'Orient. Note du 27 juillet 1839, détournant la Porte d'un arrangement direct avec le pacha. Situation faite à la France par cette note. 56

 VII. Dissentiment croissant entre la France et l'Angleterre, sur la question égyptienne. L'Angleterre demande le concours des autres puissances. Empressement de la Russie à répondre à son appel. L'Autriche s'éloigne de nous et se rapproche du Czar. Le gouvernement français persiste néanmoins à soutenir les prétentions du pacha. . 61

 VIII. Mission de M. de Brünnow à Londres. Malgré lord Palmerston, le cabinet anglais repousse les propositions russes et offre une transaction au gouvernement français. Celui-ci maintient ses exigences.

TABLE DES MATIÈRES.

Ses illusions. M. de Brünnow revient à Londres. Embarras de la France. 71

IX. Les approches de la session de 1840. Dispositions des divers partis. Les 221. Les doctrinaires. M. Thiers et ses offres d'alliance à M. Molé. La gauche et la réforme électorale. Qu'attendre d'une Chambre ainsi composée? 81

X. L'Adresse de 1840. Le débat sur la politique intérieure et sur la question d'Orient. Discours de M. Thiers. Le ministère persiste dans ses exigences pour le pacha. 86

XI. Dépôt d'un projet de loi pour la dotation du duc de Nemours. Polémiques qui en résultent. Le projet est rejeté sans débat. Démission des ministres. La royauté elle-même est atteinte. 95

CHAPITRE II. — QUATRE MOIS DE BASCULE PARLEMENTAIRE (mars-juillet 1840). 102

I. Le Roi appelle M. Thiers. Celui-ci fait sans succès des offres au duc de Broglie et au maréchal Soult. Il se décide à former un cabinet sous sa présidence. Il obtient le concours de deux doctrinaires. Composition du ministère du 1er mars. 102

II. Le plan de M. Thiers. M. Billault est nommé sous-secrétaire d'État et M. Guizot reste ambassadeur. La gauche satisfaite et triomphante. Attitude défiante et hostile des conservateurs. Le Roi et le ministère. M. Thiers et ses « conquêtes individuelles » 111

III. La loi des fonds secrets. Les conservateurs se disposent à livrer bataille. La discussion à la Chambre des députés : M. Thiers, M. de Lamartine, M. Barrot, M. Duchâtel. Victoire du ministère. 123

IV. Les fonds secrets à la Chambre des pairs. Rapport du duc de Broglie. La discussion. 131

V. La question d'Orient dans la discussion des fonds secrets. Discours de M. Berryer. Déclaration de M. Thiers à la Chambre des pairs. . . 136

VI. Amnistie complémentaire. Godefroy Cavaignac et Armand Marrast. Place offerte à M. Dupont de l'Eure. Accusations de corruption. La proposition Remilly sur la réforme parlementaire. M. Thiers a besoin d'une diversion 143

VII. Le gouvernement annonce qu'il va ramener en France les restes de Napoléon. Effet produit. Comment M. Thiers a été amené à cette idée et a obtenu le consentement du Roi. Négociations avec l'Angleterre. Les bonapartistes et les journaux de gauche. Rapport du maréchal Clauzel. Discours de M. de Lamartine. La Chambre réduit le crédit proposé par la commission et accepté par M. Thiers. Colères de la presse de gauche et tentative de souscription. Le ministère est débordé. Échec de la souscription. Mauvais résultat de la diversion tentée par M. Thiers. 153

VIII. Lois d'affaires. Talent déployé par le président du conseil. Son discours sur l'Algérie. 168

IX. Les pétitions pour la réforme électorale. M. Arago et sa déclaration sur « l'organisation du travail ». Les banquets réformistes. Le National et les communistes. 174

X. La proposition Remilly est définitivement « enterrée ». Divisions dans l'ancienne opposition. Le mouvement préfectoral. Mécontentement de la gauche. Les conservateurs sont toujours méfiants et inquiets. Ils craignent la dissolution et l'entrée de M. Barrot dans le cabinet. Situation de M. Thiers à la fin de la session. 184

TABLE DES MATIÈRES.

Chapitre III. — Le traité du 15 juillet 1840 (mars-juillet 1840) 192
  I. Le plan diplomatique de M. Thiers. Il veut gagner du temps, ramener l'Angleterre, se dégager du concert européen et pousser sous main à un arrangement direct entre le sultan et le pacha. 192
  II. M. Guizot ambassadeur. Ses avertissements au gouvernement français. Son argumentation avec lord Palmerston. Peu d'effet produit sur ce dernier. 196
  III. Obstacles que lord Palmerston rencontre parmi ses collègues et ses alliés. Transactions proposées par les ministres d'Autriche et de Prusse. Refus de la France. Négociations diverses. Nouvelles offres de transaction. 202
  IV. Tentative d'arrangement direct entre la Porte et le pacha. Espoir de M. Thiers. Irritation des puissances. Lord Palmerston pousse à faire une convention sans la France. La Russie, l'Autriche et la Prusse y sont disposées. Résistances dans l'intérieur du cabinet anglais. On se cache de M. Guizot. Ce qu'il écrit à M. Thiers. Signature du traité sans avertissement préalable à l'ambassadeur de France. Stipulations du traité. *Memorandum* de lord Palmerston. Conclusion. 212

Chapitre IV. — La guerre en vue (juillet-octobre 1840) 229
  I. M. Thiers à la nouvelle du traité du 15 juillet. L'effet sur le public. Les journaux. Le ministère ne cherche pas à contenir l'opinion. . . 230
  II. Le plan de M. Thiers : l'expectative armée : 237
  III. Irritation du Roi. Son langage aux ambassadeurs. Son attitude dans le conseil. Au fond, il ne veut pas faire la guerre. Accord extérieur du Roi et de son ministre. 242
  IV. Les armements. Attitude diplomatique de M. Thiers. Langage de M. Guizot à Londres. Lord Palmerston persiste dans sa politique, malgré les hésitations de ses collègues. Débats à la Chambre des communes. 247
  V. Inquiétudes de l'Autriche et de la Prusse. Intervention conciliatrice du roi des Belges. Elle échoue devant l'obstination de lord Palmerston. Le *memorandum* anglais du 31 août. 254
  VI. Louis-Napoléon réfugié à Londres. Ses menées pour s'allier à la gauche et débaucher l'armée. Expédition de Boulogne. Impression du public. Le procès. 262
  VII. Continuation des armements. Fortifications de Paris. M. Thiers s'exalte. Il rêve d'attaquer l'Autriche en Italie. Nouvelles scènes faites par le Roi aux ambassadeurs. La presse. Les journaux ministériels et radicaux. Excitation ou inquiétude du public. Les grèves. L'Europe est à la merci des incidents. 271
  VIII. Les premières mesures d'exécution contre le pacha. Celui-ci, sur le conseil de M. Walewski, offre de transiger. Cette transaction est appuyée par M. Thiers. Divisions dans le sein du cabinet anglais. . 288
  IX. Déchéance du pacha et bombardement de Beyrouth. Lord Palmerston triomphe. Mécompte de M. Thiers. Explosion belliqueuse en France. Premiers symptômes de réaction pacifique. Les journaux poussent à la guerre. 296
  X. Que serait la guerre? La guerre maritime. On ne peut espérer concentrer la lutte entre la France et l'Autriche. Dispositions de l'Angleterre, de la Russie, de la Prusse, de la Confédération germa-

nique. Puissant mouvement d'opinion contre la France, en Allemagne. Son origine. Ses manifestations en 1840. Réveil de l'idée allemande qui sommeillait depuis 1815. La France, en cas de guerre, se fût retrouvée en face de la coalition. La propagande révolutionnaire n'eût pas été une force contre l'Europe, et elle eût été un danger pour la France. 307
- XI. M. Thiers penche vers une attitude belliqueuse. Divisions du cabinet. Résistance du Roi. Les ministres offrent leur démission. Transaction entre le prince et ses conseillers. La note du 8 octobre. . . . 323
- XII. Effet de cette note en Angleterre. En France, l'agitation révolutionnaire s'aggrave, et la réaction pacifique se fortifie. Situation mauvaise de M. Thiers. L'attentat de Darmès. Désaccord entre le Roi et le cabinet sur le discours du trône. Démission du ministère. Les résultats de la seconde administration de M. Thiers. Service rendu par Louis-Philippe. 336

Chapitre V. — La paix raffermie (octobre 1840-juillet 1841) 351
- I. Le Roi appelle le maréchal Soult et M. Guizot. Ce dernier s'était, dans les derniers temps, séparé de la politique de M. Thiers. Composition du ministère du 29 octobre. Hostilités qu'il rencontre. Dans quelle mesure peut-il compter sur l'appui de tous les conservateurs? On ne croit pas généralement à sa durée. Confiance de M. Guizot. 352
- II. Discours du trône. Rétablissement de l'ordre matériel. M. Guizot tâche de se faire offrir par les puissances des concessions qui permettent à la France de rentrer dans le concert européen. Dispositions des diverses puissances. Tout dépend de lord Palmerston. Ce dernier ne veut rien céder. Le *memorandum* anglais du 2 novembre. Efforts des partisans de la conciliation à Londres. Les revers des Égyptiens en Syrie mettent fin à ces efforts. Désappointement du gouvernement français. L'Égypte est menacée. Prise de Saint-Jean d'Acre. Lord Palmerston, triomphant, est plus roide que jamais envers la France. M. Guizot est réduit à la politique d'isolement et d'expectative. 360
- III. L'Adresse à la Chambre des pairs. Discours de M. Guizot. 382
- IV. Premiers votes de la Chambre des députés. Dispositions de M. Thiers. Lecture du projet d'Adresse. 386
- V. Ouverture du débat au Palais-Bourbon. M. Guizot et M. Thiers sont à l'apogée de leur talent. Animosité des deux armées. L'attaque de M. Thiers. La défense de M. Guizot. Les autres orateurs. L'amendement de M. Odilon Barrot. Le vote. M. Thiers est battu. Dans quelle mesure M. Guizot est-il victorieux? 390
- VI. Préoccupations éveillées par la prochaine rentrée des cendres de l'Empereur à Paris. La cérémonie. Conclusion qu'en tire M. Guizot. 406
- VII. Le ministère maintient les armements. Réponse aux observations des cabinets étrangers. La loi de crédits pour les fortifications de Paris. M. Thiers la soutient. Dispositions hostiles ou incertaines dans une partie de la gauche, dans la majorité et même dans le cabinet. La discussion. Discours équivoque du maréchal Soult. Trouble qui en résulte. Discours de M. Guizot. Résumé de M. Thiers. Débat sur l'amendement du général Schneider. Nouvelles équivoques du maréchal. Intervention décisive de M. Guizot. Le vote. Les adver-

saires de la loi tentent un dernier effort à la Chambre des pairs. Ils sont battus.   412

VIII. Situation parlementaire du cabinet. Convient-il ou non de provoquer une grande discussion pour raffermir la majorité? Rapport de M. Jouffroy sur la loi des fonds secrets. Effet produit. La discussion. Le ministère se dérobe. Discours de M. Thiers. Réponse de M. Guizot. Le vote.   426

IX. Attaques de la presse contre le Roi. Les prétendues lettres de Louis-Philippe publiées par la *France*. La Contemporaine. Acquittement de la *France*. Scandale qui en résulte et redoublement d'attaques contre le Roi. Le faux est cependant manifeste. Déclaration de M. Guizot à la Chambre. Silence de l'opposition. Le bruit s'éteint.   435

X. Convention du 25 novembre 1840 entre le commodore Napier et Méhémet-Ali. Les puissances désirent qu'elle soit approuvée par le sultan. La Porte, poussée par lord Ponsonby, déclare la convention nulle et non avenue. Note du 31 janvier 1841 par laquelle la conférence engage le sultan à accorder l'hérédité au pacha. . . .   444

XI. La France doit-elle entrer dans le concert européen et à quelles conditions? Négociations. Le gouvernement français obtient satisfaction sur les points essentiels. Difficultés sur les clauses de la convention. Rédaction des actes. Hatti-shériff n'accordant au pacha qu'une hérédité illusoire. Parafe des actes préparés à Londres. .   450

XII. La discussion des crédits supplémentaires de 1840 et de 1841. Attaque de M. Thiers. M. Guizot refuse de discuter les négociations en cours Le bilan financier du ministère du 1er mars.   462

XIII. Nouveaux efforts de lord Ponsonby pour empêcher la Porte de faire des concessions à Méhémet-Ali. Action contraire de M. de Metternich. M. Guizot persiste dans son attitude. Modification du hattishériff. Le gouvernement français disposé à signer. Difficultés soulevées par lord Palmerston. Irritation et faiblesse des puissances allemandes. Méhémet-Ali accepte le hatti-shériff modifié. Signature du protocole de clôture et de la convention des détroits   469

XIV. Conclusion.   478

FIN DE LA TABLE DES MATIÈRES

www.ingramcontent.com/pod-product-compliance
Lightning Source LLC
Chambersburg PA
CBHW060233230426
43664CB00011B/1638